한국어 어휘 교육

한재영 *Han, Jae-Young*   한신대학교 국어국문학과 교수
박지영 *Park, Ji-Young*   서울대학교 언어교육원 대우부교수
현윤호 *Hyun, Yoon-Ho*   육군정보학교 어학처 한국어과 교수
권순희 *Kwon, Soon-Hee*   전주교육대학교 국어교육과 교수
박기영 *Park, Kee-Young* 서울시립대학교 국어국문학과 교수
이선웅 *Yi, Seon-Ung*   충남대학교 국어국문학과 교수
김현경 *Kim, Hyun-Kyung* 서울대학교 언어교육원 대우전임강사

한국어 어휘 교육

초판 제1쇄 발행 2010년 10월 20일
초판 제4쇄 발행 2013년 9월 30일

지은이 한재영 박지영 현윤호 권순희 박기영 이선웅 김현경
펴낸이 지현구
펴낸곳 태학사
등록 제406-2006-00008호
주소 경기도 파주시 교하읍 문발리 파주출판도시 498-8
전화 마케팅부 (031) 955-7580~2 / 편집부 (031) 955-7585~89
전송 (031) 955-0910
전자우편 thaehak4@chol.com
홈페이지 www.thaehaksa.com

ⓒ한재영 박지영 현윤호 권순희 박기영 이선웅 김현경, 2010
값은 뒤표지에 있습니다.

ISBN 978-89-5966-404-7 (93710)

Teaching Korean Vocabulary

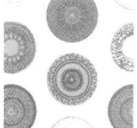
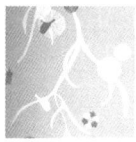

한국어 어휘 교육

한재영
박지영
현윤호
권순희
박기영
이선웅
김현경

태학사

• 머리말 •

　우리나라의 모습만큼이나 우리 한국어 교육 현장의 모습도 지난 10년 사이에 많이 바뀌었다. 한국어를 배우고자 하는 학생들의 수도 늘었고, 그들에게 한국어를 가르치고자 하는 교사 지망생의 수도 그에 따라 늘었다. 한국어 교육의 환경도 예전과는 비교할 수 없을 정도로 나아졌다고 할 수 있다. 한국어를 가르치는 국내 기관의 분포가 전국적으로 확대되었으며, 국외에서의 한국어 교육 열기 역시 날로 뜨거워지고 있는 셈이다. 그에 따라 다양한 한국어 교재가 마련되고 있고, 한국어를 배우고자 하는 학생들의 학습 동기와 목적도 다양한 양상을 띠고 있다. 교육 환경의 이러한 변화는 한국어를 가르치는 교사들에게 보다 많은 준비를 요구하고 있다고 할 수 있다.

　2003년 '한국어 발음 교육'의 간행과 2005년 '한국어 교수법'의 간행 그리고 2008년의 '한국어 문법 교육'의 간행은 한국어 교육 현장의 요구와 갈증을 해소하는 데에 다소나마 보탬이 되어 왔다고 생각한다.

　하지만 한국어 교육에서의 어휘 학습이 차지하는 비중을 생각하여 볼 때, 남겨 놓았던 어휘 교육에 관한 문제는 늘 마음을 무겁게 하는 과제로 남아 있었다. 어휘 교육은 한국어 학습의 시작 단계에서부터 필요한 구성 내용이라고 할 수 있으나 학습 단계가 진행되어 감에 따라 학습의 양과 질이 더욱 많아지고 깊어진다는 점에서 발음이나 문법과 같은 영역과는 성격을 달리한다. 더구나 한국어의 완성도를 높여 고급 한국어를 구사하기 위해서는 그에 걸맞은 수준의 어휘 능력을 갖추어야 한다는 점에서 한국어 교육에서 차지하고 있는 어휘 교육의 비중은 결코 작다고 할 수 없을 것이다. 이 책을 준비하게 된 동기이다.

그간의 외국어로서의 한국어 어휘 교육과 관련한 업적들이 없었던 것은 아니나, 교육 현장에서의 활용이 가능한 업적은 그리 많았다고 하기 어려운 형편이다. 무엇을 가르쳐야 하고, 어떻게 가르쳐야 하는지를 짚어 가려움을 충분히 해소하여 주기에는 역부족인 면이 있었다는 의미이다.

외국어로서의 한국어 어휘에 대한 올바른 접근은 학습자의 수준과 학습 동기, 학습 환경에 따라 많은 영향을 받게 된다. 동일한 어휘라고 하더라도 다양한 학습 방법에 따라 학습 효과에 차이를 보이게 된다. 가르치는 어휘 항목의 수효뿐만 아니라 그 내용도 다양할 수 있다는 점에서 단계별 안배도 고려하여야 한다.

이러한 어휘 교육에 관한 내용은 교육과정의 구성은 물론 교재를 집필하는 경우에도 염두에 두어야 한다는 점에서도 의미를 갖는다. 본고를 집필하기 위하여 활용하였던 한국어 어휘 사용 빈도 조사 결과와 한국어 학습용 어휘의 등급표 등을 덧붙인 까닭은 다양한 교육 여건에 따라 적절한 어휘를 선택하여 교육 내용을 구성하는 데에 도움을 제공하기 위한 것이다.

그런 점에서 볼 때 본 '한국어 어휘 교육'은 다양한 교육 환경과 상황에 따른 외국어로서의 한국어 어휘 교육의 내용을 구성하거나 효과적인 어휘 교수 방법을 선택하여 보다 효율적인 한국어 어휘 교육의 진행이 이루어질 수 있도록 하는 데 보탬이 될 것이다.

이렇듯 본 '한국어 어휘 교육'의 목적은 현실적으로 한국어 교육의 현장에서 한국어를 가르치는 교사가 한국어 어휘에 대한 정확한 정보를 가지고 있지 못한 경우가 많다는 점과 한국어 어휘에 관한 정보를 가지고 있다고 하더라도 그를 효과적으로 가르치는 방법을 잘 모르는 경우가 많다는 점 그리고 한국인을 위한 어휘 교육의 내용을 별다른 고민 없이 외국인들에게 그대로 가르치는 경우가 있었다는 점, 그에 따라 효과적인 한국어 교육에 지장을 주는 경우가 많다는 사실에 주목하여 어휘 교육 현장에서 필요로 하는 어휘 교육의 지침을 제공하려는 데에 있다.

본서에서도 일관되게 취하고자 한 집필 태도의 하나는 한국어 어휘 교육이 한국어를 배우는 학습자가 이미 습득하여 가지고 있는 언어의 어휘 체계에 따라 학습에 필요한 내용과 그에 따른 교수 방법에 차이를 두어야 한다는 것이다. 하지만 가능한 모든 한국어 학습자를 대상으로 삼는 것은 거의 불가능한 것이며, 그럴 필요도 없는 것이라는 점에서 본서에서는 현실적인 한국어 교육 현장을 염두에 두고 기술하였다.

현실적인 한국어 교육의 현장의 상황은 한국어를 가르치는 교사가 한국어 어휘에 대한 정확한 정보를 가지고 있지 못한 경우가 많을 뿐만 아니라 한국어 어휘에 관한 정보를 가지고 있다고 하더라도 그를 효과적으로 전달하는 방법을 잘 모르는 경우가 많다는 점을 부인하기는 어려운 형편이라고 할 수 있다. 효과적인 한국어 어휘 교육에 지장을 주는 경우가 많았던 셈이다.

본서는 외국어로서의 한국어 교육 현장에서 현장의 교사들이 한국어 어휘를 가르치는 과정에서 다루어야 할 내용과 문제가 될 수 있는 내용들을 될 수 있는 한 다양하게 다루어 보고자 하였다. 한국어 배경이 다소 약한 경우의 교사들에게는 더욱 유용한 내용들이 되리라고 생각한다. 하지만 한국어 교육적인 태도를 취하였기 때문에 외국인들에게 한국어를 가르치는 과정에서 그리 큰 비중이나 어려움을 가지지 않는 어휘 부분에 대해서는 과감하게 눈을 감도록 하였다. 한국어를 가르치는 데에 깊이 다룰 필요가 없는 부분에 대해서는 소개를 하는 정도로 다루었으며, 한국인이라면 지극히 당연한 것으로 생각하여 특별한 설명이 필요가 없는 내용이라고 하더라도 외국인들의 이해를 구하기 어려운 부분이나 설명이 필요한 부분에 대해서는 보다 많은 서술을 하고자 하였다. 특히 효과적인 어휘 학습을 위하여 다양한 어휘 놀이를 제시하여 보고자 하였다. 교육 현장에서 바로 활용하여도 좋을 것이다.

태학사 지현구 사장님의 도움이 없었다면 본서는 세상에 선보이기 어려웠을 것이다. 한국어 교육에서 어휘가 차지하는 비중과 어휘 교육의 현황을 생각하시어 본서를 간행하는 데에 물심양면으로 도움을 아끼지 않으신 것이다. 그저 감사할 뿐이다. 수차례의 교정과 그림 작업으로 괴롭혀 드린 편집부의 직원 여러분들께도 미안하고 고맙다는 인사를 드린다.

2010년 10월 20일

공동 저자 대표 한재영

• 차례

머리말   4

1. 총론 ··· 10
　1.1. 목적 ··· 10
　1.2. 본서의 구성 ·· 14

2. 어휘 교육의 필요성 ··· 15

3. 어휘의 선정 ··· 19
　3.1. 어휘의 수 ·· 22
　3.2. 학습자와 어휘의 수준 ·· 23
　3.3. 어휘의 양과 질 ·· 24

4. 한국어 어휘의 특성 ··· 30
　4.1. 체계적 특성 ·· 30
　　4.1.1. 단어 형식 어휘의 체계 ·· 31
　　4.1.2. 확장 형식 어휘의 체계 ·· 43
　4.2. 구조적 특성 ·· 52
　　4.2.1. 단일어 ·· 52
　　4.2.2. 합성어 ·· 53
　　4.2.3. 파생어 ·· 56
　　4.2.4. 기타: 두음절어, 혼성어, 절단어 ··· 62
　4.3. 의미적 특성 ·· 64
　　4.3.1. 어휘장과 의미 부류 ·· 64
　　4.3.2. 성분 분석 ·· 70
　　4.3.3. 유의어 ·· 75
　　4.3.4. 반의어 ·· 79
　　4.3.5. 다의어 ·· 84
　　4.3.6. 동음이의어 ·· 88
　　4.3.7. 상위어와 하위어 ·· 93
　4.4. 사회언어학적 특성 ·· 96

5. 어휘의 지도 ··· 100
　5.1. 어휘의 제시 ·· 101
　　5.1.1. 교수법 차원의 제시 방법 ··· 105
　　5.1.2. 매체 활용 차원의 제시 방법 ··· 109
　　5.1.3. 어휘 구조 차원의 제시 방법 ··· 123
　　5.1.4. 어휘와 언어 문화 차원의 제시 방법 ······························· 137
　　5.1.5. 어휘 제시상의 유의점 ··· 155

5.2. 단계별 지도 ··· 155
   5.2.1. 어휘 학습법 개괄 ··· 155
   5.2.2. 어휘의 확장 ·· 158
   5.2.3. 어휘 학습 교안 ··· 179
5.3. 어휘 게임 ··· 182
   5.3.1. 게임 수업 준비 단계 ··· 184
   5.3.2. 학습 단계별 게임 ··· 186
   5.3.3. 게임 후 정리 ··· 244
5.4. 어휘 지도와 다른 영역의 연계 ··· 247
   5.4.1. 어휘 교육과 듣기 ··· 247
   5.4.2. 어휘 교육과 말하기 ··· 252
   5.4.3. 어휘 교육과 읽기 ··· 265
   5.4.4. 어휘 교육과 쓰기 ··· 280
   5.4.5. 어휘 교육과 문법 ··· 284

6. 어휘 평가 ··· 290
  6.1. 외국어 능력 평가 방법의 시대적 변천과 어휘 평가 ·············· 290
  6.2. 어휘 평가의 원리 ·· 292
  6.3. 어휘 평가 출제 구성 단계 ·· 295
  6.4. 어휘 평가의 내용 ·· 297
     6.4.1. 등급별 어휘 평가 목표 ··· 298
     6.4.2. 등급별 어휘 평가 내용 ··· 299
     6.4.3. 등급별 어휘 평가 기준 ··· 301
  6.5. 어휘 평가의 유형 ·· 302
     6.5.1. 관찰 평가 ·· 302
     6.5.2. 지필 평가 ·· 322
  6.6. 이해 어휘와 표현 어휘 평가 ··· 326
     6.6.1. 듣기와 어휘 평가 ··· 327
     6.6.2. 말하기와 어휘 평가 ··· 337
     6.6.3. 읽기와 어휘 평가 ··· 341
     6.6.4. 쓰기와 어휘 평가 ··· 346

참고문헌 ·· 356
[부록 1] 한국어 학습용 어휘 등급 ··· 364
[부록 2] 단어 빈도 ·· 432
[부록 3] 중국과 일본 한자어 대비 ··· 569
[부록 4] 한국어 사전의 종류와 사전별 이용 방법 ···························· 587
찾아보기 ·· 599

1. 총론

1.1. 목적

　외국어로서의 한국어 교육 역사의 출발을 어디에 두는가에 따라 견해는 다를 수 있겠으나 1872년 일본 스시마의 조선어학습소라든가, 1873년 동경 외국어학교의 조선어과 또는 1879년 상트 페테르부르크(구소련 시대의 레닌그라드) 대학의 한국어 과정으로부터 생각한다면 140년에 가까운 시간이 흘렀으며, 우리나라에서 외국인에게 한국어를 가르치기 시작한 1950년대 후반으로부터도 50여 년의 역사를 가지게 되었다. 1988년 서울 올림픽 개최 이후 본격적인 한국어 교육이 이루어진 이후로도 벌써 20여 년의 시간이 흘렀다. 특히 지난 20여 년간의 한국어 교육은 질적으로나 양적으로나 전에 볼 수 없을 만큼의 비약적인 성장을 하였다고 할 수 있다.

　그를 뒷받침하기 위하여 한국어를 가르치는 좋은 교사의 양성을 위한 자격시험 제도를 채택하기도 하고, 대학원 과정에 보다 수준 높은 한국어 교육 과정을 개설하기도 하였다. 아울러 다양한 교재의 개발을 통하여 학습자의 학습 동기와 목적에 부합하고자 노력하고 있으며, 학습자의 모어를 배려한 교재를 개발하기도 하였다. 경우에 따라서는 듣기·말하기·읽기·쓰기와 같은 언어의 기능별 학습을 도모할 수 있는 교재와 과정의 마련을 꾀하기도 하였으며, 발음이나 문법 학습을 특화한 교재를 마련하기도 하였다.

　그러나 만족할 만한 어휘 학습을 위한 교재는 아직 대하지 못하고 있는 셈이다. 이는 무엇보다도 어휘가 언어에서 가지고 있는 비중이 그만큼 크면서도 까다롭다는 데에 까닭이 있을 것이다. 어휘 교육이 배제된 언어 학습의 존재는 이야기할 수 없는 것이기 때문이다. 언어를 습득하는 처음 순간부터 어휘 학습은 이미 시작된 것이지만 그 어느 순간에도 끝이 있을 수 없는 것이 어휘 학습의 특성인 것이다. 양적으로는 어휘의 집합이 열린 집합인 데에도 원인이 있겠으나, 질적으로도 알고 있는 어휘조차 상황과 장면에 따라 달리 쓰일 수 있다는 점이나, 각자가 가지고 있는 어휘에 대한 배경 지식의 차이에 따라 느끼는 어감에도 차이가 있을 수 있다는 점에서 '어휘 학습의 끝'은 우리의 언어 속에만 존재하는 매우 추상적인 개념이라고 할 수 있다.

그렇다고 하여 능숙한 화자로서의 능력을 갖추는 데에 반드시 필요한 요소 가운데 하나로 넉넉한 어휘력을 배제할 수는 없는 일이다. 양과 질 두 마리의 토끼를 모두 잡아야만 하는 대상이라는 사실은 오히려 보다 효과적이면서도 전략적인 어휘 학습의 방법을 요구하고 있다고 할 수 있다. 이 책은 효율적인 한국어 어휘 학습의 방안을 제시하기 위하여 마련된 것이다.

다양한 변수를 가지고 있는 한국어 교육 현장에 필요한 어휘의 목록을 살펴보고 그를 개별적인 요구에 따라 선택하여 가르치는 방법을 제시하고자 하였다. 한국어를 배우고자 하는 학습자들의 학습 동기와 목적에 따라 가르쳐야 할 어휘의 목록에 차이가 있을 수 있으며, 학습자의 출신 배경이라든가 외국어를 학습한 경험에 따라 선호하는 학습 방법에도 차이가 있음을 기억하고자 한 것이다.

아울러 어휘 학습의 단계에 따라 요구되는 어휘 확장의 양상이 단순한 수의 증대만을 의미하는 것이 아니라는 점에도 유의하고자 하였다. 쉽게 생각하기로는 학습의 진행에 따라 단순히 어휘의 수를 늘려가는 것으로 볼 수도 있을 것이다. 조남호(2003)에 제시된 5,965개의 어휘를 예로 본다면 각각 초급 982어휘, 중급 2,111어휘 그리고 고급 2,872어휘로 이루어져 있다. 초급과 중급, 고급을 거치면서 대략 1,000어휘, 2,000어휘, 3,000어휘 정도를 학습하도록 되어 있는 셈이다. 그러나 어휘의 학습 내용이 그리 단순하지만은 않다는 데에 문제가 있다. 초급 어휘라고 할 수 있는 '먹다'의 경우 초급에서 한 번 학습하는 것만으로 어휘 '먹다'의 학습이 끝날 수 있는 것으로 보이지는 않기 때문이다. 『표준국어대사전』에서 '먹다'의 의미를 다음 (1)에 가져와 보기로 하자.

(1) 『표준국어대사전』에서의 '먹다'의 의미

[Ⅰ]「동사」

[1]【…을】

① 음식 따위를 입을 통하여 배 속에 들여보내다.

② 담배나 아편 따위를 피우다.

③ 연기나 가스 따위를 들이마시다.

④ 어떤 마음이나 감정을 품다.

⑤ 일정한 나이에 이르거나 나이를 더하다.

⑥ 겁, 충격 따위를 느끼게 되다.

⑦ 욕, 핀잔 따위를 듣거나 당하다.

⑧ (속되게) 뇌물을 받아 가지다.

⑨ 수익이나 이문을 차지하여 가지다.

⑩ 물이나 습기 따위를 빨아들이다.

⑪ 어떤 등급을 차지하거나 점수를 따다.

⑫ 구기 경기에서, 점수를 잃다.

⑬ (속되게) 여자의 정조를 유린하다.

⑭ 매 따위를 맞다.

⑮ 남의 재물을 다루거나 맡은 사람이 그 재물을 부당하게 자기의 것으로 만들다.

[2]【…에】

① 날이 있는 도구가 소재를 깎거나 자르거나 갈거나 하는 작용을 하다.

② 바르는 물질이 배어들거나 고루 퍼지다.

③ 벌레, 균 따위가 파 들어가거나 퍼지다.

④ 돈이나 물자 따위가 들거나 쓰이다.

[Ⅱ]「보조동사」

((일부 동사 뒤에서 '-어 먹다' 구성으로 쓰여)) 앞말이 뜻하는 행동을 강조하는 말. 주로 그 행동이나 그 행동과 관련된 상황이 마음에 들지 않을 때 쓴다.

동사 '먹다'를 초급 어휘로 판단한 중요한 근거는 '음식 따위를 입을 통하여 배 속에 들여보내다.'의 의미에서 찾을 수 있겠으나, '먹다'가 가지고 있는 의미는 위의 (1)에 보는 바와 같이 다양하여서 그들을 초급 단계에서 모두 다룰 수는 없는 일이며 (1)에 제시된 의미 내용 모두가 반드시 학습하여야 할 내용이라고 할 수도 없는 일이다. 하나의 어휘가 가지고 있는 다양한 의미와 정보를 학습 단계에 따라 전략적으로 제공하여야 할 필요가 있다는 의미이다.

학습 내용이 되는 어휘 목록을 확정하는 데에는 학습자의 모어와 학습자의 학습 동기 및 목적에 대한 고려도 있어야 한다. 학습자의 모어가 가지고 있는 어휘 체계와 한국어의 어휘 체계에 대한 충분한 이해가 있을 때에 적절한 학습 어휘를 제공할 수 있을 것이고, 한국어를 학습하고자 하는 목적에 맞춘 어휘 목록이어야 학습자가 필요로 하는 어휘를 제공할 수 있을 것이기 때문이다.

아울러 본서에서는 어휘가 가지고 있는 다양한 정보에도 관심을 가지도록 하였다. 어휘가 가지고 있는 발음, 문법, 의미 등의 정보 이외에도 사회적·지역적·어원적인 정보 등도 어휘 사용의 중요한 변수라는 점에서 학습하여야 할 내용으로 파악한 것이다.

학습하여야 할 내용을 적절하게 갖추었다고 하더라도 그를 효과적으로 교육할 수 있는 방안이 마련되어야 원하는 바의 목적을 보다 쉽게 얻을 수 있으리라는 것은 자명한 사실이라고 하겠다. 본서에서 특별히 관심을 가지고자 한 내용은 '한국어 어휘 학습 어떻게?'에 해당하는 어휘 놀이다. 학습자들의 흥미를 끌면서도 자연스럽게 한국어 어휘가 습득될 수 있도록 하는 다양한 방법들을 제시하여 보고자 한 것이다.

덧붙여 다루고 있는 어휘 평가에 관한 내용은 교사의 지도 내용과 방법에 대하여 돌아볼 수 있는 기회를 제공하고, 학습자 어휘 학습의 성취도와 숙달도를 알아 보완할 수 있도록 하기 위한 어휘 평가 방안도 제시하였다.

그러나 이 자리에서 다루게 될 내용이 유일한 것이라거나 전형적이라 할 수는 없는 것이다. 한국어 어휘 교육이 가지고 있는 다양한 변수로 인하여, 어찌 보면 여기서는 어휘를 가르치면서 염두에 두어야 할 내용을 점검하여 보고, 그들을 교육하는 효율적인 여러 가지 방안이 있을 수 있음을 생각하여 본다는 데에 의미를 두어야 할 수도 있다. 부록으로 '한국어 학습용 어휘 등급, 단어 빈도, 중국과 일본 한자어 대비, 한국어 사전의 종류와 사전별 이용 방법' 등을 제시한 것은 교육 현장에서 마주하게 될 다양한 변수에 대처하는 데에 도움이 되었으면 하는 의도에 의한 것이다.

1.2. 본서의 구성

'한국어 어휘 교육'에서는 외국어로서의 한국어 교육 현장에서 현장의 교사들이 한국어 어휘를 가르치는 과정에서 다루어야 할 내용과 문제가 될 수 있는 내용들을 될 수 있는 한 다양하게 다루어 보고자 하였다. 한국어의 어휘적인 배경 지식이 다소 부족한 경우의 교사들에게는 한국어의 어휘적인 특성을 먼저 이해하는 것이 필요하리라고 생각하였다. 더욱 유용한 내용들이 되리라고 생각한다. 하지만 한국어 교육적인 태도를 취하였기 때문에 외국인들에게 한국어를 가르치는 과정에서 그리 큰 비중이나 어려움을 가지지 않는 어휘 부분에 대해서는 일반적인 국어 의미론이나 어휘론 관련 업적들로 그 역할을 미루도록 하였다.

여기서 보다 많은 관심을 가지고자 한 내용은 어휘의 지도 방안이다. 학습자들에게 어휘를 제시하는 다양한 방법을 생각하여 보고, 동일한 어휘라도 학습 단계에 따라 지도하는 방법이 달라질 수 있음도 염두에 두었다. 학습자들의 흥미 유발을 도모하고, 학습 능률을 높이기 위한 다양한 어휘 놀이에 대해서도 놀이의 준비와 진행 그리고 마무리 단계를 제시하여 보다 완성도 높은 어휘 학습 과정이 될 수 있도록 하였다. 그와 함께 어휘 학습의 결과를 평가하는 적절한 평가 방법도 함께 다루었다.

본서에서 다루고 있는 주요 내용은 다음과 같다.

1. 어휘 교육의 필요성
2. 어휘의 선정
3. 한국어 어휘의 특성(체계적, 구조적, 의미적)
4. 어휘의 지도(어휘의 제시, 단계별 지도, 어휘 게임)
5. 어휘 평가(원리, 구성, 내용, 유형 등)

끝으로 부록에는 '한국어 학습용 어휘 등급, 단어 빈도, 중국과 일본 한자어 대비, 한국어 사전의 종류와 사전별 이용 방법' 등을 담아 참고가 될 수 있도록 하였다.

2. 어휘 교육의 필요성

 언어를 잘 구사하는 이들이 가지고 있는 공통적인 특징으로 풍부한 어휘력을 들 수 있다. 언어 교육에서 어휘는 교육의 시작이자 끝인 셈이다. 어휘력은 말하기, 듣기, 읽기, 쓰기 능력을 형성하는 데 기본이 되며 어휘 교육은 한국어 교육에서 기본적으로 교육해야 할 분야이다. 그럼에도 불구하고 어휘가 언어에서 차지하고 있는 비중에 비하여 어휘 교육이 그에 상응하는 대우를 받아 왔다고 하기는 어렵다. 한국어 교육에 대한 여러 이론 중 어휘 교육에 대한 연구는 다른 분야에 비해 상대적으로 소홀히 다루어졌다. 어휘 교육에 대한 연구로는 기초 어휘의 설정, 단계에 따른 어휘의 난이도 분류에 대한 연구가 있을 정도이다. 특히 어휘 교육에 대한 구체적인 교수 학습 방법론 연구가 부족한 형편이다.
 어휘에 대한 그간의 일반적인 생각은 어휘가 불규칙한 집합이라는 것이었다. 그리하여 단순히 암기하는 대상으로 여겨 어휘의 주된 교육 방법으로 암기법을 선택하여 왔던 것으로 보인다. 어휘 교육은 낱말 개개의 의미를 습득하게 하는 단순한 작업이라고 보고, 학습자가 단어장을 만들어 반복을 통해 어휘를 암기하는 것이 최상의 방법이라고 여겨 왔다. 그러나 요즘에는 어휘에 대한 시각이 달라졌다. 어휘의 창조성이나 능동성에 관심을 갖기 시작했으며 교육 현장에서도 어휘 교육의 중요성이 인식되기 시작하였다.
 어휘는 의사소통의 기본이 되는 요소이다. 말을 하고자 할 때 어휘의 습득은 그 출발점이 되고, 습득한 어휘를 바탕으로 두 어휘 문장, 세 어휘 문장으로 확장하여 말하게 된다는 점에서 어휘는 언어 습득의 시작이라고 할 수 있다. 인간의 언어 구사 능력이 습득한 낱말 하나로부터 시작된다는 사실은 어휘가 효과적으로 언어를 구사하는 데 꼭 필요한 요소라는 것을 의미한다. 이는 다른 이들의 말을 들어 이해하는 과정에서도 크게 다르지 않다. 상대방의 이야기 내용을 충분히 이해하기 위해서는 이야기 내용에 담긴 어휘의 의미를 정확히 알고 있어야 하기 때문이다. 어휘력이 중요한 양상은 언어 사용의 장면이 실용적인 경우에 더욱 확연하다고 할 것이다. 외국에 나가 서툰 외국어를 사용하여 의사소통을 하게 되거나, 한국어가 익숙하지 않은 외국인들과의 대화 장면에서 어휘가 중요한 역할을 하게 되는 경우를 대하는 것은 그리 어렵지 않다.

어휘의 의미와 용법에 대한 정확한 이해 없이는 한 언어의 올바른 수용(듣기, 읽기)과 생산(말하기, 쓰기)이 이루어질 수 없다(곽지영 1997:142). 이해 영역인 듣기와 읽기가 어휘력을 갖추어야 가능하고, 표현 영역인 말하기와 쓰기도 충분한 어휘력을 갖추어야 의사 전달 효과가 높다. 문법 지식이 다소 부족하더라도 어휘력이 풍부한 경우가 그 반대의 경우보다 문장 이해력이나 표현력을 높게 만든다. 작문에 나타난 어휘상의 오류가 문법상의 오류보다 훨씬 더 의미 파악을 어렵게 한다(Blass 1982, 최현욱 1991:243)는 지적이나 어휘만으로도 간단한 의사소통이 가능하다는 것은 어휘 교육의 필요성을 단적으로 보여 주는 사례이다. 또한 러시아 학습자들이 듣기를 잘하기 위해서 습득해야 할 중요한 것으로 어휘, 말의 속도 및 발음이라고 듣기 요소를 응답한 조사 결과(모졸 타지아나 2010)도 이를 뒷받침하고 있다. 말하기, 듣기, 읽기, 쓰기에서 어려움을 겪는 많은 학습자의 경우 그 원인이 어휘에 있다고 반응한다. 더구나 언어 학습의 학습 단계가 높아질수록 학습의 부담이 되는 것은 바로 어휘인 것이다.

어휘의 학습이 이토록 필요함에도 불구하고 어휘의 습득이 그리 쉽지만은 않은 까닭은 우선 어휘가 가지고 있는 다양한 정보에 있다. 하나의 어휘가 가지고 있는 정보는 다음과 같다.[1]

(1) 가. 음운/음성 정보 - 소리의 특성에 대한 정보.
　　나. 형태 정보 - 품사, 합성어, 파생어 및 굴절 등에 대한 정보.
　　다. 통사 정보 - 구성의 원리, 호응, 의미역 및 문장의 종류에 대한 정보.
　　라. 의미 정보 - 의미 범주, 동의 관계, 반의 관계, 포의 관계 등에 관한 정보.
　　마. 출처 정보 - 고유어인가 한자어인가 외래어인가 등에 대한 정보.

---

[1] 구체적인 내용에 관해서는 임홍빈·한재영(1993:4-6)을 참조할 것.

바. 영역 정보 - 전문어인가 아닌가 등에 대한 정보.
사. 지역 정보 - 어느 지역의 단어인가 등에 대한 정보.
아. 사회 정보 - 어떤 사회에서 쓰이는가에 대한 정보.
자. 계층 정보 - 어느 계층에서 쓰이는가 등에 대한 정보.
차. 인물 정보 - 성별, 연령별 또는 개인이나 개인 간의 관계 등에 대한 정보.
카. 매체 정보 - 전달 매체에 따른 차이 등에 대한 정보.
타. 역사 정보 - 어떤 단어가 쓰인 역사 시대에 대한 정보.

게다가 이들 어휘들은 각각 다른 어휘들과 모종의 관계 속에서 존재하고 있다는 점도 어휘 교육의 어려움을 더하고 있다. 먼저 어휘는 독립적으로 사용된다기보다는 사회의 유의미한 맥락 속에서 다른 어휘와 관계를 가지며 사용되는데, 언어 관계와 같은 것이 그것이다. 한편 동의어라든가 유의어 또는 반의어, 상위어와 하위어, 전체어와 부분어 등과 같이 다른 어휘와 일정한 관계를 가지고 있는 것이 그것이다. 그와 같은 관계 양상은 언어를 사용하는 사회 집단의 문화가 반영되어 있어 개별 언어에 따라 차이를 보인다. 어휘의 학습이 해당 언어의 문화 학습과 별개의 것이 아니라는 의미이다.

더구나 어휘의 절대 수가 많다는 점도 어휘 교육의 큰 부담이 되는 부분이라고 할 것이다. 1999년 국립국어연구원에서 펴낸 사전을 통하여 살펴볼 수 있는 표제어만 하더라도 50만이 넘으며, 2009년 고려대학교 민족문화연구원에서 펴낸『고려대 한국어대사전』에 실린 39만 어휘 가운데는『표준국어대사전』에 실리지 않은 어휘가 4만이나 된다고 하니 한국어에 사용되고 있는 어휘의 수는 실로 방대한 것이라 하지 않을 수 없는 것이다.

외국어 교육에서 어휘의 중요성이 부각되면서 문법의 역할을 재평가하는 변화가 일고 있다. 그동안 문법은 언어의 뼈대이고 어휘는 거기에 더해지는 살로 여겼다. 그러나 어휘부의 핵심적인 자질인 연어에 대한 관심(Hill 2000:41-42, 김해옥 2005:91)이 높아지면서 문법보다는 어휘를 외국어 교육의 중심에 놓는 변화가 일어나고 있다. 외국어 학습에서 초급, 중급, 고급의 수준별 차이는 문법 지식보다는 학습자의 내적 어휘부의 크기와 관련되어 있다고 한다. 특히 어휘의 입력량은 학습자의 수준을 결정하는 중요한 요소이기 때문에 어휘 교육이 더 강조되고 있다. 코퍼스 언어학의 발달로 언어학자들은 학습자가 언어 학습 과정에서 많은 양의 자연어를 보는 것과 여러 종류의 텍스트에서 반복적으로 나타나는 어휘의 패턴을 보는 것이 중요하다고 말한다.

김광해(1997)에서는 어휘 교육을 '완전하고 수준 높은 언어 활동 능력을 기르기 위하여 이해력 및 표현력 신장에 관련된 어휘의 양적 측면과 질적 측면을 신장시키는 것을 목표로 하는 교육'이라고 논의하고 있다. 어휘의 양적 차원뿐만 아니라 어휘의 질적 차원의 교육이 함께 이루어져야 한다는 논의를 바탕으로 이기연(2009:76)에서는 어휘 교육에서 다루어야 할 교육 내용을 다음과 같이 정리하고 있다.

〈표〉 어휘 교육의 내용 요소

양적 어휘력 차원		교육용 어휘의 양적 확장	
		국어 어휘 교육용 한자 지식의 확장	
질적 어휘력 차원	의미		개별 단어의 의미 정보
			의미 관계
	구조		한글 낱자
			형태소(어원 정보)
			품사 정보
	형태	정확한 발음	자모의 발음
			음운 규칙
			음운 변동
		정확한 표기	맞춤법
	지식		고유어, 외래어, 유행어 등의 개념에 대한 메타적 지식
			개별 단어에 대한 사(史)적인 지식
	구사		맥락에 맞는 적절하고 정확한 어휘 사용

어휘의 양적 차원과 질적 차원의 교육을 위해 어휘 교육의 교수·학습 방법에 대한 연구와 논의가 필요하다. 한국어 교육 현장에 있는 교사들이 적절한 어휘를 선택하여 학습자에게 제시·전달하는 방법과 학습자로 하여금 어휘의 학습 효과를 높이기 위한 교수·학습 방법에 대해 살펴보는 일은 의미 있는 일이다.

어휘 교육은 언어 교육의 출발점이라고 할 수 있는 것이면서도 학습 내용의 양과 질 면에서 그리 간단한 문제가 아니므로 체계적인 교육 방안이 모색되어야 할 필요가 있는 것이다. 그를 위해서는 한국어 어휘가 가지는 특징을 살펴 외국인 학습자에게 필요한 어휘를 가리고, 그를 효과적으로 교육하는 방안을 찾아야 하는 것이다.

3. 어휘의 선정

　어휘 교육에 필요한 어휘를 선정하고자 할 때에 기본 어휘, 기초 어휘, 학습용 기본 어휘 등의 개념을 가지고 접근하는 것이 일반적이다. 용어의 정의에 다소 혼란스러운 점이 있기는 하나, 기본 어휘는 일상생활에서 가장 일반적으로 사용하는 것으로 인정된 어휘들의 무리를 뜻하고, 대체로 사용 빈도가 높은 어휘들로 구성되며, 정상적인 사회생활에서 꼭 필요한 어휘들을 가리킨다. 그에 비하여 기초 어휘는 일상생활에서 필요를 충족할 수 있는 한정된 소수의 어휘로 인정되는 것들로 구성되는데, 이때에는 어휘의 사용 빈도보다는 수적으로 한정된 어휘들을 체계적인 관점에서 선정하는 것이 일반적이다. 다시 말하자면, 기본 어휘는 빈도, 중요도, 사용 범위 등 객관적 기준에 의해 마련된 어휘 목록이고, 기초 어휘는 기본 어휘를 근거로 하여 교육적 목적으로 마련된 주관적 어휘 목록이다. 기초 어휘는 어휘의 총수나 범위가 미리 결정되어 있어 기본 어휘가 정확히 그대로는 반영되지 않는다. 기본 어휘를 귀납적 목록이라고 한다면 기초 어휘는 연역적 목록이라 할 수 있다.

　학습용 기본 어휘는 일상생활에 필요한 기본 어휘를 교육적인 목적에 맞도록 재구성한 것을 뜻하는데, 경우에 따라서는 각 학습 영역에 맞도록 경영학 기본 어휘, 공학 기본 어휘, 의학 기본 어휘 등과 같이 세분화하기도 한다.

　한국어 학습용 기본 어휘를 선정하는 데에는 몇 가지 선정 기준이 필요하다. 『표준국어대사전』[1]과 그 밖의 사전들에 실린 60만[2]에 가까운 한국어 사전의 모든 어

---

1) 국립국어연구원(1999), 『표준국어대사전』, 두산동아.
2) 『표준국어대사전』에 실린 표제어 50만여 어휘와 2009년 고려대학교 민족문화연구원에서 펴낸 『고려대 한국어대사전』에 실린 어휘 가운데 『표준국어대사전』에 실리지 못한 4만여 어휘를 염두에 둔 숫자이다.

휘를 학습할 수는 없으며 그럴 필요도 없기 때문이다. 그들 어휘 가운데 학습 현장에서 적절하고도 필요한 어휘를 선정하는 작업은 효율적인 교육을 위해서도 필요한 작업이라고 할 것이다.

적절한 수준과 분량의 어휘를 선정하기 위해서는 학습에 제약이 되는 여러 변인들을 염두에 두어야 한다. 먼저 고려하여야 할 것은 학습 시간과 목표로 정한 한국어 수준이다. 그러나 한국어 학습 시간은 한국어 교육이 이루어지고 있는 기관에 따라 차이가 있으며, 한국어 교육이 이루어지는 환경에 따라서도 동일한 시간에 거두는 효과에는 차이가 있을 수밖에 없다. 초급과 중급, 고급의 세 단계로 구성된 과정이거나 1급에서 6급까지의 여섯 단계로 구성된 과정 또는 외국에서의 대학 과정과 같이 다양한 모습을 보이는 한국어 과정을 통하여 습득하게 되는 어휘는 대략 6,000어휘에서 12,000~14,000어휘 정도에 이르는 것으로 파악되고 있다. 국립국어연구원(2003)에서는 한국어 학습용 선정 어휘로 5,965개를 제시하였으며,[3] 서울대학교의 국어교육연구소에서는 우수한 수준의 한국어 구사를 위한 어휘의 수로 14,432개의 어휘를 익혀야 할 것으로 제시하고 있다.[4]

국어사전에 수록된 60만에 가까운 국어 어휘 가운데 대략 6,000어휘에서 12,000~14,000어휘 정도가 한국어 교육 현장에서 다루어지는 어휘라고 할 때에 그들을 선택하는 일정한 기준으로 먼저 생각할 수 있는 것으로 사용 빈도가 있다. 한국인이 많이 사용하는 어휘를 먼저 습득하는 것이 필요할 것이기 때문이다.

한국어 교육에 활용할 수 있는 한국어의 어휘 사용 빈도 조사는 2002년에 국립국어연구원에서 나온 『현대 국어 사용 빈도 조사』이다. 이는 1990년대의 자료를 대

---

[3] 구체적인 내용에 관해서는 〈부록 1〉을 참조할 것.
[4] 다음의 2001년 6월 19일 연합뉴스의 기사에 따르면, "서울대 국어교육연구소(소장 김대행)는 21일 일상적으로 쓰이는 우리말 어휘 238,005개를 선정, 빈도와 난이도에 따라 7등급으로 분류한 '등급별 총어휘(낱말 v.2001)'를 발표한다. 연구 책임을 맡은 김광해 교수 팀은 먼저 50만여 단어가 실린 『표준국어대사전』(국립국어연구원) 등에서 고어나 방언을 제외하고 현대 한국어를 이해하는 데 필요한 어휘를 골랐다. 이어 '한국어 어휘 교육 연구'(조현용 2000나), '국어사전표제어자료'(고려대 2000) 등 14개 관련 자료를 데이터베이스화해 단어의 분포와 타당도에 따라 7개 등급으로 분류했다. 이번 연구에서 별(*) 표시를 붙인 1-3등급 어휘는 14,432개로 외국인이 이 수준의 어휘를 익힐 경우 우수한 수준의 국어를 구사할 수 있다는 것이 연구팀의 설명이다. 또 '가가대소', '가계약', '가부장적 노예제' 등이 포함된 5등급까지의 어휘 66,751개를 익히면 고졸 수준의 국어 구사가 가능한 것으로 분류했다."라고 하여 한국어 구사에 필요한 어휘의 수가 제안되어 있다.

상으로 하여 시간적인 차이가 있기는 하지만, 한국어 학습용 어휘 선정을 위한 기초 조사를 의도한 작업의 결과라는 점에서 한국어 교육용 어휘를 선정하기 위한 참고 자료로 삼을 수 있을 것이다. 교재 집필이나 한국어 교육 현장에서 참고가 되리라고 생각하여 빈도 순위 12,000번째까지의 어휘를 〈부록 2〉로 제시하였다. 2000년 이후의 국어 어휘 사용 빈도 조사 결과는 국립국어원(2005)로 발표되어 참고할 수 있다.[5] 특히 국립국어원(2005)에는 자모, 음절, 조사, 어미 등의 빈도 조사 결과도 제시되어 있어 다양한 활용 가능성을 담고 있다고 하겠다.

하지만 사용 빈도만이 어휘 선정의 기준이 되는 것은 아니다. 6,000어휘 미만의 국립국어연구원(2003)의 어휘 목록에는 국립국어연구원(2002)의 목록에 들지 않는 어휘가 68개나 되며 12,000번 이후 빈도 순위의 어휘도 175개나 된다. 목록에 들지 않는 경우의 어휘는 지명이나 인명과 같은 고유명사가 많았으며, 12,000번 이후 빈도 순위의 어휘에는 색깔이나 숫자와 같이 계열을 이루는 어휘나 대우 어휘들을 찾아볼 수 있다. 이는 사용도가 높은 고빈도의 어휘여서 사용 범위가 넓은 어휘만이 한국어 학습을 위한 어휘 선정의 기준이 되는 것은 아님을 뜻한다. 특히 상황 중심 또는 장면 중심으로 한국어 교육이 이루어질 경우 빈도는 낮으나 해당 장면에 필요한 어휘의 경우에는 선정이 되어야 하기 때문이다. '약국, 안과, 소아과, 산부인과, 내과, 외과, 상처' 등의 어휘는 높은 빈도의 어휘는 아니나 한국에서 생활하는 데에는 필요한 기본 어휘로 선정이 되어야 할 것이다.

어휘 선정의 다른 기준으로는 학습자의 한국어 학습 동기와 그에 따른 전문성과 관심 영역 등을 들 수 있다. 이주 여성들이라면 자녀의 학교생활에 필요한 '가정통신문, 결석, 급식' 등의 어휘나 친족 관계를 나타내는 '시숙, 당숙'과 같은 어휘 그리고 음식과 관련된 '달래, 냉이, 씀바귀, 쑥버무리' 등의 어휘도 알아야 할 어휘에 속하지만, 그것들을 12,000번 안에서 찾아보기는 힘들다. 한국어 학습자의 학습 동기가 대학의 전공 과정에 진학하고자 하는 경우라면 해당 전공의 학습에 필요한 어휘가 교육이 되어야 함은 당연한 것이라 할 수 있으며, 자신의 나라에서 한국 기업에 취직을 하거나, 한국 관광객 상대의 일을 하기 위하여 한국어를 학습하는 경우라면 '석굴암'과 '설악산' 대신에 '만리장성'과 '하롱베이'를 한국어로 설명하기 위한 어휘

---

[5] 구체적인 내용에 관해서는 국립국어원(2005), 『현대 국어 사용 빈도 조사 2』를 참조할 것.

학습이 필요할 것이기 때문이다. 그렇다고 하여 학습 어휘의 수를 많이 선정하는 것이 능사가 아님은 물론이다.

어휘 선정의 또 다른 기준으로는 사용 범위가 넓은 어휘와 조어력이 높은 어휘를 들 수 있다. 궁극적으로는 모두 익히게 된다고 하더라도, '길'과 '도로', '책'과 '서적' 등의 예에서 우선 학습할 어휘를 선택하라면 '길'과 '책'을 선택하여야 한다는 의미이다.

그렇지만 이 자리에서 한국어 교육용 어휘 목록의 구체적인 내용을 제시하지는 않기로 한다. 기존의 연구 업적과 교재들을 통하여 구체적인 어휘 목록을 대할 수는 있으나 어휘 선정의 기준이 주어진 교육 환경과 조건에 따라 달라질 수 있다는 점에서, 일단 국립국어연구원(2003)에서 제시하고 있는 어휘 목록을 논의의 출발점으로 삼고자 한다.[6]

3.1. 어휘의 수

학습자의 상황과 개인차, 한국어 교육 기관에 따라 차이는 있으나, 앞서 우리는 한국어 교육 현장에서 다루어지는 어휘의 수를 적게는 6,000어휘에서 많게는 12,000~14,000어휘 정도로 상정한 바 있다. 그들 어휘가 한 자리에서 학습하게 되는 것은 물론 아니다. 한국어능력시험에서는 1급에서 약 800개의 기초 어휘를 학습하도록 하고, 2급에서는 약 1,500~2,000개 어휘에 대한 지식을 요구하고 있다. 그러나 제시된 숫자에 속하는 어휘의 목록이 제시된 것은 아니며, 3급 이후의 단계에 대해서는 구체적인 어휘의 숫자를 제시하고 있지 않다.

여기서도 단계별로 학습해야 할 구체적인 어휘의 수를 제시할 수는 없다. 주어진 학습 환경과 시간, 한국어 학습 동기나 목적, 개인의 능력과 관심의 정도에 따라 상당한 차이를 보이는 것이 어휘력이기 때문이다.

그러나 학습 어휘의 수에 단계별로 차이를 두어야 한다는 점은 분명하다고 하겠다. 특히 초급에서는 지나치게 많은 양의 어휘를 제시하기보다는 교재 중심으로 어휘의 수를 조절해 가는 것이 바람직할 것이며, 중급에서는 교재에 나오는 어휘를

---

[6] 한국어 교육용 어휘 목록에 관한 업적으로는 서상규 외(1998), 최길시(1998), 조현용(2000나), 국립국어연구원(2003) 등이 있고, 국어교육용 어휘 목록에 관한 업적으로는 김광해(2003) 등이 있다.

중심으로 하되 선행 학습 어휘와 관련된 어휘로 확장해 나가고, 고급으로 가면서 그 확장의 폭을 넓혀 나가도록 하는 것이 좋다.

학습 어휘의 수를 정할 때 이해 어휘(passive vocabulary)와 표현 어휘(speaking vocabulary)의 수를 달리해야 한다는 점도 유의하여야 한다. 이해 어휘는 문자로 보거나 음성으로 듣고 그 의미나 뉘앙스를 이해할 수 있는 어휘를 의미하고, 표현 어휘는 실제로 말이나 글로 표현할 때 사용할 수 있는 어휘를 뜻한다. 어휘의 습득 순서로 보면, 듣거나 보고 이해한 어휘를 말하거나 글로 써서 표현하게 된다. 그러나 모든 이해 어휘가 표현 어휘가 될 수 있는 것은 아니고, 표현 어휘는 자기가 이해하고 있는 어휘 중에서도 많이 접하여 친근해진 어휘나, 사용에 자신 있는 어휘 또는 자기가 좋아하는 어휘가 되는 것이다. 학습 대상으로 선정한 어휘들을 이해 어휘와 표현 어휘로 구분하는 것은 어휘에 따라 어휘 학습의 방법을 달리하게 된다는 점에서 필요한 작업이라고 하겠다.

3.2. 학습자와 어휘의 수준

외국어로서 한국어를 습득하고자 하는 학습자들의 대다수는 성인이라는 점에서 어휘의 수준이 특별히 문제가 되지는 않는다고 하겠다. 일반적으로 초급에서는 일상 회화의 어휘 중심으로 하며 한자어보다는 순우리말을 중심으로 지도하고, 중급부터는 차차 한자어의 비중을 높이도록 하고 있지만, 굳이 의식하지 않더라도 중급 이후에는 자연스럽게 한자어의 비중이 늘어나게 되어 있다. 국어사전에 실린 어휘의 70% 이상이 한자어라는 통계도 있지만, 사용 어휘 측면에서의 한자어 비중은 그렇게까지 높은 것은 아니며, 초급 단계의 고빈도 어휘 목록에서의 한자어 비중은 더욱 낮다고 하겠다. 6,000어휘 미만의 국립국어연구원(2003)의 어휘 목록에서의 한자어는 대략 3,300어휘 정도 되어 55% 수준이며[7], 그 수를 한국인의 어휘 사용 빈도 상위 12,000번까지 확대하게 되면 한자어의 비중은 약 76~77% 정도까지 높아지게 된다.

---

7) 보다 구체적인 내용에 관해서는 한재영(2003가)를 참조할 것. 참고로 고유어는 2,410 어휘, 외래어는 250어휘 정도이다.

이는 한자 문화권 학습자나 한자에 대한 지식이 있는 경우에 어휘 학습 시 더 유리할 수 있음을 짐작하게 한다. 그러나 한자에 대한 지식이 선입견이 되어 한국어 한자 어휘 학습에 장애가 될 수 있다는 점에도 유의할 필요가 있다. 한국 한자어 가운데에는 중국이나 일본에서 그 의미를 달리하거나, 아예 사용되지 않는 어휘들도 있기 때문이다. 한국어 교육용 한자 어휘 가운데 중국이나 일본과 차이를 보이는 어휘의 목록과 차이점에 대해서는 한재영(2003가)에서 가져와 〈부록 3〉으로 제시하기로 한다.

학습 어휘의 수준을 결정하는 데에는 학습자의 전문성과 관심도, 교육 정도와 연령 등도 고려해야 할 사항이다. 예를 들어서 고령자의 경우에는 발음 교육 시에 어려움을 겪기 쉬우나 어휘의 학습에서는 배경 지식을 활용하여 빨리 이해하는 경향이 있다. 그러한 경우라면 어휘가 가지고 있는 발음 정보를 파악하여 발음이 쉬운 어휘가 제시될 수 있어야 할 것이다. 그렇지만 성인 학습자의 경우에는 의미 내용이나 개념까지 쉬워야 할 필요는 없다.

3.3. 어휘의 양과 질

앞서 우리는 한국어 교육에 필요한 대강의 어휘 수를 상정하고 그 내용을 살펴보았다. 대략 6,000어휘에서 12,000~14,000어휘 정도를 한국어 교육 현장에서 사용될 어휘의 수로 판단한 것이다. 그들의 구체적인 목록 제시는 유보하기로 하였지만, 천신만고 끝에 목록을 작성하였다고 하더라도 또 다른 큰 과제가 있음을 간과해서는 안 될 것이다. 어휘의 양과 질이 그것이다.

여기서 어휘의 양과 질이 가지는 의미는 두 가지이다. 하나는 학습 단계별로 어휘의 수를 늘려가는 양에 관한 것이며, 다른 하나는 개별 어휘의 의미 영역을 넓혀가는 질에 관한 것이다. 먼저 학습 단계별로 어휘 수와 관련해서 생각하여 볼 수 있는 것은 기계적으로 나누어 보는 것이다. 6,000 또는 12,000어휘를 초급에서 고급까지의 3단계로 나눈다면 각각 2,000 또는 4,000어휘로 나누어 보는 것이며, 1급에서 6급까지의 여섯 단계로 나눈다면 1,000 또는 2,000어휘를 각 단계마다 학습하도록 하는 것이 그것이다. 그러나 그러한 분배는 그리 합리적인 것이라 하기 어렵다. 학습의 초기 단계와 진행 단계 그리고 마무리 단계의 어휘 학습 능력이 같지 않기 때문이다. 실제로 그와 같이 분배하여 진행하는 과정은 보이지 않는다. 6단계로 나뉜 외국인을 대상으로 하는 한국어능력시험에서는 1급에서 800어휘, 2급에서 1,500~2,000어휘를 다루고 있어 단계별 차등을 두고 있음을 알 수 있다. 앞서 살펴본 국립국어연구원(2003)의 한국어 교육용 어휘 목록에도 5,965어휘를 세 단계로 구분하여 초급 단계에 982어휘, 중급 단계에 2,111어휘 그리고 고급 단계에 2,872어휘를 배정하고 있다.

이렇듯 학습 단계가 올라갈수록 학습 대상 어휘가 늘어나는 까닭은 크게 두 가지로 이해할 수 있다. 하나는 한국어 능력이 단계의 진행에 따라 향상이 되고, 향상된 한국어 능력이 어휘 학습 능력을 높여 주었던 때문으로 이해할 수 있다는 것이고, 다른 하나는 초급 수준의 어휘들은 거의 대부분 표현(사용) 어휘로서의 학습이 이루어지는 반면에, 고급 단계로 올라갈수록 이해 어휘로서의 학습이 이루어지게 된다는 점에서 학습 어휘의 증가를 이해할 수 있다.

그러나 어휘 학습에 있어 간과해서는 안 될 중요한 내용은 어휘의 확장이 가지는 다른 의미인 개별 어휘의 의미 영역을 넓혀가는 것이다. 이에 대한 충분한 이해를 위해서는 앞서 제시된 어휘 목록이 상당히 표면적이었음을 먼저 인식할 필요가 있다. 기본 어휘로 6,000어휘를 제시한 목록이든 어휘 빈도 조사의 결과를 활용하여 작성한 12,000어휘 목록이든 다의어에 대한 고려가 없었기 때문이다.

실제로 한국어 교육 현장에서는 여러 가지 의미를 가진 어휘가 나왔을 때 한 자리에서 여러 가지 의미를 모두 가르치는 것이 아니라 초급에서는 기초적인 뜻을 가르치고 급이 올라갈수록 주변적인 의미로 확장하여 가르치고 있음을 볼 수 있다. 앞에서 본 바 있는 동사 '보다'의 『표준국어대사전』에서의 사전적인 의미만 보더라도 다음과 같다.

(1) 동사 '보다'의 『표준국어대사전』에서의 사전적인 의미
  [Ⅰ] ① 눈으로 대상의 존재나 형태적 특징을 알다. ② 눈으로 대상을 즐기거나 감상하다. ③ 책이나 신문 따위를 읽다. ④ 대상의 내용이나 상태를 알기 위하여 살피다. ⑤ 일정한 목적 아래 만나다. ⑥ 맡아서 보살피거나 지키다. ⑦ 상대편의 형편 따위를 헤아리다. ⑧ 점 따위로 운수를 알아보다. ⑨ ('시험'을 뜻하는 목적어와 함께 쓰여) 자신의 실력이 나타나도록 치르다. ⑩ 어떤 일을 맡아 하다. ⑪ 어떤 결과나 관계를 맺기에

이르다. ⑫ 음식상이나 잠자리 따위를 채비하다. ⑬ (완곡한 표현으로) 대소변을 누다. ⑭ 어떤 관계의 사람을 얻거나 맞다. ⑮ 부도덕한 이성 관계를 갖다. ⑯ 어떤 일을 당하거나 겪거나 얻어 가지다. ⑰ 의사가 환자를 진찰하다. ⑱ 신문, 잡지 따위를 구독하다. ⑲ 음식 맛이나 간을 알기 위하여 시험 삼아 조금 먹다. ⑳ 남의 결점 따위를 들추어 말하다. ㉑ 남의 결점이나 약점 따위를 발견하다. ㉒ 기회, 때, 시기 따위를 살피다. ㉓ 땅, 집, 물건 따위를 사기 위하여 살피다. ㉔ ('장' 또는 '시장'과 같은 목적어와 함께 쓰여) 물건을 팔거나 사다. ㉕ (주로 '보고' 꼴로 쓰여) 고려의 대상이나 판단의 기초로 삼다. ㉖ (주로 '보고' 꼴로 쓰여) 무엇을 바라거나 의지하다.

[Ⅱ] ① (동사 뒤에서 '-어 보다' 구성으로 쓰여) 어떤 행동을 시험 삼아 함을 나타내는 말. ② (동사 뒤에서 '-어 보다' 구성으로 쓰여) 이전에 어떤 일을 경험했음을 나타내는 말. ③ (동사 뒤에서 '-고 보니', '-고 보면' 구성으로 쓰여) 앞말이 뜻하는 행동을 하고 난 후에 뒷말이 뜻하는 사실을 새로 깨닫게 되거나, 뒷말이 뜻하는 상태로 됨을 나타내는 말. ④ (동사 뒤에서 '-다(가) 보니', '-다(가) 보면' 구성으로 쓰여) 앞말이 뜻하는 행동을 하는 과정에서 뒷말이 뜻하는 사실을 새로 깨닫게 되거나, 뒷말이 뜻하는 상태로 됨을 나타내는 말.

[Ⅲ] ① (동사나 형용사 '이다' 뒤에서 '-은가/는가/나 보다' 구성으로 쓰여) 앞말이 뜻하는 행동이나 상태를 추측하거나 어렴풋이 인식하고 있음을 나타내는 말. ② (동사 뒤에서 '-을까 보다' 구성으로 쓰여) 앞말이 뜻하는 행동을 할 의도를 가지고 있음을 나타내는 말. ③ (동사나 형용사, '이다' 뒤에서 '-을까 봐(서)' 구성으로 쓰여) 앞말이 뜻하는 상황이 될 것 같아 걱정하거나 두려워함을 나타내는 말. ④ (형용사나 '이다' 뒤에서 '-다 보니', '-고 보니' 구성으로 쓰여) 앞말이 뜻하는 상태가 뒷말의 이유나 원인이 됨을 나타내는 말.

동사 '보다'의 이러한 의미에 대하여 한국어 교육 현장에서는 각기 나누어 가르치고 있음을 찾아볼 수 있다. 초급에서는 '이 책은 처음 <u>보았어요</u>'와 같이 눈으로 대상의 존재나 형태적 특징을 안다는 의미로 가르치고, 단계가 올라가면서 '학생 업무를 <u>봅니다</u>, 손님 주무실 자리를 <u>봐</u> 드려라, 작년에 며느리를 <u>보았습니다</u>, 원장님은 오전에만 환자를 <u>보십니다</u>, 기회를 <u>봐서</u> 부모님께 말씀드리는 게 좋겠다'와 같이 주변적인 의미로 넓혀 나가는 것이다. 나아가 보조동사나 보조형용사의 의미와 기능으로 어휘 학습 내용의 양과 질을 확장하여 나가는 양상을 알 수 있다.

그런 경우에 해당 어휘가 가지고 있는 어원적인 정보나, 한국어학적인 지식은 우선 고려 대상이 아니다. 우리가 학습 대상 어휘를 선택할 때와 마찬가지로 해당 어휘가 가지고 있는 의미들 가운데 현대국어에서 사용 빈도가 높은 용법과 의미를 먼저 다루어야 한다는 의미이다. 그와 같은 양상은 명사나 조사에서도 다르지 않다. 참고로 명사 '손'과 조사 '으로'의 의미를 소개하여 둔다.

(2) 명사 '손'의 『표준국어대사전』에서의 사전적인 의미
① 사람의 팔목 끝에 달린 부분. 손등, 손바닥, 손목으로 나뉘며 그 끝에 다섯 개의 손가락이 있어, 무엇을 만지거나 잡거나 한다.
② 손가락.
③ 일손.
④ 어떤 일을 하는 데 드는 사람의 힘이나 노력, 기술.
⑤ 어떤 사람의 영향력이나 권한이 미치는 범위.
⑥ 사람의 수완이나 꾀.

특히 명사 '손'의 경우에는 여러 관용표현에도 나타나 그들 가운데 몇몇은 학습 단계의 진행에 따라 다루게 되기도 한다. 다음의 (2′)은 사전에서 찾아볼 수 있는 명사 '손'의 관용표현들이다.

(2′) 명사 '손'의 관용표현
손(에) 익다, 손(을) 거치다, 손(을) 걸다, 손(을) 끊다, 손(을) 나누다, 손(을) 내밀다, 손(을) 넘기다, 손(을) 떼다, 손(을) 맺다, 손(을) 멈추다, 손(을) 벌리다, 손(을) 붙이다, 손(을) 빼다, 손(을) 뻗치다, 손(을) 씻대털대, 손(을) 주다, 손(을) 치다, 손(이) 거칠다, 손(이) 떨어지다, 손(이) 뜨다, 손(이) 맑다, 손(이) 맞다, 손(이) 맵다, 손(이) 비다, 손(이) 빠르다, 손(이) 서투르다, 손(이) 싸다, 손(이) 여물다, 손(이) 작다, 손(이) 잠기다, 손(이) 재다, 손(이)

저리다, 손(이) 크다, 손에 걸리다, 손에 땀을 쥐다, 손에 물 한 방울 묻히지 않고 살다, 손에 붙다, 손에 손잡다, 손에 오르다, 손에 잡히다, 손에 잡힐 듯하다, 손에 장을 지지다, 손을 놓다, 손을 늦추다, 손을 맞잡다, 손을 뻗다, 손을 잠그다, 손을 적시다, 손이 걸다, 손이 나다, 손이 놀다, 손이 닳도록, 손이 닿다, 손이 돌다, 손이 짜이다, 손이야 발이야

조사의 경우에도 역시 어휘의 양과 질에 대한 배려가 있어야 함은 물론이다. 조사 '으로'의 경우를 예로 보면, (3)에서 보는 바와 같이 '으로'가 가지고 있는 다양한 의미와 기능이 학습의 내용이 되는 것으로 이들은 각각 학습의 단계에 따라 적절하게 나누어 익히게 되는 것이다.

(3) 조사 '으로'의 『표준국어대사전』에서의 사전적인 의미
   ① 움직임의 방향을 나타내는 격 조사.
   ② 움직임의 경로를 나타내는 격 조사.
   ③ 변화의 결과를 나타내는 격 조사.
   ④ 어떤 물건의 재료나 원료를 나타내는 격 조사.
   ⑤ 어떤 일의 수단·도구를 나타내는 격 조사.
   ⑥ 어떤 일의 방법이나 방식을 나타내는 격 조사.
   ⑦ 어떤 일의 원인이나 이유를 나타내는 격 조사. '말미암아', '인하여', '하여' 등이 뒤따를 때가 있다.
   ⑧ 지위나 신분 또는 자격을 나타내는 격 조사.
   ⑨ 시간을 나타내는 격 조사.
   ⑩ 시간을 셈할 때 셈에 넣는 한계를 나타내는 격 조사.
   ⑪ 특정한 동사와 같이 쓰여 대상을 나타내는 격 조사. '하여금'을 뒤따르게 하여 시킴의 대상이 되게 하거나, '더불어'를 뒤따르게 하여 동반의 대상이 되게 한다.
   ⑫ ('-기로 …하다' 구성으로 쓰여) 약속이나 결정을 나타내는 격 조사.
   ⑬ (주로 인지나 지각을 나타내는 말과 함께 쓰여)어떤 사물에 대하여 생각하는 바임을 나타내는 격 조사.

어휘의 확장은 어휘의 생성 원리에 대한 이해를 통하여 이루어지기도 한다. 문법을 익히듯 어휘 생성의 원리인 파생과 합성을 통한 어휘 확장 학습도 이루어져야 한다는 의미이다. 그와 같은 학습은 중급 과정 이후부터 가능할 것으로 보이는바, 중급부터는 파생어와 합성어에 관한 교육이 집중적으로 이루어져야 한다.

한자어를 이용한 확장 방법을 예로 들어 보면, '최선(最善)'이라는 어휘가 나왔을 때 학생들에게 '최(最)'가 들어가는 단어를 찾아보게 하는 것이다(최고/최저, 최상/최하, 최대/최소, 최초/최후, 최강, 최근 등). 찾아진 어휘에 대한 이해와 습득을 위해서는 그들 어휘를 사용하여 문장을 만들어 봄으로써 어휘를 적절하게 사용하는 방법도 제시해야 한다.

그와 유사한 방법으로 접사를 이용하여 동사나 형용사를 명사로 만드는 방법도 제시할 수 있다. '높이'라는 단어가 나왔을 때 '높이'는 '높다'라는 형용사의 어간 '높-'에 접사 '-이'가 붙어서 '높이'라는 명사가 되었으며, 이와 같은 방법으로 '깊이, 넓이, ……'가 나올 수 있다는 것을 보여 주는 것이다.

4. 한국어 어휘의 특성 *

4.1. 체계적 특성

한국어의 어휘는 어디에 기원을 두고 있느냐에 따라 크게 고유어(순우리말)와 외래어(차용어)로 나뉜다. 고유어는 본래부터 우리나라에서 써 온 말이고 외래어는 외국에서 수입한 말이다. 한자(漢字)로 이루어진 어휘, 곧 한자어는 중국이나 일본에서 수입하지 않고 우리나라에서 만든 것도 있으나, 한자 자체가 대부분 중국 글자이므로 체계상으로는 통상 외래어에 포함시킨다. 그러나 한자어는 한국어 어휘의 60%가량을 차지할 정도이고, 오랫동안 한국어의 일부로 쓰여 왔으므로 일반적인 외래어와는 다른 특성을 많이 갖고 있다.

외국어로서의 한국어 교육에서 고유어, 한자어, 일반 외래어를 구별하는 일이 반드시 필요한 것도 아니고 어떤 말이 어떤 부류에 속하는지를 명확히 판단할 수 없는 경우도 종종 있다. 그러나 어휘의 이들 세 부류는 서로 다른 특성을 지니고 있으므로, 어떤 말이 어떤 부류의 말인지를 아는 것은 한국어 어휘의 습득과 사용에 큰 도움을 준다.

그런데 어휘는 일반적으로 단어 형식으로 존재하지만, 구(句), 절(節), 문장으로 확장되어 존재하는 경우도 있다. 관용표현, 속담이 그러하다. 이들은 특수한 의미를 전달하므로, 단순히 그 속에 들어 있는 단어의 뜻을 조합해서는 그 전체의 뜻을 온전히 알기 어렵다. 그러므로 일반 어휘처럼 한국어 사전에 등재되어 풀이되는 대상

---

* 외국어로서의 한국어 어휘 교육 방향에 대한 전반적 논의로는 곽지영(1997), 조현용 (1999가, 2000나), 박동호(2001)을 참조할 것.

이다. 한편, 그 속에 들어 있는 단어의 뜻을 갖고 전체 구성의 뜻은 어느 정도 유추할 수 있으나, 예상하기 어려운 특수한 결합 관계를 갖고 있는 연어(連語) 역시 확장 형식 어휘 체계의 한 구성원으로 인정하는 것이 최근 연구의 추세이다.

이 절에서는 한국어 어휘를 우선 단어 형식 어휘와 확장 형식 어휘로 나눈 다음, 단어 형식 어휘는 다시 고유어, 한자어, 외래어로 나누고 확장 형식 어휘는 다시 관용표현, 속담, 연어로 나누어 각각의 범주들이 가지고 있는 특성을 간단히 살펴보기로 한다.

4.1.1. 단어 형식 어휘의 체계

4.1.1.1. 고유어

한국어에서 고유어는 그 수효가 한자어보다 적고 점점 쓰이지 않는 추세에 놓인 말이 많아 그 중요성이 한자어보다 덜하다고 생각할 수도 있다. 그러나 일상생활의 구어에서 자주 쓰이는 어휘는 고유어의 비중이 크기 때문에 한국어 교육에서는 소홀히 다룰 수 없다.

한국어의 고유어는 9품사에 모두 존재한다. 다음을 보자.

(1) 가. 명사: 나무, 집, 바람, 돌, 물, 불, 소리, 꿈, 달리기, ……
  나. 대명사: 나, 너, 무엇, 누구, 이, 그, 이것, 이때, 이곳, ……
  다. 수사: 하나, 둘, 셋, 넷, 열둘, 스물다섯, ……, 아흔아홉[1]
  라. 동사: 먹다, 보다, 입다, 자다, 마시다, 읽다, 믿다, 느끼다, ……
  마. 형용사: 크다, 작다, 넓다, 좁다, 밝다, 어둡다, 두껍다, 얇다, ……
  바. 관형사: 새, 헌, 옛, 첫, 모든, 한, 두, 세, 네, 이, 그, 저, ……
  사. 부사: 매우, 아주, 잘, 안, 못, 길이, 다행히, 너무, 도로, ……
  자. 조사: 이/가, 을/를, 의, 에, 에서, 와/과, 로, 은/는, 만, 도, ……
  차. 감탄사: 아, 어머, 아이고, 으악, 차렷, 네/예, ……

---

[1] 한국어의 고유어 수사는 99까지밖에 없다. 100 이상의 단위에서는 고유어가 소멸되어 100단위를 나타낼 때는 '백(百)', 1,000단위를 나타낼 때는 '천(千)', 10,000단위를 나타낼 때는 '만(萬)', 100,000,000단위를 나타낼 때는 '억(億)', 1,000,000,000,000단위를 나타낼 때는 '조(兆)' 등과 같은 한자어를 쓴다.

한국어의 고유어는 자음과 모음을 약간씩 변형하여 미묘한 어감의 변화를 주는 일이 많다. 이를 한국어 어휘의 중요한 특징으로 꼽기도 하는데, 이러한 특징은 거의 고유어를 통해 나타난다. 의성어·의태어, 색채어, 미각어 등을 전형적인 예로 들 수 있다. 의성어와 의태어는 주로 부사어로 쓰이는데, '-하다, -거리다, -대다, -이다'와 같은 접미사가 붙어 동사로 파생되기도 한다. 색채어와 미각어는 거의 형용사로 존재한다.

(2) 가. 의성어 : 쾅쾅, 꿀꿀, 멍멍, 둥둥, 따르릉, ……
　　나. 의태어 : 펄펄, 살살, 살랑살랑, 반짝반짝, 옥신각신, ……
(3) 색채어 : 붉다, 발갛다, 벌겋다, 빨갛다, 뻘겋다, 불그스름하다, 발그레하다,
　　……
(4) 미각어 : 달다, 달콤하다, 달짝지근하다, 달달하다, ……

의성어·의태어, 색채어의 특성 중 가장 중요한 것은 자음과 모음의 교체를 통해 어감 혹은 의미의 분화를 이룬다는 점이다. 양성모음과 음성모음 교체, 평음과 경음과 격음의 교체에 따라서 미세한 혹은 상당한 의미 차이가 생긴다는 것이다. 대체로 양성모음은 작고 여리고 날카롭고 가볍고 귀여운 느낌을 주고 음성모음은 크고 강하고 둔하고 무겁고 무서운 느낌을 준다. 또 경음과 격음이 평음보다 더 강도가 높음을 나타낸다.

(5) 가. 소곤소곤 : 수군수군
　　나. 콜록콜록 : 쿨룩쿨룩
(6) 가. 오물오물 : 우물우물
　　나. 한들한들 : 흔들흔들
(7) 가. 파랗다 : 퍼렇다
　　나. 빨갛다 : 뻘겋다
(8) 가. 보드득 : 뽀드득
　　나. 바삭바삭 : 빠삭빠삭
(9) 가. 종알종알 : 쫑알쫑알
　　나. 반들반들 : 빤들빤들
(10) 가. 시꺼멓다 : 시커멓다
　　나. 발갛다 : 빨갛다

(5)는 의성어, (6)은 의태어, (7)은 색채어에서 양성모음과 음성모음이 교체됨에 따라 어감이 달라지거나 의미에 차이가 생긴 예이다. (8)은 의성어, (9)는 의태어, (10)은 색채어에서 평음, 격음, 경음이 교체됨에 따라 어감이 달라진 예이다.

미각어도 의성어·의태어나 색채어처럼 모음 혹은 자음의 교체로 어감이나 의미의 차이가 생기는 경우가 있으나 그리 흔한 것은 아니다. 오히려 미각어의 경우는 다양한 접미사에 의해 의미 차이가 생기는 경우가 더 많다.

(11) 가. 새콤하다 : 시큼하다
     나. 달짝지근하다 : 들쩍지근하다
(12) 달콤하다, 매콤하다, 달짝지근하다, 짭짤하다, 짭짜름하다, 씁쓸하다, 씁쓰름하다, 시큼하다, 시금털털하다

(11)의 예는 모음의 교체에 의해 어감 혹은 의미가 달라진 예이며 (12)는 '-콤-, -짝지근-, -ㅂ짤-, -ㅂ짜름-, -ㅂ쓸-, -ㅂ쓰름-, -큼-, -금털털-'과 같은 어근 형성 접미사[2])가 붙어 다양한 의미를 보이는 단어들이다.

4.1.1.2. 외래어(차용어)

어떤 나라에 외국어가 들어와 그 나라 말로 정착하였을 때, 그것을 외래어(foreign word) 혹은 차용어(loan word)라고 한다. 한 나라가 다른 나라와 문화 접촉을 겪을 때에는 물질적·정신적 교류가 발생하고 그럼으로써 자국에는 없지만 타국에는 있는 물질적·정신적 개념을 표현해야 할 필요가 생기므로 타국의 어휘를 수입하게 된다. 그러나 수입한 외국어가 모두 외래어가 되는 것은 아니다. 한국에서 일정 기간, 일정 빈도 이상 쓰여 안정적인 지위를 차지하는 것으로 인식될 때 비로소 외래어로 인정받는 것이다.

현대 한국어에서 외래어의 비중이 급속도로 커지고 있다는 사실은 한국어 교육에서 큰 부담이 된다. 고유어, 한자어, 필수 외래어로 이루어진 기존 한국어 교재로는 한국어 학습자의 어휘 습득에서 한계가 생길 수밖에 없기 때문이다.[3]) 따라서 한

---

2) 이론적으로 엄밀히 말하면, 이들 접미사는 매우 비생산적이므로 현대 한국어 형태론에서는 공시적으로 분석하지 않는다. 그러나 여기에서는 이론적으로 정확히 기술하기보다는 한국어 교사가 이해하기 쉽게 기술하였다.
3) 오미정 외(2007)에서는 한국어 교육 현장에서 감당할 수 있을 정도의 외래어를 총정리하여 제시하였다. 이정희(2007)에서는 외래어에 대한 한국어 학습자의 인식을 바탕으로

국어 교사는 자주 쓰이는 외래어가 많이 사용된, 교재 밖의 텍스트를 적극 활용할 필요가 있을 것이다.

어떤 외래어는 우리말로 쓰인 지가 너무 오래되어 발음이나 형태 등에서 외국어의 특징을 거의 잃어버리고 고유어와 다름없이 인식되기도 한다. 이를 귀화어(歸化語)라고 하기도 하는데, 한자어도 넓게 보면 귀화어에 속한다고 할 수 있다. 그러나 일반적으로 귀화어는 (13)과 같이 완전히 고유어처럼 인식되는 어휘를 가리키는 것이다.

(13) 붓(←筆중), 먹(←墨중), 배추(←白菜중), 김치(←沈菜중), 담배(←tabaco에), 구두(←kutsu일), 빵(←pão포), 성냥(←石硫黃중), 고무(←gomme프)

외래어는 기본적으로 외국에서 수입한 말이지만, 실제 수입하지는 않고 외국어의 단어나 어근을 이용해 만든 말도 있다. 이들도 넓게 보아 외래어로 다룬다. (14)의 예가 그러한데, 이들은 영국이나 미국에서 수입한 어휘들이 아닌 것이다.[4]

(14) 고스톱(go+stop), 오토바이(auto-+bi-), 백미러(back+mirror), 애프터서비스(after+service), 샐러리맨(salary+man), 핸드폰(hand+phone), 골인(goal+in)

이제 외래어의 특성을 살펴보기로 한다. 김세중(1998)에서는 외래어의 특성을 다음과 같이 요약하였다.

(15) 가. 외래어는 원래의 언어에서 가졌던 특징을 잃어버리고 새 언어에 동화되는 특징이 있다.
　　　나. 외래어는 어형이 불안정한 경우가 많다.

외래어가 새 언어에 동화되는 것은 세 가지 측면에서 이루어진다. 첫째, 음운적 측면이다. 한국어에서 구별되지 않는 /r/과 /l/이 모두 /ㄹ/로 발음되는가 하면 한국어에 없는 /f/, /v/이 각각 /ㅍ/, /ㅂ/으로 발음되는 현상이다. 예를 들어 'right'나 'light'나 모두 한국어에서는 '라이트'로 발음되고 'coffee', 'veil'은 각각 '커피', '베일'로 발음되는 것이다. 둘째, 형태적 측면이다. 외래어의 동사나 형용사는 한국어에서는 어근으로만 인식되어 동사, 형용사로 쓰일 때, 반드시 접미사 '-하다'와 결합되어

등급별(초급, 중급, 고급) 외래어 어휘 목록을 작성한 바 있다.
4) 이들 모두가 한국에서 만든 외래어는 아니다. 일본에서 만든 외래어가 그대로 수입되어 쓰이는 경우도 많다.

쓰인다. 특히 이러한 면은 형용사에서 두드러지는데, 가령 형용사 'cool'은 '쿨하다'로, 'ironical'은 '아이로니컬하다'로 쓰이게 된다. 셋째, 의미적 측면이다. 외래어가 한국어에서는 의미가 상당히 혹은 다소간 달라지는 경우가 있다. 가령 불어의 'madamme'은 '부인'이라는 뜻이지만 한국어의 '마담'은 '술집이나 다방의 여주인'을 뜻해 의미가 다소 다르게 쓰인다.

외래어는 수입되면서 모든 국민들이 일시에 공유하는 것이 아니고 공간적으로, 세대별로 서서히 확산되어 나가는 특징이 있기 때문에 어형(발음 및 표기)이 일률적으로 통일되어 있지 않은 경우가 많음을 나타낸 것이 (15나)이다.[5] '카페'와 '까페'라든지 '플루트'와 '플룻'이라든지 '뷔페'와 '부페'라든지 하는 말들이 그러하다. 이러한 어형의 다양성은 외래어 표기법을 통해 표준적으로 통일되어 있다. 그러나 외래어 표기법이 현실 언어생활에서 정확히 적용될 만큼 보급이 잘되어 있다고 보기 어렵고 외래어 표기법 자체도 약점이 적지 않으므로, 한국어 교육 현장에서는 현실적으로 외래어의 어형 변이가 심각하다는 사실을 고려하고 있어야 할 것이다.

4.1.1.3. 한자어

한국어에서 한자어(Sino-Korean word)는 매우 비중이 높고 새말을 만들 때에도 고유어보다 훨씬 더 자주 이용된다. 외국어로서의 한국어를 배우는 학습자들에게 한자어, 더 나아가서 한자 학습은 한국어 어휘를 풍부하게 사용하는 데 중요한 관건이 된다. 특히 급수가 올라갈수록 한자어의 중요성이 증대되며 경우에 따라서는 한자 자체에 대한 별도의 학습도 요구된다. 한자어는 음운, 형태, 통사, 의미에 걸쳐 언급할 만한 특성이 매우 많으나, 여기에서 그 모두를 설명할 수는 없으며 또 그럴 필요도 없다. 여기에서는 한국어 교육에 유용할 만한 내용을 소개하기로 한다.[6]

한자어는 대개 두 개 이상의 한자 형태소가 어기(語基)[7]와 어기의 결합으로 이루어진 합성어 혹은 어기와 접사의 결합으로 이루어진 파생어가 대부분이지만, 하나의 형태소가 그대로 하나의 한자어로 이루어진 단일어도 존재한다. 이러한 단일어는 대부분 1음절이나 2음절 이상의 말도 드물지만 존재한다. 우선 이들을 살펴보기로 한다.

---

5) 보통 발음이 다르고 그것이 표기에 반영되지만, 발음은 같으나 표기가 다른 경우도 있다.
6) 한국어 교육을 목적으로 한 한자어 어휘 선정에 대해서는 한재영(2003가, 나)를, 한자어의 교수·학습 방안에 대해서는 문금현(2003)을, 한자의 교수법에 대해서는 김지형(2003나)를 참조할 것.
7) '어기'에 대해서는 4.2.2.를 참조할 것.

(16) 가. 간(肝), 강(江), 단(但), 문(門), 병(病), 산(山), 시(詩), 즉(卽), 책(冊), ……
나. 산호(珊瑚), 포도(葡萄), 독일(獨逸), 불란서(佛蘭西), 이태리(伊太利), ……

(16가)는 1음절의 한자 단일어를 보인 것이다. 한국어에서 1음절 한자 단일어는 대부분 명사이고 고빈도의 일상적 어휘에 속한다. 그러나 '즉'과 같이 간혹 다른 품사(주로 부사)의 단일어도 존재한다. (16나)는 한자 하나하나가 의미 없이 전체가 하나의 의미를 형성하고 있기 때문에 역시 단일어로 볼 수 있다. '불란서, 이태리'와 같은 외국어 취음(取音)의 한자어는 '프랑스, 이탈리아' 못지않게 자주 쓰인다. 더욱이 '독일(獨逸)'과 같은 한자어는 원어인 '도이칠란트'보다 훨씬 자주 쓰인다. 그러나 '서반아(西班牙), 노서아(露西亞), 화란(和蘭)' 등은 이제 거의 쓰지 않고 각각 '스페인, 러시아, 네덜란드'를 주로 쓴다.

둘째, 둘 이상의 어기로 이루어진 합성어를 살펴보기로 한다.

(17) 결혼(結婚), 내부(內部), 도로(道路), 명함(名銜), 법률(法律), 상품(商品), 입구(入口), 전기(電氣), 창문(窓門), 타인(他人), 평가(評價), 학교(學校), ……

한자 합성어의 특징은 한자 한 글자 한 글자가 의미를 가진 형태소이면서도 한국어에서는 대부분 자립적으로 쓰일 수 없다는 것이다. 가령 '결혼'에서 '결'과 '혼', '학교'에서 '학'과 '교'는 자립적으로 쓰일 수 없는 어기, 즉 어근으로서 반드시 합성어의 구성 요소로만 쓰인다. 그러나 '시인'에서의 '시', '헌법'에서의 '법', '창문'에서의 '창'과 '문' 등은 자립적인 단어 구실을 할 수 있는 어기들이다. 한국어의 한자 합성어에 쓰이는 한자가 아주 많은 것은 아니므로 중급 이상의 한국어 학습자는 방과 후 보충 학습을 통해 한자를 익히기도 하는데 이는 한자어 어휘 확장에 매우 큰 도움이 된다. 대부분의 한자가 여러 어휘에 반복하여 나타나므로 그 의미를 익히는 데 크게 도움을 주기 때문이다.

셋째, 접사[8]로 쓰이는 한자어가 붙어 이루어진 파생어를 살펴보자.

(18) 가. 대폭발(大爆發), 소규모(小規模), 고수익(高收益), 저혈압(低血壓), ……
나. 사업가(事業家), 문법론(文法論), 한국학(韓國學), 물리적(物理的), ……

---

[8] 이론적으로 엄밀히 말하면 '-적(的)'을 제외한 대부분의 한자어 접사들은 모두 '어근'으로 볼 수 있다. 그러나 한국어 교육의 관점에서는 문제의 항목들을 일반 어근과는 차별적으로 다룰 필요가 있고 한국어 사전에서도 대개 이들을 접사로 처리하고 있으므로 본서에서도 접사로 처리한다.

(18가)는 접두사 '대-, 소-, 고-, 저-'가 결합하여 이루어진 한자 파생어이고 (18나)는 접미사 '-가, -론, -학, -적'이 결합하여 이루어진 한자 파생어이다. 이들 한자 접사를 익혀 두는 것은 일반 어기로 쓰이는 한자를 익히는 것보다도 한국어 어휘 학습에 훨씬 효과가 크다. (18)과 같은 파생어는 계속 새롭게 만들어질 뿐만 아니라 자주 쓰이는 정도가 (17)과 같은 합성어보다 더 크기 때문이다.

한편 한자어는 고유어 접미사 '-하(다)'를 결합시켜야 한국어에서 정상적인 형용사나 동사로 사용할 수 있다. 이는 앞서 일반 외래어의 특성으로서도 언급했던 것인데 한자어도 그러한 특성을 갖고 있는 것이다.

(19) 가. 강(强)하다, 급(急)하다, 망(亡)하다, 심(甚)하다, 통(通)하다, 합(合)하다
 나. 단순(單純)하다, 명료(明瞭)하다, 복잡(複雜)하다, 화려(華麗)하다
(20) 가. 건강(健康)하다, 성실(誠實)하다, 정직(正直)하다, 행복(幸福)하다
 나. 공부(工夫)하다, 도착(到着)하다, 연습(練習)하다, 운동(運動)하다

(19)는 어근, 즉 비자립적 어기에 '-하(다)'가 붙어 이루어진 단어들이다. (19가)에서처럼 1음절 어근이거나 (19나)에서처럼 형용사의 어근인 경우가 대부분이다. (20)은 자립적 어기에 '-하(다)'가 붙어 이루어진 단어들이다. (19가)에서처럼 일부 형용사의 어기 혹은 (19나)에서처럼 동사의 어기가 대부분 자립적인 어기로 쓰인다. 중급 이후의 한국어 학습자들에게 (19)와 (20)의 차이를 인식시키면 학습자들이 한자어를 사용할 때 큰 진전을 볼 수 있다. 학습자들은 (19나)와 같은 말들에서 어근인 '단순, 명료, 복잡, 화려'와 같은 말을 상당히 자주 자립적 명사처럼 사용하기 때문이다.

이제 한자 합성어의 의미 구조를 보도록 하자. 의미 구조에 따라 심재기(2000:169)는 한자어 구성을 10가지로 나누었으나 여기에서는 중요한 네 가지 유형만을 보도록 한다.

(21) 가. 주술(主述) 구성 : 국립(國立), 일출(日出), 야심(夜深), 인조(人造), ……
 나. 병렬(竝列) 구성 : 강산(江山), 부모(父母), 상하(上下), 토지(土地), ……
 다. 목술(目述) 구성 : 등산(登山), 개학(開學), 애국(愛國), 피난(避難), ……
 라. 한정(限定) 구성 : 고산(高山), 보약(補藥), 애인(愛人), 장기(長期), ……

물론 (21)과 같은 의미 구조는 한국어 교육 현장에서 명시적으로 교육할 내용은 아니다. 그러나 한자어 학습을 충분히 한 학습자는 (21)과 같은 의미 구조를 귀납하

여 알아내기도 하는데, 그러한 경우 교사는 보충 설명을 할 수 있어야 한다.

한국어에서 한자어는 고유어와 함께 오래전부터 한국어를 구성해 왔기 때문에 고유어와 다양한 상호작용을 하고 있다. 가장 특기할 만한 것은 고유어와 한자어의 대응 현상인데, 그것은 4.3.3.2.에서 살펴보기로 하고 여기에서는 한자어와 고유어의 동의중복 현상과 한자어와 고유어의 의미 분화 현상을 살펴보기로 한다.

첫째, 뜻이 비슷한 한자어와 고유어가 한 단어 내부에서 겹쳐 사용되는 경우가 있다. 이러한 동의중복(同義重複) 현상은 비효율적 언어 사용인 경우가 많아 적극적인 교육 대상으로 보기는 어렵지만, 현실적으로 한국어의 한자어에서 자주 일어나고 있을 뿐 아니라 동의중복 현상이 단어들 간의 의미 차이를 가져오는 경우도 상당히 많으므로 한국어의 어휘로 당당히 인정된다. 노명희(2006)에서 제시한 예들 중 우선 'N1+N2' 구성의 단어 혹은 구를 보이기로 한다. (22)는 한자어가 먼저 나오는 예이며 (23)은 한자어가 나중에 나오는 예이다.[9]

(22) 가. N1[수식어+핵]+N2[핵]

　　　초가집(草家-), 생일날(生日-), 고목나무(枯木--), 전선줄(電線-), 분가루(粉--)

　　나. N1[장소]+N2[관계 명사]

　　　역전(驛前) 앞, 옥상(屋上) 위, 실내(室內) 안

　　다. N1[행위 명사]+N2[도구 명사]

　　　면도칼(面刀-), 야구공(野球-)

(23) 가. N1[수식어]+N2[수식어+핵]

　　　속내의(-內衣), 새신랑(-新郞), 손수건(-手巾), 술주정(-酒酊)

　　나. N1+N2[N1과 N2는 유의어]

　　　애간장(-肝腸), 몸보신(-保身), 담장(-牆)

한자어와 고유어의 동의중복 현상은 위와 같은 'N1+N2' 구성으로 그치지 않고 다양한 통사적 구성에서도 확인된다. 역시 노명희(2006)에서 제시한 예를 보도록 한다.

---

9) 이 밖에도 매우 파악하기 어려울 정도로 융합된 동의중복 단어들이 상당수 있다(심재기 2000:84-97 참조). 예를 들어 '굳건하다'의 '건(建)'은 '튼튼하다'라는 뜻으로서 '굳-'의 의미와 같다. 그러나 한국어 교육에서는 이러한 사실을 아는 것의 효용성이 거의 없으므로 여기에서는 더 자세히 설명하지 않는다.

(24) 가. N[서술어+목적어]+V[서술어]

　　　　유언(遺言)을 남기다, 박수(拍手)를 치다, 시범(示範)을 보이다

　　나. N[수식어+명사]+V[서술어]

　　　　여운(餘韻)을 남기다, 전력(全力)을 다하다

　　다. N[부사어+서술어]+V[서술어]

　　　　속독(速讀)으로 읽다, 상용(常用)하여 쓰다, 산재(散在)해 있다

(25) 가. 관형어+명사[관형어+명사]

　　　　넓은 광장(廣場), 어린 소녀(少女), 가까운 측근(側近), 남은 여생(餘生)

　　나. 부사어+동사[부사어+서술어]

　　　　둘로 양분(兩分)하다, 서로 상의(相議)하다, 지나치게 과식(過食)하다

　　다. 부사어+동사[서술어+보어]

　　　　배에 승선(乘船)하다, 자리에 착석(着席)하다, 집으로 귀가(歸家)하다, 물에 침수(浸水)되다

　　라. 목적어+동사[서술어+목적어]

　　　　차를 주차(駐車)하다, 남산을 등산(登山)하다, 돈을 모금(募金)하다

　　마. 주어+동사[주어+서술어]

　　　　말이 어눌(語訥)하다, 마음이 심란(心亂)하다

앞서도 언급했지만 통사적 동의중복 표현 역시 비효율적인 경우도 있지만,[10] 의미가 달라지거나 그렇게밖에 쓰지 못하는 경우가 많아 그 표현 가치를 인정할 수밖에 없다. 예컨대 '광장'의 '광(廣)'은 넓다는 뜻이지만 상대적인 넓이를 나타낼 때에는 '넓은/좁은 광장'과 같이 쓸 수도 있다. 한편 '시범'의 '시(示)'는 보인다는 뜻이지만 '시범을 보이다'를 '시범하다'로 쓰면 매우 어색한 한국어 표현이 되고 만다.

둘째, 한자어와 고유어가 의미의 분화를 가져온 예가 있다. 송기중(1992)에서 제시한 다음 예들을 보자.

(26) 가. 국수 : 면(麵)

　　나. 쇠 : 금(金)

　　다. 허파 : 폐(肺), 염통 : 심장(心腸), 골 : 뇌(腦)

　　라. 수레 : 차(車)

---

10) 가령 '말이 어눌하다'는 그냥 '어눌하다'로 써도 아무 문제가 없다.

현대 한국어에서 '국수'는 주로 음식 자체를 가리키고 '면'은 주로 음식의 재료를 가리킨다. '쇠'는 철(鐵) 혹은 금속 일반을 가리키는 데 반해 '금(金)'은 귀금속 'gold'를 가리킨다. 한편 '허파, 염통, 골'이나 '폐, 심장, 뇌'는 각각 같은 부위를 가리키지만 전자는 주로 동물에게 쓰이고 후자는 주로 사람에게 쓰인다. '수레'는 현대의 발명품인 '차(車)'와 의미가 다르다. 만약 한자(어) 보충 학습을 하는 한국어 학습자라면 한자의 뜻을 알게 된 후 오히려 이러한 예들 때문에 혼란을 겪을 가능성도 있다는 사실을 한국어 교사는 유의하여야 한다.

한국어 교육에서는 물론 빈도가 높은 한자어를 위주로 교육하여야 한다. 고빈도 한자어는 추출 텍스트를 무엇으로 하느냐에 따라 상당히 달라질 수 있는데, 한국어 교육에서는 편의적으로 한국어 교재에서 중복된 횟수가 많은 한자어를 고빈도 한자어로 간주하여도 대체로 무방하다. 강현화(2001다)에서는 그 당시까지 편찬된 한국어 교재에서 중복되어 출현한 한자어를 제시하고 있다. 현재의 한국어 교재에서도 그 빈도는 대동소이하리라 생각된다. 지면 관계상 8회 이상의 한자어만 보이도록 한다.

(27) 가. 10회: 工夫, 工夫-, 課, 來日, 萬, 百, 番, 分, 先生, 市, 時間, 氏, 五, 午後, -番, 前, 電話, 八, 學校, 三/參, 十, 四, 千

나. 9회: 九, 男子, 半, 生日, 膳物, 時間, 食堂, 新聞, 安寧-, 女子, 六, 日曜日, 中, 冊, 親舊, 學生, 後

다. 8회: 大學, 物件, 方法, 百貨店, 別, 普通, 生氣, 始作-, 甚-, 藥, 約束, 旅行, 熱心-, 映畵, 月, 電話-, 程度, 停留場, 第一, 週日, 車, 土曜日, 便紙, 疲困, 必要-, 會社

한편 김지형(2003가)에서는 효율적인 한자어 교육을 위해서는 한자 교육이 병행되어야 함을 주장하면서 비한자권 한국어 학습자를 위하여 한국어의 기초 어휘와 교육용 기본 어휘에 해당하는 한자어에 쓰이는 한자, 조어력이 높은 한자, 한국어의 기초 어휘에 해당하는 한자 332자(기초 어휘용 한자 163자, 일상생활 어휘용 한자 169자)를 제시하였다.[11][12] 지면에 제약이 있으므로 한국어 교육에서 활용도가 높

---

[11] 한재영(2003나)에서도 비한자 문화권 학습자 교육용 한자의 목록을 작성한 바 있다.
[12] 김정남(2005)에서도 한국어 학습용 기초 한자를 6단계로 나누어 총 1,357개를 제시하

은 일상생활 어휘용 한자만 보이기로 한다.13)

(28) 가. 시간(13) : 古, 今, 過, 去, 現, 在, 未, 來, 新, 舊, 豫, 期, 常
　　　나. 장소(13) : 院, 住, 店, 堂, 校, 館, 園, 處, 席, 原, 韓, 部, 線
　　　다. 마음(13) : 愛, 興, 感, 然, 念, 傷, 失, 望, 獨, 滿, 幸, 優, 和
　　　라. 윤리(13) : 思, 想, 禮, 義, 德, 福, 信, 運, 命, 誠, 情, 苦, 痛
　　　마. 인간(13) : 者, 自, 我, 他, 祖, 孫, 姉, 妹, 王, 民, 士, 師, 名
　　　바. 사회와 산업(13) : 政, 治, 經, 濟, 買, 格, 職, 技, 術, 觀, 公, 工, 財
　　　사. 학문(13) : 意, 味, 神, 點, 數, 解, 決, 試, 驗, 報, 告, 法, 論
　　　아. 방향(13) : 內, 外, 表, 遠, 近, 進, 退, 發, 着, 到, 達, 登, 指
　　　자. 사물(13) : 窓, 門, 飮, 食, 形, 象, 球, 型, 管, 機, 證, 賞, 紙
　　　차. 생활(13) : 世, 結, 婚, 市, 場, 道, 路, 交, 通, 社, 老, 病, 死
　　　카. 동작(13) : 修, 理, 步, 走, 成, 記, 錄, 合, 開, 回, 復, 調, 節
　　　타. 상태(13) : 便, 安, 明, 暗, 特, 別, 利, 害, 急, 速, 平, 親, 直
　　　파. 접사(13) : 有, 無, 的, 品, 用, 所, 式, 料, 室, 性, 員, 費, 制

　한국어에서는 주로 네 글자[四字]로 이루어진 한자 성어(漢字成語)가 자주 사용된다. 수준 높은 한국어를 구사하는 한국인일수록 한자 성어를 많이 사용하기 때문에 한국어 교사는 중급 이후의 한국어 학습자들이 한자 성어를 익힐 수 있는 기회를 마련해 주어야 한다. 수업 중에 많은 한자 성어를 언급하기는 현실적으로 어려우므로,14) 수행 학습 과제를 부여하는 것이 좋다. 그때 해당 한자 성어가 어떤 의미를 가졌을 뿐만 아니라 어떤 통사적·화용적 조건에서 쓰이는지도 반드시 교육하여야 한다. 다음은 자주 쓰이는 한자 성어의 극히 부분적인 예를 든 것이다.15)

였다. 또한 한국어 교육을 철자·발음·음운 교육과 어휘·의미 교육, 문법 교육, 문화 교육의 영역으로 나누어 각 영역에서의 한자 교육의 필요성과 효과 등을 고찰하였다. 더 나아가 기존의 한자 지식이 한국어 한자 학습에 큰 도움이 되기도 하지만 오히려 '간섭'으로도 작용할 수 있는 한자 문화권 학습자들에 대하여 간섭을 최소화하고 효과를 극대화하는 방법에 대하여 논의하였다.
13) (28)의 분류 기준은 다소 거친 면이 있으나 그대로 인용하였다.
14) 특히 한자 성어 중 특정 고사(故事)와 관련된 고사성어(故事成語)는 이야기를 통해 교수하여야 하므로 수업 시간에 큰 부담을 준다.
15) 김선정 외(2007)는 자주 쓰이는 한자 성어 50개를 한국어 교육 현장에서 응용할 수 있도록 만들어진 단행본이다.

(29) 가. 고진감래(苦盡甘來) : 쓴 것이 다하면 단 것이 온다는 뜻으로, 고생 끝에 즐거움이 옴을 이르는 말.

나. 난형난제(難兄難弟) : 누구를 형이라 하고 누구를 아우라 하기 어렵다는 뜻으로, 두 사물이 비슷하여 낫고 못함을 정하기 어려움을 이르는 말.

다. 동문서답(東問西答) : 물음과는 전혀 상관없는 엉뚱한 대답.

라. 노심초사(勞心焦思) : 몹시 마음을 쓰며 애를 태움.

마. 무위도식(無爲徒食) : 하는 일 없이 놀고먹음.

바. 불문가지(不問可知) : 묻지 않아도 알 수 있음.

사. 사필귀정(事必歸正) : 모든 일은 반드시 바른길로 돌아감.

아. 용두사미(龍頭蛇尾) : 용의 머리와 뱀의 꼬리라는 뜻으로, 처음은 왕성하나 끝이 부진한 현상을 이르는 말.

자. 조삼모사(朝三暮四) : 간사한 꾀로 남을 속여 희롱함을 이르는 말.

차. 청출어람(靑出於藍) : 쪽에서 뽑아낸 푸른 물감이 쪽보다 더 푸르다는 뜻으로, 제자나 후배가 스승이나 선배보다 나음을 비유적으로 이르는 말.

타. 토사구팽(兎死狗烹) : 토끼가 죽으면 토끼를 잡던 사냥개도 필요 없게 되어 주인에게 삶아 먹히게 된다는 뜻으로, 필요할 때는 쓰고 필요 없을 때는 야박하게 버리는 경우를 이르는 말.

파. 파죽지세(破竹之勢) : 대를 쪼개는 기세라는 뜻으로, 적을 거침없이 물리치고 쳐들어가는 기세를 이르는 말.

하. 환골탈태(換骨奪胎) : 뼈대를 바꾸어 끼고 태를 바꾸어 쓴다는 뜻으로, 고인의 시문의 형식을 바꾸어서 그 짜임새와 수법이 먼저 것보다 잘되게 함을 이르는 말.

한자 성어가 어떤 통사적 조건에서 쓰이는지를 교육하려면 같은 환경의 예문을 둘 이상 제시하여야 한다. 가령 (29가~하)는 모두 '(이)다'를 붙여 서술어로 만들 수 있는데, 특히 '동문서답, 노심초사, 무위도식, 환골탈태'와 같은 말은 동사적 개념으로서 '-하다'를 붙여 서술어로 쓸 수 있고 '파죽지세'와 같은 말은 주로 '파죽지세로 이겼다'와 같이 조사 '로'를 붙여 부사어로 자주 사용되는 것이다. 따라서 한국어 교사는 그러한 통사적 조건을 갖춘 예문을 적어도 두 개 정도는 확보해 두고 있어야 하는 것이다.

4.1.2. 확장 형식 어휘의 체계

4.1.2.1. 관용구

관용구(慣用句, idiom)는 관용어, 관용구, 숙어 등의 명칭으로도 불리는 것으로서 '두 개 이상의 단어로 이루어져 있으면서 그 단어들의 의미만으로는 전체의 의미를 알 수 없는, 특수한 의미를 나타내는 어구'를 뜻한다. 관용구가 한 단어처럼 한국어 어휘 교육의 대상으로 다루어져야 함은 이제 한국어 교육계의 상식으로 받아들여지고 있다.16) 관용구는 속담(4.1.2.2.)이나 연어(4.1.2.3.)와 그 경계를 뚜렷이 구별하기 어려운 경우가 많으나, 한국어 교육 현장에서는 범주 구분을 위한 이론적 고찰은 크게 유용하지 않다. 관용구, 속담, 연어의 교수·학습 방안에 유사한 점이 많기 때문이다. 여기에서는 문금현(1999)에 따라 관용표현의 일반적 특성에 대해 설명한다.

형식을 기준으로 관용구를 분류하면 크게 체언형 관용구, 용언형 관용구, 부사형 관용구로 나뉜다. 몇 가지 예를 보기로 하자.

(30) 가. **체언형 관용구**: 콩가루 집안, 바늘과 실, 새 발의 피, 뜨거운 감자, 꿩 대신 닭, 개밥에 도토리, 하늘의 별 따기, 누워서 떡 먹기, 긁어 부스럼

나. **용언형 관용구**: 감투를 쓰다, 골로 가다, 입에서 살살 녹는다, 가위에 눌리다, 벼룩의 간을 내먹다, 뒤를 밟다, 눈에 차다, 발돋움을 하다, 눈 독을 들이다, 발을 빼다, 담을 쌓다, 열을 올리다, 아픈 곳을 찌르다, 가슴에 못을 박다, 명함도 못 내밀다, 도매금으로 넘기다, 불을 보듯 훤하다, 병 주고 약 주다

다. **부사형 관용구**: 엿장수 마음대로, 눈 깜짝할 사이에, 눈에 불을 켜고, 마파람에 게 눈 감추듯, 앞을 다투어

(30)에서 제시한 유형 중 용언형 관용구가 수효도 가장 많고 쓰임의 빈도도 높아 한국어 교육에서 주요 교육 대상이 된다. 그런데 관용구를 교육할 때에 단순히 관용구의 의미와 그에 따른 쓰임을 가르치는 것을 넘어서 때로는 관용구의 통사적 환경도 명시적으로 교수할 필요가 있다. 예를 들어 '감투를 쓰다, 비행기를 태우다, 돌을 던지다'는 모두 '목적어+동사' 형태의 관용구로서 모두 똑같은 형식으로 보이지

---

16) 한국어 교육에서의 관용구 교수 방안에 대해서는 문금현(1998), 전혜영(2001)을 참고할 것.

만, '감투를 쓰다'는 자동사로 쓰이고 '비행기를 태우다'는 'N을 비행기를 태우다'와 같이 타동사로 쓰이며 '돌을 던지다'는 'N에게 돌을 던지다'와 같이 여격어를 요구하는 동사로 쓰이는 것이다.

관용구는 크게 세 가지의 의미 특성을 갖는다. 이 세 가지는 서로 연관되어 있다. 첫째, 관용구의 의미가 구성 요소들이 가지는 의미들의 합으로 이루어지지 않았으므로 의미가 비합성적이다. 둘째, 상당수의 관용구들이 축자적인 의미와 관용적 의미 두 가지를 가지게 되는 경우가 많아 결과적으로 중의성을 갖게 된다. 셋째, 축자적 의미와 관용적 의미 사이에 유연성을 분명히 알 수 없어 축자적 의미를 통해서는 관용적 의미를 알기 어려운 의미의 불투명성이 있다.

(31) 미역국을 먹다, 비행기를 태우다, 손을 떼다, 발을 담그다
(32) 물을 먹다 : ① 물을 마시다, ② 손해를 보거나 실패를 하다, ③ 어떤 나라나 사회의 영향을 받다
(33) 오리발을 내밀다, 시치미를 떼다, 산통을 깨다

첫째 특징은 둘째와 셋째를 포괄하는 보편적인 특징이다. 가령 (31)에서 관용구로서의 '미역국을 먹다'의 뜻이 '미역국'과 '먹다'를 조합한 뜻과는 전혀 다름을 알 수 있다. (32)를 보면 어떤 문장에서 '물을 먹다'가 축자적 의미인 ①과 관용적 의미인 ②, ③의 의미로 모두 해석할 수 있음을 짐작할 수 있다. 그러나 대부분의 경우 문맥에 맞추어 특정 의미로 해석할 수 있다. 이는 언어 사용자의 보편적 능력에 근거한 자연스러운 일이어서, 특정 의미로 해석하기 위한 특별한 교육이 필요하지는 않다.

그런데 (31), (32)는 인간이 지닌 인지 능력을 통해 그 뜻을 유추할 여지가 있는 반면, (33)은 그럴 가능성이 거의 없다. '오리발을 내밀다'는 '닭 잡아먹고 오리발을 내밀다'에서 줄어든 말이기 때문에 그러하고 '시치미를 떼다'와 '산통을 깨다'는 그 관용구가 생성된 연유를 알지 못하면 이해할 수 없기 때문에 그러하다.

관용구도 단어 형식 어휘에 준하는 확장 형식 어휘이므로 단어 형식 어휘와 마찬가지로 유의 관계, 반의 관계의 관용구가 존재하는 일이 많다.

(34) 가. 서슬이 시퍼렇다 ≒ 서슬이 푸르다
    나. 쪽박을 차다 ≒ 깡통을 차다
    다. 발을 빼다 ≒ 손을 떼다

        라. 숟가락을 놓다 ≒ 눈을 감다

        마. 두 손을 들다 ≒ 백기를 들다

        바. 재를 뿌리다 ≒ 찬물을 끼얹다

        사. 꼬리를 밟히다 ≒ 들통이 나다

        아. 누워서 떡 먹기 ≒ 땅 짚고 헤엄치기 ≒ 식은 죽 먹기

   (35) 가. 손을 대다 ↔ 손을 떼다

        나. 입이 무겁다 ↔ 입이 가볍다

        다. 발등에 불이 떨어지다 ↔ 발등의 불을 끄다

(34)는 모두 비슷한 의미의 관용구들이다. 단순히 비슷한 뜻의 단어들만이 살짝 다른 경우도 있고 완전히 다른 경로로 만들어진 관용구가 우연히 서로 같은 의미를 갖는 경우도 있다. (35)는 반의 관계에 있는 관용구들이다. 이러한 특정 의미 관계에 있는 관용구들은 함께 교수하면 한국어 학습자들의 학습 효과가 크게 증가한다.

관용구의 통사적 특징은 그동안 별로 주목받지 못해 왔다. 어떤 관용구가 어떤 구성을 만들 수 있고 만들 수 없는지에 대해서는 그리 관심이 없었던 것이다. 그러나 한국어 교사는 어떤 동사나 형용사가 어떤 문장을 만들 수 있는지를 알 필요가 있는 것처럼 관용구의 통사적 특징에 대해서도 파악하고 있어야 한다.[17] 관용구가 하나의 어휘 서술어처럼 기능하는 경우가 많기 때문이다. 여기에서는 관용구의 여러 가지 통사적 제약 중 피동과 사동 형성의 제약을 간략히 살펴보기로 한다.

   (36) 가. 발목을 잡다, 발목이 잡히다

        나. 메가폰을 잡다, *메가폰이 잡히다

        다. *숨을 트다, 숨이 트이다

   (37) 가. 꼬리표가 붙다, 꼬리표를 붙이다

        나. 더위를 먹다, *더위를 먹이다

        다. *눈이 붙다, 눈을 붙이다

(36)은 능동, 피동과 관련한 제약을 보여 준다. (36가)와 같이 능동, 피동 양쪽으로 자연스럽게 쓰이는 관용구가 있는가 하면 (36나)와 같이 능동만 가능하거나 (36다)

---

17) 21세기 세종계획 전자사전에 모든 관용구 항목들의 통사적 특성이 자세히 기술되어 있다.

와 같이 피동만 가능한 관용구도 있다. (37)은 주동, 사동과 관련한 제약을 보여 준다. (37가)와 같이 주동, 사동 양쪽으로 자연스럽게 쓰이는 관용구가 있는가 하면 (37나)와 같이 주동만 가능하거나 (37다)와 같이 사동만 가능한 관용구도 있다.

4.1.2.2. 속담

속담(俗談, proverb)은 '예로부터 민간에 전하여 오는 쉬운 격언이나 잠언'을 말한다. 한국어 속담의 특성을 심재기(2000:252-264)에 따라 구조적, 의미적, 화용적 측면으로 나누어 살펴보도록 한다.

첫째, 구조적으로 볼 때 속담은 운율적 조화와 통사적 조화를 이루는 것이 많다. (38), (39)는 운율적 조화를 보이는 예이고 (40), (41)은 통사적 조화를 보이는 예이다.

(38) 가. 가는 날이 장날
    나. 꿩 먹고 알 먹고
(39) 가. 공 든 탑이 무너지랴.
    나. 구더기 무서워서 장 못 담글까.
(40) 가. 낮말은 새가 듣고 밤말은 쥐가 듣는다.
    나. 고기는 씹어야 맛이요 말은 해야 맛이다.
(41) 가. 내리사랑은 있어도 치사랑은 없다.
    나. 남의 흉이 한 가지면 제 흉은 열 가지다.

(38가, 나)에서는 각각 '날'과 '먹고'의 반복으로 압운(押韻)의 효과를 거두고 있고, (39)는 '4·4조'의 율격을 보이고 있다.18) (40)은 연결어미로 두 절이 연결된, 이어진 문장이고 (41가, 나)는 각각 부사형 어미 '-어도', '-면'이 이끄는 부사절 '내리사랑은 있어도', '남의 흉이 한 가지면'이 내포된 안은문장으로서 대구(對句) 형식으로 이루어진 것이다.

둘째, 의미적으로 볼 때 속담은 그 자체 내부에서 의미의 갈등을 일으키는데 그것은 의미 속성의 대조성과 점층성의 두 가지가 있다. 또한 속담은 문자 그대로 풀이되는 표면 의미와 그것을 추상화하여 얻게 되는 기본 의미로 구분할 수 있다. 표면 의미와 기본 의미의 간격이 없는 경우에는 반드시 함축적 의미가 존재한다.

---

18) (39나)는 정확히 네 글자씩으로 이루어져 있지는 않다. 그러나 일반적으로 휴지(休止)를 두고 읽는 시간을 고려하여 '4·4조'로 본다.

(42) 가. 그림의 떡 : [-음식]의 [+음식]

　　　나. 달리는 말에 채찍질: [속력 1]에 [속력 2]

(43) 열 손가락을 깨물어 안 아픈 손가락이 없다.

(44) 무자식이 상팔자 : [-행복]이 [+행복]

(42)에서는 앞의 말 '그림', '달리는 말'과 뒤의 말 '떡', '채찍질'이 의미상 갈등을 일으키고 있는데, '그림'과 '떡'은 각각 [-음식], [+음식]이라는 점에서 대조적이고 '달리는 말'과 '채찍질'은 뒤의 말이 앞의 말에 정도를 더한 것이라는 특징을 보인다. (43)은 문자 그대로의 의미(표면 의미)로서가 아니라 모든 자식이 소중하다는 추상적 의미(기본 의미)를 드러내고 있다. (44)는 표면 의미가 그대로 기본 의미이기는 하지만, 일반적으로 행복하지 않다고 여겨지는 일이 오히려 행복한 일일 수 있음을 함축하는 화용론적 교훈을 담고 있다.

셋째, 화용적으로 볼 때 속담은 대부분 교화(教化)의 기능을 한다. 인생과 세상사의 어떤 진리를 가르쳐 깨닫게 하고자 하는 속담이 많다는 것이다. 교화의 기능 이외의 속담은 간혹 풍자(諷刺)의 기능을 갖기도 한다.

(45) 가. 등잔 밑이 어둡다.

　　　나. 자기에게 가까운 일을 잘 모른다.

　　　다. 가까운 곳에 진실이나 비밀이 숨겨져 있다.

(46) 똥 묻은 개가 겨 묻은 개 나무란다.

(45나)는 속담 (45가)의 기본 의미이다. 그것은 (45다)와 같은 교훈을 전달하기 위한 것이다. (46)은 자기 잘못을 돌아보지 않고 남의 잘못만을 언급하는 일을 비판하기 위한 풍자적 기능을 수행하고 있다.

한국어 교육 현장에서 속담은 교수하기가 수월하지 않다. 그 원인을 조현용(2007)에서는 어휘, 문법, 의미, 문화적 관점에서 (47)과 같이 분석하였다. (48가~라)는 각각 (47가~라)의 예이다.

(47) 가. 고난도이거나 현재 잘 쓰지 않는 어휘가 포함된 속담이 많다.

　　　나. 현재 잘 사용되지 않는 고어 투의 문법 혹은 문어적 문법이 사용된 속담이 많다.

다. 의미적으로 모호하거나 의미 조합이 어려운 속담이 많다.

라. 외국인에게 생소한 문화를 배경으로 한 속담이 많다.

(48) 가. 짚신도 짝이 있다, 서당 개 삼 년이면 풍월을 읊는다.

나. 내 코가 석 자, 공든 탑이 무너지랴.

다. 쇠뿔도 단김에 빼라, 번갯불에 콩 구워 먹는다.

라. 굿이나 보고 떡이나 먹어라, 부뚜막의 소금도 집어넣어야 짜다.

4.1.2.3. 연어

연어(連語, collocation)는 문법 교육과 어휘 교육의 중간 지대에 위치해 있는 것으로서 최근 한국어 교육에서 크게 주목받고 있는 것이다. 연어의 개념에 대해서는 많은 연구자들의 정밀한 논의가 있으나,[19] 여기에서는 임홍빈(2002)에 따라 두 개 이상의 어휘로 이루어진 구성에서 한 어휘 X가 다른 어휘 Y를 강하게 요구할 때 'X+Y' 구성을 연어로 정의하기로 한다. 이때 X를 연어핵, Y를 연어변이라고 부른다. 하나의 연어핵에 대해 연어변은 하나일 수도 있고 여러 개일 수도 있다.

예컨대 '눈을 감다'를 생각해 보자. 열린 것을 닫히게 한다는 뜻의 동사는 '닫다'이지만 '눈'에 대해서는 '감다'를 쓴다. '눈'이 '감다'를 요구한다는 것을 알 수 있다. 또 '새까만 후배'라는 표현을 보자. 차이가 많이 난다는 뜻을 표현하기 위해서 관형어 '새까만'을 썼는데, 이는 '후배'에만 해당하는 관형어이다. '개가 멍멍/컹컹 짖다'는 '개가 짖다'가 유독 그 소리의 의성어로서 '멍멍' 혹은 '컹컹'만을 요구하고 있다. 연어는 이처럼 어휘 특성에 의존한다. 비슷한 뜻의 '결론, 결정, 결심'을 동사적 표현으로 어떻게 만들 수 있을까? 다음 예를 보자.

(49) 가. 결론을 짓다/내리다/맺다/*하다

나. 결정을 짓다/내리다/*맺다/하다

다. 결심을 *짓다/*내리다/*맺다/하다

(49)에서 보듯이 세 어휘의 뜻은 거의 비슷하지만 요구하는 동사가 약간 차이가 있다. 그러나 '결론, 결정, 결심' 세 명사 공히 어떤 특정한 동사를 비교적 강하게

---

[19] 안정은(2010)에서 연어에 대한 국어학적, 한국어 교육학적 연구 업적들을 종합적으로 확인할 수 있다. 김하수 외(2007)은 연어의 개념을 최대한으로 넓게 잡은 것, 즉 통계적으로 유의미한 빈도의 결합 관계를 모두 연어로 본 것으로서 한국어 교육 현장에서 유용한 참고 자료가 된다.

요구한다는 점은 같다. 그러므로 '결론(을) 짓다/내리다/맺다', '결정(을) 짓다/내리다/하다', '결심(을) 하다'는 연어인 것이다.

한국어 교사는 새로운 어휘가 나올 때, 항상 그 어휘가 연어핵으로 쓰이는 연어인지를 모두 확인하고 학생들의 수준에 맞추어 그것들을 선별·교육하도록 하여야 한다. 연어 교육은 학습자들의 문법 수준과 어휘 구사 수준을 동시에 높일 수 있는 효율적인 방법이기 때문이다. 김하수 외(2007) 혹은 21세기 세종계획 전자사전에서의 연어 목록을 늘 가까이 두고 참고하여야 할 것이다. 자주 쓰이는 연어를 (50)에서 일부 제시한다.

(50) 체언+용언
    가. 생각이/사고가/이름이 나다
    나. 장마가/홍수가 지다
    다. 비용이/가뭄이 들다
    라. 길이/차가 막히다/밀리다
    마. 천둥이/번개가 치다
    바. 돈을/시간을 벌다
    사. 신(발)을/양말을 신다
    아. 마음을/겁을 먹다
    자. 생각을/한을 품다
    차. 명령을/결정을/결론을 내리다
    카. 빚을/의견을 내다
    타. 헤엄을/새끼를/요동을 치다
    파. 욕심을/심술을/게으름을 피우다/부리다
    하. 신경을/힘을 쓰다

(51) 관형어+체언
    가. 새빨간 거짓말
    나. 절망의/악의 구렁텅이
    다. 흥분의/열광의/광란의 도가니
    라. 각고의 노력

마. 엽기적 살인/행각

바. 상기된 표정

사. 찌푸린 하늘

아. 따가운 시선

자. 논란의/논쟁의/재고의 여지

차. 새까만 후배

(52) 부사어+용언(구)

가. 빙글빙글 돌다

나. 찢어지게 가난하다

다. 애당초 그르다

라. 주먹을 불끈 쥐다 [불끈+주먹을 쥐다]

마. 개가 멍멍/컹컹 짖다 [멍멍/컹컹+개가 짖다]

바. 신문에 나다

사. 고려에/계산에 넣다

위에서 어휘와 어휘로 구성된 것을 연어라 정의하였다. 그러나 'X+Y'의 구성에서 X와 Y 중 하나가 조사, 어미와 같은 문법 형태소인 경우도 종종 있다. 최근에는 그러한 경우까지 포괄하여 '문법적 연어'를 설정하고 위에서 보인 연어들을 '어휘적 연어'라 한정하기도 한다. 안정은(2010)에서 정리한 문법적 연어의 예를 다소 수정하여 살펴보자. (53)은 하나의 조사처럼 쓰이는 연어이고 (54)는 하나의 어미처럼 쓰이는 연어이다.

(53) 가. 목적격 기능: 을 가리켜, 에 대하여[대해], 에 관하여[관해], 을 중심으로, 을 위주로

나. 부사격 기능: 로 인하여[인해], 에 따라, 로 말미암아, 로 하여, 에 의하여[의해], 에 관하여[관해], 에 대하여, 을 둘러싸고, 을 놓고, 을 두고, 을 가지고[갖고], 에 있어, 에 반하여[반해], 에 비하여[비해], 에도 불구하고, 을 위하여, 을 향하여, 로 하여, 을 비롯하여, 에 따라, 에 비추어, 로 미루어, 을 보고, 에 대고, 을 통하여[통해], 을 기하여[기해], 에 즈음하여[즈음해], 을 맞이하여[맞이해], 에 걸쳐, 는 차치하고, 는 고사하고[20]

다. 관형격 기능 : 에 대한, 에 관한, 을 위한, 로 말미암은, 에 의한, 을 둘러싼, 에 반한, 을 향한, 을 비롯한, 에 따른, 을 통한, 에 즈음한, 에 걸친
라. 주제 표시 기능 : 로 말하면

(54) 가. 전성 기능 : -ㄴ/는/ㄹ 것, -ㄴ/ㄹ 줄, -ㄴ 만큼, -ㄴ 이상, -는 한, -ㄴ 지, -ㄴ/는/ㄹ 바, -ㄴ 나머지, -는/ㄴ/ㄹ 대로

나. 절 접속 기능 : -ㄴ 끝에, -ㄴ 다음(에), -ㄴ 뒤(에), -ㄴ 이래(로), -ㄴ 이후(에), -ㄴ 후(에), -는 족족, -ㄹ 때(에), -ㄹ 적에, -ㄹ 제, -ㄹ 무렵(에), -ㄹ 녘(에), -ㄴ/는/ㄹ 즈음(에), -는 길로, -는 길에, -는 도중(에), -는 중(에), -ㄴ/는/ㄹ 동안(에), -는/ㄹ 사이(에), -는 차에, -ㄴ/는/ㄹ 참에, -ㄴ/는 김에, -ㄹ 때까지, -ㄴ/는 데(에)다가, -ㄴ/는 대신(에), -ㄴ 반면(에), -ㄹ 뿐, -ㄴ/는 가운데(에), -ㄴ/는 터에, -ㄴ/는/ㄹ 판에, -ㄴ/는 판국에, -ㄴ/는/ㄹ 마당에, -ㄴ/는/ㄹ 바에, -ㄴ/는 척, -ㄴ/는 체, -ㄴ/는 양, -ㄴ/는/ㄹ 듯, -ㄴ/는/ㄹ 듯이, -ㄴ/는 등, -ㄴ/는 고로, -ㄴ 결과, -ㄴ/는 까닭에, -ㄴ/는 까닭으로, -ㄴ 덕/덕택/덕분에, -ㄴ 덕/덕택/덕분으로, -ㄴ/는 탓에, -ㄴ/는 탓으로, -ㄴ/는 고로, -ㄴ/는 김에, -ㄴ/는 바람에, -ㄴ/는 서슬에, -ㄴ/는 터에, -ㄴ/는 통에, -ㄴ 마련으로, -ㄴ/는 터로, -ㄴ/는 관계로, -ㄴ/는/ㄹ 경우(에), -ㄴ/는 날에는, -ㄹ 셈으로, -ㄹ 양으로

다. 종결 기능 : -고 있다, -는 중이다, -기 시작하다, -ㄹ 듯하다, -ㄹ 만하다, -어 버리다, -ㄴ/는/ㄹ 것이다, -ㄹ 노릇이다, -ㄹ 따름이다, -기 때문이다, -기/게 마련이다, -는 바이다, -는 법이다, -ㄹ 뿐이다, -ㄴ/는 셈이다, -ㄴ/는 터이다, -는/ㄹ 판이다, -는 품이다, -ㄴ/는/던/ㄹ 것 같다, -ㄹ 법하다, -ㄹ 만하다, -ㄴ/는/ㄹ 듯하다, -ㄴ/는/ㄹ 체하다, -ㄴ/는/ㄹ 척하다, -ㄴ/는 양하다, -ㄹ 뻔하다, -ㄴ/는/ㄹ 성싶다, -ㄴ/는/ㄹ 듯싶다, -기(가) 쉽다/어렵다/그지없다, -기(는) 하다, -ㄹ까 보다, -ㄹ까 봐, -ㄹ까 싶다, -는/ㄹ 줄 알다/모르다, -ㄴ지/는지/ㄹ지 알다/모르다, -ㄹ 나위가 있다/없다, -ㄹ 리(가) 있다/없다, -ㄹ 리(가) 만무하다, -ㄹ 수(가) 있다/없다, -ㄹ 수

---

20) '는 고사하고'는 '그만두고, 더 말할 나위도 없고'의 의미로 보조사 '는커녕'으로 대치가 가능하다.

밖에 없다, -ㄹ 턱이 있다/없다, 모름지기 ~ -ㄹ 것이다, 단지 ~ -ㄹ 뿐이다

위와 같은 문법적 연어는 한국어 교재에서 주로 '문형 연습' 혹은 '표현 문형'으로서 제시되어 있는데, 그 제시가 완전하지는 않다. 문법적 연어는 외견상으로는 문법 항목으로 볼 수 있으나 문법 항목이라기보다는 어휘 항목의 측면이 강하다. 왜냐하면 어휘 항목은 개방 부류여서 매우 수효가 많다는 특성이 있는데, 문법적 연어는 비록 그 수효가 제한되어 있기는 하지만 상당히 많기 때문에 모든 교재에서 빠짐없이 다루기 어렵기 때문이다. 그러나 피동 표현, 과거 시제 표현 등의 문법 항목이 빠진 교재는 생각할 수 없다.

4.2. 구조적 특성

한국어 교육에서 어휘는 일반적으로 단어 단위로 주어진다. 한국어 학습자들은 단어 단위로 어휘를 습득하기 때문에 단어의 내부 구조를 꼭 알아야 하는 것은 아니다. 그러나 어떤 단어의 구조, 즉 형태적 특성을 이해하면 다른 단어도 매우 효율적으로 학습할 수 있다. 예컨대 '풋과일'에서의 '풋'이 '덜 익은'이라는 뜻의 접두사임을 알면 '풋사과, 풋고추' 등의 의미도 쉽게 파악할 수 있고, 더 나아가 '풋사랑, 풋내기' 등의 뜻도 유추할 수 있다. 요컨대 어떤 단어의 형태적 구조에 대한 지식이 한국어 어휘 학습에 필수적인 것은 아니지만, 학습 효율을 높이는 데에는 큰 도움이 된다.

다만, 한국어 교사는 합성어와 파생어 교육에서 생산성이 높은 형태적 구조와 생산성이 낮은 형태적 구조의 경중(輕重)을 고려하여 교수할 필요가 있다. 예컨대, '기와집, 고래기름'과 같은 '명사+명사' 유형의 합성어는 매우 생산적이지만 '왈칵샌님, 살짝곰보'과 같은 '부사+명사' 유형의 합성어는 매우 비생산적이다. 한국어 교육 현장에서 비생산적인 후자의 경우는 형태적 구조를 일반화하여 교수할 필요가 적은 것이다.

4.2.1. 단일어

'의미를 지닌 최소의 단위'를 형태소(形態素, morpheme)라 하는데, 하나의 형태소가 하나의 단어를 이루었을 때, 그 단어를 단일어(單一語, simple word)라고 부른

다. 한 단어는 한 형태소와 같거나 그보다 커야 하므로 단일어는 한국어 어휘 중 가장 단순한 구조를 가진 것이라고 할 수 있다. 그런데 한국어는 형태 유형론적으로 교착어(첨가어)이므로 '나를'과 같은 '체언+조사' 결합형이나 '먹었다'와 같은 '용언 어간+어미' 결합형과 같은 말을 단일어로 보아야 할지에 관한 문제가 있을 수 있다. 이를 아래 불변화사와 변화사의 개념을 통해 알아보도록 한다.

불변화사는 어형의 변화가 없는 품사를 말한다. 현행 한국어의 학교문법에서는 조사를 독립된 품사로 보기 때문에 체언, 즉 명사, 대명사, 수사에 조사가 결합하여 하나의 어절을 이루는 것을 어형 변화로 보지 않는다. 그러므로 동사와 형용사를 제외한 모든 품사가 불변화사에 해당한다.

변화사는 단어의 어형 변화가 있는 품사를 말한다. 한국어에서는 동사, 형용사가 해당된다. 한국어의 동사와 형용사는 어간에 어미가 결합하여야만 말을 활용할 수 있다. 즉 한국어에서는 동사와 형용사의 어간만으로는 어떠한 말도 할 수 없는 것이다. 그래서 어미를 활용 어미라고도 한다. 또 어간에 어미가 결합하여 말을 활용하는 것을 어미 활용이라고 부른다.

가령 '읽어라, 읽습니다, 읽고, 읽는데, 읽으니까, 읽으시면서, 읽더라, 읽겠다' 등과 같은 다양한 어형이 모두 같은 어휘 '읽다'[21]가 어미 활용을 한 실제적 모습이다. 이때 여러 어형을 묶는 추상적 단위를 어휘소(lexeme)라고 한다. 위와 같이 다양한 어형들은 모두 어휘소 '읽다'의 실제적 모습인 것이다. 한국어에서 동사와 형용사가 아무리 다양한 활용을 하더라도 한국어 사전에는 그 대표형을 'X-다' 형태로 통일하여 하나의 어휘소로만 등재한다. 결론적으로 말해, 어미 활용을 한 어형은 단일어로 본다.

4.2.2. 합성어

합성어(合成語, compound word)는 단어의 두 직접구성요소(immediate constituent: IC)가 모두 어기(語基, base)인 말이다.[22] '어기'는 단어의 중심부로서 단어의 곁가

---

21) 이론적으로 정확히 표기하면 어간 '읽-'이다.
22) 한국어의 학교문법에서는 여기에서의 '어기' 대신 '어근(語根, root)'이라는 용어를 쓴다. 그러나 그렇게 하면 '비자립적 어기'에 대해 쓴 용어가 마땅하지 않으므로, 단어 형성 요소는 '어기'로 부르고 어기 중 비자립적인 것을 '어근'으로 부르기로 한다.

지라 할 수 있는 접사(接辭, affix)에 대응되는 말이다. 직접구성요소가 모두 어기라는 것은 단어를 크게 두 부분으로 나누었을 때, 그 두 부분이 모두 어기라는 뜻이다. 예를 들어 '코웃음'이라는 말은 비록 접사 '-음'이 포함되어 있기는 하나 크게 두 부분으로 나누었을 때 '코웃-+-음'이 아니고 '코+웃음'이므로 합성어라는 것이다. '코'와 '웃음' 모두 어기의 자격을 갖기 때문이다. 이익섭·채완(1999)에서 제시한 예들 중 한자어를 제외한 예들을 보기로 한다.

4.2.2.1. 합성명사

합성된 최종 결과물이 명사가 된 것을 합성명사라 한다.

(1) 가. 손목, 길눈, 고무신, 산나물
　　나. 곗돈, 바닷가, 콧물, 나뭇잎, 등불, 물개, 물집
　　다. 새언니, 첫사랑, 각살림
　　라. 굳은살, 큰형, 어린이, 건널목, 볼일
　　마. 덮밥, 접칼, 늦더위, 묵밭
　　바. 잘못
　　사. 줄넘기, 말다툼, 술래잡기, 책꽂이
　　아. 살짝곰보, 왈칵샌님, 딱성냥
　　자. 곱슬머리, 보슬비, 얼룩소, 알뜰주부, 뾰족구두
　　차. 섞어찌개, 살아생전

(1가)는 '명사+명사'로 된 것이고 (1나)는 '명사+명사'의 구성에서 사잇소리 현상이 일어나는 예이다.[23] (1다)는 '관형사+명사'로 된 것이고, (1라)는 '용언의 관형사형+명사'로 된 것이다. (1마)는 용언의 어간에 명사가 직접 결합하여 이루어진 것이며, (1바)는 두 부사로 이루어진 매우 특이한 합성명사이다. (1사)는 한쪽 구성 요소인 명사를 제외한 '넘기, 다툼, 잡기, 꽂이' 등이 명사형 혹은 임시 명사이기는 하나 그 자립성이 약하여 아직 독립된 명사까지는 되지 못한 채 합성어 구성에 참여한

---

23) 사잇소리 현상은 '명사+명사'에서 앞의 명사가 폐쇄음(/ㄱ/, /ㄷ/, /ㅂ/)이 아닌데도 뒤의 명사가 된소리로 되거나 명사와 명사 가운데 /ㄴ/ 혹은 /ㄴㄴ/이 첨가되는 현상이다. 현행 한글 맞춤법 규정에 따르면 고유어에서 사잇소리 현상이 일어나는 합성명사 중 앞의 명사가 모음으로 끝나면 사이시옷을 적는다.

것들이다.24) (1아)는 '부사+명사'로, (1자)는 '부사성 어근+명사'로, (1차)는 '동사의 부사형+명사'로 이루어진 합성명사이다.

4.2.2.2. 합성대명사

합성된 최종 결과물이 대명사가 된 것을 합성대명사라 한다.

(2) 이것, 저것, 그것, 이때, 그때, 이곳, 저곳, 아무것

(2)에서 보듯이 합성대명사는 주로 '지시 관형사+의존명사'로 이루어져 있다.

4.2.2.3. 합성수사

합성된 최종 결과물이 수사가 된 것을 합성수사라 한다.

(3) 하나둘, 두셋, 서넛, 너덧, 너더댓, 대여섯, 예닐곱

(3)에서 보듯이 합성수사는 주로 '수사+수사'로 이루어져 대략의 수를 나타낼 때 쓰이는데, 앞뒤의 수사는 형태의 변화가 있는 것이 일반적이다.

4.2.2.4. 합성동사

합성된 최종 결과물이 동사가 된 것을 합성동사라 한다.

(4) 가. 겉늙다, 힘쓰다, 빛나다, 앞서다
    나. 감싸다, 굶주리다, 뛰놀다
    다. 뛰어나다, 잡아먹다, 일어서다
    라. 파고들다, 싸고돌다, 타고나다
    마. 바로잡다, 게을리하다

(4가)는 '명사+동사 어간', (4나)는 '동사 어간+동사 어간', (4다)는 '동사 어간+-아/어+동사 어간', (4라)는 '동사 어간+-고+동사 어간', (4마)는 '부사+동사 어간'으로 이루어져 있다.

---

24) 몇몇 한국어 학자들은 이 명사들을 '줄 넘-+-기, 말 다투-+-ㅁ, 술래 잡-+-기, 책 꽂+-이'로 분석하여 파생어로 보기도 한다. 이론적으로는 합성어로 분석하는 것과 파생어로 분석하는 것 중 어느 쪽이 낫다고 분명히 말하기 어렵지만, 한국어 교육에서는 합성어로 설명하는 것이 더 이해하기 쉽다.

4.2.2.5. 합성형용사

합성된 최종 결과물이 형용사가 된 것을 합성형용사라 한다.

(5) 가. 귀먹다, 낯설다, 겉늙다
    나. 검붉다, 굳세다, 희멀겋다
    다. 못나다, 잘나다, 못되다, 안되다
    라. 쓰디쓰다, 검디검다, 크나크다, 머나멀다

(5가)는 '명사+형용사 어간', (5나)는 '형용사 어간+형용사 어간', (5다)는 '부사+형용사 어간', (5라)는 '형용사 어간+-디+형용사 어간' 혹은 '형용사 어간+-나+형용사 어간'으로 이루어져 있다.

4.2.2.6. 합성부사

합성된 최종 결과물이 부사가 된 것을 합성부사라 한다.

(6) 가. 밤낮, 오늘날, 여기저기, 이것저것
    나. 한바탕, 한층, 요즈음, 온종일, 어느새
    다. 이른바, 된통
    라. 곧잘, 잘못, 또다시
    마. 길이길이, 오래오래, 반짝반짝
    바. 갈피갈피, 하나하나, 사이사이, 군데군데

(6가)는 '명사+명사', (6나)는 '관형사+명사', (6다)는 '관형사형+의존 명사', (6라)는 '부사+부사'으로 이루어져 있고, (6마)는 부사 또는 부사성 어근의 반복으로 이루어져 있다. (6바)는 명사 또는 의존명사의 반복으로 이루어져 있다.

4.2.3. 파생어

파생어는 단어의 두 직접구성요소 중 하나가 접사인 말이다. 직접구성요소 중 하나가 접사라는 것은 단어를 크게 두 부분으로 나누었을 때, 한 부분이 접사라는 뜻이다. 예를 들어 '시부모'이라는 말은 크게 두 부분으로 나누었을 때 '시부+모'가 아니고 '시+부모'이므로 파생어라는 것이다. '시-'는 접사의 자격을 갖기 때문이다.

접사 중 어기 앞에 붙는 것을 접두사(接頭辭, prefix)라고 하고 어기 뒤에 붙는 것을 접미사(接尾辭, suffix)라고 한다. 이익섭·채완(1999)에서 제시한 예들 중 한자어를 제외한 예들만 보기로 한다.

4.2.3.1. 파생명사

파생된 최종 결과물이 명사가 된 것을 파생명사라 한다.

(7) 가. -개/게 : 덮개, 지우개, 찌개, 지게, 집게
　　나. -기 : 달리기, 더하기, 곱하기, 짜깁기, 보기
　　다. -꾸러기 : 잠꾸러기, 욕심꾸러기, 심술꾸러기, 말썽꾸러기, 장난꾸러기
　　라. -ㅁ/음 : 웃음, 울음, 믿음, 기쁨, 춤, 잠, 느낌, 얼음, 튀김, 굶주림
　　마. -매 : 몸매, 눈매
　　바. -보 : 잠보, 겁보, 꾀보, 털보, 울보, 느림보, 뚱보
　　사. -새 : 모양새, 생김새, 쓰임새, 짜임새
　　아. -암/엄 : 마감, 무덤, 주검
　　자. -애/에 : 마개, 우레, 얼개
　　차. -이 : 넓이, 길이, 놀이, 먹이, 개구리, 뻐꾸기, 맹꽁이, 개똥이, 복남이
　　카. -장이/쟁이 : 미장이, 칠장이, 겁쟁이, 거짓말쟁이, 수다쟁이, 멋쟁이
　　타. -질 : 가위질, 톱질, 부채질, 싸움질, 곁눈질, 발길질, 다림질, 서방질, 군것질, 이간질

파생명사를 만드는 명사 파생 접미사는 (7) 이외에도 매우 많이 있다. 그러나 대부분은 현대 한국어에서 새로운 말을 생산하는 데 참여하지 못하는 비생산적 접미사이다. (7)에서도 '-개/게, -기, -ㅁ/음, -이, -장이/쟁이, -질'을 제외한 나머지 접미사는 생산성이 거의 없다.

(8) 가. 맏- : 맏형, 맏사위, 맏아들
　　나. 밭- : 밭사돈, 밭상제
　　다. 숫- : 숫처녀, 숫총각, 숫티
　　라. 홀- : 홀어미, 홀몸, 홀소리, 홀수
　　마. 해/햅/햇- : 해콩, 햅쌀, 햇감자, 햇곡식

바. 수/수ㅎ/숫 : 수꽃, 수놈, 수소, 수캐, 수컷, 수탉, 숫양, 숫쥐
사. 암/암ㅎ- : 암꽃, 암놈, 암소, 암양, 암쥐, 암캐, 암컷, 암탉
아. 찰/차/찹- : 찰떡, 찰밥, 찰옥수수, 차조, 찹쌀
자. 메/멥- : 메밥, 메조, 메벼, 멥쌀
차. 군- : 군말, 군식구, 군침, 군소리
카. 말- : 말개미, 말거미, 말매미, 말벌
타. 맨- : 맨눈, 맨땅, 맨몸, 맨발, 맨손, 맨입, 맨주먹
파. 민- : 민머리, 민소매
하. 알- : 알몸, 알거지, 알부자
거. 한-[25] : 한시름, 한밑천, 한낮, 한복판, 한겨울, 한집안
너. 홑 : 홑눈, 홑바지, 홑이불
더. 덧- : 덧신, 덧버선, 덧저고리
러. 헛- : 헛고생, 헛기침, 헛걸음, 헛것, 헛배, 헛일

(8)은 명사에 붙는 접두사로서 결과물은 파생명사가 된다. 접두사는 접미사와는 달리 어기의 품사를 바꾸는 기능이 전혀 없다. 예컨대 '울+-보'에서 접미사 '-보'는 동사 '울-'을 명사로 바꾸는 기능을 하는데, 접두사에는 이러한 기능을 하는 것이 없다는 것이다. (8더, 러)의 '덧-, 헛-' 등은 명사와 동사에 모두 붙을 수 있는 접두사이다.[26] 명사에 붙는 접두사 역시 접미사와 마찬가지로 (8) 이외에도 매우 많은데, 그것들 역시 대부분 비생산적이다.

4.2.3.2. 파생동사

파생된 최종 결과물이 동사가 된 것을 파생동사라 한다. 동사 파생 접미사를 일반 접미사, 피동사 형성 접미사, 사동사 형성 접미사로 나누어 보도록 한다.

(9) 가. -하 : 일하다, 이룩하다, 더하다, 두근두근하다, 좋아하다, 택하다
    나. -거리 : 중얼거리다, 미적거리다, 머뭇거리다
    다. -대 : 머뭇대다, 미적대다, 나대다, 으스대다

---

25) 다른 접두사와 달리 '한-'은 '大, 中, 同'과 같은 다양한 의미로 쓰일 수 있다.
26) '덧-, 헛-'이 부사에 붙는 예는 (12)를 참조할 것.

라. -이 : 글썽이다, 끄덕이다, 출렁이다, 움직이다
　　　마. -뜨리/-트리 : 깨뜨리다/깨트리다, 떨어뜨리다/떨어트리다, 흩뜨리다/흩트리다

(9가)의 '-하'는 가장 일반적으로 쓰이는 동사 파생 접미사이다. '-하'의 어기로는 명사, 어근, 부사, 의성어·의태어, 형용사의 활용형, 한자어 어근 등이 골고루 쓰인다. (9가)에서 '일'은 명사, '이룩'은 어근, '더'는 부사, '두근두근'은 의태어, '좋아'는 형용사의 활용형, '택(擇)'은 한자어 어근이다. (9나~라)의 '-거리, -대, -이'는 모두 의성·의태성 어근 뒤에 붙는 접미사이고 '-뜨리'는 동사 어간 혹은 '동사 어간+-아/어' 뒤에 붙는 접미사이다.

(10)　가. -이 : 나뉘다, 바뀌다, 덮이다, 섞이다
　　　나. -히 : 막히다, 먹히다, 박히다, 잡히다
　　　다. -기 : 감기다, 안기다, 뜯기다, 쫓기다
　　　라. -리 : 밀리다, 실리다, 털리다, 눌리다
　　　마. -되 : 배치되다, 이해되다, 적용되다
　　　바. -받 : 교육받다, 오해받다, 미움받다, 사랑받다
　　　사. -당하 : 도난당하다, 납치당하다, 사기당하다

(10가~라)의 '-이, -히, -기, -리'는 한국어의 잘 알려진 피동사 형성 접미사이다. 또 (10마~사)에서 보듯이 주로 한자어 명사 뒤에는 '-되, -받, -당하'와 같은 피동 접미사가 결합된다. 특히 '-당하'는 부정적인 뜻을 가진 명사 뒤에 붙는 접미사이다.

(11)　가. -이 : 높이다, 속이다, 먹이다, 죽이다
　　　나. -히 : 굳히다, 굽히다, 넓히다, 밝히다, 좁히다
　　　다. -기 : 남기다, 숨기다, 안기다, 신기다
　　　라. -리 : 늘리다, 올리다, 돌리다
　　　마. -우 : 비우다, 피우다, 돋우다, 끼우다 / 키우다, 재우다, 세우다, 태우다
　　　바. -추 : 낮추다, 늦추다, 맞추다
　　　사. -애 : 없애다
　　　아. -시키 : 등록시키다, 입원시키다, 화해시키다

(11가~바)의 '-이, -히, -기, -리, -우, -추'는 한국어의 잘 알려진 사동사 형성 접미사이다. 그런데 '-우'가 '키우다, 재우다, 세우다, 태우다' 등에 쓰일 때에는 어기의 형태가 변형된다. 원래 어기의 형태는 각각 '크-, 자-, 서-, 타-'였던 것이다. (11사)의 '-애'는 '없애다'에서만 쓰인다. 또 (11아)에서 보듯이 주로 한자어 명사 뒤에는 '-시키'와 같은 사동 접미사가 결합된다.

(12) 가. 되- : 되묻다, 되돌아보다, 되새기다

　　나. 뒤- : 뒤섞다, 뒤엎다, 뒤틀다, 뒤흔들다

　　다. 들- : 들끓다, 들볶다

　　라. 휘/휩- : 휘감다, 휘날리다, 휘두르다, 휘젓다, 휩싸이다, 휩쓸다

　　마. 덧- : 덧나다, 덧씌우다, 덧입다

　　바. 헛- : 헛디디다, 헛되다

　　사. 짓- : 짓누르다, 짓밟다

　　아. 치- : 치닫다, 치받다, 치솟다

(12)는 동사에 붙는 접두사로서 결과물은 파생동사가 된다. (12)의 접두사들 역시 어기의 품사를 바꾸는 기능은 없다. (12마~아)의 '덧-, 헛-, 짓-, 치-' 등은 명사와 동사에 모두 붙을 수 있는 접두사이다.

4.2.3.3. 파생형용사

파생된 최종 결과물이 형용사가 된 것을 파생형용사라 한다.

(13) 가. -하 : 건강하다, 깊숙하다, 못하다, 미끈미끈하다, 화려하다

　　나. -되 : 복되다, 참되다, 헛되다, 세련되다

　　다. -지 : 멋지다, 기름지다, 값지다

　　라. -롭 : 향기롭다, 자유롭다, 이롭다, 괴롭다

　　마. -스럽 : 자랑스럽다, 사랑스럽다, 탐스럽다

　　바. -답 : 정답다, 꽃답다

　　사. -맞 : 익살맞다, 능글맞다

　　아. -쩍 : 의심쩍다, 수상쩍다

(13가)의 '-하'는 가장 일반적으로 쓰이는 형용사 파생 접미사이다. '-하'의 어기로는 명사, 어근, 부사, 의성어·의태어, 한자어 어근 등이 골고루 쓰인다. (13가)에서 '건강'은 명사, '깊숙'은 어근, '못'은 부사, '미끈미끈'은 의태어, '화려(華麗)'는 한자어 어근이다. 그 밖의 (13나~라)의 형용사 파생 접미사들은 대부분 명사 혹은 어근과 결합함을 알 수 있다.

(14) 가. 새/샛- : 새까맣다, 새카맣다, 샛노랗다
    나. 시/싯- : 시꺼멓다, 시커멓다, 싯누렇다

(14가)의 '새/샛-'은 어기가 양성모음을 갖고 있을 때 붙는 접두사이다. 경음과 격음 앞에는 '새-'가 붙고 평음 앞에는 '샛-'이 붙는다. (14나)의 '시/싯-'은 어기가 음성모음을 갖고 있을 때 붙는 접두사이다. 경음과 격음 앞에는 '시-'가 붙고 평음 앞에는 '싯-'이 붙는다.

4.2.3.4. 파생부사
파생된 최종 결과물이 부사가 된 것을 파생부사라 한다.

(15) 가. -이 : 길이, 높이, 깨끗이, 뚜렷이, 나날이, 일일이, 더욱이, 방긋이
    나. -히 : 가만히, 고요히, 조용히, 급히
    다. -오/우 : 도로, 너무, 자주

(15가)의 '-이'는 가장 일반적으로 쓰이는 부사 파생 접미사이다. '-이'의 어기로는 형용사 어간, 어근, 반복 합성어, 부사 등이 골고루 쓰인다. (15가)에서 '길-, 높-'은 형용사 어간, '깨끗, 뚜렷'은 어근, '나날, 일일'은 반복 합성어, '더욱, 방긋'은 부사이다. (15나)의 '-히'는 어근을, (15다)의 '-오'는 동사 혹은 형용사의 어간을 어기로 함을 알 수 있다.

4.2.3.5. 파생조사
파생된 최종 결과물이 조사가 된 것을 파생조사라 한다.

(16) 같이

'같이'는 형용사 어간 '같-'에 부사 파생 접미사 '-이'가 붙어 부사가 된 것이 체언 뒤에서 지속적으로 쓰이면서 조사화한 것이다.

4.2.4. 기타 : 두음절어, 혼성어, 절단어, 축약어

합성과 파생은 단어 형성의 주요한 수단이지만, 합성과 파생 어느 쪽에도 속하지 않는 유형의 단어 형성법이 있다. 이러한 어휘들은 한국어 교수·학습 현장에서는 거의 다루어지지 않으나 실생활에서는 매우 자주 쓰이고 있으므로 한국어 텍스트의 이해를 위한 실용적 가치가 적지 않다. 교사는 수업 외 대화 중에 특히 중요하거나 고빈도인 어휘를 소개해 주면 좋을 것이다. 여기에서는 한국어에서 자주 나타나는 네 가지 유형만을 언급하도록 한다.

첫째, 두음절어로서 (17)이 이에 해당한다. (18)에서 보듯이 영어의 두자어(acronym)는 주로 첫 음운의 조합으로 생기고 간혹 첫 음절의 조합으로도 생길 수 있는데, 한국어에서는 거의 첫 음절의 조합으로만 일어난다. 따라서 한국어에서는 '두자어'라고 하기보다는 '두음절어'라고 하는 것이 더 정확하다. 한국어의 두음절어는 주로 한자어에서 발생하는데, 최근에는 고유어나 외래어에서도 자유롭게 만들어지고 있다.

(17) 가. **개콘** : 개그 콘서트
　　　나. **성대** : 성균관대학교
　　　다. **대교협** : 대학 교육 협의회
　　　라. **강추** : 강력 추천
　　　마. **남친** : 남자 친구

(18) 가. OPEC : Organization of Petroleum Exporting Countries
　　　나. UNESCO : United Nations Educational Scientific Cultural Organization
　　　나. modem : MOdulator+DEModulator

둘째, 두 단어를 결합시키면서 앞 단어의 뒷부분과 뒤 단어의 앞부분을 잘라내어 만든 단어로서 이들을 혼성어(blended word)라고 한다. 한국어의 혼성어는 유행어에서 자주 발견된다. (19)는 한국어의 예이고 (20)은 영어의 예이다.

(19) 가. **거렁뱅이** : 거지+비렁뱅이
　　　나. **썩소** : 썩은 미소
　　　다. **즐팅** : 즐거운 미팅

(20) 가. 모텔(motel) : MOtorist+hoTEL

나. 스모그(smog) : SMoke+fOG

다. 브런치(brunch)[27] : BReakfast+lUNCH

셋째, 절단어(clipping)는 원래 단어의 일부가 떨어져 나가면서 만들어진 새로운 단어를 말한다. 절단어 역시 유행어에서 매우 자주 발견된다. 절단어는 넓게 보면 두음절어와 혼성어를 포괄한다고 볼 수도 있다. (21)은 한국어의 예이고 (22)는 영어의 예이다.

(21) 가. 훨 : 훨씬

나. 컴 : 컴퓨터

다. 따 : 따돌림

라. 리플 : 리플라이

(22) 가. flu : influenza

나. phone : telephone

넷째, 한국어에는 음운적으로 축약되어 쓰이는 말들이 매우 흔하다. 주로 구어에서 빠른 발화를 위한 것들인데, 오래 사용되어 축약형의 새 단어로 인정받는 경우도 많다. (23)은 아직 새 단어로 인정받지 못한 말들이고 (24)는 새 단어로 인정받아 한국어 사전에 실린 말들이다. 이러한 축약어들은 거의 고유어이다.

(23) 가. 땜(에) : 때문(에)

나. 젤 : 제일

다. 쥔장 : 주인장

라. 앤 : 애인

(24) 가. 맘 : 마음

나. 뭐 : 무어(←무엇)

다. 근데 : 그런데

라. 그럼 : 그러면

---

27) '브런치'는 고유어의 두음절어 '아점(아침+점심)'과 함께 쓰이고 있다. 쓰이는 영역이 다소 다르다.

4.3. 의미적 특성

4.3.1. 어휘장과 의미 부류

4.3.1.1. 어휘장

어휘장(낱말밭) 이론이란 어휘들이 어떤 식으로든지 각각 개념적으로 또는 연상 관계에 의해서 다른 어휘소들과 더불어 어떤 밭, 즉 장(場)이라고 부를 수 있는 하나의 구조를 이루고 있다는 개념을 가지고 어휘 구조를 관찰하는 이론을 말한다(김광해 1993가:223). 어휘장(lexical field)은 흔히 의미장(semantic field)이라고도 하는데, 일반적으로 어휘들은 형태적 관련성에서가 아닌 의미적 관련성에 의해서 함께 파악되기 때문이다. 예를 들어 '개꿈'과 '개인(個人)'에서 '개'라는 말소리 형태가 동일하여도 한국어 화자는 그 둘을 관련성 있는 단어로 생각하지 않는다. 어휘장을 이해하기 위한 예를 보기로 한다.

(1) 가. 죽음, 사망(死亡), 별세(別世), 타계(他界), 작고(作故), 운명(殞命), 영면(永眠), 서거(逝去)
　　나. 춥다, 덥다
　　다. 개, 진돗개/풍산개/삽살개/……
　　라. 결정, 내리다/짓다/하다

아래에서 자세히 설명하겠지만, (1가)는 의미가 비슷한 유의어들을 보인 것이고, (1나)는 의미가 반대인 반의어들을 보인 것이며, (1다)는 한쪽이 다른 한쪽을 포함하는 의미 관계를 가진 상·하위어를 보인 것이다. (1라)는 유일하게 결합 관계[28]에 따라 어휘장이 형성되는 예이다. '결정을 내리다/짓다/하다'는 일종의 연어 관계(4.1.2.3. 참조)를 형성하고 있으므로 '결정'을 중심으로 하는 어휘장에는 '내리다, 짓다, 하다'가 모두 소속되게 된다.

---

28) 언어 단위들 간의 관계는 크게 결합 관계(syntagmatic relation)와 계열 관계(paradigmatic relation)로 나눌 수 있다. 결합 관계는 통합적/수평적 관계이고 계열 관계는 대치적/수직적 관계이다. 가령, '시골 풍경'이라는 말에서 '시골'은 '풍경'과 결합 관계를 이룬다. 한편 '시골'은 그 대신에 '농촌', '도시', '서울', '지방', '바다' 등의 말로 대치될 수 있으므로, 그러한 말들과 계열 관계를 이룬다.

(1가~라)의 어휘들은 각각 한 어휘장에 속해 있는데, 특정 어휘는 다른 관점에 의해서도 다른 어휘들을 자신의 어휘장 안에 소속시킬 수 있다. 예를 들어 '죽음'을 중심으로 하는 어휘장을 생각해 보자. 유의어를 기준으로 하면 그 어휘장에는 (1가)의 어휘들이 포함되겠지만, 반의어를 기준으로 하면 '삶, 출생, 탄생' 등이 포함될 수 있고, 상·하위어 관계에서는 '개죽음, 동사(凍死), 압사(壓死), 돌연사(突然死)'와 같은 단어가 포함될 수 있다. 결합 관계를 기준으로 하면 '죽음에 이르다, 죽음을 당하다/맞이하다/면하다/각오하다' 등에서의 '이르다, 당하다, 맞이하다, 면하다, 각오하다' 등이 포함될 수 있다.

어휘장은 반드시 특정 단어만을 중심으로 형성되는 것은 아니다. 특정 개념을 중심으로도 형성될 수 있다. 예컨대 박영순(2004:72-73)에서 제시된 (2)는 특정 단어의 어휘장이 아니고 [색채 형용사]라는 특정 개념의 어휘장인 것이다. (3) 역시 [꼼꼼함]이라는 특정 개념의 어휘장이다.

(2) 용언형 색채어 의미장의 한 예(박영순 2004:72)

빨갛다	발갛다	새빨갛다	발그레하다	발그스름하다	발그스레하다
파랗다		새파랗다		파르스름하다	파르스레하다
노랗다		샛노랗다	노르께하다	노르스름하다	노르스레하다
까맣다	가맣다	새까맣다	까므레하다	까마스름하다	까므스레하다
하얗다		새하얗다	희끄므레하다	하야스름하다	
뻘겋다	벌겋다	시뻘겋다	벌그므레하다	벌그스름하다	벌그스레하다
퍼렇다		시퍼렇다		퍼르스름하다	퍼르스레하다
누렇다		싯누렇다	누르께하다	누르스름하다	누르스레하다
허옇다				허여스름하다	허여스레하다

(3) '꼼꼼함'의 분절 구조(배해수 1990:367, 박영순 2004:73에서 재인용)

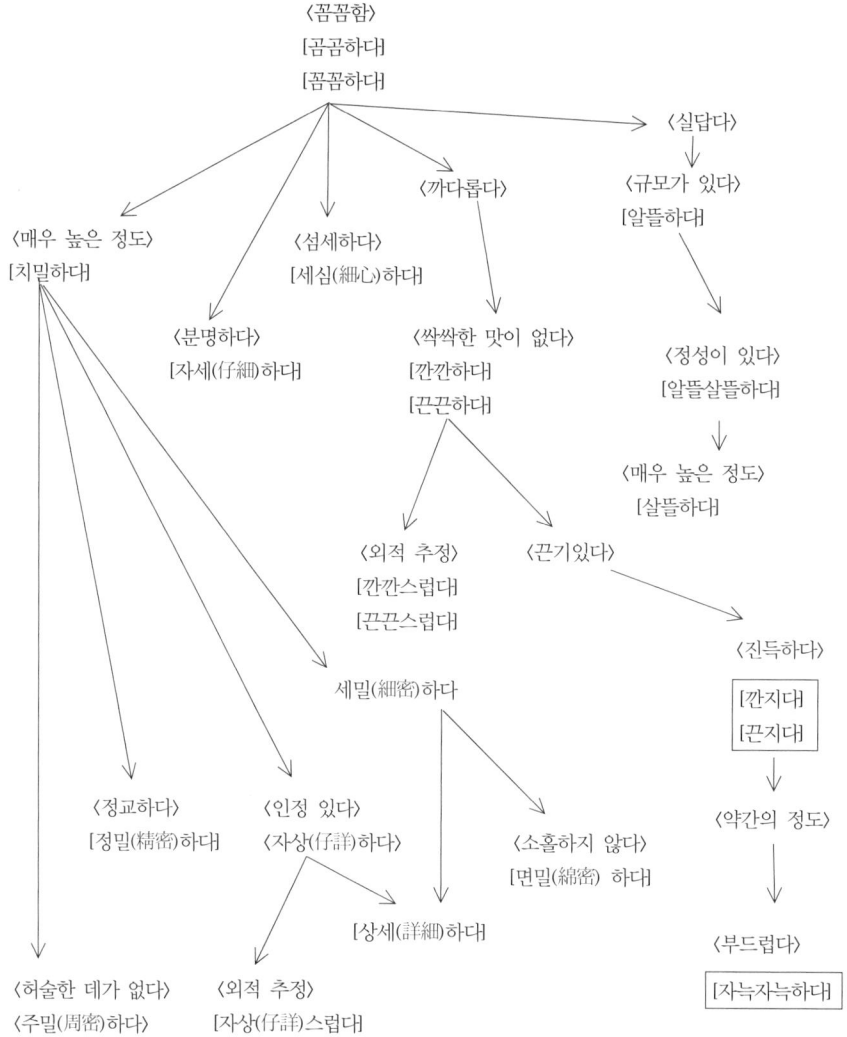

위의 설명에서 한 어휘장에 속하는 단어를 아는 데에는 주관적 판단이 개입될 수 있음을 짐작할 수 있다. 즉, 단어와 단어가 어떤 사소한 고리에 의해서든지 관련을 맺고 있다고 생각만 되면 무엇이든 어휘장이라는 이름 아래 다루어질 수 있다는 포괄성/주관성/모호성이 있다. 가령, 심지어 '물결이 춤춘다'와 같은 은유 표현을 근거로 '춤추다'가 '물결'을 중심으로 하는 어휘장에 포함된다고 볼 가능성도 있다. 다시 말해 어휘장의 설정 기준을 뚜렷이 제시하기 어렵고, 하나의 어휘장에 속할 수 있는 단어의 범위나 내부적 기준을 명확하게 설정하는 일이 매우 어렵다는 것이다.

또 어휘부 전체의 구조에까지 이르는 전반적이고 포괄적인 관찰이 어렵다는 점도 어휘장 이론의 한계이다. 사실 어휘장을 제대로 기술하려면 수작업으로 수집된 어휘 자료만을 가지고서는 충분한 성과를 거둘 수 없다. 한 언어의 어휘부 전반을 대상으로 한 기본적 작업을 전제로 하여야 하는 것이다(김광해 1993가:236-237).

그러나 최근 말뭉치 언어학의 발전으로 어휘의 계열 관계와 결합 관계를 대량으로 검색, 처리, 저장하는 일이 일반화됨에 따라 앞으로 어휘장 이론은 위의 두 가지 단점을 극복해 가면서 정밀해질 것으로 예상된다. 실제로 말뭉치 기반의 21세기 세종계획 전자사전은 한 단어의 의미 부류를 체계적으로 제시함으로써 어휘장 이론을 간접적으로 적용한 것이다.

같은 어휘장에 속한 어휘를 함께 학습하면 어휘 학습의 효과는 크게 높아진다. 한국어 교재에서는 특정 주제로 한 과가 구성되기 때문에 하나의 어휘장에 속한 단어들이 함께 제시되는 일이 많다. 그러나 유의어, 반의어, 다의어, 동음이의어, 상위어와 하위어 등이 모두 교재에 체계적으로 제시되어 있지는 않기 때문에 교사는 수업 중의 어휘 활동이나 어휘 조사 및 짧은 글짓기 과제 부여 등을 통해 관련 어휘의 폭넓은 학습을 유도하여야 할 것이다.

4.3.1.2. 의미 부류

의미 부류(semantic class)란 일반적으로 의미적 속성에 따라 분류한 집합을 말한다. 의미 부류는 의미적 속성을 바탕으로 하므로 상위어와 하위어의 부류(4.3.7. 참조)와 동일한 것으로 생각할 수 있다. 가령, '진돗개, 풍산개, 불도그, ……' 등의 의미 부류는 '개'이고 '개, 고양이, 소, 말, ……' 등의 의미 부류는 '동물'이며 '동물, 식물, 미생물'의 의미 부류는 '생물'이다.

그러나 의미 부류를 단순히 의미상의 상하 관계로만 파악하게 되면 많은 어휘 관련 현상들을 이해할 수 없게 된다. 예컨대 '사과'는 식물의 한 부분인 열매라는 의미와 먹을 수 있는 음식물로서의 과일이라는 의미를 함께 갖는다. 전자의 의미로 사용될 때 '사과'는 '따다, 재배하다, 수확하다' 등의 동사들과 자연스럽게 결합하는 반면 후자의 뜻으로는 동사 '먹다'나 형용사 '달다, 달콤하다, 시다, 새콤하다, 새콤달콤하다' 등과 결합한다. 즉, 의미 부류의 설정이 통사적 결합 관계를 이해하는 일과 관련을 가져야 하는 것이다. 그러므로 '사과'의 의미 부류는 '열매'이기도 하지만 '과일'이기도 한 것이다.

이와 같은 내용은 21세기 세종계획의 전자사전에서 체계적으로 설명되어 있다. 세종 명사 의미 부류 체계는 최상위 교점에 묶어진 최상위 부류들에 대해 단계적으로 의미 영역을 분화하여 구축된 의미 부류들의 위계적 체계이다. 최상위 부류로는 〈구체물〉, 〈집단〉, 〈장소〉, 〈추상적대상〉, 〈사태〉 등 5개의 부류가 설정되었는데 이 중 처음 4개는 논항 명사의 의미 부류이고, 나머지 〈사태〉 부류는 술어 명사의 의미 부류이다.29)

(4) 5개의 최상위 부류 구성

술어 명사의 의미 부류와 논항 명사의 의미 부류를 구분한 것은 이 두 유형의 명사들이 문장 내에서 기능상의 차이를 보이고 따라서 그 결합 관계도 다르기 때문이다. 〈사태〉 부류는 술어가 표상할 수 있는 의미 영역들을 세분하는 〈정적사태〉, 〈행위〉, 〈사건〉, 〈현상〉, 〈상태변화〉 등의 의미 부류들과, 이들로부터 분할된 보다 세밀한 의미 영역을 지닌 다양한 층위의 하위 부류들을 포함한다.

세종 의미 부류는 또한 최상위 교점을 기점으로 최소 2층위에서 최대 7층위까지의 깊이를 갖는 위계적 구조를 갖는다. (5)~(7)은 각각 2층위, 5층위, 7층위의 의미 부류를 보여 주는 예이다.

---

29) 논항 명사란 '사과, 책' 등과 같이 서술성이 없는 명사이고 술어 명사란 '공부, 건설' 등과 같이 서술성이 있는 명사이다. 일반적으로 술어 명사는 '하다'와 같은 기능 동사 (support verb)와 함께 연어를 구성한다.

(5) 2층위 하위 부류의 예 : 〈범주〉 부류

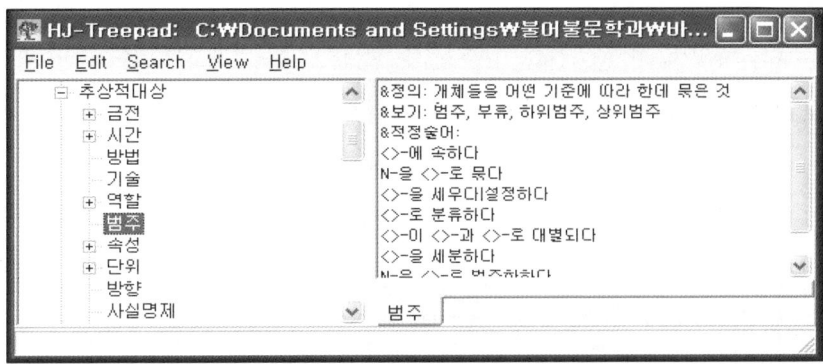

(6) 5층위 하위 부류의 예 : 〈부정적인성속성값〉 부류

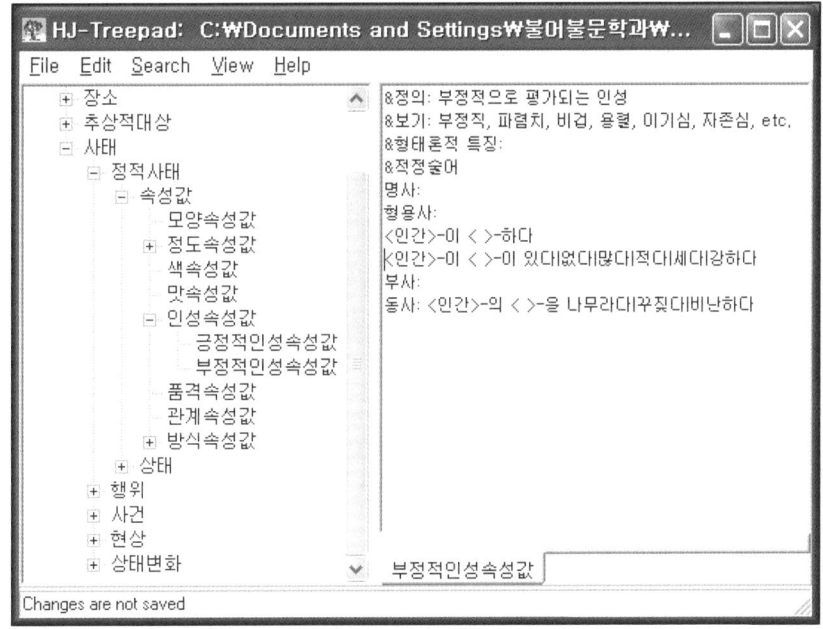

예를 들어, 다음의 (7)을 보자. 오른쪽에 예시된 구체적 단어들('장님, 귀머거리, 장애인' 등)은 왼쪽에 제시된 계층적 의미 부류 체계 '온(모든 것)-구체물-구체자연물-생물-인간-속성인간-신체속성인간-부정적신체속성인간'에 속하는 것이다.[30]

---

30) 이와 같은 의미 부류 계통도는 국립국어원의 21세기 세종계획 전자사전 담당자에게 엄격한 절차를 거쳐 개인적으로만 제공받을 수 있다.

(7) 7층위 하위 부류의 예: 〈부정적신체속성인간〉

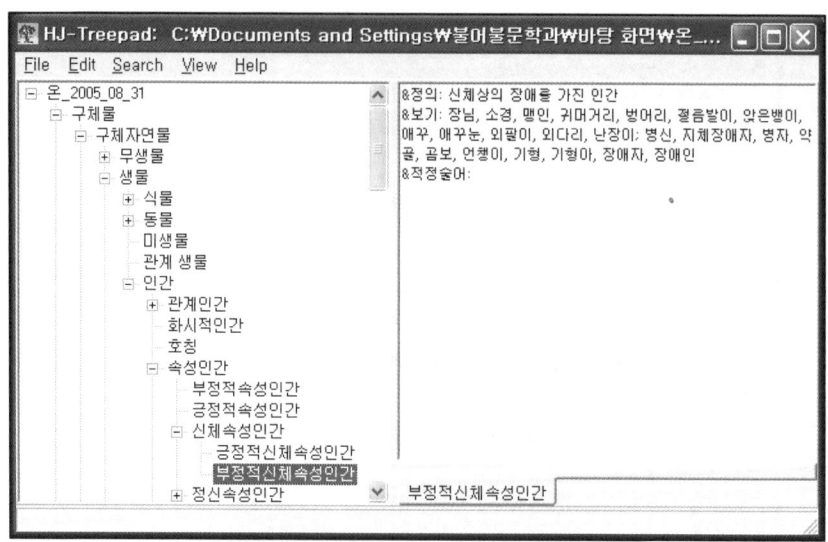

의미 부류는 한국어 교육 현장에서 아직 활용된 바 없다. 그러나 의미 부류 표에서 특정 의미 부류에 속하는 어휘가 무엇인지 파악하면, 한국어 문장을 체계적으로 생성하는 데 큰 도움이 된다. 예를 들어 (7)에서의 '관계인간' 의미 부류에 속하는 '친구, 동료, 애인, 아버지, 아들, 손자, 누나' 등은 모두 'X의 Y'와 같은 통사 형식, 예컨대 '철수의 친구/동료/애인/아버지/아들/손자/누나'와 같이 쓰이는 것이다. 또한 (7)에는 드러나 있지 않지만, 더 미시적으로 들어가면 쌍방적인 '친구, 동료, 애인'은 "X와 Y는 서로 친구/동료/애인 사이이다."와 같은 말이 성립하나 일방적인 '아버지, 아들, 손자, 누나'는 "*X와 Y는 서로 아버지/아들/손자/누나 사이이다."와 같은 말이 성립되지 않음도 알게 된다.

4.3.2. 성분 분석

4.3.2.1. 성분 분석의 개념

아래에서 살펴보게 될 유의어, 반의어, 다의어, 상·하위어는 모두 어휘 간의 관계 혹은 한 어휘의 의미 간 관계를 바탕으로 규정되는 것이다. 어휘 간의 관계는 직관적으로 파악되기도 하지만 논리적으로 파악할 수도 있다. 그 논리의 수단으로 이용되는 것이 (의미) 성분 분석이다. 성분 분석은 각 어휘들에 있는 의미적 요소를 최대한 잘게 쪼개 밝히는 것이다. 그럼으로써 해당 단어의 의미도 정밀하게 파악하고 다른 어휘와의 관계도 정확하게 이해할 수 있게 된다.

의미 성분(semantic component)은 성분 분석을 통해 최대한 잘게 쪼개진 의미적 요소를 말하는 것으로서 의미 자질(semantic feature)이라고 하기도 한다. 예를 들어 '할머니'의 의미 성분을 보기로 한다.

(8) 가. 할머니 : [여성], [늙음], [사람]
 가'. 할머니 : [-남성], [+늙음], [+사람]
 나. 할아버지 : [남성], [늙음], [사람]
 나'. 할아버지 : [+남성], [+늙음], [+사람]
 다. 늙은이 : [+늙음], [+사람]

(8가)에서 보듯이 '할머니'는 여성의 성질, 늙은이의 성질, 사람의 성질을 갖고 있다. 즉, 사람 중 늙은 여자를 '할머니'라고 하는 것이다. 여기에서 [여성]은 여성이라는 단어를 가리키는 것이 아니라 여성이라는 개념(의미 자질)을 가리킨다. 한편 (8가)를 (8나)와 비교하면 오로지 [여성]과 [남성]이라는 성분 표시를 하면 된다. (8가', 8나', 8다)와 같이 성분 분석을 함으로써 '할머니'와 '할아버지'는 [±남성] 자질만 다름으로써 반의어가 됨을 알 수 있고 '할머니'와 '할아버지'는 '늙은이'보다 의미 자질이 더 많음으로써 '늙은이'보다 하위어가 됨을 알 수 있다.

이제 성분 분석을 적용하여 유의어와 다의어를 파악하는 예를 보기로 한다. 임지룡(1992:69-71)과 천시권(1977:9)에 따라 (9)와 (10)에서 비슷한 의미를 가진 '쳐다보다'와 '우러러보다', '두껍다'와 '두텁다'를 먼저 살펴보고 (11), (12)에서 다의어 '오르다'를 살펴보기로 한다.

(9) 가. 하늘을 {쳐다본다, 우러러본다}.
 나. 선생님을 빤히 {쳐다본다, *우러러본다}.
 다. 선생님을 삼가 {*쳐다본다, 우러러본다}.
(10) 가. {두꺼운, *두터운} 옷을 입고 있다.
 나. 우정이 {*두껍다, 두텁다}.

'쳐다보다'와 '우러러보다'는 [+눈으로][+위로] 본다는 공통성을 지니지만, 대상이 유정물일 경우 '쳐다보다'는 [-존경], '우러러보다'는 [+존경]이라는 점에서 변별된다. 또 '두껍다'와 '두텁다'는 '얇다'의 대립어로서 [+부피][+크다]라는 공통적 성분을 지니지만, '두껍다'는 [+공간성], '두텁다'는 [-공간성]이라는 점에서 변별된다.

(11) 가. {분수가, 불꽃이} 오르다
　　　나. {산, 육지, 기차에 오르다
　　　다. {감기가, 때가, 명단에, 화제에, 입에} 오르다
　　　라. {계급이, 성적이, 성과가, 쌀값이, 살이, 약주가} 오르다

(12) 임지룡(1992:71)

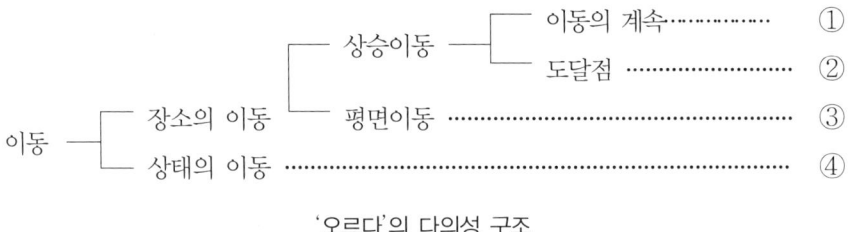

'오르다'의 다의성 구조

(11)에서 보듯이 '오르다'는 [이동]이라는 공통적 성분을 지니는데, [상승 이동]의 ①, ②는 중심 의미에 해당되며, [평면 이동]과 [상태의 이동]의 ③, ④는 확장 의미로 용법이 전이된 것이다.

유의어 및 상·하위어 관계에서의 동위어와 관련된 다른 예도 살펴보기로 하자 (윤평현 2008:106).

(13) 가. 걷다, 기다, 뛰다, 달리다, 날다, ……
　　　나. 대다, 닿다, 만지다, 부비다, 건들다, ……
　　　다. 보다, 듣다, 맡다, 따갑다, 맵다, 덥다, 춥다, ……
　　　라. 입다, 쓰다, 끼다, 매다, 신다, ……
　　　마. 바뀌다, 변하다, 갈리다, 화(化)하다, ……

(13가)는 [이동], (13나)는 [접촉], (13다)는 [감각], (13라)는 [착용], (13마)는 [감각]이라는 의미 자질을 갖고 있다. (13가~마)는 모두 동위어[31]이고, 특히 (13마)는 유의어이다. 그러나 한 가지 의미 자질만 가지고서는 어떤 단어들이 유의어인지 단순

히 동위어인지를 파악하기 어렵고 좀 더 많은 의미 자질을 분석함으로써 알 수 있다. 요컨대 성분 분석은 한 어휘의 특성을 정밀하게 보게도 하지만 다른 단어들과의 의미 관계를 파악하는 데에도 도움을 주는 것이다.

4.3.2.2. 성분 분석의 응용과 한계

성분 분석은 어휘 분해(lexical decomposition)에 응용되곤 한다. 어휘 분해란 단어의 의미를 기본 단위의 의미들로 쪼개는 일을 말한다. 단순히 의미 자질로만 표현하는 것이 아니라 해당 단어의 의미를 온전히 보여 줄 수 있도록 기술하는 것이다. 단어의 의미를 전체적인 덩어리로 보았을 때는 풀리지 않는 언어 현상을 이해하는 실마리를 찾으려는 어휘 분해의 목적은 성분 분석의 목적과 같다. 다음 예를 보자(이익섭 2000:193).

(14) 가. **모르다** : 알다 - 아니다
　　　나. **죽이다** : 살다 - 아니다 - 하게 하다

(14가)에서 '모르다'는 '알다'와 '아니다'로 분해함으로써 그 의미가 온전해지고 (14나)는 '살다'와 '아니다'와 '하게 하다(사동성)'로 분해함으로써, 곧 '살지 않게 하다'로 파악함으로써 그 의미가 온전해지는 것이다. 이와 같은 어휘 분해는 새로운 개념이라고는 할 수 없다. 이미 예전부터 사전 뜻풀이에서 부지불식간에 널리 응용되어 왔던 것이다. 따라서 한국어 교사나 학습자가 어휘 분해의 개념을 알고 있으면 한국어 사전의 뜻풀이를 이해하기가 좀 더 쉬워진다.

성분 분석을 확장하여 특정 개념의 어휘장 전체를 살펴볼 수도 있다. 임지룡(1992:65-66)에서 두 가지 예를 가져와 보기로 한다.

(15) 방계 친척의 의미 성분 표시

어휘소\성분	삼촌	외삼촌	고모부	이모부	숙모	외숙모	고모	이모
남성	+	+	+	+	-	-	-	-
부계	+	-	+	-	+	-	+	-
혈연	+	+	-	-	-	-	+	+

---

31) '동위어'에 대해서는 4.3.7.1.을, '유의어'에 대해서는 4.3.3.을 참고할 것.

(16) 온도어의 의미 성분 표시

어휘소 성분	춥다	덥다	차갑다	뜨겁다	서늘하다	따뜻하다	미지근하다	뜨뜻하다
긍정적	-	-	-	-	+	+	+	+
확장적	-	+	-	+	-	+	-	+
물리적	-	-	+	+	-	-	+	+

성분 분석 이론에 장점만 있는 것은 아니다. 성분 분석 이론은 몇 가지 한계점도 가지고 있다. 윤평현(2008:122-123)에서 정리한 바를 인용한다.

첫째, 성분 분석에 필요한 메타언어[32]로서의 의미 자질의 목록은 어느 정도까지 설정되어야 하며, 그것의 목록화가 가능한가에 대하여 분명하게 설명하지 못한다. 모든 언어의 수많은 어휘들 속에 담겨 있는 의미를 의미 성분으로 분석할 때 도대체 어느 정도의 의미 성분이 필요한지를 알기 어렵고, 더구나 그것들을 체계적으로 분석하여 전체의 의미 성분으로 목록화하는 일은 현실적으로 거의 불가능하다.

둘째, 성분 분석이 실제로는 매우 제한적인 범위 안에서만 이루어지고 있다. 성분 분석은 친척어와 같이 분류 체계가 잘 짜인 어휘군에서 효과적이고, 구체적인 사물을 지시하는 어휘에서도 어느 정도 분석의 결과를 기대할 수 있다. 그러나 추상적인 어휘에서는 성분 분석에 한계가 있다. 특히 추상적인 어휘는 그 의미가 추상적인 만큼 그에 합당한 적절한 메타언어를 찾아내기가 쉽지 않다. 가령, '평화, 자유, 사랑, 미움' 등은 적절한 의미 자질을 명시하여 그 의미를 밝혀내기가 매우 어렵고, 유의어 '생각하다, 사고하다, 사색하다, 고려하다' 등은 성분 분석을 적용하여 서로 간의 의미 관계를 밝히기가 매우 어렵다.

셋째, 성분 분석은 한 단어가 가지고 있는 개념적 의미를 중심으로 해서 의미 성분을 추출한다. 그러나 실제 언어 사용에서 보면 개념적 의미 못지않게 연상적 의미를 가지고 의사소통이 이루어지고 있는데, 성분 분석은 이러한 연상적 의미에까지 확장해서 기술하지 못하고 있다.

---

[32] 메타언어(metalanguage)란 언어를 설명하는 데 사용되는 언어를 뜻한다.

4.3.3. 유의어

4.3.3.1. 유의어의 개념

다양한 표현을 지향하는 것은 전 세계 언어의 보편적인 현상이다. 그렇기 때문에 하나의 사물을 지시하는 단어가 여럿이 존재하는 일은 매우 일반적이다. 그것을 전통적으로 '동의어(同義語, synonym)'라고 불러 왔으나, 엄밀히 말해 중심적 의미가 아닌 주변적 의미나 함축적 의미까지 정확히 똑같은 경우는 이론상으로만 가능하고 실제로는 있기 어려우므로 유사한 의미를 갖는다는 '유의어(類義語)'라는 용어도 보편적으로 쓰이고 있다.

(17) 가. 나는 요즘 너무 바빠 쉴 {틈이, 겨를이, 사이가} 없다.
   나. 비가 내리는 날에는 벽의 갈라진 {틈, *겨를, *사이}에서 물이 새요.
   다. 서울과 인천 {*틈, *겨를, 사이}에 신도시가 들어섰다.
   라. 언니와 나는 {틈, *겨를, *사이}만 나면 싸운다.

(17가)에서 보듯이 '틈', '겨를', '사이'는 모두 [시간]의 의미를 지니고 있다는 공통점이 있는 유의어이다. 그러나 (17가)와 (17나)를 보면 '틈'은 [시간]과 [공간]의 의미를 모두 지니고 있고 (17가)와 (17다)를 보면 '사이' 역시 [시간]과 [공간]의 의미를 모두 지니고 있음을 알 수 있다. 또한 더 세밀히 살펴보면 (17나)와 (17다)에서 '틈'과 '사이'의 [공간]의 의미가 서로 다름을 알 수 있고 (17라)에서 '틈'과 '사이'의 [시간]의 의미가 서로 다름을 알 수 있다. (17가~마) 전체를 통해서 '겨를'은 [시간]의 의미만 지니고 있음을 알 수 있다. 유의어의 쓰임은 이처럼 미묘한 것이다. 한국어 교육에서는 교사가 유의어의 의미 차이와 쓰임의 차이를 숙지하고 있어야 함은 물론 학습자들이 그 차이를 인식하여 어휘를 사용할 수 있도록 교수하여야 한다.[33]

4.3.3.2. 유의어의 유형

유의 관계는 왜 발생되는 것일까? 우선 다른 계열의 어휘가 혼재하면서 저절로 생기는 유의 관계가 있다. 이것은 바로 위에서 살펴본 것이다. 그 밖에도 방언 차이, 전문성 차이, 문체적 차이 때문에 유의어가 발생하는 경우도 있다. 아래에서는 유의어를 발생시키는 원인에 따라 유의어의 유형을 설명하기로 한다.[34]

---

[33] 문금현(2004)에서는 한국어 유의어의 의미 변별과 교육 방안에 대해 자세히 논의하고 있다.

첫째, 문체(style)나 격식성(formality)의 차이에 의한 유의어를 들 수 있다. 유의어는 흔히 고유어, 한자어, 일반 외래어 계열 어휘들의 혼용 속에서 여러 가지 양상으로 존재한다. 고유어와 고유어, 고유어와 한자어, 한자어와 한자어, 고유어와 외래어 등이 유의 관계를 다양하게 형성하곤 한다.

(18) 가. 껍질-껍데기, 꾸중-꾸지람, 옳다-맞다-바르다, 즐겁다-기쁘다, 끝-마지막, 번지다-퍼지다, 통-바람35)

나. 키-신장(身長), 옷-의복(衣服)/의상(衣裳), 벗-친구(親舊), 달걀-계란(鷄卵), 말-언어(言語), 임금-왕(王), 처음-시작(始作)/시초(始初), 아우-동생(同生)

다. 실태(實態)-현황(現況), 애인(愛人)-연인(戀人), 책(冊)-서적(書籍), 발전(發展)-발달(發達), 경기(競技)-시합(試合)

라. 모임-미팅(meeting), 아내-와이프(wife), 열쇠-키(key), 목숨-생명(生命), 잔(盞)-컵(cup), 공책(空冊)-노트(note), 건물(建物)-빌딩(building), 경기(競技)-게임(game)

(18)은 모두 유의어들의 짝을 보인 것이다. 앞서 언급하였듯이 이들 모두를 언제나 서로 바꾸어서 쓸 수 있는 것은 아니지만, 많은 경우 바꾸어 쓸 수 있다. (18가)는 고유어와 고유어, (18나)는 고유어와 한자어, (18다)는 한자어와 한자어, (18라)는 고유어와 외래어 혹은 한자어와 외래어의 유의어 짝을 제시한 것이다.

이러한 유의어들은 문체나 격식성에서 서로 다른 층을 형성하는데, 언어 장면에 따라 언중들의 선택을 받게 된다. 일반적으로 고유어는 구어나 비격식체에서, 한자어는 문어나 격식체에서 더 선호된다. 외래어는 구어/문어, 격식체/비격식체에 따라 선호된다기보다는 사회 방언적으로 선호되는 듯하다. 즉, 외래어는 젊은층이나 고학력층에게 더 선호되는 경향이 있는 것이다.

둘째, 방언의 차이에 의한 유의어가 있다. 서로 다른 방언권에 있는 화자들이 동일한 지시 대상을 두고 각각 다른 단어를 사용함으로써 유의어가 발생하는 것이다.

(19) 하루살이, 날파리, 날타리, 깔따구, 누니누니

---

34) 임지룡(1992:137-141), 박영순(2004:82), 윤평현(2008:130-134)을 종합하였다.
35) 의존명사에도 유의어가 있다. '-는 통에, -는 바람에'에서의 '통'과 '바람'은 유의어이다.

(19)는 모두 곤충의 일종인 '하루살이'의 여러 방언형을 보인 것이다. 여러 방언형은 거의 완전한 동의어에 가까운데, 어떤 방언을 쓰는 화자들은 다른 방언형의 존재를 모르는 경우가 많아 어떻게 보면 이들을 모두 유의어로 보는 데에는 다소 어려운 점이 있다고 할 수 있다. 그러나 교통, 통신, 방송의 발달로 각 방언에서 사용되는 유의어는 다른 방언권의 화자들에게 접촉되는 일이 많아 한국어 전체로 보면 유의어로 볼 수 있다.

셋째, 전문성(technicality)의 차이에 의한 유의어가 있다. 특정 전문 분야에서 어떤 대상을 정밀하게 기술하기 위한 어휘, 곧 전문어가 일상어와 유의 관계를 형성하는 일이 있는 것이다. 물론 전문 분야에서만 쓰인다고 해서 모두 전문어는 아니다. 오히려 전문어라고 하기보다는 특정 전문 분야 사람들이 쓰는 사회 방언이라고 해야 할 만한 말들도 많이 있다.

(20) 가. 염화나트륨-소금, 티비(T.B.)-결핵
나. 담낭-쓸개, 기망-기만, 명의-이름, 곡차-술, 관물-물품

(20가)는 온전한 전문어와 일상어의 유의 관계를 보여 주고 있다. 화학자들이 어떤 화합물을 정확히 기술하기 위해 '염화나트륨'을 쓰거나 의사들이 어떤 병명을 정확하게 말하기 위해 혹은 환자에게 비밀을 드러내지 않기 위해 '티비'를 사용하는 예를 보인 것이다. (20나)는 전문어라기보다는 어떤 전문 분야에서 쓰이는 용어들을 보인 것이다. 예컨대 절(불교)에서 '술'을 '곡차(穀茶)'라고 하여 그것이 어떤 전문성을 드러내는 말은 아니라는 것이다. 그러므로 이들은 대개 일상어와 쉽게 대치할 수 있다.

넷째, 내포적 의미의 차이에 의한 유의어가 있다. 동일한 지시 대상을 가리키는 두 단어 가운데 한쪽이 중립적인 의미를 갖고 다른 쪽은 특별히 첨가된 내포적 의미를 갖고 있을 때 유의 관계가 성립되기도 한다. '아내'라는 말은 중립적이고 객관적인 말이지만, '마누라'는 다소 낮추어 가리키는 뜻을 나타내고 '부인'은 다소 존중하여 가리키는 뜻을 나타낸다.

(21) 가. 정치가-정치꾼, 승려-중, 대답-대꾸, 노인-늙은이
나. 밥-진지, 나이-연세, 자다-주무시다, 있다-계시다, 우리-저희
다. 딸-공주, 눈썹-아미(蛾眉)

라. 입-주둥이/주둥아리, 머리-대가리, 승려-땡초
　　　마. 형무소-교도소, 파출부-가사 도우미, 탈북자-새터민
　　　바. 네티즌-누리꾼, 웰빙-참살이, 오뎅-어묵
　　　사. 친구-동무, 국민-인민

(21가)는 중립적인 단어와 부정적인 내포 의미를 갖는 단어의 짝을 보인 것이고 (21나)는 중립적인 단어와 존대어 혹은 겸양어의 짝을 보인 것이다. (21다)는 중립적 단어와 정감을 담은 단어의 짝을 보인 것이고 (21라)는 중립어와 비속어의 짝을 보인 것이다. (21마)는 기존 단어와 그것을 순화한 새 단어의 짝을 보인 것이고 (21바)는 외국어/외래어와 그것을 순화한 새 단어의 짝을 보인 것이다. (21사)는 특이한 경우이다. 원래 '동무', '인민'은 각각 '친구', '국민'과 동의어였으나 북한에서 주로 쓰인 결과 남한에서는 부정적인 내포 의미를 갖게 되어 거의 쓰이지 않게 되었다.

다섯째, 완곡어법(euphemism)에 의한 유의어가 있다. 많은 문화권에서 죽음, 질병, 성, 두려운 것, 불결한 것 등에 관해서는 직설적인 표현을 피하고 완곡어를 사용하여 두려움이나 불결함, 어색함을 누그러뜨린다. 그 결과 유의 관계가 성립하는 것이다.

(22) 가. 죽다-돌아가시다, 아프다-편찮으시다[36], 천연두-마마/손님
　　　나. 똥-대변, 변소-화장실, 남근-고추, 유방-가슴, 성교-관계

(22가)는 두려움을 갖게 하는 단어에 대한 완곡어의 짝을 보인 것이고 (22나)는 불결하거나 성과 관련된 단어에 대한 완곡어의 짝을 보인 것이다.

한국어 교육에서는 첫째 유형의 유의어를 가장 중점적으로 교수하여야 한다. 문체와 격식성의 차이는 실제 언어생활에서 생각보다 매우 중요한 요인으로 작용하기 때문에 한국어 학습자들은 상황에 맞는 어휘 선택을 충분하게 학습하여야 하는 것이다. 그러나 한국어 교육에서는 방언을 교육하지 않고, 전문어, 감정/평가가 내포된 말, 완곡어도 한국어 교육의 1차적 교육 대상은 아니므로 둘째~다섯째 유형의 유의어는 거의 다룰 필요가 없다. 다만, 넷째 유형에서 (21나)와 같은 존대어, 겸양어는 초급 어휘로서 중요하다.

---

[36] '돌아가시다', '편찮으시다'는 존대이기도 하다.

4.3.4. 반의어

4.3.4.1. 반의어의 개념

반의어(反意語, antonym)는 '대립어, 반댓말, 맞선말' 등으로 불리기도 하는데, 의미가 서로 반대되거나 대립되는 관계에 있는 말들을 뜻한다. 우리는 어떤 사물의 본성이나 개념을 이해하고자 할 때 그것과 대립되는 개념을 이용하는 경우가 많다. 그래서 동음어, 다의어, 유의어보다 반의어가 인간의 의식 구조를 가장 잘 반영한다고도 한다.

반의어가 인간의 의식 구조를 가장 잘 반영하기 때문에 어휘 학습을 할 때 반의어를 함께 학습하면 학습 효과가 몇 배로 커질 수 있다. 어떤 단어 X를 학습할 때 반의어 Y를 함께 학습하면, X를 이해하는 데 도움이 될 뿐 아니라 Y까지 함께 학습하는 부수적 효과까지 누릴 수 있다. 더 나아가 반의어 학습은 X, Y 둘의 학습 시간을 짧게 하고 학습 효율을 높이는 등 여러 가지 장점을 지니고 있다.

그렇다면 어떤 것을 반의어라고 하는가? 의미가 비슷한 유의어, 의미가 분화된 다의어, 소리만 같고 의미가 다른 동음이의어에 비해 반의어는 그 개념 성립 조건부터 살펴볼 필요가 있다. 얼핏 생각하면 어떤 말과 성질이 전혀 다른 말이 반의어가 될 듯한데 실제로는 그렇지 않기 때문이다. 예컨대 '어머니'의 반의어는 남자로서 직계 비속인 '아들'이 될 듯한데, 실제로 사람들은 '어머니'의 반의어로 대개 '아버지'를 먼저 떠올리고 가끔 특수한 상황에서 '딸'을 떠올리는 것이다. 이를 통해 볼 때, 반의어는 두 단어가 의미상 여러 가지 공통성을 갖고 있으면서 단지 하나의 의미적 요소만이 다를 때 성립됨을 알 수 있다. 반의 관계가 성립하기 위한 조건을 윤평현(2008:139)은 다음과 같이 정리하고 있다.

(23) 가. 동질성 조건 : ㉠ 동일 의미 영역, ㉡ 동일 문법 범주[37]
　　　나. 이질성 조건 : 대조적 배타성

두 단어 사이에 반의 관계가 성립하려면 두 단어는 동일 의미 영역에 있어야 한다. 의미 영역은 넓게 보면 같은 어휘장이라고 말할 수 있지만 그보다는 좀 더 제한적인 것으로서, 의미의 공통성에 따라서 나눈 한 부류의 어휘를 뜻한다. 그렇기 때

---
37) 윤평현(2008)에서는 '어휘 범주'라고 하였다.

문에 의미 영역은 일정한 의미 성분을 공유한다. 예를 들어 '남편'과 '아내'는 [+인간(HUMAN)], [+성숙(ADULT)], [+결혼(MARRIED)]과 같은 공통성을 갖고 있기 때문에 동일한 의미 영역에 속한다.

반의어가 동일 문법 범주여야 한다는 것은 반의어의 품사가 같아야 함을 뜻한다. 가령, '희다'의 반의어는 '검다'로서 같은 형용사이다. 그러나 명사 '검은색'은 범주가 다르므로 '희다'의 반의어가 될 수 없다. 이를 미시적으로 적용한다면 반의어는 활용 형태까지 같은 범주의 것이어야 할 것이다. 예컨대 '가벼운'의 반의어는 '무거운'이지 '무겁다'라고 할 수 없다. '갔느냐'의 반의어도 '왔느냐'이지 '오다'라고 할 수 없다.

반의어의 이질성 조건은 대조적 배타성이다. 동일 의미 영역에 있고 어휘의 문법 범주도 같은 두 단어가 서로 반의어이기 위해서는 반드시 서로의 의미를 대립시키는 대조적 배타성이 있어야 한다. '남편'과 '아내'가 '배우자'라는 동일 의미 영역에 있지만 '성(性)'에서 전자는 [+남성(MALE)], 후자는 [-남성]이기 때문에 두 단어는 반의어인 것이다. '길다'와 '짧다'도 모두 길이를 나타내는 형용사이지만 서로 반의어인 이유는 그것이 길고 짧음에서 대조적 배타성을 지니고 있기 때문이다.

4.3.4.2. 반의어의 유형

반의어의 동질성 조건이 반의어를 성립시키는 전제적 조건이라고 한다면 이질성 조건은 결정적 조건이라고 할 수 있다. 그런데 반의 관계에서 보이는 이질성(대조적 배타성)은 그 양상이 한결같지 않기 때문에 다양한 양상에 따라 반의어의 유형도 몇 가지로 나누어 볼 수 있다. 그 유형을 임지룡(1992:158-165), 윤평현(2008:140-148)에 따라 상보(相補) 반의어, 정도(程度) 반의어, 관계(關係) 반의어로 나누어 살펴보기로 한다.

상보 반의어는 두 반의어가 어떤 개념적 영역을 상호 배타적인 두 구역으로 양분하는 경우의 반의어를 뜻한다. 다시 말해 상보 반의어의 개념 영역에서는 표현하려고 하는 어떤 내용이 상보 반의어 X 혹은 Y 중 반드시 어느 한쪽에 속해야 한다. '남자'가 아니면 '여자'여야 하고 '삶'이 아니면 '죽음'이어야 하며 '출석'이 아니면 '결석'이어야 한다. 이에 따라 상보 반의어는 몇 가지 특성을 지닌다.

첫째, 상보 반의어는 한쪽 단어가 성립하면 다른 쪽 단어는 반드시 부정(否定)된다. 이는 상보 반의어의 개념상 당연한 사실이다. 둘째, 상보 반의어인 두 단어를 동시에 긍정하거나 부정할 수 없다. 남자이면서 여자일 수 없고 남자도 아니면서 여자도 아닐 수는 없는 것이다. 셋째, (24)에서 알 수 있듯이 상보 반의어는 정도를 표현하는 말의 꾸밈을 받을 수 없고 비교 표현으로도 쓸 수 없다.38)

(24) 가. *갑돌이는 조금 남자이다.
     나. *갑돌이는 을돌이보다 더 남자이다.

정도 반의어는 반의어 X, Y가 양 극단에 있어 그 사이에는 중간 상태가 존재할 수 있는 경우 X, Y를 가리키는 개념이다. '가볍다'와 '무겁다'가 있을 때 가벼운 쪽에 가까운 상태가 있을 수 있고 무거운 쪽에 가까운 상태가 있을 수 있으며 가벼운 쪽과 무거운 쪽의 딱 중간의 상태가 있을 수 있다.39) 정도성은 척도(scale), 평가(evaluation), 정감(emotion)에 의해서 나타난다. 예컨대 '길다-짧다'는 척도에 의해, '좋다-나쁘다'는 평가에 의해, '상쾌하다-불쾌하다'는 정감에 의해 나타나는 정도 반의어들이다. (25)는 정도 반의어를 잘 이해하게 해 주는 어휘의 예이다(윤평현 2008:143).

(25) 뜨겁다-(따뜻하다)-(미지근하다)-(시원하다)-차갑다

정도 반의어의 특성으로서 첫째, 정도 반의어 X, Y에서 X는 ~Y(Y의 부정)를 함의40) 하지만 ~Y는 X를 함의하지 않는다. 가령 '길다'는 '짧지 않다'를 함의하지만 '짧지 않다'고 해서 반드시 '긴' 것은 아니다. 둘째, 정도 반의어 X, Y는 동시에 부정될 수 있다. '길지도 않고 짧지도 않은' 것이 있을 수 있다. 셋째, (26)에서 알 수 있듯이 정도 반의어는 정도를 표현하는 말의 꾸밈을 받을 수 있고 비교 표현으로도 쓸 수 있다.

(26) 가. 갑돌이는 키가 아주 크다.
     나. 갑돌이는 을돌이보다 키가 작다.

---

38) (24)는 '남자이다'가 '남자답다'의 뜻으로 해석된다면 가능한 표현들이다. 그러나 단순히 갑돌이, 을돌이의 성(性)을 표현하는 문장으로서는 의미적으로 부적격하다.
39) '깨끗하다-더럽다', '정직하다-부정직하다' 등 역시 정도 반의어로 볼 수 있다. 그러나 상보 반의어 쪽에 더 가깝다고 하는 연구도 있다(임지룡 1992:161-162). 한국어 교육에서는 정도 반의어로 보는 것이 교수·학습에 더 유리하다. 일상 언어적인 개념으로는 깨끗하지도 않고 더럽지도 않은 영역이 존재할 수 있으며, 정직하지도 않고 부정직하지도 않은 영역이 존재하기 때문이다.
40) 함의(entailment)에 대해서는 4.3.7.2.을 참조할 것.

넷째, 정도 반의어는 그 말을 쓰는 기준이 상대적이라는 특성이 있다. '긴 손가락'과 '짧은 강(江)'이라는 말에서 전자의 '긴'은 후자의 '짧은'보다 절대적으로는 짧지만 그때그때 달라지는 상대적 기준에 의해 쓰인 것이다. 다섯째, 정도 반의어는 일반적으로 척도상 크거나 평가상이나 정감상 좋은 쪽이 기본적이고 일반적으로 쓰인다.

(27) 가. 이 호수가 얼마나 {넓냐, *좁냐}?
　　　나. 넓이, *좁이

(27가)가 보통의 물음이라면 '넓냐'만 쓰이고 '좁냐'는 쓰지 않는다.41) 또 (27나)에서 보듯이 파생어 형성에서도 척도가 큰 쪽인 '넓이' 쪽이 형성되고 '좁이'는 형성되지 않는다.

관계 반의어는 맞선 방향에 존재하거나 맞선 방향으로 이동함을 나타내는 대립 쌍으로서 방향(方向) 반의어라고도 한다. 관계 반의어 X, Y는 많은 경우 서로에게 의존적 관계에 있다. 예컨대 '아내'는 '남편'이 없으면 성립할 수 없는 개념이고, '북쪽'은 '남쪽'이 없으면 성립할 수 없는 개념이다. 관계 반의어의 예를 보기로 한다.

(28) 가. 부모-자식, 남편-아내, 위-아래, 앞-뒤, 주다-받다, 사다-팔다, 가르치다-배우다, 때리다-맞다
　　　나. 출발선-결승선, 북극-남극, 천당-지옥, 시작-끝, 천재-바보
　　　다. 가다-오다, 오르다-내리다, 전진하다-후퇴하다, 열다-닫다, 늘다-줄다, 차다-비다
　　　라. 산-계곡/골짜기, 수나사-암나사, 외향적-내성적

(28가)와 같은 관계 반의어를 역의어(converse)라고도 한다. 방향상 반대되는 반의어를 뜻한다. (28나)와 같은 반의어를 대척어(antipodal)라고도 한다. 대척점, 곧 양 극단을 이루는 관계 반의어이다. (28)와 같은 반의어를 역동어(reversive)라고도 한다. 반대 방향으로의 이동이나 변화를 나타내는 관계 반의어이다. (28라)와 같은 반의어를 대응어(counterpart)라고도 한다. 표면 상태의 방향이 서로 반대인 반의어를 뜻한다.

---

41) 만약 문맥상 좁음을 전제로 하고 그 좁은 정도를 묻는 의문문이라면 '좁냐'도 쓸 수 있다.

한 단어의 반의어는 여러 개가 있을 수 있다. 우선 어떤 단어가 다의어(多義語)이면 여러 의미에 대한 반의어가 여럿이 있을 수 있다. 또 비교 기준이 여러 개가 성립될 때에도 반의어가 여럿이 있을 수 있다. 이러한 경우들은 특히 한국어 교육 현장에서 주의 깊게 다루어져야 한다. 특정 문맥에서의 반의어를 분명히 교수할 필요가 있는 것이다. '서다'와 '아버지'의 예를 통해 알아보자.

(29) 서다

　　가. (일어서다) ↔ 앉다

　　나. (멈추다) ↔ 가다

　　다. (체면이 서다) ↔ 깎이다

(30) 아버지

　　가. [+남성] ↔ 어머니([-남성])

　　나. [+위 세대] ↔ 아들([-위 세대])

(29)에서 '서다'의 여러 의미에 대한 반의어 역시 여러 개가 있음을 알 수 있다. 비슷한 예로 '뛰다'의 반의어는 '걷다'라고 하는 것이 일반적이지만, '물가가 뛰다'의 '뛰다'의 반의어는 '내리다'나 '떨어지다'라고 하는 것이 옳다. (30)에서도 '아버지'는 성(性)을 기준으로 해서는 '어머니'가 반의어이지만 세대(世代)를 기준으로 해서는 '아들'이 반의어이다. 연어적 관계에 의해서도 반의어가 여럿 있을 수 있다. '벗다'의 반의어는 '입다'라고 하는 것이 일반적이지만, '안경을 벗다'에서 '벗다'의 반의어는 '쓰다'나 '끼다'가 되고 '신을 벗다'에서 '벗다'의 반의어는 '신다'이다.

위에서 설명한 반의어들은 모두 양극적 반의어이다. 즉, 하나의 혹은 여러 개의 축(軸)을 기준으로 양쪽에 반의어가 존재하는 것이다. 그런데 다극적 반의어도 있을 수 있다. 반의어를 형성하는 축 자체가 여러 개가 있어 몇 개의 반의어가 여러 극(極)에서 동등한 자격으로 존재하는 것을 말한다.

(31) 가. 수(秀), 우(優), 미(美), 양(良), 가(可)

　　나. 육(陸), 해(海), 공(空)

　　다. 봄, 여름, 가을, 겨울

　　라. 달다, 짜다, 싱겁다, 맵다, 떫다, 쓰다, 시다

(31)에서는 모든 단어들이 서로 동등한 자격으로 서로에 대해 다극적으로 반의어를 이루고 있다. 그런데 이러한 다극적 반의어 체계 안에서라도 양극적 반의어가 전혀 존재하지 않는 것은 아니다. 예컨대 (31가)에서 '수'와 '가'는 양극 반의어로 다루어질 수 있고, (31나)에서 '육'과 '해' 혹은 '육'과 '공'은 각각 어떤 관점에 따라 양극 반의어로 다루어질 수 있으며, (31다)에서 '여름'과 '겨울'도 양극 반의어로 다루어질 수 있을 것이다.42)

4.3.5. 다의어

4.3.5.1. 다의어의 개념

어떤 단어가 기본적 의미, 곧 중심적 의미와 그에서 파생된 주변적 의미, 곧 확장적 의미를 가지고 있을 때 그것을 다의어(多義語, polysemant)라고 한다. 한 언어에서 다의어는 필연적으로 발생할 수밖에 없다. 그 근본적인 이유는 한정된 수효의 음소(音素)를 갖고 있는 한 언어에서 만들어질 수 있는 음절의 개수가 한정되어 있고 한 단어가 가질 수 있는 음절 수에도 현실적으로 제한이 있는 반면, 다양한 상황에서 표현하고 싶은 의미는 그보다 훨씬 많기 때문이다.

(32)는 다의어의 예로 흔히 제시되는 것이다. (32가)의 '손'은 인체의 일부분으로서의 손으로서 중심 의미를 갖고 있다고 할 수 있다. 반면 (32나~마)의 '손'은 중심 의미뿐 아니라 거기에서 연상적으로 파생된 확장 의미를 갖고 있다.

(32) 가. 손을 만지다
나. 손이 모자라다
다. 손을 보다
라. 손이 크다
마. 손을 떼다

'먹다'와 같은 용언의 경우는 『표준국어대사전』의 뜻풀이인 (33)에서 보듯이 매우 많은 의미를 가지고 있다. 이렇게 뜻이 많은 경우에는 대개 그 의미들 역시 어떤

---

42) 매우 특수한 경우 '우'와 '양', '봄'과 '가을'이 양극적 반의어로 다루어질 수도 있겠지만, 그러한 경우는 거의 없을 것이다. (31라)에서도 '달다'와 '쓰다'만이 양극적 반의어로 다루어질 수 있다.

의미 혹은 용법의 그룹으로 나뉘게 마련이다. (33가~하)와 (33거~러)는 '먹다'가 쓰이는 문장의 문형에서 구별되는 것이고43) (33갸)는 보조동사로 쓰이는 것이다.

(33) 가. 음식 따위를 입을 통하여 배 속에 들여보내다.
　　 나. 담배나 아편 따위를 피우다.
　　 다. 연기나 가스 따위를 들이마시다.
　　 라. 어떤 마음이나 감정을 품다.
　　 마. 일정한 나이에 이르거나 나이를 더하다.
　　 바. 욕, 핀잔 따위를 듣거나 당하다.
　　 사. (속되게) 뇌물을 받아 가지다.
　　 아. 수익이나 이문을 차지하여 가지다.
　　 자. 물이나 습기 따위를 빨아들이다.
　　 차. 어떤 등급을 차지하거나 점수를 따다.
　　 카. 구기 경기에서, 점수를 잃다.
　　 타. (속되게) 여자의 정조를 유린하다.
　　 파. 매 따위를 맞다.
　　 하. 남의 재물을 다루거나 맡은 사람이 그 재물을 부당하게 자기의 것으로 만들다.
　　 거. 날이 있는 도구가 소재를 깎거나 자르거나 갈거나 하는 작용을 하다.
　　 너. 바르는 물질이 배어들거나 고루 퍼지다.
　　 더. 벌레, 균 따위가 파 들어가거나 퍼지다.
　　 러. 돈이나 물자 따위가 들거나 쓰이다.
　　 갸. (일부 동사 뒤에서 '-어 먹다' 구성으로 쓰여) 앞말이 뜻하는 행동을 강조하는 말. 주로 그 행동이나 그 행동과 관련된 상황이 마음에 들지 않을 때 쓴다.

다의어를 성립시키는 조건은 무엇일까? 이 물음은 다의어와 동음이의어를 구별해야 하기 때문에 필요하다. 가령, '배[舶], 배[腹], 배[梨]'는 한 단어가 여러 뜻을 갖는 다의어로 보지 않고 우연히 말소리만 같은 동음이의어로 보는 것이다. 다의어로 보기 위해서는 다음 두 가지 중 적어도 하나의 조건은 충족되어야 한다.

---

43) (33가~하)는 '~이/가 ~을/를 먹다'의 문형인데, (33거~러)는 '~이/가 ~에 먹다'의 문형이다.

(34) 가. 공시적 연관성 : 의미의 유사성

나. **통시적 연관성** : 동일한 어원(語源)

(34가)의 기준은 어떤 단어가 다의어이기 위해서는 그 단어가 갖고 있는 의미들 사이에 유사성이 있어야 한다는 뜻이다. 그런 점에서 위의 세 '배'는 동음이의어임을 알 수 있다. '다리[脚]'와 '다리[橋]' 역시 의미적 유사성이 전혀 없으므로 동음이의어이다.[44] 그러나 신체의 일부로서의 '다리'와 물체를 아래 부분인 '다리'는 후자가 전자에서 연상된 확장 의미를 갖고 있다.

(34나)의 기준은 어떤 단어가 다의어이기 위해서는 그 단어가 갖고 있는 의미들이 동일한 어원을 갖고 있어야 한다는 뜻이다. 어원적으로 같았던 단어이면 현재 의미가 멀더라도 한 단어의 다의 관계로 보고, 어원적으로 달랐던 단어는 동음이의 관계로 해석하는 것이다. 예를 들어, '밥을 먹다'의 '먹다'와 '귀가/코가 먹다'의 '먹다'는 다의어가 아니라 동음이의어로 보는데, 이는 후자의 '먹다'가 전자의 '먹다'와 동일 어원을 갖는 것이 아니라 '(길을) 막다'와 동일 어원을 갖고 있기 때문이다. 그러나 한국어 교육 현장에서는 어휘사 지식을 거의 적용하지 않으므로 이 기준은 별로 유용하지 않다고 할 수 있다.

4.3.5.2. 다의어의 유형

위에서 다의어가 필연적으로 생성될 수밖에 없는 근본적인 이유를 한 언어에서 사용되는 음운과 음절 개수가 한정되어 있고 한 단어가 가질 수 있는 음절 수에는 현실적으로 제한이 있는 반면, 표현하고 싶은 의미는 그보다 훨씬 많기 때문이라고 하였다. 그런데 사실 이 근본적인 원인은 동음이의어의 생성 원인과도 같다. 따라서 다의어만의 직접적 생성 원인을 자세히 알아볼 필요가 있다. 다의어 생성의 직접적 원인은 대략 다섯 가지로 나누어 볼 수 있다(Ullmann 1962:159-167, 임지룡 1992:213-216, 윤평현 2008:171-176).

첫째, '적용의 전이'이다. 모든 단어는 수많은 문맥 속에서 쓰이게 되는데, 그때마다 조금씩 다른 의미가 형성된다. 그 대부분은 일시적인 것으로 쓰인 후 소멸하지만, 기본적 의미와 사이가 어느 정도 이상 벌어진 것이 안정적인 빈도로 사용될 때

---

[44] 어떤 이는 두 가지 '다리' 모두 어떤 물체를 지탱해 준다는 점에서 그것들을 다의어로 보려고 할 수도 있다. 그러나 그러한 해석은 무리일 뿐 아니라 두 단어는 어원도 서로 다르기 때문에 (34나) 기준에 의해서도 다의어로 볼 수 없다.

에는 새로운 의미로 남게 된다. 예컨대 '밝다'라는 형용사는 빛, 색, 표정, 분위기, 눈과 귀, 사리(事理)와 같은 개념과 어울리는 것은 매우 자주 일어나는 일인데, 그럼으로써 새로운 의미가 형성된다는 것이다. 이와 같은 과정은 대부분 '구체적인 것 →추상적인 것'의 방향으로 이루어진다.

둘째, '사회 환경의 특수화'이다. 사회는 각각의 전문적 영역이 있다. 이는 현대로 올수록 더욱 심화되고 있는데, 특수한 분야에서 특수한 개념을 표현할 때 새로운 단어를 만들어 사용하기도 하지만 기존 표현을 줄여 표현하거나 기존 단어를 해당 영역에서 필요한 특수한 뜻으로 사용하는 경우가 많다. 그럼으로써 다의어가 생성되는 것이다. 예컨대 '재생(再生)'은 생물학, 심리학, 방송, 기독교 분야에서 다소 특수한 의미로 사용되고 '반응(反應)'도 화학, 심리학 분야에서 특수한 뜻으로 사용된다.

셋째, '비유적 표현'이다. 일상어에서는 직유/은유이든 환유이든 수없이 비유적 표현을 사용하는데, 그중 언중들에게 보편적인 공감을 얻어 잦은 빈도로 쓰이게 된 것이 새로운 의미로 생성되는 것이다. 가령, '내 마음은 호수'라는 은유를 어떤 시인이 사용하였다고 해도 '호수'가 '마음'이라는 새 의미를 갖게 되지는 않는다. 그러한 비유는 특별한 문학적 표현으로서 사람들에게 감동을 줄 수는 있겠지만, 그 비유의 수준이 너무 높아 대부분의 언중들이 즐겨 쓰기는 어려운 것이다. 예를 들어, 느릿느릿한 '곰'이 '생각이나 행동이 굼뜬 사람'을 의미하게 된 직유/은유나 '가슴' 안에 있다고 생각되는 '마음'이 '가슴'의 새로운 의미로 사용된 환유는 언중들이 쉽게 받아들일 수 있어 매우 자주 사용되었기 때문에 다의어를 생성할 수 있었다.

넷째, '동음이의어의 재해석'이다. 이는 매우 특수한 경우로서 원래는 동음이의어였던 별개의 두 단어에 대해 언중들이 의미적 유사성을 새롭게 부여함으로써 다의어로 재생성된 것이다. 이는 어휘에 대한 민중들의 속된 믿음인 민간 어원(folk etymology)에 의한 다의어 생성으로서 매우 특수한 경우이므로 한국어 교사가 꼭 알고 있어야 하는 것은 아니다.

다섯째, '외국어의 영향'이다. 한 문화권이 다른 문화권과 교류를 하거나 다른 문화권의 영향을 받을 때, 새로운 어휘를 수입하거나 기존 어휘의 새로운 뜻을 수입하는 경우가 있다. 후자의 경우, 다의어가 생성된다. '춘추(春秋)'가 '봄가을'의 뜻에서 '나이'의 높임말의 뜻으로 쓰인 것은 중국어의 영향이고, '인간(人間)'이 '속세'의 뜻에서 '사람'의 뜻으로 쓰인 것은 일본어의 영향이다. '외국어의 영향' 요인도 지극히 드물게 나타나기 때문에 한국어 교사가 꼭 알고 있어야 하는 것은 아니다.

넷째, 다섯째 원인은 물론이고 한국어 교육 현장에서는 다의어 생성의 위 다섯 가지 원인을 교수 항목으로 다루지 않는다. 그러나 한국어 교사가 다의어 생성의 직접적 원인을 인지하는 것은 다의어 교수에 매우 도움이 된다. 가령, '적용의 전이'라는 특성을 알고 있으면 교수 시 훨씬 체계적으로 예문을 들 수 있고 '비유적 표현'이라는 특성을 알고 있으면 한국 문화 교육에 도움을 받을 수 있으며 '사회 환경의 특수화'라는 특성을 알고 있으면 일상어를 통한 전문어 교수에 큰 도움이 된다.

의미는 거의 다르지 않음에도 불구하고 어떤 단어가 두 가지 이상의 품사로 쓰이는 경우, 곧 품사 통용 어휘도 다의어로 볼 수 있다. 예컨대, "상한 음식을 잘못 먹었다."와 "철수는 자기의 잘못을 알고 있다."에서 보듯이 '잘못'은 부사로뿐만 아니라 명사로도 쓰인다. '어제, 오늘, 내일, 모레' 역시 명사로도 쓰일 수 있고 부사로도 쓰일 수 있다.45) 접미사 '-적(的)'이 붙어 이루어진 파생어는 대부분 관형사, 명사로 쓰일 수 있다.46) 일반적으로 의미론에서는 어휘적 의미만 다루므로 품사 통용 어휘를 다의어로는 다루지 않으나 실제 한국어 사전에서는 다의어로 뜻풀이하고 있다.

4.3.6. 동음이의어

4.3.6.1. 동철자 동음이의어

동일한 형식이 별개의 의미를 나타내는 단어들을 동음이의어(同音異議語, homonym)라고 하고, 줄여서 동음어라고도 한다. 여기에서 형식(form)은 음성 형식을 가리킨다. 즉, 한 가지 소리로 표현된 말이 서로 별개의 여러 의미를 표현할 때 동음이의어라고 부르는 것이다.

동음이의어가 되려면 소리가 정확히 똑같아야 한다. 음소뿐 아니라 운소47)까지 동일해야 동음이의어라고 볼 수 있는 것이다. 그러므로 운소로 뜻이 달라지는 경우,

---

45) '글피'는 명사로만 쓰고, 부사격 조사 '에'를 붙여 '글피에'를 부사어로 쓴다.
46) '비교적', '가급적'과 같이 간혹 부사로만 쓰이는 단어도 있다. '-적' 파생어는 의미와 관련하여 흥미로운 현상이 있다. 가령 관형사 '경제적'은 '경제적 문제'에서 보듯이 '경제와 관련된'이라는 의미로 쓰일 때도 있고 '경제적 생활'에서 보듯이 '돈, 시간, 노력 등이 적게 필요한'이라는 의미로 쓰일 때도 있다. 그러나 명사 '경제적'은 '경제적이다'에서 보듯이 후자의 의미로밖에 쓰이지 않는다.
47) 뜻을 구별해 줄 수 있는 최소 단위를 '음운(音韻)'이라 한다. 음운은 음소(音素)와 운소(韻素)로 이루어져 있는데, 한국어의 표준어에서 운소는 장단(長短), 억양(抑揚), 연접(連接)이다. 어떤 방언에서는 고저(高低)도 운소이다.

예를 들면 단음(短音) '말[馬]'과 장음(長音) '말ː[言]'은 엄밀히 말하면 동음이의어라고 할 수 없다. 그러나 현대 한국어에서 장단음 구별은 거의 규범으로만 남아 있어 한국어 교육에서는 크게 유용하지 않다. 따라서 여기에서는 운소는 고려하지 않고 동음이의어를 제시한다.

한글은 기본적으로 표음 문자이기 때문에 같은 소리로 발음되는 단어들을 같은 맞춤법으로 표기하게 된다. 이러한 동음이의어는 동철자(同綴字) 동음이의어라고 할 수 있다. 소리도 같고 표기도 같기 때문에 한국어 사전에서는 일반적으로 위첨자 1, 2, 3 등을 사용하여 동음이의어를 구별하곤 한다. 몇 가지 예를 들어 보기로 한다. (35)는 고유어끼리의 동음이의어, (36)은 한자어끼리의 동음이의어, (37)은 고유어와 한자어의 동음이의어를 보인 것이다.

(35) 가. 배^1[腹]-배^2[船]-배^3[梨]
　　　나. 밤^1[夜]-밤^2[栗]
　　　다. 말^1[言]-말^2[馬]-말^3[斗]
　　　라. 발^1[足]-발^2[簾]
　　　마. 풀^1[草]-풀^2[糊]
　　　바. 눈^1[眼]-눈2[雪]
　　　사. (돈을) 쓰다^1-(글씨를) 쓰다^2-(맛이) 쓰다^3-(모자를) 쓰다^4
　　　아. (날씨가) 차다^1-(공을) 차다^2-(시계를) 차다^3-(가득) 차다^4

(36) 가. 창(窓)-창(槍)
　　　나. 운명(運命)-운명(殞命)
　　　다. 부정(不正)-부정(不貞)-부정(不定)-부정(不淨)-부정(否定)-부정(父情)
　　　라. 조화(造化)-조화(調和)-조화(造花)-조화(弔花)
　　　마. 신장(身長)-신장(伸張)-신장(伸長)-신장(腎臟)-신장(新粧)
　　　바. 사고(事故)-사고(思考)

(37) 가. 공-공(功)
　　　나. 철-철48)-철(鐵)
　　　다. 시내-시내(市內)
　　　라. 사과-사과(謝過)

---

48) 앞의 '철'은 '계절'을 뜻하고 뒤의 '철'은 '사리 분별력'을 뜻한다.

4.3.6.2. 이철자 동음이의어

위에서 동철자 동음이의어를 살펴보았다. 그런데 음이 같은 단어이지만 뜻이 다르기 때문에 한글 맞춤법에서 구별하도록 규정된 동음이의어들이 있다. 이를 이철자(異綴字) 동음이의어라고 할 수 있을 것이다. 현행 한글 맞춤법은 음소적 원리를 기본으로 하여 형태적 원리[49]를 적절하게 적용하고 있는데, 이철자의 동음이의어 중 한쪽은 음소적 원리를 적용한 것이고 다른 한쪽은 형태적 원리를 적용한 것이다. 한글 맞춤법 제57항에서 제시하고 있는 동음이의어를 보기로 한다. 처음 것은 음소적 원리를 적용한 것이고 뒤의 것(들)은 형태적 원리를 적용한 것이다.

(38) 가. 거름 : 풀을 썩힌 거름
　　 가'. 걸음 : 빠른 걸음
　　 나. 거치다 : 대전을 거쳐 왔다.
　　 나'. 걷히다 : 외상값이 잘 걷힌다.
　　 다. 느리다 : 진도가 너무 느리다.
　　 다'. 늘이다 : 고무줄을 늘인다.
　　 라. 다리다 : 옷을 다리다
　　 라'. 달이다 : 약을 달이다
　　 마. 다치다 : 부주의로 손을 다쳤다.
　　 마'. 닫히다 : 문이 저절로 닫혔다.
　　 바. 마치다 : 벌써 일을 마쳤다.
　　 바'. 맞히다 : 여러 문제를 더 맞혔다.
　　 사. 바치다 : 나라를 위해 목숨을 바쳤다.
　　 사'. 받히다 : 쇠뿔에 받혔다.
　　 사". 받치다 : 우산을 받치고 간다.
　　 아. 반드시 : 약속은 반드시 지켜라.
　　 아'. 반듯이 : 고개를 반듯이 들어라.
　　 자. 부치다 : 힘이 부치다, 편지를 부치다, 논밭을 부치다, 빈대떡을 부치다,
　　　　　　　　식목일에 부치는 글, 회의에 부치다

---

49) 정확히 말해 현행 한글 맞춤법의 형태적 원리는 음소적 원리를 전제한 것이기 때문에 형태음소적 원리라고 할 수 있다. 현행 한글 맞춤법의 원리에 대해서는 이선웅·정희창(2010:1부)를 참조할 것.

자′. 붙이다 : 우표를 붙이다, 책상을 벽에 붙이다, 흥정을 붙이다, 불을 붙이다,
                       관리인을 붙이다, 조건을 붙이다, 재미를 붙이다, 별명을 붙이다
            차. 시키다 : 일을 시키다
            차′. 식히다 : 끓인 물을 식히다
            카. 안치다 : 밥을 안치다
            카′. 앉히다 : 자리에 앉히다
            타. 이따가 : 이따가 오너라.
            타′. 있다가 : 친구 집에 있다가 왔어요.

4.3.6.3. 불규칙 활용과 중화

동철자이든 이철자이든 위의 예들은 모두 동음이의어를 보인 것이다. 그러나 동음이의어만이 동음이의 현상을 만들어 내는 것은 아니다. 특정 환경에서만 동음이의어가 되는 경우가 있다. 즉, 특정 조건을 갖추었을 때에만 동음이의 현상이 발생하는 것이다. 이러한 일은 불규칙 활용 용언과 중화(中和, neutralization)를 포함하는 받침 자음의 음운 현상에서 찾아볼 수 있다.

    (39) 가. 묻다[埋] : 묻고, 묻지, 묻어서, 묻었다
         가′. 묻다[問] : 묻고, 묻지, 물어서, 물었다
         나. 걷다[收] : 걷고, 걷지, 걷어서, 걷었다
         나′. 걷다[步] : 걷고, 걷지, 걸어서, 걸었다

규칙 동사 '묻다[埋]', '걷다[收]'와 불규칙 동사 '묻다[問]', '걷다[步]'는 기본형에서 혹은 자음으로 시작하는 어미 앞에서 동음이의 현상이 일어난다고 할 수 있다.

    (40) 가. 낫-낮-낯
         가′. 낫도, 낮도, 낯도
         나. 낫을, 낮을, 낯을
    (41) 입[口]-잎[葉], 빗[櫛]-빚[債務]-빛[光], 잇다[連]-있다[有], 깁다[補]-깊다[深]

(40)은 음절 말의 여러 자음들이 자음 앞이나 휴지(休止) 앞에서 같은 소리가 나는 중화 현상을 보인 것이다. (40가, 가′)에서 문제의 단어들은 동음이의어가 된다. 그러나 (40나)에서는 해당 단어들이 동음이의어가 아니다. 즉, 중화의 대상이 되는

단어들은 기본형이 다른 소리인데 자음이나 휴지(休止, pause) 앞50)에서 동음이의 현상이 일어난다고 할 수 있다. (41)은 명사와 용언의 예를 몇 가지 더 든 것이다.

중화가 받침 자음의 음운 현상의 대표적 예이기는 하지만, 동음이의 현상은 중화에만 국한되어 일어나는 것은 아니다. 음절말 자음군 단순화나 자음동화가 일어날 때에도 동음이의 현상이 일어날 수 있다.

(42) 가. 흑(黑)-흙, 갑(匣)-값, 목-몫

가′. 흑도-흙도, 갑도-값도, 목도-몫도

나. 흑이[흐기]-흙이[흘기], 갑이[가비]-값이[갑시 → 갑씨], 목이[모기]-몫이[목시 → 목씨]

(43) 만나다-맛나대[만나다 → 만나대]

(42가, 가′)는 음절 말의 자음이 자음이나 휴지 앞에서 같은 소리가 남을 보인 예이다. 한국어에서는 자음 앞이나 휴지 앞에서 발음되는 자음이 오직 하나뿐이기 때문이다. (42나)에서는 (42가, 가′)에서 보인 일시적인 동음이의 현상이 모음 앞에서는 풀려 버림을 알 수 있다. (43)는 '맛나다'의 'ㅅ'이 /ㄷ/으로 중화된 후, 뒤의 'ㄴ'에 동화되어 /ㄴ/ 발음이 되기 때문에 결과적으로 '만나다'와 동음이의어가 되었다. 중화 과정을 거쳤기 때문에 여기에서 예를 제시하였지만, 결과만 놓고 보면 (38)의 예로 포함시킬 수도 있다.

4.3.6.4. 동음이의 관계 발생의 주변 원인

그 밖에도 단어 단위 이상으로 시야를 넓혀 본다면 또 다른 동음이의 현상을 관찰할 수 있다. 몇 가지 예를 보자.

(44) 가. 그것은 물이다.

나. 그것은 무리다.

(45) 가. 강원도산 나물

나. 강원도 산나물

---

50) '휴지 앞'이라 함은 그 단어로 끝나는 경우와 잠시 쉬었다 뒤의 말을 발음하는 경우를 포괄하는 말이다.

(44)에서는 '물'과 서술격 조사 '이다'가 결합한 말이 '무리'와 '이다'가 결합한 말[51]이 소리가 동일하기 때문에 동음이의 현상이 발생하였고, (45)는 운소의 하나인 연접(連接)된 곳이 서로 다름에도 불구하고 음소로는 동일하여 동음이의 현상처럼 보인다.

또 현대 한국어에서 'ㅐ'와 'ㅔ', 'ㅚ'와 'ㅙ'와 'ㅞ', 자음 뒤에서의 'ㅢ'와 'ㅣ'가 현실에서는 잘 구분되지 않는 일도 동음이의 현상의 원인으로 볼 수 있다. 그리하여 표준 발음법에 따르면 동음이의어가 아닌 것이 일상 언어에서는 동음이의어가 되어 버리는 일이 매우 흔하다. '개[犬]-게[蟹]', '재물(財物)-제물(祭物)', '(눈에) 띄다-(색깔을) 띠다'와 같은 예들은 일상 언어에서 각각 [개], [재물], [띠다]로 발음되는 동음이의어라고 할 수 있는 것이다.

동음이의어는 한국어 교육 현장에서 적어도 어휘의 의미를 교육할 때에는 별로 중요하지 않다고 생각할 수 있다. 어떤 단어의 의미를 교육할 때, 교사는 그 어휘의 중심적 의미, 유의어, 반의어, 확장적 의미 등을 교육하는 것이지 그것과 똑같은 소리가 나는 어휘를 교육해 봐야 해당 단어의 의미를 학습시키는 데는 별로 도움이 되지 못하기 때문이다. 그러나 이러한 생각은 음성언어를 고려하지 못한 착각이다. 음성언어를 이해하는 것, 즉 듣기를 잘하기 위해서는 동음이의어에 대한 폭넓은 이해가 중요하다. 물론 음성언어에서도 문맥을 통해 동음이의어 중 어느 단어가 사용되었는지 이해할 수는 있다. 그러나 동음이의어에 대한 지식이 그러한 이해의 속도를 빠르게 해 줌에는 틀림없다.

4.3.7. 상위어와 하위어

4.3.7.1. 상위어와 하위어의 개념

단어들의 의미가 그 지시물(referent)의 의미 범위에서 차이가 있는 경우가 있다. 이와 같은 의미 범위의 차이 때문에 상위어(superordinate)와 하위어(subordinate)의 위계가 발생하는 것이다.[52] 가령, '남자'와 '총각' 또는 '종교'와 '불교'의 관계에서 전자는 후자를 포함하기 때문에 위계상 위쪽에 있다고 볼 수 있으므로 상위어라고 하고 후자는 전자의 아래쪽에 있으므로 하위어라고 하는 것이다.

---

51) '무리다'는 '무리이다'에서 '이'가 탈락된 것이다.
52) '상위어'는 '상의어(hyperonym)', '하위어'는 '하의어(hyponym)'라고도 한다.

하위어는 여러 층위에 걸쳐 상위어를 여러 개 가질 수 있다. 예컨대 '진돗개'는 '개, 포유류, 동물, 생물'을 전부 상위어로 가진다. '진돗개'는 어느 상위어만의, 가령 바로 위 층위인 '개'만의 하위어이어야 한다는 제약이 없는 것이다. 다만, 바로 위 층위 상위어의 하위어일 때는 직접 하위어라고 하는 경우는 있다. 반대로 '개'는 '진돗개'의 직접 상위어이다. 한편, 상·하위어 관계에서 같은 층위에 있는 말들을 동위어라고 한다.

(46) '진돗개'의 상위어

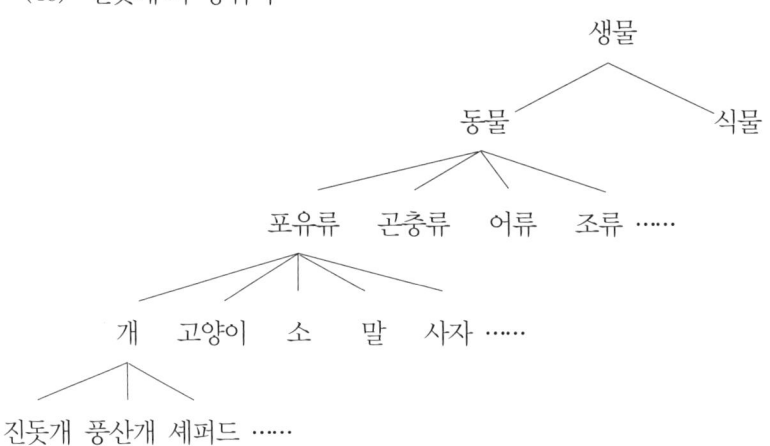

4.3.7.2. 상·하위어 관계의 특성

일반적으로 하위어는 상위어보다 가지고 있는 의미 성분의 수효가 더 많다. 더 높은 층위의 상위어일수록 의미 영역이 더 포괄적이고 일반적이며, 층위가 낮아질수록 그 의미 영역이 한정적이며 특수화되기 때문에 그러하다.

(47) 가. 동물 : [+생물][+동작성]
　　　나. 인간 : [+생물][+동작성][+인간]
　　　다. 여자 : [+생물][+동작성][+인간][+여성]
　　　라. 어머니 : [+생물][+동작성][+인간][+여성][+모성]

예를 들어, (47)에서 '동물', '인간', '여자', '어머니'의 의미 성분의 수효를 의미 자질을 통해 비교해 보자(윤평현 2008:155). '동물→인간→여자→어머니'와 같이 하위어로 갈수록 상위어에는 없는 의미 성분이 새롭게 추가됨을 알 수 있다.

위에서 보인 상위어와 하위어의 관계는 모두 절대적인 관계이다. 즉, 언제나 성립되는 상·하위 관계라는 것이다. 그러나 특정 문화나 특정 관점에서만 성립하는 상·하위 관계가 있다.

(48) 가. 개 - 애완동물
    나. 칼 - 무기

(48가)에서 '개'는 어떤 문화권에서는 애완동물일 수 있지만 어떤 문화권에서는 그렇지 않을 수 있다. 또 (48나)에서 '칼'은 어떤 관점에서는 무기일 수 있지만 어떤 관점에서는 그렇지 않을 수 있다. (47)에서의 상·하위어를 '엄밀한 상·하위어'라고 한다면 (48)에서의 상·하위어를 '느슨한 상·하위어'라고 할 수 있을 것이다(Cruse 1975:26-32, 임지룡 1992:149-151).

상위어와 하위어의 관계에서 가장 중요한 특성은 일반적으로 하위어가 상위어를 의미적으로 함의(含意, entailment)한다는 점이다. 즉, X라는 상위어가 가지고 있는 의미 특성을 Y라는 하위어가 자동적으로 가지게 된다는 것이다. 가령, 진돗개는 자동적으로 개이며, 자동적으로 포유류이며, 자동적으로 동물이다. 즉, '진돗개'는 '개'를 함의하고 '곤충'도 함의하며 '동물'도 함의하는 것이다. 동물이 갖고 있는 특성을 포유류가 갖지 않을 리는 없고 포유류가 갖고 있는 특성을 개가 갖지 않을 리는 없으며 개가 갖고 있는 특성을 진돗개가 갖지 않을 리는 없다. 상·하위어 관계에서 함의는 일방적으로만 성립한다. 포유류가 젖을 먹여 키우는 동물이라고 해서 모든 동물이 그렇지는 않다. 즉, 포유류는 동물을 함의하지만 동물은 포유류를 함의하지 않는 것이다.

상위어와 하위어의 관계를 전체어와 부분어의 관계와 혼동해서는 안 된다. 전체어와 부분어는 후자가 전자의 한 부분이 된다. 예컨대 전체어 '몸'의 부분어로서 '머리', '팔', '몸통', '다리' 등을 들 수 있고, 전체어 '팔'의 부분어로 '어깨', '위팔', '팔꿈치', '아래팔', '손목', '손' 등을 들 수 있으며, 전체어 '손'의 부분어로 '손가락', '손바닥', '손등'을 들 수 있다. 전체어와 부분어도 하나의 어휘장을 이룬다고 볼 수 있으나 더 이상은 자세히 설명하지 않는다.[53]

앞서 살펴보았던 유의어, 반의어, 상위어와 하위어, 전체어와 부분어 모두 한국어 교육 현장에서 중요하게 다루어진다. 모두 하나의 어휘장 속에서 계열 관계를

---

53) 윤평현(2008:160-168)에서 전체어와 부분어에 대한 자세한 설명을 볼 수 있다.

표현하는 항목들로 구현되기 때문이다. 누차 강조했듯이 한국어 교사는 어휘 교육에서 어떤 단어를 중심으로 하는 한 어휘장 속에 있는 단어들을 체계적으로 파악하고 있어야 한다. 다의어는 문맥에 따라 형성되는 것이므로 일상생활에서 자연스러운 한국어 사용을 유도하려는 어휘 의미 교육에서 그 자체로 중요하고, 동음이의어는 하나의 어휘장 안에 있지는 않지만, 효율적인 듣기 교육을 위한 중요한 개념으로서 반드시 숙지하고 있어야 한다.

4.4. 사회언어학적 특성

조현용(1999가)에서는 한국어 어휘의 특징에 따른 교육을 크게 어휘의 구조에 따른 교육, 의미 관계에 따른 교육, 사회언어학적 특징에 따른 교육으로 나누면서 경어, 완곡어·비속어, 방언, 외래어를 한국어 어휘의 사회언어학적 특징 가운데 포함시켰다. 이들 가운데 외래어는 4.1.1.2에서 다루어졌으며 방언에 대해서는 5.2.2.8.에 기술되어 있으므로 여기에서는 한국어 어휘의 사회언어학적 특성을 가장 잘 드러내 주는 경어에 대해서 간략히 살펴보고자 한다.

한재영 외(2008)에서는 한국어 교육 현장에서 주로 다루어지는 주체 대우법과 객체 대우법의 경우 문법 교육보다 어휘 교육의 측면이 강하다고 서술하면서 다음과 같은 높임말을 한꺼번에 정리하여 가르치는 시간을 만들어 주는 것이 좋다고 기술하고 있다.

 (1) 가. **주체 존대 어휘**: 계시다, 잡수시다/드시다, 편찮으시다, 주무시다, 돌아가시다, 말씀하시다
   나. **객체 존대 어휘**: 드리다, 뵙다, 모시다, 여쭙다/여쭈다
   다. **겸양 어휘**: 저, 저희, 말씀
   라. **높임의 특수 어휘 사용**: 진지, 성함, 연세, 댁, 생신, 부인(夫人), 따님, 아드님, 자제 분, 약주, 말씀

한편 김정남(2008)에서는 전통적인 국어학의 분류 방식인 주체 존대법, 객체 존대법, 상대 존대법의 범주와 그 하위 구분을 배우는 것보다 실제적으로 경어법과 관련된 어휘적, 문법적 항목들에 무엇이 있는지를 배우고 그 구체적인 용법을 익히는 것

이 한국어 학습자에게 더 바람직하다는 견해를 피력하였다. 그리하여 경어법과 관련된 문법 및 어휘 항목을 '문말어미, 선어말어미, 대명사, 명사, 조사, 동사/형용사'와 같은 범주로 구분하여 제시하였다. 여기에서는 이와 같은 범주에 의한 구분 가운데 어휘 항목에 해당하는 대명사, 명사, 동사/형용사의 분류를 바탕으로 하되 기존의 논의를 추가하여 살펴보고자 한다. 먼저 대명사의 경우부터 살펴보도록 하자.

(2) 대명사
   가. 1인칭 : 나(평칭)/저(겸양칭), 우리/저희
   나. 2인칭 : 너, 자네, 그대, 자기, 당신, 여러분

      [-높임]   [+높임]
   다. 3인칭 : 이이/이분, 그이/그분, 저이/저분, 이놈/그놈/저놈, 이 녀석/그 녀석/저 녀석, 이 자식/그 자식/저 자식

1인칭의 경우 겸양칭 '저, 저희'가 있어 존대를 나타내야 할 청자 앞에서 '나, 우리' 대신 사용해야 한다. 그런데 '저'는 '제가, 저를, 제' 등으로 형태가 바뀌기 때문에 초급 한국어 학습자의 경우 오류가 발생할 가능성이 있다. 한편 중급 이상의 학습자 가운데에서도 '저'와 관련한 오류가 나타나는데 이는 초급 학습자의 경우와는 다른 형태로 나타난다. 중급 이상 학습자의 경우에는 문어체 어미나 반말 어미의 학습으로 '나'를 사용해야 할 경우에 '저'를 사용하는 오류를 보이는 경우가 있다.

2인칭의 경우 화살표 방향으로 높임의 의미가 커지지만 이러한 대명사가 생략이나 삭제 혹은 대치를 통해 직접 드러나지 않는 경우가 많다는 것에 주의할 필요가 있다.

'자네'는 대학교수가 제자에게 쓸 만한 말인데 상대방의 나이에 맞추어 존대의 뜻을 표시하기는 하지만 자기보다 아랫사람이라는 뜻을 담고 있다(이익섭 외 1997:233). '그대'도 시적 표현이나 노래 등에 자주 나타나는 표현인데 '자네'나 '그대'와 같은 경우는 한국어 학습자가 표현 어휘보다 이해 어휘로서 알아두어야 할 필요가 있는 어휘들이다.

'자기'는 연인이나 부부 사이에 자주 사용되며 '당신'의 경우도 부부 사이에 자주 쓰인다. '당신'의 경우에는 광고문이나 책 제목과 같은 글에서 불특정 독자를 부르는 경우에도 쓰이며 서로 다투는 상황에서 쓰이기도 하여 그 쓰임이 자못 복잡하다.

'여러분'도 듣는 사람을 높이는 말이지만 실제 발화 현장에서는 '여러분'의 지시 대상이 화자보다 상위자일 수 없으며 따라서 '여러 선생님' 혹은 '여러 어르신'과 같은 표현으로 대치해야 한다.

이와 같이 대명사 어휘 항목은 단순히 어휘만 학습하는 것으로는 부족하며 담화 상황을 고려한 교육이 이루어져야 한다. 그러므로 교사는 다양한 상황을 설정하여 역할놀이를 하게 하거나 드라마 등을 이용하여 이와 같은 대명사의 사용을 학습자들이 경험할 수 있도록 할 필요가 있다.

3인칭의 경우 지시어와 명사의 복합형으로 나타나며 존칭, 평칭, 비칭이 모두 발달해 있다는 특징을 보여 준다.

한국어의 호칭에 나타나는 경어법은 굉장히 세분된 양상을 보여 준다. 이익섭 외(1997:238)에서는 다음과 같이 14개 정도의 등급으로 나누어 제시하고 이 각각에 대해 자세하게 기술하였다. 여기서는 간단히 그 등급만 보이기로 한다.

(3) 호칭
과장님, 김 과장님, 김민호 씨, 민호 씨, 민호 형, 김 과장, 김 씨, 김 형, 김 군, 김민호 군, 민호 군, 김민호, 민호, 민호야

외국인 학습자가 이와 같은 호칭의 등급이 보여 주는 미묘한 차이를 모두 알기란 매우 어려운 일일 것이다. 그러나 '김 씨'와 '김민호 씨'가 어떠한 차이를 보이는지 정도는 알고 있을 필요가 있을 것이다. 이러한 호칭의 등급 역시 다양한 직위와 나이를 고려하여 하나의 회사 상황을 설정하고 역할극을 통해 학생들이 서로를 어떻게 부르면 좋을지에 대해 스스로 생각해 보도록 하면 상당히 재미있는 활동이 될 것이다.

명사나 용언의 대우 어휘 표현에 대해서는 기존의 논의에서 많이 다루어진 바 있다. 김정남(2008)에서는 기존에 주체 존대, 객체 존대의 범주 안에 제시하던 명사 대우 어휘 표현을 사람 자체를 높여서 부르는 경우와 사람 자체가 아니라 사람의 신체 일부나 사람에 속한 무엇을 지칭하는 경우로 나누어 제시하였다.

(4) 사람 자체를 높여서 부르는 경우
  가. 높임의 접미사 '-님'을 가진 부류
    고모님, 누님, 따님, 며느님, 마님, 백모님, 부모님, 사모님, 선생님, 손

님, 스님, 아드님, 아우님, 장모님, 형님, 형수님
나. 높임의 접미사 '-댁'을 가진 부류
가내댁, 과수댁, 본가댁, 새댁, 작은댁, 주인댁
다. 높임의 접미사 '-군'을 가진 부류
노군, 부군
라. 높임의 접미사 '-씨'를 가진 부류
형씨, 제수씨
마. 높임의 어기 '-어른'을 가진 부류
바깥어른, 장인어른, 주인어른

(5) 신체의 일부 혹은 사람에 속한 무엇을 지칭하는 명사
고견, 귀교, 귀사, 노환, 말씀, 병환, 생신, 연세, 글월, 문안

한편 용언의 어휘적 대우는 기존의 논의와 별 차이가 없다.

(6) 동사/형용사
가. 주체를 높이는 동사
계시다, 돌아가(시)다, 드시다, 잡수시다, 주무시다
나. 객체를 높이는 동사
드리다, 모시다, 뵈다/뵙다, 여쭈다/여쭙다, 문안드리다, 사과드리다, 사죄드리다
다. 존대 표현의 형용사
연로하다, 정정하다, 편찮다

대부분의 한국어 교재에서 어휘적 대우는 초급이나 중급 초반부에 그 학습이 완료되도록 제시되어 있으며 거의 공통적으로 인칭 대명사의 일부와 명사, 용언의 어휘적 대우 표현을 포함하고 있다. 그러나 위에서 언급한 2인칭 대명사나 호칭에 관해서는 특별히 언급된 교재가 아직은 없는 듯하다.

교사는 이러한 어휘적 대우를 사용하는 맥락이나 담화 상황을 바탕으로 한 연습 활동, 역할극, 과제 등을 다양하게 시도함으로써 학습자로 하여금 실제적으로 한국어 경어법에 대해 인식하고 이해할 수 있도록 도와주고 격려해 줄 필요가 있을 것이다.

5. 어휘의 지도

　교사는 정해진 수업 시간 내에 학생들에게 어떤 어휘를 가르칠 것인지를 선택해야 한다. 교재 본문에 나오는 새 어휘를 우선적으로 가르치되 관련 어휘를 확장시켜 주는 것을 잊지 말아야 한다. 학생들의 연령, 직업, 흥미와 관심 등을 고려하여 학생들의 수준과 능력에 맞는 범위 내에서 확장 어휘를 조정한다. 또한 제한된 수업 시간도 고려하여 어휘 수를 선택한다.

　그동안의 어휘 교육은 언어 수용과 이해의 영역인 듣기, 읽기 관점에서 행해졌다고 해도 과언이 아니다. 그러나 정작 중요한 것은 언어 생산 영역인 말하기, 쓰기에서 사용할 수 있는 생산 어휘 수를 늘려 주는 것이다. 학습자들의 생산 어휘 수를 확장하는 어휘 연습이 필요하다.

　어휘 확장 교육이 언제 적절한가에 대한 견해는 학자마다 다양하다. 그러나 일반적으로 초급보다는 중급, 고급 단계에서 이루어지거나 순차적으로 이루어지는 것이 바람직하다는 견해가 주류를 이루고 있다.

　박경자(1994:139)는 어휘는 방대하기 때문에 초기 단계에서 어휘 교육을 강조하게 되면 구조에 대한 관심을 낮추게 되므로 고급 단계에 가서 어휘 발달을 꾀하는 것이 좋다고 하였다. 조현용(2000나:135-137)도 초급 단계에서는 모어와 목표어를 일대일로 대응시키는 학습 방법을 이용하는 것이 효과적이지만 중급 단계에서는 어휘를 생성하는 원리를 이용하는 교육 방법이, 그리고 어휘를 확장하는 방법은 고급 단계에서 이루어지는 것이 효과적이라고 하였다. 교사가 다양한 어휘 제시 방법을 사용하면, 학습자들이 어휘 생성 원리를 쉽게 이해하고 어휘 확장 방법을 쉽게 터득할 수 있다.

5.1. 어휘의 제시

　교사가 어휘를 어떻게 제시하느냐에 따라 학습자의 어휘 습득 정도와 어휘 활용도가 달라질 수 있다. 박영순(2005)과 김광해(1993가)의 논의에 근거하여 어휘 제시 방법 두 가지를 생각해 볼 수 있다. 어휘 의미를 고려한 제시 방법과 어휘 교육 방법을 고려한 제시 방법이다.

　박영순(2005:207)은 어휘의 의미 규정에 초점을 맞추어 지시적 의미, 개념적 의미, 상황적 의미, 의도적 의미, 관용적 의미, 은유적 의미로 계층화하여 분류하였다. 그리고 지시적 의미 쪽에 가까울수록 기본적이고 고정적인 의미이며 객관적인 의미라면, 은유적 의미 쪽으로 갈수록 비언어적, 변형적, 임시적, 주관적, 유동적 의미가 된다고 보았다. 따라서 앞쪽의 의미에서부터 뒤쪽의 의미로 단계적으로 교육하는 것이 외국어로서 한국어 교육에서 바람직하다는 제안을 하고 있다. 이 논의는 어휘의 의미에 초점을 둔 기술 방식을 생각해 보게 한다. 어휘를 제시할 때에도 학습자 측면에서 생각할 때 간단한 것에서 복잡한 것으로, 익숙한 것에서 낯선 것으로, 기본 의미에서 변형 의미나 문학적 표현 쪽으로 제시하는 것이 바람직하다. 이것이 교육적 효과를 고려한 제시 방법이다.

　다음으로 김광해(1993가:319)에서 소개한 어휘 교육 방법을 살펴보자.

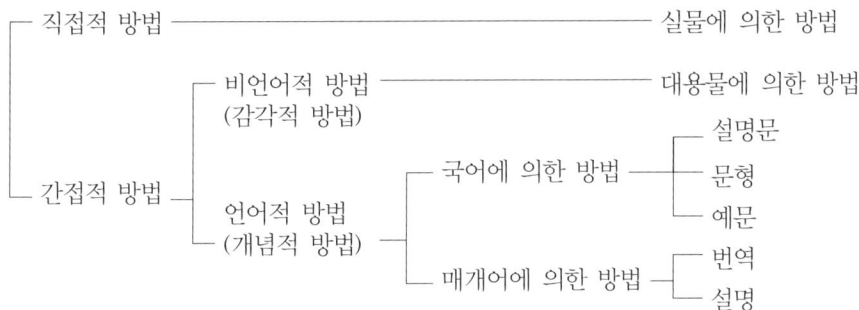

　김광해(1993가)는 어휘 교육 방법에 실물을 직접 보여 주는 직접적 방법과 비언어적 방법, 언어적 방법을 사용하는 간접적 방법을 소개하고 있다. 이 방법은 어휘 제시 방법에 시사하는 바가 크다. 어휘를 제시할 때 직접적으로 제시하는 방법과 간접적으로 제시하는 방법을 도출해 낼 수 있기 때문이다.

　직접적 제시 방법은 사물이 있는 어휘에 쉽게 이용할 수 있는 제시 방법이다. 직접적 제시 방법으로 구상어를 제시하면 교사가 어휘를 가르치기도 쉽고, 학습자가 어휘를 기억하기도 쉽다. 그러나 어휘 중에는 추상어가 적지 않기 때문에 대부분 간접적 제시 방법을 사용할 수밖에 없다. 직접적 제시 방법에서 간접적 제시 방법으로 순차적 전이가 이루어지거나 이 두 방법을 병행하는 것도 학습자를 고려한 좋은 어휘 제시 방법이다.

어휘 제시의 실례 차원에서 한국어 교재에 나타난 어휘 제시 방법을 몇 가지 소개하면 다음과 같다.

첫째, 어휘를 제시한 후 그 뜻풀이를 영어나 일어 등으로 제시한 경우이다. 목표어의 어휘를 제시한 후 목표어의 뜻풀이를 영어권 외국인에게는 영어로, 일본어권 외국인에게는 일본어로 설명하는 방식이다. 이 제시 방법의 장점은 익숙한 모어로, 목표어 어휘의 뜻을 쉽게 간파할 수 있다는 점이다. 그러나 목표어와 모어 사이에 번역이 개입한다는 점에서 한 단계를 거쳐 어휘의 뜻을 사고하고 어휘를 사용하도록 하는 단점이 있다. 또 어휘의 체계나 언어 문화가 달라 의미 해석을 모어로 정확하게 표현하기 어려운 어휘도 존재할 수 있다는 단점이 있다. 다음 예에서 보여주듯이, 엄격한 의미에서 한국어의 '연휴(連休)'는 '이틀 이상 계속되는 휴일'로 '이어서 쉰다'는 의미를 포함하지만 영어의 'long holiday'는 이어서 쉰다는 의미와 더불어 '여러 날 쉰다'는 의미를 포함한다. 5일 근무제를 하지 않았던 1990년대까지만 해도 토요일, 일요일 이틀을 쉴 때 한국어에서는 '연휴'라고 표현했지만 영어권에서는 'long holiday'라고 표현하지 않았던 것이다. 이는 문화의 차이를 반영한 어휘 사용의 차이에 기인한 것이다.

Vocabulary

연휴	long holiday	連休
신나게	joyfully ; merrily	楽しく
덕분에	Thanks to (a person)	おかげ(様)で
	('덕분에' has many other variety of expressions depending on the situation.)	
얼굴	face	顔・表情
좋다 / 좋아지셨어요	be good / have got better	よい/よくなられました。
편하다	be comfortable	楽だ
목소리	voice	声
이상하다	be strange	おかしい
하다 / 했거든요	do / have done ...	する/したんです。
점점	gradually ; increasingly	だんだん
독하다	be bad ; be strong	ひどい

한국어교육문화원(2001:64)

둘째, 반의어를 제시하면서 어휘의 뜻을 그림으로 제시하는 방법이다. 예를 들면 '빠르다'와 '느리다'를 함께 제시하면서 만국 공통 표현이라 할 수 있는 그림으로 그 의미를 추론하도록 표현하는 것이다. 그림을 연상하면서 어휘를 익히게 한다는 점에서 번역으로 뜻풀이를 하는 것보다는 해당 어휘를 직접적으로 사고하도록 돕는 제시 방법이다. 그러나 어휘의 가장 큰 특징만을 잡아 그림으로 표현한다는 점에서 어휘의 총체적 의미를 파악하는 데 어려움을 줄 수도 있다. 특히 추상어의 경우에는 그림으로 표현하기 어려운 경우가 있다.

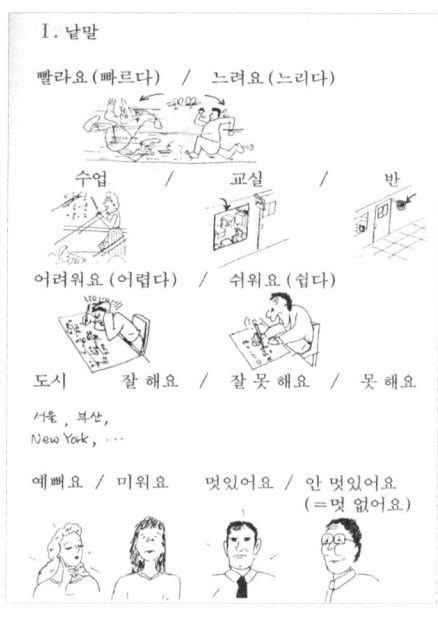

이화여자대학교 언어교육원(1996:47)

셋째, 어휘를 사진으로 제시하면서 어휘와 관련된 문화적 정보를 제시하는 방법이다. 어휘의 뜻풀이뿐만 아니라 문화적 의미를 함께 제시하는 방법이다. 이 방법을 사용하면 문화 교육과 함께 언어 교육이 자연스럽게 이루어지기 때문에 실용적이다.

재외동포교육진흥재단(2005:32-33)

이 방식은 어휘의 어원이나 대상물의 문화적 유래, 관련된 관용표현과 문화적 의미 등을 함께 설명하는 방식이다. 예를 들면 "한복은 한국의 전통적인 옷이다. 한복은 신분 제도가 있던 시대에는 신분에 따라 옷의 모양, 무늬, 색깔이 크게 달랐다. 위 그림에서 보여 주는 신발도 신분에 따라 다르게 신었다. 짚신은 서민들이 신던 것으로 짚으로 만들어진 신이고, 당혜는 신분이 높은 여자들이 신던 것으로 가죽으로 만들어진 신이다. 서양 문물의 유입으로 한복이 점차 간소화되기도 하고, 세계 패션계의 진출로 다양한 모양의 한복이 개발되기도 하였다. 간소하면서도 전통적인 한복의 모습을 살린 전통 한복, 서양 옷처럼 간편함과 실용성을 추구하는 개량 한복, 세계적 패션 감각을 받아들여 디자인된 패션 한복 등이 있다. 현재는 잔치, 명절, 기념일 등과 같이 특별한 날에 입거나 결혼식 예복으로 입기도 한다."와 같이 설명하는 것이다. 이와 같이 사회 문화의 변화와 연관시켜 문화적 의미를 기술하는 백과사전적 제시가 여기에 포함된다.

넷째, 상위어를 제시한 후 하위어나 연상 어휘를 중심으로 여러 어휘를 그림으로 제시하고 어휘의 용례를 함께 제시하는 방법이다. 한 어휘를 중심으로 여러 정보를 함께 제시함으로써 어휘의 확장을 도와주는 제시 방법이다. 하지만 일관성이 결여될 우려가 있다.

국립국어원(2007나:54)

위 제시 방법 중 어느 것을 선택하느냐는 학습자의 유형, 학습 목적, 교사의 교육 방법 등에 따라 결정될 것이다. 한 가지를 고집하기보다는 어휘의 종류에 따라서도 다양한 제시 방법을 시도해 볼 수 있다. 어느 방법을 선택하든지 교사의 일방적 설명에 의존하는 어휘 제시 방법은 지양해야 한다. 교사에서 학습자로의 일방적인 학습 전이 방식에서 벗어나 교사와 학습자 간의 상호작용에 근거한 학습 방법을 구안하는 교육의 흐름을 감안하여 어휘 제시 틀을 선택해야 한다. 본고에서는 어휘 제시 방법을 교수법 차원, 매체 활용 차원, 어휘 구조 차원, 어휘와 언어 문화 차원의 제시 방법이라는 틀에 근거하여 어휘 제시 방법을 기술하고자 한다.

5.1.1. 교수법 차원의 제시 방법

5.1.1.1. 설명 중심 어휘 수업

설명 중심 어휘 수업은 교사가 어휘의 의미, 구조, 사용 사례, 활용 등에 대해 설명해 주고 학생들이 습득하도록 하는 교사 중심의 수업 방식이다. 이대규(1994), 최지현 외(2007:265)에서 제시한 설명 중심 문법 수업을 활용하여 어휘 수업에 적용할 수 있는 단계를 제시하면 다음과 같다.

1. 설명 단계 : 어휘의 의미, 구조 설명하기, 구체적인 사용 사례, 활용의 예 제시하기
2. 이해 단계 : 어휘의 의미, 구조, 용례, 활용에 대한 학습자의 이해 여부 확인하기, 적용 질문하기
3. 기억 단계 : 어휘 기억하기
4. 재생 단계 : 연습 과제 풀기
5. 사용 단계 : 학습한 어휘를 새로운 예에 적용하여 사용하기

〈표 1〉 설명 중심 어휘 수업의 단계

설명 중심 어휘 수업의 실제

● 수업 목표 : 합성어와 파생어의 구조를 파악하며 어휘 구사 능력을 키울 수 있다.

합성어와 파생어의 구조를 교사가 설명하는 방식으로 수업하는 경우이다. 한국어 단어는 조어법에 따라서 단일어와 복합어로 나눌 수 있으며 단일어는 형태소 하나로 이루어진 단어를 가리키며(손, 머리, 술, 멀다, 바쁘다 등), 복합어는 두 개나 그 이상의 형태소로 이루어진 단어를 말한다(고무신, 값싸다, 풋과일, 지우개 등)고 설명한다. 복합어를 더 세분하면 합성어와 파생어로 나눌 수 있음을 다음과 같은 사례를 들어 설명한다.

두 개 이상의 어기가 결합한 합성어 사례 : 사과+꽃, 사과+나무, 사과+값, ⋯
어기와 접사가 결합한 파생어 사례 : 풋-+사과, ⋯⋯

또 말하기, 쓰기 표현에서 합성어와 파생어 사례를 들어 설명해 준다. 예를 들어, "과수원에 놀러갔어요. 봄에는 사과꽃이 피더니 여름에는 사과가 열렸어요. <u>사과나무</u>에서 사과를 하나 땄어요. 안 익은 사과를 <u>풋사과</u>라고 해요. 가을이 되면 사과가 익어 맛있을 거예요." 등의 표현을 들어 설명해 주고, 학습자가 이해하며 기억할 수 있도록 여러 예를 들어 가며 숙달될 때까지 지도한다.

5.1.1.2. 탐구 중심 어휘 수업

김광해(1995나)에서는 브루너의 주장과 논리를 문법 교육에 적용하여 탐구 학습이라는 새로운 교수·학습 방법을 개발하였다. 탐구 학습은 지식의 구조를 가르치는 방법상의 원리를 말한다(최지현 외 2007:268). 어휘를 교육하는 데 있어서도 탐구 학습을 적용할 수 있다. 탐구 중심 어휘 수업이란 학습자로 하여금 어휘를 관찰함으로써 규칙을 찾아내고 원리를 탐구하도록 하는 수업이다. 일부 어휘는 어휘 구조상 규칙이 있게 마련이다. 어휘에 나타난 규칙이나 질서를 학습자가 탐구해 봄으로써 어휘에 대한 통찰력을 기를 수 있다.

탐구 중심 어휘 수업의 단계를 제시하면 다음과 같다.

1. 문제 제기 단계 : 어휘 문제, 의문 사항의 인식, 어휘 문제에 대한 의미 부여, 어휘 문제의 처리 방법 모색
2. 가설 설정 단계 : 유용한 자료 조사, 추리, 관계 파악, 가설 세우기, 어휘의 규칙 탐색 단계
3. 가설 검증 단계 : 증거 수집, 증거 정리, 증거 분석
4. 결론 진술 단계 : 증거와 가설 사이의 관계 검토, 결론 추출
5. 결론의 적용 및 일반화 단계 : 새로운 자료에 결론 적용, 결과의 일반화 시도

〈표 2〉 탐구 중심 어휘 수업 단계

탐구 중심 어휘 수업 실제

● 수업 목표 : 합성어와 파생어의 구성 방식을 탐구할 수 있다.

'시동생, 시부모, 시누이, 시어머니, 시아버지, 맏아들, 맏며느리, 맏딸, 달리기, 더하기, 빼기, 읽기, 쓰기, 줄넘기, 눈물, 손가락, 책상, 밥상, 찻상, 잔칫상' 등 단어

가 쓰인 카드를 주고 각 단어의 구성을 살펴보면서 공통점이 무엇인지 찾아보게 한다. 조별 토론을 거친 후 어휘 조성 방식의 규칙을 찾아 발표하게 한다. 주변에서 자주 쓰는 어휘를 자료로 삼아 찾아낸 규칙을 적용하여 분류한 어휘를 발표하게 한다. 자료들을 통해 일반화할 수 있는 단어 구성 방식을 결론으로 도출한다.

5.1.1.3. 통합 중심 어휘 수업

시대적 요구 차원에서 학문에서도 통합과 통섭이 강조되고 있다. 교수·학습법에서도 과목 간 통합이나 영역 간 통합을 시도하고 있다. 통합 중심 어휘 수업이란 어휘를 둘러싼 언어생활상의 문제를 통합하여 지도하는 것을 말한다. 문화 간 의사소통과의 통합, 영역 간 통합 등 다양하게 응용할 수 있다. 문화 간 의사소통과의 통합은 모어와 목표어의 통합으로 구현될 수 있으며, 영역 간 통합은 한국어 교육 영역에서 말하기, 듣기, 읽기, 쓰기 등 표현, 이해 영역 간 통합[1] 등으로 구현될 수 있다.

문화 간 의사소통과의 통합이라 함은 모어와 목표어에서 사용하는 언어와 그 배경 문화가 각각 달라서 의사소통의 오해가 발생하기도 하고, 변이 현상이 일어나기도 하는 것을 배우는 것이다. 예를 들면 우리나라의 음식 문화에서는 밥상에 여러 음식을 한꺼번에 차려 놓고 먹는[2] 반면에 서양의 음식 문화에서는 먹을 순서대로 음식을 한 가지씩 나오게 한다. 이러한 음식 문화의 차이는 '상을 차리다'라는 표현과 '서빙하다'라는 표현에서도 그 차이를 드러낸다. 이와 같이 문화가 다르기 때문에 사용하는 어휘가 다르고 표현이 다르다는 내용으로 통합 중심 어휘 수업을 구성할 수 있다. 다음은 농업 사회를 기반으로 한 우리나라에서 발달할 '벼, 쌀, 이삭, 밥' 등의 어휘와 영어에서 분화되지 못한 rice(쌀, 밥)를 살펴본 것이다.

문화 간 의사소통 통합으로서의 어휘 지도

예 1.

'벼, 이삭, 쌀, 밥' 등의 어휘와 rice라는 어휘를 통해 언어에 나타난 사회 문화유

---

[1] 자세한 것은 5.4. 어휘 지도와 다른 영역의 연계 부분에서 논의할 것임.
[2] 루마니아에서 온 한 유학생이 한식을 먹게 되었을 때 무엇부터 먼저 먹어야 예절에 맞는 것인지 몰라 난감했다고 한다. 그래서 먹는 순서를 한국 친구에게 물어보았다고 한다. 그랬더니 한국 친구가 "아무거나 먹고 싶은 것부터 먹거나 맛있어 보이는 것부터 먹으면 된다."라고 대답해 주었다는 일화는 우리에게 시사점을 준다. 전통적으로는 김칫국부터 먹거나 국물부터 먼저 먹고 밥을 먹기 시작한다고 하나 먹는 순서가 정해져 있지 않은 것이 우리나라 음식 문화이다.

산으로서의 어휘를 비교 지도한다. 한국의 전통 사회는 농경 사회였기 때문에 벼농사에 관련된 어휘가 많이 발달하였다. 예를 들면 한국어에는 '벼, 쌀, 이삭, 밥'처럼 다양한 단독 어휘가 존재한다. 그러나 영어에서는 '벼, 쌀, 이삭' 등을 구분하여 단독 어휘가 존재하지 않고 rice에 수식어를 붙여 그 뜻을 분화하여 표현한다.

- 벼 : 『식물』볏과의 한해살이풀. 줄기는 높이가 1~1.5미터이고 속이 비었으며, 마디가 있다. 잎은 어긋나고 긴 선 모양에 평행맥이 있고 엽초(葉鞘)와 잎사귀로 구분된다. 꽃은 첫가을에 원추(圓錐) 화서로 줄기 끝에 피는데 암술은 한 개, 수술은 세 개, 밑씨는 한 개 있다. 꽃잎은 없고 꽃술을 싸 주는, 포엽의 일종인 안 껍질과 속껍질의 영(穎)이 있고 가시랭이가 있는 것과 없는 것이 있다. 동인도가 원산지로 각지의 논이나 밭에 심는다.
- 이삭 : 벼, 보리 따위 곡식에서, 꽃이 피고 꽃대의 끝에 열매가 더부룩하게 많이 열리는 부분.
- 쌀 : 벼에서 껍질을 벗겨 낸 알맹이.
- 밥 : 쌀, 보리 따위의 곡식을 씻어서 솥 따위의 용기에 넣고 물을 알맞게 부어, 날알이 풀어지지 않고 물기가 잦아들게 끓여 익힌 음식.

(출처 : 『표준국어대사전』)

boiled rice 밥
fried rice 볶음밥
brown rice 현미
polished rice 백미, 도정미
rough rice (탈곡한) 벼

어휘 분화에 대한 차이점을 알고 표현에서 분화된 어휘를 구별하여 사용할 수 있도록 지도한다.

다음은 같은 어휘 '우산'에 대한 것이다. 그러나 중국과 한국의 문화가 달라서 우산에 내포되어 있는 상징적 의미가 다른 사례이다. 중국에서는 연인끼리 우산을 선물로 주고받지 않는 반면 한국에서는 연인끼리 우산을 주고받는 데 아무런 문제가 없다는 내용이다.

예 2.

    중국에서 연인 사이에 절대 선물하지 말아야 할 것이 있다면 그것은 바로 '우산'이다. 우산을 뜻하는 '伞(산)'이 '흩어지다'를 뜻하는 '散(산)'과 음이 같고 성조만 다른 비슷한 발음이기 때문이다. 연인 사이에 우산을 선물하는 것은, 헤어짐을 연상시켜 상대방에게 심리적 불쾌감까지 줄 수 있다.

    연인 사이에 우산이라는 단어를 말해야만 되는 상황이라면 雨盖(우개)라는 단어로 대체한다고 한다. 그러나 한국에서는 우산에 관해 이런 문화가 없다. 연인끼리 우산이나 양산을 선물로 주고받을 수 있다.

    한편, 연인끼리 흰 손수건을 선물하면 이별을 의미한다고 하여 꺼리는 경우도 있다. 한국에서 선물로 금기시되는 물건이 있다면, 칼이나 도마를 들 수 있다. 칼이나 도마가 사이를 갈라놓는다는 의미를 연상시킨다고 하여 일부 지역에서는 선물하지 않는 경향이 있다. 그러나 현대에서는 이런 관습을 무시하고 칼을 선물하기도 한다.

    다른 나라에서 혹은 한국에서 선물을 주고받을 때의 관습과 금기시하는 어휘가 있는지 더 찾아보도록 지도한다.

    이상에서 살펴본 교수법 차원에서의 어휘 제시 방법은 학습자의 연령, 학습 단계 수준, 한국어 학습 목적 차원 등을 고려하여 취사선택하거나 변형할 수 있다.

5.1.2. 매체 활용 차원의 제시 방법

5.1.2.1. 시각적인 방법

    시각적인 제시 방법은 구상어 제시에서 많이 활용할 수 있다. 그러나 연상되는 그림, 사진 등을 보여 줌으로써 추상어까지 확대할 수도 있고, 구상어에서 시작하여 연상되는 추상어를 함께 제시할 수도 있다.

    ① 풍선꾸러미 방법

    종이 한가운데에 중요 단어를 기재하고 큰 풍선을 그린다. 이 풍선을 여러 개의 작은 풍선들과 연결하고 연상 단어들을 작은 풍선 위에 기재한다. 예를 들면 종이

한가운데 학교라고 쓴 큰 풍선을 그리고 그 주변에 연상되는 어휘인 '학생, 선생님, 교실, 책상, 책' 등을 기록한 풍선을 그린다. 이것은 생각그물식 어휘 제시 방법이다. 주제별로 접근할 수도 있고 상위어, 하위어 관계별로 접근할 수도 있다.

② 그림, 사진 제시 방법

그림, 사진에 나오는 사물, 사람, 건물, 자연물 등에 번호를 기록하고, 각 번호에 해당하는 한국어를 제시한다. 그림이나 사진 바로 밑에 제시하기보다는 따로 제시하여 해당 어휘의 짝을 찾아보도록 하는 방법이다. 초급에서는 해당 어휘만을 찾게 하지만 중급이나 고급으로 올라가면 해당 어휘를 찾은 후 그 어휘에 수식어를 첨가한다든지, 해당 어휘를 통해 연상되는 문장, 관용표현, 속담 등을 만들어 보게 함으로써 어휘를 확장하게 한다. 예를 들면 당근이 그려진 그림 밑에 '당근'이라는 어휘를 찾아 짝을 짓고, '단단한 당근'이라고 수식어를 붙여 쓰게 한다든지, '당근을 보니 당근 주스가 생각난다'와 같은 문장을 써 보게 한다. 또는 '당근과 채찍'이라는 표현을 제시할 수도 있다. 만약 수박의 경우라면 초급에서는 그림 밑에 '수박'이라는 어휘를 찾아 짝을 짓게 한다. 중급에서는 '달콤한 수박'이라고 수식어를 붙여 쓰게 하거나 '수박을 보니 멜론이 생각난다'와 같은 문장을 써 보게 한다. 고급에서는 '수박 겉핥기'라는 표현을 써 보게 한다.

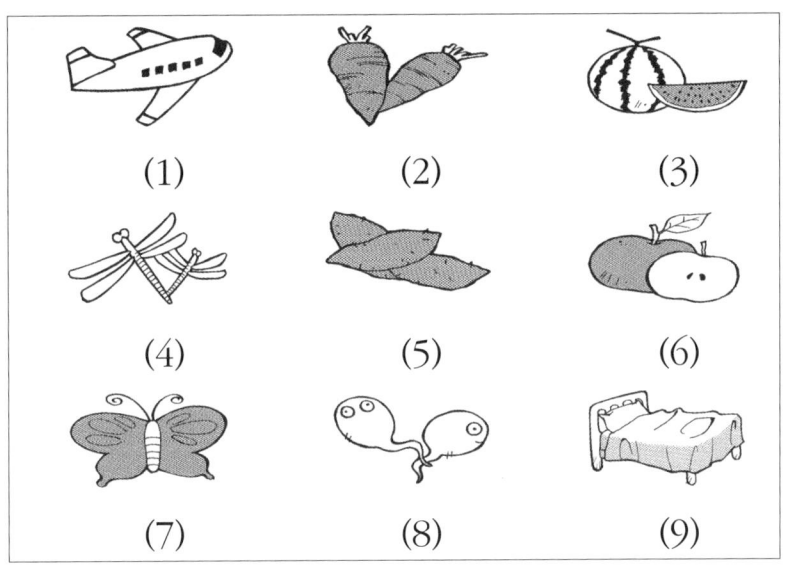

당근	고구마	수박	나비	침대	잠자리	사과	비행기	올챙이
단단한	물렁물렁한	달콤한	화려한	편안한	한 쌍의	빨간	높이 나는	귀여운

〈그림〉 그림 카드와 어휘 맞히기 자료

 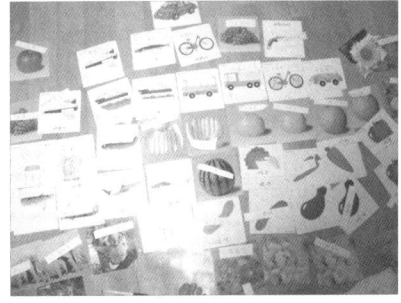

〈그림〉 그림 카드와 어휘 맞히기 (출처: http://cafe.daum.net/galmaru/4ej7/74)

③ 목적별 그림 제시 방법

게임이나 활동에서 제시할 수 있는 어휘를 그림과 함께 제시할 수 있다. 한 가지 목적을 위해 필요한 어휘를 모아 볼 수 있다는 점에서 학습에 도움이 되는 어휘 제시 방법이다. 예를 들면 '시장에 가면'이라는 게임을 하기 전에 그림과 함께 시장에서 만나 볼 수 있는 사물에 대한 어휘를 익히는 것이다. 그림이나 사진으로 제시하지 않고 바로 게임이나 활동을 할 수도 있으나 초급 한국어 학습자에게 도움이 되는 제시 방법이다.

짝과 함께 '시장에 가면' 말놀이를 해 보세요.

시장에 가면			
 사과도 있고	 생선도 있고	 무도 있고	 당근도 있고

● 짝과 함께 계속 말을 주고받아 보세요.

문구점에 가면			
 가위도 있고	 연필도 있고	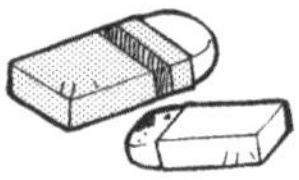 지우개도 있고	 자도 있고

분식점에 가면			
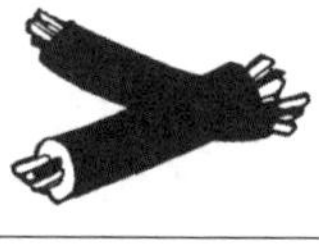 김밥도 있고	 튀김도 있고	 떡볶이도 있고	 라면도 있고

● 다른 장소로 바꾸어 말놀이를 해 보세요.

④ 그림 글자처럼 제시

어휘가 가진 의미를 연상할 수 있는 그림 혹은 바로 그 사물이 점점 글자로 변하도록 제시하는 방법이다. 한국어는 원래 그림 글자가 아니기 때문에 그림 글자로 제시하는 방법은 한계가 있으나 글자에 대한 흥미도를 키워 준다는 점에서 재미있는 제시 방법이다. 초보자에게 한글을 지도하는 방법 중에 '돼지'라는 글자에 돼지

코를 그려 넣는다든지, '오리'라는 글자에 오리 모양의 그림을 약화시켜 그려 넣는다든지, '말'이라는 글자에 말 모양을 그려 넣어 그 글자를 쉽게 연상할 수 있도록 하는 방법이다. 이 방법은 어린 학습자에게 사용할 수 있는 방법이다.

또한 글자를 그림처럼 이용하여 디자인하면서 어휘를 익히게 하는 방법이 있다. 최근에는 외국 글자를 이용하여 디자인에 활용하기도 하기 때문에 상업적인 목적으로 외국어를 배우는 성인에게 도움이 되는 방법이다. 예를 들면 한글 자모를 이용하여 넥타이를 디자인한다든지 한글을 그림 글자처럼 변형하여 티셔츠를 장식하는 활동으로 어휘를 익히게 하는 방법이다. 직접 넥타이나 티셔츠를 만들지 않더라도 종이를 이용하여 간단하게 이 활동을 할 수 있다.

출처 : http://cafe.daum.net/jyscraft/Dliv/22

출처 : http://www.tiummall.com

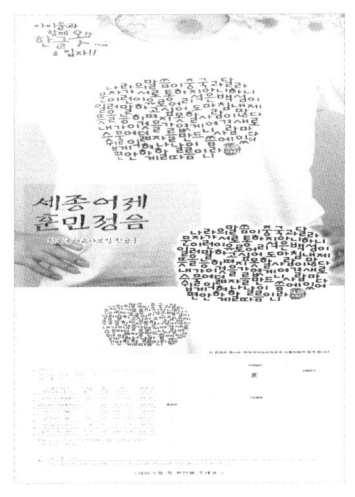

출처 : http://blog.daum.net/
7805084/7780281

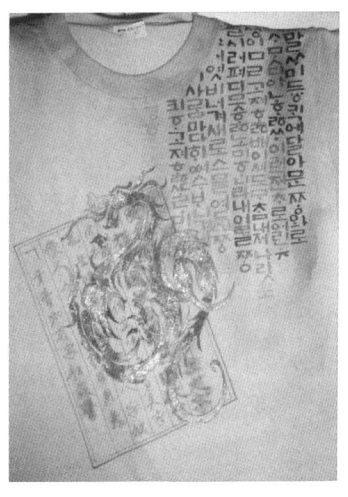

출처 : http://blog.daum.net/chltjs
al4732/110

오른쪽 그림은 국가정보원 전화번호 111을 강조하기 위해 111이라는 숫자로 대나무 모양을 표현한 것이다. 대나무는 한국에서 절개, 충성을 상징하는 문화적 의미가 있다. 문자로 특정한 목적을 표현하는 사례를 소개하면서 문자에 드러난 문화적 의미를 알도록 제시한다.

왼쪽 그림은 남산 100만인 걷기 대회 홍보물이다. '사람 인(人)'이라는 한자를 두 발로 걷고 있는 사람의 다리 모양으로 표현하고 있다.

⑤ 교사의 의복으로 인체 구조 제시

교사의 의복을 이용하거나 교실의 환경 꾸미기를 이용하여 어휘를 제시할 수 있다. 다음은 한 교사가 인체 구조를 가르치는 단원에서 인체 구조가 그려진 티셔츠를 입고 학생들에게 어휘를 지도하는 장면이다.

(사진: 애틀랜타 한국학교 교사 김정희 제공)

⑥ 노래를 그림으로 제시

동요에 나오는 어휘를 그림으로 나타내고 노래를 부르면서 어휘를 익힌다.

- 나비야
- 작은별

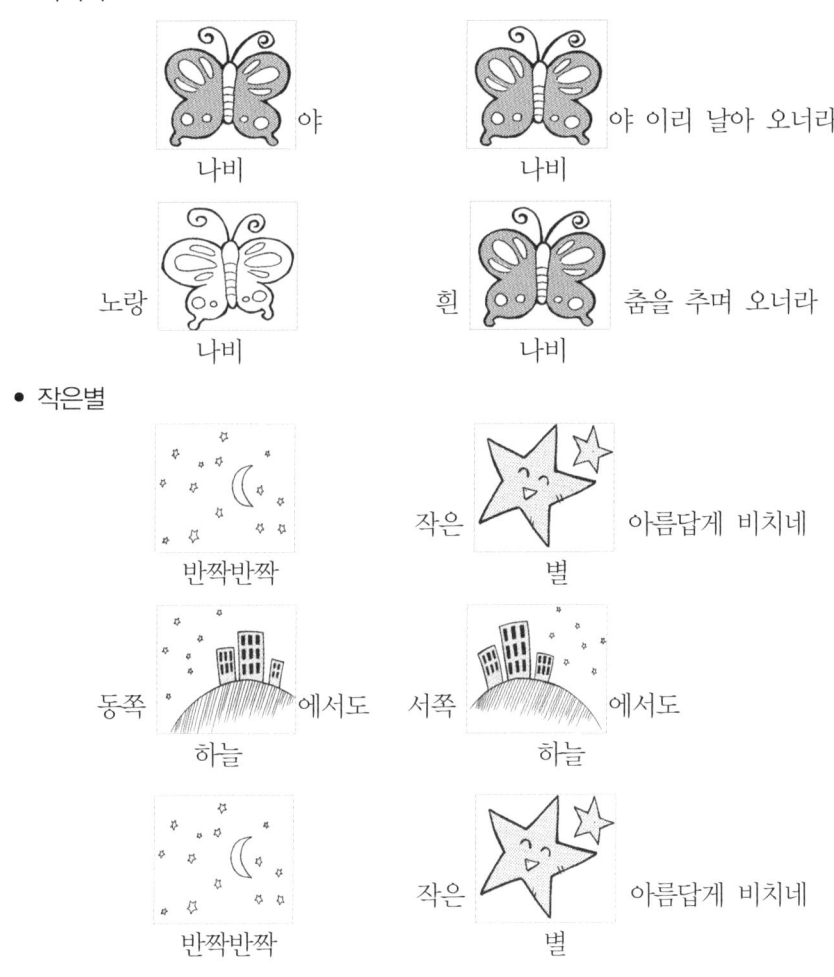

⑦ 그림에 연상되는 어휘 제시

그림이나 사진 옆에 떠오르는 어휘나 표현을 글자로 써넣어 제시하는 방법이다.

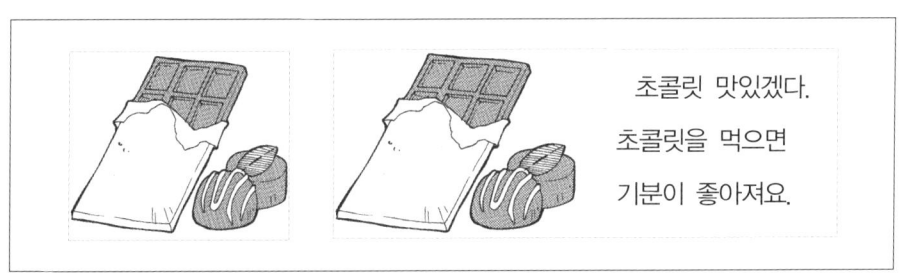

⑧ **표현 내용을 그림으로 그리기**

문장을 보고 그림을 그리게 한다. 학습자들은 이 활동을 하면서 핵심 어휘를 찾을 수 있게 된다. 핵심 장면을 뽑아 그리는 것은 핵심 어휘를 인지하게 도와준다. 발전된 방법으로는 표현하고자 하는 이야기를 네 장의 그림으로 나누어 그리게 한다. 표현하고자 하는 이야기를 네 문장으로 나누어 쓰고 각각에 대해 그림을 그리게 한다. 특히 마지막 문장에서는 자신의 느낌을 써 보게 한다. 이 방법이 어렵다면 하루의 일과를 네 문장으로 나누어 쓰고 각각에 대해 그림을 그리게 하고 마지막 문장에 자신의 느낌을 써 보게 하여 연습하도록 하는 것도 한 방법이다.

음력 1월 1일은 중국 명절입니다. 그날 가족과 함께 만두를 꼭 먹습니다.

만두를 만들 때는 너무 힘들어요. 먼저 밀가루를 반죽해서 얇고 동글게 만들어요. 만두피에 돼지고기, 부추, 대파, 소금, 조미료를 넣어 만들어요.

물이 끓으면 냄비에 만두를 넣고 익으면 꺼내서 양념장에 찍어 먹어요.

가족 모두가 만두를 맛있게 먹으면 행복해요.

⑨ 이야기 속 그림 활용하여 제시

한 편의 동화 속에 포함된 주요 명사를 그림으로 제시하고 그 아래에 한국어 어휘를 제시한다든지 동화의 한 장면을 그림으로 제시하고 관련된 한국어 어휘를 찾아 말해보거나 써 보게 하는 제시 방법이다.

예를 들면 아래 그림은 '고마운 호랑이'라는 동화에 나오는 것이다. 이 그림을 통해 '별, 달, 산, 호랑이, 호랑이 꼬리, 호랑이 발' 등을 알도록 제시한다. 동화는 초등학생이나 틴코리안(teen Korean)을 대상으로 한국어를 교육할 때 사용하는 것이 좋다. 성인을 대상으로 한 한국어 교육에서는 성인의 수준에 맞는 그림을 활용하되 사건이 잘 드러나는 그림, 여러 사람과 여러 행동이 드러나는 그림을 활용하도록 한다.

고마운 호랑이

⑩ 숨은 그림 찾기로 제시

초급 단계에서는 한글 낱자 혹은 쉬운 단어를 그림 사이에 숨기고 중급에서는 그림 사이에 주요 어휘에 해당하는 그림을 숨긴 후 그림 속에서 해당 사물을 찾도록 제시

한다. 다음과 같이 한국적인 그림을 활용하여 한국 문화를 상징하는 어휘를 제시할 수도 있으며 일상생활 속에서 쉽게 접하는 어휘를 제시할 수도 있다. 학습자가 숨은 그림을 찾으면서 어렵게 접하게 된 어휘는 기억에 오래 남기 마련이다. 게임이나 탐구 활동을 하면서 습득한 어휘는 학습자의 경험을 확장하면서 기억을 촉진한다.

숨은 그림: 압정, 자물쇠, 밤, 호미, 리본, (　　　)

소년한국일보 2009년 9월 18일자
출처: http://kids.hankooki.com/lpage/play/200909/kd20090918152233103690.htm

5.1.2.2. 청각적인 방법

청각적인 제시 방법은 청각적 매체, 리듬이나 노래를 이용하여 어휘를 제시하는 방법이다. 간단하고 쉽게 접근할 수 있는 동요를 중심으로 사례를 소개한다. 그러나 성인 학습자에게 동요가 적합하지 않을 때에는 그 수준에 적합한 가요, 가곡 등을 응용해도 바람직하다.

① TV 드라마나 영화 활용

유행하는 TV 드라마나 영화의 한 장면을 보여 주고 해설해 준다. 그런 다음 소리를 없애고 영상만 보여 준다. 컴퓨터를 활용하여 영상을 보이지 않게 하여 소리만들려준다. 들은 어휘, 문장을 생각나는 대로 모두 적게 한다. 많이 적는 것이 중요한 것은 아니다. 교사가 어휘와 문장 오류를 교정해 준다. 처음 본 장면을 다시 보면서 익히게 한다. 중급 이상 수업에서 가능하다. 그 밖에도 텔레비전이나 동영상에 나오는 광고를 활용하여 주요 어휘를 제시한다.

② 노래 활용하기

차시 학습에 필요한 어휘가 반복적으로 나오거나 주요하게 나오는 노래를 함께 부르는 방법으로 어휘를 제시한다. 주제별 노래를 할 수도 있다. 한 예로 숫자풀이 노래를 제시하면 다음과 같다.

(예 1) 숫자풀이 노래
      하나하면 할머니가 지팡이를 짚는다고 잘잘잘
      둘하면 두부장수 두부를 판다고 잘잘잘
      셋하면 새색시가 거울을 본다고 잘잘잘
      넷하면 냇가에서 빨래를 빤다고 잘잘잘
      다섯하면 다람쥐가 알밤을 깐다고 잘잘잘
      여섯하면 여학생이 공부를 한다고 잘잘잘
      일곱하면 일꾼들이 나무를 벤다고 잘잘잘
      여덟하면 엿장수가 깨엿을 판다고 잘잘잘
      아홉하면 아버지가 장보러 간다고 잘잘잘
      열하면 열무 장수 열무를 판다고 열무 사려!

위 노래는 한국인을 상대로 예부터 전해 내려온 것이기 때문에 우리나라 전통문화와 관련이 있다. 위 노래를 현대적으로 바꾸고 외국인이 알기 쉽게 응용하여 사용할 수 있다. 다음은 숫자풀이 노래 가락을 활용하여 가나다 노래로 응용한 것이다.

(예 2) 가나다 노래
      가하면 가방 들고 가게를 간다고 잘잘잘
      나하면 나비들이 춤을 춘다고 잘잘잘
      다하면 다리 위에 바지가 있다고 잘잘잘
      라하면 랄랄랄라 라면을 먹는다고 잘잘잘

마하면 마루에 마늘이 있다고 잘잘잘
바하면 바위 위에 바람이 분다고 잘잘잘
사하면 사다리가 높다고 잘잘잘
아하면 아가씨가 공부를 한다고 잘잘잘
……(후략)……

(예 3) 꼬부랑 할머니
꼬부랑 할머니가 꼬부랑 지팡이 짚고 꼬부랑 강아지 데리고
꼬부랑 고개길을 꼬부랑 꼬부랑 꼬부랑 넘어간다.

(예 4) 이 서방 일하러 가세
이 서방 일하러 가세
김 서방 김매러 가세
조 서방 조 베러 가세
신 서방 신이나 삼세
배 서방 배 사러 가세
방 서방 방석이나 트세
오 서방 오이 따러 가세
우 서방 우물이나 파 주게
서 서방 서 있지만 말고 앉게
안 서방 안에나 있게
박 서방 밖에 서 있게

위와 같이 제시된 첫 번째 음에 맞춰 노래를 자유롭게 만들어 부르면서 어휘를 확장해 갈 수 있다.

우리 몸의 기능을 익히기 위해서 사용할 수 있는 노래를 소개하면 다음과 같다.

(예 5) 우리 몸 - 기능
♪눈눈눈, 책을 보고요, 코코코 숨을 쉬고요, 입입입, 노래하고요, 귀귀귀 말씀 들어요. 머리머리머리 아빠 생각, 가슴가슴가슴 엄마 사랑, 손손손 봉사하고요, 발발발 학교 가지요. ♪♪♪

(예 6) 우리 몸 - 무엇이 똑같을까?

♬무엇이 무엇이 똑같을까?

예쁜 눈 두 개가 똑같아요.

무엇이 무엇이 똑같을까?

예쁜 발 두 개가 똑같아요.

무엇이 무엇이 똑같을까?

예쁜 귀 두 개가 똑같아요.

무엇이 무엇이 똑같을까?

예쁜 손 두 개가 똑같아요.♬

(예 7) 우리 몸 - 머리, 어깨, 무릎, 발

♬머리, 어깨, 무릎, 발, 무릎, 발

머리, 어깨, 무릎, 발, 무릎, 발

머리, 어깨, 발, 무릎, 발

머리, 어깨, 무릎, 눈, 코, 귀, 코, 귀 ♬

다음은 색깔, 장소, 과일의 종류 등을 익힐 목적으로 교사나 학습자가 작곡하여 부를 수 있는 노래의 사례이다.

(예 8) 색깔

♬빨간색은 사과, 주황색은 오렌지, 노란색 바나나, 초록색 오이, 파란색은 하늘, 남색은 바닷물, 보라색은 포도, 빨주노초파남보♬

다음과 같은 노래를 활용하여 다양한 어휘를 제시할 수 있다. 한 사람은 "어디까지 왔니?"라고 묻고 다른 사람은 새로운 어휘를 넣어서 답한다.

(예 9) 어디까지 왔니?

어디까지 왔니? 아직 아직 멀었다.

어디까지 왔니? 동네 앞에 왔다.

어디까지 왔니? 개울가에 왔다(원전) → 시냇가에 왔다.

어디까지 왔니? 대문 앞에 다 왔다. (편해문 엮음, 께롱께롱 놀이노래, 42쪽 노래 CD 44번, http://Kidssong.culturecontent.com)

다음과 같이 응용할 수 있다.

(예 10) 어디까지 왔니? 학교 앞에 왔다.
       어디까지 왔니? 교실 옆에 왔다.
       어디까지 왔니? 책상 근처 왔다.
       어디까지 왔니? 책상 앞에 다 왔다.

음식의 종류를 말해 보게 할 수도 있다.

(예 11) 무엇 먹고 있니? 사과 먹고 있다.
       무엇 먹고 있니? 수박 먹고 있다.
       무엇 먹고 있니? 김밥 먹고 있다.
       무엇 먹고 있니? 국수 먹고 있다.
       무엇 먹고 있니? 포도 먹고 있다.

또한 음식과 단위를 넣어 말해 보게 할 수도 있다.

(예 12) 무엇 먹고 있니? 포도 한 송이 먹는다.
       무엇 먹고 있니? 사과 한 개 먹는다.
       무엇 먹고 있니? 맥주 한 병 먹는다.
       무엇 먹고 있니? 우유 한 컵 먹는다.
       무엇 먹고 있니? 커피 한 잔 먹는다.

어디까지 왔니

편해문 채보
신동일 편곡

지금까지 동요 위주로 소개하였다. 성인들을 대상으로 한국어 수업을 할 때 동요는 적절하지 않을 수 있다. 어린이를 대상으로 한 수업 방식이라고 거부감을 가져올 수 있기 때문이다. 성인들을 대상으로 한 노래는 시대에 따라서 다양하게 작사 작곡되고 있으며 대중가요는 유행을 많이 타는 것이어서 일일이 나열하지 못하였다. 학습자의 수준과 관심을 파악한 후 교사가 적절한 노래를 선택하여 활용할 것을 권한다.

5.1.3. 어휘 구조 차원의 제시 방법

5.1.3.1. 설명, 예시, 연상 방법

설명, 예시, 연상 방법은 어휘의 백과사전적 의미를 설명하는 방법, 어휘와 관련된 사건 등을 예시로 보여 주는 방법, 어휘와 연관하여 떠오르는 연상 어휘를 제시하는 방법을 말한다. 이 방법을 응용하여 어떤 어휘에 대한 백과사전적 의미를 설명하고 난 후 해당하는 어휘를 알아맞히게 하는 방식으로 어휘를 제시할 수도 있다.

(예 1) 설날: 음력 1월 1일, 떡국을 먹는다, 세배를 한다, 가족들이 모인다, 한국의 명절이다, 덕담을 주고받는다.

(예 2) 음력 1월 1일, 명절, 떡국, 세배, 덕담, 차례, 윷놀이와 관련된 어휘는 무엇인가? 설날

연상 방법으로 어휘를 제시하는 것에는 다양한 방법이 있다. 다음의 '뒤죽박죽 낱말 맞히기'처럼 어휘를 흩트려 놓고 학생들로 하여금 그 글자의 순서를 바로잡게 하여 어휘를 맞히게 하는 방법도 있다.

(예 3) 뒤죽박죽 낱말 맞히기(노석구 외, 2006:20 참고)

래돌고	우고마신선생님	기뻐게꾸시	람휘파
화동책	부어한공국	종계괘시	동운장

(돌고래, 고마우신 선생님, 뻐꾸기시계, 휘파람, 동화책, 한국어 공부, 괘종시계, 운동장)

5.1.3.2. 문맥 이용

문맥이란 문장의 각 성분 사이에 성립하는 의미론적이며 논리적인 관계의 총칭을 일컫는다(브리태니커 사전). 화맥(話脈)이라고도 한다. 문장이 모여서 이루어진 단락 사이의 관계도 문맥이라고 한다. 언어 분석의 중요한 단위를 문장으로 보는 변형생성문법 등 문장 문법에서는 문맥의 범위를 문장으로 잡으나, 담화 전체를 분석의 단위로 삼는 담화 문법에서는 문맥의 범위를 문장을 넘어서는 담화의 부분으로 잡으려는 경향이 있다.

낱말의 의미는 어떤 문장 안에서 어떤 구실로 쓰였는가에 따라 알 수 있다는 입장과 각 낱말은 독자적인 의미를 지니고 있다는 입장이 있는데, 의미의 미묘한 차이를 분명히 알아보기 위해서 같은 낱말을 다른 문맥에 넣어 보는 실험을 한다. 언어 표현은 흔히 중의성을 띠게 되어 문맥을 떠나서는 그 정확한 뜻을 알기 어려운 경우가 많다. 예를 들어 '저 배가 크다'라고만 하면 어떤 배를 뜻하는지 알 수 없으나 '나무에 열린 배들 가운데 저 배가 크다'라는 문맥 속에서는 뜻이 뚜렷해진다. 대화에서는 화자에 의한 문맥이 성립되기도 한다. 다양한 문맥을 제시하면서 중의적 표현의 어휘와 표현을 제시한다.

(예 1) 가 : 너 아르바이트하니?

　　　　나 : 응, 지난주까지 했는데, 요 며칠 쉬고 있어.

　　　　가 : 그렇구나. 그럼 이번 주말에 시간 있어?

(예 1-1) 너 알바하니?

(예 2) 생계형 알바, 정부선 '알 바 아니다'

　　　40대는 사업 실패·실직 탓, 30대는 취업난에 내몰려 고용·복지 정책 사각지대, 계층 격차·사회보험 악화

　　　고용 환경이 갈수록 악화하면서 과거 학생들이 일하던 아르바이트 자리에까지 30~40대가 몰리고 있지만, 사회적 관심이 낮고 뚜렷한 대책이 없어 이들의 고통이 커지고 있다. (후략)

한겨레신문 2010년 1월 28일자

http://www.hani.co.kr/arti/society/society_general/401509.html

(예 1)에서 아르바이트는 부업을 뜻하는 외래어이다. 최근에는 (예 1-1) '알바'처럼 축약형으로 그 말을 대신하기도 한다. (예 2)는 신문 표제어에 쓰인 사례이다. 아르바이트의 축약형 '알바'와 정부에서 무관심하다는 의미의 '알 바(발음:[알 빠) 아니다'를 표제어로 삼아 두 의미가 대조를 이루면서 비판의 어조를 띠고 있다. (예 2)의 의미를 알기 위해서는 문맥을 파악해야 한다. 이와 같이 문맥을 이용하여 어휘의 의미를 알 수 있도록 담화 속에서 어휘를 제시한다.

5.1.3.3. 대상 부류 이용

다음은 한 문장 내에서 '읽다'와 '먹다'의 목적어로 성립할 수 있는 명사가 있고, 그렇지 않은 명사가 있음을 보여 준다.

(가) 철수가 {책, 신문 등}을/를 읽는다.
(나) 철수가 {빵, 과자 등}을/를 먹는다.
(다) 철수가 {*빵, *탁자, *모자}을/를 읽는다.
(라) 철수가 {*책3), *탁자, *모자}을/를 먹는다.
(마) 〈텍스트〉을/를 읽다.
　　　〈음식물〉을/를 먹다.

(가), (나)는 성립되지만, (다), (라) 문장은 의미적으로 성립되지 않는 비문이다. '먹다'는 음식물을 나타내는 명사가 목적어로 올 때 문장이 성립하고, '읽다'는 텍스트를 나타내는 명사가 목적어로 올 때 문장이 성립한다. (마)의 '텍스트, 음식물'과 같은 범주화를 대상 부류라고 명명한다(박동호 2001:402). 의미적으로 균질한 명사부류를 대상 부류라고 한다. 서술어의 용법을 설명하기 위해서 큰 범위에서 의미를 따지는 의미 부류보다 더 체계화하여 등장한 것이 대상 부류라는 개념이다. 교사가 명사를 제시할 때 문장 내에서 대상 부류로 제시하는 방법을 활용할 수 있다. 문맥상 의미가 통하도록 사용해야 하는 특정한 서술어를 중심으로 활용할 수 있는 방법이다. 다음과 같이 제시하고, 〈인간〉이나 〈식물〉에 넣을 수 있는 어휘들을 찾아보게 한다.

---

3) 문학적인 표현 즉, 비유적인 표현에서는 '책을 먹는다'라는 표현도 가능하다.

(예) 〈인간〉이/가 말하다/이야기하다/생각하다/쓰다

〈식물〉을/를 재배하다

인간: 남자, 여자, 선생님, 엄마, 오빠, 할아버지, 그녀, 그 남자, 아이 등
식물: 장미, 국화, 배추, 무, 당근 등

5.1.3.4. 연어 학습

연어(collocation)를 어떻게 정의하는가에 대해서는 학자 간에 이견이 있다. 최근 코퍼스 언어학의 등장으로 언어의 고정성 정도가 널리 알려지면서 이를 연어로 보게 되었다. Lewis(2000:08)는 "교사는 학생들에게 어휘부 안의 어떤 질서와 구성을 보여 주는 데 필요한 간단한 범주를 만드는 것을 도와줄 필요가 있다."라고 역설한다. 연어 관계의 기술은 언어 사용과 교육을 위해 실용적인 정보를 제공할 수 있다.

다음은 연어 사전에서 제시하고 있는 어휘 기술 방식이다.

〈표〉 연어 사전 기술의 예

가방 (명사)
1. [물건을 넣어 들거나 멜 수 있게 만든 것] bag, purse, suitcase

관+가방   가벼운 ~, 검은 ~, 까만 ~, 무거운 ~, 묵직한 ~, 작은 ~, 큰 ~
명+가방   서류 ~, 여행 ~, 여행용 ~; 도시락 ~, 돈 ~, 현금 ~, 화장품 ~;
            비닐 ~, 종이 ~; 검은색 ~, 빨간색 ~

[위]백
[재]구두·옷

가방+명   (가방) 속, 안

[해]배낭·
책가방·
핸드백

가방+동   (가방을) 둘러메다, 들다, 메다, 싸다, 열다, 짊어지다, 챙기다, 풀다

           (가방에) 넣다

[예문]   동생이 어디선가 큰 가방을 하나 들고 들어왔다.
           그들은 자기 가방을 챙기기 시작했다.
           가방 안에 책하고 공책이 있습니다.
           아버지가 가방을 메고 돌아오셨다.

출처: 김하수 외(2007)

연어 사전 기술 방식을 활용하거나 변형하여 어휘를 제시하면 학습자들이 연어 학습을 하도록 도와줄 수 있다. 학습자의 연어 학습 효과를 높이기 위해서는 연어

관계가 풍부한 핵심 단어를 선택하는 것이 좋다. 예를 들면 '아스피린'이라는 어휘보다는 '약'이라는 어휘가 더 큰 언어적인 영역을 갖는다.

한국어 학습자가 표현을 잘못하면 틀린 표현에서 한 어휘만을 교정할 것이 아니라 연어 학습을 통해 지도할 수 있다. 예를 들면 '아기가 눈을 열다'라고 잘못 표현한다면 '아기가 눈을 뜨다'라고 단순히 교정하기보다는 관련 연어로서 '아기가 눈을 뜨다, 아기가 눈을 감다, 아기가 눈을 비비다, 아기의 눈이 시리다, 눈이 부시다' 등을 제시하여 어휘부를 확장하도록 유도한다(김해옥 2005:102).

5.1.3.5. 형태론적 접근

1) 접두사 활용

접사가 어기의 앞에 연결되는 것을 접두사라고 한다. '맨발, 왼손, 군소리, 샛노랗다'의 '맨-, 왼-, 군-, 샛-'은 접두사이다. 접두사가 가진 의미자질을 제시하되 그 해당 접두사의 의미가 명확하게 드러나는 것부터 제시하도록 한다. 다음의 예를 보자.

   (예) 가. 잔- : 잔주름, 잔글씨, 잔털, 잔돈, 잔꾀, 잔뼈, 잔뿌리, 잔재주
        나. 시- : 시동생, 시부모, 시누이, 시아버지, 시어머니
        다. 맏- : 맏아들, 맏누이, 맏형, 맏며느리, 맏딸

(가)의 '잔-'의 의미보다는 (나)의 '시-'나 (다)의 '맏-'의 의미가 상대적으로 명확하게 드러나기 때문에 우선적으로 가르치는 것이 바람직하다.

한국어 학습에서 단어 구조에 대한 이해나 설명은 한국어 어휘의 의미를 정확히 파악하고 깊은 이해가 필요한 경우에만 선별적으로 이루어져야 한다. 그리고 어휘 학습을 돕기 위해서는 한국어 문법을 엄격하게 지키게 하기보다는 학습자의 관점에서 볼 필요가 있으며 접두사 자체보다도 의미 부류로 묶을 수 있고 공통된 요소가 포함된 것을 기준으로 어휘에 대한 설명을 시도할 때도 있을 것이다(한재영 외, 2008:96).

2) 접미사 활용

접사가 어기의 뒤에 연결되는 것을 접미사라 한다. '넓이, 덮개, 무덤, 마개, 자랑

스럽다, 향기롭다'의 '-이, -개, -엄, -애, -스럽-, -롭'이 접미사이다. 접미사에 의한 파생은 접두사에 의한 파생과 비교할 수 없을 정도로 그 수가 많다. 구성이 유사한 어휘를 중심으로 제시한다.

명사 파생 접미사 '-이, -기'와 형용사 파생 접미사 '-스럽-, -답-'으로 구성된 어휘를 소개하면 다음과 같다.

(예) '-이, -기'에 의한 명사 파생

  가. 옷걸이, 책꽂이, 손톱깎이, 재떨이, 통닭구이, 소금구이

  나. 달리기, 더하기, 빼기, 읽기, 쓰기, 글짓기, 줄넘기

(예) '-스럽-, -답-'에 의한 형용사 파생

  가. 어른스럽다, 바보스럽다, 여성스럽다

  나. 어른답다, 학생답다, 남자답다

5.1.3.6. 어휘장 활용

어휘장은 개념적(의미적) 공통성이나 유사성이 있는 일련의 어휘들의 집단을 이르는 말이다. 한 어휘장 속에서 각각의 어휘들은 그들의 어휘소에 의해서 서로 관련을 맺고 있다. 어휘소들은 어떤 식으로든지 각각 개념적으로 또는 연상 관계에 의해서 다른 어휘소들과 더불어 어떤 장이라고 부를 수 있는 하나의 구조를 이룬다는 개념을 바탕으로 하여 나온 이론이 어휘장 이론이다.

어휘장 이론은 어휘 구조를 관찰하는 이론으로 독일의 심리학자 칼 뷜러의 장 이론에서 기원했다. 어휘는 관계 속에서 의미를 갖는다는 발상에서 시작된 것으로 1934년 칼 뷜러가 제시하였다. 뷜러는 어휘를 음악에서 음을 나타내는 기호에 비유했다. 음 기호는 그것 자체로는 의미가 없지만 그것이 오선지 위에 그려져 있을 때 의미를 갖는다. 마찬가지로 도시, 강, 산의 이름은 그것들이 지도 위에 표시되어 있을 때 의미를 갖는다. 지도의 좌표가 이들 어휘들 간의 관계를 나타내는 장을 제공한다.

뷜러는 어휘들을 관련시키는 두 가지 종류의 장을 지시적 장과 기호-통사적 장으로 제시하였다(조지 밀러 저, 강범모·김성도 역 2002:186). '너, 여기, 지금'과 같은 단어들은 그것을 말하는 사람, 그것을 말하는 장소, 그것을 말하는 시간 등에 따라 다른 지시물을 가리킨다. 지시적 단어들은 그것들이 사용되는 구체적 상황 혹은 지시

적 장에서 완전한 의미와 가치를 갖게 된다. 예를 들면 3학년 1반 교실에서 선생님이 수업을 하면서 "이것은 분필이에요."라고 표현했을 때 '이것'은 3학년 1반에 있는 분필을 가리킨다. 그러나 어느 누군가가 식사 중에 "이것을 드세요."라고 표현한다면 '이것'은 식탁에 있는 음식을 가리키게 되는 것이다.

또 개별 단어는 문장 구조에서 완전한 의미를 갖게 된다. '철수는 다리를 다쳤다'나 '철수가 다리를 건넜다'라는 표현에서 '다리'는 다른 의미로 쓰인다. 문장 속에서의 관계와 그것이 가리키는 상황 혹은 사건 속에서의 관계 사이의 대응에 의해 그 의미가 결정된다.

뷜러의 접근법은 관계적 의미 이론이다. 여기에서 한 가지 중요한 것이 빠져 있다. 즉, 어휘장에 대한 논의가 빠져 있다. 하인즈 베르너와 베르나르 카플란은 뷜러의 견해를 보충하여 어휘-개념장을 제안한다(조지 밀러 저, 강범모·김성도 역 2002:187). '다리'와 같이 다의적인 어휘라 하더라도 그 의미의 다양성에는 한계가 있다. 지시 대명사 '이것'이 가리키는 것만큼 다양한 사물을 가리킬 수는 없는 것이다. '다리'의 의미에는 어휘-개념적 제약이 있다.

어휘장을 활용하여 어휘를 제시하는 방법으로는 상위어와 하위어 관계 속에서 제시하는 방법, 동음이의어, 다의어 관계 속에서 제시하는 방법 등이 있다. 최근에는 어휘 체계를 통시적 시각에서 바라보아야 한다는 연구가 있다. 이를 반영한다면 통시적 의미 변화 속에서 어휘를 제시하는 방법을 사용해도 좋다.

1) 상위어와 하위어

'딸기'와 '과일'의 관계에서처럼, 한 단어의 의미 영역이 다른 단어의 의미 영역의 한 부분일 때, 이러한 의미 관계를 하의 관계라고 한다. 이때, 작은 의미를 가진 단어(예: 딸기)를 하의어 또는 하위어라 한다. 그리고 그 하위어를 안고 있는 상위의 단어(예: 과일)를 상의어 또는 상위어라 한다(4.3.7 참조). 상위어와 하위어 관계를 알면 어휘를 효과적으로 기억할 수 있다. 보통 명사 의미는 머릿속 사전에 계층적으로 구성되어 있거나 친숙한 범주와 연결하여 기억되고 있다(조지 밀러 저, 강범모·김성도 역 2002). 심리학에서 몇 가지 실험을 통해 이를 증명하고 있다. 예를 들면 "진돗개가 둥근 꼬리를 가지고 있는가?", "진돗개가 주둥이를 가지고 있는가?", "진돗개가 간을 가지고 있는가?" 등의 질문을 하고 응답에 걸리는 시간을 재는 심리학

실험이 그것이다. 계층 체계의 기억 가운데 진돗개, 개, 동물에 저장된 정보에 따라 응답하는 시간이 달리 나타나며 범주의 친숙성에 따라 응답하는 시간이 달리 나타난다고 한다.

　진돗개는 개의 하위어이므로 진돗개가 가지고 있는 모든 변별적 특성들이 개의 모든 변별적 특성을 포함하고 있다. 즉, 진돗개가 개의 모든 특성들을 가지고 있고 거기에 더하여 진돗개를 다른 종류의 개와 구분시켜 주는 다른 몇 가지 특성들을 가지고 있다. 그러므로 상위어인 개와 하위어인 진돗개를 계층적으로 기억한다면 진돗개는 개이기 때문에 갖는 특성들을 자동적으로 기억하게 된다. 진돗개를 개의 하위어로 계층적으로 범주화하여 기억한다면 기억 공간을 절약시킬 수 있다는 것이 조지 밀러의 견해이다. 기억의 부담감을 줄이면서 어휘를 기억할 수 있게 하는 방법이기 때문에 상위어, 하위어 관계 속에서 어휘를 지도하고 학습자에게 그 관계 속에서 어휘를 제시하는 것은 유용하다.

　자연스럽게 상위어, 하위어를 배울 수 있는 놀이가 스무고개 놀이이다. 스무고개 놀이는 상위어와 하위어의 관계를 알기 쉽게 제시하는 방법이기도 하다. 스무고개 놀이를 하게 되면 상위어에서 하위어로 좁혀가면서 질문하고 그 과정에서 답을 찾게 되기 때문이다.

- 스무고개 놀이
  가 : 생물입니까? 무생물입니까?
  나 : 생물입니다.
  가 : 동물입니까? 식물입니까?
  나 : 식물입니다.
  가 : 꽃이 핍니까? 꽃이 피지 않습니까?
  나 : 꽃이 핍니다.
  가 : 열매가 열립니까?
  나 : 아니요, 열매가 없습니다.
  가 : 꽃이 언제 핍니까?
  나 : 봄에 핍니다.

가: 가시가 있습니까?

나: 예, 있습니다.

가: 정답, 장미입니다.

나: 예, 정답입니다.

● 한국어 다트판 혹은 피자 모양 판에 조각을 나누어 어휘를 적어 놓고 다트처럼 화살을 던져 맞는 곳에 포함 관계에 있는 하위어를 말하게 한다.

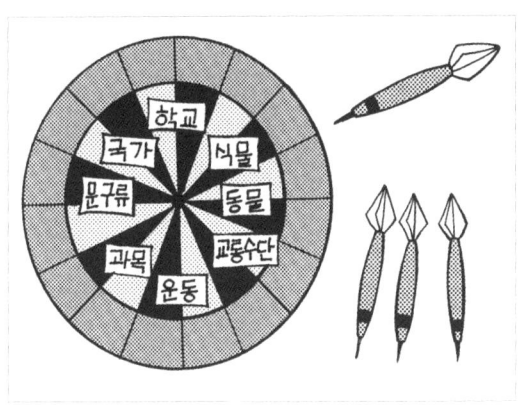

위에서 제시한 것처럼 상위어를 제시한 후 하위어를 찾아보게 할 수도 있고 반대의 방법을 사용할 수도 있다. 하위어를 제시한 후 상위어를 찾아내도록 제시할 수도 있으며 알고 있는 한국어 어휘를 생각나는 대로 말하게 한 후 같은 상위어로 묶일 수 있는 것끼리 모아 제시할 수도 있다.

2) 동음이의어

소리는 같지만 뜻은 다른 말을 동음이의어라고 한다. 예를 들면 다음과 같다.

● 눈(하늘에서 내리는 눈, 사람의 눈)
● 소(황소, 연못)
● 방문(손님이 찾아옴, 방에 달린 문)
● 바람(차가운 공기, 이루고 싶은 소원)
● 발(걸을 수 있는 신체 일부, 햇빛 가리개)
● 꿈(잘 때의 환상, 장차 이루고 싶은 목표)

3) 다의어(多義語)

다의어란 한 단어에 여러 가지 뜻이 있는 말이다. 예를 들면 '문'을 '세상으로 나가는 문, 드나드는 문'으로 사용할 수 있으며, '고향'을 '태어난 곳, 마음의 의지를 삼는 곳, 정신적인 은신처'의 뜻으로 사용할 수 있다. 간단하게는 구상적인 의미가 있는 어휘의 경우 다의어 그림을 그리는 방법을 활용하여 어휘를 제시할 수 있다. 그러나 추상적인 의미가 있는 어휘의 경우에는 대상 부류 체계를 사용하여 제시할 수 있다.

다음 예를 살펴보자(박동호 2001:410 참고).

(예 1) 철수가 기차를 <u>탔</u>다.
       연이 바람을 잘 <u>탄</u>다.
       철수가 어제 월급을 <u>탔</u>다.

       철수가 요즘 외로움을 <u>탄</u>다.
       잠실에 가려면 올림픽 대로를 <u>타는</u> 것이 빠르다.
       철수는 더위를 잘 <u>탄</u>다.
       성공하려면 기회를 잘 <u>타야</u> 한다.
       철수는 위스키에 물을 <u>탔</u>다.

(예 2) 〈교통기관〉을/를 타다 : 차를 타다
      〈기상 : 바람〉을/를 타다 : 바람을 타다

⟨돈⟩을/를 타다: 월급을 타다
⟨현악기⟩을/를 타다: 거문고를 타다
⟨감정⟩을/를 타다: 외로움을 타다
⟨도로⟩을/를 타다: 올림픽 대로를 타다
⟨기상:기온⟩을/를 타다: 더위를 타다
⟨기회⟩을/를 타다: 기회를 타다
⟨액체⟩을/를 타다: 물을 타다

(예 1)에서 알 수 있듯이 '타다' 동사는 다양한 성격의 명사를 취한다. (예 2)는 다양한 성격의 명사를 대상 부류 체계로 제시한 것이다.

5.1.3.7. 유추 방법

유추 방법은 추론과 연상에 의한 확장으로 대별할 수 있다. 학습자가 새로운 어휘를 접했을 때, 이미 알고 있는 어휘에 대한 정보를 적극적으로 활용하도록 돕는 방법이 전자의 유추를 이용한 어휘 지도 방법이다. 이 방법은 고급 단계의 학습자들이 문맥 속에서 새로운 어휘를 추론하게 함으로써 스스로 학습할 수 있도록 동기를 부여한다는 점에서 의의가 있다. 두 번째 유추 방법은 연상을 통해 단어들을 연결하여 어휘를 습득하도록 돕는 방법이다. 이 방법은 어휘부를 어휘들의 다차원적 연결망으로 보는 관점에 근거한다. 습득된 어휘들이 각각 독립적으로 저장되는 것이 아니라 서로 연결되어 망의 형태로 저장된다고 보는 연결주의 이론(이정모 1996)에 근거한다.

어휘들이 연결된다는 것은 어떤 단어가 다른 단어를 활성화함을 뜻한다. 연결의 매개는 어휘들 사이에 존재하는 유사성이다. 유사성은 음운, 형태, 의미 등 다양한 층위에서 발견된다. 음운의 유사성에 근거한 유추의 예로는 사람의 신체 일부를 나타내는 배와, 과일 배, 선박 배를 유추하는 것이다. 형태의 유사성에 근거한 유추의 예로는 붕어빵, 국화빵, 마늘빵 등이나 얼짱, 몸짱, 껨짱(신조어) 등과 같은 것이다. 의미의 유사성에 근거한 유추로는 놀이, 오락, 게임 등을 언급하는 것이다. 음운, 형태, 의미의 유사성에 근거한 유추 중 가장 기본적인 것은 의미에 기초한 연결이다.

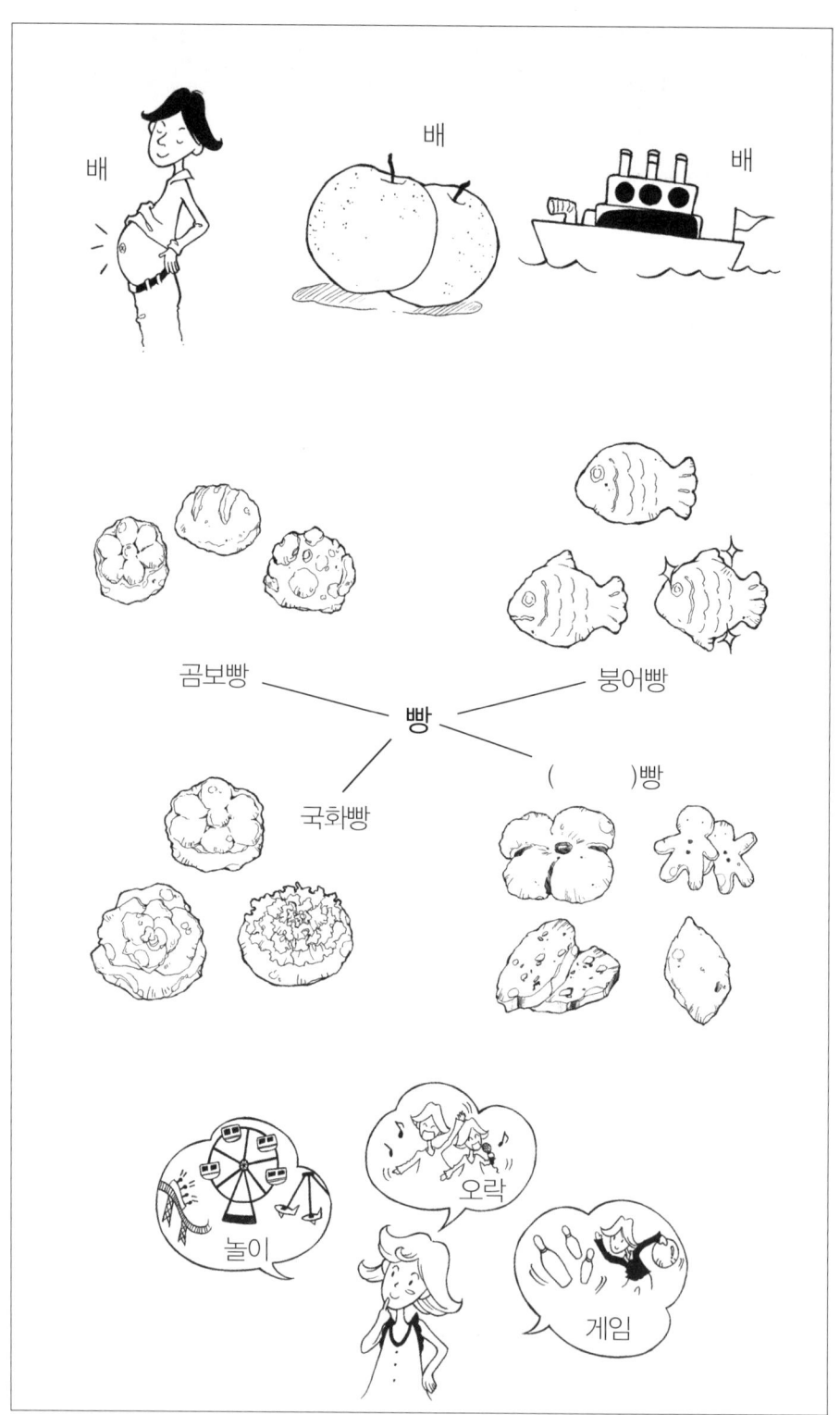

5.1.3.8. 주제별 제시

한 주제를 정한 후 그 주제의 하위어를 제시하고 그 하위어와 연관된 어휘들을 범주화하여 제시하는 방법이다. 예를 들면 운동이라는 주제를 정한 후 운동의 하위어로 배드민턴, 축구, 야구, 줄넘기, 농구 등을 제시하고 각 운동 하위어와 연관된 장비나 운동을 할 때 행위를 나타내는 동사를 제시하는 방법이다.

한 페이지를 세 개의 열로 나눈다. 첫 번째 열에는 운동(혹은 스포츠) 명칭을 나열하고, 두 번째 열에는 해당 스포츠에 필요한 모든 장비명을 기재한다. 세 번째 열에는 관련된 동사들을 기재한다.

운동 (혹은 스포츠)	배드민턴	축구	야구	줄넘기	농구
장비	배드민턴 채, 배드민턴공	축구공	배트, 야구공, 글러브 등	줄넘기	농구공
동사	치다, 서브 넣다	차다, 넣다	던지다, 치다, 때리다	넘다, 하다	넣다

5.1.3.9. 어휘 놀이 방법

회문 만들기와 같은 어휘 놀이 방법을 활용하여 어휘를 제시한다. 회문(回文, palindrome)[4]이란, 문장의 앞 글자부터 읽어 나가거나 끝 글자부터 읽어나가거나 동일한 말이 되는 문장을 말한다. 예를 들면 "다시 합창합시다."를 뒤 글자부터 읽어도 "다시 합창합시다."가 되는 것과 같다.

'다리 그리고 저고리 그리다'를 거꾸로 쓰면 띄어쓰기가 좀 변하기는 하지만 '(다리) 그리고 (저고리) 그리다'가 된다.

우리말 회문의 사례는 다음과 같다.

---

[4] palindrome은 '뒤로 되돌아가기'라는 뜻의 이탈리아어 palin dromo에서 유래한 것이다. 낱말 회문의 예로는 'civic', 'madam', 'radar', 'deified' 등이 있다. 숫자 회문에는 거꾸로 읽어도 같은 수(예를 들면 1991)뿐만 아니라 위아래를 뒤집어 놓아도 똑같은 수가 되는 숫자(예를 들면 1961)도 포함된다. 문장 회문의 예로는 "Able was I ere I saw Elba."나 "Lewd did I live & evil I did dwel."을 들 수 있다. 시행 회문의 예로는 라틴어 시 "Roma tibi subito motibus ibit amor."나 "Signa te, signa temere me tangis et angis."를 들 수 있다. 어떤 사람들은 회문을 정교하게 다듬어, 시행을 이루는 각 낱말이 앞으로 읽으나 뒤로 읽으나 똑같은 시행을 만들기도 했다.(브리태니커 백과사전)

다들 잠들다
건조한 조건
아 좋다 좋아
다 같은 것은 같다
여보 안경 안 보여
자 빨리 빨리 빨자
소 있고 지게 지고 있소
기특한 특기
다 이심전심이다
자꾸만 꿈만 꾸자
다 같은 금은 같다
다 좋은 것은 좋다
생선 사 가는 가사 선생
여보게 저기 저게 보여
다 큰 도라지일지라도 큰다
아들딸이 다 컸다 이 딸들아
가련하다 사장집 아들딸들아 집 장사 다 하련가
가련하시다 사장집 아들딸들아 집 장사 다시하련가

회문의 원리와 비슷하게 앞으로나 뒤로 해도 말이 똑같은 어휘를 제시하는 방법도 재미있게 어휘를 배우게 하는 방법이다. 앞뒤로 해도 같은 세 글자 어휘를 제시하면 다음과 같다.

(예) 기러기, 기름기, 기울기, 다시다, 동북동, 별똥별, 복불복, 부익부, 빈익빈, 사동사, 사육사, 사진사, 서남서, 석회석, 수비수, 스위스, 실습실, 실험실, 아시아, 오디오, 왕중왕, 이쁜이, 이앓이, 인도인, 인라인, 일대일, 일요일, 일주일, 장식장, 적극적, 토마토, 트로트

세 글자, 네 글자, 다섯 글자식으로 확대해서 제시할 수도 있다. '휘리리후, 도내안내도, 주유소 소유주, 여보 기러기 보여?, 도라지를 모를지라도' 등으로 음절 수를

늘려갈 수도 있다. '휘리리후'는 글자를 종이에 써서 뒤집었을 때도 '휘리리후'가 되는 글자이다. '휘리리후 휘리리후' 동화책이 시중에 나와 있다.

〈그림〉'휘리리후 휘리리후'책 사례

다음으로 '신기한 낱말 맞히기 놀이'를 이용하여 어휘를 제시할 수 있다. 가로줄로 읽거나 세로줄 어디로 읽어도 동일한 어휘로 읽히도록 제시하는 것이다. 가로줄과 세로줄에 같은 어휘가 이루어지도록 만드는 놀이를 이용하여 제시할 수도 있다. 4음절 이상은 복잡하기 때문에 2~3음절이 적절하다. 노석구 외(2006:23)를 참고하여 구안한 사례는 다음과 같다.

박수	장화	도시
수박	화장	시도
사장	신발	상추
장사	발신	추상
한라산	주인공	고추장
라디오	인류학	추상화
산오리	공학관	장화끈
책가방	동화책	갈매기
가로수	화○가	매실차
방수복	책가방	기차역

5.1.4. 어휘와 언어 문화 차원의 제시 방법

5.1.4.1. 언어 경험 접근법

언어 경험 접근법은 기초 수업 자료를 준비할 때 학생들의 아이디어와 단어들을 활용하는 방법이다. Carrell & Eisterhold(1983:566-567)의 주장에 따르면, 언어 경험 접근법은 어휘, 문법적 구조, 담화 내용을 통제하는 데 매우 좋은 방법이다. 읽기 자료나 듣기 자료에 학습자들의 경험이 반영된 어휘나 아이디어를 담고 있을 때 학습자들은 친숙한 방법으로 사용한 어휘를 습득하게 된다. 초급 단계에서는 이 방법으로 자료를 만들기도 쉽고 그 효과가 있지만 중급이나 고급 단계에서는 이 방법으로 자료 만들기도 쉽지 않고 그 효과가 떨어지는 것으로 보기도 한다.

5.1.4.2. 한국 문화의 이해 접근법

언어는 문화와 분리하여 생각할 수 없다. 이 점을 주목하고 그동안 한국어 교육에서도 문화를 지도함으로써 학습자의 흥미를 불러일으키고 문화 맥락에 따라 한국어를 적절하게 사용하게 하는 중요한 요소를 다루고자 노력하였다. 그러나 한국의 문화를 세계에 알리는 차원으로 접근한 것이 사실이다. 예를 들면 고려청자, 불국사, 한글 등의 문화유산을 소개하거나 언어 예절과 같은 것을 설명하는 방식으로 한국 문화를 접근하여 지도한 것이 그동안의 문화 이해 접근법이었다. 다른 나라 문화와 변별되는 전통적이고 고유한 문화를 소개하는 방식을 교육에 활용한 것이다. 한국 문화의 우수성만을 홍보하고 강조하는 방식이어서 외국인이 한국 문화에 대한 거부감을 갖는 경우도 있었다. 한국 문화가 나오게 된 배경을 설명하지 않거나 타 문화와의 비교 설명이 없었던 것이 그 원인이었다. 한국인을 상대로 하여 국어사전이나 백과사전에서 고려청자, 불국사, 한글을 소개하고 있는 식의 설명 방식과 다를 바가 없었기 때문이다.

다문화 속에서 한국 문화를 바라보는 관점으로 한국 문화를 소개하고 이해하는 차원의 논의가 필요하다. 한 예로 외국인 학습자의 문화적 배경을 고려하여 그들이 이해하기 편하도록 비교 문화적 기술 방식을 사용하여 어휘를 설명하는 문화 사전적인 접근을 고려해 볼 수 있다.

문화 사전이란 어휘에 얽힌 문화적 해석을 소개하는 방식의 사전을 일컫는다. 예를 들면 팥죽을 소개하는 방식에서 한국, 중국, 일본, 베트남에서의 팥죽 음식에 대한 비교 설명 방식, 팥죽에 얽힌 이야기, 팥죽에 얽힌 관습이나 문화를 설명하는 것이 문화 사전적인 접근이다. 다음은 위키 백과사전을 참고하여 문화 사전적인 접근으로 어휘를 설명한 것이다.

한국의 팥죽

한국에서 팥죽은 겨울에 많이 먹으며, 특히 24절기 중 하나인 동지(冬至)에 먹는 음식이다. 동지 팥죽에는 찹쌀을 동그랗게 빚은 새알심을 나이 수만큼 넣어 먹었는데, 이 때문에 동지를 지나야 한 살 더 먹는다는 말도 있었다.

한국에서는 전통적으로 귀신들이 두려워하는 색깔인 붉은색 팥으로 끓인 팥죽에 액운을 물리치는 신비한 능력이 있다고 여겼다. 따라서 팥죽을 먹는 풍습에는 잡귀가 가져오는 불운이나 전염병을 막기 위한 주술적인 의미가 있었다.

동짓날 팥죽을 쑨 유래는 중국 고서인『형초세시기(荊楚歲時記)』에서 찾을 수 있다. 진나라의 공공(共工)에게 아들이 있었는데, 그 아들이 동짓날 죽어 역신(疫神: 전염병 귀신)이 되었다. 본래 잔인했던 그의 품성 때문에 크게 전염병이 돌아 수많은 사람이 죽었는데, 전염병을 막을 방법을 찾던 사람들이 그가 생전에 팥죽을 싫어했다는 사실을 알아냈다. 사람들이 팥죽을 끓여 집안 곳곳에 뿌리자 전염병이 사라졌고, 그 후로 팥죽은 모든 잡귀신들이 싫어하는 음식이 되었다고 한다.

팥죽을 먹는 풍습에는 풍작 기원의 의미도 있다. 과거 농경 사회 시절, 풍작은 가장 중요한 관심사였다. 일 년 중 밤이 가장 긴 동지를 기점으로 낮이 점점 길어지기 시작하며, 낮이 길어진다는 것은 곧 농업이 시작된다는 의미이기도 하다. 동지에 편히 쉬고 건강한 음식을 나누면서 봄에 경작을 준비하고자 했던 것이다.

팥죽은 한편으로 기근 음식이기도 했다. 한국인의 밥상은 쌀밥을 주식으로 하여 여러 가지 반찬을 곁들이는 형태인데, 과거에는 겨울에 쌀이 부족해지는 경우가 잦았다. 그런 상황에서 팥죽은 최소한의 쌀로도 간단히 만들 수 있으면서, 필요한 영양분이 충분히 들어가 있는 훌륭한 음식이었다. 팥죽을 만드는 데에는 팥, 물, 약간의 쌀만 있으면 되고 그 외의 다른 어떤 재료나 반찬 등은 필요하지 않다. 따라서 겨울에 팥죽은 경제적으로 곡식을 아낄 수 있는 음식이었다.

중국의 팥죽

중국어로 팥죽은 '홍도우저우(紅豆粥, hóngdòuzhōu)'라고 하며, 따뜻하고 달콤한 죽 요리를 뜻하는 '탕쉐이(糖水, tángshuǐ)'의 한 종류로 분류된다. 팥죽은 겨울

에는 따뜻하게 먹지만, 여름에는 간혹 차갑게 먹기도 하며 남은 팥죽을 얼렸다가 아이스크림처럼 먹기도 한다. 팥죽은 담는 그릇은 일본보다 얕은 편이다.

팥죽은 광둥 요리 음식점에서 저녁 식사 후에 먹는 디저트 중 하나이다. 대부분 별다른 첨가물 없이 제공하지만, 야자나무 열매에서 뽑아낸 녹말로 만드는 '사고'와 함께 제공하기도 한다. 팥죽에 넣는 감미료로는 편당(片糖) 또는 돌설탕(rock sugar)이 있다.

일본의 팥죽

일본어로 팥죽은 '시루코(汁粉, しるこ)'라고 하며, 정중한 표현을 만들 때 사용하는 접두사 '오(お)'를 붙여 '오시루코(お汁粉)'라고도 부른다. 팥을 으깨어 죽을 달게 끓이며, 안에 모치를 넣어서 담아낸다. 안에 넣는 것은 모치뿐만 아니라 밤조림이나 찹쌀만두 등 다양하다.

일본의 팥죽은 팥 가공 방식에 따라 크게 두 종류로 나뉜다. 팥을 완전히 으깨는 방법과 성기게 으깨어 팥의 원형을 남기는 방법이다. 비슷한 음식으로 팥죽과 거의 비슷하지만 '시루코'보다 물기가 적어 되직한 '젠자이(善哉, ぜんざい)'가 있다. 서부 지방에서는 젠자이를 시루코의 사투리로 여기지만, 오키나와에서는 젠자이란 간 얼음에 팥을 올리고 모치와 연유 등을 얹은 팥빙수와 비슷한 음식을 의미한다.

일본인들은 특히 겨울에 팥죽을 많이 먹는다. 반쯤 녹아 찐득거리는 모치와 달고 따뜻한 팥죽은 일본인들이 무척 좋아하는 음식이다. 일본의 팥죽은 보통 우메보시(매실장아찌)나 시오콤부(소금 뿌린 다시마) 같이 시고 짠 반찬과 제공된다. 왜냐하면 일본의 팥죽은 무척 달아 쉽게 물리거나 질릴 수 있기 때문에 시고 짠 음식으로 입안을 정리할 필요가 있기 때문이다. 가가와 지방을 비롯한 일부 지방에서는 팥죽을 설날 음식으로 먹는다.

베트남의 팥죽

베트남에는 팥죽과 비슷한 음식으로 '체(chè)'가 있다. '체'는 재료에 따라 이름이 조금씩 바뀌고 종류가 무척 다양하다. 일반적으로 팥빙수처럼 얼음을 갈아 팥, 콩, 녹두, 땅콩, 연유 등을 섞어 차갑게 먹지만, 팥죽처럼 뜨겁게 먹는 체도 있다. 퀴년(Qui Nhơn) 지방에는 구운 바나나, 땅콩 등이 들어간 따뜻한 체추오이(chè chuối nướng)가 유명하고, 고산 도시 달랏(Đà Lạt)은 날씨가 추워 뜨거운 단팥죽과 비슷한 체농(chè nóng)으로 유명하다.

어휘에도 문화가 반영되어 있기 마련이다. 그러므로 언어에 나타난 한국 문화의 기본적인 가치와 태도에 대한 인식을 지도하듯 어휘 교육을 통해 한국 문화를 이해하도록 접근하고 한국 문화에 대한 이해를 고려하여 어휘 교육을 할 필요가 있다. 한국어 학습자가 문화적 배경 지식의 결여 때문에 발생하는 어휘 이해의 어려움을 겪지 않도록 교사는 어휘 교육을 구안해야 한다.

외국인의 입장에서 한국 문화를 이해하지 못하여 한국어 사용에서 느끼는 어색함이 있다. 학습자가 겪게 되는 사례를 수집하여 보여 주고 이에 대한 답변 형식으로 언어 문화를 이해하도록 어휘 사용을 지도한다. 예를 들면 다음과 같다.

(예) 아이가 둘일 때 와이프가 남편에게 '누구의 아빠'라고 하며 첫째 아이 이름을 넣어 부르는데 그러면 막내는 자기 아이가 아닌가요?(크리스티나 콘팔로니에리, 이탈리아인)

→ 왜 이런 문제가 생길까요? 생각해 봅시다.
한국에서는 전통적으로 이름을 신성시하는 문화가 있어서 어른의 이름을 함부로 부르지 않습니다. 이름으로 호칭하기보다는 이름을 대신하는 호칭을 사용하는 경향이 있습니다. 둘째, 셋째 아이도 있지만 첫째 아이의 이름을 넣어 부르는 것은 첫째 아이에게 의미를 더 두기 때문입니다. 상하 관계나 나이를 따져 보는 문화를 반영한 것입니다.

외국에서는 나이나 직위에 관계없이 이름을 부르는 경우가 많지만 한국에서는 나이가 어린 사람이 나이가 많은 사람의 이름을 부르거나 직급이 낮은 사람이 높은 사람의 이름을 부르는 것이 예의에 어긋난다고 본다.

외국에서는 시어머니가 며느리를 부를 때나 아내가 남편을 부를 때에도 이름을 부르는 경우가 있지만 한국에서는 좀처럼 이름을 부르지 않는다. 이 경우 시어머니는 며느리를 '아가'라고 부르고, 아내가 남편을 '여보'라고 부른다.

'누구의 아빠'라고 부르는 문제를 놓고 위 사례에서 제시한 설명은 호칭에 대한 한국 문화의 특징을 설명하면서 문법적인 설명까지 할 수 있어 좋은 방법이다.

5.1.4.3. 외국어의 유입으로 생긴 어휘 제시법

콩글리시는 한국어식 영어를 일컫는 말로 Korean(한국어)과 English(영어)를 합성하여 만든 말이다. 영어를 사용하고 있으나 영어를 사용하는 원어민이 알아들을 수 없는 표현을 말한다. 한국에서 사용하는 영어 어휘 중에서 한국어의 기준을 적용하여 만든 어휘나 한국어의 문법적인 요소를 사용하여 만든 영어 문장을 일컫는다. 범위를 확장하여 영어에만 국한하지 않고 불어, 독일어, 포르투갈어 등이 한국식으로 변형되어 사용되는 어휘도 콩글리시에 포함시킨다.

콩글리시가 생긴 이유로는 첫째, 해방 직후 영어권 국가들의 영향력으로 영어 어휘가 대량 유입된 것이다. 둘째, 우리나라에 신문물은 들어왔지만 적당한 고유어가 없어서 영어식으로 어휘가 창조된 것이다. 셋째, 영어를 사용하여 지식인 계층임을 과시하기 위한 욕구의 결과이다. 넷째, 일본을 통해 영어 어휘의 유입이 간접적으로 이루어졌다. 지금도 끊임없이 콩글리시가 만들어지고 있다.

이 중에서 한국어의 기준을 적용하여 만든 콩글리시 어휘를 논하고자 한다. 콩글리시 어휘는 한국어 중에서 외래어의 일부가 되어 사용되기 때문에 어휘 교육에서 다루어야 한다. 학습자에게 콩글리시를 사용하도록 권장할 것은 아니지만 영어권 외국인 입장에서는 자신의 나라에서 쓰는 영어 표현과 의미가 다르기 때문에 배워야 할 필요가 있다. 배우지 않으면 의미를 이해하기 어렵고, 영어를 사용하는 외국인의 입장에서는 의미를 오해하기 쉽기 때문이다.

원래 의미와 다르게 영어 표현을 가져다 쓰거나[예: (자동차) 핸들, 파이팅], 표현 중 일부를 생략하거나 일부만 가져다 쓰는 것(예: 에어컨, 리모컨), 비영어권에서 만들어진 조어(예: 핸드폰, 돈가스)와 같이 원어민에게 익숙하지 않은 영어가 콩글리시이다.

콩글리시 어휘를 소개할 때는 원어를 밝혀 주거나 외국에서 사용하는 어휘를 대비하는 방식으로 제시한다. 학습자의 수준에 따라 어휘에 숨겨진 언어 문화나 역사를 소개하는 것도 한 가지 방법이다. 콩글리시 어휘를 몇 가지 소개하면 다음과 같다.

콩글리시 어휘	뜻	유래나 외국어 어휘
삐삐	통신 기기의 일종	beeper, pager
탤런트	연예인, 연기자, 배우(talent는 원래 '재능'의 뜻)	actor
더치페이	비용을 각자 부담하는 일	Let's go Dutch.
아이쇼핑	물건은 사지 아니하고 눈으로만 보고 즐기는 일, 눈요기	window - shopping
VTR	비디오 녹화기	VCR(Video Cassette Recorder)
믹서기	혼합하는 기계(mixer)	blender
볼펜	필기도구의 일종	ball-point pen
샤프 연필(샤프)	연필의 일종	mechanical pen
사인	서명(sign)	signature/autograph
사인펜	필기도구의 일종(sign pen)	felt tip pen
매직펜	필기도구의 일종(magic pen)	marker
다이어리	날짜별로 간단한 메모를 할 수 있도록 종이를 묶어 놓은 것(diary)	schedule book, appointment book
스카치테이프	스카치 회사에서 나온 접착테이프의 일종(scotch tape)	sticky tape
화이트	잘못 쓴 글씨를 고칠 때 쓰는 문구의 일종	correction fluid
커트라인	시험에서 합격권에 든 마지막 점수(cutline)	cut-off line
커닝	시험 때의 부정행위(cunning)	cheating
플래카드	현수막(placard)	placard(시위대가 들고 다니는 판), banner(현수막)
아파트	공동주택 양식의 일종(apart)	apartment
에어컨	실내를 차갑게 하는 기계(aircon)	airconditioner
리모컨	기계와 떨어진 곳에서 기계를 조작하는 기구(remocon)	remote controller
전자레인지	마이크로파의 성질을 이용해 식품을 가열하는 조리 기구(electronic range)	microwave oven
핸드폰	휴대하고 다니는 전화기(hand phone)	cellular phone, mobile phone, cell phone
오토바이	교통수단의 일종(auto-bi)	motor cycle
카퍼레이드	차 행렬(car parade)	motorcade
백넘버	운동선수의 등 뒤나 자동차의 뒤쪽에 단 번호(back number)	uniform number
백미러	뒤쪽을 보기 위하여 자동차나 자전거 따위에 붙인 거울(back mirror)	rear mirror, rearview mirror

핸들	기계나 기구, 자동차, 선박 등을 운전하거나 작동하는 손잡이(handle)	steering wheel
클랙슨	경적 장치(klaxon), 상표명에서 온 말	horn
펑크	고무 튜브 따위에 구멍이 나서 터지는 일 또는 그 구멍	flat tire
카센터	자동차를 수리하는 곳(car center)	auto repair center
A/S 센터	수리점(after service center)	repair shop
미팅	남녀 학생들이 사교를 목적으로 집단으로 가지는 모임(meeting)	blind date
스킨십	피부의 상호 접촉에 의한 애정의 교류(skinship)	physical contact
노트북	휴대용 컴퓨터(notebook)	laptop
모닝콜	잠을 깨워 주는 전화나 벨(morning call)	automatic wakeup call
코팅	물체의 겉면을 수지 따위의 얇은 막으로 입히는 일(coating)	laminating
파이팅	응원할 때 쓰는 격려의 말, 잘 싸우자는 뜻으로 외치는 소리(fighting)	way to go/go/cheer up
파마	머리를 전열기나 화학 약품을 이용해 구불구불하게 하거나 곧게 펴 오랫동안 모양을 지속하도록 만드는 일이나 머리 모양(perm)	permanent wave
매니큐어	손톱을 화장하는 일. 또는 그런 화장품(manicure)	nail polish
오버	외투, 겉옷의 일종(over)	overcoat
바바리	겉옷의 일종, 원래는 상품명을 나타내는 고유명사였으나 일반 명사로 변함(Burberry)	trench coat
무스탕	양털, 양가죽으로 된 겉옷	sheepskin coat
카스텔라	빵의 일종(〈포〉castella)	sponge cake
스탠드	책상이나 침대 옆에 세워 두는 전등	lamp
샐러리맨	급여를 받고 일하는 사람	salaried man
카레라이스	카레를 넣어 만든 밥	curry and rice
오므라이스	밥을 고기, 야채 등과 함께 볶고 계란을 얇게 부쳐서 씌운 음식	omelet over rice
투피스	윗도리, 아랫도리(바지나 치마)가 따로 되어 한 벌을 이룬 옷	suit
폴라티	목을 감싸는 부분이 있는 티셔츠	turtle neck sweater

5.1.4.4. 세계화된 어휘 제시법

외국에서 유입된 어휘에 대한 논의는 많았지만 세계화된 한국어 어휘에 대한 관심은 그동안 미흡하였다. 세계화된 한국어 어휘를 정리하고 연구하는 작업이 지속적으로 이루어져야 할 것이다.

'김치, 반찬, 볶음, 불고기, 비빔밥, 삼성, 재벌, 태권도, 한글, 한복, 한자, 현다이(←현대), 화병' 등의 어휘는 세계화된 한국어 어휘 중 일부이다. 세계 여러 나라의 문헌에 쓰이게 된 세계화된 한국어를 찾는 작업은 큰 과제로 수행되어야 할 것이다. 필자의 역량 부족으로 위키백과사전(http://en.wikipedia.org)에서 세계화된 어휘를 검색해 보았다. 위키백과사전에 실린 세계화된 한국어는 영어로 뜻풀이가 올라가 있으나 많은 부분을 한국인이나 재외동포가 올렸을 가능성을 배제하기는 어렵다. 위키백과사전에 실린 세계화된 한국어의 뜻풀이 원본과 필자가 해석한 한국어 풀이, 오개념 등 참고 사항, 한국위키사전에 실린 뜻풀이를 소개하면 다음과 같다. 한국위키사전의 뜻풀이를 소개하는 것은 영어판 위키백과사전과 비교하기 위함이다.

어휘	김치
세계 위키사전	**Kimchi** (pronounced /ˈkɪmtʃi/, Korean pronunciation : [kimtɕʰi]), also spelled gimchi, kimchee, or kim chee, is any one of numerous traditional Korean pickled dishes made of vegetables with varied seasonings. Its most common manifestation is the spicy baechu (cabbage) variety. Kimchi is the most common banchan, or side dish, in South Korea and many South Korean communities and locales. Kimchi is also a common ingredient and combined with other ingredients to make dishes such as kimchi stew (kimchi jjigae) and kimchi fried rice (kimchi bokkeumbap). (후략)
해석	김치(기무치, 한국식 발음: 김치)는 기므치 혹은 김치이고, 야채와 여러 가지 양념으로 만들어진 한국의 전통적인 저장 요리이다. 주재료는 양념한 배추이다. 김치는 남한에서 가장 일반적인 반찬이다. 김치는 다른 재료와 함께 김치찌개, 김치볶음밥과 같은 요리를 하는 데 사용되기도 한다. (후략)
참고 사항	일본식 발음인 기무치도 소개하고 있으며 반찬이라는 용어도 쓰고 있다.
한국 위키사전	김치는 배추·무 등을 굵은 소금에 절여 씻은 다음 고춧가루, 파, 마늘, 생강 등의 양념과 젓갈을 넣어 버무려 저장한 한국의 저장 발효 식품이다. 본래는 한국인들이 사시사철 즐겨 먹는 음식이었으나, 근래에는 여러 나

라에서도 건강식으로 대중화되고 있는 음식이다. 김치의 종류는 많지만 일반적으로 알려진 매운 김치의 경우, 대표적인 조미료는 고춧가루와 젓갈 등이며, 한국에서는 지방마다 특유의 김치와 젓갈 등의 종류도 다르다.

어휘	반찬
세계 위키사전	**Banchan** (also spelled panch'an) refers to small dishes of food served along with cooked rice in Korean cuisine. This word is used both in the singular and plural. The most famous banchan is kimchi. Banchan are set in the middle of the table to be shared. At the center of the table is the secondary main course, such as galbi or bulgogi, and sometimes a shared pot of stew. While the main course of the meal is sticky rice. Bowls of cooked rice and soup are set individually. Banchan are served in small portions, meant to be finished at each meal.
해석	반찬은 한국의 요리에서 밥과 함께 나오는 음식을 일컫는다. 이 단어는 단수형과 복수형이 같이 사용된다. 가장 유명한 반찬은 김치이다. 반찬은 식탁 중앙에 놓고 같이 먹는다. 갈비, 불고기, 찌개 등과 같은 제2의 요리이다. 반면에 주요리는 밥이다. 밥과 국은 개별적으로 놓고 먹는다. 반찬은 소량을 놓아 각 식사마다 먹도록 한다.
참고 사항	단수, 복수에 대한 설명을 하고 있다. 한국위키사전과 동일하게 소개되고 있다.
한국 위키사전	반찬은 한국 요리에서 밥과 함께 먹는 작은 접시에 담아진 음식들을 뜻한다. 가장 대표적인 반찬으로는 김치가 있다. 반찬은 식탁 중앙에 놓아 식사를 같이 하는 이들과 함께 먹는다. 특별한 경우에 식탁의 정중앙에는 갈비나 불고기 같은 고기 요리나, 생선구이, 혹은 전골이나 찌개들을 놓고 먹는다. 밥과 국은 개인당 놓고 먹는다. 반찬은 비교적 소량을 놓아 각 식사마다 먹도록 한다.

어휘	볶음
세계 위키사전	**Bokkeum** is a generic term to refer a Korean dish made by stir-frying ingredients in a sauce. According to Korean dictionaries, the verb form of bokkeum, "bokkda" (볶다) means "cooking dried ingredients over heat." However, bokkeum not only refers to dishes made by stir-frying in-

	gredients to a dry state, but also indicates dishes with a thick sauce after cooking. (후략)
해석	볶음은 소스를 넣고 프라이팬에 기름을 두르고 혼합하면서 만드는 한국 음식 요리법이다. 한국어 사전에 의하면, 볶음은 '볶다'라는 동사에 기원을 둔 것이다. 볶음은 건조한 상태에서 기름을 넣고 혼합하여 익힌 것뿐만 아니라 익힌 후에 소스를 치는 경우를 두루 일컫는 말이다.
참고 사항	'볶음'의 기원이 동사 '볶다'에서 왔다고 밝히고 있다.
한국위키 사전	볶음은 한국 요리 중 재료를 양념과 함께 뜨거운 불에 볶는 조리법이다. 볶음 요리는 재료를 건조한 상태에서 볶는 것만을 의미하지 않으며, 조리가 끝난 후에도 양념이 자작하게 남아 있는 상태 역시 볶음이다. 전자의 것을 '건열 볶음'이라 하며 후자의 것을 '습열 볶음'이라 한다.

어휘	불고기
세계 위키사전	**Bulgogi** (Korean pronunciation : [pulgogi]) is a Korean dish that usually consists of marinated barbecued beef, although chicken or pork may also be used. Bulgogi is made from thin slices of prime rib, sirloin or other prime cuts of beef. The meat is marinated with a mixture of soy sauce, sugar, sesame oil, garlic and other ingredients such as scallions or mushrooms, especially white button mushrooms or shiitake. Sometimes, cellophane noodles are added to the dish, which varies by region and specific recipe. Before cooking, the meat is marinated to enhance its flavor and tenderness. (후략)
해석	불고기(한국어 발음: 불고기)는 양념한 쇠고기를 구워 만든 한국 요리이다. 닭고기나 돼지고기로도 요리할 수 있다. 불고기는 쇠고기의 갈비나 안심이나 등심 등의 부위를 얇게 썰어서 만든 것이다. 고기에 간장, 설탕, 참기름, 마늘, 파, 버섯 등으로 양념을 한다. 간혹 면과 함께 요리되기도 한다. 지역마다 요리법이 다를 수 있다. 굽기 전에 고기를 미리 양념해 두어 양념이 잘 배고 부드럽게 만든다.
참고 사항	파, 버섯 등을 설명한 용어라든지, 쇠고기 부위를 설명하는 용어가 일반적으로 쉽게 접하는 표현이 아니다. '면'은 당면을 가리킨다.
한국 위키사전	불고기 또는 너비아니는 한국 요리에서 소고기를 양념에 재우고 야채를 넣고 자작하게 만든 음식이다. 돼지고기로 만든 것은 따로 돼지불고기라

	한다. 구이에는 결합 조직이 적고 지방질이 조금씩 산재해 있는 고기가 맛이 있고 연하기 때문에 안심이나 등심 등의 부위가 가장 많이 사용된다.
어휘	화병
세계 위키사전	**Hwabyeong** or **Hwabyung**, literally "anger illness" or "fire illness", is a Korean culture-bound somatization disorder, a mental illness. It manifests as one or more of a wide range of physical symptoms, in response to emotional disturbance, such as stress from troublesome interpersonal relationships or life crises. It most often occurs in females in their menopausal years. (중략) In South Korea, it is also called ulhwabyeong (鬱火病).
해석	화병은 문자 그대로 해석하자면 '화가 나는 병' 혹은 '불같은 병'으로 한국 문화 속에서 겪는 신체적 무질서 혹은 정신적인 병이다. 개인 간의 관계 혹은 인생의 위기에 겪는 문제로 오는 스트레스로 감정적인 상처를 동반한 신체적 증후이다. 보통 폐경기 여성에게 발생하는 병이다. (중략) 남한에서는 울화병이라고도 부른다.
참고 사항	'불 화(火)'를 문자 그대로 해석하였다.
한국 위키사전	화병(火病) 또는 울화병(鬱火病)은 장년의 여성에게 주로 나타나는 정신 질환이다. 화를 참는 일이 반복되어 스트레스성 장애를 일으킨다. 가슴이 답답하며, 불면증, 거식증, 성기능 장애 등의 증상을 동반한다. 화병은 한국인들에게 많이 발견되는 독특한 질환이다. 미국 정신과 협회에는 1996년 화병을 문화관련 증후군의 하나로 등록했는데, 이 질환을 영어로 hwa-byung이라고 부른다.
어휘	비빔밥
세계 위키사전	**Bibimbap** (Korean pronunciation : [pibimpap̚][1]) is a popular Korean dish. The word literally means "mixed rice." Bibimbap is served as a bowl of warm white rice topped with namul (sautéed and seasoned vegetables) and gochujang (chili pepper paste). A raw or fried egg and sliced meat (usually beef) are common additions. (후략)
해석	비빔밥은 한국에서 대중적인 음식이다. 문자 그대로 해석한다면 '혼합된 밥'이라는 뜻이다. 비빔밥은 사발에 따뜻한 쌀밥, 나물과 고추장을 얹어 만든 음식이다. 날달걀이나 프라이 한 달걀과 얇게 썬 고기를 추가해서 만드는 음식이다. (후략)

참고 사항	보리밥, 잡곡밥도 이용할 수 있으나 쌀밥에 나물, 고추장을 얹어 만든다고 설명하고 있다.
한국 위키사전	비빔밥은 대표적인 한국 요리로, 사발 그릇에 밥과 여러 가지의 채소, 고기, 계란, 고추장 등을 넣고 섞어서 먹는다.

어휘	삼성
세계 위키사전	**The Samsung Group** (Korean : 삼성 그룹) is a multinational conglomerate headquartered in Samsung Town, Seoul, South Korea. It is the world's largest conglomerate with an annual revenue of US$173.4 billion in 2008 and is South Korea's largest chaebol. (후략)
해석	삼성 그룹은 한국 서울에 삼성 타운 본부를 두고 있는 세계적인 기업이다. 2008년 한 해만 해도 1,734억 달러 매출을 낸 세계적으로도 큰 기업이며 한국에서는 가장 큰 재벌이다.
참고 사항	'삼성 타운'을 언급하고 있는데 '삼성동'을 의미하는 것인지 명확하지 않다.
한국 위키사전	삼성 그룹(三星 -, Samsung Group)은 이병철이 창립하여 삼성전자, 삼성생명 등 여러 회사들이 계열 되어 있는 대한민국의 대표 재벌이다. 1938년에 대구에서 '삼성상회'라는 이름으로 시작하여 1960년대, 인수 합병의 대표주자로 성장한 뒤 현재의 거대 재벌로 성장하였다. 1987년 창립자였던 이병철이 사망한 이후로 삼남인 이건희가 사실상 그룹을 이끌어 오고 있다.

어휘	재벌
세계 위키사전	**Chaebol** (alternatively Jaebol, Jaebeol ; Korean pronunciation : [tɛɛːbəl]) refers to a South Korean form of business conglomerate. They are powerful global multinationals owning numerous international enterprises. The Korean word means "business family" or "monopoly" and is often used the way "conglomerate" is used in English. (후략)
해석	재벌은 남한의 사업 공동체를 일컫는 말이다. 재벌은 세계적인 기업체를 소유하고 있는 힘 있는 국제 기업이다. 재벌이라는 어휘의 한국어 의미는 사업 가족 혹은 독점이며, 영어에서 사용하는 혼합 합병(conglomerate)의 의미도 있다.

참고 사항	재벌은 한국의 사업계에서 나타나는 것으로 가족 중심 사업 운영 체제를 일컫는다. 서양인의 관점에서는 가족 중심 사업 운영이 낯선 개념이다.
한국 위키사전	재벌(財閥, Chaebol)은 복합기업 중에서도 주로 가족 구성원이나 일가친척으로 구성된 기업집단을 가리킨다. 가족 또는 친인척 구성원들이 출자한 지주회사(모기업)가 핵심이 되고 다양한 산업을 경영하는 자회사를 지배하는 형태를 이룬다. 대규모 자회사는 각 산업 분야에서 독점적인 지위를 차지하는 것이 특징이다.

어휘	태권도(Taekwondo)
세계 위키사전	**Taekwondo** (태권도; 跆拳道; Korean pronunciation : [tʰɛkwʌndo]) is a Korean martial art and the national sport of South Korea. In Korean, tae (태, 跆) means "to strike or break with foot"; kwon (권, 拳) means "to strike or break with fist"; and do (도, 道) means "way," "method", or "art". Thus, "taekwondo" may be loosely translated as "the way of the foot and fist" or "the way of kicking and punching." (후략)
해석	태권도는 한국의 무예이며 스포츠이다. 한국어로 태는 발로 깨뜨린다는 뜻이고, 권은 주먹으로 깨뜨린다는 뜻이고, 도는 길(깨우침), 방법, 예술이라는 뜻이다. 그러므로 태권도는 발과 주먹으로 하는 도 또는 차고 때리는 도라고 해석할 수 있다. (후략)
참고 사항	태권도의 축자적 뜻풀이에 치중하고 있다.
한국 위키사전	태권도(한자 : 跆拳道)는 대한민국의 국기이자 현재 세계에서 많은 사람들이 수련하는 무술이다. 주먹 기술이나 잡기 기술을 강조하는 대부분의 맨손 격투기와는 달리 빠르고 강력한 발차기 기술을 특징으로 한다.

어휘	한글(Hangul)
세계 위키사전	**Hangul** (pronounced/ˈhɑːŋɡʊl/ ; Korean : 한글 Hangeul/Han'gŭl [haːn.ɡɯl] (listen) (in South Korea) or 조선글 Chosŏn'gŭl/Joseongeul (in North Korea) is the native alphabet of the Korean language, as distinguished from the logographic Sino-Korean hanja system. It was created in the mid-fifteenth century, and is now the official script of both North Korea and South Korea, being co-official in the Yanbian Korean Autonomous Prefecture of China. A project is currently underway to adopt Hangul as the writing system of the Austronesian Cia-Cia language. (후략)

해석	남한에서는 한글, 북한에서는 조선글이라고 일컬어지는 것으로 한글은 중국과 한국의 한자 체계와는 구별되는 한국어의 알파벳이다. 15세기 중반에 창제되었고, 현재는 남한과 북한, 그리고 중국의 한국 자치구 연변에서 공통으로 사용되는 공식적인 문자이다. 최근에는 오스트로네시아어족인 찌아찌아 언어를 표기하는 체제로 한글 차용이 이루어졌다. (후략)
참고 사항	연변에서의 한글 사용과 찌아찌아 언어에서의 한글 차용을 언급하고 있다.
한국 위키사전	한글은 한국어의 고유 문자로서, 1443년 조선 제4대 임금 세종이 훈민정음(訓民正音)이라는 이름으로 창제하여 1446년에 반포하였다. 이후 한문을 고수하는 사대부들에게는 경시되었으나, 서민층을 중심으로 이어지다가 1894년 갑오개혁에서 마침내 한국의 공식적인 나라 글자가 되었고, 1910년대에 이르러 한글학자인 주시경으로부터 '한글'이라는 이름을 받았다. 갈래는 표음 문자 가운데 음소 문자에 속한다. 2009년에는 인도네시아의 소수 민족인 찌아찌아족의 언어인 찌아찌아어의 공식 표기 문자로도 채택되었다.

어휘	한복(Hanbok)
세계 위키사전	**Hanbok** (South Korea) or Chosŏn-ot (North Korea) is the traditional Korean dress. It is often characterized by vibrant colors and simple lines without pockets. Although the term literally means "Korean clothing", hanbok today often refers specifically to hanbok of Joseon Dynasty and is worn as semi-formal or formal wear during traditional festivals and celebrations. (후략)
해석	한복 혹은 조선옷은 한국의 전통 의상이다. 한복은 주머니 없는 단순한 선과 화려한 색상이 특징이다. 문자적으로는 한국 의상이라는 의미이지만 한복은 오늘날 조선 왕조의 옷을 가리켜 일컫는 말이다. 그리고 한복은 전통적인 잔치나 축하 공연에 공식적인 의상이나 준공식적인 의상으로 착용된다. (후략)
참고 사항	조선의 의상임을 강조, 주머니 없는 옷이라고 규정하고 있다.
한국 위키사전	한복(韓服)은 한민족 고유의 옷이다. 북조선은 조선옷이라고 부른다. 오늘날 대한민국에서 일상복으로 한복을 입는 경우는 드물며, 활동에 편리한 생활 한복을 입기도 한다. 일부 고등학교에서 이를 교복으로 입는다.

어휘	한자
세계 위키사전	**Hanja** is the Korean name for Chinese characters. More specifically, it refers to those Chinese characters borrowed from Chinese and incorporated into the Korean language with Korean pronunciation. (후략)

해석	한자란 중국 글자에 대한 한국어 명칭이다. 한국어 발음으로 변용되어 한국어에 편입된 것으로 중국으로부터 빌려 온 중국 글자를 일컫는다. (후략)
참고 사항	한자란 중국 글자를 한국어로 부르는 명칭이다.
한국 위키사전	한자(漢字)는 중국에서 비롯된 글자로 동아시아의 여러 나라에서 쓰인다.

어휘	현대
세계 위키사전	**Hyundai** is a group of companies founded by Chung Ju-yung in South Korea. The first Hyundai company was founded in 1947 as a construction company, and eventually became South Korea's largest conglomerate company (Jaebeol). Some of the best-known Hyundai divisions are Hyundai Motor Company - the world's 4th largest automaker and one of the The Asian Four (with Toyota, Honda and Nissan), Hyundai Heavy Industries - the world's largest shipbuilder, and Hynix - a top semiconductor manufacturer. Other companies currently or formerly controlled by members of Chung's extended family may be loosely referred to as a part of the Hyundai chaebol. (후략)
해석	현대는 남한에서 정주영이 세운 회사의 그룹이다. 1947년 건립한 건설 회사로부터 시작하여 남한의 가장 큰 회사(재벌)가 되었다. 잘 알려진 현대 계열사로는 세계 4위의5) 자동차 회사이고 아시아의 4개 (도요타, 혼다, 닛산, 현대 등) 회사 중 하나인 현대 자동차 그룹이 있다. 또 세계에서 제일 큰 선박 회사 현대중공업 그룹 그리고 반도체 회사인 하이닉스가 있다. 다른 계열사들은 최근에 정씨 일가에 의해 운영되고 있어 현대 재벌의 일부가 된다.
참고 사항	재산 상속의 의미를 지닌 재벌의 하나로 현대를 소개하고 있다.
한국 위키사전	현대(現代)는 대한민국의 재벌 그룹이었으며, 현재 여러 개의 그룹으로 나뉘어 있다. 　현대 그룹　　　　현대-기아 자동차 그룹 　현대백화점 그룹　현대중공업 그룹 　현대해상화재　　　현대산업개발 그룹 현대(現代) 그룹, 현대 산업개발 그룹, 현대-기아 자동차 그룹에 속한 스포츠단을 두루 일컫기도 한다. 　현대 유니콘스　　　전북 현대 모터스 　울산 현대 호랑이　울산 모비스 피버스

위와 같이 세계화된 한국어를 소개하면서 각국 외국인들에게 자기 나라에서 소개되고 있는 세계화된 한국어의 뜻풀이를 찾아보게 한다. 외국에 소개된 한국어 어휘의 뜻풀이와 한국에서 소개되고 있는 뜻풀이와 비교해 보게 한다. 그 차이점을 비교해 보면 오개념을 찾을 수도 있고, 이 방법을 사용하다 보면 어휘에 담긴 문화적 요소도 파악할 수 있어 좋다.

다음은 화병이라는 어휘가 세계화된 유래를 소개하고 있는 인터넷 상의 글이다. 이 글을 통해 화병에 관련된 우리나라 문화를 이해할 수 있다.

화병(火病)이라는 어휘의 세계화는 미국정신의학회가 1995년 '화병(hwa-byung)'이란 단어를 정신 의학 용어로 공식 등록하면서 이루어졌다.

보통 화병(火病)은 울화병(鬱火病)이라고도 하는데, 오랫동안 속으로 화를 삭인 것이 신체적인 증상으로 나타나는 것을 말한다. 우리나라 특유의 질환으로 주로 중년 이후의 여성에게서 많이 볼 수 있는 증상으로 여겨졌으나, 지금은 국제적으로 공인된 공식병명이 되었는데, 미국 정신 의학회에서는 1995년 "정신장애의 진단 및 통계 편람 4판(DSM-IV)"에서 화병을 다음과 같이 소개하고 있다.

"화병(hwa-byung)이란 한국 민속 증후군의 하나인 분노 증후군으로 설명되며 분노의 억제로 인하여 발생한다. 증상으로는 불면, 피로, 공황, 임박한 죽음에 대한 두려움, 우울한 기분, 소화 불량, 식욕 부진, 호흡 곤란, 빠른 맥박, 전신통 및 상복부의 덩어리가 있는 느낌을 가지는 증후군이다."

http://www.women-net.net/

국제 질병 분류학에는 나와 있지 않은 병으로 미국의 정신 의학회는 "화병은 한국 민속 증후군의 하나인 분노 증후군으로 설명되며 분노의 억제로 인해 발생한다."고 설명하고 있다.

특히 우리나라 주부들에게서 많이 나타나는 화병은 한국 문화 특유의 분노 증후군이며, 미국 정신 의학회는 1995년 '화병(hwa-byung)'이라는 단어를 정신 의

---

5) 검색 사이트에 따라 순위에 차이가 있다. 여기서는 '세계 위키사전'의 내용을 그대로 옮긴다.

학 용어로 공식 등록하면서 이같이 정의를 내렸다.

가정보다는 직장에 충실하기를 강요당하는 가장들, 가부장적 분위기에 짓눌리어 사는 주부 등에 화병이 흔히 발견되며 요즘처럼 경제난에다 감원 등에 의한 조기 퇴직 등이나 이혼이 늘어나며 화병이 많이 늘어나고 있다.

우리나라에 화병이 많이 발생하게 된 데에는 감정표현을 억제당하고 표현이 자유롭지 못하다 보니 그 불만이 한으로 쌓이는 것에 그 원인이 있다.

한민족은 예부터 외세의 침입을 수없이 받아 와 외부의 압력은 본능적으로 차단하고 내부적으로 결속하는 데 치중해 왔다.

내부 결속은 지역과 가정 같은 소규모 집단 안에서 나름대로의 서열을 세우는 결과를 낳았으며 서열이 생기면 '우두머리'를 빼고는 누구도 스트레스에서 자유롭기 힘들다. 더욱이 그 서열에서 밀려나기라도 하면 더 가혹한 스트레스에 시달리게 된다. 정신과 의사들은 화병을 우리의 고유한 문화 관련 증후군으로 파악한다.

서양이 감정을 표현하는 문화인 데 반해 우리나라의 경우 감정의 절제를 높이 사는 '억압 문화'다 보니 화병이 생긴다는 것이다. 그래서 전문가들은 울화를 적절하게 표출하는 방법을 스스로 훈련해야 한다고 한다.

http://blog.daum.net/bongju500/17183581

외국인들에게 널리 알려진 한국어 어휘라 하더라도 그 어휘의 유래는 잘 소개되지 않는 경우가 허다하다. 위와 같이 유래를 찾아보는 것은 심도 있는 이해를 키워 줄 것이다.

세계화된 한국어를 외국인 학습자에게 가르치게 되면, 세계화된 어휘에 비추어 생소한 어휘를 익히는 데 도움을 받을 것이다. 또 친숙한 어휘로 한국 문화를 더 이해하거나 더 자세히 이해하고자 하는 동기 부여를 할 수 있다. 또 외국인이 가지고 있는 오개념을 바로잡아 줄 수 있다. 예를 들면 '삼성'이 일본 기업이라고 잘못 알고 있는 경우가 많은데 세계화된 한국어를 배우면서 삼성이 한국 기업이라는 사실을 알게 될 것이다.

교사는 세계화된 한국어를 소개하면서 한국인으로서의 자부심을 키울 수 있으며 세계화되고 있는 한국의 위상에 대한 인식을 갖게 된다.

5.1.5. 어휘 제시상의 유의점

교사가 어휘를 학습자에게 제시할 때 고려해야 할 점은 사용 빈도, 사용 범위, 조어력이 높은 어휘, 적용성이 큰 어휘, 시대가 요구하는 어휘를 선별해야 한다는 것이다. 또 학습자의 능력을 고려하여 선별해야 한다.

어휘를 제시하고 교육한다는 의미가 어휘 자체에 대한 지도에 국한된 것이 아니다. 손영애(2004:240)에서는 Graves(1987), 이대규(1991), 김용석(1991)의 어휘 지도 내용을 살펴본 후 크게 어휘 지도의 내용을 세 가지로 요약하였다. 즉, 어휘 그 자체의 의미와 용법에 대한 지도, 어휘 학습 방법에 대한 지도, 어휘 학습과 관련되는 바람직한 태도 및 가치 형성에 대한 지도로 종합하였다. 첫째, 어휘 그 자체의 의미와 용법을 지도한다는 것은 학습자가 알고 있거나 모르고 있는 어휘의 해독, 알고 있는 어휘의 새로운 의미 학습, 알고 있는 개념을 나타내는 새로운 어휘의 학습, 알고 있는 어휘의 의미를 분명하고 더 깊이 있게 이해하기, 이해 어휘 수준에서 표현 어휘 수준으로 발전하기 등을 그 내용으로 한다. 둘째, 어휘 학습 방법의 지도란 어휘를 학습하는 방법에 문맥을 활용하는 것, 어휘를 구성하는 부분 부분을 알고 활용하는 것, 사전을 이용하는 것, 문맥에서 낯선 어휘를 만났을 때 그것을 처리하는 방법을 아는 것, 개인적으로 어휘를 많이 접하고 거기서 어휘를 학습할 능력을 개발하는 것 등을 포함하고 있다. 셋째, 어휘 학습과 관련되는 바람직한 태도 및 가치 형성에 대한 지도는 어휘를 안다는 것이 무엇인지를 아는 것, 어휘 의미의 다양성을 인식하는 것, 어휘 사이의 관계를 인식하는 것, 비유적 어휘를 인식하는 것, 어휘가 지닌 가치를 아는 것 등에 대한 것이다. 어휘를 제시할 때에도 어휘의 뜻만을 제시하는 것이 아니라 어휘와 관련된 지식, 어휘의 사용 방법, 어휘에 대한 태도를 아울러 학습할 수 있도록 제시한다.

5.2. 단계별 지도

5.2.1. 어휘 학습법 개괄

5.2.1.1. 초급

초급 과정에서는 학습하는 어휘의 양이 비교적 많지 않을뿐더러 모어와 목표어를 일대일로 대응시켜 학습하려는 경향이 있기 때문에 단어를 형성하는 원리를 습득하는 것보다는 단어 자체를 어휘 사전에 입력하는 경우가 많다. 또한 상당한 양의 초기 어휘는 기계적인 암기 같은 방법을 통해 능률적이고 신속하게 학습할 수 있다. 물론 기계적인 암기가 좋은 학습 전략은 아니지만 단기간에 많은 어휘를 머릿속 어휘 사전에 입력하는 데는 효과적인 방법일 수도 있다.

초급에서는 구체적인 명사의 경우 어휘 카드에 그림을 삽입하는 방법을 사용할 수 있는데, 그림을 이용하면 어휘를 추측하기가 쉽고 어휘의 양을 늘리는 데 도움이 될 수 있다. 그림으로는 정확하게 어떤 어휘인지 밝히기 어려운 경우에는 짝 활동이나 그룹 활동을 통해 어휘를 추측하게 할 수도 있는데, 이는 학습자 간의 의사소통 기회를 늘릴 수 있다는 장점이 있다.

또한 어휘 게임은 학습자의 흥미를 유발하고 경쟁심을 일으킬 수 있다는 점에서 자주 이용되는데, 초급 단계에서는 학습 동기는 높지만 한국어 능력이 낮기 때문에 이에 맞는 게임을 잘 찾아서 이용해야 한다.

그리고 어휘장을 활용하는 방법은 학습자에게 어휘를 체계적으로 익히게 한다는 장점이 있다. 이미 설정된 범주에 맞추어 어휘를 분류해서 뜻을 설명하는 방법으로, 친족어의 경우 도표로 만들면 도움이 된다. 초급 단계에 해당하는 어휘는 '아버지, 어머니, 아들, 딸, 할아버지, 할머니, 오빠, 누나, 형, 언니, 동생'이다. 이러한 어휘들은 표현 어휘로 제시하고, 나머지 어휘는 이해 어휘로 제시하는 것이 필요할 것이다. 각 단계마다 표현 어휘와 이해 어휘의 수준을 달리 제시한다면 단계 간의 연관성을 높일 수도 있다. 또 다른 예로 교통수단을 배울 때 '땅(육상 교통), 물(해상 교통), 하늘(항공 교통)'의 세 가지 범주로 나누어 '택시, 비행기, 배, 자전거, 구급차' 등의 어휘를 알맞은 범주에 넣어 보도록 하는 방법도 있다.

5.2.1.2. 중급

중급 단계의 어휘 학습은 어휘 형성부의 비중을 높이는 것에 중점을 두게 된다. 중급부터는 어휘를 생성하는 원리에 의해서 어휘 확장을 이룰 수 있을 것이므로 파생어, 합성어에 관한 교육과 조금씩 증가하는 한자어의 효율적인 학습이 집중적으로 이루어져야 할 것이다.

어휘의 구조에 관한 교육은 학습자로 하여금 목표어의 어휘 형성 방법을 알 수 있게 하고, 학습자 스스로 이를 응용할 수 있는 능력을 가질 수 있게 하며, 어휘 해석 능력을 키울 수 있도록 도움을 줄 수 있다.

중급에서 학습하는 어휘는 PPT 자료를 통해 명시적인 이미지를 제시하거나 관련 동영상을 보여 줌으로써 구체적이고 실제적인 의미를 전달해 주고, 그림으로 표현하기 어려운 추상적인 개념은 사전적인 풀이나 설명을 하는 방법이 있다. 그리고 어휘의 본래 의미를 설명하거나, 필요한 경우에는 어휘의 어원 등을 밝혀서 설명할 수도 있고, 일화를 소개하는 방법으로 어휘의 의미를 각인시키는 방법도 사용할 수 있다.

파생어는 어기에 접사가 결합하여 구성된 단어인데, 문법적인 설명이 필요한 접사의 분류는 외국 학생에게 대단히 어려울 뿐만 아니라 지나친 문법 지식을 강요한다는 점에서 피해야 할 것이다. 그러므로 어휘력 확장을 목표로 하는 어휘 교육에서는 접사의 정확한 의미를 아는 정도로 한정하는 것이 바람직하다.

접사를 이용하여 동사나 형용사를 명사로 만드는 방법을 제시할 수 있다. '맞벌이'라는 단어가 나왔을 때 '벌이'는 '벌다'라는 동사에서 '벌'에 접사 '-이'가 붙어서 '벌이'라는 명사가 되고, 이와 같은 방법으로 '먹이, 깊이, 높이, 구이 등'이 나올 수 있다는 것을 보여 줄 수 있다.

5.2.1.3. 고급

고급 단계의 학습자는 이미 구축된 어휘를 이용하여 어휘를 확장시키는 방법을 택해야 한다. 따라서 어휘 형성의 원리에 대한 진전된 교육을 실시하고, 의미 관계에 따른 유의어, 다의어, 동음이의어 등에 관한 교육이 이루어져야 할 것이다. 이는 어휘 해석과도 밀접한 관계를 맺게 되는데 모르는 의미의 어휘를 문맥 속에서 파악하는 능력이나, 어휘 자체의 구성을 통해서 파악하는 능력이 어휘 해석과 관련이 된다.

고급에서는 단원 내 어휘의 수가 비교적 많으므로 그중에서도 특별히 주목해야 할 어휘에 별도의 표시를 하여 중요도에 따라 학습 내용을 스스로 조절할 수 있게 해 줄 수 있다. 그리고 어휘를 예습 과제로 줘서 학생들이 자체적으로 학습해 오는 것으로 수업을 구성하는 방법도 있다.

'쿡-찌르다, 피식-웃다, 호되게-야단맞다/당하다'와 같은 식으로, 함께 쓰이는 어휘들을 함께 제시함으로써 학습자가 실제로 표현할 때 제대로 활용할 수 있도록 도움을 준다.

고급에서는 비슷한 의미를 가졌으면서도 용법이나 쓰이는 상황이 다른 표현들이 많이 나오므로 그런 어휘들의 의미를 정확하게 구분해서 사용할 수 있도록 하는 것이 중요하다. 또한 이미 초·중급에서 학습한 단어와 비슷한 뜻을 가진 표현이 나오는 경우도 많은데, 특히 '구어/문어' 혹은 '공식적/비공식적' 등으로 쓰임을 구분해 주는 것도 필요하다.

많은 학생들이 어휘를 익힐 때 사전의 뜻풀이에 의존하고 그와 뜻이 비슷한 단어들을 통해서 어휘의 쓰임을 받아들이는 경향이 있으므로 사전적으로는 같은 뜻이라고 해도 쓰이는 환경과 상황이 다르고 뉘앙스 차이도 있다는 것을 알게 해 줘야 한다. 무조건 비슷한 단어를 일대일 대응하지 않도록 하고, 가능하면 그 어휘가 쓰인 가장 일반적인 문장을 예문으로 익히도록 하면 좋다.

읽기 단계에서는 글 속의 맥락에서 이러이러한 의미로 쓰인 단어가 무엇인지를 찾아보게 함으로써 유추하는 이해 활동으로 단어를 익힐 수도 있고, 쓰기나 말하기 과제에서는 배운 단어 및 표현들을 사용해서 표현해 보게 할 수 있다. 쓰기 숙제를 통해서 학습자가 성공적으로 사용하지 못한 표현을 완성해 주고 학습자가 표현하고자 했던 의도를 살려서 표현할 수 있도록 지도해 준다.

5.2.2. 어휘의 확장

어휘의 확장은 학습자의 수준과 능력에 맞춰서 해야 하므로 초급보다는 중급 이상의 학습자에게 실제적으로 이용할 수 있을 것이다. 어휘 확장의 대상이 되는 것은 교재의 내용과 관련 있는 어휘가 될 것인데, 본 어휘가 내포하고 있는 담화의 영역과 관련 있는 어휘를 중심으로 확장시켜 나간다. 그러나 교실 수업에서 지나치게 어휘를 확장할 경우, 본래의 학습 목표를 상실하기 쉬우므로 교사가 적절하게 조절해 나가야 할 것이다.[6]

어휘를 확장하는 방법으로는 같은 한자가 들어가는 단어를 모아서 학습하는 방법이나 접사를 이용하는 방법이 있을 수 있다. 또한 규칙을 제시하는 방법을 통해 어휘를 확장할 수도 있다. 예를 들어서 '율'과 '률'은 같은 한자 '率'을 쓰지만 그 앞에 오는 음절이 모음으로 끝나거나 'ㄴ' 받침으로 끝날 때는 '율'을, 그 외의 경우에

---

[6] 한재영 외(2005:340).

는 '률'을 쓴다는 것을 가르쳐 주면 더 많은 어휘를 정확하게 확장해 나갈 수 있을 것이다(예: 비율, 효율, 환율, 사망률, 확률 등).

5.2.2.1. 파생어

어기에 접사가 결합하여 단어가 구성되는 파생어의 경우, 새로운 단어를 만들어 내는 가장 일반적인 형성 방식은 접두사나 접미사를 붙이는 것이다. 문법적인 설명이 필요한 접사의 분류는 외국 학생들에게 어렵고 지나친 문법 지식을 강요한다는 측면에서 피해야 한다. 어휘력 확장을 목표로 하는 어휘 교육에서는 접미사, 접두사의 의미를 아는 것으로 충분할 것인데, 이는 다양하게 어휘를 구성할 수 있는 능력을 제공한다는 점에서 의미가 있다.

① -ㅁ/음

형용사나 동사의 어간 뒤에 붙어서 명사를 만드는 접사 '-ㅁ/음'이 있다. 받침이 없거나 'ㄹ' 받침으로 끝나는 어간 뒤에는 '-ㅁ'을, 그 외의 경우에는 '-음'을 붙이는 것으로 '그림, 잠, 춤, 웃음, 믿음'과 같은 명사가 그 예에 해당한다. 초급 단계에서도 이 접사가 붙은 형태가 명사로 노출되는 경우가 있다. '그림을 그리다, 꿈을 꾸다, 잠을 자다, 춤을 추다'에서 나오는 '그림, 꿈, 잠, 춤'을 예로 들 수 있는데, 초급 단계에서는 명사의 형태로 제시하면서 뜻을 알고 사용하는 정도로 한정하여 학습한다. 그러나 중급에서는 형용사나 동사가 어떻게 명사로 바뀌는지 그 환경에 대한 설명과 함께 제시해 줌으로써 다양한 어휘에 적용하여 확장시킬 수 있도록 지도해야 한다. 그리고 규칙 용언에서 파생된 명사(예: 기쁨, 믿음, 배고픔, 슬픔, 웃음, 죽음 등) 외에도 불규칙 용언에서 파생된 명사(예: 걷다→걸음, 묻다→물음, 괴롭다→괴로움, 외롭다→외로움 등)에 대해서도 지도한다. 그리고 'ㄹ' 받침으로 끝나는 어간의 경우 '삶, 앎'과 같이 'ㄻ' 받침 형태가 되는 어휘들과 '얼음, 울음, 졸음'과 같이 규칙에서 벗어난 형태의 예들을 제시함으로써 다양한 형태가 있다는 것을 알려 줄 필요가 있다.

고급 단계에서 나올 법한 '수줍다' 같은 형용사의 경우, 일반적인 'ㅂ 불규칙 용언'과는 달리 명사가 '수줍음'이 된다는 것을 가르치는 것이 좋다. 그리고 용언이 명사와 같은 구실을 하게 하는 활용형인 명사형에 대한 학습도 이루어져야 하므로 사전에 표제어로 올라 있지는 않으나 일상 언어 활동에서 많이 사용되는 '먹음, 아름다움, 만듦' 등의 명사형에 대해서도 지도해야 할 것이다.

② -적(的)

접미사 가운데 다양하게 활용할 수 있는 것으로 '-적(的)'이 있는데, 이 접미사가 붙는 어휘들은 한자어 명사들이므로 대개 중급 이상에서 학습하는 어휘에 해당되는 경우가 대부분이다(예: 인간적, 적극적, 인상적, 활동적 등). '-적'이 붙은 어휘는 '긍정적인 생각'이라든지 '긍정적으로 생각하다'와 같이 'OO적인'이나 'OO적으로'의 형태로 쓰인다는 것을 함께 지도해야 표현의 오류가 줄어든다. 특히 일본어권 화자들은 일본어식 표현을 그대로 번역하여 '*긍정적에 생각하다'와 같이 표현하는 일이 많으므로 활용하는 방법을 미리 제시해 주는 것이 바람직하다.

③ 부정 접두사

파생어 학습에서 주의해야 할 점은 단어의 구성 부분에 대해서 분석을 잘못하거나 그릇된 방식으로 일반화하여 오히려 학습에 혼란을 가져오게 할 수도 있다는 것이다. 예를 들면 부정의 뜻을 더해 주는 접두사의 경우는 그 쓰임이 제한되기 때문에 지나친 어휘 확장은 그릇된 적용으로 이어질 가능성이 많은데, 실제로 부정 접두사의 경우 반의어 형성의 오류를 나타내는 경우가 종종 있다.

예를 들어 '미완성, 부자유, 불가능'의 반의어는 '완성, 자유, 가능'이지만, '미개하다, 부도덕하다, 불신하다'의 반의어는 '개하다, 도덕하다, 신하다'가 아닌데, 실제로는 부정 접두사를 뺀 부분이 반의어라고 생각하여 오류를 일으키기 쉬우므로 반의어 형성에 대한 설명과 정리가 반드시 필요하다.

④ 인칭 접미사

인칭 접미사 '-꾸러기, -보, -장이, -쟁이' 등은 그 쓰임이 매우 제한적이다. 예를 들면 '걱정꾸러기, 말썽꾸러기, 욕심꾸러기, 잠꾸러기, 장난꾸러기'는 가능하지만, 이것을 접미사 '-쟁이'와 연결할 때 그중에서 '말썽쟁이, 욕심쟁이'는 맞으나 '걱정쟁이, 잠쟁이, 장난쟁이'는 바른 표현이 아니므로 접미사의 의미는 가르쳐 주되 학습 단계에 알맞은 어휘만을 묶어서 교육하고, 마음대로 어휘 확장은 하지 않게 하는 편이 오히려 잘못된 표현을 양산하는 것을 막을 수 있다.

5.2.2.2. 유의어

유의어는 비슷한 의미를 가진 어휘를 일컫는 말로 이를 이용한 어휘 교수 방법은 전통적으로 가장 널리 사용되어 왔고, 현재도 교육 현장에서 어휘 확장을 하는 데에 이용하는 경우가 많이 있다. 그러나 유의어가 모든 상황에서 서로 대체되는 것은 아니므로 각 유의어 간의 차이점도 명확하게 제시하여야 하며, 한국어에는 고유어와 한자어 간의 유의어 및 높임말에 의한 유의어가 발달해 있기 때문에 그 차이점을 분명히 교육해야 할 것이다. 또한 각 등급에 따라 유의어 어휘의 범위를 한정시켜야 하므로 유의어를 지나치게 확장하여 학습 부담을 주는 것은 피해야 한다.

유의어를 교수하는 방법으로 어휘만을 제시하는 것은 유의어의 사용 능력을 키워 준다기보다는 단순히 어휘를 암기하게 한다는 단점이 있다. 따라서 대화 전환 간에 유의어를 사용하는 방법과 같이 상황과 문맥 속에서 교육하는 것이 유의어의 사용 능력을 신장시키는 데 도움이 될 것이다. 고급 과정으로 갈수록 학습자들은 유의어의 의미 차이를 구별하는 문제에 대해서 많은 질문을 하게 되는데 이는 유의어를 정확하게 구별하여 쓰는 것이 매우 어렵기 때문이다.

다음은 한국어 교육에서 다룰 만한 유의어의 예이다.

가슴/마음/마음씨, 거의/대부분, 건강하다/튼튼하다, 결국/드디어/마침내, 고치다/수리하다, 곧/금방, 곳/군데/장소, 공부하다/배우다, 까지/조차/마저, 꾸다/빌리다, 끝/마지막, 나다/생기다, 다스리다/지배하다, 다투다/싸우다, 닦다/씻다, 달리다/뛰다, 닮다/비슷하다, 뛰어나다/우수하다/훌륭하다, 벌써/이미, 부끄럽다/창피하다, 빠르다/신속하다, 사라지다/없어지다, 사람/인간, 사용하다/쓰다/이용하다, 속/안, 심각하다/심하다, 쓰다/적다, 유지하다/지키다, 입장/처지, 파랗다/푸르다, 풀다/해결하다, 하얗다/희다 등

초급에서는 기본적으로 학습하는 어휘의 숫자가 매우 적기 때문에 유의어의 학습은 거의 이루어지지 않는다. 중급 이상부터 유의어를 이용한 학습 방법이 사용되고, 문법보다는 미묘한 표현의 차이에 대한 학습이 주로 이루어지는 고급에서 유의어에 대한 학습을 많이 하게 된다.

다음은 실제적인 예를 들어 유의어 학습에 대한 방법을 제시한 것이다. 유의어들의 의미 영역의 차이에 대한 것(예: 가슴/마음/마음씨, 벌써/이미), 사용상의 형태적인 차이에 대한 것(예: 곳/군데/장소), 중급 및 고급 단계에서 나눠서 주변적인 의미로 확장하는 것(예: 다투다/싸우다)에 대하여 구체적인 방법을 제시한다.

① 가슴/마음/마음씨

중급 과정에서 이루어질 수 있는 유의어의 예로 '가슴/마음/마음씨'의 학습 방법에 대해 살펴본다. 우선 이 세 어휘의 학습 순서를 보면 주로 '마음'에 대해 먼저 배우고, 그 다음으로 '가슴'을, 그리고 제일 마지막으로 '마음씨'에 대해 학습하게 될 가능성이 많다.

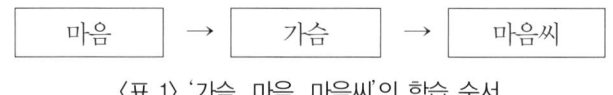

〈표 1〉 '가슴, 마음, 마음씨'의 학습 순서

먼저 학습자들에게 '가슴'과 '마음'의 의미 차이를 생각해 보게 하고 어휘 사용상의 차이에 대해 그 용례를 만들어 보게 한다. 소그룹으로 나누어 활동을 시키고 조별로 발표를 시키며 부족한 부분에 대해서는 교사가 보충해서 설명하는 방법도 생각해 볼 수 있다.

우선 '가슴'은 '가슴이 아프다/가슴에 꽃을 달다/가슴이 크다/가슴에 통증이 있다/아이를 가슴에 안다'와 같이 사용할 수 있음을 볼 때 '신체 부위'나 '감정'과 관련된 뜻을 가지고 있다는 것을 알 수 있다. 그러나 '*가슴이 좋다/*가슴이 착하다' 같은 표현은 어색한데 이는 '가슴'이라는 어휘에는 인간성이나 품성을 나타내는 뜻은 없다는 것을 알 수 있다.

반면에 '마음'은 '마음이 좋다/착한 마음을 가졌다/나이는 많지만 마음은 아직도 젊다/마음이 아프다/마음을 붙이다/마음이 통하다/그 사람을 만나고 싶은 마음이 없다/마음에 들다/그 사람에게 마음이 있다'와 같이 사용할 수 있다. 따라서 '마음'은 '사람이 본래부터 지닌 성격이나 품성, 어떤 일에 대하여 가지는 관심, 감정, 다른 사람에 대한 사랑이나 호의의 감정'의 뜻을 가지고 있다. 그러나 '마음'에는 신체 부위를 나타내는 뜻은 없으므로 '*마음에 꽃을 달다/*마음에 통증이 있다/*아이를 마음에 안다'는 적절한 표현이 아니다.

그러므로 '가슴'과 '마음'의 공통된 부분은 '감정'에 대한 뜻이 있다는 것이고, 차이점을 보면 '가슴'은 '신체 부위'를 나타내는 뜻이 있고, '마음'은 '본래부터 지닌 성격이나 품성'과 '관심'을 나타내는 뜻이 있다.

다음으로 '마음씨'의 용례를 살펴보면 '따뜻한 마음씨/마음씨가 곱다/착한 마음씨'와 같이 쓸 수 있는데, 이는 주로 '사람의 품성이나 인간성'과 관련된 뜻이므로

'가슴'보다는 '마음'과 비슷한 뜻을 가지고 있음을 알 수 있다. 그러나 '마음'은 '마음씨'에 있는 뜻 외에도 다른 뜻이 더 포함돼 있으므로 '마음씨'를 '마음'으로 바꿔쓰는 것은 가능하지만 어느 경우에나 '마음'을 '마음씨'로 대체해서 쓸 수 있는 것은 아니라는 것을 학습자들에게 반드시 지도해 줘야 한다.

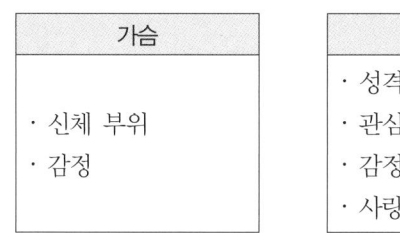

〈표 2〉 '가슴, 마음, 마음씨'의 의미 영역

② 벌써/이미

'벌써'와 '이미'는 일반적으로 지나간 일을 이를 때 쓰는 말로 사용하는데, 이 두 표현에는 의미 영역에서 약간의 차이가 있다. '벌써'가 사용된 용례를 보면 '벌써 출발했다./벌써 끝난 일/벌써 일어서려고?/벌써 봄기운이 완연하다.'와 같이 '이미 오래전에'라는 뜻과 '예상보다 빠르게 어느새'라는 뜻이 있다. 그리고 '이미'는 '이미 지난 일/이미 때가 늦었다/문은 이미 닫힌 뒤였다'와 같이 다 끝나거나 지난 일을 말할 때 쓴다.

'벌써'에는 '이미'에는 없는 '예상보다 빠르게 어느새'라는 뜻이 있기 때문에 '이미'를 '벌써'로 대체해서 쓸 수는 있지만(예: 이미 지난 일/벌써 지난 일) '벌써'를 모두 '이미'로 대체해서 쓸 수 있는 것은 아니다(예: 벌써 일어나려고?/*이미 일어나려고?).

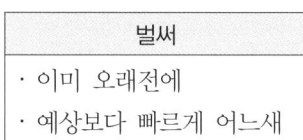 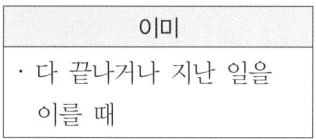

〈표 3〉 '벌써, 이미'의 의미 영역

③ 곳/군데/장소

'곳/군데/장소'의 학습 순서를 보면 주로 '-는 곳'이라는 형태로 '곳'에 대해 먼저 배우고, 그다음으로 '장소', 제일 마지막으로 '군데'에 대해 학습하게 되는 경우가 많다.

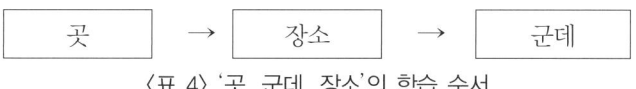

〈표 4〉 '곳, 군데, 장소'의 학습 순서

먼저 학습자들에게 '곳'과 '장소'의 의미 차이를 생각해 보게 하고 어휘 사용상의 차이에 대해 그 용례를 만들어 보게 한다. 우선 '곳'은 '버스를 타는 곳/조용한 곳/아픈 곳/은행에 두 곳 갔다 오다'와 같이 보통 공간적인 자리나 지역을 나타내는 명사로 독립적으로 쓰이기보다는 '-는 곳'과 같이 수식을 받는 자리에 쓰이고, 단위 명사로도 쓰인다고 할 수 있다.

반면에 '장소'는 어떤 일이 이루어지거나 일어나는 곳을 의미해서 '장소를 정하다/ 약속 장소/모이는 장소'와 같이 독립적으로 쓰일 때도 있고, 명사의 수식을 받거나 '곳'과 마찬가지로 '-는 장소'와 같이 관형형 뒤에 올 수도 있다.

따라서 '곳'과 '장소'의 공통된 부분은 '-는 곳'이나 '-는 장소'와 같이 관형형 뒤에 올 수 있다는 것이고, 차이점을 보면 '곳'은 주로 일기예보에서 '곳에 따라'와 같이 특정 상황에서 쓰이는 경우 외에는 독립적으로 쓰이는 일이 거의 없는 반면에 '장소'는 독립적으로 쓰이는 것이 일반적이다. 그리고 '곳'은 '*약속 곳, *회의 곳'과 같이 명사의 수식을 받지 못하지만 '장소'는 자연스럽게 '약속 장소, 회의 장소'와 같은 표현을 만들 수 있다. 그리고 '곳'은 단위 명사로도 자주 사용되지만 '장소'는 단위 명사로 사용하는 것이 가능하기는 하나 일반적으로 그런 상황에는 '곳'이나 '군데'라는 어휘로 대체하는 것이 자연스럽다.

다음으로 '군데'의 용례를 살펴보면 '한 군데/두 군데/몇 군데'와 같이 낱낱의 곳을 세는 단위로 앞에 수관형사만 올 수 있다. 따라서 '군데'는 '곳'이 단위 명사로 쓰이는 경우에만 대체해서 쓸 수 있고, 그 외의 경우에는 대체할 수 없으며(예:*기다리는 군데) '장소'와는 보통 서로 바꿔서 쓸 수 있는 관계가 아니라는 것을 학습자들에게 지도해 줘야 한다.

곳	장소	군데
· 관형형 뒤(-는 곳) · 독립적(특정 상황에 제한) · 단위 명사(두 곳)	· 독립적(장소를 정하다) · 명사 뒤(약속 장소) · 관형형 뒤(모이는 장소)	· 단위 명사(두 군데)

〈표 5〉 '곳, 장소, 군데'의 사용 형태

④ 다투다/싸우다

'다투다'와 '싸우다'는 가장 기본적인 뜻과 관련해서 유의어 학습을 하는 것은 중급 단계일 수 있으나, 주변적인 의미와 관련해서는 고급 단계에서 유의어로 학습할 수도 있는 어휘들이다.

우선 중급 단계에서 할 수 있는 유의어 학습을 보겠다.

'다투다'의 용례를 보면 '사소한 문제로 친구와 다퉜다/동생과 다투지 않고 사이 좋게 지낸다'와 같이 주로 의견이나 이해의 대립으로 서로 따지면서 말로 싸운다는 뜻으로 쓰인다. 반면에 '싸우다'는 '친구와 큰소리를 내며 싸우다/서로 때리면서 싸우다/두 나라는 10년 넘게 싸우고 있다/두 팀 모두 열심히 싸워 주었다'와 같이 말이나 힘 또는 무기 같은 것을 가지고 서로 이기려고 다툰다는 뜻과 경기 따위에서 우열을 가린다는 뜻으로 쓰인다.

따라서 '다투다'와 '싸우다'는 모두 '말'로 서로 이기려고 한다는 공통점이 있는 반면에 차이점을 보면 '싸우다'에는 말 외에도 힘이나 무기 같은 것을 가지고 한다는 뜻이 포함돼 있다는 것이다.

다투다	싸우다
· 서로 따지며 말로 싸우다	· 말, 힘, 무기로 이기려고 하다 · 경기에서 우열을 가리다

〈표 6〉 중급 단계에서 '다투다, 싸우다'의 의미 영역

다음으로 고급 단계에서 할 수 있는 유의어 학습을 보면, '다투다'는 '이 일은 시각을 다투는 문제다/일분일초를 다퉈서 공부에 전념한다/선생님의 질문에 학생들은 앞을 다투어 손을 든다'와 같이 시간을 나타내는 말을 목적어로 하여 사태가 매우 급하다는 뜻, 대단히 소중히 여기거나 아낀다는 뜻, 어떤 일을 남보다 먼저 하거나 잘하려고 경쟁적으로 서두른다는 뜻으로 쓸 수 있다. 그리고 '싸우다'는 '암과 싸워 이겨 냈다/거친 파도와 굶주림과 싸워야 했다'와 같이 시련이나 어려움 같은 것을 이겨 내려고 애쓴다는 뜻으로 쓸 수 있다. 따라서 고급 단계에서는 '다투다'와 '싸우다'의 주변적인 의미로 확장하여 학습이 이루어지게 된다.

다투다	싸우다
· 사태가 매우 급하다 · 대단히 소중히 여기거나 아끼다 · 남보다 먼저 하거나 잘하려고 경쟁적으로 서두르다	· 시련이나 어려움 같은 것을 이겨 내려고 애쓰다

〈표 7〉 고급 단계에서 '다투다, 싸우다'의 의미 영역

5.2.2.3. 다의어

다의어는 하나의 어휘 형태가 둘 이상의 여러 의미를 가지는 말이다. 어휘는 기본적으로 다의적인 특징을 가지고 있는데, 새로운 의미를 표현하기 위하여 모든 어휘를 새로 만들 수는 없으므로 다의어의 역할은 매우 중요하다. 특히 외국어로서의 한국어 학습자에게는 수많은 새로운 어휘를 계속해서 가르치는 것보다는 다양한 다의어의 사용법을 가르치는 것이 학습에 효과적이라고 할 수 있다.

외국인이 기본적으로 배워야 할 어휘에는 다의적인 성격을 가지는 경우가 많은데, 다양한 의미와 용법을 알기 위해서는 초급 단계에서뿐만 아니라 고급 단계에서도 기본 어휘의 교육이 필요하다. 초급에서 배우는 빈도수가 높은 기본 어휘들이 오히려 다의적인 성격인 경우가 많으므로 초급에서는 중심 의미를 가르치고 급이 올라갈수록 주변적인 의미로 확대하며 가르치는 것이 필요하다. 다의어는 용법에 따라 각각 그 의미가 달라지지만 근본적이고 핵심적인 의미를 공통적으로 가지고 있다.

다의어는 분명하게 구분되는 의미 항목들을 하나하나 독립적으로 가르쳐야 할 필요가 있다. 그리고 다의어 학습 자료에서는 외국인에게 가르칠 다의어의 다의 개수를 한정하고, 어휘의 각 의미를 고려하여 등급별 난이도를 선정하는 것이 좋다. 그리고 문맥을 통해 의미 있는 어휘 학습을 할 수 있도록 예문을 제시하고, 담화 상황을 구축하여 실제로 해당 어휘의 의미가 각각 사용되는 상황을 보여 줌으로써 실제 자료를 접할 수 있게 하는 것이 바람직하다.

다음은 실제적인 예를 들어 다의어 학습에 대한 방법을 제시한 것이다. 초급/중급/고급 단계에서 나눠서 주변적인 의미로 확장하는 다의어(예: 살다, 눈)와 높임말 및 낮춤말로 나눠서 중급/고급 단계에서 제시하는 다의어(예: 말씀)의 학습 방법을 구체적인 예문과 담화 상황을 제시하여 설명한다.

① 살다

♠ ('에'나 '에서'와 함께 쓰여) 어느 곳에 거주하거나 거처한다는 뜻. (초급)
우리 가족은 서울에 살아요./ OO 씨는 어디에 살아요?/ 아파트에서 살고 싶어요./ 고래는 바다에서 살아요.

가: 마이클 씨는 지금 어디에 **살아요**?
나: 신림동에 **살아요**.
가: 아파트에서 **살아요**?
나: 아니요. 그런데 다음 달에 아파트로 이사할 거예요.

♠ 생명을 지니고 있다는 뜻. (초급)

오래 살고 싶어요./ 열심히 살겠어요./ 우리 할머니는 90세까지 사셨어요./ 꽃에 물을 주니까 다시 살았어요.

가: 할머니, 할아버지가 모두 **살아 계세요**?
나: 아니요, 할머니만 **살아 계세요**. 할아버지는 작년에 돌아가셨어요.

♠ ('삶'을 목적어로 취하여) 어떤 생활을 영위한다는 뜻. (중급)

그는 정의롭게 살다가 갔다./ 물질적으로나 정신적으로 풍요로운 삶을 산다./ 보람 있는 삶을 살고 있다.

가: 테레사 수녀님에 대해서 아세요?
나: 네, 평생을 가난하고 어려운 사람들을 위해 헌신적인 삶을 **사신** 분이지요.
가: 참 아름다운 삶을 **살다** 가셨어요. 사실 평생을 그렇게 **사는** 것이 쉽지 않을 텐데 말이에요.

♠ 본래 가지고 있던 색깔이나 특징 따위가 그대로 있거나 뚜렷이 나타난다는 뜻. (고급)

개성이 살아 있는 글이다./ 그 시는 한 구절로 전체가 살았다./ 옷에 풀기가 아직 살아 있다.

가: 이 작품을 읽어 보신 소감이 어떠세요?
나: 작가의 개성이 아주 잘 **살아 있다**는 느낌을 받았습니다. 다른 작품에서는 느끼기 어려웠던 뭔가 독특한 면이 **살아 있는** 작품이라는 생각이 들었습니다.

♠ 글이나 말, 또는 어떤 현상의 효력 따위가 현실과 관련되어 생동성이 있다는 뜻. (고급)

산 역사/ 산 교훈/ 살아 있는 규범

가: 이번에도 일의 결과가 아주 좋지 않네요.
나: 실패했다고 너무 실망하지 말고 시행착오나 실수를 통해서 **산** 교훈을 얻었다고 생각하세요.

② 눈

♣ 빛의 자극을 받아 물체를 볼 수 있는 감각 기관을 나타내는 말. (초급)

눈이 두 개 있어요./ 미영 씨는 눈이 아주 크고 예뻐요./ 오른쪽 눈이 아파요./ 눈을 뜨세요./ 눈을 감아 보세요.

가: **눈**이 왜 그래요?
나: 바람이 불어서 **눈**에 뭐가 들어갔나 봐요. **눈**이 아프고 눈물이 계속 나오네요.

♣ 시력(視力)을 나타내는 말. (중급)

내 동생은 눈이 아주 좋아요./ 눈이 많이 나빠서 어렸을 때부터 안경을 썼어요./ 저는 눈 좋은 사람이 부러워요./ 어두운 데서 책 읽으면 눈 나빠져요.

가: 영수 씨는 **눈**이 좋아요?
나: 아니요. 어렸을 때부터 **눈**이 나빠서 안경을 썼는데, 요즘은 렌즈를 끼고 있어요.
가: 저도 **눈**이 많이 나빠서 **눈** 좋은 사람이 정말 부러워요.

♣ 사물을 보고 판단하는 힘을 나타내는 말. (고급)

그는 보는 눈이 참 정확합니다./ 그림을 잘 그리지는 못하지만 보는 눈은 있어요./ 세상을 넓고 깊게 보는 눈을 길러야 합니다.

가: 그 사람 겉으로 보기에는 실력도 없어 보이고 별로 마음에 안 들어요.
나: 사람을 그렇게 겉으로만 보고 평가하면 안 되지요. 얼마나 실력이 있는 사람인데요.
가: 그런가요? 저는 아직도 사람을 제대로 보는 **눈**이 너무 없는 것 같아요.

♣ ('눈으로'의 형태로 쓰여) 무엇을 보는 표정이나 태도를 나타내는 말. (고급)

사람들은 그를 동경의 눈으로 바라본다./ 모두 그를 의심하는 눈으로 보고 있다.

가: 기분이 안 좋아 보이네요.
나: 복사기가 갑자기 고장이 났는데, 다들 내가 잘못 다뤄서 그렇게 됐다고 하잖아요.
가: 그런 게 아니라고 설명을 잘해 주지 그랬어요?
나: 내가 그러지 않았다고 아무리 얘기를 해도 다들 못 믿겠다는 **눈**으로 쳐다보더라고요.

♣ 사람들의 눈길을 나타내는 말. (고급)

다른 사람의 눈을 의식하지 않을 수 없다./ 사람들의 눈이 무서워서 내 마음대로 행동할 수가 없었다.

가: 어떤 선거든지 후보자일 때는 온갖 좋은 말과 공약으로 국민들의 마음을 사려고 하지만, 일단 선출되고 나면 나 몰라라 하는 사람들이 꽤 있어요.
나: 그러게 말이에요. 국민들의 **눈**이 무서워서라도 아무렇게나 행동할 수는 없을 것 같은데……. 결국 미래를 내다보지 못하니까 그러는 거겠죠.
가: 그런 정치인들에게도 문제가 있지만, 유권자들에게도 정확하게 판단할 줄 아는 힘이 있어야 해요.

③ 말씀

♠ 남의 말을 높여 이르는 말. (중급)

아버님 말씀대로 하겠습니다./ 선생님 말씀 잘 듣고 공부 열심히 해라./ 할아버지께서 무슨 말씀 없으셨어요?

가: 할아버지께서 아까 너 찾으시던데.
나: 네, 지금 뵙고 나오는 거예요.
가: 아, 그래? 할아버지께서 무슨 **말씀**을 하셨니?
나: 컴퓨터가 잘 안 되는데 어디가 잘못됐는지 좀 봐 달라고 하셨어요.

♠ 자기의 말을 낮추어 이르는 말. (고급)
잠깐 말씀드리고 싶은 것이 있는데요./ 제 말씀은 그런 뜻이 아니었습니다.

가: 지금은 상황이 별로 좋지 않으니까 그만두시는 게 좋을 것 같습니다.
나: 그럼 완전히 포기하라는 얘긴가?
가: 아, 제 **말씀**은 그런 뜻이 아닙니다. 지금은 상황이 안 좋으니까 조금 기다리셨다가 상황이 나아지면 그때 다시 시도해 보시는 것이 좋겠다는 **말씀**이었습니다.

5.2.2.4. 관용표현

관용표현은 그 언어를 사용하는 사람들이 관용적으로 사용하는 것이므로 그것을 구성하고 있는 각각의 단어의 의미를 알고 있다고 해도 전체적인 의미를 파악하기가 어렵기 때문에 외국어 학습자들에게는 어려운 대상이다. 언어 공유자의 생활과 문화 등이 반영되어 있으므로 배경 지식을 가지고 있을 때 비로소 관용표현을 제대로 구사할 수 있다. 따라서 그 목표어를 모어로 사용하는 사람들의 문화와 생활 모습을 이해하지 못하는 상황에서는 항상 어려움을 겪을 수밖에 없는 것이다. 외국인 학습자의 경우는 관용표현을 적절하게 사용하느냐 사용하지 못하느냐에 따라서 모어 화자들에게 그 사람이 보여 주는 태도나 인상이 달리 받아들여질 수도 있으므로 관용표현의 습득과 적절한 사용에 대한 교육이 필요하다.

한국어 교육에서 관용표현을 교육하는 목적은 일차적으로는 일상의 대화 상황에서 관용표현을 듣고 이해하고 말할 수 있도록 학습자의 의사소통 능력을 향상시키는 데 있고, 그것에 덧붙여서 한국의 문화를 이해하게 해 주는 데에도 있다.

또한 관용표현은 어휘의 결합으로 이루어져서 제3의 의미를 갖게 되므로 초급보다는 중급과 고급 단계에서 집중적으로 학습하게 된다.

① 초급

초급 단계에서는 어휘나 표현의 글자 그대로의 의미도 잘 알지 못하는 상태이므로 한국인에게 사용 빈도가 높고 외국인에게 인지도도 높으며 어느 나라에나 있을 수 있는 관용표현을 몇 개 정도만 학습하는 것이 좋다. 이를 다양한 문맥에 넣어 보여 줌으로써 어떤 상황에서 사용하는지를 자연스럽게 터득할 수 있도록 해 주어야 한다. 초급에서 학습할 만한 관용표현으로는 '마음에 들다'와 같은 것이 있다.

② 중급

중급 단계에서는 기본 문장을 떠나 관용표현을 사용한 문장을 이해할 수 있어야 하는 단계이므로 본격적인 관용표현의 학습이 이루어져야 한다. 이 단계에서는 문화적인 기초 관용표현들을 위주로 학습하는 것이 바람직하다.

다음은 중급에서 학습할 만한 관용표현의 목록이다.

골치 아프다/ 국수를 먹다/ 그림의 떡/ 깨가 쏟아지다/ 누워서 떡 먹기/ 눈 깜짝 할 사이에/ 눈 밖에 나다/ 눈에 넣어도 아프지 않다/ 눈이 높다/ 눈이 빠지게 기다리다/ 눈코 뜰 새 없다/ 마음을 붙이다/ 목이 빠지게 기다리다/ 미역국을 먹다/ 바가지를 쓰다/ 바람을 맞다/ 발 벗고 나서다/ 발등에 불이 떨어지다/ 발이 넓다/ 비가 오나 눈이 오나/ 비행기를 태우다/ 손을 보다/ 손이 크다/ 식은 죽 먹기/ 앉으나 서나/ 얼굴을 내밀다/ 얼굴이 두껍다/ 입이 가볍다/ 입이 무겁다/ 입이 심심하다/ 제 눈에 안경/ 주머니가 가볍다/ 허리띠를 졸라매다

관용표현은 언어 공유자의 생활과 문화 등이 반영되어 있기 때문에 배경 지식을 갖고 있어야 제대로 구사할 수 있으므로 중급 이상에서 주로 학습이 이루어지는 것이다. 관용표현은 한국 문화와 역사에 대한 인식도 함께 이루어져야 이해도가 높아질 수 있다. '국수를 먹다, 깨가 쏟아지다, 미역국을 먹다, 바가지를 긁다'와 같은 관용표현을 어휘의 순수한 뜻으로 해석하면 각각의 관용표현이 가지고 있는 독특한 의미를 올바로 이해할 수 없으므로 결국 문장의 뜻을 정확하게 알 수 없게 된다.

예를 들어 한국 사람에게 "언제 국수 먹게 해 줄래?" 또는 "언제 국수 먹여 줄래?"라는 질문을 받았을 때 관용표현의 뜻을 모르고 있다면 실제로 국수를 언제 먹게 해 주겠느냐는 뜻으로 이해하고 "지금 먹으러 갈까요?"라든지 "국수 먹고 싶어요?"와 같은 다소 엉뚱한 대답이 나올 수 있다. 예로부터 한국에서는 결혼식 피로연에서 손님들에게 국수를 대접해 온 데서 '국수를 먹다'라는 관용표현이 '결혼하다' 또는 '결혼식을 올리다'의 뜻이 됐다는 설명을 해 주면 한국 문화도 이해하고 '국수를 먹다'의 의미도 정확하고 빠르게 이해할 수 있다.

또 다른 예로 '바가지를 긁다'를 들어 보면, 옛날에 콜레라가 돌 때 전염병 귀신을 쫓는다고 바가지를 득득 문질러서 시끄러운 소리를 낸 데서 연유해서 남의 잘못을 듣기 싫을 정도로 귀찮게 나무라는 것을 가리키게 되었는데, 특히 아내가 남편에게 듣기 싫도록 불평, 불만을 늘어놓는 것을 뜻하게 되었다고 가르쳐 주면 '바가지를 긁다'의 정확한 뜻을 이해하고 어떤 상황에서 사용할 수 있는지 알게 될 것이다.

따라서 한국어 교사는 다양한 관용표현의 유래를 미리 알아 둠으로써 학습자들에게 관용표현의 뜻을 좀 더 알기 쉽고 정확하게 전달해 줄 수 있도록 해야 할 것이다.

③ 고급

고급 단계에서는 관용표현이 글자 그대로의 의미와 관용 의미로 해석되는 중의성을 가진다는 사실을 숙지시키고, 역사·문화적 배경을 가진 관용표현들은 생성 배경과 어원을 따로 설명해 준다.

그리고 표현 어휘와 이해 어휘가 구별되어야 한다는 것이 관용표현에만 국한되는 사실은 아니지만, 한국어 어휘 가운데는 많은 어휘가 이해에만 필요한 경우가 있다. 관용표현의 경우 이와 같은 구별이 더욱 문제가 되는 것은 관용표현 속에 비속한 표현이 많이 나타나기 때문인데, 비속어 같은 것은 이해 영역에서는 필요할 수 있지만 표현 영역에서는 사용하는 것이 매우 조심스럽다.

다음은 고급에서 학습할 만한 관용표현의 목록이다.

고무신을 거꾸로 신다/ 귀가 가렵다/ 귀가 따갑다/ 귀가 번쩍 뜨이다/ 귀가 얇다/ 귀에 못이 박히다/ 그 정도는 약과/ 날개 돋친 듯이/ 눈 감아 주다/ 눈 하나 깜짝하지 않다/ 눈독을 들이다/ 눈에 띄다/ 눈에 불을 켜다/ 눈을 붙이다/ 눈이 어둡다/ 다람쥐 쳇바퀴 돌 듯/ 다리를 뻗고 자다/ 도마에 오르다/ 도토리 키 재기/ 뒤틈이 나다/ 몸살을 앓다/ 무릎을 꿇다/ 물 쓰듯/ 물에 빠진 생쥐/ 발목을 잡다/ 불 보듯 뻔하다/ 뿌리를 뽑다/ 새 술은 새 부대에/ 생색을 내다/ 선수를 치다/ 손을 대다/ 손을 떼다/ 수박 겉핥기/ 시치미를 떼다/ 어처구니가 없다/ 오리발을 내밀다/ 입에 침이 마르도록/ 제 눈에 안경/ 콧대가 높다/ 품 안의 자식/ 한 술 더 뜨다

관용표현 교육이 어려운 점은 관용표현 자체는 빈도수가 높지만 관용표현을 구성하고 있는 어휘는 다른 곳에는 거의 사용되지 않는 경우가 있기 때문일 것이다. 따라서 관용표현에서 주로 사용하는 어휘는 어휘 자체에 대한 설명에 중점을 두지

말고 관용표현을 한 덩어리로 다뤄서 설명하는 것이 효율적이다. 예를 들어 '시치미를 떼다, 어처구니가 없다' 같은 관용표현에 나오는 '시치미'나 '어처구니' 같은 말은 다른 표현에서는 거의 사용하지 않고 있고, 심지어 한국어를 모어로 사용하는 사람들조차 정확하게 무슨 뜻인지 아는 사람이 적을 정도이므로 어휘 자체에 대한 언급은 하되 지나치게 중점을 두고 가르쳐서는 안 될 것이다.

예를 들어 '시치미를 떼다'에서 '시치미'가 무슨 뜻인지 한국 사람들에게 질문했을 때 얻을 수 있는 대답으로 바느질과 관련된 표현이라고 하는 경우가 많았다. 바느질을 할 때 천을 맞대어 듬성듬성하게 대강 호는 것을 '시침' 또는 '시침질'이라고 하는데 '시치미'와 발음이 비슷하기 때문에 이렇게 잘못 생각하는 사람들도 적지 않았던 것으로 보인다.

'시치미를 떼다'의 유래를 살펴보면 다음과 같다. 몽골의 지배를 받던 고려 때 매사냥이 성행했는데, 이렇게 매사냥 인구가 늘어나다 보니 길들인 사냥매를 도둑맞는 일이 잦아졌다. 그래서 서로 자기 매에게 특별한 꼬리표를 달아 표시했는데 그것을 '시치미'라고 했다. 이처럼 누구의 소유임을 알려 주는 시치미를 떼면 누구의 매인지 알 수 없게 된다는 데서 '시치미를 떼다'라는 말이 나왔는데, 결국 자신이 어떤 일을 벌여 놓고도 그렇게 하지 않은 것처럼 행동하는 것을 가리키게 된 것이다.

그리고 '어처구니없다'에서 '어처구니'는 원래 맷돌을 손으로 돌릴 때 쓰는 나무 손잡이를 가리키는 말로, 맷돌을 돌리려고 하는데 어처구니가 없으면 당황하게 된다. 결국 뭔가 기가 막히거나 당황할 일이 생겼을 때 '어처구니없다'라는 표현을 사용하게 됐다.

'시치미를 떼다'나 '어처구니가 없다' 같은 관용표현을 전체적인 의미로 가르치되 학습자들이 '시치미'나 '어처구니'가 무엇인지 궁금해 하거나 어떻게 이런 표현이 나왔는지 알고 싶어 하는 경우에는 간단하게 유래를 설명해 줄 수도 있을 것이다.

그리고 관용표현을 접한 학습자들이 개별 어휘의 뜻을 알고 있지만 의미의 추정이 제대로 이루어지지 못해서 전체적인 의미를 잘못 추정하는 경우가 많다. 예를 들어 '돈을 물 쓰듯 하다'를 물이 귀한 국가에서 온 학생들은 문화의 차이에 의해서 '돈을 아껴 쓰다'라는 뜻으로 완전히 잘못 해석하는 경우도 있으므로 이러한 관용표현이 나오게 된 문화적인 배경을 학습자들에게 설명하는 것이 필요할 것으로 본다.

5.2.2.5. 속담

속담은 사람들이 오랜 생활 체험에서 얻어진 경험과 교훈을 간결하게 나타내는 구나 문장으로, 언어 공유자의 사고방식이나 행동양식 등이 담겨 있어서 한국의 문화를 쉽게 접할 수 있고, 독특한 의미 구조와 수사적 기교를 가지고 있으므로 외국인 학습자에게 다양한 한국어 표현 자료를 제공할 수 있다.

그러나 속담의 문화적인 특성을 다룰 때는 속담에 반영된 문화가 한국 전체 문화를 항상 대표하는 것은 아니라는 점에 유의해야 한다. 발생 당시의 속담은 주로 조선 시대 평민 문화를 반영하고 있으므로 속담만을 기준으로 하여 다른 나라 문화와의 차이를 강조하는 것은 바람직하지 않으며, 속담에 반영된 문화적 가치가 시기에 따라 다를 수 있음에 유의해야 한다.

관용표현과 속담의 선을 긋는 경계가 명확하지 않은 경우도 있지만 대체로 관용표현은 직설적인 성격을 가지며 문장 속에 녹아든 형태로 쓰이는 반면에(예: 그 정도는 누워서 떡 먹기다.) 속담은 풍자성, 비유성, 교훈성을 가지며 인용문의 형태로 쓰인다(예: 금강산도 식후경이라는데 우선 밥부터 먹고 하자.).

한국어 교육에서 다룰 속담을 선정할 때는 사용 빈도가 높은 속담, 사용 범위가 넓은 속담, 기본 의미가 본래대로 잘 유지되는 속담, 학습자의 발달 단계에 맞는 속담, 한국 문화를 적절하게 드러내는 속담인지를 기준에 포함하여야 한다.

또한 속담은 관용표현과 마찬가지로 어휘의 결합으로 이루어져서 제3의 의미를 갖게 되므로 초급보다는 중급과 고급 단계에서 집중적으로 학습하게 된다. 외국인이 실제로 속담을 이용하여 표현하는 것보다는 이해할 수 있도록 하는 데에 중점을 두고 지도하는 것이 적절할 것으로 보인다.

그리고 속담은 한국 문화와 역사에 대한 인식도 함께 이루어져야 이해도가 높아질 수 있으므로 한국어 교사는 다양한 속담의 문화적인 배경과 유래를 미리 알아둠으로써 학습자들에게 속담의 뜻을 좀 더 알기 쉽고 정확하게 전달해 줄 수 있도록 해야 할 것이다.

다음은 한국어 교육에서 학습해야 할 속담을 주제별로 분류한 것이다.

① 언어 : 가는 말이 고와야 오는 말이 곱다/ 낮말은 새가 듣고 밤말은 쥐가 듣는다/ 말 속에 뼈가 있다/ 말 한마디에 천 냥 빚을 갚는다/ 말이 씨가 된다/ 발 없는 말이 천 리 간다

② 인생 : 고생 끝에 낙이 온다/ 세월이 약이다/ 십 년이면 강산도 변한다/ 짚신도 짝이 있다/ 콩 한 쪽이라도 나눠 먹어라/ 하늘은 스스로 돕는 자를 돕는다/ 하늘이 무너져도 솟아날 구멍이 있다

③ 가정 : 열 손가락 깨물어 안 아픈 손가락 없다/ 형만 한 아우 없다

④ 사회 : 간에 기별도 안 간다/ 갈수록 태산이다/ 금강산도 식후경/ 꼬리에 꼬리를 물다/ 꿩 대신 닭/ 믿는 도끼에 발등 찍힌다/ 산 넘어 산/ 싼 게 비지떡/ 옷이 날개다/ 친구 따라 강남 간다

⑤ 지능 : 개천에서 용 난다/ 그 스승에 그 제자/ 낫 놓고 기역자도 모른다/ 뛰는 놈 위에 나는 놈 있다/ 벼는 익을수록 고개를 숙인다/ 서당개 삼 년이면 풍월을 읊는다/ 아는 게 병이요 모르는 게 약이다/ 작은 고추가 맵다/ 하나만 알고 둘은 모른다

⑥ 사리 : 가는 날이 장날이다/ 같은 값이면 다홍치마/ 꿈보다 해몽이 좋다/ 누이 좋고 매부 좋고/ 등잔 밑이 어둡다/ 배보다 배꼽이 더 크다/ 보기 좋은 떡이 먹기도 좋다/ 새 발의 피/ 설마가 사람 잡는다/ 웃는 얼굴에 침 못 뱉는다/ 윗물이 맑아야 아랫물이 맑다/ 입에 쓴 약이 몸에 좋다/ 콩 심은 데 콩 나고 팥 심은 데 팥 난다/ 하나를 보고 열을 안다/ 해가 서쪽에서 뜨겠다/ 호랑이에게 물려 가도 정신만 차리면 산다

⑦ 심성 : 가재는 게 편이다/ 개구리 올챙이 적 생각 못 한다/ 걱정도 팔자/ 떡 줄 놈은 생각도 안 하는데 김칫국부터 마신다/ 물에 빠지면 지푸라기라도 잡는다/ 미운 아이 떡 하나 더 준다/ 미운 정 고운 정 다 들다/ 열 길 물속은 알아도 한 길 사람 속은 모른다/ 오는 정이 있어야 가는 정이 있다/ 울며 겨자 먹기/ 지성이면 감천이다/ 팔은 안으로 굽는다/ 평안 감사도 저 싫으면 그만이다/ 피는 물보다 진하다/ 핑계 없는 무덤은 없다

⑧ 행위 : 계란으로 바위 치기/ 고래 싸움에 새우등 터진다/ 공든 탑이 무너지랴/ 구슬이 서 말이라도 꿰어야 보배/ 귀에 걸면 귀걸이 코에 걸면 코걸이/ 꿩 먹고 알 먹는다/ 누워서 침 뱉기/ 도둑이 제 발 저리다/ 땅 짚고 헤엄치

기/ 돌다리도 두들겨 보고 건너라/ 둘이 먹다가 하나가 죽어도 모른다/ 밑 빠진 독에 물 붓기/ 바늘 도둑이 소 도둑 된다/ 백지장도 맞들면 낫다/ 병 주고 약 준다/ 부부싸움은 칼로 물 베기/ 불난 집에 부채질한다/ 사공이 많으면 배가 산으로 간다/ 세 살 적 버릇이 여든까지 간다/ 소 잃고 외양간 고친다/ 수박 겉핥기/ 시작이 반이다/ 식은 죽 먹기/ 아는 길도 물어 가라/ 아니 땐 굴뚝에 연기 날까/ 엎친 데 덮친 격/ 열 번 찍어 안 넘어가는 나무 없다/ 우물 안 개구리/ 원숭이도 나무에서 떨어진다/ 젊어서 고생은 금 주고도 못 산다/ 천 리 길도 한 걸음부터/ 티끌 모아 태산/ 하룻강아지 범 무서운 줄 모른다/ 한 귀로 듣고 한 귀로 흘린다/ 한 우물을 파라/ 호랑이도 제 말하면 온다

5.2.2.6. 한자어

초급에서는 주로 고유어와 기초적인 한자어가 나오는 반면에 중급부터는 한자어가 많이 나오기 시작하므로 중급, 고급에서는 한자어에 대한 학습에 중점을 두고 지도해야 한다. 특히 고급에서는 한자어가 대부분을 차지한다고 해도 과언이 아니므로 한자의 의미를 통한 접근법을 사용한다. 그리고 한국어 어휘는 한자어의 영향을 많이 받아서 동음이의어가 많으므로 문맥 속에서 어떤 의미로 사용된 것인지를 파악하는 연습이 함께 필요하다.

한자를 아는 학습자는 한자를 모르는 학습자에 비해서 한국어 학습 속도와 이해도 면에서 유리하므로 학습자들에게 한자를 배우도록 권유하는 것이 바람직하다. 새로운 어휘를 접했을 때 간혹 학습자들이 알고 있는 한자를 이용하여 잘못된 유추를 하는 경우도 있으나 학습자 자신이 한자에 대한 관심을 가지고 공부하고자 한다는 점에서 보면 매우 고무적인 것이라고 할 수 있다.

그리고 한자를 모르는 학습자라고 해도 반복해서 쉬운 것부터 중복되는 것들을 알려 주는 것이 효과적이다. 예를 들어서 '무(無)'는 '없다'의 뜻이고, '무(無)'가 들어가는 표현으로 '무급, 무료, 무식, 무능' 같은 단어가 있고, 반대로 '유(有)'는 '있다'의 뜻이고, '유(有)'가 들어가는 표현으로 '유급, 유료, 유식, 유능' 같은 표현이 있다고 지도한다.

또한 '최신(最新)'이라는 어휘가 나왔을 때 이미 학생들이 알고 있는 '최(最)'가 들어가는 단어를 모아 보게 한다(예: 최고/최저, 최대/최소, 최상/최하, 최초/최후, 최강,

최근, 최악 등). 그리고 학생들 스스로 대립 짝을 찾지 못할 때는 교사가 도와줄 수도 있는데, 단순히 어휘를 나열하는 것으로 끝나지 않고 이러한 어휘를 사용하여 문장을 만들어 보게 함으로써 어휘를 적절하게 사용하는 방법도 함께 제시해 주는 것이 좋다.

또 다른 예로 조금 어려운 한자 가운데서 '유산(遺産)'이라는 단어가 나왔을 때는 '남길 유(遺)'자가 '죽으면서 남기는 것'과 관련이 있다는 것에 초점을 맞춰서 '유물(遺物), 유서(遺書), 유언(遺言), 유품(遺品)'과 같은 표현으로 확장해서 학습할 수 있다.

한국말에는 고유어와 한자어가 비슷한 뜻을 가지고 있는 경우가 상당히 많은데 의미의 영역이 달라서 사용상 차이가 나타나는 것들이 대단히 많으므로 서로의 유사점과 차이점에 대해서 용례를 통해 지도하는 방법이 바람직하다.

고유어 '풀다'와 한자어 '해결(解決)하다'를 그 예로 들어 보면 다음과 같다.

'풀다'는 여러 가지 뜻을 가지고 있는데 그중에서도 '해결하다'와 연결해서 생각해 볼 수 있는 뜻으로 한정해서 살펴보면, '궁금증을 풀다/수학 문제를 풀다/암호를 풀다'와 같이 '모르거나 복잡한 문제 따위를 알아내거나 해결한다'는 뜻이 있다. 반면에 '해결하다'는 '문제를 해결하다/폭력 사태를 해결하다/숙식을 해결하다/어려움을 해결하다'와 같이 제기된 문제를 해명하거나 얽힌 일을 잘 처리한다는 뜻이 있다.

용례에서도 알 수 있듯이 '풀다'는 모르는 것을 알아낸다는 것에 초점이 맞춰지고, '해결하다'는 제기된 문제나 얽힌 일을 잘 처리한다는 것에 초점이 맞춰진다. 따라서 '수학 문제를 풀다, 암호를 풀다'는 자연스럽지만 '수학 문제를 해결하다, 암호를 해결하다'는 자연스럽지 않고, 이와는 반대로 '숙식을 해결하다, 폭력 사태를 해결하다'는 자연스러운 반면에 '숙식을 풀다, 폭력 사태를 풀다'는 자연스럽지 않은 것이다.

그리고 한국어의 어떤 단어가 고유어인지 한자어인지를 구별하는 것은 한국인들에게도 쉽지 않은 경우가 있다. 그런데 예를 들어 '사이비'라는 말이 '似而非'라는 한자어임을 아는 것은 이 단어의 의미를 파악하는 데 결정적인 열쇠가 될 수 있다는 것을 보면 한자권 학습자들에게는 어떤 어휘가 고유어인지 한자어인지를 알려 주는 것이 학습 효과 면에서 많은 도움이 될 것으로 보인다.

5.2.2.7. 외래어

현대 한국어에서 외래어의 비중이 점점 높아지고 있고, 학습자들이 외래어의 원래 표현은 알고 있어도 한국어에서 표기하는 형태와 발음에 익숙하지 않아서 이해하기 어려운 점도 많으므로 한국어 교육에서 외래어 어휘 교육은 필수적인 것이다. 또한 '외래어 표기법'이 정해져 있으므로 한국어 교사 자신이 정확한 외래어 표기 형태에 대한 지식을 갖추고 있어야 한다.

다음은 단계별로 제시해야 할 외래어의 목록이다.[7]

초급	게임, 넥타이, 노트, 뉴스, 달러, 라디오, 라면, 러시아, 메뉴, 미터, 바나나, 버스, 볼펜, 비디오, 샌드위치, 샤워, 센티미터, 소파, 쇼핑, 슈퍼마켓, 스키, 아이스크림, 아파트, 에어컨, 오렌지, 자장면, 주스, 초콜릿, 카드, 카메라, 캐나다, 커피, 컴퓨터, 컵, *케이크, 콜라, 크리스마스, 테니스, 테이블, 텔레비전, 티브이, 팀, 파티, 퍼센트, 프랑스, 피아노, 피자, 핸드폰, 햄버거
중급	가스, 가이드, 고속버스, 공항버스, 골, 골프, 그램, 그룹, 기타, 껌, *노트북, 뉴욕, *다운로드, 다이어트, 드라마, 디자인, 디자이너, 라이터, 런던, 레몬, 레스토랑, 렌즈, 리듬, 마사지, 메모, 메시지, 메일, 모니터, 모델, 미디어, 미팅, 밀리미터, 바이올린, 박스, 배드민턴, 버터, 버튼, 벨트, 블라우스, 비닐, 비타민, 빌딩, 서비스, 센터, 소스, 소시지, 쇼, 스웨터, 스케이트, 스케줄, 스타, 스타일, 스트레스, 스포츠, 시리즈, 아나운서, 아시아, 아프리카, 액세서리, 에너지, *에스컬레이터, 엔, 엘리베이터, *엠피스리(mp3), 오븐, 오피스텔, 올림픽, 와인, 원피스, 월드컵, 웨이터, 유럽, 이미지, 인터넷, 인터뷰, *전자레인지, 채널, 챔피언, 치즈, 카레, 카페, 캠퍼스, 커튼, 코너, 콘서트, 콤플렉스, 킬로, 킬로그램, 킬로미터, 탤런트, 터널, 터미널, 테스트, 테이프, 토마토, 톤, 티셔츠, 파리, 파일, 패션, 팩, 포스터, 프로, 프로그램, 플라스틱, 피시, 필름, 홈페이지
고급	가톨릭, 그래픽, 메달, 댐, 데이트, 디스크, 라운드, 라이벌, 라인, 라켓, *램프, 레이저, 레저, 로봇, 로터리, 리그, 리터, 마라톤, 마요네즈, 마이크, 마크, 매스컴, 미니, 미사일, 미스, 바, 바이러스, 발레, 벤치, 보너스, 볼링, 브랜드, *사이트, 서클, 세미나, 세트, 섹시(하다), 소프트웨어, 스위치, 스튜디오, *스피커, 시나리오, 시디, 시멘트, 시스템, 시즌, 아르바이트, 아스팔트, 아이디어, 알루미늄, 알코올, 앨범, 엔진, 오페라, 온라인, 와이셔츠, 유머, 이데올로기, 잠바, 장르, 재즈, 조깅, 캐릭터, 캠페인, 컨디션, 컬러, 케첩, 코드, 코미디, 코스, 코스모스, 코치, 코트, 크림, 클래식, 클럽, 키스, 타입, 테러, 텍스트, *토스터, 트럭, 팝송, 팩스, 팩시밀리, 펜, 팬티, 페인트, 포인트, 포크, *프라이팬, 프린터, 피디, 피망, 하드웨어, *해커, *해킹, 핸드백, 햄, 헬기

5.2.2.8. 방언

외국인이 한국어로 표현하는 데에는 표준어만으로도 큰 문제는 없으나 한국어 학습의 장을 벗어난 언어 현실에서는 텔레비전 등의 방송 매체를 통해서 또는 한국을 여행하면서 여러 가지 형태의 어휘와 억양 등을 접하게 되므로 듣기 면에서 상당히 어려움을 겪게 된다. 물론 한국어 교육에서 방언을 집중적으로 교육할 필요는 없으나 중급 이상부터는 방언의 특징이나 듣기 등에 관한 교육을 조금씩 실시하는 것이 이와 같은 문제점을 해결하는 하나의 방안이 될 수 있을 것이다. 그러나 방언의 지도는 표현 어휘로서가 아니라 주로 이해 어휘로서 가르친다는 것을 염두에 두고 지도하여야 할 것이다.

다음은 대표적인 지역의 방언으로 한국어 학습자에게 제시할 만한 어휘의 목록이다.

경상도	전라도	충청도
그쟈? : 그렇지?	-갑다 : -가 보다 (그랬는갑다)	-는 겨? : -는 거야?
-끼다 : -것이다 (갈끼다)	그라고 : 그리고	가찹다 : 가깝다
너거들 : 너희들	괴기 : 고기	그러니께 : 그러니까
갑니더 : 갑니다	그란디 : 그런데	그류 : 그래요
뜨시다 : 따뜻하다	그러코롬 : 그렇게	기여? : 그래?
마이 : 많이	기둘리다 : 기다리다	난중에 : 나중에
머스마 : 남자/사내아이	낭구 : 나무	낭구 : 나무
묵다 : 먹다	냅둬야 : 그냥 둬라	동상 : 동생/아우
보이소 : 여보세요	느그 : 너	성 : 형
했심더 : 했습니다	땀시 : 때문에	셤 : 수염
아부지 : 아버지	-르랑가? : 르까?	숫제 : 차라리
어메/어무이 : 어머니	맨키로 : 처럼 (나 맨키로)	시방 : 지금
아이다 : 아니다	멋이야? : 뭐?	쎄 : 혀
아제 : 아저씨	무신 : 무슨	안녕하세유? : 안녕하세요?
아지메 : 아주머니	성 : 형	알것슈 : 알겠어요
언지예 : 아닙니다	아부지 : 아버지	오디께 : 어디쯤
와 : 왜	아짐 : 아주머니	읍써 : 없어

---

7) 조남호(2003)에서 분류하여 선정한 한국어 학습용 어휘 목록 가운데 외래어 자료를 1단계(초급), 2단계(중급), 3단계(고급)로 나누어 수록하였으며, 이 목록에 추가할 만한 자료는 앞에 *표시를 하고 추가로 수록하였다.

와 이라노? : 왜 이러니?	앗따 : 아유	인저 : 이제
우짠 : 무슨/어떤	야그 : 이야기	자빠지다 : 넘어지다
와 이라는교? : 왜 이럽니까?	오랑께 : 오너라	정지 : 부엌
-데이 : -다(간데이 : 간다)	오매우짜까? : 어쩌면 좋을까?	했간? : 했어?
할매/할무이 : 할머니	을매나 : 얼마나	했댜 : 했대
할배 : 할아버지	쪼깨 : 조금	했슈? : 했어요?
헹님 : 형님	헌디 : 그런데	헐껴? : 할 거야?

5.2.3. 어휘 학습 교안

5.2.3.1. 초급

초급 단계의 어휘 학습은 어휘의 기본 뜻을 익혀서 알맞게 사용하는 데 중점을 둔다. 이와 관련한 내용의 예로 교안을 작성해 보고자 한다.

수업 목표	1. '타다', '내리다'의 뜻과 교통수단 어휘를 익힌다. 2. '을/를 타다'와 '에서 내리다' 표현을 정확하게 사용할 수 있다.
도입	◇ 초급에서는 어휘를 설명할 때 가능한 한 학생들이 쉽게 의미를 이해할 수 있도록 사진, 그림, 실물 자료 등을 이용해서 도입하는 것이 효과적이다. '타다', '내리다'의 뜻을 설명하기 전에 교통수단 그림 카드나 PPT로 사진을 준비하여 보여 준다. 사람이 버스를 타고 있는 그림, 버스에서 내리고 있는 그림도 준비하면 좋다.
설명 및 연습	◇ 교통수단 PPT(비행기, 버스, 지하철, 택시)를 보여 주면서 단어를 따라 읽힌다. ◇ 단어를 익힌 후에 "한국에 어떻게 왔어요?"라는 질문을 던져서 "비행기를 타고 왔어요."라는 대답을 유도한다. 보통은 '타다'라는 단어의 의미 정도는 기본적으로 알고 있기 때문에 의미 자체를 설명하는 데 어려움은 없다. 혹시 원하는 대답이 안 나올 경우에는 교사가 "비행기? 수영? 걸어서?"와 같이 되물어서 "비행기"라는 대답이 나오게 한 후 "비행기를 타고 왔어요."라고 문장을 만들어 준다. ◇ 그림 자료를 보면서 '을/를 타다'를 연습시킨다. "비행기를 타요.", "버스를 타요.", "지하철을 타요." 등. ◇ 그런 다음 또 어떤 교통수단에 '타다'를 쓸 수 있는지 물어본다. 교통수단에는 여러 가지가 있고 세계 공통적인 것들이 많아서 한국어로 그 단어를 모른다고 해도 학생들이 손짓으로든 영어로든 대답을 잘한다. 가끔 '스키,

설명 및 연습	스케이트'와 같은 단어도 나오는데 확장 범위를 좁혀서 교통수단에 집중하여 가르치도록 한다. ◇ 기차(KTX), 자동차, 오토바이, 자전거, 배 등 교통수단 관련 단어를 확장해서 말하는 연습을 시킨다. ◇ 그다음은 '타다'의 반대말이 '내리다'인 것을 알려 주고 '내리다'의 경우, '을/를'이 아닌 '에서'를 써서 '에서 내리다'임을 강조한다. ◇ (학교에 올 때) "집 앞에서 버스를 타요. 그리고 학교 앞에서 내려요."와 같은 문장을 만들어 준 후 짝과 함께 자기 문장을 만들어서 대화하는 연습을 시킨다. 교사가 '한국에서 캐나다, 부산에서 제주도, 학교에서 명동'과 같이 장소를 몇 개 지정해 주고 "○○을/를 타요. 그리고 ○○에서 내려요."를 연습시킨다. ◇ 마지막으로 PPT 자료를 보면서 문장을 다시 한 번 확인하고 정리한다.

5.2.3.2. 중급

중급 단계의 어휘 학습은 어휘 형성부의 비중을 높이는 것에 중점을 두게 되므로 이와 관련한 내용의 예로 교안을 작성해 보고자 한다.

수업 목표	1. '위-/아래-'가 들어가는 다양한 표현을 읽힌다. 2. 사이시옷을 붙이는 규칙을 이해한다. 3. '위-/아래-'와 관련하여 '옷-'이 들어가는 표현을 이해한다.
도입	◇ '윗사람'이라는 어휘를 학습할 때 우선 예문으로 '윗사람/아랫사람'이 들어간 문장으로 노출시킨다. · 한국에서는 다른 사람과 식사할 때 <u>윗사람</u>이 먼저 식사를 시작하면 <u>아랫사람</u>들도 식사를 합니다. · 직장에서 <u>아랫사람</u>은 윗사람이 시키는 일도 물론 잘 해야겠지만 자기 스스로 일을 찾아서 하는 것이 더 중요합니다.
설명 및 연습	◇ 예문에서 제시된 '윗사람'과 '아랫사람'의 뜻을 학습자들에게 물어본다. ◇ 이에 대한 정확한 설명을 해 준다. · 윗사람: 자기보다 나이나 지위가 높은 사람 · 아랫사람: 자기보다 나이나 지위가 낮은 사람 ◇ 가정에서 학습자 자신에게 '윗사람'과 '아랫사람'이 누구인지 말해 보게 한다. ◇ '윗-/아랫-'이 들어가는 다양한 표현들을 제시한다(그림 자료 제시). (예: 윗면/아랫면, 윗물/아랫물, 윗부분/아랫부분) ◇ 이 중에서 '윗물이 맑아야 아랫물이 맑다.'라는 속담을 제시하고 이 속담의 뜻을 생각해 보게 한다.

설명 및 연습	◇ '윗사람이 잘하면 아랫사람도 따라서 잘하게 된다는 뜻'임을 설명하고, 예를 들어 '형이 부모님 말씀을 잘 들으면 동생도 형을 따라서 부모님 말씀을 잘 듣는다.'와 같이 예를 들어 설명한다. ◇ '윗-/아랫-'이 들어가는 표현으로 학습자 스스로 문장을 만들어 보게 한다. ◇ 다음 단계로는 '위층/아래층, 위쪽/아래쪽'을 제시하고 이 어휘들에는 사이시옷을 쓰지 않는데, 위의 예들과 비교해 보면서 그 이유가 무엇인지 생각해 보게 한다. ◇ '위-/아래-' 뒤에 거센소리([ㅋ, ㅌ, ㅍ])나 된소리([ㄲ, ㄸ, ㅃ, ㅉ])로 시작하는 말이 오면 사이시옷을 쓰지 않음을 설명한다. ◇ '위팔/아래팔, 위편/아래편' 등의 예를 보여 주고 규칙의 이해를 돕는 정도로만 하고 어휘의 자세한 의미를 강조하지는 않는다. ◇ 다음 단계로는 '웃어른'을 '윗어른'이라고 하지 않는 것을 제시한다. '웃어른'은 '나이나 지위가 자기보다 높아서 모시는 어른'이라는 뜻인데, '아래어른'이라는 말이 없기 때문에 '윗어른'이라는 표현을 쓰지 않고 '웃어른'이라고 함을 소개한다. ◇ '웃-'이 들어가는 표현은 매우 한정적인데 한 예로 '웃돈' 정도를 설명해 주는 것이 좋다. '웃돈'은 '본래의 값에 덧붙이는 돈'이라는 뜻임을 설명하고, '구하기 힘든 물건이라서 원래 가격에 웃돈을 주고 사 왔다.' 같은 예문을 제시한다.

5.2.3.3. 고급

고급 단계의 어휘 학습은 이미 구축된 어휘를 이용하여 어휘를 확장시키는 방법을 택하고, 의미 관계에 따른 유의어, 다의어, 동음이의어 등에 관한 교육이 이루어져야 하므로 이와 관련한 내용의 예로 교안을 작성해 보고자 한다.

수업 목표	1. 유의어 '섭섭하다, 아쉽다'의 여러 가지 뜻을 이해한다. 2. '섭섭하다, 아쉽다'의 사용상의 차이를 이해하고 정확하게 표현한다.
도입	◇ '섭섭하다, 아쉽다'가 비슷한 뜻으로 쓰인 예문을 제시하여 이 두 표현이 유의어라는 것을 노출시킨다. · 이렇게 갑자기 떠나시게 돼서 정말 섭섭합니다. · 이렇게 갑자기 떠나시다니 정말 아쉽습니다.
설명 및 연습	◇ 예문에서 제시된 '섭섭하다'와 '아쉽다'의 뜻을 학습자들에게 물어본다. ◇ 이 예문에서 사용된 '섭섭하다'와 '아쉽다'의 뜻은 모두 (헤어지는 것에 대해서) 마음이 아프다는 것으로 이 두 표현이 유의어라는 것을 확인시켜 준다.

|설명 및 연습|◇ '섭섭하다'가 다른 뜻으로 사용된 예문을 제시하고, 이번에는 무슨 뜻으로 쓰였는지 물어본다.
· 정든 집을 팔아야 하는 것이 <u>섭섭하지만</u>, 지금은 이것이 최선이다.
◇ '섭섭하다'에는 '없어지는 것이 아깝다'는 뜻도 있다는 것을 알려 준다.
◇ '섭섭하다'의 이 뜻과 비슷하게 쓰인 '아쉽다'가 들어간 예문을 제시한다.
· 물려받은 땅을 남에게 팔기가 너무 <u>아쉽다</u>.
◇ 두 문장에서 '섭섭하다'와 '아쉽다'가 비슷한 의미로 쓰여서 서로 대체해서 쓸 수도 있다는 것을 설명한다.
◇ 다음에는 '섭섭하다'와 '아쉽다'가 서로 다른 뜻으로 사용된 예문을 제시한다.
· 어제 일은 어쩔 수 없는 상황이었으니 너무 <u>섭섭하게</u> 생각하지 마세요.
· 다른 사람들은 다 초대하고 나한테는 연락도 안 해 주다니 너무 <u>섭섭하다</u>.
◇ 이 예문에서의 뜻을 생각해 보게 한 다음, '기대에 어그러져서 불만스러워 약간 화가 난다'는 뜻이라는 것을 설명한다.
· 나는 요새 돈이 <u>아쉽다</u>.
· 그는 어려서부터 <u>아쉬운</u> 게 없이 살아온 사람이다.
◇ 이 예문에서 '아쉽다'의 뜻을 생각해 보게 한 다음, '필요할 때 없거나 모자라서 안타깝고 만족스럽지 못하다'는 뜻임을 알려 준다.
◇ '섭섭하다'와 '아쉽다'의 공통적인 뜻과 서로 다른 뜻에 대해 정리해서 설명해 준다.
◇ 학습자들에게 '섭섭하다'와 '아쉽다'가 들어가는 문장을 만들어 보게 하고, 그 뜻을 함께 생각해 본다.|
|---|---|

5.3. 어휘 게임

한국어 수업에 있어서 말하기, 듣기, 읽기, 쓰기 수업은 학교 교실에서 이루어지지만 어휘 학습의 경우, 많은 부분을 학습자들의 예습에 맡기게 된다. 학교에서의 어휘 수업은 학습자들이 미리 공부해 온 것을 바탕으로 질문을 해소해 주거나 기억을 돕는 정도의 역할을 하게 된다. 제한된 수업 시간만으로는 많은 양의 어휘를 다 학습할 수 없거니와 다수의 어휘는 기본 뜻을 암기하는 것이 선행되어야 하므로 굳이 수업 시간에 새로 나온 모든 어휘를 다룰 필요는 없다. 하지만 어휘의 양이 점점 많아질수록 학습자들의 어휘 암기에 대한 부담이 커지고 어떤 어휘의 경우 연어 관계를 파악해야 한다든지 혹은 여러 의미를 구별할 필요가 있는 어휘들도 있기 때문에 이를 효과적으로 전달할 수 있는 방법을 생각해 보아야 한다. 단순히 어휘의 뜻이나 함께 사용하는 동사 등을 직접 제시할 수도 있겠으나 어휘 게임8)을 통해서 자연스럽게 어휘를 익힐 수 있도록 하면 교사나 학습자 모두에게 즐거운 시간이 될 것이다.

여기에서 다양한 게임을 소개하겠지만 교실 상황이 여의치 않을 경우 다양한 시도가 어려울 수도 있다. 이럴 때는 여러 가지 게임을 많이 하는 것보다 교사 자신과 학습자들에게 맞는 게임 한두 개를 정해서 자기만의 발전된 방법을 찾는 것이 더 나을 것이다. 처음에는 어떤 게임이 효과적일지, 학습자들의 취향에 맞을지 잘 모르니 여러 가지 게임을 시도해 보고 그중에서 반응이 좋은 몇 가지를 좀 더 연구해서 개발하는 것이 도움이 될 것이다.

예를 들어 학생들이 퀴즈 형식을 풀고 대답하는 게임을 좋아한다면 복습으로 작은 칠판을 이용해서 질문에 답을 쓰게 하거나 단어 카드를 제시하여 단어를 설명하게 하는 방법에 익숙해지게 한다. 이런 게임에 충분히 익숙해졌다면 작은 칠판과 단어 카드를 이용하는 큰 틀은 바꾸지 않으면서 대답하는 방법, 팀 구성, 시간 제한, 점수 기준 등의 다른 조건을 조금씩 바꾸면서 게임을 진행할 수도 있다. 이렇게 하면 학생들에게 익숙한 게임을 반복함으로써 게임 설명하는 시간을 줄일 수 있으며 거기에 매번 조금씩 다른 조건을 추가하면서 새로움을 같이 추구할 수도 있다.

수업 시간에 어휘를 제시할 때 설명만으로 끝내는 것보다 게임 활동을 진행하면 훨씬 수업을 재미있게 할 수 있고 관심을 집중시킬 수 있다.

게임을 통한 학습 효과를 극대화하려면 게임 활동을 위한 사전 준비가 필요하다. 게임에 참여하는 것과 게임을 진행하는 것은 다르기 때문이다. 아무리 익숙한 게임이라도 게임을 진행하는 입장이 되어 해 보면 미리 정해야 하는 규칙 및 예상과 다른 변수가 많음에 놀랄 것이다. 따라서 교사가 수업 시간에 게임 활동을 하려고 한다면 미리 게임 수업안을 구성하여 준비를 한 후 게임을 시작하여야 한다.

게임 소개에 앞서 게임 수업을 하기 전에 필요한 준비에 대해 언급하고자 한다.

---

8) 여기에서 어휘 게임이란 수업 시간에 활용할 수 있는 활동들까지 포함된 개념이다.

5.3.1. 게임 수업 준비 단계

실제로 우리가 잘 알고 있는 게임이라 하더라도 준비 없이 시작했다가는 수업 시간에 발생하는 여러 변수에 당황하게 될 것이다. 게임은 보통의 수업을 준비하는 것보다 훨씬 더 많은 준비 시간을 필요로 한다. 완벽하게 준비하지 않고 게임을 어설프게 시작하는 것은 학습 목표도 달성하지 못하고 시간만 버리는 꼴이 된다. 따라서 게임에서 생길 수 있는 여러 변수를 최대한 고려하여 준비해야 한다.

① 학습자의 수준과 성향을 고려해야 한다.

일단 초급 학습자라면 설명이 어려운 게임은 무조건 피해야 한다. 게임을 설명하다가 수업이 다 끝날 수 있고 학습자들도 짜증을 낼 수 있다. 초급에서 영어가 통하지 않는 학습자라면 교사가 게임의 시범을 보여 주는 것으로 설명이 가능한 게임을 골라야 한다. 물론 영어가 통하는 학습자들만으로 구성된 반이라면 좀 더 다양한 게임이 가능하겠지만 이때도 간단한 게임을 고른다.

반대로 고급 학습자라면 너무 쉬운 게임은 흥미를 떨어뜨릴 수 있다. 적당히 난이도를 조절해야 하며 학습자의 수준 파악이 어렵다면 가능한 한 조건에 제한을 두지 말고 학습자들에게 많은 부분을 열어 두어서 결과를 보는 것도 좋다.

또한 학습자들의 성향을 잘 파악하고 있어야 한다. 어떤 학생들은 동적인 게임에 적극적이며 정적인 게임이 재미없다고 생각하는 반면 다른 학생들은 동적인 게임에 부담을 느끼고 참여하지 않으려 할 수도 있다. 이러한 학생들의 성향을 잘 파악하여 동적인 게임이라도 부담스럽지 않게 할 수 있도록 교사가 조절하거나 가능하면 정적인 게임 위주로 하는 방법을 택한다.

② 게임의 구성에 대한 고민이 있어야 한다.

게임 방법 설명, 팀의 구성, 자리 배치, 예상 시간, 게임 횟수, 상이나 벌의 여부 등을 사전에 미리 잘 구성해야 한다. 교사가 잘 알고 있는 게임이라 하더라도 막상 외국 학생에게 설명하려면 아주 어렵다. 한국 학생과 달리 외국 학생들은 한국적인 게임에 전혀 익숙하지 않으며 설명할 때 사용할 수 있는 단어 역시 제한적이기 때문이다. 게임 설명이 너무 어렵거나 복잡하면 그 게임 방법을 익히는 데만 시간을 많이 빼앗기게 되므로 사전에 학생들의 수준을 생각하여 쉬운 단어로 설명이 가능한지, 어떻게 설명하면 좋을지를 모두 생각해서 수업에 들어가도록 한다.

③ 게임에 필요한 시각적인 교구들을 만들고 여유 있게 준비한다.

예를 들어, 단어 스피드 게임을 한다고 가정할 때 즉석에서 빈 종이에 글씨를 써서 할 수도 있지만 미리 예쁜 카드나 PPT로 준비하면 더욱 좋다. 단어 카드는 하나하나 만들어야 하는 번거로움이 있어서 요즘에는 PPT 파일을 이용하는 경우가 늘고 있다. 또한 이런 교구들을 준비할 때는 카드가 모자라지 않도록 충분히 준비해야 한다. 제시할 단어 등도 가능한 한 목록을 많이 만들어 둔다.

④ 가능한 변수를 미리 예측하여 제2, 제3의 규칙을 철저하게 생각해 둔다.

가령, 게임을 막상 해 보니 학습자의 수준에 너무 쉽거나 어려워서 좋은 반응을 얻지 못한다면 어떻게 할지를 미리 예측해서 여러 규칙을 염두에 두고 더하거나 빼는 방법을 고려해야 한다.

이때 교사의 역량이 중요하다. 이미 익숙한 게임이라면 여러 다른 조건에 변화를 주면서 재미있게 할 수 있을 것이다. 하지만 처음 하는 게임이라면 분위기를 잘 판단해서 빨리 다른 게임으로 바꾸거나 학생들의 의견을 듣고 게임을 재구성하는 방법도 있다. 학습자들도 자국에서 게임을 해 본 경험이 있기 때문에 비슷한 게임을 알고 있는 경우가 많다. 따라서 학생들에게서 의견이 나온다면 그것을 빨리 판단하여 게임에 적용할지 말지를 판단하는 것도 교사의 몫이다. 학생들의 의견을 받아들여서 더 좋아지는 경우도 있고, 오히려 교사가 더 우왕좌왕하게 되는 경우도 있으므로 상황을 잘 판단하도록 한다. 이것은 다양하게 게임을 시도해 본 후에 쌓이는 것이므로 조급하게 생각하지 말고 천천히 게임 진행하는 방법에 익숙해지도록 한다.

⑤ 흥미를 돕기 위해 가벼운 벌칙이나 상을 준비한다.

물론 학습자들의 성향을 잘 고려해서 결정해야 한다. 적당한 상이 없을 경우는 잘한 사람에게 칭찬을 해 주거나 박수를 쳐 주는 것만으로도 충분하다. 상이나 벌로 인해 반 분위기가 더 나빠질 경우도 있기 때문에 어설픈 상이나 벌은 지양하고 깔끔하게 박수로 마무리하는 것도 좋다.

하지만 반 분위기가 좋고 상이나 벌칙으로 인해 더 활기를 불어넣을 수 있다고 판단되면 작은 상품이나 가벼운 벌칙으로 분위기를 띄우는 것도 좋다. 이때 즉흥적으로 하는 것보다는 미리 준비된 상이나 벌이 효과가 있다. 가벼운 벌칙으로는 틀릴 때마다 틀린 사람에게 스티커 붙이기, 자판기 커피나 과자 사기, 노래하기, 춤추기 등이 있고 상으로는 교사가 준비한 학용품이나 사탕, 초콜릿을 주거나 학생들이 원할 만한 것, 작은 소원 들어주기(예 : OO 씨에게 노래를 부탁) 등이 있다. 하지만 한 명이라도 벌칙을 싫어할 것 같은 분위기라면 벌칙은 빼고 작은 상품이나 박수로 대신한다. 상품은 교사나 학습자 모두에게 부담이 안 되는 정도의 것으로 준비한다. 무조건 교사 혼자 상품을 준비하는 것도 바람직하지 않으며 학생과 교사가 번갈아 가며 적당하게 준비하는 것이 좋다.

각 반 학생들에게 상이나 벌을 정해서 서로 해 주게 하는 것도 좋은 방법이다. 상이나 벌칙을 줄 때 학습자의 문화를 고려해서 기분 나쁘지 않도록 범위 조절을 잘해야 한다. 몸에 스티커를 붙일 때도 얼굴에 붙이면 재미있어 하는 학습자가 있는 반면 기분 나빠하거나 너무 창피해 하는 경우가 있으므로 잘 판단해야 한다. 마찬가지로 돈에 민감한 학습자가 있을 경우에는 뭔가를 사게 하는 벌칙은 빼고 다른 것을 생각해야 한다. 상을 줄 때도 마찬가지이다. 게임을 시작하기 전에 학습자 및 반 분위기를 잘 읽고 상과 벌칙을 준비해야 한다.

5.3.2. 학습 단계별 게임

5.3.2.1. 자모 교육, 초급 단계

자모 교육 단계야말로 교사나 학습자 모두에게 가장 힘들고 어려운 시간일 것이다. 보통은 모음 I(ㅏ, ㅑ, ㅓ, ㅕ, ㅗ, ㅛ, ㅜ, ㅠ, ㅡ, ㅣ), 자음 I(ㄱ, ㄴ, ㄷ, ㄹ, ㅁ, ㅂ, ㅅ, ㅇ, ㅈ, ㅎ), 모음 II(ㅐ, ㅒ, ㅔ, ㅖ, ㅘ, ㅙ, ㅚ, ㅝ, ㅞ, ㅟ, ㅢ), 자음 II(ㅋ, ㅌ, ㅍ, ㅊ, ㄲ, ㄸ, ㅃ, ㅆ, ㅉ), 받침(겹받침), 연음 등의 순으로 학습을 한 뒤 1과를 들어가게 된다.9) 이때 영어를 사용하지 못하는 환경이라면 학습자들과 대화할 수 없고 오로지 자모음을 따라 읽히는 방법으로 수업을 하게 된다. 글자의 소리를 익힌 후에는 반복하여 글자와 소리를 외우게 하는 활동을 하게 되는데 이때 한글 글자와 소리를 익히는 것 자체가 복잡한 것은 아니므로 다양한 활동을 반복하면서 글자를 익힐 수 있도록 도움을 주어야 한다. 여기에서는 자모 교육 단계를 교육할 때 사용하면 좋은 게임을 소개하도록 하겠다.

---

9) 자모음의 구분 및 제시 순서는 교재마다 조금씩 다르다.

단어 카드(PPT 파일) 보고 따라 읽기

학습 단계: 자모 교육

글자의 소리를 익힌 후 연습하는 단계에서 단어 카드를 사용하면 좋다. 모음 I의 경우, 10개 모음을 다 배운 후, 자음 I의 경우 'ㄱ'을 공부하고 'ㄱ 단어 연습'처럼 자음 하나를 공부한 후에 연습을 시키거나 'ㄱ~ㅁ', 'ㅂ~ㅎ'까지 공부한 후 연습을 시킨다. 모음 I, 자음 I의 경우 기본 소리를 충실히 가르치는 것에 중점을 두어 소리 자체를 여러 번 반복시킨다면 모음 II, 자음 II, 받침 등은 기본 소리를 응용해서 읽는 것에 중점을 둔다.

학습 효과:

단순히 소리를 반복하는 학습은 지루할 수밖에 없다. 따라서 단어 카드를 이용하면 단어의 다양한 읽기 연습을 시킬 수도 있고 지루함을 덜 수도 있다. 여기에 그림을 함께 넣은 단어 카드를 이용하면 학생들을 단어 연습에 더 집중시킬 수 있다.

준비물:

자모음 카드(모음 I, 자음 I, 모음 II, 자음 II)
단어 카드(모음 I, 자음 I, 모음 II, 자음 II, 받침을 구별해서 단어 카드를 따로 만든다.)
PPT 파일(위의 자료와 동일한 내용을 파워포인트 파일로 만든다.)
※ 교과서에 나온 단어로 카드를 만든다. 자모음 카드의 경우, 자음과 모음 카드를 따로 만든 후 설명할 때 붙여서 사용하고 PPT 파일의 경우는 자음에 모음 I을 붙여서 '가, 갸, 거, 겨……'처럼 만들어 사용한다.)

방법:

① 자모음 카드를 제시하여 소리와 쓰는 방법을 익힌다.
② 소리를 잘 익혔는지 확인하고 연습시키기 위해 해당 자모음이 들어가는 카드로 연습시킨다. 교사가 먼저 읽고 따라 읽힌다.
③ PPT 자모음 파일을 보면서 다시 한 번 소리를 익힌다.
④ PPT 단어 파일을 보면서 학생들에게 먼저 읽게 한다. 발음이 틀리면 그때 교사가 다시 한 번 따라 읽게 한다.

⑤ 단어 카드를 학생에게 한 장씩 나누어 준다. 그리고 자기가 받은 단어 카드를 읽게 한다. 한 번씩 돌아가면서 읽은 후에는 단어 카드를 오른쪽으로 전달하여 다른 단어 카드를 읽게 한다. 학생들이 잘할 때까지 반복시킨다.

응용:

자모 교육 단계 중에서도 모음 I을 연습시키는 것이 제일 어려울 것이다. 이유는 10개 모음으로 만들 수 있는 유의미한 단어의 수가 매우 한정적이기 때문이다. 이 때는 어쩔 수 없이 의미가 없는 여러 모음의 조합(아야, 아오이, 어여오오 등)을 써서 읽히는 연습을 시킬 수밖에 없다. 그래서 보통은 모음 I을 빨리 끝내고 자음을 더 배운 후에 함께 연습을 많이 시킨다.

자음 II의 경우는 격음, 경음의 구별에 초점을 두어서 연습시킨다. 따라서 '가까카, 다따타'를 기본으로 연습시키고 이후에 '까치, 코끼리' 등과 같은 단어를 연습시킨다.

예:

모음 I 단어 카드

아이	오이	우유	이

아야	야아	아오이	아이우어	어여오유
이야이	어아오	으이어	으이	우어오아

자모음 구별하여 듣기

학습 단계: 자모 교육

자모음의 글자와 소리를 익힌 후 단어 연습을 하여 어느 정도 글자와 소리에 익숙해졌다면 구별하여 듣는 연습을 시킨다. 보통은 그날 공부한 것을 정리할 때나 그 다음날 복습 자료로 사용하면 좋다.

학습 효과:

실제로 학생들의 모어에 없는 음의 경우, 듣기가 안 되는 경우가 많다. 구별해서 듣지 못하기 때문에 당연히 발음할 수 없는 것이다. 따라서 먼저 발음이 어떻게 다른지 구별할 줄 아는 듣는 능력을 길러 주면 발음 향상에도 도움이 된다. 제대로 듣게 되었다고 해서 발음을 그대로 따라 할 수 있는 것은 아니고 끊임없는 연습이 뒷받침되어야 한다. 하지만 일단 자모음을 학습하는 단계에서는 구별해서 듣는 연습을 통해서 어느 정도의 답답함을 해소할 수 있다.

준비물:

듣기 연습지(학생들이 잘 구별하지 못하는 모음, 자음을 넣어서 연습지를 만든다.), PPT 파일(연습지와 동일한 내용으로 글자를 크게 해서 만든다.)

방법:

① 자모음의 소리를 익힌다.
② 단어 카드로 충분히 읽기 연습을 한다.
※ '단어 카드 보고 따라 읽기' 참고.
③ 연습지를 나누어 주고 교사가 읽고 학생들에게 답을 쓰도록 한다.
　문제는 학생들의 수준에 맞춰서 두세 번씩 읽어 준다.
④ 문제를 다 푼 후 답을 알려 준다.
⑤ 답을 알려 준 후 PPT를 보면서 다시 한 번 따라 읽게 한다. 이때 정답만이 아니라 문제의 보기를 모두 함께 같이 읽어 보면서 발음을 확인한다.
⑥ 학생들이 많이 틀린 문제 등은 학생에게 발음을 직접 해 보도록 시켜서 발음을 교정해 준다.

응용:

연습지를 만들 때 구별하고자 하는 모음, 자음을 정해서 그 소리에만 집중할 수 있도록 한다. 예를 들어, 격음·경음을 구별하는 연습지라면 모음을 제외하고 '① ㄱ ② ㄲ ③ ㅋ'로 보기를 만들어 주거나 '① 가 ② 까 ③ 카'처럼 만들어 주어서 해당 음에 집중할 수 있도록 하는 것이 좋다. 그리고 연습지를 만든 후에는 몇 번을 정답으로 해서 읽을지를 미리 표시해 두고 그대로 읽어야 한다. 즉석에서 읽다 보면 나중에 몇 번을 읽었는지 생각이 안 나기 때문이다.

예:

모음 구별 듣기 연습지
1. ① 어 ② 오 ③ 으
2. ① 아이 ② 오이
3. ① 우유 ② 여유
4. ① 거기 ② 고기
5. ① 커피 ② 코피

평음, 격음, 경음 구별 듣기 연습지
1. ① 가 ② 까 ③ 카
2. ① 가지 ② 까지
3. ① 까지 ② 까치
4. ① 피다 ② 비다
5. ① 자다 ② 짜다

받침 듣기 연습지
1. ① 산 ② 상
2. ① 각 ② 갓
3. ① 말 ② 만
4. ① 닭 ② 닻
5. ① 신문 ② 심문

총 복습 듣기 연습지
1. ① 의미 ② 어미
2. ① 애기 ② 얘기
3. ① 크다 ② 끄다
4. ① 맵다 ② 맺다
5. ① 걸다 ② 걷다

받아쓰기

학습 단계: 자모 교육

자음이나 모음을 학습한 후에 읽기, 듣기에 어느 정도 익숙해졌다면 받아쓰기 연습을 시킨다. 주로 그날 학습을 정리하는 마지막 시간이나 그 다음날 첫 시간 복습으로 이 활동을 하면 좋다. 학습자들이 받아쓰기에 약하므로 초급 이후에서도 끊임없이 받아쓰기를 시키면 좋겠지만 현실적으로는 자모 교육에서 주로 하게 된다.

학습 효과:

한국어 단어의 소리와 철자를 함께 익힐 수 있다. 들은 소리를 직접 써 보면서 확인해 보고 자신의 부족한 점을 알 수 있어서 오류 수정에 도움이 된다.

준비물:

작은 칠판(미니 보드), 칠판지우개(또는 휴지)

방법:

① 작은 칠판(미니 보드)을 한 명에 하나씩 나누어 준다.
② 교사가 부르는 단어를 쓰게 한다. 5~10개가 적당하다.
③ 학생들이 다 적었으면 모두 칠판을 들게 하여 서로의 답을 확인한다.
④ 학생들이 오답을 적었을 경우, 오답을 읽어 주어 무엇이 잘못되었는지 확인하게 한다.
⑤ 맞힌 학생들은 칠판에 자기 점수를 적는다.

응용:

학생들이 의미를 알고 있는 외래어를 중심으로 하면 좋다. 학생들의 나라, 도시이름, 세계적으로 특별한 날(크리스마스, 밸런타인데이) 등을 쓰게 한다.

초급 학생들은 아직 한국어에 익숙하지 않아서 외래어라 하더라도 한국어로 발음하면 의미를 모르는 경우가 많다. 따라서 학생들이 소리로만 인식한 '크리스마스'의 뜻을 'Christmas'라고 가르쳐 주면 재미있어한다.

예:

〈나라 이름〉

프랑스	터키	말레이시아	스페인	싱가포르	콜롬비아
France	Turkey	Malaysia	Spain	Singapore	Colombia
오스트리아	러시아	브라질	아프리카	그리스	멕시코
Austria	Russia	Brazil	Africa	Greece	Mexico

〈운동〉

테니스	골프	가라테	복싱	쿵푸	배드민턴
Tennis	Golf	Karate	Boxing	Kungfu	Badminton
스키	스케이팅	무예타이	유도	펜싱	윈드서핑
Ski	Skating	Muay Thai	Judo	Fencing	Windsurfing

〈기타〉

크리스마스	밸런타인데이	키스	피아노	바나나
Christmas	Valentine's day	Kiss	Piano	Banana
컴퓨터	에어컨	카메라	택시	엘리베이터
Computer	Air conditioner	Camera	Taxi	Elevator
아파트	비디오	버스	마트	아이스크림
Apartment	Video	Bus	Mart	Ice cream
샌드위치	오렌지	커피	스파게티	피자
Sandwich	Orange	Coffee	Spaghetti	Pizza

음절표로 단어 찾기

학습 단계: 자모 교육, 초급

모음 I, 자음 I을 공부한 후, 또는 모음 II, 자음 II를 공부한 후, 또는 받침까지 모두 공부한 후 연습할 수 있는 활동이다. 교과서에 나와 있는 기본 음절표를 활용해도 되지만 교사가 직접 원하는 음절표를 만들어서 사용하면 원하는 활동을 다양하게 할 수 있다.

학습 효과:

단순한 내용을 자연스럽게 외울 수 있도록 도와준다. 집중력이 떨어지기 쉬운 반복 학습에서 음절표를 활용하면 자연스럽게 집중할 수 있고 이런 집중은 자모음을 암기하는 데 도움을 준다.

준비물:

자모 음절표(교과서에 있는 자모표에는 모음 II, 자음 II가 빠져 있기 때문에 모음 II, 자음 II를 연습하고자 하는 경우에는 음절표를 교사가 재구성해야 한다.)

음절표 연습지

※ 칠판에 붙이는 용도이므로 큰 전지를 이용해서 음절표를 준비하거나 PPT 파일을 이용한다.

방법:

① 자모표를 칠판에 붙이고 교사가 가리키는 글자를 읽게 한다.
② 처음에는 가, 도, 무, 시 등 한 글자씩 읽게 하다가 글자 수를 조금씩 늘린다. 예를 들어, '가', '구'를 가리킨 후 '가구'라고 읽게 한다. 세 글자의 경우 '나', '가', '다'를 가리키고 '나가다'로 읽게 한다. 학생들이 쉽게 하면 가리키는 속도를 점점 빠르게 하거나 단어의 뜻을 가르쳐 주는 것도 학습에 재미를 더하는 방법이다.
③ 모든 연습은 전체 학생에게 먼저 읽게 한 후 잘 읽으면 한 명씩 시킨다. 처음부터 한 명을 지목해서 시키면 부담을 느끼기 때문이다.
④ 다음은 연습지를 나누어 주고 짝과 함께 같은 활동을 하게 한다. 한 명은 선생님이 되어 글자를 가리키고 다른 학생이 읽는 것이다. 교사와 학생의 역할을 번갈아 가며 하게 한다.

응용:

초급이라면 조금이라도 단어를 배웠으니 단어를 찾게 하는 것도 좋다. 주어진 자모표 연습지에서 가능한 한 많은 단어를 찾게 하고 나중에 찾은 단어를 함께 확인한다. 제일 많이 찾은 팀을 찾아서 칭찬해 주고 교사와 함께 더 많은 단어를 찾아본다.

예:

단어 구성 중심 음절표

아	어	오	우	으	이	애	에
가	거	고	구	그	기	개	게
나	너	노	누	느	니	내	네
다	더	도	두	드	디	대	데
라	러	로	루	르	리	래	레
마	머	모	무	므	미	매	메
바	버	보	부	브	비	배	베
사	서	소	수	스	시	새	세
자	저	조	주	즈	지	재	제
차	처	초	추	츠	치	채	체
카	커	코	쿠	크	키	캐	케
타	터	토	투	트	티	태	테
파	퍼	포	푸	프	피	패	페
하	허	호	후	흐	히	해	헤

※ 위의 음절표를 보고 단어를 많이 만들어 보세요.

한 글자: 개, 게, 나, 너, 무, 새, 해, 피, 파, 다, 초, 차, 코

두 글자: 가구, 가다, 고구마, 나비, 노래, 사자, 스시, 포도, 치즈, 모자, 커피, 코피, 타다, 오다, 차다, 자다, 사다, 하다, 바다, 서다, 푸다, 주다, 추다, 두다, 크다, 트다, 피다, 캐다, 채다, 내다, 대다, 개다, 세다, 베다

세 글자: 소나무, 피아노, 소시지, 라디오, 토마토, 바나나, 이기다, 나가다

네 글자: 피노키오, 피라미드

다섯 글자: 크리스마스, 오스트리아

다른 하나 찾기

학습 단계: 자모 교육, 초급

자모음 교육에서 글자 형태 자체를 받아들이지 못하는 학습자들이 있을 때, 글자 형태를 구별할 수 있도록 연습을 시킨다. 초급이라면 장소, 시간, 음식 등의 단어를 공부한 후 머릿속에 같은 종류끼리 기억할 수 있도록 정리해 주는 차원에서 활동을 하면 좋다.

학습 효과:

언어권별로 차이가 있는데 특히 한국어 글자 자체에 익숙하지 않아서 '아, 오, 어'의 형태 차이에 혼란스러워하거나 글자를 이상하게 쓰는 학습자에게 효과가 좋다. 아주 단순한 활동이지만 형태상의 문제로 접근할 때는 효과가 좋은 활동이다. 그리고 어려운 활동에 부담이나 스트레스를 받는 학습자라면 이런 쉬운 활동을 먼저 시켜서 자신감과 흥미를 가지게 할 수 있다.

준비물:

PPT 파일(학습자가 잘 구별 못하는 자모음을 기준으로 준비한다.), 연습지

※ 실물 카드로 준비할 수도 있지만 너무 많은 카드를 준비해야 하기 때문에 PPT 파일이 더 좋다. 프로젝터가 없다면 파일을 출력해서 연습지로 쓰면 된다.

방법:

① 학습자가 어려워하는 음절을 고려하여 만든 PPT 파일을 화면에 띄운다.
② 여러 음절 중에서 다른 하나를 고르게 한다.
③ 전체를 대상으로 하여 몇 번 연습한 뒤 한 명씩 시켜 본다.
④ 다른 하나를 고르는 것을 쉽게 하면 개수를 좀 늘려서 찾아보게 한다.
⑤ 연습지를 나누어 주고 짝과 함께 연습시킨다.

응용:

이 활동은 학생이 많은 교실에서 사용할 수도 있지만 잘하는 학습자가 많은 경우에는 할 필요가 없다. 학습적으로 뒤처지는 학습자와 일대일로 보충 수업을 할 때 더 유용하다. 초급이라면 주제별로 여러 단어를 배운 후 4개 혹은 5개 과의 복습 활동으로 단어를 확인하는 활동으로 하면 좋다. 이렇게 같은 단어, 다른 단어를 정리하다 보면 머릿속에서도 자연스럽게 정리가 되기 때문에 종류를 묶어서 기억할 수 있다.

예:

자모 교육 PPT 파일

①	②	③
아	어	아
④	⑤	⑥
아	아	아
⑦	⑧	⑨
아	아	아

①	②	③
자	차	자
④	⑤	⑥
자	자	자
⑦	⑧	⑨
차	자	자

①	②	③
고리	고리	꼬리
④	⑤	⑥
고리	고리	고리
⑦	⑧	⑨
코리	고리	고리

초급 단어 PPT 파일10)

① 학교	② 은행	③ 화장실
④ 수영	⑤ 우체국	⑥ 호텔
⑦ 집	⑧ 가게	⑨ 방

① 선생님	② 학생	③ 요리사
④ 회사원	⑤ 경찰	⑥ 연구원
⑦ 기자	⑧ 의사	⑨ 의자

① 우유	② 맥주	③ 커피
④ 홍차	⑤ 녹차	⑥ 기차
⑦ 콜라	⑧ 물	⑨ 주스

연습지

※ '아'가 아닌 것은?

아 아 아
아 아 아 아
아 아아 아
아 아 아 아
어 아 아 아
아 아 아 어

※ '자'가 아닌 것은?

자 저 자
자   자   자
  자 차 차
자 자 자 자
자 자 자 자
자   자 자 자

※ 장소가 아닌 것은?

학교   은행
화장실   수영
우체국   호텔
집 가게 방
대학교   우체국
백화점   극장
사전   약국

같은 카드 뒤집기

학습 단계: 자모 교육, 초급

자모 학습 단계나 초급에서 단어를 제시하고 기억하게 하는 방법으로 좋다. 배운 자모음을 기준으로 단계를 설정하여 단어 목록을 만들어 난이도를 조절할 수 있다. 자모음 학습은 끊임없는 반복이 중요하므로 과 공부를 들어간 후에도 복습의 용도로 계속해서 사용한다.

학습 효과:

학생들은 이 게임을 통해 한국어의 글자 및 비슷하게 보이지만 다른 자모음을 구별하는 데 익숙해질 수 있다.

준비물:

음절 카드, 단어 카드

---

10) 여기서 제시하는 예들은 게임 활동의 예를 보여 주기 위한 것이다. 각 교재별로 초급 어휘 수준이 다르므로 교재에 맞게 다시 만들어서 사용해야 한다.

방법:
① 3~4명 정도를 한 조로 만든다.
② 학습시키고자 하는 단어 카드를 한 쌍(같은 카드 두 장)씩 준비한다.
③ 보통 5~10개 정도의 단어 쌍을 준비하고 카드가 보이지 않게 뒤집어 놓는다.
④ 한 사람씩 번갈아 가며 카드를 한 번에 두 장씩 뒤집어서 같은 쌍이 나오면 단어를 말하고 가져간다.

응용:
단어 카드는 자모 단계에서는 음절표를 이용해서 할 수 있고, 단어 학습의 경우에는 학습하고자 하는 단어의 그림 카드를 이용해도 좋다. 단어 쌍의 수는 학습자에 따라 유동적으로 조절할 수 있다. 인원이 적은 경우에는 두 명씩 시켜도 좋으나 이 경우에는 많은 수의 카드를 준비해야 하는 부담이 있다. 인원이 많을 경우에는 칠판에 카드를 스카치테이프로 붙여 놓고 모두가 볼 수 있도록 뒤집는 방법으로 하면 된다.

예:

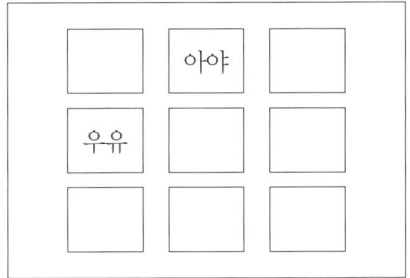 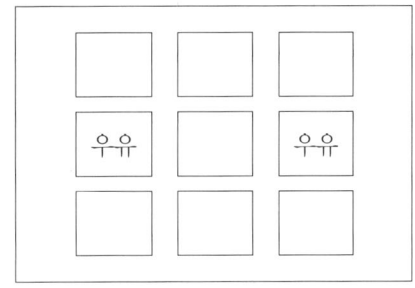

뒤집어서 다른 카드가 나오면 실패.   뒤집어서 같은 카드가 나오면 성공.

없어진 카드 찾기

학습 단계: 자모 교육, 초급

자모 교육에서 자모음을 배운 후 글자와 친숙해지는 연습을 할 때나 초급에서 단어를 복습할 때 사용하면 좋다. 자모 교육에서는 모음 I, 10개의 모음을 배운 후 어떤 모음이 없어졌는지 찾게 하는 활동을 통하여 자연스럽게 글자를 외우게 한다. 이것을 초급에서 한다면 단어의 뜻을 알고 있는 경우, 이 활동을 더 쉽게 할 수 있을 것이다.

학습 효과:
자모 학습이나 초급에서 단순 암기 및 단어 글자에 익숙해지게 하는 데 좋다.

준비물:
사물 그림 카드나 단어 카드

방법:
① 칠판에 여러 장(10장 정도)의 사물 그림 카드를 붙인다.
② 칠판에 붙인 카드를 20초 정도 보여 준 후 카드를 뗀다.
③ 카드 몇 개(2~3개)를 빼고 다시 칠판에 붙인다.
④ 없어진 카드를 찾게 한다.

응용:
카드 장수 및 시간 등은 학습자의 상태를 고려하여 하도록 한다. 음절 카드, 단어 카드, 그림 카드 등 다양하게 활용할 수 있다. 그림 카드로 하는 것이 제일 쉬우며 단어를 기억하는 것은 좀 더 익숙해진 후에 하는 것이 좋다. 단어 카드를 사용할 때도 '과일' 단어, '장소' 단어 등으로 한정해서 시작하는 것이 쉽고 관련성이 적은 단어로 하는 것은 어렵다.

예:

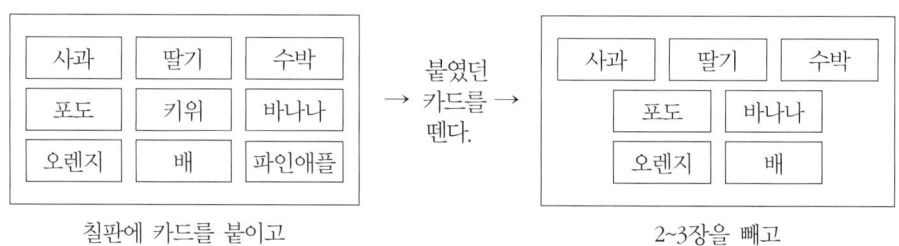

칠판에 카드를 붙이고
외우는 시간을 준다.

2~3장을 빼고
다시 칠판에 카드를 붙인다.

교실 돌아다니며 교실 단어 익히기

학습 단계: 초급

자모 학습을 끝내고 간단한 인사를 배운 후 본격적으로 단어를 익히게 된다. '이것은 무엇입니까?' 같은 문장을 배우면서 자연스럽게 단어를 익히게 되는데 그때 교실에 있는 물건들의 이름을 익히면서 하는 활동이다.

학습 효과:

교실에서 매일 보는 물건들의 이름을 물어보고, 대답하고 단어를 써 보고 붙이는 활동을 하면서 단어를 쉽고 재미있게 익힐 수 있다. 이때 연습하는 단어는 교과서에 없는 단어인 경우도 있고 초급용 단어가 아닐 수도 있다. 하지만 이렇게 자연스럽게 노출된 단어를 매일매일 보게 되는 환경에 놓이기 때문에 자연스럽게 교실 사물의 이름을 익힐 수 있다. 굳이 외우려고 하지 않아도 외우게 되는 환경을 만들어 주는 것이다.

준비물:

교실 사물 이름을 쓴 색지, 스카치테이프

방법:

① '이것은 무엇입니까'를 공부한 후에 이 활동을 시작한다. 처음에는 교과서에 나온 단어로 연습시킨다.
② 확장 연습으로 교실 사물의 이름을 물어본다.
③ 학생들이 알고 있을 것 같은 단어인 '책상, 의자, 책' 등의 단어는 교사가 질문을 하고 학생에게 대답하게 한다.
④ 이번에는 역할을 바꾸어서 학생에게 사물을 가리키면서 질문하게 한다. 학생의 질문에 교사가 답한다. 달력, 에어컨, 창문, 벽 등 학생들이 모르는 것을 질문하게 하고 교사가 대답하면서 단어를 가르쳐 준다.
⑤ 교실 단어를 한 번씩 다 가르쳐 준 후에 학생들에게 사물의 이름이 쓰여 있는 색지를 나누어 준다. 준비한 색지를 학생 수에 맞게 분배해서 적당히 돌아가도록 나누어 준다.
⑥ 학생들이 한 번 들은 기억을 바탕으로 단어가 씐 색지를 해당 사물에 붙인다.
⑦ 교사가 다시 한 번 학생들과 함께 사물과 단어를 확인한다.

응용:

시간 여유가 있다면 ⑦ 활동 후에 짝 활동을 추가로 할 수 있다. 두 명씩 짝을 지어 교실을 돌아다니면서 한 명은 질문하고 한 명은 대답하게 한다. 벌써 사물에 답이 붙어 있으므로 자연스럽게 단어를 여러 번 말할 기회를 가질 수 있고 문장을 말하는 연습도 함께할 수 있다. 이렇게 붙인 단어를 떼지 말고 매일매일 보면서 익힐 수 있도록 하면 더 좋다.

가게 놀이

학습 단계: 초급

초급에서 숫자를 배워서 읽고 말할 수 있는 단계에서 이 활동을 하면 좋다. '주문하기'를 배우고 연습하는 활동으로 적당하다.

학습 효과:

이 놀이를 통해 사물 단어, 숫자, 단위 명사를 자연스럽게 익힐 수 있다.

준비물:

A3 색지, 사인펜, 사진 자료(가게 전단지)

방법:

① 학습하는 과에 맞게 가게를 설정하고 활동을 하게 한다. 음식 단어 및 '주세요'를 배우는 과라면 '식당 놀이'를 한다. 배운 단어를 이용해서 학생들이 직접 식당의 메뉴를 구성하고 값을 매겨서 식당을 연다.

② 모든 학생이 자신만의 가게를 만들 수 있다. 2~3명이 한 그룹이 되어 식당 메뉴를 구성하고 메뉴판을 만든다. 식당 종류, 메뉴, 가격 모두 학생에게 정하게 한다. 메뉴판을 만들 때 그림도 같이 그리도록 한다.(그림에 부담을 느끼는 학습자를 위해 가게 전단지를 미리 준비한다.) 식당 놀이에 필요한 '주문, 메뉴판, 메뉴, 가격, 손님' 등의 단어 목록도 제시하면 좋다.

③ 교사는 학생이 메뉴판을 만들 때 필요한 단어 등을 알려 주며 도와준다.

④ 활동이 끝나면 식당 주인과 손님이 되어 역할극을 해 본다. 앞에 나와서 역할극처럼 해도 되고 각각의 가게 자리를 정해 준 후 돌아다니면서 가게에 가서 주문해 보는 활동으로 해도 된다.

응용:

식당 놀이뿐 아니라 배우는 과에 따라 얼마든지 바꿀 수 있다. 커피숍, 옷가게, 구두 가게, 스포츠 용품 가게, 백화점, 남대문 시장은 물론이고 병원, 여행사 등 여러 장소로 응용이 가능하다. 이 놀이를 할 때는 놀이에 사용 가능한 단어 목록을 미리 제시해서 학습자들이 놀이를 할 때 학습 단어를 사용할 수 있도록 한다.

예:
(기본 단어) 주문, 메뉴, 메뉴판, 가격, 손님, 세트, 음료수, 깎다, 색깔, 사이즈 등
(한국 식당) 비빔밥, 불고기, 떡볶이, 라면, 김치찌개, 물, 반찬, 국, 김치 등
(햄버거 가게) 햄버거, 치즈버거, 감자튀김, 햄버거 세트, 콜라, 사이다 등
(커피숍) 커피, 녹차, 홍차, 카페라테, 설탕(시럽), 케이크, 샌드위치, 쿠키 등
(옷/신발 가게) 코트, 바지, 치마, 티셔츠, 점퍼, 블라우스, 구두, 운동화, 샌들 등

'어서 오세요' 식당

숫자와 단위 명사 연습

학습 단계 : 초급

1급 중반 정도에서 숫자, 단위 명사 등을 공부하게 된다. 이 활동은 숫자, 단위 명사를 다 배운 후에 정리하는 활동으로 좋다. 숫자, 단위 명사를 배운 직후 활동으로 사용해도 되지만 1급 후반이나 2급 전반에서 복습으로 숫자, 단위 명사를 정리해 줄 때 활용하면 좋다.

학습 효과 :

기본이 되는 단위 명사 연습과 숫자 읽기 연습을 동시에 시킬 수 있다.

준비물 :

단어 카드, 스케치북으로 만든 단어 연습 자료,(스케치북을 반으로 잘라서 한쪽에는 단어를 적고 다른 한쪽에는 숫자를 적는다.) 초시계

방법 :

① 5명 정도를 한 팀으로 한다. 각 팀에 단어 카드를 10장씩 준다.(각 팀별로 단어 카드는 달라야 한다. 카드 색깔을 달리 해서 구별해도 된다.)
② 칠판에는 단위 명사 단어를 여기저기 나눠 놓고 원으로 단위 명사 그룹을 표시한다.
③ 한 팀씩 나와서 자기가 가지고 있는 단어 카드를 올바르게 단위 명사 그룹에 붙인다. 이때 시간을 재서 제일 빨리 정확하게 붙인 팀이 이긴다.
④ 단위 명사에 어느 정도 익숙해졌으면 읽는 연습을 해 본다. 미리 준비한 스케치북 자료를 이용해서 읽게 한다.
⑤ 한 팀이 5명이면 한 명씩 순서대로 읽기 시작해서 끝까지 틀리는 사람 없이 모두 정확하게 말해야 한다. 중간에 틀리게 읽은 학생이 있으면 다시 처음부터 시작한다.
⑥ 총 시간을 재서 제일 잘한 팀을 가린다.

응용 :

중급 이상의 학생이라면 먼저 제시 단어를 보여 주고 어떤 단위 명사를 쓰면 좋을지 맞혀 보게 하는 것도 좋다. 빈도수가 높지 않아서 초급에서는 다루지 않았던 단

위 명사를 중심으로 연습시킨다. 이런 연습을 통해서 좀 더 자연스러운 한국말을 구사할 수 있게 한다.

예:

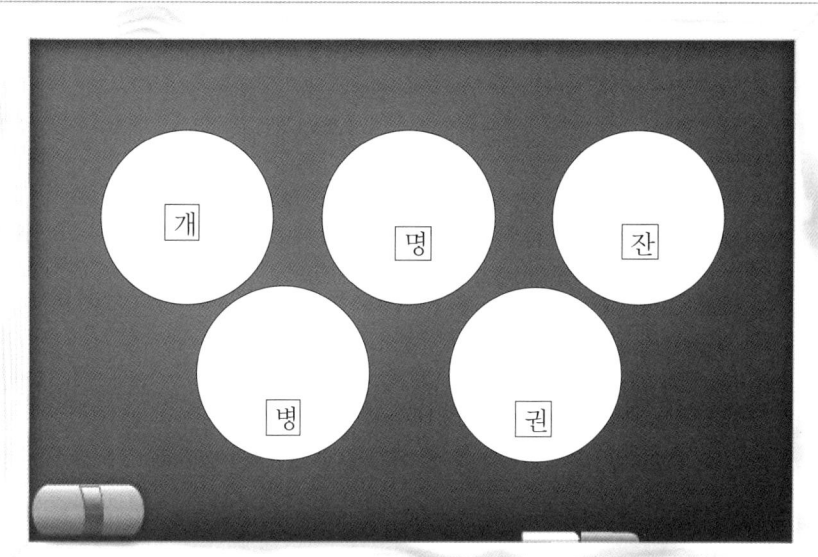

⟨각 팀에 줄 카드⟩

팀 1.

커피	한국어 책	의자	학생	사과
콜라	사전	침대	아이	주스

팀 2.

맥주	잡지	책상	사람	오렌지
우유	컴퓨터 책	시계	동생	물

⟨중·고급⟩

학생의 수준에 따라 단위 명사 목록 제시 여부를 결정한다.

제시 단어: 물건, 사람, 음료수, 자동차, 가전제품, 종이, CD, 전화, 편지, 이메일, 동물, 영화, 노래, 꽃, 피자, 케이크, 수박 등
단위 명사: 개, 명, 잔, 병, 대, 장, 통, 마리, 편, 곡, 송이, 판, 조각, 켤레
보기: 장미 100, 영화 2, 노래 1, 이메일 0, 부재중 전화 3, 피자 1, 케이크 2

단어로 문장 만들어서 자기 소개하기

학습 단계: 초급

자모 교육 단계의 학습자들에게는 맞지 않고 초급 수준의 간단한 단어를 익힌 학습자, 즉 1급 중간에서 2급 사이인 학습자들에게 맞는 활동이다.

학습 효과:

실제 생활에 필요한 활동들을 교실로 가져와서 단어도 익히고 생활에 익숙해질 수 있도록 도울 수 있다. 수업을 처음 시작하는 날, 소개하는 활동으로 하기 좋다. 자기와 관계된 단어라서 학습자들이 열심히 외운다.

준비물:

단어 목록, 활동지

방법:

① 먼저 소개할 때 필요한 단어를 학생들에게 질문하여 소개할 때 필요한 단어 목록을 만든다. 학생들이 잘 모르고 있는 단어를 영어로 질문하면 한국어로 알려 주어서 목록을 만들게 한다.
② 목록을 만들었으면 그 목록을 보고 질문 문장을 만들게 한다. 학생의 수준이 낮아서 질문 문장을 만들 수 없는 경우는 교사가 미리 준비한 질문지를 준다.
③ 학생들이 모두 일어나서 교실을 돌아다니면서 자기가 만든 질문지로 질문을 하고 상대방의 대답을 메모한다.
④ 활동이 끝나면 자기가 소개하고 싶은 사람을 골라 다른 친구들에게 소개해 준다.

응용:

교사는 학생들의 정보에서 나오는 새로운 단어를 칠판에 적어 주어 단어를 확장한다. 초급 때는 나라 이름을 제대로 못 쓰는 경우가 많으므로 이때 나라 이름이나 직업 단어 등을 정확하게 다시 알려 준다.

예:

※ 교사는 아래의 내용을 준비해 가되 학생들에게 제시하기 전에 학생들의 참여를 유도해서 함께 단어 목록을 만든다.

⟨소개할 때 필요한 단어 목록⟩

국적, 고향, 이름, 직업, 가족, 취미, 사는 곳

⟨나라 이름⟩

미국, 일본, 중국, 핀란드, 필리핀, 태국, 베트남, 호주, 영국, 아일랜드, 인도

⟨직업⟩

교사, 교수, 강사, 연구원, 주부, 의사, 엔지니어, 회사원, 은행원, 경찰, 간호사

⟨질문지⟩

- 이름 → 이름이 어떻게 되세요?
- 국적 → 어느 나라에서 왔어요? / 어느 나라 사람이에요? / 어디에서 왔어요?
- 고향 → 고향이 어디예요? / 미국 어디에서 왔어요?
- 직업 → 무슨 일을 하세요?
- 가족 → 가족이 어떻게 되세요? / 가족이 있어요? / 가족이 몇 명이에요?
- 사는 곳 → 지금 어디에 사세요?
- 취미 → 취미가 어떻게 되세요?

⟨활동지⟩

질문	학생 1	학생 2	학생 3
이름이 어떻게 되세요?			
어느 나라에서 왔어요?			
고향이 어디예요?			
무슨 일을 하세요?			
가족이 어떻게 되세요?			
지금 어디에 사세요?			
취미가 어떻게 되세요?			

빙고 게임

학습 단계: 초급

숫자를 학습할 때 많이 사용된다. 하지만 숫자에 국한할 필요는 없고 다양하게 시도할 수 있다. 이 활동 역시 어느 정도 단어를 알고 있어야 하기 때문에 1급 후반이나 2급에서 사용하는 것이 좋다.

학습 효과:

단어를 적고 듣고 지우는 연습을 통해서 자연스럽게 익힐 수 있다. 서로의 발음에 귀를 기울이게 되고 자신이 말할 때는 발음에 신경을 쓰게 된다. 또한 듣고 단어를 읽는 연습을 하면서 단어에 집중하게 된다.

준비물:

단어 목록, 빙고 활동지

방법:

① 빈칸에 숫자나 야채, 과일, 장소 등의 단어를 생각나는 대로 적게 한다.(단어 목록을 주는 것도 좋다.)
② 그 후에 한 명씩 돌아가면서 자기가 적은 단어 중 임의의 단어를 부르고 그 단어를 지워 간다.
③ 학생들이 단어를 말할 때 크고 정확한 발음으로 읽도록 유도하며, 잘못된 발음은 교사가 고쳐 준다.
④ 가로나 세로, 대각선으로 한 줄을 먼저 지우면 '빙고'라고 외친다.
※ 학습자의 반응과 걸리는 시간에 따라 빙고 게임의 횟수를 정한다.

응용:

한두 칸 정도는 학생들이 마음대로 넣을 수 있도록 하는 방법도 있고, 학생들이 쉽게 빙고 게임을 잘한다면 한 줄을 먼저 지우는 것이 아니라 2~3줄로 늘리는 방법도 있다. 또한 빙고 칸 수도 늘리거나 줄여서 탄력적으로 운영한다.

중급에서도 빙고를 응용해서 할 수 있다. 오히려 중급에서는 알고 있는 어휘 수가 많기 때문에 더 다양하게 할 수 있을 것이다.

예:

단어 목록

장소: 학교, 교실, 우체국, 은행, 백화점, 도서관, 가게, 식당, 영화관
야채: 오이, 배추, 양파, 당근, 무, 호박, 감자, 고구마, 고추
운동: 축구, 배구, 야구, 농구, 테니스, 골프, 스케이트, 탁구, 스키

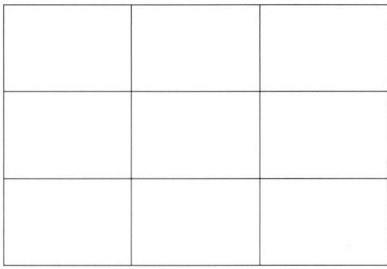

빙고 게임지

1	3	20
15	17	11
13	9	5

숫자 빙고 : 1-20 중에서 9개 쓰기

딸기	배	파인애플
사과	포도	키위
오렌지	바나나	수박

과일 빙고 : 과일 단어 쓰기

색깔 연습 게임

학습 단계 : 초급

보통 색깔 단어의 경우, 1급에서는 잘 다루지 않고 2급에서 'A-(으)ㄴ N'을 배울 때 색깔 단어가 같이 나온다. 따라서 이 문법의 연습으로 활용할 수도 있다. 하지만 이 활동은 문법에 중점을 둔 것이 아니라 연상되는 색깔을 이용하여 어휘를 학습하는 것이므로 문법 활동으로 한정시켜서 하는 것보다는 폭넓은 어휘 활동으로 접근하는 것이 더 좋다.

학습 효과 :

색깔 단어를 익히면서 형용사 명사의 결합 형태는 물론 연상되는 단어까지 함께 익힐 수 있다. 단어를 기억하는 방법에는 여러 가지가 있겠지만 색깔, 그림 등의 이미지도 기억을 돕는 것 중에 하나이다. 연관성이 있는 것과 함께 기억하게 되면 더 오래, 잘 기억되기 때문이다.

준비물:

색깔 카드, 단어 카드(혹은 PPT 파일)

방법:

① 색깔 단어를 제시하고 명사 단어 카드를 늘어놓는다.

② 학생들이 먼저, 어울리는 색깔과 명사를 찾는다. 그 다음은 그렇게 찾은 색깔과 단어를 연결해서 말해 본다. 한 가지 색깔에 여러 명사가 결합할 수 있다.

③ 더 확장해서 특정 색깔에 떠오르는 명사들을 가능한 한 많이 말해 보게 한다.

④ 그렇게 만든 여러 조합 중 가장 어울리는 색깔과 명사를 정한다.

⑤ 그리고 학생들이 생각해 낸 어떤 색깔에 어울리는 단어들로 '색깔 사전'을 만들어 보게 한다. 하얀 구름, 까만 눈(동자), 빨간 사과, 파란 하늘 등 자신만의 색깔 사전을 만들어 보게 한다.

응용:

학습자 수준이 좀 높은 편이라면 각각의 색깔에 연상되는 느낌이나 이미지를 찾는 게임을 해 보는 것도 좋다. 서로 색깔에 연상되는 단어와 이미지를 찾은 후 다른 학생들과 생각을 나눈다.

예:

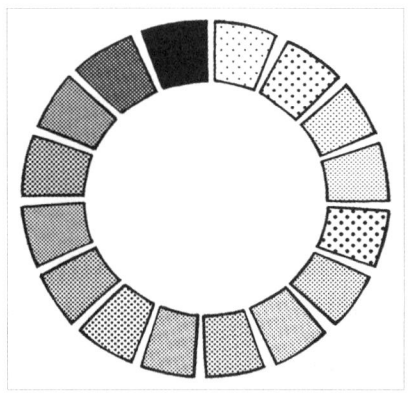

하얀(색)   까만(색)   빨간(색)
파란(색)   노란(색)   초록(색)
주황(색)   분홍(색)   보라(색)

하늘 사과 오렌지 키위 (나뭇)잎
눈 포도 집 꽃 바나나 구름
신발 옷 나무 자동차 버스
문 방 눈동자 치마 안경

빨간 자동차

노란 바나나

주황색 오렌지

파란 문

하얀 구름

까만 안경

초록 잎

분홍 꽃

5.3.2.2. 중급, 고급 단계

이구동성 게임

학습 단계: 중급

4급에서부터 한자 단어가 많이 나오기 시작하고 단어의 양도 많이 늘어난다. 그래서 상대적으로 단어의 의미는 알고 있지만 발음, 철자 등의 정확도가 떨어질 때 이런 활동을 하면 좋다.

학습 효과:

단어의 발음과 듣기에 중점을 둘 수 있다. 학생들에게 한자 성어를 발음하고 맞히게 하면서 단어에 집중하게 만든다. 글자 한 글자씩 집중해서 들어야 하고 발음하는 사람은 정확하게 발음하면서 그 단어가 머릿속에 남게 된다.

준비물:

단어 카드(학생들이 의미는 알고 있으나 외우기 어려워하는 단어를 선택한다.)

방법:

① 4명을 한 팀으로 한다.
② 4명은 앞으로 나와서 준비하고 교사가 한자 성어를 보여 준다.
③ 교사가 하나, 둘, 셋을 외치면 각각 한 사람이 한 글자씩 큰 소리로 읽는다.
④ 3, 4번 정도 다시 들을 수 있는 기회를 준다. 이때 동일한 소리로 글자를 외치는 게 중요하다.
⑤ 한자 성어를 맞히고 그 뜻도 맞혀야 점수를 받을 수 있다.

※ 한 글자의 발음이 중요한 것이므로 발음 규칙을 무시하고 각 글자를 정확하게 발음해야 한다. 즉, '고진감내'가 아니라 '고', '진', '감', '래'로 읽도록 한다.

응용:

네 글자를 한 번에 맞히는 게 어려우면 두 글자, 세 글자로 시작해도 괜찮다. 또한 한자 성어로만 국한하지 말고 다양한 의성어, 의태어나 사람 이름, 노래 제목 등으로 해서 재미를 더할 수도 있다. 이런 활동을 하는 데에는 기본적으로는 어휘 학습을 목표로 하고 있지만 흥미를 더해서 한국어를 친숙하게 느끼게 하는 역할도 있기 때문이다.

따라서 총 문제가 5문제라면 한자 성어 2문제, 재미있는 의성어 2문제, 드라마 제목 1문제 등으로 구성해도 좋다. 또한 학습자들에게 4글자를 만들게 하는 방법도 효과적이다. 예를 들어, '우리반짱', '배고프다', '집에가자' 등으로 재미있는 4글자를 직접 만들게 한다.

물론 꼭 4글자로 해야 하는 것은 아니며 한자 성어를 제외한다면 5글자 이상도 가능하다. 그것은 학습자들의 요구와 반응에 따라 조절하면 된다.

예:

〈한자 성어〉

고진감래	일석이조	다다익선	무용지물	견물생심	유비무환	사필귀정
동변상련	설상가상	온고지신	역지사지	과유불급	일편단심	호사다마

〈의성어, 의태어〉

방긋방긋	반짝반짝	아장아장	뒤뚱뒤뚱	흔들흔들	데굴데굴	비틀비틀
따르르릉	똑딱똑딱	칙칙폭폭	뚜벅뚜벅	철썩철썩	풍덩풍덩	덜컹덜컹

일심동체 게임

학습 단계: 중급

3, 4급 정도에서 복습 활동으로 사용하면 좋다. 모르는 단어를 새로 학습하는 기능보다는 알고 있는 단어를 다시 꺼내어 연상되는 이미지를 심어 주면서 재확인하는 차원의 활동이다.

학습 효과:

연상되는 단어를 적음으로써 단어를 범주화할 수 있고 다른 사람들의 생각을 통해서 이미지를 구체화할 수 있다.

준비물 :

질문지, 작은 칠판(혹은 A₄)

방법 :

① 5명을 한 팀으로 한다.

② 질문을 주고 각자 답을 쓸 시간을 준다.(20초 정도가 적당하다.)

③ 경우에 따라 간단한 인터뷰로 분위기를 돋운다.

④ 서로의 답을 확인하고 그 이유를 들어 본다.

⑤ 모두의 답이 같으면 점수를 얻는다.

※ 자기의 생각도 중요하지만 팀의 의견을 예상하고 써야 점수를 얻을 수 있다.

응용 :

처음에는 학생들이 쉽게 맞힐 수 있는 문제로 접근하는 것이 좋다. 교사가 미리 학생들의 수준을 파악하여 질문지를 잘 만드는 것이 중요하다.

이 활동은 단어를 쓰면서 할 수도 있지만 동작으로 표현할 수도 있다. 가령 "'원숭이' 하면 떠오르는 동작은?"과 같은 문제를 내어서 동작이 일치하는지를 보는 것이다. 단어를 동작으로 표현하고 관찰하다 보면 단어를 몸으로 익히게 될 것이다.

주로 정적인 활동을 좋아하는 학습자들에게는 단어를 쓰는 게임이 좋고 동적인 걸 좋아하는 학습자들에게는 동작을 하는 게임이 효과적이다.

예 :

〈단어 일심동체〉

질문:

우리 반 학생이 제일 자주 가는 곳은?

서울의 인구는 천만 명일까? 2천만 명일까?

'하얀색' 하면 생각나는 것은?

외국 학생이 제일 좋아하는 한국어 단어는?

외국 사람이 제일 좋아하는 한국 음식은?

학생들이 제일 싫어하는 것은?

한국에서 제일 유명한 사람은?

'봄' 하면 생각나는 것은?

남한 사람이 북한에 가려면 여권이 필요할까?

※ 이 질문에서 정답은 중요하지 않다. 서로의 답이 일치하면 된다.

그림과 주어진 이야기로 단어 퀴즈 만들기

학습 단계: 중급

교과서에 한국의 옛날이야기가 나오는 과에서 다루거나 그렇지 않을 경우, 복습이나 읽기 수업 때 읽기 자료를 바탕으로 해도 된다. 4급 정도의 수준이면 무난하게 이 활동을 할 수 있을 것이다.

학습 효과:

옛날이야기에서는 필수 단어지만 생활에서 많이 쓰이지 않는 단어나 말로 설명하는 것보다 그림으로 설명하는 것이 더 나은 단어들을 쉽게 이해시킬 수 있다. 읽기 수업 시 어휘 확인에 초점을 맞춰서 학습시키면 나중에 그 단어를 정확하게 기억하게 되어 이야기를 서술할 때도 도움이 된다.

준비물:

그림 자료(혹은 PPT 파일), 단어 목록

방법:

① 한국의 신화, 전래동화 등의 그림을 준비한다. 몇 개 정도의 장면으로 그림을 제시하고 단어 목록을 준다.

② 그 목록의 단어를 이용해서 그림을 보고 이야기를 하게 한다.
③ 이야기의 내용을 이해한 후 단어 목록에 있는 단어가 답이 되도록 질문지를 만든다. 가능한 한 많이 질문을 만들도록 한다.
④ 짝에게 서로가 만든 질문을 하고 답을 맞힌다.

예:

서울대학교 언어교육원(2006가:131)

단어 목록:
콩쥐, 팥쥐, 새엄마, 독, 물을 붓다, 두꺼비, 먹이를 주다, 구멍을 막다, 부탁하다, 마을, 잔치, 원님 행차, 서두르다, 꽃신, 발에 맞다, 결혼하다, 행복하게 살다

질문:
콩쥐가 원님 앞에 떨어뜨린 것은?
 (꽃신)
두꺼비는 콩쥐를 어떻게 도와주었나?
 (독의 구멍을 막아 주었다.)
새엄마와 팥쥐는 어디에 갔나?
 (마을 잔치)

자신만 알고 있는 비결 소개하기 - "○○○을/를 잘하려면 ○○○○ 하세요."

학습 단계: 중급

3, 4급에서 하기에 적당한 활동이다. 중급 정도가 되면 요리 관련 단어가 나오는데 이를 학습한 후에나 '-는 법'과 같은 문법을 학습한 후에 활동하면 좋다.

학습 효과:

자신이 잘 알고 있는 비결을 소개하면서 자연스럽게 한국어 단어를 학습할 수 있다. 자신이 잘 알고 있는 내용이므로 한국어 단어로 바꿀 때 사전을 보거나 교사의 도움으로 단어를 확인할 수 있고 자연스럽게 반복해서 말하는 연습도 하게 된다.

준비물:

A3 색지, 사인펜, 스카치테이프

방법:

① 3~4명이 한 조가 된다.
② 조별로 자신들이 알려 주고자 하는 비결에 대한 제목을 정한다.
③ 제목을 정한 후에 세부적인 내용을 종이에 적는다.
④ 모르는 단어는 사전을 찾거나 교사의 도움을 받아 알도록 한다.
⑤ 종이에 쓴 내용을 한눈에 알 수 있도록 내용과 관계있는 그림도 그려 넣는다.
⑥ 각 조별로 나와서 발표한다.
⑦ 벽에 붙여 놓고 제일 잘 된 것을 뽑아 본다.

※ 스티커를 이용해서 잘된 작품에 투표할 때는 자기 팀의 것을 제외하고 붙이도록 한다.

응용:

학습자들이 처음에는 어려워할 수 있으니 몇 개 좋은 보기가 될 수 있는 제목을 제시해 준다. 활동을 할 때는 교사가 제시한 제목보다 학생 스스로 주제를 생각해 내도록 유도한다. 팀을 정해 주기는 하지만 이것이 절대적인 것은 아니며 만약에 학생들 간에 서로 소개하고 싶은 주제가 다르다면 각각 다른 주제로 발표하게 해도 된다.

다른 방법으로는 학생들에게서 몇 개의 주제를 받아서 종이에 각각의 주제를 적고 그 종이를 돌려가면서 모든 학생들에게 쓰게 하는 방법도 있다. 하지만 쓸데없는 의견이 너무 많이 나올 수 있으므로 각 주제마다 의견을 강요할 필요는 없다. 관심 없는 주제의 종이는 뛰어 넘고 관심 있는 주제에만 자신의 의견을 쓰도록 한다.

예:

※ 아래의 예는 4급 학생들이 수업 시간에 작성한 내용을 바탕으로 하였다.

라면을 맛있게 끓이는 법

1. 스프를 넣은 물과 라면을 따로 끓인다.
2. 라면이 익으면 끓고 있는 스프 물에 라면을 넣는다.
3. 계속해서 라면을 저어 준다.
4. 양파, 고추를 넣어 준다.
5. 완성~! 맛있게 먹는다.

부자가 되는 법

1. 빌 게이츠와 친구가 된다.
2. 로또를 산다.
3. 나보다 가난한 사람을 생각하며 '나는 부자다'라고 주문을 외운다.
4. ……

좋아하는 사람에게 고백하기 좋은 말

1. 제가 좋아하는 사람을 소개해 줄게요. 집에 가서 거울을 보세요.
2. 어디서 타는 냄새가 나요. 아마 제 마음이 타고 있나 봐요.
3. ……

한국 친구를 사귀는 법

1. 명동에 있는 커피숍에 가서 한국어 책을 공부한다.(그러면 한국 사람들이 말을 걸어온다.)
2. 술자리에 참석한다.
3. ……

※ 여러 문장을 많이 나열하도록 한다. 이때 문장 간에 연결성이 있어도 되고 없어도 무방하다.

단어 빨리 맞히기(스피드 게임)

학습 단계: 중급, 고급

초급에서도 물론 영어 등 다른 언어로 단어를 설명해서 맞히게 할 수 있겠지만 온전히 한국말을 사용해서 어느 정도 단어를 설명하려면 3급 이상은 되어야 한다. 생활에서 필요한 문법의 대부분이 3급에서 나오므로 3급 후반이나 4급 정도 수준의 학생들이 가장 재미있게 할 수 있는 활동이다.

학습 효과:

단어를 설명하고 맞히면서 자연스럽게 단어를 익히게 된다. 지루해질 수 있는 수업 시간에 긴장을 주고 함께 공부하는 친구들과도 한 팀을 이루어서 즐겁게 학습할 수 있다. 모든 학생들이 설명하고 맞힐 기회를 갖는다.

준비물:

단어 카드(혹은 단어 PPT 파일), 초시계

방법:

① 전체를 두 팀으로 나눈다.
② 자리 배치를 한다. 문제를 맞히는 사람과 설명하는 사람, 상대 팀의 자리를 고려한다.
③ 규칙을 설명한다. 나란히 앉아 있다가 한 사람씩 앞으로 나와서 설명하고 나머지 팀원이 맞힌다.
④ 시간으로 할 경우 2~3분이면 적당하다. 2~3분 안에 맞힌 카드의 개수가 많은 팀이 이긴다.
⑤ 한 사람이 한 번까지 '통과'를 외칠 수 있다. '통과'라는 단어도 미리 설명해 준다.
⑥ 마지막에 맞힌 단어 개수와 '통과' 개수를 계산하여 점수를 매긴다.

※ 공부했던 단어를 복습할 때 이 게임을 하면 효과적이며 팀이 여럿일 때는 각 팀의 난이도가 크게 차이 나지 않도록 단어를 잘 선택해야 한다. 한국 사람도 설명하기 어렵거나 애매한 것은 되도록 하지 않는다. 맞힌 단어 점수 및 통과시킨 단어의 감점도 몇 점으로 할지 미리 정해 둔다.

응용:

단어 목록은 그날 배우는 한 과의 단어를 할 수도 있고 서너 과를 묶어서 복습 날에 할 수도 있다. 다른 방법으로는 주제별로 '운동', '생활', '음식', '명절', '옛날 이야기', '사자성어', '관용표현', '속담' 등으로 나누어서 목록을 준비해도 된다. 재미를 위해서 배운 내용과 상관없이 가수 이름, 반 학생 이름 등을 몇 개 넣어도 좋다.

한 사람씩 돌아가면서 설명하는 방법 외에 한 명이 계속 설명하게 하는 방법도 있다.

예:
자리 배치

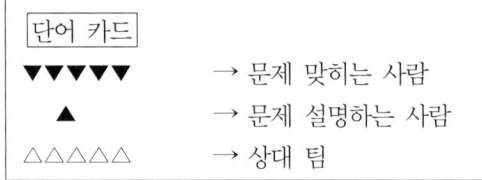

단어 카드

⟨명절⟩

설날	추석	대보름	윷놀이	정월 놀이	떡국	송편
차례	세배	덕담	설빔	손꼽다	세뱃돈	연날리기

⟨옛날 이야기: 흥부와 놀부⟩

흥부	놀부	제비	씨	도깨비	뱀	은혜
보물	욕심	내쫓다	가난하다	심다	부러지다	피하다

한국에 대한 퀴즈 풀기

학습 단계: 중급, 고급

4급 정도가 되면 한국의 위인, 지리, 신화, 명절 등 다양한 내용의 한국 지식을 배우게 된다. 이때 한국에 대한 지식을 정리할 수 있는 활동이다.

학습 효과:

중급에서는 한글, 한국의 명절, 한국의 신화, 한국의 위인 등 여러 가지 한국적인 내용으로 교과서의 본문이 구성된다. 이때 배운 교과서 본문에 나온 단어는 생활에서 많이 쓰는 단어라기보다는 한국을 이해할 때 필수적으로 알아야 하는 단어들이 많다. 따라서 학생들이 이런 단어를 익히는 것을 어려워할 뿐 아니라 발음이나 철자 등의 정확도가 떨어지는 것을 종종 볼 수 있다. 한국에 대한 퀴즈 풀기를 통해서 내용도 다시 확인할 수 있고 단어 철자 등의 정확도도 확인할 수 있어서 일석이조의 효과를 볼 수 있다.

※ 설 특집 '외국인 골든벨'을 보여 주면서 게임 설명을 하는 것도 좋을 것이다.
 '외국인 골든벨' 방송일 2008년 2월 10일
 http://www.kbs.co.kr/1tv/sisa/goldenbell/vod/1506610_575.html

준비물:
작은 칠판, 질문 PPT 파일

방법:
① 학생들에게 '외국인 골든벨'의 몇 장면을 보여 준다. (문제 푸는 장면, 오답을 써서 퇴장하는 장면, 패자 부활전, 골든벨 문제 도전 등)
② 학생마다 작은 칠판을 하나씩 준다.
③ 규칙을 설명한다. 자리 배치는 반원 형태로 한다.
④ 교사가 PPT 파일을 이용해서 문제를 내고 학생들은 답을 적는다.
⑤ 모두 답을 들어서 서로의 답을 확인하고 틀린 학생은 더 이상 참가할 수 없다.
⑥ 패자 부활전을 통해 다시 참가할 수 있다. 패자 부활전 문제는 재미있는 OX 문제같이 쉽게 답할 수 있는 것으로 한다.

※ 학생들이 점점 탈락해 나가는 것이므로 난이도가 쉬운 문제로 시작해야 한다.

응용:
한 명씩 하는 것에 부담을 느낀다면 2~3명이 한 조를 만들어서 하는 방법도 있다. 문제의 종류는 한국에 대한 것부터 시작해서 한국어 문법, 교과서 본문 내용, 수수께끼 등 다양하게 정할 수 있다.
초급이라면 문법이나 간단한 단어 질문을 할 수도 있고 고급이라면 신문, 역사 등 좀 어려운 질문을 준비한다.

예:

〈불규칙 활용 문제〉

- 집에 어떻게 가요? (걷다)아/어서 가요.
- 여기에서 학교까지 (멀다)니까 지하철을 탑시다.
- (춥다)면 코트를 입으세요.
- 오늘은 (바쁘다)아/어서 못 가요.

〈단군 신화 이야기 문제〉

- 한국을 처음 세운 사람의 이름은? (단군)
- 환웅을 찾아가서 사람이 되게 해 달라고 한 동물의 이름을 모두 쓰세요. (곰, 호랑이)
- 사람이 되려면 100일 동안 무엇, 무엇을 먹어야 하는지 쓰세요. (마늘, 쑥)
- 환웅이 땅으로 내려갈 때 무엇과 함께 내려갔나요? (비, 구름, 바람, 부하 3,000명)

〈명절 문제〉

- 설날 아침에 어른들께 인사하는 것을 한국말로 뭐라고 할까요? (세배)
- 죽은 조상들을 기념하는 것으로 주로 명절 때 낮에 지내는 이것은 무엇인가요? (차례)
- 추석 때 먹는 떡의 이름은? (송편)
- 네 개의 막대기로 정월에 하는 놀이는? (윷놀이)
- 설날에 먹는 음식으로 이것을 먹으면 나이를 한 살 더 먹는다는 의미를 가진다고 합니다. 이 음식은? (떡국)

〈OX 퀴즈 문제: 퀴즈 프로그램 등 각종 조사 결과 참고〉

- 한국 사람이 김치찌개보다 된장찌개를 더 좋아한다. (O)
- 식스팩의 한국말은 여섯 상자이다. (X)
- 한국인이 가장 아름답다고 생각하는 말은 '사랑'이다. (O)
- 김치 종류는 100가지가 넘는다. (O)

영어 단어, 영어 제목을 한글로 써 보기

학습 단계: 중급, 고급

외래어 표기 등은 3, 4급 정도에서 다룰 만하고 영어 제목을 바꾸는 것은 5, 6급 정도에서 하면 좋다.

학습 효과:

한국에서 많이 사용되는 영어 단어를 한글로 소리 나는 대로 옮기면서 자연스럽게 외래어 표기법을 익힐 수 있다. 중급 이상의 학생들도 작문을 할 때 외래어를 영어 알파벳으로 표기하거나 제대로 한글로 쓰지 못해서 의사전달이 되지 않는 경우가 생각보다 많다. 또한 한국의 유명한 드라마 등이 모두 영어로 외국에 알려져 있다 보니 제목 때문에 의사소통에 어려움을 겪는 경우도 있는데 이 활동을 통해서 극복할 수 있다.

준비물:

외래어 단어 카드, 영화 포스터, 참고 사진 자료 (혹은 PPT 파일)

방법:

① 학생들의 관심도에 따라 달라지겠지만 영어로 된 한국 가수 그룹, 탤런트 이름, 학생들의 고향, 한국에서 흔히 볼 수 있는 다국적 기업 등의 이름으로 단어 카드를 준비한다.
② 교사가 칠판에 단어 카드를 붙이면 5명 정도의 학생들이 나와서 각각 한글로 바꾸어 쓴다.
③ 학생들이 다 쓴 후 교사가 학생들의 답을 확인한 후 맞는 답을 찾아 준다.
④ 간단한 외래어 표기법 규칙들은 답을 확인하는 과정에서 짚어 줄 수 있다.

※ 기본적인 영어 단어를 알고 있는 학습자를 대상으로 한 것이기 때문에 영어를 모르는 학습자가 있을 경우에는 할 수 없다. 또한 학습자들의 관심도를 미리 파악하여 단어를 선정해야 하며, 혹시라도 해당 단어를 모르는 학습자를 위해서 참고 사진 자료를 준비한다.

응용:

한국 드라마, 한국 노래 등의 영어 제목을 한국말로 바꿔 보게 한다. 요즘 한국 드라마가 인기지만 자기 나라에서 한국 드라마를 본 경우나 한국에서 살아도 유튜브 등을 통해서 영어 제목만 접하기 때문에 한국어 제목을 모르는 경우가 많아서 의사소통에 어려움을 겪을 때가 많다.

고급 학생이라면 여기에 더하여 다른 나라 영화의 제목을 한국어로 바꿔 보게 할 수도 있다. 영어 제목은 같지만 한국어 제목은 다양하게 나올 수 있기 때문에 이를 나누면서 제일 잘된 제목을 뽑아 보는 것도 재미있을 것이다.

예:

big bang (빅뱅)	super junior (슈퍼 주니어)	Seven eleven (세븐 일레븐)	Star bucks (스타벅스)	Ever land (에버랜드)
Kara (카라)	X-man (엑스맨)	iris (아이리스)	Coffee bean (커피 빈)	Lotte world (롯데월드)

틀린 말 바로 고치기

학습 단계: 중급, 고급

초급의 경우, 쓰는 연습과 맞춤법에 대한 지적을 계속해서 해 주지만 상대적으로 중급 이상에서는 쓰기 오류를 수정해 줄 기회가 많지 않다. 따라서 어느 단계에서나 할 수 있지만 중급 이상에서 정확도를 높이고 싶을 때 이 활동이 필요하다.

학습 효과:

학습자들의 숙제를 보면 한 번 틀렸던 것을 계속 틀리는 경향이 있다. 이것은 오류를 수정해 주어도 그것을 관심 있게 다시 보는 학습자가 드물기 때문일 것이다. 자신이 자주 틀리는 오류를 주목해서 다시 고쳐 보는 활동을 통해서 어휘를 정확하게 기억할 수 있게 될 것이다.

준비물:

오류 목록(교사가 미리 학생들의 숙제 오류를 정리해 둔다), 연습지

방법:

① 철자가 어려운 단어부터 의미 구별이 어려운 단어까지 잘못 사용하기 쉬운 어휘를 모아 연습지를 만든다.(학습자의 오류를 참고한다.)
② 학생들에게 한 장씩 나누어 주고 틀린 것을 바르게 고쳐 보게 한다.
③ 학생들이 다 고친 후에는 학생들이 차례대로 나와서 고친 답을 칠판에 적는다.
④ 마지막으로 교사가 학생이 적은 답을 확인해 준다.
⑤ 답을 맞힌 후에는 가장 많이 맞힌 학생을 찾아 칭찬해 준다.

응용:

초급에서는 맞춤법 위주로 문제를 내고 중·고급에서는 어휘 사용 위주로 문제를 낸다. 문장 안에서 틀린 어휘를 고치는 연습을 많이 시킨다.
학생들의 관심도에 따라 마지막에 '받아쓰기'로 정리하는 시간을 갖는 것도 좋다.

예:

〈중급 이상〉

※ 다음 문장에서 틀린 곳을 찾아 바르게 고쳐 보세요.

1. 왜냐하면 담배는 건강에 나쁘다. (답: 나쁘기 때문이다.)
2. 아마 시간이 있으면 여행 가요. (답: 갈 거예요.)
3. 콘서트에 사람들이 많은 왔다. (답: 많이)
4. 내 아이돌은 한국의 대통령이다. (답: 우상)
5. 선생님께 우리의 관계를 보내 주세요. (답: 안부를 전해 주세요)

※ 1~3번은 다수의 학생들에게 나타나는 오류이며 4~5번은 특정 학생의 오류이다. 이 두 가지를 적절하게 섞어서 학생들의 관심을 유도하여 활동을 진행한다.

친구 묘사하고 맞히기

학습 단계: 중급, 고급

옷차림, 성격 등을 묘사하는 과를 배울 때 혹은 배운 후에 복습으로 사용하면 좋다. 또는 이 활동을 응용해서 중급 이상의 학습자들이 첫날 자기를 소개하는 방법으로 사용해도 좋다.

학습 효과:

사람의 외모나 성격을 묘사하는 단어를 실제 생활에서 말할 기회가 많지 않지만 아이를 잃어버린 상황이나 가해자의 인상착의 등을 설명할 때는 필수적인 것이다. 학습 상황을 만들어서 자연스럽게 연습을 시킬 수 있다.

준비물:

외모, 성격 관련 단어 목록, 메모지

방법:

① 3~4명을 한 팀으로 나눈다.
② 메모지에 옷차림, 얼굴 생김새, 성격 등의 단어를 이용해서 반 친구를 묘사한다. 한 인물에 대해 총 다섯 문장으로 묘사하는데 1단계부터 5단계로 난이도를 조절한다. 처음 제시할 문장은 누구에게나 해당되는 문장으로 시작해서 마지막 문장은 그 사람에게만 해당되는 결정적인 문장으로 한다.
③ 묘사한 문장을 단계별로 읽으면 다른 팀이 맞힌다. 한 문장당 발언 기회는 한 번이며 단계가 높아질수록 점수는 낮아진다.
④ 총점을 계산하여 제일 잘한 팀을 뽑는다.

※ 문장을 듣고 마구 아무 학생의 이름을 불러 대면 학습의 효과가 떨어지기 때문에 문장을 들은 후 발언 기회는 한 번으로 제한하는 것이 좋다.

응용:

자기가 자기를 묘사하는 문장을 써서 다른 친구들에게 맞히게 하는 방법도 있다. 또한 메모지를 돌려서 한 사람에 대해 다른 친구들 모두가 한 문장씩 그 사람에 대한 문장을 쓰고 마지막에 함께 이야기를 나누는 것도 재미있는 방법이다. 다른 친구들에게 나의 모습이 어떻게 비춰지고 있는지를 확인할 수 있기 때문에 학생들이 관심을 갖는다. 전체 문장을 다 말하면 시간도 많이 걸리고 지루할 수 있으므로 한 학생에 대해 한두 문장을 선택해서 읽어 주도록 한다. 이때 분위기를 망칠 수 있는 문장이라면 읽지 않는 것이 좋으며, 재미있는 문장을 읽어서 분위기를 좋게 한다.

예:

〈질문지〉

단계별 힌트	점수
1단계 - 친절해요.	50점
2단계 - 보통 키예요.	40점
3단계 - 코가 오뚝해요.	30점
4단계 - 시계를 차고 있어요.	20점
5단계 - 까만 머리끈으로 머리를 묶었어요.	10점

〈단어 목록〉

옷차림	청바지, 블라우스, 티셔츠, 점퍼, 스웨터, 치마, 바지, 정장, 코트, 넥타이, 목도리, 스카프, 안경, 선글라스, 목걸이, 귀고리(귀걸이), 반지, 팔찌, 발찌, 시계, 머리핀, 머리띠, 머리끈, 입다, 신다 쓰다, 매다, 하다
얼굴/외모	둥글다, 각이 지다, 크다, 작다, 뽀얗다, 까맣다, 오뚝하다, 납작하다, 계란형, 역삼각형, 네모, 길다, 턱, 광대뼈, 볼, 눈썹, 짙다, 입술, 얇다, 도톰하다, 창백하다, 갸름하다, 부스스하다, 이마, 가르마, 점, 수염, 생머리
성격	느긋하다, 급하다, 털털하다, 외향적이다, 내성적이다, 꼼꼼하다, 소심하다, 다혈질, 적극적, 소극적, 상냥하다, 한결같다, 자상하다, 믿음직하다

글자 찾기

학습 단계: 중급, 고급

교과서를 벗어나서 실제 자료에서 어휘를 찾아보는 활동이므로 중급 이상일 때 부담을 덜 느낄 것이다. 교과서가 갖는 한계를 극복하고 가공되지 않은 자료를 접할 기회를 주고 싶을 때 한번 시도해 보면 좋다.

학습 효과:

여러 글자 안에서 자신이 아는 단어를 찾아보면서 단어를 기억하게 되고 실물 자료를 보는 데도 익숙해진다.

준비물:

자모표, 글자표, 신문, 잡지, 전단지 등 실물 자료, 초시계

방법:

① 학습자 수준에 맞는 글자표나 실물 자료를 준비한다. 요즘은 인터넷 시대이므로 인터넷에서 자료를 가지고 와도 좋다.
② 2명이 한 팀이 되어서 교사가 준 자료에서 아는 단어를 찾아 동그라미를 친다.
③ 제한된 시간을 주고(자료에 따라 5~10분쯤이 적당하다.) 가장 많이 찾은 팀을 뽑는다.
④ 각자가 찾은 단어가 무엇인지 함께 이야기해 본다.
⑤ 서로 알고 있는 영역이 다를 것이므로 단어가 자연스럽게 확장된다.

응용:

초급 학습자라면 자모표처럼 여러 글자를 나열하여 자료를 만든다. 이때 이 활동 자체가 익숙하지 않은 경우는 교사가 학습자 수준을 고려해서 글자표를 구성하는 것이 좋다. 거기에서 학생에게 특정 단어를 찾으라고 한다. 오늘 배운 단어를 찾으라고 할 수도 있고 교사가 어떤 단어를 불러 줄 수도 있다. 더 응용한다면 글자표를 이용해서 만들 수 있는 모든 단어를 만들어서 발표하게 한다.

고급의 경우는 많은 단어를 알고 있으므로 '사람 이름' 찾기, '단체 이름 찾기', '장소 이름 찾기', '외모를 묘사하는 단어 찾기', '핵심 단어 찾기' 등의 활동으로 단어를 익히게 할 수도 있다. 실제로 고급 학습자라 할지라도 한국 인명, 지명 등의 단어는 잘 모르는 경우가 많기 때문에 이 활동을 통해서 자연스럽게 익히도록 하며 인명의 경우는 성별에 대한 구별도 해 주고, 지명의 경우는 대략적인 위치도 알려 준다.

지도 그리면서 지명, 특산물 익히기

학습 단계: 중급, 고급

4급 정도에서 한국의 지명이 많이 나오기 시작한다. 한국의 명소라든지 특산물에 대한 주제를 공부한 후에 하는 활동으로 적당하다.

학습 효과:

다른 필수 어휘에 비해 지명은 중요하게 취급되고 있지 않으나 신문, 뉴스 등을 접할 때 지명은 상당히 중요한 어휘가 된다. 지명을 외우지는 않는다 하더라도 그 것이 지명을 뜻하는지를 알게 해 주는 활동은 필요하다.

준비물:

큰 도화지나 전지, 사인펜, 지도

방법:

① 우선 3~4명을 한 팀으로 나눈다.
② 자신들이 알고 있는 지식으로 한국 지도를 그린다.
③ 한국 지도를 그린 후에는 알고 있는 지명을 써 넣는다. 자기가 생각하는 위치에 지명을 적고 특산물을 그려 넣는다.
④ 활동이 끝나면 각 팀에서 그린 한국 지도를 칠판에 붙이고 가장 한국 지도와 비슷한 것을 뽑는다.
⑤ 마지막으로 교사가 한국 지도를 보면서 학생들이 적은 지명과 특산물을 확인 시켜 준다.(한국의 유명 지명과 특산물을 간단하게 표시해 놓은 지도는 한국어 교재에 나와 있는 경우도 많고 시중에서도 쉽게 구할 수 있다.)

응용:

이 활동은 기본적으로 한국 생활을 어느 정도 경험한 학생들이 할 수 있는 것이다. 따라서 학습자들의 경험 정도에 따라 서울 지도로 범위를 좁힐 수도 있다. 또한 경험이 부족해서 활동이 어렵다고 생각될 때는 한국의 지도를 교사가 먼저 보여 주고 소개한 후에 기억을 더듬어서 그려 보도록 하거나 아니면 한국 지도를 제시해 주고 자신들이 가고 싶은 곳을 그려 넣는 활동으로 바꾸어서 해도 무방하다.

고급 수준에서는 각자 자기 나라의 지도, 지명, 특산물을 소개하는 활동을 해도 좋다. 세계에서 유명한 지명을 확인하는 것도 좋은 시간이 될 것이다.

예:

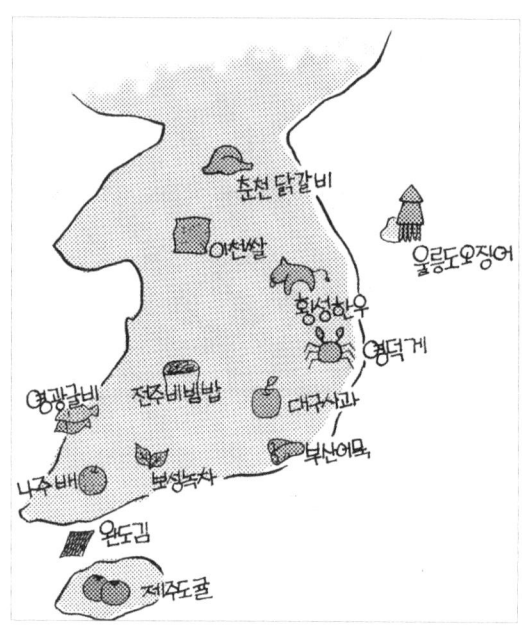

지도 그리기 활동
서울대학교 언어교육원 말레이시아반 4급

같은 범주 이어 말하기

학습 단계: 중급, 고급

어느 단계에서나 할 수 있는 게임이지만 4~6급 정도에서 하면 좀 더 활발한 활동이 될 것이다. 그동안 배운 단어를 정리하는 전체 복습 활동으로 좋다.

학습 효과:

범주에 해당하는 단어를 말하면서 단어를 머릿속에서 정리할 수 있게 되고 범주화하여 쉽게 기억할 수 있다.

준비물:

질문지

방법:

① 4~5명을 한 조로 한다.
② 교사가 범주를 지정해서 알려 준다.
③ 범주에 해당하는 단어를 한 사람씩 말한다.
④ 4~5명 모두가 범주에 해당하는 단어를 말하면 점수를 얻는다.
⑤ 답을 바로바로 말해야 하며 시간제한을(5초가 적당) 넘기면 다른 팀에게 기회가 넘어간다.

※ 범주는 학습자 수준을 고려하여 교사가 정한다.

응용:

학생들이 쉽게 문제를 풀어서 게임이 지루하다고 느끼면 글자 수를 제한하거나 조금 어려운 질문을 던진다.

예:

〈질문지〉

· 한국의 드라마 제목은?
· 한국의 섬 이름은?
· 한국의 산 이름은?
· 한국의 유명한 인물 이름은?
· 한국의 유명한 관광지는?
· 한국의 도 이름은?
· 한국의 도시 이름은?
· 한국의 음식 이름은?

· 2009년에 방송된 드라마 제목은?
· 2글자로 된 한국의 섬 이름은?
· 한국의 유명한 산 이름은?
· 한국의 정치인 이름은?
· 서울의 유명한 관광지는?
· 경기도에 있는 도시 이름은?
· 2글자로 된 한국의 도시 이름은?
· 한국의 매운 음식 이름은?

| ○○에게 ○○이란······. |

학습 단계: 고급

5, 6급 수준에서 'N(이)란 (N)이다' 같은 표현을 익히면서 연습하기 좋은 활동이다.

학습 효과:

단어의 정의를 내리면서 단어가 갖는 깊은 의미를 되새길 수 있고 단어를 표현하는 능력을 기를 수 있다.

준비물:

A3 색지, 사인펜, 스카치테이프

방법:

① 'N에게 N(이)란'으로 정의할 수 있는 재미있는 문구를 준비한다.

② A3 정도 되는 종이의 맨 위에 '학생들에게 시험이란······', '직장인에게 휴가란······' 등의 문구를 하나씩 적는다.

③ 적은 종이를 교실 벽 여기저기에 띄엄띄엄 붙인다.

④ 학생들에게 돌아다니면서 자유롭게 자기 생각을 적도록 한다. 모두 빠짐없이 한 문장씩 적도록 한다. 학생이 많을 경우, 짝을 지어서 2명이 한 문장씩 만들도록 한다.

⑤ 모든 학생들이 문장을 다 썼으면 함께 읽으면서 의견을 나눈다.

⑥ 각각 제일 잘 정의를 내린 문장을 뽑아 본다.

※ 정의를 내리는 활동을 하면서 학생들이 아주 멋있는 문장을 만들 때가 많이 있다. 학생들에게 기억에 남을 수 있는 단어를 잘 선택하면 더 재미있는 활동이 될 것이다.

응용:

활발한 활동을 좋아하는 학생들이라면 정의를 내리면서 그림도 함께 그려서 표현하게 하면 좋다. 또한 '나에게 ○○이란······.'으로 단어를 학생 자신이 정해서 정의를 내리는 시간을 가지는 것도 의미가 있을 것이다.

예:

학생들, 선생님들, 나, 너, 한국인, 외국인, 어린이, 여자들, 남자들 등
시험, 음식, 사랑, 우정, 인생, 삶, 돈, 명예, 음악, 예술, 여행, 공부, 가족 등

학생들에게 시험이란……	직장인에게 휴가란……	한국인(또는 외국인)에게 김치란……	나에게 사랑이란……

반의어 찾아 문장 만들기

학습 단계: 고급

특별한 단계가 따로 있는 것은 아니고 사실 단어를 어느 정도 익힌 후부터 이 활동을 시작할 수 있다. 초급에서도 물론 가능하지만 반의어만 찾고 끝내는 활동은 너무 간단하기 때문에 여기에서는 단순하게 반의어를 찾는 것에서 그치는 것이 아니라 반의어 단어를 이용해서 문장을 만드는 활동으로 소개하고자 한다.

특히 5급이나 6급에서 단어의 양이 갑자기 늘어나는데 그때 많은 단어를 잘 정리할 수 있게 도와주는 활동이다.

학습 효과:

어떤 단어의 의미를 알고 있을 때 그것의 반의어를 제시하면 그 뜻을 빨리 이해할 수 있고 외울 때도 도움이 된다. 이를 바탕으로 어휘가 잘 정리되도록 좋은 문장을 스스로 만들어서 연습하면 좋다.

준비물:

반의어 단어 카드

방법:

① 서로 반의어가 되는 두 단어 카드를 준비한다. 단어 카드는 노란색, 반의어 카드는 분홍색 등 서로 다른 색깔이 되도록 한다.

② 단어 카드를 학생들에게 한 장씩 나누어 준다. 한 학생이 먼저 일어나서 자기가 가진 카드를 읽으면 그 단어의 반의어 카드를 가진 학생이 일어나서 짝이 된다. 이런 식으로 반의어 카드를 이용하여 짝을 정해 준다.
③ 짝을 정한 후에는 가지고 있는 두 단어가 모두 들어가게 문장을 만든다. 한 문장 안에 두 단어가 모두 들어가도록 만들게 한다.
④ 문장을 다 만든 후에는 학생들이 만든 문장을 칠판에 쓰게 한다.
⑤ 문장을 교사가 읽으면서 오류를 수정해 준다. 수정해 주면서 자주 틀리는 철자 오류, 문법 오류 등을 함께 언급한다.
⑥ 반의어의 뜻을 제일 잘 살린 문장을 뽑는다.

응용:

초급에서 이 활동을 하려면 간단하게 반의어 짝을 찾거나 잘하는 경우는 문장 만들기를 시켜도 좋다. 혹은 칠판에 여러 단어들을 붙여 놓고 반의어 단어를 빨리 찾는 방법으로 하는 것도 괜찮다.

중급 수준에서는 'A/V-지만', 'V-았/었다가'와 같은 문법과 연계해서 활동을 유도해서 활동을 할 수도 있다.

물론 이 활동은 고급에서 반의어의 의미가 문장 안에 나타나도록 만들어서 문장을 기억하는 것, 명확하게 단어의 뜻을 알 수 있도록 하는 데 가장 적합하다.

예:

〈초급〉 형용사

작다	크다	많다	적다	높다	낮다	재미있다	재미없다
맛있다	맛없다	길다	짧다	시끄럽다	조용하다	기쁘다	슬프다
좋다	나쁘다	싸다	비싸다	가볍다	무겁다	어렵다	쉽다
춥다	덥다	배고프다	배부르다	아프다	건강하다	멀다	가깝다

문장 예: 시장은 시끄럽지만 도서관은 조용해요.

〈초급〉 동사

열다	닫다	켜다	끄다	입다	벗다	출발하다	도착하다
주다	받다	타다	내리다	일하다	쉬다	때리다	맞다
좋아하다	싫어하다	사다	팔다	나가다	들어가다	잘하다	못하다

문장 예: 날씨가 추워서 창문을 열었다가 닫았어요.

〈중급, 고급〉 형용사

느긋하다	급하다	털털하다	까다롭다	차갑다	뜨겁다	무식하다	똑똑하다
늙다	젊다	밝다	어둡다	편하다	불편하다	더럽다	깨끗하다
뚱뚱하다	날씬하다	부유하다	가난하다	간단하다	복잡하다	딱딱하다	부드럽다
더럽다	깨끗하다	소심하다	대범하다	오뚝하다	납작하다	얇다	두껍다

문장 예: 외출을 준비할 때 남편은 시간이 많이 남은 사람처럼 천천히 느긋하게 준비하는 반면, 아내는 벌써 밖에 나가서 엘리베이터를 잡아 놓고 기다릴 만큼 성격이 급하다.

〈중급, 고급〉 동사

숨기다	밝히다	젖다	마르다	자다	깨다	접다	펴다
얼다	녹다	묶다	풀다	울다	웃다	올라가다	내려가다
쓰다	지우다	증가하다	감소하다	허용하다	금지하다	등장하다	퇴장하다

문장 예: 어떤 잘못을 했을 때 그 잘못에 대해서 말하지 않고 사실을 숨기려 하지 말고 잘못한 사실을 다른 사람에게 알려서 밝히는 것이 참된 용기이다.

추측하기 게임

학습 단계: 고급

중급에서 관용표현을 배우기 시작해서 고급쯤 되면 속담, 한자 성어에 익숙해진다. 5급이나 6급 수준의 학습자들에게 적당한 활동이다.

학습 효과:

추측하는 과정을 통해서 속담의 뜻을 생각하는 시간을 가질 수 있고, 오래 기억할 수 있다.

준비물:

속담, 관용표현, 신조어 카드(혹은 PPT 파일)

방법:

① 2~3명을 한 조로 만든다.
② 단어 카드를 보여 주고 무슨 뜻일지 추측해 보게 한다.
③ 조별로 추측한 내용과 이유를 발표한다.
④ 관용표현나 속담이 들어간 예시 문장을 보여 주면서 다시 뜻을 추측해 보게 한다.
⑤ 처음의 추측과 달라진 팀이 있다면 발표한다.
⑥ 교사가 뜻을 알려 주고 제일 추측을 잘한 팀을 뽑아 본다.
⑦ 자기 나라에 비슷한 말이 있는지 서로 이야기하게 한다.

응용:

요즘은 인터넷 문화가 발달해서 인터넷에서 만들어진 새로운 말들도 많은데 이것을 적어 주고 뜻을 추측해 보게 하는 것도 재미있을 것이다. 인터넷 만화에 다양한 신조어가 나오는데 만화를 이용해서 추측해 보도록 하는 것도 재미있을 것이다(예: 잠수를 타다, 정신줄을 놓다, 손발이 오그라들다 등). 학교에서 중점을 두고 가르칠 것들은 아니지만 생활에서 접하므로 무슨 뜻인지 알고 넘어가게 하는 것도 좋다.

육하원칙 게임

학습 단계: 고급

육하원칙에 대한 내용이므로 신문 수업과 연계해서 하면 좋고 신문 수업을 보통 고급에서 하므로 5, 6급 정도에서 하기 좋은 활동이다.

학습 효과:

누가, 언제, 어디서, 무엇을, 어떻게, 왜 했나 하는 육하원칙에 해당하는 각각의 단어와 그 단어로 한 문장을 구성하는 활동을 통해서 문장 구성에 익숙해질 수 있다.

준비물:

6가지 다른 색깔의 메모지 여러 장, 메모지를 넣을 상자

방법:

① 6가지 다른 색깔의 메모지를 각각의 학생들에게 나눠 준다. 한 학생이 6장의 다른 색깔의 메모지를 받게 된다.

② 각각의 색깔에 써야 하는 범주를 정한다. 예를 들면 하늘색에는 '누가', 분홍색에는 '어디서', 노란색에는 '무엇을', 초록색에는 '어떻게', 주황색에는 '왜'를 각각 적도록 한다.

③ 학생들은 색깔에 맞는 범주의 단어를 적는다.

④ 학생들이 다 적었으면 종이를 모아 상자에 넣는다.(색깔별로 6상자를 준비할 수 있으면 좋지만 그렇지 않다면 한 상자에 넣어서 색깔별로 뽑으면 된다.)

⑤ 한 명씩 나와서 6색깔을 순서대로 하나씩 뽑으면서 읽는다. 뜻하지 않게 재미있는 문장들이 많이 나온다.

⑥ 제일 재미있는 문장을 뽑아서 칭찬해 준다.

※ 모든 활동을 마치고 원래 썼던 문장이 무엇이었는지 확인해 보는 것도 재미있다.

응용:

3~4명 정도로 팀을 만든다. 위의 활동을 마친 후 활동을 통해 나온 문장들을 모두 적어 본다. 그리고 하나의 내용이 되도록 새롭게 구성해 본다. 다양한 인물이 나올 경우는 인물의 관계를 가정해서 이야기를 만들어 본다. 이야기를 다 만든 후에는 이야기를 제일 재미있게 구성한 팀을 뽑아 본다.

모의 면접

학습 단계: 고급
5급이나 6급 수준에서 직업, 취업 같은 주제를 공부할 때 연습으로 좋은 활동이다.

학습 효과:
모의 면접을 통해서 면접에 필요한 다양한 어휘 학습은 물론 가상이지만 면접을 준비할 수 있는 기회도 될 수 있고 활동을 하는 동안 자연스럽게 관련 단어를 읽고 듣고 쓰고 말하게 되어 어휘 교육에도 도움이 된다.

준비물:
면접 관련 단어 목록

방법:
① 학생들이 회사 이름, 회사의 성격, 채용 인원, 모집 부문, 지원 자격 등을 정한다. 교사가 정해 줄 수도 있지만 학생들이 정하는 게 더 효과적이다.
② 학생들을 크게 두 팀으로 나누어 한 팀은 면접관이 되고 다른 한 팀은 지원자가 된다.
③ 지원자 팀과 면접관 팀은 각각의 질문 예상 목록을 만든다.
④ 모의 면접을 실시한다. 면접관들은 지원자들에게 질문에 대한 대답이나 행동을 요구한다. 지원자들의 답변과 행동을 보고 점수를 준다. 면접관이 돌아가면서 지원자 전체에 질문을 할 수도 있고 특정 사람을 지목해서 질문할 수도 있다.
⑤ 면접이 끝난 후에 실제로 채용할 사람을 선택한다. 어느 부문에 어떤 사람을 채용할지, 그 이유는 무엇인지 이야기를 나눈다.

응용:
회사 면접에만 국한할 필요는 없고 유학 면접, 입학 면접, 아르바이트 면접 등 다양하게 열어 두어 활동을 진행한다. 실제로 취업에 도움이 되는 것은 정형화된 회사 모의 면접이라고 생각할 수도 있겠지만 특이한 회사를 정해서 돌발 상황을 만들고 대처해 나가는 모습을 함께 하는 것도 의미가 있다.

반 학생들이 모두 회사 생활 경험이 없다면 생활과 가까운 마트, 커피 전문점 등의 아르바이트 면접으로 상황을 이끌어 가면 훨씬 더 실감 나는 면접이 될 것이다.

면접 대형은 여러 명의 면접관에 1명의 지원자로 해도 되지만 학생들이 부담을 느끼므로 여러 명의 면접관에 여러 명의 지원자로 하는 것이 낫다.

예:

※ 아래 예는 5급 학생들이 수업 시간에 실제로 구성한 모의 면접에 관한 내용이다.

〈회사 구인 정보〉

회사 이름: 가나다 마트
모집 부문: 영업, 계산원, 청소부, 프로모션 도우미, 텔레마케터, 안내 직원
채용 인원: ○명
지원 자격: 예쁘지 않아도 괜찮아요. 아줌마도 괜찮아요.
 물건을 잘 팔 수 있으면 좋겠어요.
 공부는 못해도 괜찮아요. 경력이 많은 사람이면 좋겠어요.

〈질문지〉

질문	지원자 1	지원자 2	지원자 3
가나다 마트에 지원하게 된 동기는 무엇입니까?			
어느 부문에서 일하고 싶습니까?			
경력이 있습니까?			
여기 로션이 있습니다. 이것을 팔아 보십시오.			
손님이 불만이 있어서 마트에 왔습니다. 어떻게 대처할 것입니까?			

※ 모의 면접 시 앉아서 질문만 하는 것보다는 면접관이 손님의 역할을 하면서 지원자가 어떻게 대처하는지를 행동으로 유도하면 더 분위기가 좋다.

몸으로 말해요.

학습 단계 : 고급

초급, 중급, 고급 모두 적용할 수 있는 활동이다. 여기에서는 고급에서 속담, 한자 성어 등을 재미있게 익히는 단계로 제시하고자 한다.

학습 효과 :

단어를 몸으로 표현하면서 재미있게 학습할 수 있다. 단어 학습 자체가 목적이라기보다는 수업에 활기를 불어넣으면서 단어를 부수적으로 공부하는 데 의의가 있다.

준비물 :

제시 단어가 적혀 있는 스케치북, 초시계

방법 :

① 4~5명을 한 팀으로 한다. 4~5명이 앞에 나와서 순서대로 선다. 맨 앞의 한 명은 앞을 보고 서고 나머지 4명은 뒤돌아서 선다.

② 교사가 단어를 제시한다. 범주는 미리 알려 준다.

③ 맨 앞의 한 명이 제시된 단어를 보고 2번째 서 있는 사람에게만 몸으로 설명한다. 필요하면 소리도 허용된다.

④ 설명이 끝나면 2번째 사람이 3번째 사람에게만 동작과 소리로 설명한다.

⑤ 이렇게 마지막 사람까지 오면 마지막 사람이 제시 단어를 맞힌다.

※ 제시 단어의 개수를 3개로 제한하여 총 시간을 재는 방법이 있고 시간을 2~3분으로 제한하고 맞힌 단어 개수로 점수를 주는 방법이 있다.

응용 :

제시 단어로 쉽게는 동물부터 어렵게는 문장까지 다양하게 시도해 볼 수 있다. 재미를 위해서는 영화 제목이나 유명한 인물을 제시 단어로 넣어도 좋다. 또한 학습자들이 직접 제시 단어를 만들어 볼 수도 있다. 상대 팀이 맞힐 문제를 내는 것이다. 이 경우에 무조건 어렵게 만들려고 하는 경향이 있으나 기발한 문장이 나오기도 한다. 따라서 이를 적절히 조절하여 대충 뜻만 맞으면 정답으로 인정해 주는 등 교사가 판단하여 점수를 준다. 교사가 준비한 제시 단어와 학습자들이 만든 문장을 섞어서 해 본 후 반응을 보는 것도 좋을 것이다.

※ 제시하는 단어는 학생들이 추측해서 알 수 있거나 미리 배운 단어로 제한해서 준다.

예:

〈동물 속담 관련〉

- 먹을 때는 개도 안 건드린다.
- 서당 개 3년이면 풍월을 읊는다.
- 까마귀 날자 배 떨어진다.
- 낮말은 새가 듣고 밤말은 쥐가 듣는다.
- 다람쥐 쳇바퀴 돌 듯 하다.
- 닭 쫓던 개 지붕 쳐다본다.
- 물에 빠진 생쥐 같다.
- 개천에서 용 난다.
- 고래 싸움에 새우 등 터진다.

〈유명한 이야기〉

- 백설공주
- 토끼와 거북이
- 인어공주
- 미녀와 야수
- 알라딘과 요술램프
- 신데렐라
- 콩쥐 팥쥐
- 흥부 놀부
- 선녀와 나무꾼

〈기타 : 학생들이 직접 작성한 제시 문장〉

- 장례식장에 가서 귀신을 봤다.
- 돼지고기를 많이 먹었더니 돼지가 되었다.
- "이 안에 너 있다."
  ('파리의 연인'이라는 드라마 대사로 반 학생들이 모두 알고 있었음.)

역사 퀴즈

학습 단계: 고급

한국 역사를 공부한 후에 역사 단어를 복습하는 활동으로 적합하다.

학습 효과:

역사 단어의 경우 실제로 말할 기회가 별로 없고 읽을 기회도 많지 않아서 단어의 뜻을 이해하고 외웠다 해도 금방 잊어버리기 쉽다. 하지만 이 활동을 통해 다시 한 번 단어의 뜻을 듣고 쓰게 되어 머릿속에 좀 더 오랫동안 기억할 수 있다. 그리고 무엇보다도 딱딱한 역사 수업에 활력을 불어넣을 수 있다. 학생들이 좋아하는 어휘 게임 활동이다.

준비물:

작은 칠판, 지우개, 마커펜, 질문지

방법:

① 역사 단어 목록을 주고 미리 공부해 오게 한다.
② 단어를 공부했는지 확인하기 위해 역사 수업 시작 전에 단어 시험을 본다.
③ 역사 수업을 진행한다.
④ 역사 수업 후 정리하는 단계에서 이 활동을 시작한다.
⑤ 학생 2명을 한 팀으로 하여 작은 칠판, 지우개, 마커펜을 나누어 준다.
⑥ 배운 단어의 뜻을 설명하고 그 단어가 무엇인지 학생들에게 답을 쓰게 한다.
⑦ 20~30초 정도 쓸 시간을 준 후 동시에 답을 쓴 칠판을 들게 한다.
⑧ 학생들이 서로의 답을 확인한다. 정답을 쓴 학생에게 점수를 주어 점수를 자기 칠판에 기록하게 한다.
⑨ 질문을 다 한 후에 점수를 따져서 제일 잘한 팀과 못한 팀을 가린다.

응용:

역사적 의미가 있는 사건이나 연도를 질문할 수도 있고 재미를 위해서 배우지 않았지만 학생들이 알아 두면 좋을 한국 역사 관련 상식 문제를 낼 수도 있다.

학생들이 쓴 오답도 수업을 재미있게 만든다. 실제로 학생들이 한두 번 들었을 뿐인 단어를 기억해서 쓰는 것이 쉽지 않다. 특히 역사적 사건이나 역사적 인물의 이름 등이 그런데 이를 잘못 기억해서 쓴 경우가 큰 웃음을 유발하여 즐겁게 수업을 할 수 있다. 정답을 확인시켜 주면서 단어를 한 번 더 기억하게 한다.

예:

역사: 빈곤으로부터의 해방

　1962년부터 경제 개발 5개년 계획이 시작되어 수출 공단 등이 지어지기 시작한다. 도시는 노동력을 필요로 했으며 농촌 지역의 많은 사람들이 도시로 이주하게 된다. 이들은 도시 빈민층을 형성하고 '판자촌, 달동네' 등의 빈민촌이 늘어나게 되었다. 1965년부터의 월남 파병, 1970년대 후반의 중동 진출에 의한 외화 획득은 한국 경제 발전에 많은 도움을 주었다.
　한편 당시 시급히 해결해야 했던 쌀 자급 문제는 벼의 품종 개발에 힘입어 점차적으로 해결되어 갔으며 마침내 1974년 처음으로 쌀 자급을 이루게 된다.
　1978년 말에는 국민 일인당 GNP가 1,000불을 넘게 되어 경제 상황이 급속도로 좋아진다. 1986년에서 1989년까지는 대외적인 경제 여건에 힘입어 연평균 13%라는 고속 성장을 이루게 되고 사상 처음으로 무역 수지 흑자를 기록하게 된다. 당시 많은 사람들은 자신을 중산층이라고 생각했으며 문화생활과 경제적 여유를 누렸다.
　고속 성장은 여러 가지 문제점들을 내포하고 있었다. 1997년의 IMF 경제 위기는 한국인의 의식에 많은 변화를 가져왔다. 경제를 계속 발전하는 것으로 생각했던 사람들의 생각을 완전히 바꾸는 계기가 되었다. 많은 사람들이 더 이상 자신을 중산층이라고 생각하지 않게 되었다. 저소득층은 엄청난 고통을 겪었으며 빈부 격차는 더욱 커졌다. 분배 악화에 따른 부익부 빈익빈 현상이 심화된 것이다. 사실 정부는 오랫동안, 선성장 후분배 정책을 실행해 왔으며 제4차 경제 개발 계획 이후 분배 문제에 관심을 갖게 되나 이는 실질적인 것이 아닌 명목적인 것이었다.
　지난 100여 년 우리는 절대적 빈곤에서 벗어나기 위해 눈물겨운 노력을 해 왔다. 그러나 우리는 지금 새로운 빈곤의 시기를 경험하고 있다. 절대적 빈곤이 아닌 상대적 빈곤, 이것이 바로 21세기에 우리가 극복해야 할 과제이다. 중산층의 폭을 넓히는 길, 이것 역시 앞으로 우리가 해결해야 할 일이다.

〈단어〉
1) 경제 개발, 산업, 수출/수입, 외화, 빈민층
2) 파병, 중동, 호황/불황, 흑자/적자
3) IMF 경제 위기, 상류층/중산층/하류층, 분배, 부익부 빈익빈 현상, 빈부 격차, 절대적/상대적 빈곤

서울대학교 언어교육원(2009나:33)

질문:

1. 재산이 충분하지 않고 물질적으로 가난하게 사는 계층을 뭐라고 하나? 세 글자.
2. 베트남 전쟁 때 한국이 군대를 베트남에 보냈다. 다른 나라에 군대를 보내는 것을 뭐라고 하나? 두 글자.
3. 한국은 전쟁 이후에 먹을 것이 없어서 굶어 죽는 사람이 많았다. 이렇게 먹을 것이 없어서 가난한 상태를 뭐라고 표현했나? 다섯 글자.
4. 수입이 지출보다 많은 상태를 뭐라고 하나?
5. 한국은 베트남에 군대를 보내거나 중동에 인력을 보내어 다른 나라의 돈을 많이 벌어 왔다. 이것을 네 글자로?

번외 문제
한국전쟁은 몇 년 몇 월 며칠에 일어났나?
한국은 몇 년 몇 월 며칠에 독립했나?

※ 새 단어와 본문으로 구성된 자료가 있을 때는 질문지를 만들기가 쉽다. 본문의 내용을 질문하면 되기 때문에 사실은 즉석에서도 쉽게 만들 수 있는 문제이다. 물론 미리 질문지를 준비하는 것이 좋지만 읽기 수업을 하는데 수업이 너무 지루해질 때 즉석에서 쉽게 퀴즈를 만들어서 할 수 있는 활동이다.

역사 퀴즈 맞히기 활동
서울대학교 언어교육원 말레이시아반 6급

지식채널 e와 토론

학습 단계 : 고급

5급이나 6급에서 토론을 많이 하는데 토론 주제와 관련된 영상이나 자료를 준 후 어휘 학습을 시킬 때 하는 활동이다.

학습 효과 :

영상과 읽기 자료를 통해서 어휘의 의미를 쉽게 접근할 수 있고 토론을 할 때 그 단어를 사용하면서 자연스럽게 단어를 익힐 수 있다. 실제로 토론을 할 때 주제와 관련된 단어를 반복해서 언급하게 되므로 어휘 학습에 좋다.

준비물 :

지식채널 e 영상, 영상에 나온 원고, 주제와 관련된 기사 자료, 토론 표현

※ 토론이므로 찬성, 반대를 고려해서 영상이 찬성 쪽이면 기사는 반대 쪽 내용으로 준비한다.

방법 :

① 영상에 나오는 원고 자료를 나누어 주고 단어를 공부해 오게 한다.
② 도입으로 토론 주제와 관련이 있는 영상을 보여 준다. 지식채널 e 영상은 말이 아닌 글과 영상만으로 이루어진 것이므로 미리 학습해 온 단어를 영상과 함께 보면서 말보다 많은 것을 느낄 수 있다.
③ 영상을 본 후에는 주제와 관련이 있는 기사를 읽게 한다.
④ 기사를 읽은 후 토론 표현 목록을 주고 교사가 토론 주제에 대해 설명을 해 준다.
⑤ 찬성, 반대를 문장으로 정리해 주고 중요한 단어는 한 번 더 설명해 준다.
⑥ 각 찬반 팀을 정해서 토론 준비를 한다. 서로의 의견을 나누면서 메모한다.
⑦ 30분 정도 준비할 시간을 준 후에 직접 토론을 해 본다.
⑧ 교사는 토론이 끝난 후에 좋았던 점, 아쉬웠던 점에 대해 언급해 준다.
⑨ 과제로 찬반 중에 하나의 입장을 정해서 글을 써 오게 한다.

응용 :

토론에 익숙한 경우라면 학생들에게 많은 부분을 맡기면 되고, 토론이 처음이라면 토론 관련 표현부터 논거를 정리하는 세세한 부분에 교사가 개입하여 도움을 준다.

토론 주제를 미리 주고 인터넷에서 자료를 찾아오게 하는 것도 하나의 방법이다. 토론하는 과정에서 발생하는 오류를 지적하여 다음 토론에서 바르게 사용하게 한다.

예:

〈토론 자료〉 교실에서의 경쟁은 필요한가?

I. 참고 영상 : '핀란드의 실험' 제1부 탈출구, 제2부 더 많은 차별
http://home.ebs.co.kr/jisike/main.jsp?gubun=&y=&col=lecture_name&str=%C7%C9%B6%F5%B5%E5

II. 참고 기사 : "공부 못하는 학생과 섞이게 하고 싶지 않다."
http://www.ohmynews.com/NWS_Web/View/at_pg.aspx?CNTN_CD=A0001276353&CMPT_CD=P0001

토론 활동
서울대학교 언어교육원 말레이시아반 6급

5.3.3. 게임 후 정리

게임을 잘 구성해서 하는 것도 중요하지만 다음번의 게임 활동을 위해서 활동한 것에 대한 정리는 해 두는 것이 중요하다. 처음 게임 활동을 한 의도에 맞게 게임 과정이 잘 되었는지, 자리 배치 및 시간 안배는 적절했는지 학생들의 반응은 어땠는지 등을 되짚어 본다. 자신이 게임에 대한 평가표를 만들어서 하나하나 확인을 해 나가는 것도 다음을 위한 좋은 준비가 될 것이다. 5.3.1에서 말한 게임 수업 준비 단계에서 언급했던 것들을 게임 후에 되돌아보면 좋은 평가 시간이 될 것이다.

① 학습자의 수준과 성향에 잘 맞았는가?

게임 활동이 학습자의 수준에 적절했는지, 학습자들이 부담 없이 게임에 참여했는지 등을 돌이켜본다. 학습자의 수준에 적절하지 못했다면 그 이유는 무엇인지 잘

생각해 본다. 설명의 문제인지 게임 자체의 복잡함인지 아니면 어휘 난이도 문제인지를 따져 본다. 그런 후에 다음에 같은 게임을 한다면 어느 수준에서 어떤 어휘를 제시하는 게 좋을지 메모한다.

또 학생들이 게임에 적극적이지 않았다면 동적, 정적인 성향의 문제였는지 아니면 게임 활동 자체에 무리가 있는 것이었는지도 생각해 본다. 어느 부분에서 학습자들이 부담스러워했는지를 기억해 내어 다음 게임 때 고려하도록 한다.

② 게임의 구성은 적절했는가?

자리 배치, 팀 구성 인원, 배점, 시간제한, 게임 횟수 등이 적절했는지 살펴본다. 자리 배치가 잘못되어 상대 팀이 잘 보이지 않았다거나 팀 인원이 너무 많아서 산만했다거나 하는 문제점을 잘 기록해 둔다. 또한 스피드 게임 같은 경우 시간제한이 너무 짧거나 길지 않았는지, 게임 횟수가 적당했는지, 배점은 적절했으며 게임에 활력소로 작용했는지 등을 메모해서 다음 게임 시 참고로 한다.

③ 게임에 필요한 시각적인 교구들은 적절했으며 충분했는가?

각각의 게임에서 필요한 교구들이 있다. 사전에 예상하여 준비한 것들이 모자라지 않고 충분했는지 생각해 본다. 또한 단어 카드, PPT 파일의 경우 게임에 따라 효과적인 것이 다를 수 있기 때문에 어느 것이 더 효과적이었는지 기록해 둔다.(예 : 자리 배치가 까다로워서 자리 이동을 시켜야 하는 경우는 단어 카드, 스케치북 등이 용이했고 자리 이동이 필요 없는 경우나 그림, 사진 자료 제시가 필요한 경우는 PPT 파일을 사용하는 게 좋았다.)

또한 예상하지 못했지만 다른 교구가 더 필요했다면 그것 역시 메모를 해 둔다.

④ 게임의 진행이 원활했는가?

게임 수업 준비 단계에서 예상하지 못한 돌발 상황에 교사에 적절히 대처했는지 되돌아보는 시간을 갖는다. 팀 구성 실패로 너무 산만해졌을 때 어떻게 대처했는지, 배점 문제로 양 팀의 의견이 분분했을 때 어떻게 해결했는지를 되돌아보고 더 나은 방법을 모색한다.

앞에서 교사가 게임을 진행하다 보면 해야 할 일들이 생각보다 너무 많다. 시간제한이 있는 게임의 경우는 시간도 재야 하고 점수도 매겨야 하며 학생들의 게임에 대한 질문에도 대답해 줘야 하며 사전에 생각하지 못한 "같은 사람이 두 번 말할 수 있어요?" 같은 질문에 바로바로 새로운 규칙을 첨가해야 하는 등 허둥지둥하기 쉽다. 게임 활동을 끝낸 후에는 이런 문제들의 해결 방법을 생각해 보고 다음 게임 활동 때 반영한다. 시간을 재거나 점수를 기록하는 것은 상대 팀의 대표에게 일임해도 좋은데 어떻게 시킬지도 미리 생각해서 어느 위치에서 어떻게 수행하도록 할지 한번 구상한 후 적용한다.

⑤ 벌칙이나 상은 적절했는가?

벌칙이나 상은 잘 이용하면 좋은 것이지만 잘못 하면 분위기를 엉망으로 만들 수도 있는 것이므로 특별히 신경을 써야 한다. 상품은 서로에게 부담이 없으면서 학습자들이 좋아할 만한 것이었는지, 벌칙을 주었다면 그 벌칙을 받은 학습자가 기분 나빠지지는 않았는지 등을 생각해 본다. 그런 후에 다음 게임에서 더 효과적인 벌칙과 상품을 생각해 둔다.

상품이나 벌칙에 대한 학습자들의 반응이 별로 좋지 않았다면 다음 게임에서는 칭찬과 박수로 마무리한다. 어설픈 상품이나 벌보다는 '칭찬'과 '박수'가 100배는 더 낫다는 사실을 기억할 필요가 있다.

이상 살펴본 내용을 다음의 표로 정리하였다. 게임 후에는 이와 같은 표를 만들어서 게임 활동을 평가하고 다음 게임을 준비하면 좋을 것이다.

항목	만족도(O, △, X)	문제점 및 보완점
학습자 수준, 성향 고려		
게임 설명		
자리 배치		
팀 구성		
시간 안배		
게임 진행		
배점		
상과 벌칙		
학생들의 반응		
게임 교구, 준비물 준비		
총평		

5.4. 어휘 지도와 다른 영역의 연계

이 장에서는 어휘 교육을 다른 네 가지 기능 즉 말하기, 듣기, 읽기, 쓰기와 어떻게 연계 혹은 통합하여 가르칠 수 있는지에 대해 살펴보고자 한다. 어휘와 네 기능의 연계는 두 가지 방향에서 생각해 볼 수 있을 것이다. 우선 각각의 기능과 관련된 학습자의 언어 능력을 향상시키는 데에서 어휘가 담당하게 될 역할을 살펴보는 것이다. 이 경우에 말하기, 듣기, 읽기, 쓰기 능력의 향상이 주된 목표가 되고 어휘는 그러한 목표를 이루기 위한 하나의 지원 요소가 된다. 다른 방향은 주된 목표가 어휘 학습에 있는 경우이다. 즉 말하기, 듣기, 쓰기, 읽기를 통해 어떻게 어휘 능력을 향상시킬 수 있을까에 초점을 두는 것이다. 이 장에서는 이 두 방향을 다 다루되 후자에 더 비중을 두어 서술하고자 한다.[11]

또한 어휘와 문법 교육의 관련성에 대해서도 살펴볼 것이다. 어휘를 안다는 것은 여러 가지 층위의 의미를 담고 있다. 철자, 형태, 의미, 체계 등 다양한 관계 속에서 어휘에 대한 학습자의 지식을 생각해 볼 수 있다. 문법과 관련지어 말하자면 어휘를 사용하기 위해서는 그것의 품사가 무엇인지, 그 어휘를 사용하기에 적절한 문법이 무엇인지를 알아야 한다는 것이다. 결국 어떤 어휘를 안다는 것은 그 어휘와 관련된 문법적인 지식을 가지고 있다고 볼 수 있는 것이다. 그러므로 어휘 교육과 문법 교육은 분리해서 생각하기 어렵다. 여기에서는 그중 일부를 다루어 보고자 한다.

5.4.1. 어휘 교육과 듣기

5.4.1.1. 듣기 능력 향상에 초점을 둔 어휘 지도

듣기는 제2 언어 학습에서 중요한 입력을 제공해 주며 이 입력은 또한 교실에서 그 언어의 새로운 형태(어휘, 문법 등)에 대해 학습자의 주의를 끄는 수단을 제공한다.[12] 그러므로 이러한 입력에 대한 충분한 이해는 제2 언어 학습에서 성공 여부를

---

[11] 한국어 교육 연구에서 어휘 교육 관련 논문이나 기능 영역별 연구 논문은 상당히 많으나 이 둘 사이의 연계성에 관한 논문은 아직 그렇게 많지 않다. 본 장에서는 주로 Nation(2001)의 4, 5장을 이론적 바탕으로 삼아 요약 제시하면서 한국어 교육에서의 논의를 덧붙이는 방식으로 서술해 나가게 될 것이다.

가늠하는 중요한 기초가 될 수 있다.

그렇다면 학습자가 듣고 있는 내용을 충분히 이해하기 위해서는 듣기 지문에 나와 있는 단어를 얼마나 알고 있어야 할까? 기존의 연구에 의하면 학습자는 적어도 입력 정보의 95% 정도를 알고 있어야 하며 98% 정도를 알고 있다면 거의 완전하게 내용을 이해할 수 있다고 한다. 즉 듣기 지문에 50개의 단어가 나온다면 그중에 모르는 단어가 하나 정도여야 듣고 있는 내용을 이해할 수 있다는 것이다.

수업 시간에 이루어지는 듣기 활동이 듣기 능력을 향상시키는 데에 목적을 두고 있다면 교사는 듣기 지문을 구성할 때에 학습자가 모르는 어휘의 수를 통제할 필요가 있다. 그렇게 함으로써 학습자는 듣고 있는 내용 중 자신이 모르는 어휘에 주의를 빼앗기지 않고 듣기 능력 향상과 관련된 다양한 활동에 집중할 수 있게 될 것이다.

그러나 현실적으로 이와 같이 어휘를 통제하고 듣기 지문을 구성하는 것은 그렇게 쉬운 작업이 아닐 것이다. 우리가 잘 알고 있듯이 이와 같은 어휘의 통제는 때로는 자료의 실제성을 떨어뜨릴 가능성이 높기 때문이다.

이러한 문제점을 해결하기 위해 일반적으로 사용하는 방법은 스키마 형성을 위한 듣기 전 활동 가운데 미리 들을 어휘에 대한 학습을 포함시키는 것이다. 이러한 어휘 학습은 명시적으로 이루어질 수도 있고 교사의 유도에 의해 간접적으로 이루어질 수도 있다.

우리가 생각할 수 있는 또 한 가지 방법은 듣기 활동과 직접적으로 연관된 쓰기 보조 자료를 제공해 주는 것이다. 예를 들어 두 학생이 자신들의 수업에 대해 서로 이야기하는 것을 듣고 시간표를 채워 넣어야 하는 활동을 생각해 보자. 이와 같은 활동은 들은 내용을 도표 형식으로 바꾸는 일종의 이해 정보 전이 활동(receptive information transfer activity)이라 할 수 있다. 이 경우에 아래와 같이 시간표를 제시하면서 일부분은 미리 채워 둠으로써 학습자들로 하여금 자신들이 수행할 과제에 대해서 확인하도록 도와주며 그들이 듣게 될 어휘에 대해 도움을 줄 수 있다.[13]

---

12) Rost, M.(1994), Introducing Listening, London: Penguin, pp.141-142. 임병빈 외 역(2005:279)에서 재인용.
13) 물론 시간표에 채워야 될 단어들 중 일부는 시간표 아래에 제시될 수도 있다. Nation (2001:116) 참조.

	월	화	수	목	금
1교시			수학		
2교시	문학			영어	
3교시					
4교시		미술	체육		
5교시			체육		

이러한 정보 전이 활동은 실제로 수업 가운데 자주 수행하게 되는 활동 중의 하나이다. 그러므로 이러한 활동지의 구성에 있어서도 빈칸으로 남길 부분과 미리 어휘를 제시할 부분을 정할 때, 학습자들에게 있을 수 있는 어휘 지식의 격차를 줄일 수 있도록 세심한 주의를 기울인다면 듣기 능력의 향상이라는 원래의 목적에 좀 더 집중할 수 있을 것이다.

5.4.1.2. 듣기를 통한 어휘 학습

학습자들이 이야기를 들으면서 새로운 단어를 습득할 수 있다는 실험 결과를 보여 주는 영어 교육 관련 연구들이 점차 증가하고 있다.[14] 물론 이야기 듣기를 통해 어휘를 습득하는 방식이 효과적으로 이루어지기 위해서는 몇 가지 전제 조건이 필요하다. 우선 어휘가 통제된 단계별 읽기 자료가 있어야 한다. 그리고 학습자로서 성인 학습자보다는 청소년이나 어린이 학습자를 상정하는 경우가 많다.

현재 일반적인 한국어 학습자는 주로 성인이지만 결혼 이주민 자녀들이 점차 증가하고 있고 이들을 위한 한국어 교육의 필요성이 커지고 있으며 이들을 위해 전래 동화를 개작하여 교재를 개발하는 방식이 실험적으로 제시되고 있다.[15] 그러므로 이야기 듣기를 통한 어휘 학습에 대한 연구는 앞으로 계속 이루어질 필요가 있다. 이야기 듣기를 통해 어휘 습득이 용이하게 이루어지도록 하기 위한 몇 가지 조건들이 있다. 이러한 조건들에 대해 간단히 살펴보기로 한다.[16]

---

[14] Elley(1989)가 그러한 실험 결과의 예인데 이 논문의 실험 대상은 뉴질랜드의 초등학교 어린이들이다. 비록 영어를 모어로 하는 아동이 대상이기는 하지만 새로운 어휘 습득이라는 측면에서 볼 때 이러한 연구 결과는 제2 언어 학습자에게도 적용이 가능하다고 할 수 있을 것이다.
[15] 김영주(2008:97-124) 참조.
[16] Nation(2001:118-121)의 내용을 중심으로 필자의 생각을 추가한 것이다.

① 자료에 대한 흥미

학습자들이 듣고 있는 내용에 흥미를 느껴야 한다. 교사들은 학습자들이 관심을 가질 만한 이야기 자료를 선택함으로써 학습자의 흥미를 불러일으킬 수 있다. 하나의 이야기를 시리즈 형식으로 제시함으로써 이야기가 진행됨에 따라 흥미를 더할 수 있으며, 이야기 속에 학습자들을 참여시킴으로써 흥미를 증가시킬 수 있다. 또한 학습자들이 다른 단어보다 더 잘 습득하는 단어들은 대개 이야기의 주제와 밀접하게 연관되어 있다.

② 이해

학습자들은 무엇보다 이야기 전체의 내용을 이해해야 한다. 이야기의 내용을 이해하기 어렵게 만드는 요인으로는 배경 지식, 이야기 속의 단어 부담량, 단어 자체의 형식과 의미 등이 있다. 이 중 어휘와 관련된 것을 살펴보기로 한다.

이야기 속의 단어 부담량이라는 것은 이야기 속에 학습자가 모르는 단어의 비중이 어느 정도 되느냐 하는 것이다. 앞에서도 잠깐 언급했지만 학습자가 충분히 내용을 이해하기 위해서는 해당 텍스트의 95%~98% 정도의 단어를 알아야 한다. 그러므로 교사는 학습자의 입장에서 아주 쉬운 책을 골라 들려줄 필요가 있다.

단어 자체의 형식 혹은 구성도 내용에 대한 이해를 어렵게 만드는 요소가 된다. Ellis(1994)에 의하면 긴 단어보다 짧은 단어일수록 배우기 쉽다고 한다. 그러므로 만약에 복합어나 파생어가 있다면 단어를 구성하고 있는 형태론적 요인 중 그 의미가 더 간단한 어근과 접사들이 학습자들에게 노출될 수 있도록 그 단어를 몇 개의 부분으로 나누어 들려주는 것이 더 유용할 것이다.

③ 반복을 통한 어휘 학습

이야기 듣기를 통한 어휘 습득은 같은 이야기를 여러 번 반복해서 들음으로 또는 같은 어휘가 반복해서 다시 나타나는 연속된 이야기를 들음으로 이루어질 수 있다. 이어지는 이야기 속에는 어휘들이 반복되는 경향이 있다. 교사들은 연속된 이야기의 다음 편을 계속하기 전에 그 이야기 속에 이전에 나타났던 것을 간단히 다시 이야기함으로써 어휘의 반복을 최대화할 필요가 있다. 읽기에 관련된 연구이기는 하지만 Hwang and Nation(1989)은 동일한 주제에 대한 신문의 후속 기사들의 반복 읽기 효과를 조사하여 후속 기사가 관련성이 없는 이야기들보다 더 많은 어휘의 반복 출현을 제공하고 있음을 발견하였다.

중·고급 단계의 학습자들의 경우, 신문의 후속 기사와 마찬가지로 며칠 동안 연속적으로 방송되는 동일한 주제에 대한 TV 뉴스의 반복 청취 연습을 통해 동일한 효과를 얻을 수 있을 것이다.

④ 어휘의 탈문맥화

학습자들이 듣기를 통해 어휘를 학습하기 위해서는 듣는 내용의 일부로서 단어를 파악하는 데 그치지 않고 단어 자체에 초점을 맞춰 학습할 필요가 있다. 이것을 어휘의 '탈문맥화(decontextualization)'라고 할 수 있는데, 어휘를 문맥 안에서 파악하는 것이 아니라 하나의 어휘 항목으로서 학습자에게 집중시키는 것을 의미한다.

이것은 특별히 새로운 것이 아니라 실제로 수업 중에 듣기 활동을 하면서 교사에 의해 자주 이루어지는 어휘 학습 방식이라고 할 수 있다. 학습자가 듣고 있는 내용 가운데 교사가 어떤 단어를 하나 칠판에 쓰고 그 단어에 대해 짧은 설명이나 번역을 제공하는 일은 수업 중에 흔히 볼 수 있다. 이때 칠판에 단어를 쓰는 교사의 행동이 바로 그 단어를 탈문맥화하여 하나의 어휘 항목으로서 그 단어에 집중하게 만드는 행위라고 할 수 있다. 그리고 나서 그 단어에 대해 이루어지는 설명은 바로 그 단어에 대한 의미를 제공해 주는 과정인데 이때 그 설명은 그 단어의 의미 특징을 분명하게 드러내 주어야 하며, 짧고 명확하게 이루어져야 한다. 그 단어의 의미를 학습자 모어로 번역해 주는 것도 가능하다.[17]

교사가 이야기 중에 포함된 단어를 따로 설명해 주었을 때 어휘 학습이 상당히 증가한다는 연구 보고가 있으며, 들은 내용을 다시 말해 보게 하는 과제를 수행하게 하였을 때 교사에 의해 설명되었던 단어가 설명되지 않은 단어보다 더 잘 학습되었다는 실험 보고도 있다.[18]

⑤ 다양한 문맥의 제공

교사들은 학습자들의 어휘에 대한 지식을 확장시키기 위해 다양한 문맥에서 새로운 단어를 접할 수 있도록 배려할 필요가 있다. 이것은 듣기에서도 마찬가지이다.

---

17) 그러나 아직까지 듣기를 통한 어휘 학습에서 제1 언어 번역의 효용성에 대한 연구는 없는 듯하다.
18) Nation(2001:119-120) 참조.

교사들은 학습자들이 이야기를 듣고 있을 때 다음과 같은 방법으로 다양한 문맥을 제공해 줄 수 있다.

- 같은 이야기를 여러 번 읽는 것보다 더 긴 이야기를 부분으로 나누어 연속으로 사용하는 것이 더 낫다. 긴 이야기는 같은 단어가 반복되어 나올 기회를 제공한다. 만약 이런 반복적인 어휘의 등장이 앞서 이야기에 나왔을 때와 다른 문맥에서 제공된다면 이러한 생산적인 사용은 학습에 도움을 줄 것이다.

- 듣고 있는 어휘에 대한 문맥적 정의, 즉 예문을 이용한 설명을 간단하게 제공할 수 있다면 그리고 그 예문들이 그 단어가 이야기 속에 등장하는 문장의 문맥에서 벗어난다면 어휘 학습에 도움이 될 것이다. 이때 예문을 통해 주어진 문맥적인 정의가 그 단어의 생성적인 사용이 될 것이다.

듣기를 통해 새로운 어휘를 학습한다는 것은 그렇게 쉬운 일이 아니다. 그렇다고 듣고 있는 이야기로부터 어휘를 학습하거나 습득하는 것에 전혀 주의를 기울이지 않는 것도 교사의 바람직한 자세는 아닐 것이다. 이전부터 교사가 해 왔던 것에 좀 더 세심한 주의를 기울인다면 듣기도 학습자의 어휘 확장에 효과적인 수단이 될 수 있다.

5.4.2. 어휘 교육과 말하기

5.4.2.1. 말하기 능력 향상에 초점을 둔 어휘 지도

일반적으로 구어에 사용되는 어휘의 양은 문어에 사용되는 어휘의 양보다 적다. 표현의 측면에서 보면 말하기에 사용되는 어휘의 양은 쓰기에 사용되는 어휘의 양보다 적다고 할 수 있다. 학습자는 초급 단계부터 수업 시간에 배운 것을 유창하게 사용할 수 있어야 한다. 예를 들어 한국어 수사 관련 어휘를 배운 후에 교사가 학습자 앞에 숫자 카드를 놓고 불러 주는 숫자를 손가락으로 가리키도록 하는 활동을 할 수 있다. 교사는 숫자를 말하되 계속해서 조금씩 말하기 속도를 높임으로써 듣기의 유창성을 연습시킬 수 있다. 학습자가 반복적으로 틀리는 숫자가 있는지 관찰하고 그러한 숫자가 있다면 나중에 다시 보충 연습을 할 수 있을 것이다.

이러한 듣기의 유창성을 기르는 연습이 끝나면 다음에 말하기의 유창성을 향상시키기 위한 연습을 하게 된다. 이것은 교사와 학생이 역할을 바꿈으로써 간단한 연습이 가능하다. 교사가 숫자를 가리키고 학생이 그 숫자를 말하게 하는 것이다. 그런데 이러한 연습은 하루에 끝나서는 안 되고 시차를 두고 여러 번 반복해서 이루어져야 한다. 어찌 보면 활동 자체보다 중요한 것이 시차 간격을 둔 반복 연습이라고 할 수 있을 것이다.

초급의 경우는 문법이나 표현의 유창성을 기르는 것도 물론 중요하지만 위에서 언급한 숫자를 비롯하여 요일, 시간 등 실제 구어에서 많이 사용되는 어휘 항목들을 중심으로 유창성 훈련을 계획하고 시도하는 것이 더 필요할 것이다.

말하기 능력을 향상시킨다는 것은 어휘의 측면에서 보면 학습자의 이해 어휘 지식을 표현 어휘 지식으로 바꿔 주는 것 혹은 확장시켜 주는 것이라고도 할 수 있을 것이다. 이처럼 이해 어휘 지식을 표현 어휘 지식으로 확장시켜 주는 방법으로 Nation(2001)은 '의미 지도 그리기(Semantic mapping)', '의사 결정하기(Making decisions)', '정보 전달 활동(Information transfer activities)', '분리된 정보 과제(Split information task)'와 같은 활동을 제안하고 있다. Nation(2001:129-133)의 내용에 필자의 생각을 추가하여 정리하면 다음과 같다.

① 의미 지도 그리기(Semantic mapping)

의미 지도 그리기는 교사와 학습자가 함께 어떤 개념들 간의 관련성을 시각적으로 표현하는 것이다. 이러한 활동은 의미 지도를 그릴 대상 즉 개념을 정하는 것으로부터 시작하는데 그 출발점으로 삼을 만한 것은 여러 가지가 있다. 이전에 읽었던 이야기, 최근의 사건, 영화, 학습한 단원, 학습자가 어떤 주제에 대해 가지고 있는 일반적인 지식 등이 이러한 출발점이 될 수 있다.

이러한 의미 지도 그리기 활동 가운데 어휘 학습에 직접적으로 도움이 되는 것은 의미 지도를 그리기 위한 토론 과정이다. 그러므로 교사가 학습자와의 대화에 어떤 방식으로 참여하느냐가 중요하며 또한 학습자들이 토론에 참여할 수 있도록 격려해 주는 것이 필요하다.

이 활동이 표현 어휘를 증가시키는 데 도움을 주기 위해서는 다음과 같은 것에 주의해야 한다.

1단계 : 교사는 학습자들이 의미 지도에 포함시킬 단어를 생각해 내도록 격려해야 한다. 학습자에게 단어 형식을 제시하기보다 그들의 이해 어휘로부터 단어를 이끌어내도록 도와주어야 한다. 바꿔 말하기나 그들의 모어로 번역해 주는 것, 필요한 단어의 첫 번째 문자나 발음과 같은 힌트를 주는 것 등을 통해 학습자를 도와줄 수 있다.

2단계 : 교사는 학습자들에게 의미 지도 속 어휘들 간의 연결을 설명하고, 정당화하고 증가시키도록 요구해야 한다. 이렇게 함으로써 학습자는 목표 어휘에 대한 반복 사용을 통해 그 어휘를 단순히 이해 어휘가 아닌 표현 어휘로 만들 수 있다. 또한 다른 어휘 항목들과의 관계를 더 풍부하게 함으로써 다른 문맥에서의 어휘 사용을 격려할 수 있다. 그리고 학습자들이 말한 것을 교사가 다시 언급함으로써 학습자가 표현하는 방식을 도와줄 수 있다. 즉 목표 어휘의 문법적, 언어적인 측면을 도와줄 수 있다. 또한 학습자들이 관련 어휘의 의미를 탐색하는 것을 도와줄 수 있다.

3단계 : 교사는 의미 지도가 완성된 후에 그 의미 지도에 포함된 내용으로 되돌아가 중요한 어휘를 반복하고 그 연결을 강화해 주어야 한다. 그리고 이러한 활동에 학습자들이 참여하도록 격려해 주어야 한다.

4단계 : 의미 지도 자체가 이 활동의 최종적인 결과물이 아니라는 점에 주의해야 한다. 이것이 완성된 후에 이것이 말하기나 쓰기 활동의 바탕이 되어 사용되어야 한다.

② 의사 결정하기(Making decisions)

이 활동은 일종의 문제 해결 활동으로 교사는 단어를 미리 제시해 주고 이 단어들이 활동 가운데 재사용되도록 격려해 줄 수 있다. 여기에는 네 가지 단계가 있다.

1단계 : 교사는 양자택일의 형식으로 표현되는 질문을 제시한다. 예를 들어 '학교를 졸업한 후에도 아이들은 그들의 부모와 함께 살아야 하는가 아니면 집을 떠나야 하는가?'와 같은 형식으로 질문을 던지는 것이다. 교사가 먼저 어떤 식으로 답을 할 수 있는지 예를 들어 줄 수도 있다. "부모와 함께 사는 것이 좋다. 왜냐하면 비용을 줄일 수 있기 때문이다." 또는 "집을 떠나는 것이 좋다. 왜냐하면 그들의 자립심을 키울 수 있기 때문이다." 등과 같은 답변을 해 주면 학습자가 그러한 방식으로 다른 이유를 생각하여 말할 수 있을 것이다.

2단계 : 학습자는 네 명씩 그룹을 만든다. 각 그룹은 두 가지 대답 모두의 이유를 생각하는 것이 아니라 하나의 대답에 대한 이유를 생각해 보도록 한다. 그동안 교사는 그룹 사이를 돌아다니면서 필요한 어휘를 제시해 주기도 하고 이유들을 제안해 줄 수도 있다. 교사가 이유를 제안해 줄 때에도 필요한 어휘를 포함시켜 제안해 주도록 하는 것이 중요하다. 교사는 그 어휘가 말하기 활동 가운데 자주 사용되도록 학습자들로 하여금 적어 놓게 할 수도 있다.

3단계 : 서로 다른 대답의 이유를 생각한 두 그룹이 함께 모이도록 한다. 서로 다른 그룹에 속한 학습자 두 명이 짝을 이루어 서로 자신들이 생각한 이유를 말해 주고 두 대답 중 한쪽으로 결정을 내려야 한다. 이때 꼭 자신들의 입장을 고수할 필요는 없다. 학습자들은 활동 가운데 교사가 제공해 주었던 어휘들을 사용하려고 노력해야 한다.

4단계 : 함께 모인 두 그룹이 그들의 결정과 이유를 다른 그룹의 학습자들에게 알려 준다. 이때 다시 한 번 제공된 어휘를 사용하게 된다.

③ 정보 전달 활동(Information transfer activities)

그림이나 차트, 표 등을 문어 텍스트나 구어 텍스트로 전환시키는 정보 전달 활동이 말하기 과제를 위한 어휘 지원에 사용될 수 있다. 예를 들어 학습자가 자동차 여행, 기차 여행, 비행기 여행 등의 다양한 여행 경로가 그려져 있는 지도를 가지고 이러한 활동을 할 수 있다. 학습자는 자신의 휴가 계획을 다른 학습자에게 설명하고 다른 학습자는 그 휴가 여행 경로를 자기가 가지고 있는 지도에 표시한다. 다른 학습자에게 설명할 때 그림에 표시된 어휘들을 통해 도움을 받을 수 있으며 다른 학습자에게 설명하기 전에 미리 준비와 연습 기회를 가질 수 있도록 할 수도 있다.

그룹을 형성하여 이러한 활동이 이루어질 수도 있다. 이때에는 동일한 주제가 아닌 다른 주제의 정보 전달 활동을 준비하고 두 그룹이 각각 다른 과제를 연습하도록 한다. 그 후에 다른 과제를 연습한 학습자 둘이 짝을 이루어 정보 전달 활동을 하게 한다.

④ 분리된 정보 과제(Split information task)

분리된 정보 과제는 일종의 정보 결함 과제라고 할 수 있다. 두 학습자가 가지고 있는 활동지에는 여러 사물의 그림이 있고 어휘 정보가 부분적으로 포함되어 있다. 어떤 것은 두 학습자가 가지고 있는 그림이 완전히 동일하고 어떤 것은 동일한 그림이되 약간의 차이가 존재한다. 그리고 한 학습자의 활동지에 표시된 어휘 정보는 다른 학습자의 활동지에는 표시되어 있지 않다. 두 학습자는 그 활동지 자체를 다른 학습자에게 보여 주어서는 안 되며 자신이 가지고 있는 어휘 정보를 통해 상대방에게 그 사물에 대해 설명해 주어 두 학습자가 가지고 있는 그림이 같은지 다른지에 대해 알아내야 한다.

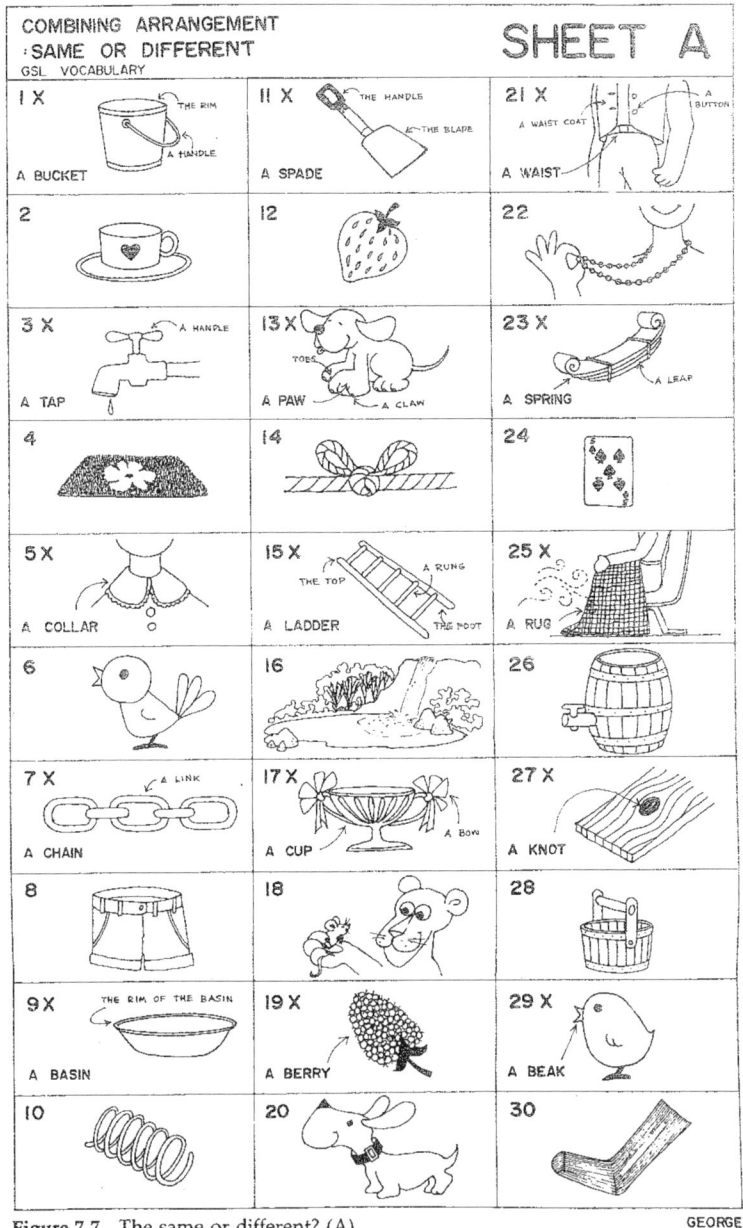

Figure 7.7　The same or different? (A)

Nation(1990:103-104)

Figure 7.8 The same or different? (B)

Nation(1990:103-104)

이 과제를 위해 활동 연습지를 작성할 때에 다음과 같은 점에 주의해야 한다. 우선 앞에서 언급한 바와 같이 두 연습지의 그림이 모두 동일한 것이면 안 된다. 어떤 것은 동일하고 다른 부분이 있어야 그것을 설명할 필요가 생기기 때문이다. 예를 들어 '병' 그림이 있다면 같은 '병' 종류라도 모양이 약간 다르도록 하여 그것에 대해 설명하도록 하는 것이다.

또한 동일한 명칭이 다른 그림들에 반복적으로 표시되어야 한다. 여기서 반복적으로 표시되어야 한다는 것은 한 학습자가 가지고 있는 활동 연습지에 적어도 두 번은 그 어휘가 사용될 수 있도록 하는 것이다. 이때 한 학습자의 활동 연습지에 두 번 사용되는 것이 아니라 두 학습자의 활동 연습지의 다른 그림에 각각 그 어휘가 제시되어 있어야 두 학습자가 서로 연습할 수 있을 것이다. 예를 들어 '뚜껑'이라는 단어가 있다면 주전자의 뚜껑 그림과 병의 뚜껑 그림을 두 학습자의 활동지에 제시해 주고 '뚜껑'이라는 어휘 정보는 두 그림 중 하나의 그림에만 제시해 주는 것이다.

또는 동음이의어나 다의어를 표시해 주어 어휘를 학습할 수도 있다. 즉 위의 '뚜껑'처럼 동일한 의미이면서 그 단어가 가리키는 다양한 사물을 보여 주는 방법이 아니라 '배[船], 배[腹], 배[梨]'처럼 동음이의어를 어휘 정보로 제시해 줄 수도 있으며, 사람의 '다리'와 물체의 '다리'를 가리키는 그림과 어휘 정보를 제시해 주어 다의어를 학습할 수도 있다.

5.4.2.2. 말하기를 통한 어휘 학습

여기서는 어휘 학습에 초점을 둔 말하기 활동의 구성에 대해서 생각해 보기로 한다. 말하기 활동 가운데 상호 협력 과제(cooperative tasks) 활동은 학습자들로 하여금 한 어휘가 가진 여러 의미들과 어휘가 포함하고 있는 의미의 요소들을 탐구하게 하는 데 효과적이다. 아래에 제시하는 순위 매기기 활동은 '취소하다'라는 단어에 초점을 맞춘 활동이다(Nation 2001:133).

- 취소하다/취소되다
  당신이 소속된 야구 동아리에서 토요일에 시합을 하기로 했습니다. 그런데 갑자기 시합이 취소되었다고 통보를 받았습니다. 어떤 이유로 취소되었을까요? 한번 그 이유를 여러 가지로 생각해 봅시다. 그리고 그 이유들 중에 어떤 것이 가장 그럴듯한지 순위를 매겨 보십시오.

순위 매기기 활동뿐만 아니라 문제 해결 활동이나 분류 활동, 브레인스토밍 활동 또한 어떤 특정한 단어에 초점을 맞추어 사용될 수 있다. 하나의 어휘에 초점을 맞춘 활동들은 만들기 쉬우며 그 단어를 학습하는 데 있어서 매우 효과적이다.

여기서 중요한 것은 학습자들이 그 활동의 학습 목표를 숙지하고 있어야 한다는 점이다. 그렇지 않으면 교사가 의도한 어휘 학습은 이루어지지 않고 전혀 다른 방향의 대화로 흘러갈 가능성이 높아진다. 아마도 교실 현장에서 이러한 경험을 해 본 교사들이 많이 있을 것이다. 또한 활동은 단어의 의미를 찾거나 그 단어가 반복되어 사용될 기회를 제공할 수 있어야 한다. 그리고 활동이 수행되는 동안 교사는 목표 어휘의 반복 횟수, 다른 문맥에서의 사용 횟수, 목표 어휘의 의미에 대한 직접적인 질문과 설명 횟수 등을 확인하여 처음 의도대로 어휘 학습이 이루어지고 있는지 세심하게 관찰해야 할 것이다.

순위 매기기 활동, 정보 결함 과제, 역할 놀이, 문제 해결 토론과 같은 말하기 활동이 어휘 학습이라는 목표를 가지기는 쉽지 않을 것 같다. 이와 같은 활동들은 대개 무엇인가 결과물을 내 놓아야 하는 생산적인 활동이며 그러한 결과를 예상할 수 없기 때문이다. 또한 우연히 같은 그룹에 속하게 된 학생들에게 의존하는 활동으로 어휘 학습을 계획하는 것이 어렵게 보이기 때문이다.

그러나 이런 활동들도 어휘 학습의 유용한 수단이 되며 어휘 목표는 많은 말하기 활동들과 효과적으로 통합될 수 있다. 또한 비록 말하기 활동에서 어휘 학습이 부수적인 목표라고 할지라도 어떤 어휘가 학습될 수 있을 것인가를 계획하는 것도 가능하다(Nation 2001:134). 예를 들어 문제 해결 토론과 같은 활동의 경우 대부분의 교사는 토론을 원활하게 진행하기 위해 필요한 읽기 자료들을 학생들에게 나누어 주고 시작하게 될 것이다.

이 읽기 자료는 토론이 이루어지는 동안 나누는 대화에 영향을 미치게 되며 그 대화 가운데에는 학습자들이 서로에게 어휘를 설명하는 행위도 포함되어 있을 것이다. 만약에 제공되는 읽기 자료가 말하기 활동에 자주 등장하게 될 중요한 단어 혹은 빈도 높은 단어를 포함하고 있다면, 어떤 어휘가 학습되는지를 결정하는 데 중요한 역할을 하게 될 것이다. Nation(2001:135-138)에서 제시한 말하기 활동을 통한 어휘 학습 몇 가지를 살펴보자.

① 바꿔 말하기(retelling)

바꿔 말하기 활동은 학습자들이 어떤 텍스트를 읽고 그것을 다시 말해 보는 것이다. 이때 그 텍스트에는 새로운 어휘가 포함되어 있고 그 어휘를 이해할 수 있는 문맥이 제공되어야 하며 학습자에게 그 단어를 사용할 기회를 주고 가능하다면 주어진 문맥과 다르게 사용할 수 있도록 해 주어야 한다.[19)]

또 다른 형식의 바꿔 말하기 활동으로는 '4/3/2 바꿔 말하기'가 있다(Nation 2001: 136). 이것은 학습자가 같은 내용을 세 명의 다른 학습자에게 차례로 말하되 첫 번째 상대방에게는 4분, 두 번째 상대방에게는 3분, 세 번째 상대방에게는 2분 안에 말하는 것이다. 이러한 반복은 어휘를 새로운 문맥에서 창조적으로 사용하게 되는 능력을 확장시키지는 못하지만 유창성을 높일 수 있는 기회를 제공해 줄 수 있을 것이다.

인터뷰 형식의 바꿔 말하기 활동도 있다. 즉 텍스트를 읽은 후 그것을 바로 바꿔 말하는 것이 아니라 청자 역할의 학습자가 화자 역할의 학습자에게 질문을 하고 그 질문에 대답하는 형식으로 바꿔 말하기가 이루어지는 것이다. 이 활동에서 가장 중요한 것은 질문의 내용이다. 교사는 질문을 구성할 때에 목표 어휘가 충분히 사용될 수 있도록 해야 하며 질문에 대한 대답 속에 텍스트의 내용이 충분히 전달되도록 해야 한다. 인터뷰 형식의 바꿔 말하기 활동을 하게 될 학습자는 텍스트와 질문을 미리 살펴보고 다른 사람 앞에서 활동을 하는 경우에는 미리 연습을 할 수도 있다.

② 역할극(role play)

역할극을 통해서도 어휘를 학습할 수 있다. 이 경우 역할극 대본이 필요한 때가 많다. 한국어 교육 기관의 중급 교재 가운데에는 전래 동화를 바탕으로 각색한 대본이 포함되어 있는 경우가 있다. 수업 시간에 이를 활용하여 연극에 가까운 역할극을 하는 경우가 있는데 이를 통하여 학습자들이 새로운 어휘를 쉽게 학습하게 되는 경우를 볼 수 있다.

---

19) 이와 같은 활동은 주로 중·고급 단계에서 이루어지는데, 텍스트를 보면서 바꿔 말하기를 하는 경우도 있고 텍스트를 보지 않고 하는 경우도 있다. 기존의 연구에 의하면 텍스트를 보면서 다시 말하도록 하는 것보다 텍스트를 보지 않고 다시 말하게 하는 것이 좀 더 어휘를 새로운 문맥에서 창조적으로 사용하게 되는 경향이 있다고 한다(Nation 2001:136).

고급 단계의 경우에는 읽기 자료로서 공부한 한국 소설의 어떤 장면 일부를 학습자 스스로 대본을 만들어 발표하는 수업도 가능하다. 소설의 경우 다른 읽기 자료보다 새로운 어휘가 상대적으로 많이 출현하는데 이와 같은 역할극을 통해 어휘의 학습이 효과적으로 이루어지게 할 수도 있을 것이다.

초급의 경우에는 역할극의 대본을 작성하게 하되 몇 가지 조건을 주어 어휘 학습을 이끌어낼 수도 있다. 예를 들어 역할극의 평가 기준 가운데 기존에 학습한 어휘를 얼마나 많이 포함하였는지를 넣을 수도 있을 것이다. 또 어휘를 배운 문맥에 그대로 포함하여 대본으로 삼은 것이 아니라 새로운 문맥에 사용했는지의 여부를 평가기준에 포함한다면 어휘에 대한 창조적인 사용을 좀 더 격려해 줄 수 있을 것이다.

③ 순위 매기기(ranking)

어떤 문제에 대해 해결할 방법을 여러 가지 제시하고 그중에 어떤 것이 가장 좋은 해결 방법인지 순위를 매기도록 하는 활동을 통해서도 어휘를 학습할 수 있다. 학습자들은 순위를 매겨야 할 해결책들에 포함된 단어들을 단순히 순위 매기기 활동을 위한 지시 사항이나 문제의 배경을 기술한 내용에 포함된 단어들보다 더 많이 사용하게 될 것이다. 그런데 이때 주의할 것은 활동 연습지에 나열된 해결 방법들이 그 내용상 학습자들이 우선순위를 쉽게 결정하기 어려운 것이어야 한다는 것이다. 그래야 학습자들 사이에 더 활발한 토론이 이루어질 수 있으며 그 가운데 목표 어휘를 사용하게 될 가능성과 빈도가 높아질 수 있기 때문이다.

5.4.2.3. 과제 설계와 개작(adapting)[20]

다음 하나의 과제를 통해 어떻게 하면 더 좋은 어휘 학습의 기회를 만들기 위해 과제를 재구성할 수 있는지 생각해 보자. 다음은 Nation(2001:139)에서 제시한 것을 요약, 정리한 것이다.

당신은 지금 막 당신의 친구가 동네 가게에서 물건을 훔치는 것을 목격하였다. 당신은 어떻게 할 것인가?

---

[20] 이것은 말하기 자체와 어휘와의 관계보다 말하기 활동을 어떻게 하면 좀 더 어휘 학습 중심의 활동으로 구성할 수 있을까에 초점을 맞춘 것이다.

① 가게 주인에게 즉시 알린다.
② 친구에게 훔친 물건을 다시 갖다 놓으라고 말한다.
③ 나중에 친구와 함께 그 문제에 대해 이야기하여 그러지 않도록 충고한다.
④ 못 본 척한다.
⑤ 부모님과 상의한다.

위의 자료에 사용된 단어들 중 '알리다'와 '못 본 척하다', '훔치다', '충고하다', '상의하다'는 위의 텍스트에서 중요한 개념들이며 학습자들의 말하기 활동 중에 사용될 가능성이 꽤 높을 것이다.

그러면 위의 활동을 어휘 학습에 좀 더 도움을 주기 위한 방법으로 개선하기 위해서는 어떤 것을 수정하면 좋을지 생각해 보자. 우선 선택지 앞에 놓인 숫자를 제거할 필요가 있다. 숫자가 앞에 있게 되면 학습자들은 목표가 되는 단어인 '못 본 척하다', '상의하다'와 같은 어휘를 사용하여 말하기보다 '저는 ④가 좋다고 생각해요', '저는 ⑤가 좋은 방법이라고 생각해요'와 같은 방식으로 말할 가능성이 높기 때문이다.

두 번째로 위의 활동지는 그 설명 자체가 너무 간단하여 새로운 단어가 많이 노출되지 않고 있다. 그러므로 학습할 어휘의 수를 좀 더 늘릴 필요가 있고, 배울 필요가 있는 유용한 단어들이 추가적으로 포함되어야 한다. 이것은 여러 가지 방법으로 가능하다. 과제의 배경에 대한 기술을 늘리거나(예를 들면 친구에 대한 추가적인 정보와 훔친 물건에 대한 정보 등), 각각의 선택지에 대한 기술의 양을 늘림으로써 또는 선택지 자체를 늘림으로써 좀 더 친절하면서도 많은 어휘가 포함된 활동지로 개선할 수 있을 것이다.

세 번째로 어휘들이 토론 활동 가운데 더 확실하게 사용되도록 활동 방식 자체를 바꿀 수도 있다. 즉 위의 활동을 선택 활동으로 하기보다 순위 매기기 활동으로 바꾸는 것이다. 그러면 그룹에 속한 학생들이 각자의 선택에 대해 좀 더 책임감을 갖고 말하게 될 것이며 특정 선택지로 치우치지 않고 여러 선택지에 대해 골고루 토론이 가능할 것이다.

네 번째로 학습 목표 어휘가 그 활동 가운데 더 '자주' 사용되도록 어떤 변화를 줄 수도 있다. 아마도 가장 좋은 방법은 각 그룹 안에서 그들이 내린 결정과 그 이유를 다른 그룹의 학습자들에게 알려주도록 하는 것이다.

아래의 표는 의사소통 활동의 어휘 학습 가능성을 향상시키기 위한 방법을 목록화한 것이다(Nation 2001:140). 이러한 방법을 통한 과제 개선의 효과는 활동을 통한 어휘 학습을 테스트함으로써 또는 비공식으로 학습자들이 활동 중에 학습 목표 어휘를 가지고 협상을 하고 사용하는지를 관찰함으로써 알 수 있을 것이다.

1. 목표 어휘가 과제 활동을 위한 활동지에 포함되어 있으며 가장 적절한 곳에 있는지를 확인하라.
   - 충분하게 설명이 제시되도록 활동지를 구성할 것.
   - 약 12개의 목표 어휘가 활동지 안에 꼭 나타나게 할 것.
   - 유인물의 어떤 부분이 과제 활동 중에 자주 사용하게 될 것인지 예측하고 목표가 되는 어휘를 거기에 포함하도록 할 것.

2. 유인물이 사용될 필요가 있도록 과제를 구성하라.
   - 항목이나 선택지에 숫자를 붙이는 것을 피할 것.
   - 활동지를 바탕으로 다시 말하기, 역할 놀이, 문제 해결 토론하기를 이용할 것.
   - 순서 매기기, 선택하기, 문제 해결하기, 완성과 같이 과제에 대한 분명한 결과가 나오게 할 것.

3. 그룹 안의 각 학습자들이 활발하게 참여하도록 하라.
   - 정보를 분리시킬 것.
   - 일이나 역할을 분담할 것.
   - 그룹의 크기를 작게 유지할 것. 대체로 3~4명의 학습자를 한 그룹으로 하는 것이 좋다.
   - 서로 토론하는 데 편안하도록 대체로 비슷한 수준의 학습자들을 한 그룹으로 만들 것.

4. 어휘가 학습을 돕는 방식으로 사용되도록 하라.
   - 어휘의 맥락을 바꾸도록 요구하는 역할 놀이 같은 과제를 활용할 것.
   - 토론 후 다른 그룹에 알려 주기나 발표하기와 같은 방법을 사용하여 어휘가 다시 사용되도록 할 것.
   - 단어를 회상할 수 있도록 활동지를 보지 않게 하거나 상세한 활동지를 본 후에 과제를 위해 정보가 줄어든 활동지를 사용하게 할 것.
   - 과제가 끝난 후 학습자들로 하여금 그들이 배운 어휘를 다시 생각하게 할 것.

위의 표에 제시된 방법을 염두에 두고 앞서 예로 제시한 '물건 훔치기'와 관련된 활동을 다음과 같이 개작해 볼 수 있다(Nation 2001:141).

① 유인물의 내용

당신에게는 집이 가난한 친구가 한 명 있다. 어느 날 편의점에서 당신 친구가 사탕 한 봉지를 옷 속으로 숨기는 것을 보았다. 당신 친구는 당신이 못 보았다고 생각한다. 당신은 그 편의점의 주인이 아주 엄격한 사람이고 도둑질한 사람은 경찰을 불러 신고할 것이라는 것을 알고 있다. 또한 당신은 그 편의점이 도둑질한 사람을 잡을 수 있는 보안 시스템을 갖추고 있음을 알고 있다. 당신은 어떻게 할 것인가?

- 즉시 편의점 주인에게 알리고 당신의 친구를 신고하지 않도록 부탁한다.
- 당신 친구에게 그 사탕을 다시 선반 위에 갖다 놓도록 말한다.
- 나중에 친구와 함께 얘기해서 앞으로는 다시 그러지 않도록 한다.
- 그냥 모르는 척한다.
- 당신의 부모님과 상의한다.
- 당신의 친구에게 사탕의 반을 달라고 한다.
- 당신이 친구의 행동과 관련되는 일이 없도록 그 가게를 즉시 떠난다.
- 강제로 사탕을 빼앗아 다시 선반에 갖다 놓는다.

② 활동 방식

㉠ 한 교실에 있는 학습자들로 하여금 선택지를 두 개씩 나눠 갖도록 한다.
㉡ 그리고 같은 선택지를 갖고 있는 사람들끼리 모여 앉도록 한다.
㉢ 이들은 자신들의 선택지가 무엇을 의미하는지, 그 선택의 이점과 문제점은 무엇인지 서로 이야기를 나누도록 한다.
㉣ 다른 선택지를 가지고 있는 사람들과 새 그룹을 만들어 앞서 나눈 이야기들을 가지고 토론을 하도록 한다.

이와는 다른 방식으로 각 학습자들로 하여금 친구의 부모, 편의점 점원, 경찰, 친구 등의 역할을 맡아 역할 놀이를 할 수도 있다. 그룹에 속한 각 학습자는 토론 활동 중에 다음과 같은 질문이나 대답을 할 수 있도록 한다.

- '너는 어떻게 생각해?', '너는 이 의견에 찬성(동의)해/반대해?', '어떤 것이 더 낫다고 생각해?' 등의 질문을 통해 다른 사람이 말할 수 있도록 격려한다.
- '그러니까 너는 ……라고 생각하는구나', '그래서 우리는 ……하기로 했어'와 같은 표현으로 다른 사람이 말한 것을 요약해 주도록 한다.
- '아니, 그것은 아닌 것 같아. 내 생각에는 ……' 또는 '나는 그 생각에 반대야. 나는 ……라고 생각해.'와 같이 말함으로써 그룹에 속한 다른 학습자의 의견에 의도적으로 반대한다.

각 그룹이 행동 방침을 결정한 후에, 그들이 선택한 것과 선택하지 않은 것에 대한 이유를 잘 정리하도록 한다. 그리고 그 이유들을 다른 그룹에 알려 주도록 한다.

어휘 학습에 초점을 두고 활동을 계획하고자 하는 교사들은 말하기 활동의 구성에 주의를 기울여야 한다. 의사소통의 본질을 훼손하지 않고 계획된 어휘 학습을 위한 기회를 증가시키는 것은 쉽게 이루어지는 것이 아니며 상당한 노력을 필요로 한다.

지금까지 듣기와 말하기라는 영역과 어휘 지도의 상관성에 대해서 살펴보았다. 듣기와 말하기라는 기능이 가지고 있는 일시적인 속성에도 불구하고 표현에 대한 기회를 증가시킴으로써 어휘 학습에 도움을 줄 수 있음을 확인하였다. 대체로 듣기, 말하기 기능의 활동을 통해 어휘를 확장시키는 것은 명시적인 방식으로 이루어지기보다는 듣기, 말하기 활동에 약간의 변화를 주거나 활동지의 구성에 좀 더 주의를 기울이는 간접적인 방식으로 이루어지는 경우가 많다. 이런 방식을 통해 듣기, 말하기 활동의 주 목표인 의미 파악이나 유창성 발달을 놓치지 않도록 하면서 동시에 어휘 학습도 가능하게 할 수 있을 것이다.

5.4.3. 어휘 교육과 읽기

5.4.3.1. 읽기 능력과 어휘력

읽기 능력은 제1 언어 화자, 제2 언어 화자 모두에게 어휘 발달의 주된 요인이 될 수 있다. 모어의 읽기에 대한 기존의 연구 결과는 어휘 지식과 읽기가 매우 밀접하게 관련 있음을 보여 준다. 이 관계는 역시 듣기, 말하기의 경우와 마찬가지로 양방향적이다. 어휘 지식이 읽기를 도울 수 있고 읽기 또한 어휘 성장에 기여할 수 있다. 그럼 먼저 읽기 텍스트에 대한 이해를 위해서는 어느 정도의 어휘가 필요한지를 먼저 살펴보기로 하자.

Hirsh and Nation(1992)에서는 읽기가 즐거운 활동이 되기 위해서는 텍스트에 나오는 단어의 98~99% 정도는 알고 있는 것이 바람직하다고 제안하고 있다.[21] Hu and Nation(2000)은 소설 텍스트의 읽기 이해도에 대해 4가지 어휘 수준(100%, 95%, 90%, 80%)의 효과를 비교하였다. 그 결과 대체적으로 남의 도움을 받지 않고 독서를 즐기기 위해서 학습자는 텍스트에 나오는 단어의 약 98% 정도를 알 필요가 있다는 것을 발견했다.[22]

Carver(1994)는 모어 어휘 습득에 대한 연구를 통해 어휘 확장을 목적으로 읽기를 이용하는 학습자는 약간 어려운 자료를 읽을 필요가 있다고 주장한다. 쉬운 읽기 텍스트는 어휘 지식의 깊이를 증가시킬 수는 있지만 어휘 지식의 폭을 넓혀 주지는 않는 것이다.

교사는 학습자의 다양한 읽기 목적에 맞추어 읽기 자료를 제공해 주어야 한다. 즉 읽기를 통해 어휘를 학습하려는 목적을 가지고 있다면 거기에 맞는 읽기 자료를, 읽기에서의 유창성 개발이 학습자의 주된 목적인 경우라면 그것에 읽기 자료를 맞추어 제공하는 것이다.

읽기 자료의 선택을 학습자에게 맡길 수도 있다. 그러나 이 경우에는 학습자가 읽기의 유형에 대한 이해가 있어야 하고 읽기 유형에 따라 필요한 어휘 지식을 갖추고 있어야만 한다. 또 다른 방법은 학습자의 이해 어휘 지식을 먼저 평가해 보고 거기에 맞게 읽기 자료를 선택하는 것이다. 공인된 어휘 평가 도구를 사용할 수도 있고 그런 평가 도구가 없다면 텍스트의 일부를 학습자에게 읽게 하고 모르는 단어를 표시하도록 함으로써 학습자의 이해 어휘 지식을 대략적으로 확인해 볼 수도 있다.

---

[21] 영어의 경우, 학문 목적 학습자가 자주 접하게 되는 학문 텍스트의 경우에는 95%에 도달하기 위해서는 약 4,000단어족(word family) 정도의 어휘가 필요한데 이 가운데는 고빈도의 일반적인 단어 2,000여 개, 약 570여 개의 일반적인 학문 어휘(academic word list), 1,000개 혹은 그 이상의 기술어(technical word), 고유명사, 그리고 저빈도 어휘가 포함된다.

[22] 위의 실험에서 80% 정도를 알고 있는 피실험자의 경우 아무도 충분한 이해를 하지 못했으며, 98% 정도의 어휘를 아는 피실험자의 경우는 대부분이 충분한 이해를 보여 주었다고 한다. 충분한 이해 대신에 최소로 인정할 수 있는 이해를 기준으로 한다면 95% 정도가 아마 가능성의 경계가 될 것이다.

5.4.3.2. 읽기를 통한 어휘 학습

기존의 연구들은 일반적으로 읽기를 통해 명시적인 어휘 학습이 이루어지기보다 우연적인 어휘 학습이 일어남을 언급하고 있다. 이러한 어휘 학습은 학습자들이 이해 가능한 텍스트를 많이 읽을수록 커질 수 있다.

그런데 읽기를 통한 어휘 학습의 방향은 정독(intensive reading)과 다독(extensive reading)이라는 읽기 방식에 따라 달라질 수 있다.

정독은 100단어 이하로 이루어진 짧은 텍스트나 약 300~500단어 정도를 포함한 텍스트를 자세하게 공부하는 방식을 일컫는다. 정독의 목적은 본문을 이해하는 것이지만 그 과정 가운데에는 어휘, 문법, 본문의 담화에 대해 직접 학습하는 과정이 포함되어 있다. 이와 같이 언어 특징에 대해 주목한다는 것은 정독이 언어 초점 학습의 부류에 포함된다는 것을 의미한다. 기존의 연구들은 우연한 어휘 학습보다 의도적으로 어휘에 초점을 맞춘 학습을 통해 어휘 학습이 더 잘 이루어짐을 보여 주고 있다(Nation 2001:149).

이에 반해 다독은 본문의 의미에 초점을 맞춘 읽기 방식이라고 할 수 있다. 다독은 정독과 달리 일반적으로 언어 사용과 관련된 부가적인 내용을 학습 과정에 거의 포함시키지 않는다. 어휘의 관점에서는 두 종류의 다독을 구별하는 것이 유용한데, 어휘 발달을 목표로 한 다독과 유창성 발달을 목표로 한 다독이 그것이다.

어휘 발달을 위한 다독의 본문은 5% 이하의 모르는 단어(고유명사 제외)를 포함해야 하고 이해와 추측이 확실히 일어나게 하기 위해서는 모르는 단어가 2% 이하여야 하며, 학습할 새로운 어휘는 1~2% 정도여야 한다. 모르는 어휘가 반복되어 나타나는 읽기 텍스트, 즉 같은 주제에 대한 연속적인 텍스트들은 어휘 학습에 유리한 조건을 제공해 준다. 만약에 어휘가 통제된 읽기 자료를 사용한다면 학습자들은 그들의 현재 어휘 지식보다 바로 한 단계 높은 수준의 것을 읽어야 한다.

유창성 발달을 위한 다독에서는 학습자들이 모르는 어휘가 거의 없거나 아예 없는 본문을 읽어야 한다. 모르는 어휘는 학습자의 읽기를 둔화시키고 즐거운 읽기를 위한 유창성과 흐름을 얻기 힘들게 한다. 어휘가 통제된 읽기 텍스트가 사용된다면 학습자들은 아주 쉬운 텍스트를 읽어야 한다. 즉 학습자의 현재 어휘 수준보다 최소한 한 단계 낮은 수준의 것을 읽어야 한다. 이를 표로 정리하면 다음과 같다(Nation 2001:150).

읽기 유형	학습 목표	학습자의 어휘 수준
정독	언어 발달 전략 사용 지식 발달	텍스트의 95% 수준
언어 발달을 위한 다독	우연한 어휘 학습 읽기 기술	텍스트의 95~98% 수준
유창성 발달을 위한 다독	빨리 읽기	텍스트의 99~100% 수준

1) 다독과 어휘 발달

학습자들이 다독을 통해 어휘, 문법 등의 언어 지식을 발달시키는 것은 다음과 같은 이점을 가지고 있다. 우선 읽기는 필연적으로 개인적인 활동이고 따라서 다른 수준의 학습자들이 고정된 반별 프로그램에 구속될 필요 없이 자신의 수준에서 배울 수 있다. 두 번째로 학습자들이 그들의 관심에 따라 읽을 책을 고르도록 허용함으로써 학습에 대한 그들의 동기를 높일 수 있다. 세 번째로 교실 밖에서 학습이 이루어질 수 있는 기회를 제공한다. 그러나 다독 프로그램에 시간과 비용을 투자하기 전에 다독을 통해 일어나는 학습이 읽기의 유창성을 향상시키는 데만 제한되지 않도록 주의할 필요가 있다.

한편 다독을 통한 어휘 학습이 가진 문제점도 있다. 다독을 통해 어떤 어휘를 배운다는 것은 그 단어와의 만남이 반복적으로 이루어지지 않는다면 이전의 학습이 강화되지 않아 학습의 효과가 사라지게 된다. 따라서 다독 프로그램에서는 학습자들이 이전에 접한 경험이 있는 단어들을 계속 만날 수 있는 기회를 갖도록 해 주는 것이 중요하다.

이것은 두 가지 방식으로 이루어질 수 있다. 한 가지 방식은 적절한 어휘 수준에서 많은 양의 다독을 하는 것이다. 그렇게 함으로써 어휘들을 반복해서 만날 수 있는 기회를 제공해 주는 것이다. 또 하나는 직접적인 어휘 학습으로 다독 프로그램을 보충하는 것이다. 즉 적절한 양의 의미 중심 활동과 언어 중심 활동이 균형을 이룰 때 가장 큰 효과를 얻을 수 있는 것이다(Nation 2001:156).

2) 정독과 직접 교수

대부분의 출판된 읽기 교재들은 읽기 자료와 아울러 대개 어휘, 문법, 이해와 담화에 초점을 둔 다양한 연습 활동을 포함하고 있다. 이러한 활동들은 직접적인 어휘 교수를 위한 언어 중심 활동의 일부라고 할 수 있다.

제1 언어의 읽기 연구에서 직접적으로 어휘를 가르치거나 연습 활동을 통해 어휘를 습득하도록 의도적으로 시간을 사용하는 것에 대한 논쟁이 있었다. 직접적인 어휘 교수를 부정적으로 보는 견해는 가르쳐야 할 어휘의 수와 시간을 근거로 하고 있다. 즉 효과적으로 어휘를 가르치기 위해서는 많은 시간이 걸리는데 이렇게 가르쳐야 할 어휘들이 많기 때문에 직접 교수는 기껏해야 모어 화자 어휘 성장의 적은 부분만을 설명할 수 있다는 것이다.

그러나 이와 같은 근거가 그대로 제2 언어 학습자에게 적용되지는 않는다. 여기에는 두 가지 이유가 있다(Nation 2001:156-157). 우선 고빈도/저빈도 어휘에 따른 학습 효과의 차이가 하나의 이유가 될 수 있다. 모어 어린이 화자는 학교를 다니기 시작할 때 이미 고빈도 어휘를 포함하여 5,000여 단어족(word families) 정도를 알고 있다. 따라서 새로운 학습의 대상이 되는 어휘들은 대개 그 언어의 저빈도 어휘들이 될 것이다. 그러나 모어 화자가 아닌 경우 그들은 우선 고빈도 어휘들을 배울 필요가 있다. 이러한 고빈도 어휘는 상대적으로 작은 규모의 단어들로 구성되기 때문에 시간과 주의를 기울일 가치가 있다고 할 수 있다. 그러므로 제2 언어 학습자에게 직접적인 어휘 교수가 무조건 부정적인 것은 아니다. 적어도 고빈도 어휘일 경우에는 직접적인 어휘 교수가 효과적일 수 있는 것이다. 다만, 그 어휘가 저빈도 어휘일 경우에는 제1 언어 학습자를 위한 연구 결과가 동일하게 적용된다고 볼 수 있을 것이다.

두 번째 이유는 어휘에 대한 직접 교수가 동일한 단어의 우연적인 학습에 더해질 때, 학습자들이 읽기를 수행하는 동안 특정 단어에 대한 그들의 인식을 상승시킬 수 있기 때문이다. 이와 같은 의식 상향 접근 방식에서는 개별 단어를 교수하는 데 많은 시간과 노력을 들이지 않는다.

3) 새 단어 선행 학습의 효용성

어휘가 읽기와 읽기 능력 측정에 중요한 요소라면 읽기 텍스트의 어휘를 미리 가르치는 것이 텍스트의 독해 능력을 증가시킬 수 있을 것이라고 예상할 수 있다. 그러나 어휘 선행 학습에 대한 효과를 밝히기 위한 연구나 실험이 언제나 긍정적인 효과가 있음을 증명해 준 것은 아니다.

이렇게 일치하지 않는 연구 결과들이 나오게 된 원인에 대한 설명이 필요한데 그

중 하나의 설명은 어휘 지식이 그 자체로 중요한 요소가 아니라는 것이다. 어휘 지식은 다독, 세상에 대한 지식, 읽기 기술을 통해 얻어지는 것이다. 즉 어휘를 따로 떼어내어 가르치는 것은 그 어휘의 배후에 존재하고 있으며 효과적인 텍스트 읽기에 중요한 요소인 세상에 대한 지식을 무시하고 있다는 것이다.

Wixson(1986)은 어휘를 미리 가르치는 것의 효과를 측정하기 어렵다는 방법론적 난점을 지적하기도 한다. 해당 텍스트의 메시지에 대해 미리 학습된 어휘가 갖는 중요성을 측정하기 어렵고, 미리 학습한 어휘와 이해도 측정의 상관성도 확인하기 어렵다는 것이다.

그러나 어휘를 미리 가르치는 것이 일정한 조건을 갖추고 이루어진다면 읽기 텍스트의 이해에 도움을 줄 수 있다는 연구 결과도 있다. 여기서 일정한 조건이라 함은 단어를 여러 번 반복해서 만날 수 있도록 하는 것, 단어를 여러 문맥에서 만날 수 있도록 하는 것, 단어에 대한 언어 지식적인 측면에도 초점을 맞추는 것, 학습자가 능동적으로 그 어휘를 처리하는 과정에 참여할 수 있도록 하는 것 등을 말한다.

어휘에서 겪는 어려움은 배경 지식을 다루는 것만으로는 해결하기 어렵고, 어휘에 초점을 맞춘 교수 방법에 의해서 다루어져야 한다. 또한 어휘를 미리 가르치는 것은 많은 교육량과 상당한 시간을 요구하므로 다른 텍스트를 읽을 때에도 유용한 고빈도 어휘들에 초점을 맞추어야 한다. 일반적으로 어휘 교수에 대한 연구들은 문맥적인 정보와 단어 의미에 대한 설명을 함께 제공하는 혼합 방식이 단순히 의미 정보만을 제공하는 방법보다 읽기 이해와 어휘 학습에 더 효과적이라는 사실을 보여 주고 있다(Nation 2001:158).

4) 읽기 텍스트와 함께 제공되는 어휘 연습

읽기 텍스트와 함께 제공되는 어휘 연습을 분류하기 위해 Paribakht and Wesche(1996)은 Gass(1988)의 입력으로부터의 학습 5단계를 사용하였다. 이러한 분류를 통해 어휘 연습을 학습이 일어나는 조건과 연결 지을 수 있다. 그 다섯 단계는 다음과 같다(Nation 2001:159).

첫째, 입력에 대한 인지 또는 주목 단계 : 주목하게 하는 조건을 이용하는 어휘 연습은 다음과 같은 것을 포함한다. 텍스트의 첫 부분에 주의를 끌기 위해 단어들을 나열해 놓기, 텍스트 안에서 시각적으로 두드러지게 표시하기(밑줄, 이탤릭체, 볼

드체, 별표). 어휘 항목에 대한 주석 등이 유사한 효과를 가질 수 있다. 이러한 방식은 그 단어를 다음에 다시 접하게 되었을 때 학습자의 의식 상승이 더 두드러지게 만들어 준다.

둘째, **입력에 대한 이해 단계**: 이 단계에서의 어휘 연습 활동은 단어들을 제1 언어 혹은 제2 언어 동의어에 연결하는 것, 정의, 그림 등을 포함한다.

셋째, **조작(manipulation) 단계**: 이 단계에서의 어휘 연습 활동으로는 단어의 형태론적 분석을 포함한다. 이 형태론적 분석은 접사를 통해 다른 단어 부류의 단어를 형성하게 한다.

넷째, **해석 단계**: 이 단계에서의 어휘 연습 활동으로는 문맥으로부터 추측하기, 연어 구성과 동의어 연결 짓기, 관련 없는 단어 골라내기 등이 포함된다.

다섯째, **산출 단계**: 이 단계는 목표 어휘 형태를 기억나게 하는 다음과 같은 어휘 연습을 포함한다. 텍스트 다음에 주어지는 단어 설명에 알맞은 형태를 텍스트 안에서 골라내기, 목표 어휘의 사용을 필요로 하는 질문에 대답하기.

어휘를 가르치는 데 사용되는 연습이나 활동이 제대로 수행되고 있는지를 확인하기 위해 다음과 같은 네 가지를 질문해 볼 수 있다(Nation 2001:159).

- 활동의 학습 목표가 무엇인가?
- 학습을 돕는 심리학적 조건은 무엇인가?
- 학습이 이루어지고 있음을 보여 줄 수 있는 전조(sign)는 무엇인가?
- 학습 조건을 만들어 주는 활동의 설계 특징은 무엇인가?

이 질문을 사용하여 텍스트 읽기에 동반하는 약간의 어휘 활동을 Nation(2001: 160-161)을 중심으로 살펴보고자 한다. 이런 분석의 목적은 각 활동이 어떻게 작용하고 교사가 이러한 활동을 가장 효과적으로 사용하는 방법을 알아보기 위해서이다.

① 텍스트 안의 단어들에 정의를 연결 짓기

이 활동은 텍스트 다음에 주어진 정의에 어울리는 텍스트 안의 단어를 찾는 것이다. 종종 정의들은 텍스트에 단어가 출현하는 것과 동일한 순서로 배열되어 있다. 이러한 활동은 형태와 의미를 연결 짓기 위한 것이다. 학습으로 이끄는 조건은 주목하기 또는 기억해 내기인데 이것은 학습자가 텍스트를 읽기 전에 그 단어를 알고 있었는지 아니었는지에 의존하고 있다. 만약에 학습자가 텍스트를 다시 보지 않고 과제를 수행할 수 있다면 그 활동은 이전에 알고 있던 어휘에 대한 재기억을 포함하게 된다. 이 활동은 정의들의 순서 매기기, 첫 글자 힌트 사용하기 등을 이용하게 되는데 일반적으로 개별적인 공부에 적합하며 다양한 숙달도 단계에 있는 학습자들에게 쉽게 적용될 수 있다.

② 연어 연결 짓기

학습자들은 연어 구성을 만들어 내기 위해 연결 지어야 하는 두 개의 단어 목록을 가지고 있다. 이 활동의 목적은 연어 사용이다. 학습 조건은 L1 지식, 실세계 지식, 이전의 L2 사용에서 끌어내어 수용적이고 생산적으로 사용하는 것이다. 만약에 그 활동이 그룹이나 짝과 함께 이루어지는 것이면 토론의 내용이 이루어지고 있는 활동에 유용한 실마리를 제공해 줄 것이다. 개별적인 활동이라면 학습자들이 답을 찾아내는 속도와 답을 찾아가는 전조들이 도움이 될 것이다. 이 활동의 난이도는 각 목록 안에서 단어들이 갖는 의미의 유사성에 달려 있다. 만약 어휘 항목들이 의미상 많이 유사하다면 그 과제는 훨씬 더 어려울 것이다. 그룹으로 수행될 때 이 활동은 다른 모어를 가진 학습자들을 효과적으로 이용할 수 있는데 왜냐하면 그들은 영어의 연어를 예측하기 위해 다양한 언어의 대응형들을 사용할 수 있기 때문이다.

③ 질문에 대답하기

텍스트를 읽은 뒤에 학습자들로 하여금 목표 어휘를 사용하여 질문에 대답하도록 한다. 학습 목적은 의미-형태 연결의 강화이다. 만약 질문에 대한 대답이 텍스트의 일부를 반복하기를 요구한다면 학습 조건은 산출적 복구(productive retrieval)이다(Nation 2001:161). 만약 질문에 대한 대답이 학습자가 창조적인 방식으로 텍스트로부터 정보를 사용하도록 요구하는 것이라면 학습 조건은 산출적이고 생성적인 사용이다. 교사는 다음과 같은 것을 확인해 볼 수 있다.

- 학습자들이 대답하면서 그 단어를 사용하고 있는가?
- 학습자의 대답 속에 제공된 맥락이 텍스트에 제공된 맥락과 얼마나 다른가? 얼마나 그 단어가 생성적으로 사용되고 있는가?

- 그 단어는 학습자 자신의 기억 속에서 회상된 것인가 아니면 텍스트에서 발견한 것인가?

생성적인 사용을 격려하기 위해 추론적 질문을 사용할 수도 있고, 텍스트를 보지 않고 학습자들이 서로 의견을 나누게 함으로써 생성적인 사용이 이루어지게 할 수도 있다. 학습자 간에 대답들이 공유된다면 같은 교실에 있는 다른 숙달도 단계의 학습자들을 잘 활용하는 활동이 된다.

5) 이독성(readability)

이독성이란 텍스트를 읽고 얼마나 쉽게 이를 이해할 수 있는가의 정도를 의미한다(김영규 외 2009:59). 김영규 외(2009)에서는 한국어의 이독성 요인을 3가지 수준으로 나누고 그 구체적인 요인을 다음과 같이 제시하고 있다.

1) 어휘 수준: 단어의 빈도/추상어, 한자어
2) 문장 수준: 문장 길이/문장 구조/대명사 개수
3) 문단 수준: 접속사/지시어/인칭 대명사

ESL/EFL에서의 이독성 측정 모형에 대한 연구는 Hamsik(1984)에서 시작되었는데 그 이후로 몇몇 연구자들에 의해 이독성 측정 공식이 제시되었다. 이와 같은 이독성 측정은 읽기에서 어휘의 중요성에 대해 강조해 주며 학습자들이 텍스트를 좀 더 쉽게 이해할 수 있도록 텍스트를 수정하는 방식에 어떤 실마리를 제공해 준다.

텍스트의 단순화(simplification)는 제2 언어 학습에서 중요한 도구이다. 단순화는 단순히 텍스트를 줄이는 의미로는 적합하지 않으며 어떤 기준을 가지고 텍스트를 조절하고 통제하는 작업이 텍스트의 단순화를 가치 있는 것으로 만드는 것이다. 단순화가 없이는 의미 중심 입력, 의미 중심 출력 그리고 유창성 발달은 아주 예외적인 고급 학습자를 제외한다면 불가능할 것이다.

우리는 단순화를 텍스트를 접근 가능하게 만드는 여러 방법 중의 하나로 간주할 필요가 있다. 각 방법-정교화, 용이화, 협상-은 각각의 장단점을 지니고 있다. 그러므로 어떤 것이 가장 좋다는 점에 초점을 맞추기보다 각각이 제공해야 하는 것, 각각이 최상의 효과를 내기 위해 어떻게 사용되어야 하는지를 살펴볼 필요가 있다. 그렇다면 어떤 방식으로 텍스트를 단순화할 수 있는지 살펴보기로 하자.

6) 텍스트를 단순화하는 방법

텍스트를 단순화하는 데 어떤 어휘 목록을 사용하기보다는 의외로 작가의 직관에 의존하는 경우가 많다고 한다. Dolch(1951)은 단순화된 텍스트를 생산하는 세 가지 방법을 기술하고 있다(Nation 2001:172).

① 읽기 자료의 일부를 취하여 목록과 함께 어휘를 검사하고 어려운 단어들을 쉬운 단어로 대치하는 방법.
② 어휘 목록에 계속 주목하면서 더 쉬운 언어로 자료를 다시 쓰는 방법.
③ 학습자들의 언어 사용에 대한 표준적인 단계를 확인하고 글쓴이 자신의 직관으로 자료를 바로 쓴 뒤 나중에 어휘 목록을 가지고 확인하면서 약간의 변형을 가하는 방법

①은 청중 앞에서 그 텍스트를 읽어 줄 때에 적합하지 않으며, 문법적인 난이도를 고려하지 않아 관용표현과 언어의 흐름을 혼란스럽게 한다. ②는 등급화된 읽기 텍스트의 대부분이 사용하고 있는 방법이지만 역시 텍스트를 이상하고 부자연스러운 것으로 만들어 버린다. Dolch(1951)은 오히려 ③이 흥미롭고 읽을 만한 자료를 만드는 데 가장 효과적인 것으로 간주하고 있다. 이것은 교사가 텍스트를 수정할 때 어휘 목록에 집착하기보다는 학습자에 더 초점을 두는 편이 더 나은 선택이 될 수 있음을 시사해 주는 것이라 생각된다.

단순화된 읽기 자료는 Day and Bamford(1998)에 의하면 언어 학습자를 위한 문학의 일종이라고 할 수 있다. 어린이, 청소년, 성인을 위한 문학이 있듯이 언어 숙달도, 연령, 독자의 배경을 고려하여 제2 언어, 외국어 학습자를 위해 특별히 쓰인 문학이 있다. 어휘 목록은 이 문학의 생산을 안내하는 역할을 하지만 그 문학 작품의 생산에 영향을 주는 유일한 요소는 아니다.

7) 단순화의 대안들

어떤 작가들과 교사들은 단순화를 불편해할 수 있는데 이것은 그 텍스트의 진정성이 사라진다고 그들이 느끼기 때문일 것이다. 그러나 이것은 잘못된 시각이다. 왜냐하면 텍스트의 진정성은 텍스트 자체에 있는 것이 아니라 텍스트에 대한 독자의 반응에 있는 것이기 때문이다. 기존의 텍스트 단순화의 단점을 극복하고자 제시된 대안들이 있는데 이들에 대해 간단히 살펴보기로 한다.

① 상세화(Elaboration)

텍스트 상세화는 어려운 문장 구조나 어휘를 제거하지 않고 다양한 방식으로 잉여성을 추가하여 텍스트에 대한 학습자의 이해를 돕고자 하는 수정 방법이다. 텍스트의 상세화를 통한 수정은 대개 원래의 텍스트보다 더 커진 텍스트를 만들어 낸다. 앞에서 언급했듯이 상세화된 텍스트는 가능한 한 원텍스트의 많은 부분을 유지하고 그것의 의미를 제2 언어 학습자가 더 접근하기 쉽게 잉여적인 보충과 주제 구조에 대한 더 명확한 표시를 만들기 때문이다. 잉여적인 부분은 응집성 등을 더 명확하게 하기 위해 바꿔 쓰기, 동의어, 선택적인 통사 표지의 추가와 항목의 반복 등에 의해 이루어진다(Nation 2001:173).

텍스트 상세화를 옹호하는 학자들은 그것을 단순화의 대안으로 생각해 왔다. 그들은 단순화를 다음과 같은 이유로 비판한다. (1) 단순화는 응집성이 결여된 형식적인 텍스트를 만들어 낸다. (2) 모어 화자들은 일반적으로 어휘와 문법 구조를 통제함으로 단순화를 하지 않는다. (3) 단순화는 학습자들이 그들의 숙달도를 발달시키는 데 필요한 언어 형식에 대한 접근을 제거해 버린다.

그러나 이것은 단순화 자체를 비판한 것이라기보다 잘못된 단순화에 대한 비판으로 받아들이는 것이 나을 듯하다. 잘못된 단순화가 많이 있는 것은 사실이지만 또한 훌륭한 단순화된 텍스트들도 있을 수 있기 때문이다. 특히 어휘에 있어서 단순화는 일반적인 과정이다. 어휘 빈도와 범위에 대한 연구는 많은 학습자들이 단순화되지 않은 텍스트를 즐겁게 읽는 것을 불가능하게 만드는 텍스트 속에는 단지 한 번만 출현하는 저빈도 어휘들이 굉장히 많다는 것을 보여 준다.

그러므로 학습자가 텍스트에 접근 가능하게 만드는 여러 방법 중에 하나로 상세화를 보는 것이 좋을 듯하다. 가능한 한 원텍스트의 많은 부분을 유지하는 것이 중요한 경우에는 단순화보다 상세화가 분명히 더 선호될 것이다. 그러나 즐거운 독서가 필요한 대부분의 경우에는 단순화가 더 선호되는 전략이 될 것이다.

아래에 제시한 텍스트 상세화의 예는 이승은(2007:51)에서 실험 텍스트로 사용한 것이다.

〈수정 전 텍스트〉
잠을 푹 자고 나면 골머리를 앓던 문제가 술술 풀리는 경우가 많다. 이는 잠을 자는 동안 기억이 정리되고 영구화되는 과정에서 문제 해결에 대한 새로운 통찰력이 만들어지기 때문인 것으로 밝혀졌다. 문제 풀이에 대한 실험에서 문제를 여러 번 푼 다음 그 후의 문제를 푸는 데 있어서 8시간 동안 수면을 취한 그룹이 깨어 있었던 그룹에 비해 두 배 정도 우수한 능력을 보인 실험 결과와 알아듣기 힘든 외국어를 공부한 뒤 잠을 자고 온 그룹이 깨어 있었던 그룹보다 새로운 단어를 훨씬 쉽게 이해한다는 실험 결과를 볼 때 잠의 중요성을 알 수 있다.

〈수정 후 텍스트〉
실제로 잠을 푹 충분히 자고 나면, ①머리 아프게 골머리를 앓던 어려운 문제가 술술 잘 풀리는 경우가 많다. 이는 잠을 자는 동안 기억이 정리되고, ②그 기억이 오랫동안 계속될 수 있게 영구화되는 과정에서, 문제 해결에 대한 새로운 통찰력이 만들어지기 때문인 것으로 밝혀졌다. ③즉 잠을 자는 동안 기억이 정리되어서, 문제에 대한 답을 깊게 생각할 수 있게 된다는 것이다.
④이에 대한 여러 가지 실험 결과들도 있다. 예를 들어, 문제 풀이에 대한 실험에서 8시간 동안 수면을 취해서 충분히 잠을 잔 그룹이 잠을 자지 않고 깨어 있었던 그룹에 비해 두 배 정도 우수한 능력을 보인 결과가 나왔다. 그리고 알아듣기 힘든 외국어 공부에 관한 실험도 있었다. 이 실험에서도 잠을 자고 온 그룹이 잠을 자지 않고 깨어 있었던 그룹보다 새로운 단어를 훨씬 쉽게 이해한다는 결과가 나왔다. 그래서 이런 실험들의 결과를 볼 때 잠의 중요성을 알 수 있다.

위의 수정된 텍스트를 보면 ①과 ②에서는 어려운 어휘나 표현의 이해를 도울 수 있는 단어나 문장을 삽입한 경우이며 ③은 앞의 내용을 정리해 주는 문장을 추가한 것이다. ④는 그 다음 단락으로 연결되는 문장을 추가하여 글의 응집성을 높인 것이라고 생각된다.

이와 같이 수정된 텍스트를 가지고 실험한 결과 상세화된 텍스트를 가지고 학습한 집단이 더 높은 읽기 이해도를 보이며 어휘 학습 효과에 있어서도 좀 더 나은 결과를 보여 주었다고 한다.

② 평이화(Easification)
평이화는 텍스트를 읽기 쉽게 만들되 어휘를 바꾸는 것이 아니라 도표, 그림, 차트, 표, 텍스트 요약, 어휘 해설, 도입 질문과 표제(제목) 등과 같은 것을 통해 지원해 주는 것이다.

③ 협상(Negotiation)

텍스트 읽기를 용이하게 만드는 또 다른 방법은 다른 사람의 도움으로 읽는 것이다. 즉 토론을 통해 텍스트의 의미를 협상하는 것이다. Ellis(1994)는 미리 수정된 (단순화, 상세화된) 입력과 상호 수정된 입력의 어휘 학습에 대해 비교하였는데 더 많은 단어 의미가 상호 수정된 입력을 통해 학습되지만 학습 속도가 느리다는 단점이 있음을 발견하였다(Nation 2001:174).

분명히 각 형태의 개작은 그것의 강점과 약점을 가지고 있다. 교사는 텍스트 개작의 형태를 학습 목적과 상황적인 제약에 맞출 필요가 있다.

8) 어휘 주석 달기(glossing)

어휘 주석은 어휘에 대한 이해를 돕기 위해 본문의 여백이나 하단에 정의나 동의어, 예시, 쉬운 어휘 등을 사용하여 어휘의 의미를 보다 자세하게 설명해 주는 것을 말한다(박지현 2007:118).

어휘 주석은 여러 가지 장점을 가지고 있다. 첫째로, 텍스트가 너무 어려워서 어휘 주석 없이는 읽을 수 없는 학습자들에게 그 텍스트가 사용될 수 있게 해 준다. 이것은 단순화되거나 개작되지 않은 텍스트가 그대로 사용될 수 있음을 의미한다. 둘째로 어휘 주석은 제대로 추측하지 못할 수도 있는 어휘들에 대해 정확한 의미를 제공해 준다. 이것은 어휘 학습과 이해를 도와준다. 세 번째로 어휘 주석이 해당 어휘의 가까운 곳에 나타난다면, 읽기 과정에 대해 최소한의 방해만을 제공하며 사전을 사용하는 것보다 시간을 절약할 수 있다. 네 번째로 어휘 해설은 단어에 대한 주의를 끌고 따라서 어휘에 대한 학습을 격려해 준다(Nation 2001:175).

① 어휘 주석의 유형

여기서는 어휘 주석에서의 제1 언어, 제2 언어의 사용에 대한 문제, 어휘 주석의 위치 문제, 어휘 주석의 방식 문제에 대해 간단히 살펴보기로 한다.

우선 어휘에 대한 주석이 학습자의 모어로 해설되는 것이 좋은지 아니면 제2 언어로 해설되는 것이 좋은지에 대한 의문이 생길 수 있다. 그러나 그동안의 연구 결과들은 텍스트의 이해나 어휘 학습에 있어서 그 효과가 별로 차이가 없음을 밝히고 있다. 결국 어휘 주석의 첫 번째 조건은 그 어휘가 이해되어야 한다는 것이며 어휘 해설이 명확하다면 그것이 모어로 이루어지든 목표 언어로 이루어지든 그리 중요하지 않은 것 같다(Nation 2001:175).

어휘 주석은 텍스트의 어디쯤에 위치하는 것이 좋은가? 여기에는 다음과 같은 가능성을 생각해 볼 수 있다(Nation 2001:175-176).

① 텍스트 안에서 단어 바로 다음에 직접
② 단어가 나타나는 줄의 끝에
③ 그 단어가 포함된 본문의 아래쪽에
④ 텍스트 전체의 마지막에

Watanabe(1997)은 ①의 경우가 그다지 효과적이지 않다고 하였는데, 이는 학습자가 이것이 어휘 주석의 일부인지 아니면 텍스트 내용의 일부인지를 판단해야 하기 때문이다. 어휘 학습과 이해에 대한 효과에서 Holly and King(1971)은 ②, ③, ④의 경우에 차이가 없다고 하였다. 모든 어휘 주석 조건에서 어휘 주석의 존재는 학습자의 그 단어에 대한 주의 집중을 이끌어냈고 그 단어를 단순히 메시지의 일부로서가 아닌 학습해야 될 항목으로 보게 했다.

또한 어휘 주석은 단어 형태를 포함하고 있기 때문에 어휘 주석을 보는 것이 곧 어휘에 대한 또 다른 반복 학습의 기회가 된다. 어휘 주석이 포함된 텍스트에서 학습자는 해당 어휘를 3번 반복하여 접할 수 있다. 먼저 텍스트를 읽으면서 한 번 접하게 되며 어휘 주석을 통해 다시 한 번 접하게 된다. 그리고 어휘 주석의 의미가 그 텍스트 안에서의 문맥적 의미와 일치하는가 보기 위해 다시 텍스트 안에서 한 번 더 그 어휘를 확인하게 되는 것이다.

한편 Jacobs, Dufon and Fong(1994)는 학습자들이 어휘 주석의 위치 가운데 ②에 대한 분명한 선호를 표현했다고 주장하였다. 만약 어휘 학습이 어휘 주석의 목표 중의 하나라면 이러한 학습자의 선호를 따르는 것이 좋다.

어휘 주석의 두 가지 방식인 선다형 주석과 단일 주석의 효과는 동일한가? 선다형 주석은 목표 어휘에 대한 주석을 하나만 제시하는 것이 아니라 정답과 오답지를 함께 구성하여 선다형의 형식으로 제시하는 것이다. 학습자는 어휘 주석을 읽어 보고, 정답지라고 생각하는 어휘의 의미를 찾아가며 읽기 자료를 읽게 된다. 단일 주석은 해당 어휘에 대한 올바른 어휘의 의미만을 제시하는 것이다(박지현 2007:119). 우리가 일반적으로 교재에서 발견하는 어휘 주석은 거의 단일 주석에 해당한다.

예 1. 선다형 주석 텍스트

최지우 씨는 주말에 외출하기 전에 꼭 인터넷을 이용해 계획을 세운다. 지난 주말에는 1개봉 때 못 본 이탈리아 영화 '인생은 아름다워'를 찾아 인터넷에 들어가서 그 영화를 아직 서울의 한 극장에서 볼 수 있다는 것을 알아냈다. 최지우 씨는 친구와 영화를 본 뒤 인터넷 2동호회의 한 사람이 추천해 준 식당을 찾아갔다. 이렇게 쇼핑, 공부, 취미 생활까지 인터넷을 이용하는 이들을 '3N 세대'라고 한다.

1. 개봉
   a. 건물을 새롭게 짓는 것
   b. 표를 싸게 파는 것
   c. 새 영화를 처음으로 보여 주는 것
   d. 가게에서 처음으로 물건을 파는 것

2. 동호회
   a. 같은 학교를 졸업한 사람들이 모임
   b. 친척끼리 하는 모임
   c. 어떤 일을 의논하기 위한 모임
   d. 같은 취미를 가지고 즐기는 사람들의 모임

3. 세대
   a. 나이가 어린 사람들
   b. 나이도 비슷하고 생각도 비슷한 사람들
   c. 하고 있는 일이 많아서 바쁜 사람들
   d. 자기가 아닌 다른 사람들

예 2. 단일 주석 텍스트

최지우 씨는 주말에 외출하기 전에 꼭 인터넷을 이용해 계획을 세운다. 지난 주말에는 1개봉 때 못 본 이탈리아 영화 '인생은 아름다워'를 찾아 인터넷에 들어가서 그 영화를 아직 서울의 한 극장에서 볼 수 있다는 것을 알아냈다. 최지우 씨는 친구와 영화를 본 뒤 인터넷 2동호회의 한 사람이 추천해 준 식당을 찾아갔다. 이렇게 쇼핑, 공부, 취미 생활까지 인터넷을 이용하는 이들을 '3N 세대'라고 한다.

1. 개봉
: 새 영화를 처음으로 보여 주는 것

2. 동호회
: 같은 취미를 가지고 즐기는 사람들의 모임

3. 세대
: 나이도 비슷하고 생각도 비슷한 사람들

(박지현 2007:119)

선다형 주석과 단일 주석은 모두 주석이 전혀 없는 텍스트를 가지고 읽는 것보다 우연적인 어휘 학습에서 더 큰 효과를 가진다. 그러나 두 방식이 보여 주는 효과의 차이는 거의 없는 것으로 보인다.[23]

다만 선다형 주석 방식의 경우 학습자들이 어휘의 의미를 잘못 선택한 경우 텍스

---

[23] 박지현(2007)에서 이루어진 실험에서도 선다형 주석 집단과 단일 주석 집단 간에 유의미한 차이는 확인할 수 없었다고 한다.

트에 대한 이해를 혼란스럽게 만들 염려가 있다. 만약 그렇다면 선다형 주석을 만들기 위해 들이는 교사의 노력은 충분히 보상받지 못할 가능성이 있다. 이런 점을 염두에 둔다면 현재 일반적으로 사용되고 있는 단일 주석이 좀 더 우위에 있을 수 있을 것이다.

② 어휘 주석의 효과

대부분의 연구들이 어휘 주석을 하는 것이 어휘 학습에 긍정적인 효과를 가진다는 것을 발견하였다. 어휘 주석의 부재는 잘못된 문맥으로부터의 추측을 유발할 수 있다. 어휘 주석이 텍스트 이해에 미치는 효과에 대해서는 긍정적이라는 주장과 큰 효과가 없다는 주장이 섞여 있는데 이것은 실험의 조건과 관련된 듯하다. 만약 모르는 단어에 대한 어휘 주석이 충분히 제시되어 학습자로 하여금 텍스트에 포함된 단어의 95%를 알 수 있게 해 준다면 이해도 또한 어휘 주석으로부터 긍정적인 영향을 받을 것이라고 생각한다(Nation 2001:177).

결국 어휘 주석에 대한 연구는 그것이 어휘 학습에는 기여하지만 텍스트 이해도에는 그 조건에 따라 영향을 미치기도 하고 아니하기도 함을 보여 준다. 어휘 주석은 텍스트의 옆 끝에 있는 것이 좋으며 그리고 어휘 주석이 쉽게 이해된다면 L1, L2 어느 쪽도 가능하다.

어휘 주석을 통한 어휘 학습은 대개 우연적으로 이루어지고 그 효과도 그렇게 크다고 할 수는 없지만 특정 단어에 대한 학습자의 지식을 강화하고 풍부하게 하는 점진적인 과정 속에서 학습자를 돕는 유용한 도구임에는 틀림없다. 단순화된 텍스트이든 그렇지 않은 텍스트이든 분명히 읽기를 통해 어휘를 학습하는 다양한 기회들이 있다.

5.4.4. 어휘 교육과 쓰기

한국어 학습자들이 쓰기에서 보이는 오류의 대부분은 어휘 실수와 관련되어 있다. 또한 학문 목적 한국어 학습자의 경우 쓰기는 가장 자주 사용되는 평가 형식이며 자신의 생각이나 특정 분야의 지식을 드러내기 위해서는 일반적인 어휘뿐만 아니라 전문적인 어휘를 정확하고 적확하게 사용하여 쓸 수 있는 능력을 갖추어야 한다.

어휘 지식을 확장하는 것은 쉽지만 이러한 지식을 생산적인 사용이 가능하게 만드는 것은 쉬운 일이 아니다. 이것이 쉽지 않은 이유 중의 하나는 이해와 표현의 지식을 실제적인 사용으로 이끄는 격려와 적절한 활동이 결여되었기 때문이다.

생산적인 어휘 사용에 영향을 미치는 중요한 요소 두 가지는 지식과 동기이다 (Nation 2001:182). 우선 이해 어휘 지식을 표현 어휘 지식으로 전환해야 한다. 그런데 이와 같은 표현 어휘 지식을 습득하는 것은 이해 어휘 지식을 습득하는 것보다 더 많은 학습을 필요로 한다.

두 번째 요소는 동기이다. 즉 단어를 사용하고자 하는 욕구와 기회가 생겨야 한다는 것이다. 우리가 어떤 단어를 알고 있지만 그 단어를 사용하고자 하는 기회와 바람이 생기지 않는다면 그 단어는 동기화되지 않은 어휘로 남아 있게 된다. 즉 사용될 수 있지만 사용되지 않는다.

어휘를 생산적으로 이용하도록 도와주는 활동들은 이러한 두 요소를 고려할 필요가 있다. Nation(2001:183-185)에서 제시한 활동들을 교사 중심의 활동에서 시작하여 학습자 선택의 활동의 영역으로 넓혀서 살펴보고자 한다.

① 읽고 문장 완성하기

이것은 텍스트를 읽고 텍스트에 포함되어 있는 단어를 사용하여 다양한 문장 완성 활동을 하는 것이다. 문장을 완성하기 위해 사용해야만 하는 단어를 텍스트에서 그대로 가져오는 경우도 있고 다른 활용형이나 파생어를 사용하게 할 수도 있으며 텍스트에는 포함되어 있지 않은 어떤 생각을 표현하게 할 수도 있다.

② 바꿔 쓰기(Paraphrase)

학습자들이 문장을 읽고 미리 제시된 목표 단어를 사용하여 그 문장을 다시 표현하게 한다. 교사가 그 예를 먼저 제시해 주거나 보기를 제시해 줄 수 있다.

   예) 이 정책의 시행으로 많은 사람들이 도움을 받을 수 있을 것이다.
      (긍정적인 영향)_____

③ 번역하기

학습자 집단이 동일한 모어를 사용하는 학습자들만으로 구성되어 있다면 학습자들에게 그들의 모어로 쓰인 문장이나 짧은 텍스트를 번역하게 하는 것도 하나의 방법이 될 수 있다. 이때 목표 어휘들이 제시될 수 있다.

④ 빈칸 채우기 활동

학습자가 이미 배운 단어들을 사용하여 미리 학습한 텍스트의 내용을 요약한 문장의 빈칸을 채우는 활동이다. 이때 빈칸이 포함된 문장은 텍스트의 문장과 동일한 문장으로 구성되는 것보다 새로운 문맥으로 구성되는 것이 더 바람직하다.

⑤ 사전 사용

학습자는 작문할 때 필요한 단어를 신속하게 찾을 수 있도록 사전을 찾는 연습을 할 필요가 있다. 그러나 최근에는 전자사전이 개발되어 종이로 된 사전을 통해 어휘의 의미를 찾는 경우는 이제 점차 사라지고 있다.

사전 사용에서의 큰 문제는 학습자들이 사전에 포함되어 있는 정보를 충분히 활용하지 못하고 있다는 것이다. 단순히 어휘의 의미를 파악하는 것으로 그치는 경우가 많으며 사전에 포함된 해당 어휘의 문법 정보, 연어 정보를 충분히 활용하지 못한다. 특히 중급, 고급 단계의 학습자들의 경우 어휘 지식이 증가하면서 유의어나 다의어가 많아지게 되는데 이 어휘들을 생산적으로 사용하는 능력을 교실 수업만으로 발달시키기는 어려우며 사전을 통해 학습자 스스로 습득할 수 있도록 격려해 줄 필요가 있다.

단일어 사전을 사용하는 것이 좋은지 아니면 이중어 사전을 사용하는 것이 좋은지에 대한 기존의 연구들은 대부분 단일어 사전을 사용하는 것이 어휘의 생산적인 이용에 더 나음을 보여 주고 있다. 물론 초급 학습자들은 먼저 이중어 사전을 사용하는 것부터 시작하는 것이 좋을 것이다. 그러나 앞서 언급했듯이 초급 단계부터 사전의 의미 정보뿐만 아니라 문법 정보나 화용 정보까지도 사용할 수 있도록 교사가 지도해 주면 더 효과적일 것이다.

⑥ 작가처럼 읽고 작문하기

교사와 학습자가 함께 텍스트를 읽으면서 작문 스타일을 유형화하는 텍스트의 특징을 적어 본다. 어휘의 관점에서 이러한 특징들은 어휘의 격식의 정도, 어휘 연쇄의 사용, 관련 단어의 사용을 통한 어휘적 응집성, 텍스트 단계에서의 변화의 표지 등을 포함한다. 작문 과제를 수행하면서 학습자들로 하여금 이러한 특징들을 사용해 보도록 격려할 수 있다.

학문 목적 학습자의 경우 보고서 작성하기나 서평 쓰기 등을 하기 전에 교사에 의해 제시된 자료를 통해 각 글의 형식을 미리 살펴보는 경우가 많다. 이때 단순히 형식을 살피는 데 그치는 것이 아니라 글에 사용된 어휘의 특징에 대해서도 학습자가 주목할 수 있도록 교사가 이끌어 줄 수 있을 것이다.

⑦ 듣고 작문하기와 관련된 활동

듣고 작문하기 활동에서 학습자는 하나의 텍스트를 듣고 그것을 기억하여 써 보게 된다. 학습자는 다음과 같은 방법을 통해 목표 단어를 사용하도록 격려를 받을 수 있다. 텍스트가 읽혀질 때 칠판에 씌어 있는 단어를 보고 그 단어를 활동 중에 그대로 남겨둔다. 또는 단어를 그대로 남겨두는 것이 아니라 철자의 일부분만 남겨 놓고 나머지는 지워 버리는 방법도 있다. 목표 단어의 번역을 칠판에 써 두는 방법도 있다.

듣고 받아쓰기 활동과 관련된 활동으로는 받아쓰기, 재생산 활동(텍스트를 읽고 그것을 보지 않고 기억하여 써 보기), 학습자들이 공동으로 그들이 들었던 텍스트를 재구성하는 듣고 받아쓰기 활동 등이 여기에 포함된다.

⑧ 의미 지도 그리기를 통한 쓰기 활동

학습자들이 교사와 함께 하나의 주제에 대한 의미 지도를 그려 본다. 이때 교사는 의도적으로 몇 개의 목표 단어들을 소개하고 의미 지도를 가지고 작문을 하게 될 학습자들에게 그 단어에 대한 문법, 화용 정보를 제공하며 그 단어들을 의미 지도 위에 포함시킨다. 작은 그룹 안에서 작문이 이루어진다면 그룹 중의 학습자 한 명이 목표한 단어가 분명히 사용되었는지를 확인할 책임을 맡게 된다.

⑨ 말하기 활동을 이용한 쓰기 활동

어떤 단어의 사용을 격려하기 위해 고안된 말하기 활동이 쓰기 과제의 첫 단계로서 사용될 수 있다. 학습자는 목표 어휘의 생산적인 구어 사용을 위해 특별히 설계된 말하기 과제를 수행한다. 그러고 나서 그들은 말하기 과제의 결과물을 교실에서 발표한다. 마지막으로 그들은 말하기 과제의 결론에 대한 보고서를 작성하게 된다. 만약 이러한 활동이 잘 구성된다면 학습 목표로 삼은 단어가 말하기 활동, 구두 보고 및 서면 보고서에 나타나게 될 것이다.

⑩ 주제별 자료 모으기

각 학습자들이 흥미로운 주제를 각자 정하고 몇 주 동안 이 주제와 관련된 자료를 신문, 라디오, TV 뉴스, 책, 잡지, 인터뷰 등에서 수집한다. 매주 학습자들은 작은 그룹 안에서 구두로 보고하며 두 주에 한 번씩 그때까지 모은 자료를 요약하는 보고서를 작성한다. 학습자들에게 그들이 자료를 수집하면서 만나게 된 새로운 어휘를 그 요약 보고서에 포함시키도록 요구한다.

5.4.5. 어휘 교육과 문법

이 책의 서두에 언급했듯이 어휘를 안다는 것은 여러 가지 층위의 의미를 담고 있다. 이 가운데 어휘가 다른 어휘와 갖는 통합적 관계가 바로 문법의 영역과 밀접한 관련을 맺고 있다. 예를 들어 '사고가 나오다'라는 표현을 사용한 한국어 학습자가 있다고 해 보자. 이와 같은 간단한 어휘 결합에서 보이는 한국어 학습자의 오류는 '사고', '나오다'의 의미를 모르기 때문에 나타난 오류라기보다 '사고'라는 어휘가 '발생하다, 나다, 일어나다, 발생하다'와는 함께 사용될 수 있지만 '나오다'와는 함께 사용할 수 없다는 통합적 관계에 대한 지식이 학습자에게 결여되어 있기 때문에 범하게 된 오류라고 할 수 있을 것이다(이승연·최은지 2007).

최근의 한국어 교육에서는 이와 같은 어휘의 결합 정보를 어휘적 연어 관계로 정의하고 이에 대한 교육 방안을 모색하는 것이 어휘 교육에서 중요함을 강조하고 있다. 한송화·강현화(2004)에서는 어휘 교육에서 관심을 기울여야 할 연어 정보로 다음과 같은 것을 들고 있다.

① 관용표현, 은유적 표현, 구 동사를 이루는 어휘 간의 결합에 관심을 가져야 한다.
예) 미역국을 먹다, 새빨간 거짓말, 눈을 뜨다, 시험을 보다
② 함께 나타나는 것이 어휘의 의미 자질로 자연스럽게 예측되지 않는 어휘 간의 결합에 관심을 가져야 한다.
예) 무거운: 책임, 부담, 주제, 형벌, 죄, 발걸음, 몸, 분위기, 공기, 마음, 세금, ……

깊은: 마음, 생각, 뜻, 잠, 감명, 사랑, 슬픔, 맛, 병, 밤, 한밤중, 어둠, ……
③ 빈도가 높은 어휘 결합에 관심을 가져야 한다.

예) 높은 파도, 높은 구두, 빨간 장미, 빨간 입술, 파란 눈, 파란 하늘 등
④ 명사를 중심으로 한 연어 구조에 관심을 가져야 한다.
  예) 시험 - 보다, 붙다, 합격하다, 떨어지다
⑤ 기존의 연어 영역보다 확장된 연어 영역에 관심을 가져야 한다.
  예) 시험 - 보다, 붙다, 합격하다, 떨어지다 + 있다, (안) 나오다, 망치다 등
⑥ 품사에 상관없이 선행과 후행의 연어 정보에 모두 관심을 가져야 한다.
  예) 시험의 선행 명사 - 면허, 면접, 수능, 입학, 변호사, 공무원, 간호사 등
      시험의 후행 명사 - 문제, 전날, 공부, 날, 때, 점수, 범위 등
⑦ 두 단어 결합뿐 아니라 세 단어, 네 단어 결합도 관심을 가져야 한다.
  예) 엄마가 <u>시험을 잘 보면</u> 용돈을 올려 주신다고 했다.
      나는 이 <u>시험에 쉽게/무난하게/무난히 합격하리라고</u> 확신하고……
      석호가 고3이 되고 대학 <u>시험에 보기 좋게 미끄러질</u>……
⑧ 명사 중에서도 '방법, 상황, 생각, 문제' 등과 같이 구체적 의미가 없는 추상적 어휘의 연어에 더 많은 주의를 기울여야 한다.
  예) <u>별/아무/별다른/별/앞뒤 생각 없이</u> 탔던 그 바이킹선은 내 혼줄을……
      오늘 그런 일이 생기리라고는 <u>꿈에도 생각 못 했다.</u>
      정말 <u>생각 잘하신</u> 겁니다. 앞으로 이런 매물은……
⑨ 맥락을 고려한 연어 구조에 관심을 가져야 한다.
  예) 이 중 70명 정도의 여전도사들이 <u>시험에 응시할</u> 것으로 보인다.
      예년과 비슷한 3.5%, 85만 4,000여 명이 <u>시험을 치렀습니다.</u>
   → '시험을 보다'와 달리 '시험에 응시하다, 시험을 치르다' 등은 보도 자료에 많이 나타나고 있다.
⑩ 학습자 오류를 중심으로 한 연어 구조에 관심을 가져야 한다.
  예) 이 출근부에다가 서명을 쓰세요(→하세요).
      밖에서 해가 나간(→난) 걸 보니까 오늘은 더울 것 같아요.
      직접적인 표현을 피하는 습관을 가진 일본인에게는 찬(→식은)땀이 흐르는 자리었다.

한편 중·고급 학습자들의 경우 점차로 유의 관계에 있는 어휘들을 습득하게 되어 이런 어휘들이 어떤 의미 차이를 보이는지에 대해 궁금해 하는 경우가 많다. 문금현(2004:69)에서는 이러한 경우에 교사들이 사용할 수 있는 유의어의 의미 변별 기준으로 다음과 같은 것을 제시하였다.

1) 1단계 의미 변별 기준
 (1) 어종의 차이 - ① 고유어 : 한자어 ② 고유어 : 외래어 ③ 한자어 : 외래어
 (2) 사용 빈도의 차이 - 저빈도어 : 고빈도어
2) 2단계 의미 변별 기준
 (3) 적용 범위의 차이 - 전문어 : 일상어
 (4) 지시 범위의 차이 - 광범위 : 소범위
 (5) 표현상의 차이 - ① 경어·비어 : 평어 ② 줄임말 : 본딧말 ③ 구어 : 문어
     ④ 강조 : 비강조
3) 3단계 의미 변별 기준
 (6) 결합 구성의 차이
4) 4단계 의미 변별 기준
 (7) 내포 의미의 차이

이 중 (6) 결합 구성의 차이는 앞서 제시된 의미 변별 기준들에 의해 유의어의 의미 차이가 제대로 규명되지 않은 경우 공기하는 다른 단어들과의 결합 관계를 통해서 변별해 내려는 것이다. 이처럼 고정적으로 결합하는 구성을 비교 제시해 줌으로써 유의어 쌍의 의미 차이를 변별할 수 있고 동시에 자주 사용되는 문항을 연습시키는 이중 학습 효과를 볼 수 있다(문금현 2004:73).
 물론 유의 관계에 있는 어휘들이 결합 구성에서 완전히 상보적인 분포를 보여 주는 경우는 드물다. 앞서 5.2.2.2.에서 제시된 바 있는 '가슴 : 마음'의 경우처럼 '~이 아프다'는 두 어휘 모두 결합 가능한 구성인데 반해 '좋다/착하다'는 '마음'과만 결합 구성을 보여 주며 '~에 꽃을 달다, ~에 통증이 있다'와 같은 결합 구성은 '가슴'만 가능하다. 이처럼 유의 관계에 있는 어휘들의 공통된 결합 정보, 변별되는 결합 정보를 유의어의 의미 변별을 위해 제시해 줄 수 있다면 이는 어휘가 가진 통합적 관계의 문법 정보를 통해 어휘 학습을 돕는 것이라 할 수 있을 것이다.
 문금현(2004)에서는 이러한 결합 구성의 차이를 보여 주는 유의어의 학습 목록을

말뭉치 자료를 통해 출현 빈도가 높은 것을 대상으로 하여 명사류, 동사류, 부사류로 나누어 제시하였다. 그 가운데 명사류의 경우만 인용하여 제시하면 다음과 같다.

번호	명사류	출현 횟수	변별 결합 구성	전 항목 공통 결합 구성
1	실력	335	영어 ~/~ 테스트/~이 늘다	~으로/~이 있다/~이 없다/~을 갖다/~을 인정/~ 발휘/~을 믿다/~을 과소평가하다/~을 과시하다
	능력	540	~의 한계/~이 닿는/~을 시험하다/○○에 대한 ~	
2	예의	270	~을 차리다/~을 지키다/~이 없다/~을 표하다/~이 아니다/~을 알다	~을 갖추다/~이 바르다/~을 배우다/~를 알다
	예절	33	~에 대해/~이 서툴다/~교육	
3	외모	148	~에 신경 쓰다/~지상주의	~을 가지다/~을 중시하다/~에 신경 쓰다
	겉모습	22	~이 드러나다	
4	취업	45	위장 ~/해외 ~/ 설명회	~을 하다/~이 되다/~을 시키다/~ 알선/ ~을 못하다/~을 부탁하다/~ 걱정
	취직	244	~ 시험/~을 못하다/~을 부탁하다/~ 걱정	
5	평생	554	~을 두고/~ 소원/~ 해로하다/~ 후회하다/~ 처음	~동안/~한번/~을 바치다/~함께/~을 보내다/~을 두고/~을 그(이)렇게/~을 통해
	일생	159	~ 일대	

이와 같은 결합 정보는 유의어의 의미 차이를 변별할 수 있는 기본 자료가 될 수 있으며 동시에 해당 단어가 주로 사용되는 예문을 제시할 때도 좋은 용례가 될 수 있다.

다만 교사가 주의해야 할 점은 이러한 결합 정보를 어떤 방식으로 학습자에게 제공할 것인지에 대한 고민이 있어야 한다는 것이다. 학습자의 입장에서 볼 때 이러한 결합의 제공이 유의관계에 있는 어휘들의 의미 차이를 인식하게 해 주는 것인지 아니면 단순히 결합 정보의 차이만 제공해 줄 뿐 어휘들의 의미 차이를 드러내 주지는 못하는 것인지 교사가 판단하여 이 결합 정보를 이용할 필요가 있다.

앞서 언급한 '가슴 : 마음'의 경우는 이러한 결합 정보를 바탕으로 하여 두 유의어의 공통된 의미 부분과 차이가 나는 의미 부분을 학습자가 인식할 수 있도록 어휘 학습의 진행을 이끌어 간 경우라고 할 수 있다. 그러나 말뭉치를 통해 검색된, 유의 관계에 있는 어휘들의 결합 정보가 모두 이와 같은 방향으로 이용할 수 있는 것은 아닌 듯하다. 그러므로 교사는 학습자들이 이와 같은 결합 정보를 통해 스스로 혹은 교사와 함께 의미 차이를 인식할 가능성이 있는지 먼저 확인할 필요가 있다.

이뿐만 아니라 어떤 유의 관계는 시제라는 문법 범주에 의해 의미의 차이가 드러나는 경우도 있다. 예를 들어 '금방'과 '방금'의 경우 '금방'은 모든 시제에 두루 사용할 수 있으나 '방금'의 경우는 과거 시제에만 사용할 수 있다는 제약이 있게 된다. 이러한 설명 방식도 문법 지식을 유의어의 의미 변별에 이용한 예라 할 수 있을 것이다.

한편 통사 정보를 필요로 하는 경우도 있을 수 있다. 가장 대표적인 경우가 '사동사'의 경우일 것이다. 단순히 사동사를 하나의 어휘로 기억하고 있는 것으로는 부족하며 사동사에 따라 취하게 되는 문장 구조도 함께 학습하지 않으면 안 된다. 백봉자(2001)에 의하면 다음과 같은 세 가지의 문장 구조를 학습할 필요가 있다.

① N이/가 N을/를 V(사동사)
    형이 동생을 울린다.
    하숙집 아주머니가 아침마다 우리를 깨워 줍니다.

② N이/가 N에게 N을/를 V(사동사)
    어머니가 아기에게 우유를 먹입니다.
    그가 나에게 동창들의 소식을 들려주었다.

③ N이/가 N을/를 N에/로 V(사동사)
    어머니는 아이를 의자에 앉혔습니다.
    친척집에 살다가 기숙사로 옮겼어요.

물론 이것으로 모든 사동사의 문장을 자유롭게 생산해 낼 수 있는 것은 아니다. 예를 들어 '감기다, 씻기다'의 경우에는 'N의 N을/를'이라는 약간 변형된 문장 구조가 또 필요하다.

④ N이/가 N의 N을/를 V(사동사)

어머니가 아이의 머리를 감겨 주었다.
손을 다쳐서 친구가 나의 얼굴을 씻겨 주었다.

여기서 중요한 것은 어휘적 사동사의 경우 단순히 단어를 암기하는 수준에서는 진정한 어휘의 습득이 이루어지지 않으며 문장 구조를 함께 학습해야 그 어휘를 사용할 수 있는 수준에 이르게 된다는 사실이다.

지금까지 어휘 교육에 영향을 줄 수 있는 문법 지식으로 어휘적 연어 관계, 유의어 의미 변별에서의 어휘 결합 정보, 문장 구조 등을 살펴보았다. 중·고급의 학습자에게는 문법 요소에 중점을 둔 학습보다 이와 같이 어휘에 중점을 두고 그 어휘에 내재된 문법을 중점적으로 학습하는 것이 더 효과적인 교육 방법이 될 수 있을 것이다.

6. 어휘 평가

어휘 평가는 어휘 학습 결과에 대한 측정이다. 모든 평가가 그러하듯이 어휘 평가 역시 학습자의 성취도를 측정하여 강점과 약점을 파악하고 학습자에게 요점을 알려 주며 학습 동기를 부여하여 자신감과 성취감을 주는 데 그 목적이 있다. 또한 교수 방법과 교육 환경에 대한 평가에 참고하는 중요 자료가 된다.

6.1. 외국어 능력 평가 방법의 시대적 변천과 어휘 평가

외국어 능력 평가 방법은 과학 이전 시기, 심리 측정 및 구조주의 시기, 통합적·사회언어학적 시기, 자연적·윤리적 전통의 시기로 나누어 볼 수 있다.

1) 과학 이전 시기(The Pre-Scientific Period)

1950년대 초반 이전의 시기로 외국어 교수는 전통적인 문법·번역식 교수법과 독서 중심 교수법이 주를 이룬 시기이다. 문법과 어휘 둘 다에 교수의 초점이 주어졌으며 평가 문항은 교사가 직접 제작하여 사용하였다. 평가에 관한 체계적인 연구가 미흡하여 직관적이고 주관적인 경향이 있었고 언어 지식과 번역 능력에 대한 평가가 주를 이루었다. 문제 형식은 주로 주관식 위주의 번역, 평론, 받아쓰기와 독해였다.

2) 심리측정 및 구조주의 시기(The Psychometric-Structuralist Period)

1950년대 전반부터 1960년대 후반의 시기로 대조 분석, 구조주의 언어학과 행동주의 심리학의 영향으로 언어 교육에 분석적 방법이 사용되었다. 구조주의 언어학에서 언어는 작은 규모의 소단위로 분해되어 과학적으로 비교 분석과 설명이 가능하며 다시 합쳐서 원래의 언어라는 큰 단위로 합성이 가능하다고 주장하였다. 그러므로 언어 능력을 객관적으로 측정하려면 어휘력, 발음, 문법 실력 등을 각각 분리하여 측정한 후 종합하면 전체 실력을 평가할 수 있다고 역설하였다. 이러한 이론에 비추어 이 시기의 언어 평가의 유형을 분리 평가(discrete-point testing)라고 하였는데, 분리 평가란 듣기, 말하기, 읽기, 쓰기의 각 기능 안에서 언어의 다양한 계층적 단위인 음운, 형태, 어휘, 통사와 그 하위 범주를 나누어 평가하는 것을 말한다. 주로 초급 단계에서 객관식으로 문장 단위나 문장 미만 단위를 평가하여 통계적으로 처리하므로 세분화된 기초 언어 능력을 측정할 수 있는 장점이 있다.

3) 통합적·사회언어학적 시기(The Integrative-Sociolinguistic Period)

1960년대 후반부터 이전의 분리 평가에서 탈피하여 통합적 언어 평가(integrative test)를 지향하게 된다. 이는 실생활에서 언어는 네 가지 기능을 통합하여 사용하므로 평가도 통합하여야 한다는 것이다. 그리고 의사소통 행위를 언어의 구성 요소들을 결합시킨 것이 아닌 통합된 전체로 인식하고 언어에 관한 분석적인 지식보다는 종합적인 의사소통 능력을 측정하는 것이다. 통합 평가에는 예를 들어, 규칙 빈칸 채우기(cloze test), 받아쓰기, 읽고 쓰기, 읽고 말하기, 읽고 듣기, 듣고 쓰기, 듣고 빈칸 채우기, 면담(interview), 자유 작문 등이 속한다. 특히 규칙 빈칸 채우기는 문법, 어휘, 전체 글의 의미 파악 등 언어의 전반적인 면을 동시에 측정할 수 있는 기법으로 언어 교육 평가에서 많이 사용되고 있다.

4) 자연적·윤리적 전통의 시기(The Naturalistic-Ethnical Tradition)

Canale(1985)은 언어 능력 평가에서 자연적·윤리적 전통의 시대를 첨가할 것을 주장한다. 여기서 '자연적'이란 자연스러운 언어(natural), 실제적인 언어(authentic)를 측정해야 하는 것을 뜻하고 '윤리적'이란 말은 학습자가 평가를 소중한 경험으로 받아들이고 가치 있는 활동으로 인식하여 학습에 긍정적인 영향을 주어야 한다는 의미이다. 즉 실생활과 밀접한 관련이 있는 과제를 제시하여 학습자의 의사소통 능력, 즉 언어 사용 능력을 측정해야 하며 인간적인 측면을 강조하는 것이다.

이렇듯 언어 평가는 언어의 세부 요소를 측정하는 분리 평가에서 언어 능력이 상호 연관되었다고 보고 언어 능력을 통합적으로 평가하는 방향으로 변천해 왔다. 이러한 평가의 변천 과정에서 알 수 있듯이 어휘 평가는 문법·번역식 교수법에서 단순히 학습자 모어의 번역을 통한 어휘 측정으로부터 분리평가의 방식을 적용한 어휘 자체의 평가에 집중하였다. 이러한 분리 평가는 통합 교육의 지향, 의사소통 능력의 강조에 따라 의사소통적 맥락 속에서 어휘의 의미, 용법 등을 언어 기능과 함께 통합적으로 평가하는 방향으로 발전하게 된 것이다.

6.2. 어휘 평가의 원리

언어 평가가 학습자의 의사소통 능력을 평가하는 것이 되어야 한다는 사실은 누구나 동의하는 바이다. 학습자의 의사소통 능력을 측정하는 시험의 기본 구성 원리는 다음과 같다(Savignon 1983).

첫째, 시험은 무엇보다 학생들의 언어 학습 발전 과정을 측정할 수 있도록 구성해야 한다.
둘째, 시험은 학습자에게 동기 부여를 해 주는 기능이 있어야 한다. 즉 시험을 통하여 무엇이 정말 중요한 것인지를 알도록 해 주어야 한다.
셋째, 시험은 학습자가 배운 언어로 진정 무엇을 할 수 있는지 알려 주어야 한다.
넷째, 의사소통 능력 측정의 시험은 무엇보다 실제 생활에서 그대로 사용 가능한 내용들을 제공하여 실제 생활을 잘해 나가도록 준비시키는 것이 되어야 한다.

이러한 기본 원리를 바탕으로 어휘 평가를 위하여 다음과 같은 내용에 중점을 둔다.

1) 평가 전 준비 지도

어휘 평가에 관한 구체적인 정보를 주는 사전 교육이 필요하다. 교육 현장에서 보면 평가 형식이 낯설어 문제를 못 풀거나 문제 형식을 이해하는 데 시간을 많이 허비하여 학습자의 실제 언어 능력 측정이 제대로 이루어지지 않는 경우도 있다. 따라서 첫째, 어휘 평가의 일반적인 체제에 대하여 설명해 준다. 예를 들어, 전체 평가에서 어휘 평가가 차지하는 비율이나 순서, 다른 언어 요소나 기능과의 연계 평가 등과 관련한 전체 구성에 관한 설명을 해 준다. 또한 전체 문항 수, 객관식과 주관식의 비율, 시험 시간 등과 더불어 시험 범위에 관한 안내를 한다. 둘째, 문항 형태에 관한 정보를 준다. 예를 들어, 그림 보고 어휘 고르기, 유의어나 반의어 찾기, 빈칸 채우기 등의 시험 유형이 있음을 알려준다. 셋째, 각 문항은 어떻게 풀어야 하는지 연습의 기회를 부여한다. 평상시 수업에서 연습이나 복습을 할 때 어휘 평가 유형과 동일한 평가 양식을 반복적으로 사용해 봄으로써 실제 평가에서의 적용성을 높인다.[1] 넷째, 수업에서 다룬 내용들을 복습하게 한다. 대부분 학습자마다 자신의 단어장을 소유하고 있다면 자신의 정리 방식으로 작성된 어휘를 복습하게 한다. 마지막으로 어휘 평가 준비를 위한 조언이나 전략을 알려준다.

2) 파급 효과(washback)[2]의 극대화

파급 효과란 시험이 학습 과정과 교수 과정에 미치는 영향을 말한다. 어휘 평가 또한 평가 후 어휘 학습에 긍정적인 영향을 주도록 문항을 작성하여야 한다. 즉, 학습과 평가는 상호 관련성이 있으므로 평가의 분석을 통하여 학습 효과를 유도하고 지도 방법을 진단, 나아가 교수요목의 발전에 관심을 두어야 한다. 평가는 또 다른 형태의 학습 방법이며 '알아야 할 것'을 제시하고 '학습해야 할 방향'을 제시하는 것이다. 평가를 통해 학습자의 어휘 오류를 발견, 수정해 주고 학습자를 격려하여 내적 동기를 유발시켜야 한다. 따라서 파급효과를 극대화하려면 다음과 같은 사항에 주의를 기울여야 한다.

첫째, 평가 결과 점수만을 알려주기보다는 평가 결과 내용을 자세하게 알려주어 차후 학습에 참고할 수 있도록 지도한다. 학습자 대부분에게 동일하게 나타난 오류들을 정리하여 다시 학습해 본다. 개인별 오류 사항들은 개인 지도를 통하여 알려 주고 수업에서 반복적으로 점검해 본다.

둘째, 신장하고자 하는 어휘 항목이 무엇인지를 목록화하고 그에 중점을 두고 평가한다. 중점을 두는 어휘들은 수업 시간 내 관찰 평가에서도 지속적으로 다룬다.

셋째, 시험 관련 어휘 목록이나 내용을 너무 예측 가능하게 하면 학습자는 예측 가능한 내용에만 집중하게 되어 오히려 부정적 현상이 나타날 수 있다. 물론 예측 불가능하게 하라는 뜻은 아니다. 외국어 상황에서 시험 관련 내용을 예측

---

[1] Canale(1985)은 테스팅 그 자체가 학습과 비슷하면 비슷할수록 학습자는 평가에 더 잘 관련될 수 있다고 하였다.
[2] '귀환 효과, 역류 효과'라고도 한다. Brown(2001:386)은 'washback'이라는 용어를, Hughes(1989:1)는 'backwash'라는 용어를 사용하고 있다.

가능하게 하여야 학습자가 사전 준비를 할 수 있는 면도 있기 때문이다. 따라서 시험 전 배운 내용에 대한 복습 시간을 운영, 간단한 퀴즈식의 문제를 풀어 보는 것으로 시험을 준비시키는 것도 한 가지 방법이 될 수 있다. 이러한 퀴즈식 복습 시간의 효율적 운용은 시험 관련 내용을 어느 정도 예측시키면서 주요 내용을 정리할 수 있게 해 준다.

넷째, 평소 수업 시간의 여러 언어 활동을 통하여 학습자의 어휘 이해 여부를 관찰 기록하는 관찰 평가[3]를 실시한다. 어휘가 말하기, 듣기, 읽기, 쓰기의 과정에 사용되는 언어 재료라는 점을 고려할 때, 의사소통적 맥락 속에서 어휘 능력을 통합적으로 평가하는 것이 필요하다.

3) 의사소통 어휘 능력의 평가

어휘 평가는 의사소통에 관련된 어휘 능력의 평가가 되어야 한다. 이는 어휘를 의사소통의 도구로 보고 각각의 영역, 즉 듣기, 말하기, 읽기, 쓰기에서의 어휘 평가 기준을 마련해야 함을 뜻한다. 조현용(2008:262)은 표현 영역에 속하는 말하기와 쓰기의 어휘 평가 기준은 이해 영역의 듣기와 읽기의 어휘 평가 기준과는 달라야 함을 강조하였다. 따라서 말하기와 쓰기에서는 다양한 어휘 표현 능력을, 듣기와 읽기에서는 어휘의 정확한 이해 능력을 측정해야 한다.

4) 목표 언어를 통한 평가

외국어 평가에서 질문과 그에 해당하는 답을 목표 언어로 측정하는 것이 가장 바람직하고 일반적인 일일 것이다. 한국 내에서 한국어 교육은 대부분 다국적 학습자를 대상으로 하므로 학습자의 모어를 사용하는 것은 현실적으로 불가능하다. 따라서 목표 언어인 한국어를 사용하여 평가하는 것이 여러 면에서 바람직할 것이다.

신용진(1998:242)은 구두 평가 시 어휘 평가에서 다음과 같이 세 가지 방식을 제시하고 있다. 이러한 방식은 말하기 평가에서뿐만 아니라 쓰기, 읽기, 듣기와 연계된 어휘 평가에서도 사용 가능한 방식일 것이다.

첫째, 목표 언어로 의미를 설명하여 어휘를 표현하게 한다. 한국어 구두 평가에서는 한국어로 설명하고 한국어로 답을 하는 형식이 된다.

---

[3] 관찰 평가에 관해서는 6.5.1.에서 구체적으로 언급하겠다.

둘째, 그림과 언어적 맥락을 결합시켜 제시한다. 초급과 중급에서 사용 가능하나 그림의 사용은 제한적인 경우가 많다.

셋째, 학습자 모어로 의미를 설명하여 어휘를 표현하게 한다. 해외에서의 한국어 교육에서는 사용 가능하며 장점도 가지고 있다. 특히 초급에서 학습자 숙련도가 낮을수록 지시문을 제대로 이해하지 못한다거나 이해한 것을 제대로 표현하지 못하는 경우를 볼 수 있다. 예를 들어, 듣기 영역에서 학습자 모어로 문제를 제시하고 모어로 답을 하게 하는 방법도 있다. 이러한 방법을 적용하는 이유는 목표 언어에 대한 내용을 좀 더 정확하게 측정할 수 있고 실제 상황에서도 한국어를 듣고 학습자의 모어로 설명해야 하는 상황도 있을 수 있기 때문이다.

6.3. 어휘 평가 출제 구성 단계

효과적인 어휘 평가를 위하여 객관적으로 받아들여질 수 있는 평가 문제가 출제되어야 하며 사전에 충분한 계획을 세워 단계적으로 진행해야 한다. 평가 원리에 입각한 출제 구성은 다음과 같다.

1) 제1 단계 : 교과과정 전반의 목표 확인

각 단원에서 설정한 목표가 무엇인지에 따라서 학습 목표를 확인할 수 있다. 초급을 예로 들면 다음과 같다.

예1) 초급

　　가 : 어디에 가요?
　　나 : 공부하러 도서관에 가요.
　　가 : 그래요? 같이 가요.

위와 같은 대화문에서 목표는 장소를 나타내는 어휘와 구조('____에 가다')를 알고 실생활에서 의사소통을 할 수 있도록 하는 것이다.

예2) 중급

　　가 : 건강이 나빠져서 담배를 끊어야겠습니다.
　　나 : 정말 담배 끊기로 마음을 먹었어요?

위 대화문의 목표는 연어 '마음을 먹다'라는 의미를 알고 사용할 수 있는지를 확인하고자 하는 것이다.

2) 제2 단계: 교과과정 목표에 따른 어휘 항목 설정

성취도 평가의 내용은 교과과정의 내용을 직접적으로 반영하는 것이어야 한다. 따라서 교재에서 다룬 어휘 목록을 준비해야 하는데 이때 상황, 기능, 문법에 대한 목록이 같이 작성된다.

예 1	예 2
• 상황: 길거리에서 • 기능: 목적지 묻기 • 어휘: 어디, 가다, 도서관, 공부하다 • 문법: 에, -(으)러	• 상황: 휴게실 • 기능: 결심 말하기/ 의지 말하기 • 어휘: 건강, 담배, 끊다, 마음을 먹다 • 문법: -어/아지다, -겠-, -기로 하다

3) 제3 단계: 시험 전체 틀의 구성

평가를 위한 시간과 학습자의 숙련도에 적합한 시험 수행 속도가 고려되어야 한다. 정해진 시간 안에 다룰 수 있는 문항의 수를 조절하고 학습자들의 시험 수행 속도를 반영한 유형을 정한다. 즉, 2단계에서 뽑아 놓은 어휘를 어떤 문제의 유형으로 출제할 것인가를 구성하는 단계이다.

4) 제4 단계: 시험 문항 선택

실제로 시험 문항을 작성하는 단계이다. 교과과정에서 강조되어야 할 어휘를 중심으로 문항을 작성한다. 이때 질문의 유형이 평가하고자 하는 내용에 적합한가를 잘 살펴야 한다. 초급일지라도 문맥을 고려한 어휘 평가 측정이 되어야 한다. 특히 주의해야 할 사항은 서로 다른 항목에 속하는 문제가 다른 문제의 답을 암시할 수 있는 내용이 있는지 살핀다. 예를 들어 읽기 시험 문항에서 읽기 내용 지문으로 나온 관용표현이 어휘 문항 출제에서 동일한 것을 묻는 문제가 되면 안 된다.

5) 제5 단계: 시험 문제 검토

검토는 출제자 외 1인 이상의 교수 경험자가 해야 하는데 이러한 과정은 평가의 신뢰도와 타당도를 높일 수 있기 때문에 중요하다. 어휘 평가지 검토 시 다음과 같은 사항을 중점으로 검토하는 것이 필요하다.

① 시험 문제의 지시문은 모든 학생들이 쉽게 이해할 수 있도록 정확해야 한다. '보기'를 제시하여 어떻게 문제를 풀어야 하는지를 제시하는 것도 바람직하다.

② 문제의 난이도가 적절해야 한다. 그리고 문항의 난이도에 따라 쉬운 문항에서 어려운 문항으로 배열하는 것이 좋다. 이와 더불어 선택지에 제시되는 어휘들도 난이도가 거의 비슷해야 한다.

③ 가능하면 모든 선택지는 같은 분야 또는 같은 종류로 구성되어야 한다.

④ 선택지 내에 있는 어휘는 가능하면 길이가 같아야 한다. 예를 들어 정답이 '환경오염'이라면 나머지 제시된 선택지에 제시된 어휘도 이와 동일한 네 음절로 구성된 단어로 제시되는 것이 바람직하다.

⑤ 정해진 시간 안에 풀 수 있는 문항 수라야 한다.

⑥ 오답지를 정답인 양 학생들을 유도하지 말아야 한다. 한국어에 없는 어휘 형태의 제시나 문맥과 전혀 관련 없는 어휘를 선택지에 제시하는 것은 지양해야 한다. 유의미한 어휘, 문맥에 어울릴 수 있는 어휘로 선택지에 제시되었는지를 검토해야 한다.

⑦ 정답이 오직 하나인지 확인한다.

6) 제6단계: 평가 결과 분석 및 활용

학습자 평가 결과를 분석하여 시험 문제의 난이도, 학생의 반응, 제한시간 등 시험 관련 정보를 얻은 것을 기록하고 다음 평가에 활용한다. 이러한 작업은 평가에 관한 오류를 최소화할 수 있는 방법이다. 시험은 결국 학습자가 알아야 할 것을 제시해 주고 앞으로의 학습 방향을 알려주는 길잡이 역할을 해야 한다. 또한 교사에게도 앞으로의 교육에 참고가 되는 것이다.

6.4. 어휘 평가의 내용

어휘가 듣기, 말하기, 읽기, 쓰기의 과정에 사용되는 언어 재료라는 점을 감안할 때, 어휘 평가는 의사소통적 맥락 속에서 어휘의 의미, 용법 등을 언어 기능과 함께 통합적으로 평가하는 것이 바람직할 것이다. 그러므로 앞서도 언급하였듯이 어휘 평가는 의사소통에 관련된 어휘 능력 평가가 되어야 한다.

한국어 교육 현장에서 학습자의 언어 수준은 일반적으로 6단계로 설정된다. 가장 언어 수준이 낮은 단계를 초급 1단계로 하여 고급 6단계로 등급을 나누는데 초급은 1급과 2급, 중급은 3급과 4급, 고급은 5급과 6급에 해당된다. 등급별 평가 목표는 각 단계의 학습 목표와 긴밀하게 연관되어 있다. 평가는 결국 학습 목표의 달성 여부를 측정하는 것이므로 어휘 평가의 등급별 목표 설정을 살펴보면 다음과 같다.

6.4.1. 등급별 어휘 평가 목표

초급의 어휘 평가 목표는 약 1,000~1,200개 정도의 어휘를 습득하는 것으로 일상생활의 의사소통에 관한 기본 어휘를 학습하는 것이다. 중급에서는 일상적인 어휘뿐 아니라 한자어 어휘도 어느 정도 이해하여 일상생활에 필요한 어휘를 어려움 없이 구사할 수 있도록 하는 것이 목표이다. 그리고 고급에서는 신문이나 방송 등의 시사 관련 어휘를 이해하며 사회생활 관련 어휘를 별 어려움 없이 사용할 수 있도록 하는 것을 목표로 한다. 등급별 상세 내용을 제시하면 다음과 같다.

	평가 목표
초급	① 교재의 빈도수에 따라 단계적으로 제시된 약 700개 정도의 어휘를 확장, 연습해서 1,000~1,200개 정도의 어휘를 안다. 기본적인 인칭 및 지시 대명사, 수사, 고빈도의 명사 및 용언이 이에 포함된다. ② 한국 음식, 교통, 공공시설 이용, 물건 사기, 여행 등 일상생활의 의사소통에 관한 기본 어휘를 학습하여 문맥 속에서 이해하고 정확하게 사용할 수 있다. ③ 사회 활동에 필요한 기본 어휘 및 고유명사를 학습하고, 기초적인 변칙 활용 용언을 이해한다.
중급	① 일상생활에 필요한 어휘를 어려움 없이 구사할 수 있다. ② 간단한 한자 성어나 속담을 활용할 수 있다. ③ 자신의 주장을 나타낼 수 있는 표현들을 적절히 사용할 수 있다. ④ 사용 빈도가 높은 비유적 용법과 숙어, 속담, 한자 성어를 인지한다. ⑤ 사용 빈도가 높은 의성어, 의태어를 이해하고 적절히 사용할 수 있다. ⑥ 짧은 수필에 나오는 비유적 표현이나 어휘를 이해하고 구사할 수 있다. ⑦ 일상적인 어휘뿐 아니라 한자어 어휘나 추상적인 어휘도 어느 정도 이해할 수 있다.

고급	① 정치, 사회, 경제, 문화 등 전문적인 분야의 기초적인 어휘를 이해하고 사용할 수 있으며 전문적인 어휘도 설명을 들으면 이해할 수 있다. ② 신문이나 방송 등의 시사 관련 어휘를 이해하며 사회 생활 관련 어휘를 별 어려움 없이 사용할 수 있다. ③ 평이한 내용의 수필이나 소설에 나오는 비유적 표현이나 어휘를 이해하고 구사할 수 있다. ④ 빈도가 높은 비유적 표현이나 관용표현, 숙어, 속담, 고사성어 등을 이해하고 사용할 수 있다. 빈도가 낮은 것이라면 어느 정도 이해가 가능하다. ⑤ 빈도가 낮은 의성어, 의태어를 어느 정도 이해하고 사용할 수 있다. ⑥ 정치, 경제, 사회, 문화 등 전문적인 분야에서 일반적으로 사용되는 어휘를 이해하고 구사할 수 있다. ⑦ 사용 빈도가 낮은 추상적인 어휘를 충분히 숙지하고 구사한다. ⑧ 문학적인 글에 등장하는 비유적 표현이나 어휘를 이해하고 구사할 수 있다. ⑨ 비교적 사용 빈도가 낮은 숙어나 속담, 고사성어를 이해하고 사용할 수 있다. ⑩ 사용 빈도가 낮은 의성·의태 부사나 부사어들을 자연스럽게 사용할 수 있다.

이러한 목표 설정에 따라 등급별 어휘 목록이 작성되어야 하나 등급별 어휘 목록의 작성은 사실상 쉬운 작업이 아니다. 중·고급으로 올라갈수록 어휘는 다양한 주제, 기능과 관련되어 어려움이 따르기 때문이다. 반면 어느 한 기관에서의 성취도 평가라면 사용하는 교재를 중심으로 어느 정도 수준을 제한하여 목록을 작성, 사용할 수 있을 것이다.

6.4.2. 등급별 어휘 평가 내용

다음은 한국어능력시험에서 예시해 놓은 등급별 어휘 평가 내용이다. 초급에서는 일상생활 관련 어휘 측정이 중심을 이루고 중급에서는 직장에서 일상적인 업무를 처리하는 데 필요한 기본적인 어휘들로 확장된다. 또한 중급부터는 간단한 연어, 기본적인 속담과 관용표현이 평가된다. 고급에서는 사회 현상을 표현하는 데 필요한 추상적인 어휘와 사회 각 영역과 관련하여 널리 쓰이고 있는 전문 용어, 시사용어 등이 평가된다. 다음은 등급별 어휘 평가 내용을 도표로 제시하였다.

		평가 내용
초급	1급	• 일상생활에 필요한 가장 기본적인 어휘 • 사적이고 친숙한 소재와 관련된 가장 기본적인 어휘 • 기본 인칭 및 지시 대명사, 의문 대명사 • 주변의 사물 이름, 위치 관련 어휘 • 수와 셈 관련 어휘 • '크다', '작다' 등과 같은 기본적인 형용사 • '오다', '가다' 등과 같은 기본적인 동사 • 물건 사기, 음식 주문하기 등 기본적인 생활과 관련된 기초 어휘
	2급	• 일상생활에 자주 사용되는 어휘 • 공공시설 이용 시 자주 사용되는 기본적인 어휘 • '제주도', '민속촌' 등 자주 접하는 고유명사 • '깨끗하다', '조용하다', '복잡하다' 등 주변 상황을 나타내는 형용사 • 우체국 이용, 회의 등 공적인 상황과 관련한 기본 어휘 • 약속, 계획, 여행, 건강과 관련한 어휘 • '자주', '가끔', '거의' 등 기본적인 빈도 부사
중급	3급	• 일상에서 사용되는 대부분의 어휘 • 업무나 사회 현상과 관련된 기본적인 어휘 • 직장 생활, 병원 이용, 은행 이용 등 빈번하게 접하는 공적인 상황에서 사용되는 기본적인 어휘 • '행복하다', '섭섭하다' 등 감정 표현 어휘 • '늘어나다', '위험하다' 등 사회 현상과 관련된 간단한 어휘 • '참석하다', '찬성하다' 등 직장 생활과 관련된 기본적인 어휘 • '장점', '절약' 등 기본적인 한자어 • '생각이 나다', '버릇이 없다' 등 간단한 연어
	4급	• 일반적인 소재를 표현하는 데 필요한 추상적인 어휘 • 직장에서 일상적인 업무를 수행하는 데 필요한 어휘 • 신문 기사 등에 자주 등장하는 어휘 • 빈도가 높은 관용표현과 속담 • 자연, 풍습, 문화, 사고방식, 경제, 과학, 예술, 종교 등 일반적인 사회 현상과 관련한 핵심적인 개념어

고급	5급	• 사회 현상을 표현하는 데 필요한 추상적인 어휘 • 직장에서 특정 영역과 관련된 기본적인 어휘 • 세부적인 의미를 표현하는 어휘 • 자주 쓰이는 시사용어 • '이데올로기', '매스컴' 등 사회의 특정 영역에서 자주 쓰이는 외래어 • 일반적으로 사용되는 관용표현과 속담
	6급	• 널리 알려진 방언, 자주 쓰이는 약어, 은어, 속어 • 사회 각 영역과 관련하여 널리 쓰이고 있는 전문 용어 • 복잡한 의미를 갖는 속담이나 관용표현

6.4.3. 등급별 어휘 평가 기준

다음은 한국어능력시험에서 제시해 놓은 등급별 어휘 평가 기준이다.

		평가 기준
초급	1급	• 기본적인 인칭 및 지시 대명사, 수사(1~100), 고빈도의 명사 및 용언들을 알고 있어야 한다.
	2급	• 기본적인 사회 활동을 할 수 있는 어휘, 특히 각종 상품명, 기본적인 고유명사, 자신의 전문 분야의 기본 어휘를 습득한 상태이고 기본적인 변칙 활용 용언을 이해한다.
중급	3급	• 일상생활에서의 어휘에는 불편함이 없다. 모르는 단어는 추상적 의미가 아니면 설명을 통해 이해 가능하다. • 중요 시사 어휘를 이해한다.
	4급	• 일상적 어휘는 충분히 숙달하였다. 그러나 추상적 어휘는 생활과 전문 영역 주변에서만 가능하다. • 부분적으로 한자 사용 및 이해가 가능하고 까다로운 변칙 용언도 잘 사용한다.
고급	5급	• 빈도가 높은 추상적인 어휘는 이해한다. 그 밖의 추상적인 어휘도 설명을 통해 이해 가능하다.
	6급	• 대부분의 일상적인 어휘와 전문적 어휘를 구사한다. 그 밖의 어휘도 문맥에 의지하거나 사전을 능숙하게 이용하며 해결한다.

6.5. 어휘 평가의 유형

학습자의 어휘 습득 여부를 점검하는 일은 매우 중요하다. 이는 일정한 어휘 습득이 전제되지 않으면 기본적인 언어 기능을 학습할 수가 없기 때문이다. 그러면 어떤 유형의 평가가 바람직한 것일까? 결론적으로 어떤 유형의 평가도 학습자의 어휘 지식을 정확히 측정할 수는 없을 것이다. 이는 시험을 통한 평가 점수 자체가 학습자가 가지고 있는 지식의 극히 일부분만을 보여 주기 때문이다. 따라서 교사가 평소 수업 시간에 언어 활동에서 관찰한 내용들, 즉 의사소통적 맥락 속에서 어휘를 이해하고 활용하는 능력에 대한 보다 정확한 정보를 토대로 평가하는 방안 또한 어휘 습득 여부를 평가하는 방안이 될 것이다. 따라서 본고에서는 우선 교수·학습이 진행되는 과정에서 학습자의 학습 정도를 측정함으로써 학습자에게 피드백을 주어 각 학습자로 하여금 학습 내용과 방법을 개선할 수 있도록 하는 관찰 평가의 방안을 제시하고 다음은 지필 평가 방안을 제시하겠다.

6.5.1. 관찰 평가

관찰 평가란 수업 중에 학습자의 어휘 이해 여부를 관찰하여 평가하는 것으로 무엇보다도 언어 기능과 통합적으로, 과정 중심으로 어휘를 평가할 수 있게 해 준다. 관찰 평가는 수업의 구성 단계 중 주로 수업의 도입 단계에서 지난 차시 복습의 개념으로 사용할 수 있으며, 또한 수업의 마무리 단계에서는 그날 학습 목표의 주요 어휘 내용의 이해를 점검하는 동시에 강화하기 위한 수단으로 사용할 수 있다.

다음 제시하는 예시들은 앞서 어휘 게임이나 활동을 통한 어휘 지도 방법과 연계하여 그 내용들을 어떻게 관찰하고 기록할 것인지에 관한 구체적인 예시이다.

1) 전신 반응 교수법을 활용한 평가

전신 반응 교수법(total physical response)에서처럼 교사의 지시대로 올바르게 행동하는지를 관찰하여 어휘 이해 여부를 평가할 수 있다. 듣기와 말하기가 밀접하게 연계된 게임식의 활동은 편안한 마음으로 자신감을 가지고 활동에 임할 수 있기 때문에 평가하기 용이하다. 그러나 새로운 어휘나 표현을 점검할 때마다 학습자 개개인에 대한 관찰 평가를 기록하는 것은 현실적으로 어려운 문제이다. 그러므로 전체 학습자 중 문제가 있는 학습자들에게 집중하여 참고 자료로 삼는 것이 보다 현실적일 것이다.

예를 들어 다음과 같은 관찰 기록지를 만들어 기록할 수 있다.

〈초급〉

○ 목표: 신체 관련 어휘 이해[4]
○ 준비물: 사람 신체 그림, 악보

○ 활동: 전체 활동/짝 활동/개인 활동
○ 평가 방식 및 진행 절차
  ① 신체 그림판을 사용하여 점검하기
  ❶ 개인 활동이나 전체 학급 활동인 경우
     칠판에 신체 그림을 붙이고 학생 한 명씩 앞으로 나오게 하여 교사의 지시대로 신체 부위를 가리키게 하거나 각 학생마다 신체 그림판을 가지게 하고 교사가 말하는 신체 부위를 가리키게 한다.
  ❷ 짝 활동인 경우

---

[4] 5.1.2. 매체 활용 차원의 제시 방법 중 청각적인 방법 참조

한 사람은 단어 카드를, 다른 한 사람은 신체 그림을 가지고 상대방이 말한 신체 부위를 가리키게 한다.

② 노래('우리 몸 - 머리, 어깨, 무릎, 발')로 점검하기

❶ 교사 대 전체 학급 활동인 경우

교사는 학생들이 노래를 하며 노래에 맞추어 자신의 신체 부위를 짚게 한다. 이때 노래 가사를 달리 제시하여 신체 부위의 여러 어휘를 알고 있는지 점검한다.

❷ 개인 활동인 경우

전체 학급이 노래를 부르며 학생 한 명씩 나와 노래에 맞추어 신체 부위를 짚게 한다. 또는 칠판에 신체 그림을 부착하고 노래에 맞춰 펜으로 신체 부위를 짚게 한다.

❸ 짝 활동인 경우

두 명이 한 조로 한 사람은 노래를 부르고 한 사람은 노래에 따라 자신의 신체 부위를 짚는다.

③ '코, 코, 코 게임'으로 점검하기[5]

❶ 교사 대 전체 학급 활동인 경우

교사는 학생들에게 자신의 코를 살짝 건드리면서 '코, 코, 코, 코, 코, 코'를 여섯 번 말하고 '입'이라고 말하면 학생들은 자신의 손이 코를 건드리다가 '입'을 짚는 것이다. 교사는 입이라고 말하면서 손가락으로 귀를 가리키는 행동으로 학습자를 혼동하게 할 수도 있다. 교사를 따라 신체 부위를 잘못 짚거나 다른 신체 부위를 가리킨 학생은 게임에서 탈락하게 된다. 교사는 점점 속도감을 주어 게임을 진행할 수 있다.

❷ 교사 대 개인 활동인 경우

세 명이나 네 명이 교실 앞으로 나와 교사의 지시에 따라 행동하게 한다. 교사는 ❶에서 설명한 방식으로 게임을 진행한다. 토너먼트 형식의 진행으로 최종 승자를 가린다.

---

[5] 신체 관련 어휘 이외에도 음식, 장소, 직업, 취미 등의 주제에 속하는 어휘들의 점검도 가능하다. 교사가 "음식, 음식, 음식 〈김치〉"라고 하면 학습자는 김치라는 단어를 짚는 것이다.

○ 관찰 기록지

신체 어휘	관찰 사항	학생 이름
• 눈, 코, 입 • 팔, 다리, 어깨, 허리 • 오른쪽 귀, 왼쪽 발 • 입, 입술 • 손, 손가락	① 신체 부위를 바르게 이해하고 있다.	
	② 신체 부위를 거의 구분하지 못한다.	마이클, 수마디
	③ 오른쪽, 왼쪽의 구분이 안 된다.	타토, 나로

〈중급〉

○ 목표: 사동사 어휘 이해
○ 준비물: 아기 인형, 옷, 양말, 신발, 모자, 우유병, 침대, 의자, 유모차 등
○ 활동: 개인 활동 / 짝 활동
○ 평가 방식 및 진행 절차
　① '아기 돌보기' 놀이로 점검하기
　　❶ 짝 활동일 경우
　　　• 교사는 인형과 그에 따른 물건들을 책상 앞에 준비시킨다. 그리고 학생들한테 다음과 같은 글을 읽어 주면서 내용을 잘 듣고 행동하게 한다. 이때 학생들을 면밀히 관찰하기 위하여 내용을 녹음하여 들려주는 것도 좋다.

　　　　아기에게 식탁 위에 있는 우유를 먹이세요. 날씨가 더우니까 긴 팔 옷을 입히지 말고 반팔 옷으로 입히세요. 그리고 산책을 나갈 준비를 하세요. 우선 아기한테 모자를 씌우고, 양말을 신기세요. 아기를 유모차에 앉혀서 나가세요. 산책이 끝난 후에는 낮잠을 재우세요. (……)

　　　• 행동이 끝나면 교사는 학생을 지목하여 아기에게 무엇을 어떻게 해 주었는지를 말하게 지시함으로써 자신들이 듣고 행동한 내용을 말하기 활동으로 연결한다. 학생들의 사동사 의미와 문장 구성 이해 여부를 관찰, 기록할 수 있다.

❷ 교사 대 개인 활동인 경우

교사는 서너 명의 학생을 교실 앞으로 나오게 한다. 앞에 나온 학생들은 교사의 지시대로 경쟁적으로 행동하는 것이다. 누가 제일 먼저 교사의 지시대로 행동하는지 게임 형식으로 진행한다.

　　교사 : 아기에게 파란색 긴 팔 옷을 입히세요. (……)
　　학생 1, 2, 3 : (행동)

경쟁 팀마다 다섯 개 정도의 행동 지시를 한 후 팀 별 1등만으로 최종 우승자를 가린다.

② 무언극으로 점검하기

❶ 교사 대 개인 활동인 경우
- 교사는 어떤 내용을 무언극으로 보여 주고 학생들은 이를 보고 무언극에서 나타난 사동사를 보기에 제시된 어휘에서 찾는 것이다. 이때 보기를 제시하지 않고 무언극에서 나타난 사동사를 적게 할 수도 있다.

- 제시 어휘

　　먹다, 먹이다, 갈아입다, 갈아입히다, 나가다, 신다, 신기다, 앉다, 앉히다, 자다, 재우다, 넣다, 꺼내다, 녹이다, 녹다, 남기다, 남다, 끓다, 끓이다, 얼다, 얼리다, 보다, 만들다

- 무언극 내용

　　아주머니께

　　　아주머니, 아기에게 식탁 위에 있는 우유를 먹이세요. 날씨가 더우니까 시원한 옷으로 갈아입히세요. 산책을 나갈 때는 모자를 씌우고 양말을 신기세요. 그리고 아기를 유모차에 앉혀서 나가세요. 산책 후에는 낮잠을 재우세요.
　　　내일은 남편 생일이라서 미역국을 끓여야 합니다. 고기는 냉장고 냉동실에 있으니까 꺼내서 전자레인지에 녹이세요. 고기를 조금 남기세요. 그리고 얼음이 필요할 것 같으니까 물을 좀 얼리세요. 일하실 때는 아기를 보행기에 앉히고 일을 하세요.
　　　그럼, 부탁드립니다.

- 교사는 무언극의 상황에 대해 학습자에게 알려준다. 예를 들어, 집안일을 해 주는 아주머니에게 부탁하는 편지의 내용을 행동으로 보여 줄 것이고 이를 보고 행위에 나타난 사동사를 고르거나 써야 한다는 것을 알려준다.

❷ 짝 활동이나 개인 활동인 경우
- 무언극을 쓰기 활동과 연결하는 것이다. 다음과 같은 메모 형식을 제시한다.

    아주머니께

    아주머니, 급한 일이 생겨서 먼저 나갑니다.
    　　아기가 깨면
    　　_____
    _____
    _____
    _____
    _____

    　　내일은 남편 생일이라서
    　　_____
    _____
    _____
    _____
    _____

    오늘 저녁 6시까지 들어오겠습니다.
    부탁드립니다.

- 이러한 쓰기 활동으로의 연결은 학습자가 사동사를 사용하여 문장을 정확히 구사할 수 있는지를 점검할 수 있다.

○ 관찰 기록지

사동사	관찰 사항	학생 이름
먹이다, 입히다, 남기다, 얼리다, 태우다, 씌우다, 신기다, 벗기다, 재우다, 녹이다, 앉히다, 끓이다, 등	① 사동사의 의미를 정확히 알고 있다.	
	② 사동사 의미는 아나 문장 구성이 불안정하다.	카를로스
	③ 사동사의 철자 오류가 나타난다.	로버트
	④ 두서너 개 정도밖에 모른다.	둥

〈고급〉

○ 목표: 속담[6]의 이해 여부 점검
○ 준비물: 게임을 위한 속담 카드
○ 활동: 그룹 활동
○ 평가 방식 및 진행 절차
　① 게임 형식으로 점검하기
　　❶ 교사 대 전체 학급 활동인 경우
　　　• 칠판에 학습한 속담을 제시한다.
　　　• 교사는 행동을 통해 속담을 표현하면 학생들은 이를 보고 무엇인지 말하는 것이다. 많이 맞히는 학생이 이기는 것인데, 이때 교사는 학생들의 이해도 여부를 관찰하여 기록한다.
　　　• 학생들이 말하게 하지 않고 종이에 써 보게 할 수도 있는데 이때 칠판에 학습한 속담을 제시하지 않고 점검해 볼 수도 있다.
　　　• 교사가 보여 주는 행동은 해당 속담을 잘 나타낼 수 있어야 한다. 교사는 학습자 개개인의 반응을 살피며 이해도 여부를 계속 관찰, 점검, 기록한다.
　　❷ 개인 대 소그룹 활동인 경우
　　　• 교사는 속담을 적은 카드를 다음과 같이 준비한다.

---

[6] 한국어 교육에서 다룰 속담 선정 기준은 5.2.2.5.를 참고할 것.

| 백지장도 맞들면 낫다. | 불난 집에 부채질 한다. |

- 두 개 조로 편성하고 각 조에서 조장을 뽑게 한다.
- 조장은 속담 카드를 보고 조원에게 속담을 행동으로 표현하여 조원이 이를 보고 정해진 시간 안에 맞히게 하는 것이다.
- 게임이 끝나면 칠판에 속담 카드를 죽 나열한 후 학습자 스스로 자신이 아직 정확히 모르는 속담을 기록하도록 한다. 교사는 이를 통해 개별 학습자의 이해 여부를 간접적으로 관찰하고 다음 학습 및 평가를 위한 기초 자료로 사용할 수 있다.

○ 관찰 기록지

	속담 점검 목록	마이클	다나카	야낙	제인	야스코
1	백지장도 맞들면 낫다.	○	○		○	
2	불난 집에 부채질 한다.		○	○		○
3	누워서 떡 먹기	○	○			○

점검하고자 하는 속담의 목록을 작성하여 여러 번에 걸쳐 이해도를 점검한다. 사실 중간시험이나 기말시험 같은 정규 평가로는 학습한 주요 속담들을 광범위하게 평가하기에는 제한적이다. 따라서 관찰 평가를 통하여 좀 더 정확하게 평가해 볼 수 있다.

2) 실물/그림을 이용한 평가

어휘 카드에 그림을 삽입하여 어휘를 지도하는 것은 교실 수업에서 가장 흔히 사용하는 방법 중의 하나이며 학습한 어휘의 이해 정도를 쉽게 점검해 볼 수 있는 방법이기도 하다. 그림을 이용한 평가는 초급 단계에서 주로 사용하기에 용이하나 중급 단계에서도 효과적으로 사용 가능하다.

〈초급〉

○ 목표: 일상생활 관련 장소 어휘 이해
○ 준비물: 장소 관련 사진이나 그림 자료

학교	교실	도서관	식당	기숙사
서점	문구점	편의점	슈퍼마켓	시장
우체국	약국	병원	은행	경찰서
세탁소	미용실	가게	백화점	극장 (=영화관)
회사	대사관	박물관	공원	버스정류장

○ 활동: 전체 활동/짝 활동/개인 활동
○ 평가 방식 및 진행 절차
　① 낱말 말하기로 점검하기
　　❶ 짝 활동일 경우, 그림 카드를 여러 벌 만든다. 앞면에는 그림이나 사진이 있고 뒤에는 그에 해당하는 단어가 쓰여 있다. 두 사람씩 짝을 지어 그림 카드를 나누어 준다. 한 사람이 그림 카드를 보여 주면 다른 사람은 단어를 말하는 것이다.
　　❷ 3인을 한 팀으로 구성한 후 낱말 맞히기 게임으로 진행하면서 학습자 관찰 기록을 하는 것이다. 팀마다 그림을 나누어 주고 한 사람은 문제를 내는 사람, 다른 두 사람은 단어를 듣고 단어 카드를 고르는 내기를 시켜 점검한다.

　② 문장 말하기로 점검하기

❶ 교사 대 전체 학급 활동인 경우, 교사가 그림 카드를 제시하면 학생들은 무엇을 하는 곳인지를 말하는 것이다.

　교사: ('서점' 그림 카드 제시)

　학생들: 서점에서 책을 삽니다.

❷ 짝 활동인 경우, 팀마다 그림 카드를 나누어 준다. 한 학생은 그림 카드를 제시하고 학생은 그 그림 카드의 단어로 문장을 만들어 말하게 한다.

❸ 학생 대 그룹 활동인 경우, 내기 게임(텔레파시 게임)을 해도 좋다. 이 게임은 팀의 대표가 생각하는 문장과 팀원이 생각하는 문장이 일치하면 점수를 얻는 게임이다. 먼저 A팀 대표와 B팀 대표를 정하고 각 팀의 대표에게 그림 카드를 나누어 준다. 각 대표는 종이에 문장을 만들어 쓰게 한 후 게임을 시작한다. A팀 대표가 그림 카드 '우체국'을 제시하면 A팀 학생들은 팀의 대표가 생각한 문장을 말해야 한다. 예를 들어, 팀원 중 한 학생이 "우체국에서 우표를 삽니다."라고 말했을 경우, A팀 대표도 동일한 문장을 만들었다면 팀 대표는 "빙고"를 외치고, 그렇지 않다면 "아니요"라고 답하고 팀원들이 계속 문장을 말하게 하는 것이다.

○ 관찰 기록지

장소 및 기본 동사 어휘	관찰 사항	학생 이름
• 학교, 교실, 도서관, 식당 • 시장, 백화점, 슈퍼마켓 • 책을 사다/ 읽다 • 과일을 사다/ 팔다 • 밥을 먹다/ 마시다 • 영화를 보다 　……	① 장소와 연결된 기초 동사 어휘도 잘 이해하고 있다.	
	② 장소 명칭은 잘 이해하고 있다.	유디
	③ 동사의 논항 목적어 사용이 불안정하다.	다니엘
	④ 장소 명칭을 제대로 이해하지 못 한다.	알바야이다

〈중급〉

○ 목표: 교통사고 관련 어휘 이해
○ 준비물: 이야기 구성을 위한 그림 자료
○ 활동: 짝 활동 / 소그룹 활동 / 개인 활동
○ 평가 방식 및 진행 절차
  ① 스토리텔링으로 점검하기
   ❶ 짝 활동인 경우
    • 교통사고 발생을 나타내는 연속 그림 장면들을 준비한다.

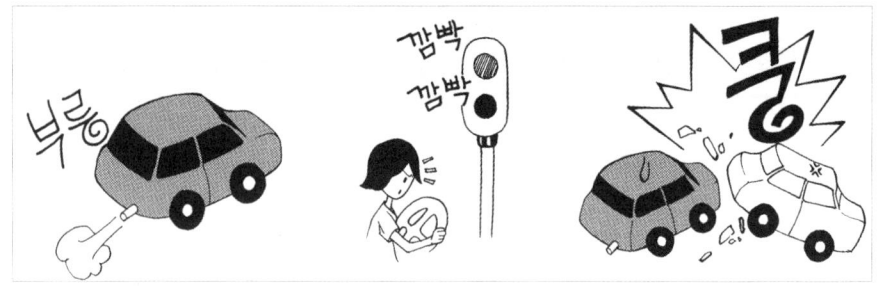

    • 그림을 보고 사건이 어떻게 발생하였는지 서로 의견을 나눈다.
    • 그리고 각 그림 컷에 해당하는 어휘를 의논하여 적게 한다.
    • 발표를 통하여 각 팀마다 그림 컷에 해당하는 어휘를 말하게 하고 칠판에 판서한다. 팀 발표를 통하여 새롭게 등장하는 어휘들에 집중시키며 판서한다.
    • 각 팀별로 제시된 어휘를 사용하여 이야기를 만들게 하여 발표시킨다.
    • 이러한 활동 속에서 학습자 개개인의 어휘 능력을 관찰해 보고, 문장 구성 능력도 아울러 살핀다.
   ❷ 개인 활동인 경우
    • 교사는 연속 그림 컷을 칠판에 제시하고 각 그림 컷을 보고 생각나는 어휘를 말하게 한다.
    • 학습자 한 명씩 돌아가면서 말하게 하면서 학습자의 어휘 능력을 관찰한다.
    • 그림 컷과 어휘가 칠판에 제시된 후 교통사고가 어떻게 일어나게

되었는지 이야기를 구성하게 한다. 문장 구성 능력도 더불어 측정할 수 있다.

○ 관찰 기록지

교통사고 관련 어휘	관찰 사항	학생 이름
• 도로 교통 관련 (횡단보도, 도로, 인도, 사거리, 신호등) • (급) 브레이크를 밟다, 과속, 충돌, 부딪히다, 운전석, 안전띠를 매다 • 뛰어들다, 행인, 가로수	① 관련 어휘를 대부분 이해하고 있다.	
	② 자동차 관련(운전대, 운전석, 깜박이, 급브레이크를 밟다, 가속 페달, 안전벨트 등) 어휘를 잘 모른다.	마이클
	③ 어휘는 알고 있으나 문장 구성 능력이 부족하다.	수지
	④ 전반적으로 부족하다.	스와스토노

〈고급〉

○ 목표 : 의성어, 의태어 이해
○ 준비물 : 그림 자료와 그에 따른 읽기의 글
○ 활동 : 개인 활동 / 짝 활동
○ 평가 방식 및 진행 절차
  • 연속된 그림 자료와 학습한 의성어/의태어 목록을 제시해 준다.
  • 목록에 제시된 의성어와 의태어를 사용하여 연속된 그림을 보고 이야기를 구성하도록 한다. 이때 의성어와 의태어를 가능하면 많이 사용하여 이야기를 생동감 있고 풍부하게 구성하도록 지시한다.
  • 연속된 그림 자료는 세밀하게 그려질수록 좋다. 이야기의 전제 부분만을 제시한다거나 전제 부분과 마지막 부분을 제시해 줄 수도 있다.
  • 학습자의 수준에 따라 의성어/의태어 목록 이외에 내용 관계된 다른 어휘도 함께 제시해 주어 이야기를 쉽게 구성할 수 있는 단서들을 제공해 준다.

- 교사는 이야기를 구성해 나가는 과정을 관찰하여 기록한다.

〈보기〉
야옹 / 멍멍 / 스르르 / 으악 / 털썩 / 덜컥 / 허둥지둥 / 쾅 / 오싹 / 쨍그랑
살금살금 / 덜커덩 / 짹짹 / 살며시 / 우왕좌왕 / 땅

  산에서 길을 잃은 민호는 정신없이 걷기 시작했다. 그런데 너무 어두워서 아무것도 보이지 않았다. 그런데 저쪽에서 희미한 불빛이 한줄기 보이기 시작했다. 민호는 그쪽으로 달려갔다. 민호가 집 앞에 도착했을 때 갑자기 그 집 문이 (스르르) 열리더니 '야옹' 소리를 내며 고양이 한 마리가 튀어나오는 것이었다. 민호는 깜짝 놀라서 '(으악)' 소리를 지르며 그 자리에 (털썩) 주저앉고 말았다. 민호는 집 안으로 들어갔다. 너무 어두워 아무것도 보이지 않았다. 전등을 찾았으나 찾을 수 없었다. 그때 갑자기 전등이 켜졌다. 깜짝 놀라 주위를 둘러보았지만 아무도 보이지 않았다. 민호는 겁이 (덜컥) 났다. 그래서 그 집을 떠나려고 문 쪽으로 (허둥지둥) 달려갔다. 민호가 집을 나가려고 하는데 갑자기 문이 '(쾅)' 하고 닫히는 것이었다. 민호는 너무 무서워서 머리카락이 쭈뼛하고 소름이 (오싹) 돋았다. 그때 갑자기 지진이 난 것처럼 집이 흔들리기 시작했다. 전등과 식탁이 아주 심하게 흔들리더니 식탁 위에 있던 접시가 바닥에 떨어져서 '(쨍그랑)' 하고 깨지는 것이었다. 민호는 그 집에 더 이상 있을 수가 없었다. 유리창을 깨뜨리고 집 밖으로 뛰어나왔다.

○ 관찰 기록지
- 점검하고자 하는 의성어와 의태어 목록을 만들어 학습자 개개인의 이해도를 관찰, 기록한다.

	의태어, 의성어 목록	마이클	다나카	야낙	제인	야스코
1	스스르	○	○		○	
2	야옹		○	○		○
3	으악	○	○			○

3) 십자말풀이를 통한 평가

십자말풀이를 이용한 어휘 능력 평가는 가로와 세로의 글자가 겹쳐지는 단서를 통해 학습자의 어휘 능력을 평가하는 것이다. 초급에서는 단서로 주어진 그림이나 사진들을 보고 그에 해당하는 단어를 해당란에 가로 또는 세로로 적는 것이다. 이러한 평가를 통해 구두로 익힌 낱말을 외워 쓸 수 있는지, 실물이나 그림을 보고 그에 대응하는 낱말을 쓸 수 있는지를 측정할 수 있다. 반면 중급과 고급에서는 그림이나 사진 대신에 해당 단어를 설명하는 방식으로 제시한다. 이러한 평가 유형은 학습자가 마치 게임을 하듯이 문제를 풀어 나가게 되므로 흥미로울 수 있고 전략이나 연상 학습법을 배울 수 있다.

〈초급〉
- 목표 : 1과부터 3과까지 어휘(의사, 의자, 비누, 비행기, 세탁기, 탁구, 구두)
- 준비물 : 문제지
- 활동 : 개인 활동 / 짝 활동
- 평가 방식 및 진행 절차
  ❶ 개인 활동인 경우
  • 내기 게임으로 하여 학생들이 경쟁적으로 문제를 풀게 한다.

* 가로와 세로에 맞는 단어를 쓰십시오.

			①세		
③❸의	사		❶탁	구	
자		❷②비	행	기	
		누			

⇨
❶ 탁구 그림
❷ 비행기 그림
❸ 의사 그림

⇩
① 세탁기 그림
② 비누 그림
③ 의자 그림

❷ 짝 활동인 경우
- 팀별 내기를 한다. 한 사람은 가로 문제를, 다른 한 사람은 세로 문제를 나누어 풀게 하여 빨리 문제를 푸는 팀이 이기는 것이다.

○ 관찰 기록지

	어휘 목록	마이클	다나카	야낙	제인	야스코
1	의자	○	○		○	○
2	의사	○		○		
3	세탁기	○	○		○	

〈중급〉

○ 목표 : 5과부터 10과 사이의 단어
○ 준비물 : 문제지
○ 활동 : 개인 활동 / 짝 활동
○ 평가 방식 및 진행 절차
- 앞서 초급에서처럼 개인 활동이나 짝 활동으로 지시하고 문제를 풀어 나가는 것을 관찰하여 기록한다. 이때, 학습자가 문맥을 이용하여 의미를 유추할 수 있는지, 제시된 설명 단어 중 어느 것을 모르고 있는지를 면밀히 관찰한다.

* 가로와 세로에 맞는 단어를 쓰십시오.

* 가로 문제
  1. 민호 씨는 대학교를 졸업하고 ○○○에 진학했습니다. 대학교를 졸업하고 공부를 더 하려면 여기에 갑니다.
  3. 보고하는 글이나 문서.
  5. 사람이 원래 가지고 있는 착한 마음. ○○ 많은 사람은 마음이 따뜻하다.
  7. 공중에 있는 물기. 장마철에는 ○○가 많아 빨래가 잘 마르지 않습니다.
  8. 책을 빌리거나 읽는 장소.
  10. 지금 전화하고 있습니다. ○○○이에요. 잠시 후에 다시 걸어 주세요.
  12. '○○○'라는 단어는 사람이 서로 사이가 가까워지기 위하여 어울리는 것이다. 성격이 활발하고 사교적인 사람은 친구를 잘 ○○○.
  13. '차례'와 비슷한 말. 영화표를 사려는 사람들이 줄을 서서 ○○를 기다리고 있다.
  14. 도둑을 맞아서 경찰에 ○○했다. 아기가 태어나면 출생 ○○를 한다.

* 세로 문제
  1. 지하철이나 버스처럼 많은 사람들이 이용하는 교통수단.
  2. 어떤 일이 일어나는 이유나 까닭.
  3. 다음 〈○○〉와 같이 문장을 바꾸어 쓰십시오.
  4. 일이 익숙하지 않다. 젓가락으로 음식을 먹는 것은 아직 ○○○○.
  6. 어느 ○○ 한국어를 잘하게 되면 한국 생활이 재미있을 겁니다.
  7. 자주 해서 매일 하게 된 것. 일찍 자고 일찍 일어나는 ○○을 기릅시다.
  9. 자기의 이름을 써 넣는 것. 외국인은 도장 대신에 여기 ○○하세요.
  11. 한 달을 초순, ○○, 하순으로 나눈다. ○○은 11일에서 20일까지의 10일 동안을 말한다.
  12. 밤새 내린 눈과 추운 날씨로 도로의 교통 사정이 안 좋아 교통○○가 많다.

○ 관찰 기록지

점검 어휘	관찰 사항	학생 이름
• 5과~10과 단어 (대학원, 원인, 보고서, 인정, 서명, 습관……)	① 문맥에서 어휘를 파악할 수 있다.	
	② 어휘 자체는 알고 있으나 문맥에서의 파악 능력이 부족하다.	마리
	③ 어휘 자체에 대한 학습이 안 되어 있다.	유진

4) 단원 '요약 평가'를 통한 평가

요약 평가란 한 단원이 끝난 후 단원의 핵심 내용 이해 점검을 위한 정기적인 평가 형태를 말한다. 언어 수업에서 단원 별 주요 내용들을 간단히 점검하는 평가를 통하여 어휘 자체에 대한 평가, 문법 및 구조와 연계된 어휘 평가를 규칙적으로 할 수 있다. 보통 20분 정도의 시간 안에 풀 수 있는 문제지를 작성하여 학습한 어휘를 점검해 본다. 요약 평가는 학습이 진행되는 과정 속에서 학습자의 이해 여부를 관찰하고 개인별 학습 발전 상황을 평가해 볼 수 있는 좋은 자료가 된다.

〈초급〉

○ 목표 : 반의어[7] 이해
○ 준비물 : 문제지
○ 활동 : 개인 활동
○ 평가 방식 및 진행 절차
  ❶ 아래와 같은 문제를 주고 20분 정도의 시간을 준다.
  ❷ 학습자가 문제를 푸는 것을 관찰하여 기록한다.

* 〈보기〉와 같이 '가'와 '나'의 뜻이 반대가 되도록 ( )에 알맞은 말을 쓰십시오.

> 〈보기〉
> 가 : 시간이 있어요?
> 나 : 아니요, (없어요).

1. 가 : 저 사람을 알아요?
   나 : 아니요, (   ).

2. 가 : 서울은 지금 더워요?
   나 : 아니요, (   ).

3. 가 : 한국어 수업이 (   ) 끝났어요?
   나 : 아니요, 아직 안 끝났어요.

○ 관찰 기록지
  • 매회 점수를 기록하고 반복적인 점검으로 이해 여부를 기록한다.
  • 틀리거나 모르는 어휘는 교과서의 어느 단원에서 배웠는지 확인시키고 문장을 만들어 보게 한다.

---

[7] 반의어에 관한 내용은 4.3.4. 참조

파생 명사 '-이'	관찰 사항	학생 이름
• 높이, 깊이, 넓이, 먹이, 놀이, 돈벌이, 맞벌이, 해돋이, 해넘이	① 의미를 정확히 알고 있으며 파생된 단어라는 개념을 안다.	
	② '돈벌이, 해돋이, 해넘이, 맞벌이'의 파생은 제대로 이해 못하고 있다.	소냐, 알렌
	③ 파생의 개념을 이해 못하고 개별 단어로 이해하고 있다.	수마디, 메리
	③ 각 단어의 의미를 대부분 이해 못하고 있다.	유디, 윌슨

〈중급〉

○ 목표 : 파생 명사 '-이'에 대한 이해[8]

○ 준비물 : 문제지

○ 활동 : 개인 활동/짝 활동

○ 평가 방식 및 진행 절차

❶ 교사는 다음과 같은 문제지를 준비한다. 〈보기〉에 제시된 어휘는 이미 학습한 내용들이다. 간혹 한두 개 정도는 새로운 것이 포함될 수도 있다.

　＊〈보기〉의 단어를 문장에 맞게 써넣으십시오.[9]

> 〈보기〉
> 높이, 깊이, 넓이, 먹이, 놀이, 돈벌이, 맞벌이, 해돋이, 해넘이

1. A : 호수가 꽤 깊군요.
   B : 이 정도 _____면 사람이 빠져 죽을 수 있겠어요.
2. A : 롯데월드에 가면 재미있는 _____ 기구들이 많이 있어요.
   B : 그럼, 이번 주 토요일에 갈까요?
3. A : 요즘 _____가 잘되는 직종은 뭐지요?
   B : 글쎄요, 요즘 워낙 불경기라서 뭘 해도 잘 안된대요.

---

[8] 5.2.1. 어휘 학습법 개괄 참조.
[9] 이화여자대학교 언어교육원(2005나:76)에서 발췌.

❷ 개인 활동이나 짝 활동으로 문제를 풀게 한다. 이때 사전을 찾지 않게 하면서 최대한 문맥을 활용하게 한다.

❸ 처음은 개인 활동으로 지시하고 교사는 학습자 개개인이 어느 정도 어휘 이해를 하고 있는지 관찰, 기록한다. 다음은 짝 활동으로 유도하여 서로 의논하게 한다.

❹ 정답 확인은 교사가 학생을 지목하여 확인할 수도 있고, 짝끼리 시험지를 바꾸어 채점한 후 본인한테 돌려주는 방식으로 진행해도 좋다.

○ 관찰 기록지

파생 명사 '-이'	관찰 사항	학생 이름
• 알다 - 모르다 덥다 - 춥다 멀다 - 가깝다 싫다 - 좋다 있다 - 없다 • 아직 - 벌써 많이 - 조금	① 반의어 의미, 문장에서의 쓰임을 잘 알고 있다.	
	② 대부분 알고 있다.	바토르
	③ 부사어 관련 반의어는 아직 잘 모른다.	유진
	③ 한두 개 밖에 모른다.	레옹

〈고급〉

○ 목표 : 한자어 이해

○ 준비물 : 문제지

○ 활동 : 개인 활동 / 짝 활동

○ 평가 방식 및 진행 절차

❶ 〈유형 1〉

• 문맥 제시를 통하여 한자 어휘 능력을 점검해 보는 문제이다.

* 밑줄 친 것과 같은 뜻의 단어를 고르십시오.
• 경제신문을 보고 경제의 <u>흐름</u>을 잘 파악해야 올바른 주식 투자를 할 수 있다.
① 추진   ② 유형   ③ 동향   ④ 변형

❷ 〈유형 2〉
- 유(有)와 무(無)의 의미와 이로 만들 수 있는 단어들을 학습[10]한 후 다음과 같이 평가할 수 있다.

* 다음 반의어 쌍으로 잘못 된 것은?
① 무급 - 유급   ② 무료 - 유료
③ 무능 - 유능   ④ 무지 - 유지

❸ 〈유형 3〉
- '바꾸다'라는 의미인 '환(換)'과 관련한 평가이다. 〈보기〉에 그동안 학습한 단어들을 제시하고 문제 제시는 단어를 연상할 수 있는 설명을 제시한다. 학습자는 이 설명을 읽고 〈보기〉에 제시된 단어를 찾아 다시금 밑줄 친 부분에 단어를 넣어 동일한 의미의 문장을 만드는 것이다.

〈보기〉[11]
환불/환기/환전/환절기/교환

1. 날씨가 많이 쌀쌀해졌다. 낮과 밤의 기온차가 심해져서 감기에 걸리는 사람들이 많다.
   → 계절이 바뀌는 때를 _____(이)라고 한다.
2. 실내 공기가 너무 탁하다. 그래서 밖의 신선한 공기가 들어올 수 있도록 창문을 열어 놓았다.
   → _____을/를 시키려고 창문을 열어 놓았다.

○ 관찰 기록지
- 목표로 하는 어휘들을 관찰, 기록한다.
- 요약 평가 문제지는 학습자에게 나누어 주기 전에 교사가 한 부 복사하여 각 개인별로 모아둔다. 이를 통해 개인별 이해도 여부를 지속적으로 관찰하는 자료로 삼는다.

---

[10] 4.2.2. 한자어 확장 교육 참조.
[11] 이화여자대학교 언어교육원(2004:17)에서 발췌.

이상과 같은 활동들은 수업 시간에 관찰하면서 관찰 기록표를 작성하기도 하고 때로는 학급 전체의 어휘 습득 여부에 대하여 받는 전체적인 인상, 가령 대부분의 학습자가 목표 어휘를 학습했다거나 혹은 상당수의 학습자들이 제대로 어휘를 습득하지 못했다는 등의 개략적인 평가를 참고로 다음 수업에 반영할 수 있다.

6.5.2. 지필 평가

관찰 평가가 언어 기능과 통합적으로, 과정 중심으로 학습자의 어휘 능력을 평가하는 방안이라면 지필 평가는 언어 기능과는 어느 정도 독립적으로 어휘 자체의 평가를 해 볼 수 있는, 즉 시험을 통한 평가 점수로 학습자의 어휘 능력을 측정하는 방안을 말한다.

지필 평가의 문항 유형을 위하여 우선 Madsen(1983:12, 조현용 2008:253에서 재인용)의 어휘 평가 유형 분류를 알아보면 다음과 같다.

첫째, 초보자를 위한 제한 응답(단순한 구두 응답)
둘째, 선다 완성형으로 빠진 어휘를 고르는 문제
셋째, 선다 풀이형으로 동의어나 반의어를 찾는 문제
넷째, 단순 완성형으로 빠진 어휘를 채우는 문제

조현용(2009)은 어휘의 의미 관계나 어휘의 특성에 따른 분류를 제시하였다. 의미 관계에 따라 유의어, 반의어, 다의어, 관용표현, 의성어, 의태어로 세분화하고 문제 형식에 따라 어휘 선택과 어휘 응용 문제로 분류하였다. 어휘 선택 문제란 다른 관계나 어휘의 특성과 관련 없이 적절한 어휘를 찾는 문제 유형을 일컫는다. 즉, 설명에 알맞은 어휘를 찾는 문제가 이에 해당된다. 어휘 응용 문제는 한 문장에서 사용된 어휘가 사용될 수 있는 다른 문장을 찾으라는 문제 유형을 말한다.

다음은 이상의 내용을 고려하여 어휘 평가 문항 유형을 분류해 보고 각 유형별 구체적인 실례를 살펴보도록 하겠다.

1) 유의어와 반의어 평가

간단한 대화문이나 문장에서 밑줄 친 부분의 유의어나 반의어를 고르는 것이다. 문제 형식은 문맥 없는 선다형이나 문맥 제시를 통한 선다형으로 제시된다. 예 1처럼 단순히 유의어나 반의어를 쌍으로 제시하여 암기한 어휘 지식을 측정하거나 어휘의 실제 쓰임을 고려하여 문맥 제시로 측정할 수 있다. 유의어와 반의어 평가는 각 단어의 의미를 정확하게 알고 있는지를 측정하고자 하는 것이다.

예 1. 〈초급〉 반대되는 뜻을 가진 것을 고르십시오.

① 오늘 - 지금   ② 일찍 - 늦게
③ 어제 - 아침   ④ 내일 - 저녁
〈제4회 한국어능력시험 1급 어휘·문법〉[12]

예 2. 〈초급〉 밑줄 친 부분의 의미와 비슷한 것을 고르십시오.

가: 다음 해에 미국에 돌아가요.
① 작년   ② 금년   ③ 내년   ④ 올해

예 3. 〈중급〉 밑줄 친 부분과 의미가 비슷한 것을 고르십시오.

• 설이나 추석 명절의 의미는 현재까지 변함없이 이어지고 있다.
① 반드시   ② 살며시   ③ 그대로   ④ 언젠가
〈제16회 한국어능력시험 중급 어휘·문법〉

예 4. 〈고급〉 밑줄 친 부분과 의미가 반대인 것을 고르십시오.

• 현재 서비스 산업은 경쟁력이 많이 떨어져 있으므로 이 분야의 문호를 개방할 때에는 좀 더 신중을 기해야 한다고 봅니다.
① 개척   ② 폐쇄   ③ 폐지   ④ 개조
〈제8회 한국어능력시험 5급 어휘·문법〉

2) 다의어 평가

한 단어가 갖는 여러 의미를 정확히 알고 있는지를 점검하기 위한 문제이다. 문제 형식은 보통 서너 개의 개별 문장에 빈칸을 두어 공통으로 들어갈 단어를 고르게 한다.

---

[12] 한국어능력시험은 제1회부터 9회까지는 1급~6급으로 등급 구분을 하여 시험을 시행하였고, 10회(2006년) 이후에는 초·중·고급으로 등급을 구분하여 시행하고 있다.

예 1. 〈중급〉 다음 (　)에 공통적으로 들어갈 동사를 고르십시오.

- 옷을 여기에 (　　　　　) 두세요.
- 전화를 (　　　　　) 위해 밖으로 나왔다.
- 저 사람한테는 말을 (　　　　　) 쉽지 않다.
  ① 놓다　② 걸다　③ 끊다　④ 하다

〈제16회 한국어능력시험 중급 어휘·문법〉

'걸다'가 가지는 여러 의미를 알고 있는지 평가해 보는 문제로 정답으로 제시된 동사 중 '하다'로 대치 사용할 수 있는 동사도 같이 제시함으로써 학습자가 공통으로 들어갈 단어 '걸다'의 의미를 정확히 알고 있는지를 점검해 보는 것이다. 따라서 다의어 관련 문항 구성은 이러한 점을 염두에 두고 선다형으로 제시한다.

다음은 예 1과는 달리 한 단어가 갖는 여러 의미 중 〈보기〉로 제시된 예문의 뜻과 동일한 의미를 찾게 하는 형식이다.

예 2. 〈중급〉 다음 〈보기〉 문장과 같은 의미로 쓰인 것을 고르십시오.

〈보기〉 평생 남을 위해 헌신적으로 <u>살다</u> 갔다.

① 이 소설은 작가의 개성이 아주 잘 <u>살아</u> 있다.
② 우리는 실수를 통해서 <u>산</u> 교훈을 얻는다.
③ 보람 있는 삶을 <u>살기</u> 위해서 어떤 일을 하시겠습니까?
④ 옷에 풀기가 아직 <u>살아</u> 있어 보기에 괜찮다.

3) 관용표현

관용표현을 측정하는 문제 유형은 선다 완성형으로 문장에서 빠진 단어를 고르게 하여 문장을 완성하게 하거나 틀린 문장을 고르게 하는 형식, 문장 내 단어의 의미를 찾게 하는 형식으로 제시할 수 있다.

예 1. 〈초급〉 (　　　　　)에 가장 알맞은 것을 고르십시오.

가: 어느 것이 좋아요?
나: 나는 이것이 마음에 (　　　　　).
　① 들어요　② 기뻐요　③ 좋아요　④ 예뻐요

예 2. 〈중급〉 밑줄 친 부분이 틀린 것을 고르십시오.

① 얼마 남지 않은 대학 입학시험을 준비하느라고 <u>눈코 뜰 새 없이</u> 바쁘다.
② 그 신입 사원은 벌써 동료들 <u>눈 밖에</u> 나서 하는 일마다 칭찬이 자자하다.
③ <u>눈치코치 없는</u> 사람은 어디를 가도 환영받지 못한다.
④ 그 많던 음식을 <u>눈 깜짝할 사이에</u> 다 먹어 치웠다.

예 3. 〈고급〉 밑줄 친 부분과 의미가 비슷한 것을 고르십시오.

갑자기 따귀를 얻어맞은 그는 <u>어안이 벙벙한</u> 얼굴로 그녀를 쳐다보았다. 너무도 순식간에 벌어진 일이라 모두들 아무 말도 하지 못하고 쳐다보고만 있을 뿐이었다.
① 어리둥절한 ② 어른거리는 ③ 어수룩한 ④ 어쭙잖은

4) 의성어, 의태어

틀린 문장을 고르게 하는 형식이나 문장에서 빠진 부분을 채워 넣어 문장을 완성하는 형식으로 출제 가능하다. 예 1에서는 개별 문장 안에서 음성 상징어가 올바로 쓰였는지를 측정하는 것이며, 예 2는 의태어 관련 평가로 '발을 동동 구르다'의 평가인데 문맥에서 불이 나서 불이 번지고 있다는 안타까운 상황을 제시함으로써 '동동'을 찾을 수 있는 단서를 제공하고 있다.

예 1. 〈고급〉 밑줄 친 부분이 틀린 것을 고르십시오.

① 기차가 이내 <u>덜커덩</u> 소리를 내며 서더니 기차 안은 술렁이기 시작했다.
② 천둥 번개가 심하게 치는 밤이건만 그는 세상 모르고 <u>쿨쿨</u> 자고 있는 것이었다.
③ 갈매기 울음소리, <u>콸콸</u> 파도치는 소리만이 들릴 뿐이었다.
④ 밤새 <u>콜록콜록</u> 기침 소리가 그치지 않더니 잠을 설친 모양이다.

예 2. 〈고급〉 다음 (   )에 알맞은 단어를 고르십시오.

• 따뜻해진 날씨 때문인지 승객들은 하나같이 (   ) 졸고 있었다.
① 팔짝팔짝 ② 움찔움찔 ③ 사뿐사뿐 ④ 꾸벅꾸벅
〈제16회 한국어능력시험 고급 어휘·문법〉

5) 어휘 선택

어휘 선택 문제는 다른 관계나 어휘의 특성과 관련 없이 적절한 어휘를 찾는 문제 유형으로 설명에 알맞은 어휘를 찾는 문제가 이에 해당된다. 문제는 주로 빈칸 채우기(cloze test) 유형이 되는데, 이러한 경우 어휘의 난이도와 문화적 요소가 강한 어휘 출제에 대한 세심한 주의가 필요하다. 조현용(2009:255)은 한국어능력시험에서 출제된 예를 제시하면서 문화적 요소가 강한 어휘를 출제하면 그 문화 속에서 살지 않는 학습자의 경우 문제가 됨을 지적한 바 있다.

다음 예시에서 알 수 있듯이 이러한 문제는 학습자가 구두로 익힌 낱말을 외워서 쓸 수 있는지, 낱말이나 어구를 읽고 의미를 이해할 수 있는지, 학습한 낱말을 쓸 수 있는지를 평가해 볼 수 있는 유형이다.

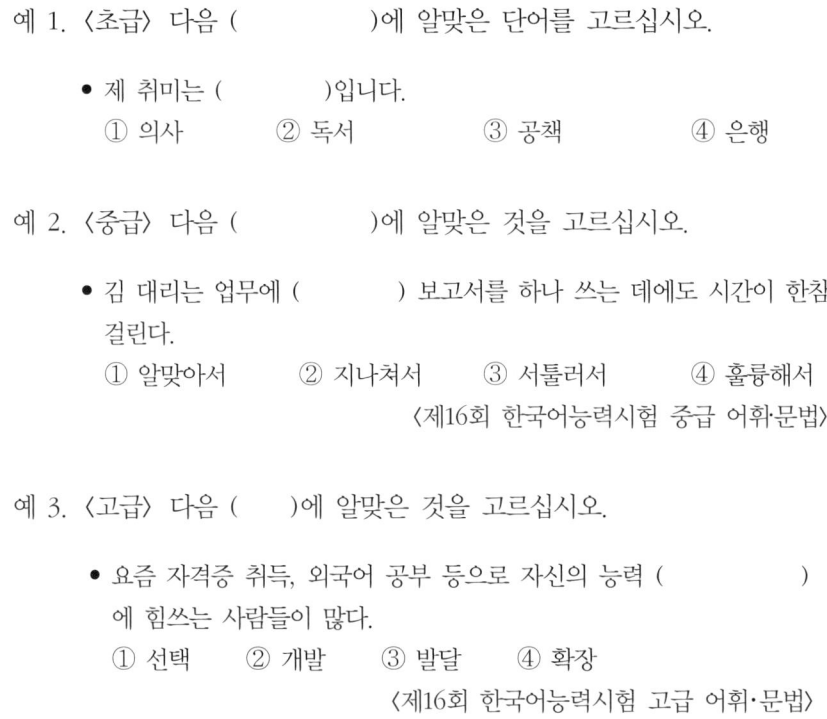

6.6. 이해 어휘와 표현 어휘 평가

언어 기능을 이해 기능과 표현 기능으로 나누는 관행은 어휘 습득에서도 그대로 적용될 수 있다. 어휘는 흔히 능동적 어휘와 수동적 어휘로 나뉘는데, 능동적 어휘는 말을 하거나 글을 쓸 때 쉽게 발화하거나 꺼내서 쓸 수 있는 어휘를 말하고, 수동적 어휘는 사용하지는 못하지만 말을 듣거나 글을 읽을 때 이해할 수 있는 어휘를 말한다. 사실 능동적 어휘와 수동적 어휘는 고정되어 있지 않고 유동적이다. 학습자는 새로운 어휘에 노출됨으로써 수동적 어휘를 습득하게 되고 이를 반복적으로 사용함으로써 능동적 어휘로 발전시킬 수 있다. 반면 능동적 어휘도 사용하지 않으면 수동적 어휘가 되거나 아주 잊혀질 수도 있다. 그러므로 수업 현장에서는 수동적 어휘를 능동적 어휘로 전환시키기 위한 다양한 연습의 기회가 부여되어야 함을 강조하였다.

한국어능력시험은 이해 영역(듣기, 읽기)과 표현 영역(어휘 및 문법, 쓰기)으로 나누어 한국어 능력을 평가하고 있다. 이렇듯 어휘 평가가 '어휘 및 문법'이라는 영역에서 실시되고 있는데, 사실 표현 영역에서의 측정보다는 이해 영역에서의 측정이 더 바람직할 것이다. 특히 읽기 영역의 문항들을 살펴보면 어휘를 중심에 둔 평가 문항들이 많다. 따라서 본 장에서는 어휘 평가가 다른 영역과의 관계 속에서 어떻게 평가되는지 살펴보면서 이해·표현 영역에서의 어휘 평가 방안을 알아보겠다.[13]

6.6.1. 듣기와 어휘 평가

어휘 교육과 듣기의 관련성에 관하여 5.4.1.에서 기술하였다. 여기에서는 의사소통적 맥락 속에서 어휘의 의미와 용법 등을 듣기 기능과 함께 통합적으로 평가하는 방안을 구체적 실례를 들어 제시한다.

1) 단어 듣고 맞는 그림 고르기

주로 초급에서 활용하는 방법으로 음성 언어로 의사소통하기 위하여 단어를 듣고 그 뜻을 아는지 여부를 확인하는 간단한 방법 중의 하나이다. 이러한 평가 방식은 낱말을 듣고 그 대상을 아는지, 그림이나 실물의 도움으로 쉽고 간단한 낱말의 의미를 알고 있는지를 측정하기 위한 것이다.

예 1. 〈초급〉 다음을 듣고 맞는 단어에 ✓ 표시 하십시오.

---

[13] 본 장에서는 한국어능력시험(TOPIK)의 출제 문제를 중심으로 필자의 생각을 추가하는 방식으로 기술한다.

유형 1	유형 2	유형 3
☐ 〔침대〕	☐ 〔바지〕	☐ 〔가위〕
☐ 〔의자〕	☐ 〔치마〕	☐ 〔시계〕

유형 1과 유형 2에서처럼 '가구', '옷'이라는 범주 안에서 익힌 단어를 정확히 알고 있는지를 점검하기 위하여 위와 같이 제시할 수도 있고 유형 3처럼 서로 관계없는 범주에 속하는 단어로 구성할 수 있다. 사실 어휘 지도를 할 때 한 번에 다루는 어휘들은 일정한 범주, 또는 주제, 가령 가족, 교실, 크기, 모양, 감정 등에 속하는 어휘들을 모아서 지도하는 것이 바람직하기 때문에 이러한 지도에서 학습자가 같은 범주에 속하는 단어를 정확하게 알고 있는지를 평가할 필요가 있다.

2) 문장 듣고 문장의 일부 채우기

하나의 문장을 듣고 문장 내의 명사나 동사 등에 초점을 맞추어 이를 채워서 문장을 완성하는 유형으로 주로 초급에서 사용할 수 있다. 듣기라는 매체를 활용하여 들은 단어의 의미를 알고 문장에 맞게 쓸 수 있는지를 측정하는 것이다. 즉, 개별 단어의 맞춤법과 의미를 정확히 알고 있는지를 문장 내에서 측정해 봄으로써 음운 변동의 이해, 불규칙 활용의 이해 등을 평가해 본다.

예 1. 〈초급〉 다음을 듣고 (　　　　)에 맞는 답을 쓰십시오.

　〈녹음〉　학교 근처에 (꽃집)이 많아요.
　• 학교 근처에 (　　　　)이 많아요.
　　　　　　　　　　　　　　〈제6회 한국어능력시험 2급 듣기〉

예 2. 〈초급〉 다음을 듣고 (　　　　)에 맞는 것을 고르십시오.

　〈녹음〉　배가 (불러서) 더 못 먹겠어요.
　• 배가 (　　　) 더 못 먹겠어요.
　　① 불어서　　② 불러서　　③ 부르서　　④ 부어서

3) 담화 듣고 담화의 요소 파악하기

담화를 듣고 담화 기능, 장소, 시간, 담화 유형 등을 파악하는 것이다. 상황별 담화의 특징을 안다는 것은 결국 담화 상황에서 나타나는 주요 어휘, 기능 표현의 이해가 무엇보다 중요하다. 그러므로 듣기 기능에서의 어휘력은 이 같은 문형으로 측정 가능하며 답지는 문자로 제시하거나 그림으로 제시할 수 있다.

예 1. 〈초급〉 여기는 어디입니까? 알맞은 것을 고르십시오.

〈녹음〉
여자: 원하시는 머리 모양이 있으세요? 어떻게 잘라 드릴까요?
남자: 앞머리는 짧지 않게 뒷머리는 짧게 잘라 주세요.
　　① 미용실　② 사진관　③ 모자 가게　④ 여행사

예 2. 〈중급〉 기자는 지금 어디에 있습니까?

〈녹음〉
기자: 평균 수명이 길어지면서 해마다 노인 인구가 증가하고 있습니다. 이들 노인의 반 이상은 육체적 혹은 정신적 질병을 갖고 있기 때문에 치료와 관리가 중요한 문제로 떠오르고 있습니다. 최근에 취미 활동이 질병 치료 기간을 줄일 수 있다는 결과가 나와 관심을 끌고 있습니다. 지난해 5월에 문을 연 노인 치료 센터는 노인들이 정기적으로 취미 활동을 할 수 있도록 도와주어 치료 효과를 높이고 있습니다. 이 센터의 노인들은 뒤에 보이는 것처럼 종이접기, 노래 부르기, 동양화 그리기, 악기 연주하기 등의 취미 활동을 하고 있습니다. 담당 간호사의 말을 들어 보겠습니다.
간호사: 여기 계신 할아버지, 할머니들은 이렇게 취미 활동을 하고 계시는데요, 취미 활동을 안 하시는 분들보다 치료 효과가 빨리 나타납니다.
기자: 취미 활동을 할 수 있는 노인 치료 센터는 점점 늘어날 것으로 전망됩니다.

 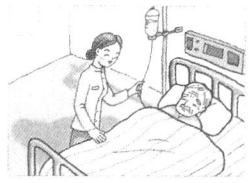 

〈오미라 외(2005:84)〉

예 1에서 기능 표현 '어떻게 잘라 드릴까요?', 어휘 '머리 모양, 앞머리, 뒷머리, 자르다' 등의 단서로 전체 담화 상황이 파악된다. 이런 유형의 출제는 각 담화 상황에서의 기능 표현을 중심으로 그와 연계된 어휘들을 측정해 보는 것이다.

예 2에서는 '노인, 질병, 치료, 취미 활동(종이접기, 노래 부르기, 동양화 그리기, 악기 연주하기), 간호사' 등이 어휘 단서가 된다. 그림에서 보면 간호사가 종이접기를 하고 있고, 책상 위에는 색종이와 가위 등이 놓여 있는 것을 볼 수 있다. 노인의 질병 치료와 취미 활동이라는 중심 내용의 이해 여부를 측정해 볼 수 있다.

예시에서 알 수 있듯이 담화를 듣고 담화 요소를 파악하는 것은 결국 담화 상황 관련 기능 표현과 어휘 능력이 중요하다는 것을 알 수 있다.

4) 그림을 보고 맞는 설명이나 대화 찾기

문제지에 제시된 그림을 보고 그림 상황에 맞는 대화나 설명을 찾는 유형인데 그림은 대화 내용을 잘 나타낼 수 있어야 한다. 이러한 유형은 문법, 어휘, 내용 이해를 종합적으로 측정해 볼 수 있으며, 초급, 중급, 고급에서 모두 적용 가능하다.

예 1. 〈고급〉 그림을 보고 맞는 대화를 고르십시오.

〈녹음〉
① 가(여) : 정신없이 뛰어가다가 그만 다른 사람이랑 부딪혔지 뭐예요.
　나(남) : 그러게 내가 조심하라고 했잖아요.
② 가(여) : 바지가 많이 젖었는데, 죄송해서 어떻게 하죠?
　나(남) : 괜찮습니다. 금방 마르겠죠, 뭐.
③ 가(여) : 아니, 사과도 안 하고 그냥 가시면 어떻게 해요?
　나(남) : 죄송합니다. 제가 그만 못 보고 실수를 했습니다.
④ 가(여) : 오늘은 정말 운이 없는 날인가 봐요.
　나(남) : 사람이 살다 보면 그런 날도 있죠. 잊어버리세요.

〈한국어능력시험 제9회 6급 듣기〉

예 1의 상황 그림에서 '바지가 젖다'라는 어휘를 쉽게 떠올릴 수 있고 듣기 내용의 결정적 단서가 됨을 알 수 있다.

5) 담화 듣고 맞는 그림 고르기

담화를 듣고 담화에 맞는 그림을 고르는 유형이다. 담화에 포함된 어휘와 문법을 종합적으로 파악하여 대화의 내용을 표현한 그림을 고르는 것이다. 주로 초급에서 사용하는 유형으로 위치나 장소, 사건, 인물 묘사 등을 많이 다룬다. 예 1은 위치 관련 어휘(위, 옆, 아래, 밑, 안 등)를 평가하기 위한 문항이고, 예 2는 외모 묘사 관련 어휘 '키가 크다, 색깔 이름, 옷 종류, 소지품' 등의 의미를 알고 있는지를 측정해 보는 문항이다.

예 1. 〈초급〉 다음 대화를 듣고 알맞은 그림을 고르십시오.

〈녹음〉 남자: 우산 봤어요?
　　　　여자: 네, 책상 옆에 있어요.

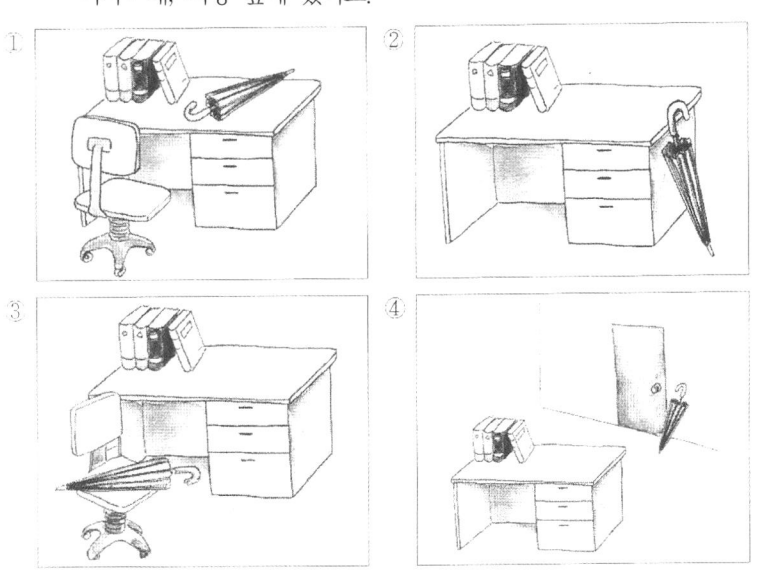

〈제16회 한국어능력시험 초급 듣기〉

예 2. 〈중급〉 다음 대화를 듣고 알맞은 그림에 ✓ 하십시오.

〈녹음〉
가: 거래처 회사에서 서류를 보냈대요. 미안하지만 나가서 좀 받아 오시겠어요?
나: 네, 알겠습니다.
가: 키가 좀 큰 편이고 검정색 점퍼를 입었다고 했어요. 그리고 서류 가방을 가지고 있을 거예요.
나: 검정색 점퍼에 서류 가방이요.
가: 그리고 문 앞에 도착하면 전화한다고 했어요.
나: 네, 전화 오면 나가 보겠습니다.

〈오미라 외(2005:48)〉

6) 담화 듣고 그림, 지도, 도표 등을 완성하기

일종의 이해 정보 전이 활동으로 담화의 내용을 그림, 지도, 도표에 표시하게 하는 것이다. 측정하고자 하는 어휘를 선택한 후, 일부분은 미리 채워 둠으로써 학습자가 듣고 수행해야 할 어휘가 무엇인지 안내를 해 준다.

예1. 〈초급〉 세 사람이 자기소개를 하고 있습니다. ＿＿＿＿에 알맞은 단어를 쓰십시오.

〈녹음〉
선생님: 안녕하세요? 자기소개를 하세요.
학생 1: 안녕하세요? 다나카입니다. 일본에서 왔습니다. 나이는 서른다섯 살입니다. 일본 대사관에 다닙니다. 한국어는 재미있지만 조금 어렵습니다. 저는 여행을 좋아합니다. 만나서 반갑습니다.
학생 2: 안녕하십니까? 저는 유진입니다. 몽골에서 태어났습니다. 나이는 스물여섯 살입니다. 한국에는 작년 8월에 처음 왔습니다. 몽골에서 의사입니다. 취미는 음악 감상입니다. 여러분과 같이 공부하게 되어서 반갑습니다.

학생 3 : 만나서 반갑습니다. 저는 제니퍼입니다. 미국 사람입니다. 나이는 스물세 살입니다. 2년 전에 처음 한국에 왔습니다. 그리고 올해 한국어를 배우려고 다시 왔습니다. 대학교에 다닙니다. 저는 등산을 좋아합니다. 한국에서도 주말에 등산을 합니다. 잘 부탁합니다.

이름	다나카	유진	제니퍼
나이	35살	③ _____	23살
나라	① _____	몽골	⑤ _____
직업	대사관 직원	④ _____	대학생
취미	② _____	음악 감상	⑥ _____

예2. 〈중급〉 다음 두 사람의 대화를 듣고 ( )에 맞게 쓰십시오.

〈녹음〉

가 : 여기 여행 안내 책이 있으니까 계획을 세워 볼까요?

나 : 좋아요. 여기 호텔 정보가 나와 있군요.

가 : 음, 고려호텔은 석식이 제공되고 화랑호텔은 조식이 제공되네요. 아, 그런데 신라호텔은 조식과 석식이 모두 제공되는군요. 어디가 좋아요?

나 : 글쎄요. 호텔들이 어디에 있어요? 기차역에서 가까워요?

가 : 모두 시내에 있고 기차역에서 가까워요. 고려호텔과 화랑호텔이 신라호텔보다 역에서 더 가까워요. 택시로 5분쯤 걸려요.

나 : 그래요. 그럼 숙박비는 어때요?

가 : 화랑호텔이 제일 싸요. 하루에 12만 원인데요.

나 : 1박에 12만 원……. 3박이면 36만 원이군요.

가 : 우리 어느 호텔에서 묵을까요?

나 : 글쎄요, 고려호텔이나 화랑호텔이 좋을 것 같아요. 신라호텔은 조식과 석식이 제공되지만 가격이 좀 비싼 것 같고, 고려호텔과 화랑호텔은 기차역에서 가깝고 싸서 좋군요.

가 : 그러네요. 그럼, 먼저 화랑호텔에 전화를 해 보고 방이 없으면 고려호텔로 예약해요.
나 : 좋아요. 그렇게 하죠.

조건 \ 호텔	신라호텔	고려호텔	화랑호텔
식사 제공	조식, 석식	(①)	조식
기차역과의 거리	10분(택시)	(②)	(③)
숙박비	16만 원	13만 원	(④)

〈이화여자대학교 언어교육원(2005가:19)〉

예 1은 들은 내용을 빈칸에 써 넣는 것인데 나라, 나이, 직업, 취미 관련 어휘를 평가하려는 것이다. 국적과 관련하여 '_____에서 왔다, _____사람이다'라는 표현을 통하여 나라명을 측정해 보고, 나이 항목을 통하여 고유어 숫자 읽기 방식의 이해 여부를 점검해 본다. 그리고 직업과 관련하여 '_____에 다니다, 〈직업 어휘〉이다'의 표현과 더불어 취미 관련 어휘를 측정해 보는 문항이다. 듣기를 통하여 간단한 주관식 쓰기로 측정할 수도 있고 객관식 선다형으로 제시할 수 있다.

예 2에서는 여행 계획 세우기라는 대화 상황으로 호텔 정보와 관련한 어휘(조식, 중식, 석식, 숙박비, 1박/2박 _____이/가 걸리다, 수)를 평가하는 것이다.

7) 정보 찾기

뉴스, 공연 안내, 기사, 광고, 캠페인, 개인적인 담화 등을 듣고 목적에 따라 정보를 찾는 유형이다.

예 1. 〈초급〉 택시 기사는 어디에서 손님을 내려 줘야 합니까? □에 ✔ 하십시오.

〈녹음〉
가 : 손님, 어디에서 내려 드릴까요?
나 : 저기 사거리 지나 육교 앞에서 세워 주세요.
가 : 네, 알겠습니다.

예2. 〈중급〉 다음은 무엇에 대한 광고입니까?

〈녹음〉
- 아, 이 부드러운 맛! 입 안에서 사르르.
  촉촉함과 달콤함의 환상적인 조화.
  한 번 먹어 본 사람은 다 알아요. 초코 쿠키.

〈오미라 외(2005:71)〉

8) 내용 요약하기

들은 내용을 이해하고 요약하는 능력을 측정하기 위한 문제 유형이다. 주로 중급-상, 고급에서 사용할 수 있다. 평가 시 어법, 응집성, 독창력이나 창작력이 평가 내용에 속하는데 글의 요약 내용을 통하여 학습자의 어휘 능력을 측정해 볼 수 있다.

예 1. 〈고급〉 다음 강연을 듣고 50자 내외로 요약해 보십시오.

〈녹음〉

　오늘은 여러분께 '차' 이야기를 하려고 합니다. 여러분은 차를 즐겨 마십니까? 최근 연구 결과를 보면 차가 오염된 물을 정화시키는 작용이 있다고 합니다. 물이 차를 차답게 하는 대신 차는 물을 살려 주는 것입니다. 다시 말하면 오염된 물을 맞이한 차는 그 물속의 유해 물질을 정화시켜 인체에 유익한 물로 만들어 주는 마술사 역할을 하는 것이지요. 차가 가지고 있는 효능 중 하나가 바로 물의 오염을 정화시키는 것이라는데요, 현대 과학이 이미 입증하고 있는 차의 성분이 그렇다고 합니다.
　우리 몸의 70% 이상이 물로 형성되어 있다는 얘기 들어 보셨지요? 물 없이 인간은 하루를 버티지 못합니다. 그런데 요즘 물의 오염이 심각합니다. 물조차 마음대로 마실 수 없는 시대에 살고 있습니다. 게다가 현대인의 식단을 보면 채식 위주에서 각종 지방질이 많은 음식으로 바뀌어 가고 있는데요, 그렇기 때문에 차는 더욱 필수 음료가 되었습니다.
　여러분! 동물성 지방질 속의 콜레스테롤, 동맥 경화나 고혈압 등 성인병 유발의 주요 원인 중 하나라는 것, 모르시는 분이 없으실 텐데요. 콜레스테롤 등의 독성을 푸는 것이 바로 차를 마시는 일이랍니다. 그러니까 차를 마시지 않는 것은 곧 동맥 경화나 고혈압에 우리의 생명을 내놓는 일이 되는 셈이죠.
　우리가 우리의 식단에서 동물성 지방질의 섭취를 완전 배제할 수는 없습니다. 현대를 살아가는 우리는 오염된 물과 기름진 음식 환경의 지배를 받고 있습니다. 그 폐해에서 벗어나는 지름길은 차를 생활화하는 것인데요, 차가 싫어도 차를 가까이하지 않을 수 없는 시대에 살고 있습니다. 차 생활은 이제 현대를 지혜롭게 살아가는 건강 음료인 것입니다.[14]

〈답지〉

_____
_____
_____
_____
_____

---

14) 차 칼럼니스트인 김대성의 〈오염된 물, 차가 살린다(2001년 10월 18일)〉라는 글을 참고하여 작성한 것이다.(http://www.buchunfarm.com)

6.6.2. 말하기와 어휘 평가

말하기에서의 어휘 평가는 어휘를 이용한 다양한 표현 능력의 측정이어야 한다. 이를 위해 다양한 말하기 유형을 통하여 학습자의 어휘 능력을 파악해 볼 수 있다. 말하기 평가 유형은 여러 가지가 있을 수 있겠으나 '낭독', '그림 단서를 제공한 질문에 답하기', '역할극', '주제 말하기'로 평가 유형을 분류하고 그에 따른 어휘 평가 방안을 제시하고자 한다.[15]

1) 낭독 평가

낭독이란 '크고 또렷한 목소리로 읽는 것'을 말한다. 낭독은 말하기 평가 유형 중 하나라고 할 수 있는데, 문자를 보고 정확한 발음을 할 수 있는지, 즉 자모의 발음, 음운 규칙 및 변동을 이해하고 있는가를 측정[16]하는 것이다. 이와 더불어 얼마나 유창하게 읽을 수 있는지도 평가한다. 아래 제시된 평가지에서 어휘와 관련된 평가는 발음과 의미 단위 끊어 읽기 부분이 해당된다. '발음'은 제시된 낭독 문제에서 목표로 하는 여러 음운 현상들을 중점적으로 평가한다. 또한 학습자 언어권별로 나타나는 발음 특성들을 기록하여 평가한 후 이를 바탕으로 언어권별 발음 지도법을 개발하는 자료로 사용한다. '끊어 읽기'는 단어와 조사 사이에 휴지를 두는지, 단어 내 음절을 끊어 읽는지, 문법 단위를 파악하여 읽는지 여부 등을 점검 대상으로 할 수 있다. 즉 의미 단위로 끊어 읽을 수 있는지를 평가하는 것이다.

학생에게 제시되는 낭독 문제지 작성에서 주의할 점은 첫째, 글자 크기와 모양이다. 수업 시간에 사용하는 친숙한 글씨체와 글자 크기여야 한다. 예를 들어, 평가에서 갑자기 '고딕체'의 글씨체로 문제를 제시하면 숙련도가 낮은 초급 학습자들은 힘들어한다. 둘째, 가능하면 학습한 어휘와 구조를 사용하여 글을 새롭게 구성한다. 평가 목적에 따라 교재에 제시된 것을 그대로 제시할 수도 있겠으나 가능하면 동일한 텍스트는 피한다. 셋째, 명사와 조사가 분리되어 다음 줄로 넘어가서 문장 구성을 피한다. 이와 더불어 의미 단위 끊어 읽기에 방해를 주는 구성은 피한다. 실제 평가를 진행할 때 문제지를 제시하고 1~2분 정도 준비 시간을 준 후 시작한다. 유창성 영역의 평가를 위하여 초시계를 준비하여 속도를 기록한다.

---

[15] 성취도 평가를 지향하는 초급 학습자 대상의 말하기 평가이나 중급·고급에서도 변용, 적용하여 사용할 수 있다.
[16] 1장 어휘 교육의 필요성 중 어휘 교육의 내용 요소

교사가 가진 낭독 문제지에는 이번 시험에서 목표로 하는 발음 규칙에 해당하는 단어나 구에 표시가 되어 있어 평가의 목표를 정확히 인식하며 평가할 수 있도록 한다. 각 영역의 배점은 학습자의 숙련도 단계에 따라 조정하여 정한다.

① 평가지

발음(15%)	억양(5%)	끊어 읽기(15%)	유창성(15%)	총점(50%)

항목	기준	배점			비고
발음	평가하고자 하는 대상 어휘들을 중심으로 평가한다.	15			· 반복 동일 오류 1회 간주 (오류 35개/__점) · 오류 1회당 0.2점 감점
억양	자연스러운 억양	5			
끊어 읽기	의미 단위로 끊어 읽을 수 있는지 평가한다.	15	상 중 하		상: 적절한 위치에서 자연스럽게 끊어 읽음 중: 약간 어색하나 이해에는 무리 없음 하: 극히 어색하고 부자연스러움
유창성	한국인의 평균 발화 속도에 준하는 정도 (기준 시간은 제시된 텍스트에 따라 결정)	15			* 15점 1분 30초 이내

② 문제지

* 다음 글을 읽으십시오.

저는 한국대학교 학생입니다. 평일 오전에는 한국어 수업이 있는데 아침 9시에 시작해서 12시에 끝납니다. 우리 대학교에는 외국 학생들이 많이 있습니다.
 한국어 수업 후에 보통 점심 식사를 하고 수강 과목을 들으러 강의실로 갑니다. 강의가 끝나면 태권도를 배우러 체육관으로 갑니다. 태권도를 배운 지 1년이 다 되었지만 아직 그렇게 잘 못합니다.
 주말에는 보통 집에서 쉬거나 친구와 같이 영화를 봅니다. 한국어를 배우니까 한국 영화를 보면 재미있습니다. 알고 있는 단어나 표현이 들리면 한국 영화 보는 것이 더 재미있어집니다.

2) 그림 단서를 제공한 질문에 답하기

말하기 평가에서 '정확성'에 중점을 둔 평가를 실시하고자 한다면 '그림 단서를 제공한 질문에 답하기' 유형이 하나의 예가 될 수 있다. 반면 '유창성'에 중점을 둔 평가는 '역할극' 형태로 평가할 수 있다. '그림 단서를 제공한 질문에 답하기' 유형은 학습한 문법 및 구조와 어휘를 상황에 맞게 정확하게 사용할 수 있는지를 평가해 보는 것이다. 평가 영역으로 문법 및 구조, 어휘, 발음, 유창성 부분을 둘 수 있다.

'문법 및 구조'에서는 정확하게 문법을 사용하고 있는가, 질문에 맞게 반응하는가를 평가하고 '어휘'에서는 기본적인 의사소통에 필요한 어휘를 사용하고 있는가를 평가한다. 각 문항에서 평가되는 어휘 목록을 작성해 놓고 평가하는 것이 좋다. 이때 학습한 어휘는 아니지만 적절한 상위 어휘나 표현을 사용하여 말하고 있는지도 평가한다. '발음'에서는 자연스런 억양과 더불어 규칙에 맞게 발음하는가를 평가한다. 유창성 부분에서는 교사 질문에 대한 응답 속도, 발화 속도가 평가된다.

문제지는 그림이나 사진이 정확하여 학생은 교사의 질문을 듣고 상황에 맞는 문법 및 구조, 어휘를 곧 떠올릴 수 있어야 한다. 시험 범위 내의 중요 문법 및 어휘 점검 목록을 설정한 후, 그에 맞는 그림이나 사진 자료를 찾아 질문들을 구성한다.

평가지에는 각 질문에 대한 모범 답안과 어휘 목록이 있어야 한다.

① 평가지[17]

문법 및 구조 (15%)	어휘 (15%)	발음 (10%)	유창성 (10%)	총점 (50%)

② 문제지

* 다음 그림을 보고 답하십시오.

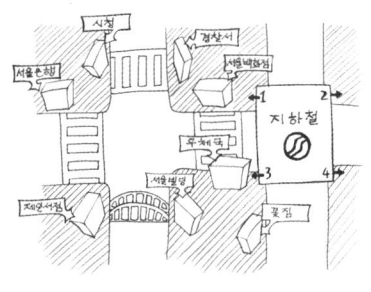

〈교사 질문〉
1. 지금 제일 서점 앞에 있습니다. 서울 백화점은 어떻게 갑니까?

---

[17] 낭독 평가의 평가지처럼 각 항목에 필요한 기준, 배점, 기타란을 두어 평가 내용을 기록한다.

3) 역할극

　역할극 형태로 제시되는 과제 중심의 말하기 평가는 말하기의 상호작용 측면과 학습자의 의사소통 능력을 평가하는 데 용이하다. 평가 영역은 '과제 완성도', '상호작용 및 의사소통 전략', '어휘', '문법 및 구조', '발음'으로 나누어 평가한다.

　'어휘'에서는 과제 완성을 위해 필수적으로 꼭 사용해야 해야 하는 어휘와 상황에 맞는 기능 표현을 제대로 구사하는가를 본다. '문법 및 구조'에서는 특정 문법 및 구조 항목을 반드시 사용해야 한다는 개념이 아니라 과제 완성을 위하여 어느 정도 정확하게 사용하는지를 평가한다. '발음'에서는 억양의 자연스러움과 이해 가능한 발음 구사 여부가 평가된다. '과제 완성도'와 '상호작용 및 의사소통 전략'에서는 과제 기능 수행 능력과 전체 내용이 어느 정도 풍부하게 구성되었는지, 과제 완성을 위하여 전략을 적절히 사용하는지, 상호작용이 활발한가를 평가한다.

　문제지는 과제 기능이 명시된 상황 그림과 학습자의 역할이 구체적으로 제시된다. 상황 그림에는 대화 상황에서 필요한 내용의 단서를 제공할 수 있는 그림/사진, 단어가 제시될 수 있다. 교사는 문제에 해당하는 모범 대화문을 숙지하고 평가한다.

① 평가지

과제 완성도 (15%)	상호작용/의사소통 전략(10%)	어휘 (10%)	문법 및 구조 (10%)	발음 (5%)	총점 (50%)

② 문제지

　◆ 과제 기능 : 방학 계획 말하기

* 내일부터 겨울방학이 시작됩니다. 방학 계획을 말하고 친구에게도 방학 계획을 물으십시오.

사람 1 : 방학 계획을 말하십시오. 누구를 만날 건지, 무엇을 할 건지 말하십시오. 친구에게 방학 계획을 물으십시오.
사람 2 : 방학 계획을 물으십시오. 고향에 누가 있는지, 무엇을 할 건지 물으십시오.

4) 주제 발표

주제 발표란 일종의 스피치 형태의 말하기 시험으로 어떤 주제가 제시되면 그 주제에 대하여 자신의 생각을 논리적으로 말하는 것이다. 예를 들어 '한국어 공부/대표적인 명절 소개/고향 소개/여가 활동' 등이라는 주제가 부여되면 학습자는 발표의 시작, 전개, 마무리의 구성으로 말하는 것이다. 주제 발표의 말하기 시험은 쓰기로 나타난 수동적 어휘를 능동적 어휘로 전환시키기 위한 학습 활동 및 평가의 일환이 될 수 있다. 제시된 주제에 필요한 어휘 목록에서 학습자가 얼마나 다양한 어휘를 사용하여 내용을 풍부하게 구성하는가를 평가할 수 있다.

① 평가지

발음 (10%)	어휘 (10%)	문법 및 구조 (10%)	내용 (10%)	유창성 (10%)	총점 (50%)

② 문제지

◆ 주제 : 한국어 공부
● 한국에 와서 한국어를 처음 배우기 시작했습니까? 한국어 공부가 어떻습니까? 한국어와 한국어 공부에 대하여 이야기해 보십시오.
  - 언제부터? / 어디에서? / 왜? / 가장 어려운 것은? / 한국어를 잘하려면?

6.6.3. 읽기와 어휘 평가

듣기에서와 마찬가지로 읽기 영역에서의 어휘 평가는 어휘의 의미나 쓰임을 이해할 수 있는지 측정하는 것이다. 어휘력을 독자적으로 보지 않고 통합적으로 볼 경우 오히려 어휘력과 가장 관련이 깊은 영역은 읽기 영역일 것이다.

읽기 평가에 활용되는 문항 유형 중 어휘력 측정의 비중이 높은 유형들을 중심으로 구체적 실례를 통해 살펴보겠다.

1) 단어나 문장의 내용에 맞는 그림 찾기

주로 초급 단계에서 기초 어휘력을 측정하기 위한 유형이다. 주어진 단어나 문장을 읽고 해당 그림을 찾는 것이다. 문제가 단어로 주어질 경우 어휘 자체에 대한 의미를 이해하는지 측정하는 것이 되고, 문장으로 제시할 경우 어휘력과 더불어 문장 이해력을 측정하는 것이 된다.

예 1. 〈초급〉 다음을 읽고 맞는 것을 고르십시오.

예 2. 〈초급〉 다음을 읽고 맞는 것을 고르십시오.

〈제9회 한국어능력시험 2급 읽기〉

2) 단어 설명 읽고 단어 찾기

문장 이해력을 바탕으로 어휘 능력을 측정해 볼 수 있는 유형이다. 어느 한 단어의 사전적 의미를 풀어 설명한다거나 반의어, 유의어 등을 이용하여 설명하는 방법, 어느 상황이나 특징 등을 기술하여 해당 단어를 연상하게 하는 방식으로 제시하여 평가한다. 학습자 수준에 맞는 설명이 되어야 하며 문맥에서 단서를 찾을 수 있도록 문맥 제시에 주의를 한다. 초급에서도 사용할 수 있지만 주로 중급 단계부터 사용하기 용이하다.

예 1. 〈중급〉 다음을 읽고 맞는 단어를 고르십시오.

- 우리가 학교에 가지 않으면 결석이라고 하지만 회의나 모임에 빠지면 불참이라고 한다. 그렇다면 회의나 모임, 즉 자리가 마련된 곳에 가는 것을 무엇이라고 할까?
  ① 참석   ② 좌석   ③ 조퇴   ④ 회식

예 2. 〈중급〉 다음을 읽고 맞는 단어를 고르십시오.

- 사람의 감정을 나타내는 말로 마음이 서운하고 불만스러운 것을 말한다. 예를 들어 친한 친구한테 부탁을 하면 반드시 들어줄 거라는 기대를 가지고 무엇인가 부탁을 했다. 그러나 그 친구는 거절했다. 이때 느끼는 감정을 말한다.
  ① 심심하다   ② 섭섭하다   ③ 우울하다   ④ 불안하다

예 3. 〈고급〉 관련 있는 것을 찾아 줄 긋기를 하십시오.

1) 꿩 대신 닭   • ㉠ 한꺼번에 두 가지 이득을 얻을 때
2) 꿩 먹고 알 먹고   • ㉡ 기다리던 소식이나 연락이 없을 때
3) 꿩 구워 먹은 소식   • ㉢ 꼭 필요한 것이 없어 그와 유사한 다른 것으로 대신할 때

3) 문장 내 단어의 의미 찾기

문장에서 밑줄 친 단어와 뜻이 가장 비슷한 단어나 구를 고르는 유형이다. 초급, 중급, 고급에서 다 사용할 수 있으며 다양한 어휘와 관용표현의 의미를 측정해 볼 수 있다. 이러한 유형은 밑줄 친 단어만을 보고 답을 찾을 수 있기 때문에 문맥을 활용하여 답을 유도할 수 있는 문항으로 제시하는 게 바람직하다. 중급부터 한자어에 관한 의미 이해 여부가 많아지는데 예 2에서처럼 고유어에 해당하는 유사 의미로 한자어를 고르게 한다.

예 1. 〈중급〉 밑줄 친 부분의 의미와 비슷한 것을 고르십시오.

- 인구 감소로 인해 여러 가지 사회 문제가 발생할 것이라는 예측이 계속해서 나오고 있다.
  ① 결론   ② 비판   ③ 이론   ④ 전망
  〈제16회 한국어능력시험 중급 읽기〉

예2. 〈고급〉 밑줄 친 부분의 의미와 비슷한 것을 고르십시오.

- 회사 사정이 좀처럼 나아지지 않아서 김 사장은 직원들 월급 줄 일로 마음이 무거웠다.
  ① 허용되지   ② 호전되지   ③ 보완되지   ④ 개방되지
  〈제16회 한국어능력시험 고급 어휘·문법〉

4) 문맥에서 어구의 의미 파악하기

어휘의 이차적인 의미 파악, 어휘의 문맥 내에서의 쓰임을 알고 있는가를 측정하기 위한 평가 유형이다. 문맥 내에 답의 근거가 되는 말이 있어야 하며 읽을 내용을 바탕으로 답을 찾을 수 있도록 하는 것이다. 즉, 초급 및 중급에서는 주로 어휘의 일차적 의미 파악 능력을 중점적으로 평가한다면 고급에서는 이렇게 어휘의 이차적 의미 파악 능력 평가가 이루어져야 한다. 아래 제시한 예에서 보듯이 '갑옷'은 적과 싸울 때 창검이나 화살을 막기 위하여 입던 옷이라는 의미인데 이것이 문맥 내에서 '보호하다'라는 의미로 쓰이고 있음을 이해하였는지 평가해 보는 문제 유형이다.

예 1. 〈고급〉 이 글에서 ㉠의 의미로 알맞은 것은?

- 오존층은 지구의 '㉠갑옷'의 역할을 한다. 태양과 우주에서 날아오는 해로운 자외선을 차단해 주는 것이다. 자외선이 곧바로 지면에 도달하는 경우 시력을 버리게 되고, 피부암이 생기며, 농작물은 말라 죽게 된다.
  ① 기초   ② 생명   ③ 근원   ④ 보호

〈제8회 한국어능력시험 5급 읽기〉

5) 접속어 고르기

접속 부사를 묻는 문제는 읽기 기능과 가장 밀접하게 연관되어 있다. 이러한 유형은 학습자가 접속 부사를 사용하여 글의 내용을 논리적으로 연결할 수 있는지를 측정하는 것이다. 초급, 중급, 고급 단계에서 모두 사용할 수 있다.

예 1. 〈초급〉 다음 글을 읽고 ㉠에 알맞은 것을 고르십시오.

가: 택시를 타고 갈까요?
나: 글쎄요. 토요일 오후라서 길이 막힙니다. (㉠) 지하철을 탑시다.
① 그리고   ② 그렇지만   ③ 그러니까   ④ 그러면

예 2. 〈고급〉 다음 ㉠, ㉡, ㉢에 알맞은 것을 고르십시오.

나에게 몇 년을 애지중지하며 모아 왔던 영화 잡지가 있었다. (㉠) 이사를 하게 되면서, 문득 보지도 않는 잡지들을 끌어안고 있는 것이 집착이라는 생각이 들었다. (㉡) 한순간 그렇게 귀하고 소중히 여기며 모았던 그 많은 잡지들을 내다 버렸다. 잡지나 책은 한낱 물건에 불과하다. 내 머리와 가슴 속

에 남아 있다면 그것들을 꼭 쥐고 있어야 할 필요는 없다. (㉢) 그걸 알면서도 버린다는 것이 말처럼 쉽지만은 않다. 물건도 그런데 하물며 사람에 대한 집착은 더 말할 나위도 없다. 그렇지만 힘겹더라도 그것을 버리고 나면 다시 사랑할 수 있는 자리가 생기는 법이고, 그러면서 사람에 대한 이해의 폭이 점점 더 넓어지기도 한다.

<제9회 한국어능력시험 6급 어휘·문법 참조>

　　　㉠　　　㉡　　　㉢
① 그러나 - 그리고 - 그래서
② 그런데 - 그래서 - 그러나
③ 그리고 - 그래서 - 그러나
④ 그렇지만 - 그리고 - 그러면

6) 문장 내 적절한 어휘 고르기

문장의 일부분을 빈칸으로 제시하고 문맥에 맞는 단어나 표현, 혹은 문장을 고르게 하는 문제이다. 예시에서 보는 것처럼 어휘력 측정은 읽기 기능과 긴밀히 연결되어 있다. 1번 문항은 문맥 의존성이 약하나 2번과 3번 문항은 문맥 이해를 통해서 어휘를 찾을 수 있다.

예1. <고급> 다음을 읽고 맞게 답하십시오.

"너도 앞으로 학교에서 친구들하고 사귀다 보면 필요할 때가 있을 테니 이제부터 용돈을 주겠다." 초등학교 3학년 때쯤 어머니로부터 이런 말씀과 함께 용돈을 처음 받았을 때 나는 갑자기 키가 한 (❶)이나 큰 것 같았다. 나는 그 돈의 (❷)를 잘 알고 있었다. 그 돈은 (❸) 몇 마리 안 되는 닭에서 얻은 계란을 모아 두었다가 파신 것임에 틀림없었다. 그렇기 때문에 나는 그 돈을 함부로 쓸 수가 없었다.

1. ❶에 알맞은 말을 고르십시오.
　① 뼘　　② 단　　③ 아름　　④ 움큼
2. ❷에 알맞은 말을 고르십시오.
　① 용도　　② 출처　　③ 배후　　④ 근거
3. ❸에 알맞은 말을 고르십시오.
　① 동문서답　　② 고진감래　　③ 십중팔구　　④ 군계일학

<제8회 한국어능력시험 5급 어휘·문법>

7) 본문 안에서 단어 골라 빈칸 채우기

앞서 '문장에서 적절한 어휘 고르기' 유형과는 달리 간단한 글 안에서 동일 내용이나 의미를 지닌 단어를 고르는 것이다. 이러한 유형은 학습자가 읽은 내용 안에서 해당 단어를 골라 빈칸을 채우는 것인데 읽기 기능과 연계한 어휘 측정의 전형적인 유형이라 할 수 있다.

예 1. 〈초급〉 밑줄 친 '㉠약속 장소'와 '㉡약속 시간'을 글 안에서 찾아 쓰십시오.

> 오늘은 진수를 만났습니다. 진수가 다음 주에 미국으로 유학을 가기 때문입니다. 우리는 저녁 여섯 시에 대학교 근처에 있는 음식점에서 만나기로 했습니다. 나는 회사 일을 일찍 끝내고 ㉠약속 장소에 갔습니다. 다섯 시 오십 분이었습니다.
> 진수는 ㉡약속 시간보다 20분쯤 늦게 왔습니다. 퇴근 시간이어서 교통이 복잡했기 때문입니다. 우리는 저녁을 먹으면서 이야기를 많이 했습니다. 아주 즐거웠습니다.
>
> 1) ㉠약속 장소: _____
> 2) ㉡약속 시간: _____

〈김정숙 외(2008:187)〉

예 2. 〈고급〉 (　　) 에 들어갈 말을 본문에서 찾아 한 단어로 쓰십시오.

> 폭포수와 분수는 여러 가지 측면에서 차이점을 보인다. 우선 폭포수는 자연이 만든 물줄기이며 분수는 인공적인 힘으로 만든 물줄기이다. 그래서 폭포수는 심산유곡에 들어가 볼 수 있고, 반대로 분수는 도시의 가장 번화한 곳에 가야 구경할 수 있다. 하나는 숨어 있고, 하나는 겉으로 드러나 있다. 폭포수는 자연의 물이요, 분수는 (　　)의 물, 문명의 물이다.

〈제9회 한국어능력시험 5급 읽기〉

6.6.4. 쓰기와 어휘 평가

1) 받아쓰기

단어를 완전히 안다는 것은 그 단어의 철자까지도 쓸 수 있는 것을 의미한다. 철자 확인을 목적으로 행해지는 대표적인 평가 유형이 교사가 불러 주는 단어를 학습자가 받아쓰는 것이다. 어떤 단어를 받아쓸 수 있다는 것은 그 단어의 철자뿐만 아니라 의미를 알고 있을 때 가능하고, 따라서 받아쓰기는 맞춤법은 물론 학생의 일반적인 어휘 지식까지도 비교적 정확하게 측정할 수 있다. 숙달도 평가보다는 관찰 평가에 더 적합한 유형이다.

받아쓰기를 할 때 단순히 교사가 단어를 부르면 학습자가 쓰는 방식을 떠올릴 수 있겠으나 그림이나 사진 자료를 이용하여 맥락을 제시하면 학습자의 어휘 지식을 훨씬 더 정확하게 평가할 수 있다. 가령 예 1처럼 교사가 먼저 큰 그림이나 사진을 보여 주고 그 그림이나 사진과 관련이 있는 단어들을 받아쓰게 한다.

예 1. 〈초급〉 다음 그림과 관계있는 단어를 잘 듣고 쓰세요.

교사: 여러분, 여기는 어디일까요? 사무실입니다. 사람들이 몇 명 있지요? 하나, 둘, 셋, 넷, 다섯, 여섯. 여섯 명 있습니다. 이 사람들은 지금 무엇을 하고 있습니까? 지금부터 제가 이 그림하고 관계있는 단어를 불러 줄 겁니다. 받아 적어 보세요.

1번: 신문을 읽다, 2번: 커피를 마시다, 3번: 전화, …….

이렇게 전체적인 맥락을 제시하고 받아쓰기를 하는 것이 초급 학습자에게 흥미를 부여하고, 동사일 경우 동사의 논항까지 더불어 평가할 수 있어 좀 더 정확하게 어휘 지식을 평가할 수 있는 장점이 있다.

2) 그림 보고 쓰기

주어진 그림 자료를 보고 쓰게 하는 활동으로 주로 초급 단계에서 사용하기 용이하며 맞춤법, 어휘력, 문법적 정확성 등을 평가할 수 있다. 그리고 여러 장면의 그림들을 제시하고 이야기를 구성하도록 하여 문장과 담화 구성력 등 좀 더 높은 수준의 평가를 할 수 있다. 예 1처럼 그림을 보고 그에 해당하는 단어만을 쓰게 한다거나 예 2처럼 그림 단서를 이용한 유도된 글쓰기를 시킬 수 있다. 그림에 해당하는 어휘를 쓰게 한 후 그것을 바탕으로 문장을 구성하게 해 봄으로써 어휘력과 담화 구성력을 측정할 수 있다.

예 1. 〈초급〉 다음 그림을 보고 (   )에 맞게 쓰십시오.

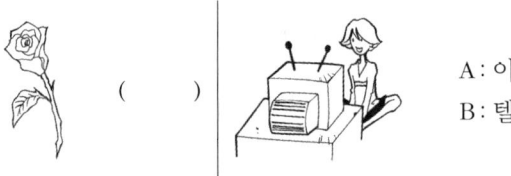

A : 이 사람은 지금 뭐 해요?
B : 텔레비전을 (   ).

예 2. 〈초급〉 다음 그림 아래 해당 어휘를 쓰고 이야기를 만들어 보세요.

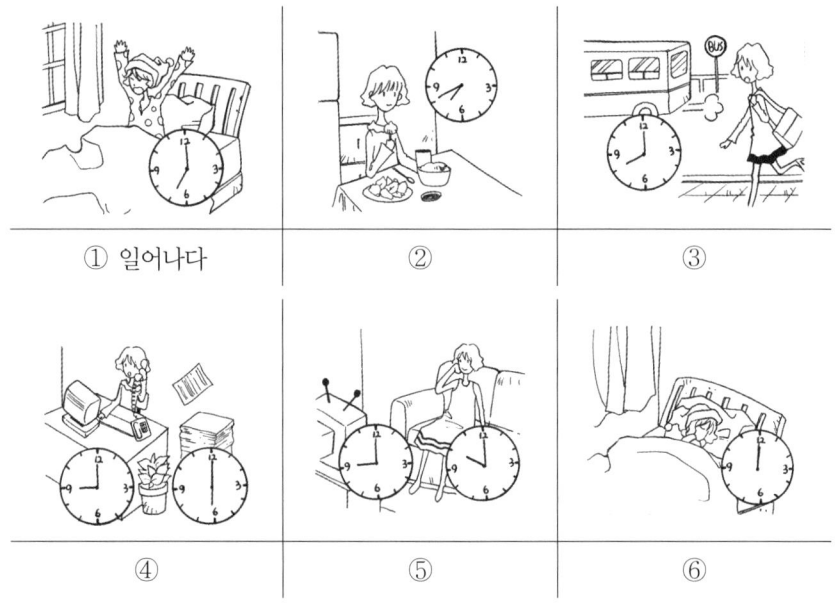

① 일어나다   ②   ③
④   ⑤   ⑥

보통 아침 7시에 일어납니다. _____
_____
_____
_____

3) 빈칸 채우기

주어진 문장이나 담화의 빈칸을 채우는 활동으로 어휘력과 문법적 정확성을 평가할 수 있다. 이러한 평가는 초급에서는 구두로 익힌 낱말을 외워 쓸 수 있는지, 쉽고 간단한 낱말이나 어구를 읽고 의미를 이해할 수 있는지를 측정하는 것이다. 그리고 중급 및 고급에서는 주로 문맥에 의존하여 글의 중간 부분이나 마지막 부분을 완성하게 한다.

예 1. 〈초급〉 다음 (　　)에 알맞은 단어를 쓰십시오.

> 마이클 씨께
>
> 이번 주 토요일에 ㉠(　　　)이/가 있어요?
> 같이 ㉡(　　　)을/를 보고 싶어요.
> 유진 씨와 수미 씨도 같이 갈 거예요.
> 우리는 스타 극장 앞 ㉢(　　　)2시에 만나기로 했어요.
>
> 그럼, 답신 주세요.
>
> 2010. 5. 20.
> 김수진 드림

예 2. 〈중급〉 다음 글을 읽고 (　　)에 맞게 쓰십시오.

> 똑같은 선물도 어떻게 포장하느냐에 따라 내용물이 달라 보이는 것처럼, 사람도 옷을 어떻게 입느냐에 따라 그 사람의 (　　　　　　　　). 즉 옷을 잘 입은 사람에게서는 좋은 인상을 받지만 그렇지 않은 사람에게서는 별로 좋은 인상을 받지 못한다는 것이다.
>
> 〈제16회 한국어능력시험 중급 쓰기〉

예 3. 〈고급〉 다음 글을 읽고 (　　) 안에 알맞은 말을 쓰십시오.

> 전통적인 한옥을 개량하여 발전시킨 미래형 한옥들이 속속 등장하고 있다. 한옥은 습도가 조절되고 통풍이 잘된다는 장점을 가지고 있지만, 주요 자재가 나무로 되어 있어 뒤틀림이 심하고 화재에 약하다는 것이 큰 약점으로 지적되어 왔다. 그러나 최근에는 나무가 아닌 철강으로 한옥을 짓는 기법이 새로 개발되어 이러한 한옥의 약점을 보완해 주고 있다. 이 기법은 한옥의 장점을 살리고 단점을 보완했다는 점에서 전통문화를 (　　　　　　　　).
>
> 〈제16회 한국어능력시험 고급 쓰기〉

예 1은 제안하기의 상황에서 '시간이 있다/없다, 약속이 있다/없다'의 표현과 '스타 극장'이라는 문맥 정보를 통하여 '영화'라는 어휘를 측정해 보고자 하는 것이다. 또한 조사의 사용도 측정해 보고자 하는 문제이다.

예 2는 문맥을 충분히 이해하면 제시된 문맥 속에서 답을 찾아 쓸 수 있다. '~에 따라 ~이 달라 보이다'라는 구조가 동일하게 반복되며, '즉'이라는 부사어가 단서가 되어 앞 내용을 다시 설명함으로써 학습자는 '인상이 달라 보인다'라는 답을 찾아 쓸 수 있게 된다. 이때 '포장, 내용물, 인상, 달라 보이다'라는 어휘를 알아야 답을 구할 수 있다.

예 3은 한옥이라는 주제로 '전통문화의 계승과 발전'이라는 어휘를 측정해 보고자 하였다.

4) 상황에 맞게 문장 구성하기

주어진 상황을 이해하고 그에 맞는 문장을 구성하는 문제 유형으로 여러 응답이 나올 수 있는 문항 유형이다. 학습자에 따라 다양하게 나타날 수 있는 답안에 대한 평가 기준 설정이 중요하다. 예 1에서처럼 친구가 부탁한 내용에 대한 답을 썼는가를 중심으로 그에 적합한 어휘의 사용을 측정해 볼 수 있다.

예 1. 〈중급〉 친구가 보낸 전자 우편을 읽고 답장을 쓰십시오.

보낸 날짜	2010년 6월 4일
보낸 사람	smkim@sel.com
받는 사람	mhlee@uni.com

민호야, 나 수미야.
너한테 부탁이 있어서.
내일 수업에 못 갈 것 같아. 회사일 때문에 갑자기 출장을 가게 됐어.
선생님께 말씀 좀 드려 줄래? 그리고 내가 결석하는 동안 배운 내용이나 숙제가 있으면 메일로 좀 알려 줘. 그럼, 부탁해.
수미가

〈답신〉
_____
_____
_____
_____

5) 이야기 구성하기

제시된 제목과 표현 등을 이용하여 이야기를 구성하는 문제 유형으로 초급부터 고급까지 사용 가능하다. 제시된 어휘의 의미를 파악하여 문장을 정확히 구사하고 있는지를 측정해 볼 수 있다.

예 1. 〈중급-상, 고급〉 다음 안내문은 춘향전 공연에 관한 것입니다. 이 안내문을 읽고 신문 기사문의 형식으로 바꾸어 써 보십시오.

춘향전

날짜: 10월 20일 토요일, 21일 일요일
시간: 오후 4:00~5:30
장소: 한국 극장
   (※ 지하철 2호선 시청역 3번 출구)
요금: 어른   30,000원
     청소년 15,000원
문의: 02-635-5823
주의 사항: 공연 시간 30분 전까지 입장해 주시기 바랍니다.

예2. 〈고급〉 제시된 표현을 순서대로 모두 사용해서 〈   〉의 주제에 대한 문장을 만드십시오. (한 문장, 40~60자)

〈문명의 발생〉
떠돌아다니다 / 인류 / 농사를 짓다 / 정착하다
〈제16회 한국어능력시험 고급 어휘·문법〉

6) 문단 완성하기

전체 글에서 어느 한 문단을 비워 놓고 내용에 알맞게 글을 완성하는 유형이다. 이러한 문제 구성에서 중요한 것은 학습자가 글의 맥락을 이해할 수 있도록 글을 구성하여 제시하는 것이다. 아울러 답을 유도하기 위한 담화 표지들이 적절히 제시되어야 한다.

예 1. 〈고급〉 다음 글에 이어지는 내용을 200자 내외로 쓰십시오.

사회, 한 문화의 인사법은 그 사회 속에 사는 사람들의 인간관, 대인과의 관계에 대한 생각을 반영한다. 이런 각도에서 동양의 인사법은 절이라는 형식으로 대표되고, 서양은 악수라는 형식으로 특징지어질 수 있으며 그것들은 동서인의 서로 다른 의식 구조를 반영한다고 하겠다. 그러면 절과 악수는 각기 무엇을 말해 주는 것일까?

　　머리를 숙이고 허리를 굽힌다는 것은 겸허한 태도를 보이는 것이다. 내가 상대에게 겸허한 입장을 취함으로써 남과의 갈등을 해소하고 조화로운 사회적 질서를 찾고자 하는 것이다. 그러나 그것은 다른 측면에서 볼 때 일방적인 종속적 관계를 상징하며 자칫 비굴해질 수 있다는 것이다. 이러한 관계는 복잡하고 철저한 사회적 계층 관계로 굳어지고 사람들 간의 빈틈없는 서열 관계에 치중하게 된다. 이런 관계에서 각 개인의 독자적 개성, 주장은 무시되고 딱딱하고 뒤얽힌 사회주의로 나타날 수도 있다. 그렇다면 악수는 어떨까?

_____
_____
_____
_____
_____

7) 요약하기

주어진 글을 읽고 요약하는 문제 유형으로 글의 핵심 내용을 이해하고 재구성하는 것이다. 그렇기 때문에 주어진 글을 단순히 베껴 쓰는 것이 아니라 글의 핵심 내용을 창의적으로 써야 한다. 즉 단순한 쓰기 이상의 능력이 요구되며 통합적인 능력을 측정해 보는 유형이다.

　　예 1. 〈고급〉 다음 글을 읽고 30자 내외로 요약하십시오.

　　　　비닐봉지를 땅에 묻는다면 비닐봉지의 분해되지 않는 성질 때문에 몇 백 년 동안 그대로 땅속에 남아 있을 것이다. 그러면 많은 양은 아니겠지만 땅속 영양 등을 차단해서 생물의 성장을 방해할 것이다. 또한 비닐봉지 색소 속의 카드뮴은 쓰레기 소각장 주변 주민들을 각종 질병에 시달리게 하고, 그 주변 나무들의 잎을 누렇게 변하게 하는 주범이기도 하다. 미국에서는 많은 수의 바다 동물들이 바람에 날려 온 비닐봉지를 삼키거나 그것에 걸려 죽는데, 그

수가 해마다 늘어 간다고 한다. 이처럼 비닐봉지는 우리 환경을 파괴하는 주범일 뿐만 아니라 자원 낭비의 주범이기도 하다. 아껴 써야 할 석유로 만든 비닐봉지를 우리가 마구 쓴다는 것은 자원 낭비가 아닐 수 없다. 또한 비닐봉지는 재활용이 되지 않기 때문에 몇 번 쓰면 버릴 수밖에 없다.

8) 자유 작문

주어진 주제로 자유롭게 글을 쓰는 유형이다. 글의 종류에 따라 실용문 쓰기, 논설문 쓰기, 설명문 쓰기, 감상문 쓰기 등 여러 가지 유형의 글쓰기를 할 수 있다. 제목과 제한 사항 등을 제시할 수도 있고 제한 사항을 두지 않을 수도 있으나 분량 조절을 위하여 일정한 제한을 두기도 한다.

예 1. 〈초급〉 자기소개의 글을 쓰십시오. (50자 이내)

예 2. 〈중급〉 다음을 읽고 400~600자로 글을 쓰십시오.

※ '내가 생각하는 행복'이라는 제목으로 글을 쓰십시오. 단, 아래에 제시된 내용이 모두 포함되어야 합니다.

· 언제 행복하다고 느끼는가?
· 행복은 무엇이라고 생각하는가?
· 행복을 위해서 어떤 노력을 하는가?

<u>내가 생각하는 행복</u>

〈제16회 한국어능력시험 중급 쓰기〉

예 3. 〈고급〉 다음을 읽고 700~800자로 글을 쓰십시오.

※ 다음 글을 읽고 '세계화 시대에 필요한 인재상'에 대한 자신의 견해를 서술하십시오. 단, 아래에 제시한 요건 중에서 <u>두 가지를 선택하여 쓰되</u> <u>그것이 필요하다고 생각하는 이유를</u> 포함해야 합니다.

〈세계화 시대에 필요한 인재가 갖추어야 할 요건〉
· 타 문화에 대한 열린 자세 · 타인에 대한 배려심
· 세계에 대한 폭넓은 지식 · 정보 수집 및 활용 능력

세계화 시대에 필요한 인재가 갖추어야 할 요건

_____

_____

〈제16회 한국어능력시험 고급 쓰기〉

자유 작문은 원고지에 쓰게 하여 띄어쓰기도 측정해 본다. 채점 기준표를 작성함에 있어 맞춤법, 어휘와 문법, 담화 구성으로 나누어 측정한다. 예를 들어 다음과 같다.

항목	내용	평가				점수 (20점)
맞춤법	맞춤법의 정확성 ※동일 오류 1회 감점 처리	1	2	3	4	
어휘	어휘의 풍부함과 적절성	1	2	3	4	
문법	문법 및 구조의 올바른 사용	1	2	3	4	
담화 구성	문장, 담화 상황에서 내용의 긴밀한 연관성과 일관성을 유지하는 능력	1	2	3	4	
기타	※ 글자 수를 못 채운 경우 감점 ※ 예시로 주어진 내용이 모두 들어갔는지 측정: 빠진 부분 1점씩 감점	4				

어휘 평가의 결과는 학습자들의 어휘 습득 여부를 점검하고 독려하는 자료로 사용되어야 한다. 평가 결과, 어휘 학습이 부족한 것으로 판단되는 학습자는 별도의 개인 지도 시간을 마련하여 매 단원 주요 어휘 학습을 점검하고 어휘 학습 전략 등을 지도하여 어휘 학습에 중점을 두도록 한다. 또한 어휘 평가의 결과는 교수 과정의 효율성 여부를 판단하는 준거로 활용될 수 있다. 학습자에 대한 평가 결과에 비추어 교사 자신의 어휘 교수 방법을 비판적으로 성찰해야 한다. 즉, 5장 어휘 지도에서 소개한 여러 가지 방법 중 특정한 방법에 의존하여 어휘 지도를 하고 평가한 결과 학습자 대부분이 어휘 학습이 부족한 것으로 나타났다면 교사는 자신의 어휘 교수 방법을 반성하고 새로운 지도 방법을 모색해야 할 것이다. 이와는 반대로 어휘 교수 후 평가 결과가 긍정적으로 나타났다면 교사는 자신의 어휘 지도 방법에 확신을 가지고 동료 교사에게 자신의 지도 방법을 알려줌으로써 지속적인 어휘 학습·교수 방안의 연구가 이루어지도록 한다.

참고문헌

강범모(2006), 『언어: 풀어 쓴 언어학 개론』(2판), 한국문화사.
강승혜·강명순·이영식·이원경·장은아(2006), 『한국어 평가론』, 태학사.
강현화(2001가), 「빈도를 나타내는 시간부사의 어휘 교육 방안 연구」, 『한국어교육』 제12권 1호, 국제한국어교육학회.
강현화(2001나), 「다의어의 어휘 제시 방안 연구」, 『국제한국어교육학회 제11차 국제학술회의 발표요지집』, 국제한국어교육학회.
강현화(2001다), 「한국어 교육용 기초 한자어에 대한 기초 연구-한국어 교재에 나타난 어휘를 바탕으로-」, 『한국어 교육』 12-2, 국제한국어교육학회.
강현화(2008), 「한국어 교육을 위한 언어의 유형에 대한 고찰: 기초 어휘의 연어 관계를 바탕으로-」, 『Korean Journal of Applied Linguistics』 24(3).
고려대학교 민족문화연구원 편(2009), 『고려대 한국어대사전』, 고려대학교 민족문화연구원.
곽지영(1997), 「외국인을 위한 한국어 어휘 교육-무엇을 어떻게 가르칠 것인가?-」, 『외국어로서의 한국어 교육』 22, 연세대학교 한국어학당.
국립국어연구원(1999), 『표준 국어 대사전』, 두산동아.
국립국어연구원(2002), 『현대 국어 사용 빈도 조사』, 국립국어연구원.
국립국어연구원(2003), 『한국어 학습용 어휘 선정 결과 보고서』, 국립국어연구원.
국립국어원(2005), 『현대 국어 사용 빈도 조사 2』, 국립국어원.
국립국어원(2007가), 『사전에 없는 말 신조어』, 태학사.
국립국어원(2007나), 『여성 결혼 이민자를 위한 한국어 중급』, 도서출판 역락.
국립국어원(2008), 『2008 표준국어대사전 개정』, 연구결과보고서.
권순희(1996), 「언어 문화적 특성을 고려한 한국어 교육의 교재 편성 방안」, 『국어교육』 Vol. 3, 서울대학교 국어교육연구소.
김경령(2009), 「Lectio지수를 활용한 외국인 유학생의 한국어 읽기 능력 연구」, 『이중언어학』 제41호.
김광해(1993가), 『국어 어휘론 개설』, 집문당.
김광해(1993나), 『유의어·반의어 사전』(개정판), 한샘.
김광해(1995가), 『어휘 연구의 실제와 응용』, 집문당.
김광해(1995나), 「언어 지식 영역의 교수 학습 방법」, 『국어교육연구』 2, 서울대학교 국어교육연구소.
김광해(1997), 『국어지식교육론』, 서울대학교출판부.
김광해(2002), 「한국에서의 한국어 평가: 한국어 능력 시험」, 『국어교육연구』 10. 서울대학교 국어

　　　　　　　교육연구소.
김광해(2003), 『등급별 국어교육용 어휘』, 박이정.
김선정 외(2007), 『살아있는 한국어: 한자 성어』, 랭기지플러스.
김세중(1998), 「외래어의 개념과 변천사」, 『새국어생활』 8권 2호, 국립국어연구원.
김영규 외(2009), 「상세화를 통한 한국어 텍스트의 이독성 향상 방안 연구」, 『이중언어학』 제41호,
　　　　　　　이중언어학회.
김영숙 외(2004), 『영어과 교육론 2 교과지도법』, 한국문화사.
김영숙(2002), 『초등영어 어휘 교육』, 한국문화사.
김영주(2008), 「국어교육: 전래동화 스토리텔링을 활용한 한국어 교육 방안 - 다문화 및 재외동포
　　　　　　　가정 아동을 대상으로」, 『새국어교육』 80.
김용석(1991), 「어휘 지도에 대하여」, 『모어교육』 제9호, 모어교육학회.
김정남(2005), 「한국어 교육에서 한자 교육의 위상과 방향」, 『어문연구』 33-3, 한국어문교육연구
　　　　　　　회.
김정남(2008), 「한국어 담화 교육을 위한 논의 - 한국어 경어법 관련 표현을 중심으로-」, 『한국어
　　　　　　　교육』 19-2, 국제한국어교육학회.
김정숙 외(2008), 『초급 한국어 읽기』, 한림출판사.
김정희(2009), 「노래와 카드를 통한 학습지도(기초반)」, 『제27차 한국학 교육학술대회 자료집』, 재
　　　　　　　미한국학교협의회(NAKS).
김지형(1999), 「어휘장(낱말밭) 연구의 새로운 모색」, 『한국어의미학』 4, 한국어의미학회.
김지형(2003가), 「외국인 학습자를 위한 교육용 기초 한자의 선정」, 『어문연구』 31-2, 한국어문교
　　　　　　　육연구회.
김지형(2003나), 「한국어 교육에서의 한자 교수법: 비한자권 외국인 학습자를 중심으로」, 『국제어
　　　　　　　문』 27, 국제어문학회.
김하수 외(2007), 『한국어 교육을 위한 한국어 연어 사전』, 커뮤니케이션북스.
김해옥(2005), 『문학교육과 어휘 교육』, 국학자료원.
나은미(2008), 「유추를 통한 한국어 어휘 교육」, 『한국어학』 40, 한국어학회.
나정선·고연화(2001), 『현대 생활과 레크리에이션』, 대경북스.
노명희(2006), 「국어 한자어와 고유어의 동의중복 현상」, 『국어학』 48, 국어학회.
노석구 외(2006), 『놀이를 활용한 신나는 교실 수업』, 학지사.
모졸 타지아나(2010), 「러시아인을 대상으로 한 한국어 듣기 교수·학습 방법 연구」, 서울대학교
　　　　　　　박사학위논문.
문금현(1998), 「외국어로서의 한국어 관용표현의 교육」, 『이중언어학』 15, 이중언어학회.
문금현(1999), 『국어의 관용표현 연구』, 태학사.
문금현(2000), 「구어 텍스트를 활용한 한국어 어휘 교육」, 『한국어교육』 제11권 2호, 국제한국어
　　　　　　　교육학회.
문금현(2003), 「한국어 어휘 교육을 위한 한자어 학습 방안」, 『이중언어학』 23, 이중언어학회.

문금현(2004), 「한국어 유의어의 의미 변별과 교육 방안」, 『한국어교육』 15-3, 국제한국어교육학회.
문금현(2005), 「한국어 의미 교육의 현황과 전망」, 『한국어의미학』 16, 한국의미학회.
문금현(2006), 「한국어 어휘 교육을 위한 다의어 학습 방안」, 『이중언어학』 30, 이중언어학회.
문정윤(2004), 「소집단 협력 게임 활동을 통한 어휘 지도 방법 연구」, 강릉대 교육대학원, 석사학위논문.
문화관광부(2007), 『21세기 세종계획 전자사전』, 문화관광부 국립국어원.
박경자(1994), 『영어습득론』, 영풍문고.
박경자·강복남·장복명(2003), 『언어교수학』, 박영사.
박동호(1998), 「대상 부류에 의한 한국어 어휘 기술과 한국어 교육」, 『한국어교육』 제9권 2호, 국제한국어 교육학회.
박동호(2001), 「한국어 어휘 기술 방법론과 어휘 교육」, 『한국어교육』 12-2, 국제한국어 교육학회.
박보연(2005), 「현대국어 음절축소형에 대한 연구」, 『국어연구』 185, 서울대학교 석사학위논문.
박영순 외(2008), 『한국어와 한국어교육』, 한국문화사.
박영순(1998), 『한국어 문법 교육론』, 박이정
박영순(2004), 『한국어 의미론』(개정증보판), 고려대학교출판부.
박영순(2005), 『한국어 문법 교육론』, 박이정.
박영준·최경봉(1995), 『관용표현 사전』, 태학사.
박영준(2000), 「한국어 숙달도 배양을 위한 문화적 어휘·표현의 교육」, 『한국어교육』 제11권 2호, 국제한국어교육학회.
박지현(2007), 「어휘 주석이 한국어 우연적 어휘 학습에 미치는 영향」, 『한국어교육』 18-2, 국제한국어교육학회.
배해수(1990), 『국어 내용 연구: 성격 그림씨를 중심으로』, 고려대학교 민족문화연구소.
백봉자(2000), 「한국어 어휘 교육」, 제8회 언어정보개발연구원 월례학술발표회 발표요지.
백봉자(2001), 「외국어로서의 한국어교육 문법 - 피동/사동을 중심으로 -」, 『한국어교육』 12-2, 국제한국어교육학회.
서상규 외(1998), 『한국어교육을 위한 기초 어휘 선정』(한국어 세계화 추진을 위한 기반 구축 사업 1차년도 결과 보고서), 문화관광부 한국어세계화추진위원회.
서상규 외(1999), 『한국어교육 기초 어휘 의미 빈도 사전의 개발 사업 보고서』, 문화관광부 한국어세계화추진위원회.
서상규 외(2006), 『외국인을 위한 한국어 학습 사전』, 신원프라임.
서울대학교 언어교육원(2005), 『한국어 4』, 문진미디어.
서울대학교 언어교육원(2006가), 『한국어 4 Practice Book』, 문진미디어.
서울대학교 언어교육원(2006나), 『Active Korean 1』, 문진미디어.
서울대학교 언어교육원(2009가), 한국어 5급, 서울대학교 언어교육원.
서울대학교 언어교육원(2009나), 한국어 6급, 서울대학교 언어교육원.

서정수(1995), 『국어 문법』(수정증보판), 한양대학교출판원.
서진우(2005), 『관광 레크리에이션』, 창신문화사.
손영애(2004), 『국어과 교육의 이론과 실제』, 박이정.
송기중(1992), 「현대국어 한자어의 구조」, 『한국어문』 1, 한국정신문화연구원.
송정근(2005), 「미각 형용사의 형태론」, 『형태론』 7권 2호, 어학전문지 형태론 편집위원회.
신길호(2004), 『영어교육연구』, (주)북스힐.
신용진(1998), 『영어교육공학 5』, 한국문화사.
신현숙(1998), 「한국어 어휘 교육과 의미 사전」, 『한국어교육』 제9권 2호, 국제한국어교육학회.
심재기·이기용·이정민(1985), 『의미론 서설』, 집문당.
심재기(1983), 『국어 어휘론』, 집문당.
심재기(2000), 『국어 어휘론 신강』, 태학사.
안경화(2001), 「속담을 통한 한국 문화의 교육 방안」, 『한국어교육』 제12권 1호, 국제한국어교육학회.
안정은(2010), 「한국어 연어 교육 방안 연구」, 충남대학교 석사학위논문.
어휘정보처리연구소 편(2009), 『넓은풀이 우리말 유의어 대사전』, 낱말사.
연세대학교 언어정보개발연구원(1998), 『연세 한국어 사전』, 두산동아.
오미라 외(2005), 『できる韓国語 중급』, 문진미디어.
오미정 외(2007), 『외국인을 위한 한국어 외래어』, 월인.
窪田富男(1987), 「基本語·基礎語, 玉村文郎編」, 『日本語と日本語教育』 6, 明治書院.
우리어문학회 편(2001), 『외국인을 위한 한국어교육』, 국학자료원.
유현경·강현화(2002), 「유사관계 어휘정보를 활용한 어휘 교육 방안」, 『외국어로서의 한국어교육』 27, 연세대학교 한국어학당.
윤평현(2008), 『국어 의미론』 역락.
이기문 편(1976), 『한국의 속담』, 삼성문화재단.
이기문(1980), 『속담 사전』(개정판), 일조각.
이기연(2009), 「어휘 교육의 외연 확장을 위한 방향 탐색」, 『제44회 국어교육학회 학술발표대회 자료집』, 국어교육학회.
이대규(1991), 「낱말 수업의 목표와 방법」, 『국어교육』 71·72, 한국국어교육연구회.
이대규(1994), 「문법 수업 설계 방법」, 『선청어문』 22, 서울대학교 국어교육과.
이삼형 외(2007), 『국어교육학과 사고』, 도서출판 역락.
이석주·이주행(2007), 『한국어학 개론』, 보고사.
이선웅·정희창(2010), 『국어 어문 규범 묻고 답하기』, 태학사.
이승연·최은지(2007), 「한국어 학습자의 어휘적 연어 사용 연구」, 『이중언어학』 34호, 이중언어학회.
이승은(2007), 「텍스트 상세화가 한국어 학습자의 읽기 이해에 미치는 영향」, 『한국어교육』 18-2, 국제한국어교육학회.

이완기(2003), 『영어 평가 방법론』, 문진미디어.
이완기(2009), 『초등영어 게임 101』, 문진미디어.
이익섭·채완(1999), 『국어 문법론 강의』, 학연사.
이익섭(2000), 『국어학 개설』(개정판), 학연사.
이재욱·남기춘(2001), 「한국어 학습자의 어휘 학습 전략 연구」, 우리어문학회 편(2001)에 수록.
이정모(1996), 「연결주의: 이론적 특성과 문제점」, 『인지심리학의 제문제Ⅰ』, 성원사, 115-129.
이정희(1999), 「영화를 통한 한국어 수업 방안 연구」, 『한국어교육』 제10권 1호, 국제한국어교육학회.
이정희(2007), 「한국어 외래어 교육 목록 선정에 관한 연구」, 『한국어교육』 18-3, 국제한국어교육학회.
이충우(1997), 「어휘 교육과 어휘의 특성」, 『국어교육』 95, 한국국어교육연구회.
이화여자대학교 언어교육원(1996), 『외국인을 위한 한국어 2』, 이화여자대학교출판부.
이화여자대학교 언어교육원(2004), 『말이 트이는 한국어 Ⅳ』, Workbook, 이화여자대학교출판부.
이화여자대학교 언어교육원(2005가), 『말이 트이는 한국어Ⅱ』, Student Book, 이화여자대학교 출판부.
이화여자대학교 언어교육원(2005나), 『말이 트이는 한국어 Ⅲ』, Student Book, 이화여자대학교출판부.
이화여자대학교 언어교육원(2006), 『말이 트이는 한국어Ⅰ』, Workbook, 이화여자대학교출판부.
임병빈 외 역(2005), 『제2 언어 교수 학습』, 한국문화사.
임승연(2001), 「외국인을 위한 효과적인 한국어 다의어 교육 방안 - 다의어 학습 자료 개발 -」, 제18회 국제한국어교육학회 연구발표회 발표문, 국제한국어교육학회.
임지룡(1992), 『국어 의미론』, 탑출판사.
임현아(2003), 「게임을 활용한 고등학교 일본어 교과서 어휘 지도법 연구」, 계명대 교육대학원.
임홍빈·한재영(1993), 「국어 어휘의 분류 목록에 대한 연구」, 국립국어연구원.
임홍빈·한재영(1999), 『북한 주민이 모르는 남한 외래어 조사』, 한국어문진흥회.
임홍빈(1994), 『뉘앙스 풀이를 겸한 우리말 사전』, 아카데미하우스.
임홍빈(2002), 「한국어 연어의 개념과 그 통사·의미적 성격」, 『국어학』 39, 국어학회.
임홍빈(2006), 『한국어 사전』, 랭기지플러스.
장미선(2008), 「한국어 어휘 학습을 위한 게임 활용 방안 연구」, 부산외국어대 대학원.
재외동포교육진흥재단(2005), 『한글학교 학생용 한국문화』, 영신사.
전혜영(2001), 「한국어 관용표현의 교육 방안」, 『한국어교육』 제12권 2호, 국제한국어교육학회.
정승혜(1998), 「외국인을 위한 한자 교육 연구」, 이화여대 석사학위논문.
조남호(2003), 『한국어 학습용 어휘 선정 결과 보고서』, 국립국어연구원.
조재윤(1988), 「국어 속담의 문법 구조 연구」, 고려대 박사학위논문.
조지 밀러 저, 강범모·김성도 역(2002), 『언어의 과학』, 민음사.
조현용(1999가), 「한국어 어휘의 특징과 어휘 교육」, 『한국어교육』 10, 국제한국어교육학회.

조현용(1999나), 「한국어 자모 교육을 통한 어휘 교육」, 『어문연구』 103호.
조현용(2000가), 「한국어 능력 시험 어휘 평가에 관한 연구」, 『국어교육』 101호.
조현용(2000나), 『한국어 어휘 교육 연구』, 박이정.
조현용(2000다), 「어휘 중심 한국어교육 방법 연구」, 경희대 박사학위논문.
조현용(2000라), 「게임을 활용한 한국어 어휘 교육」, 제13회 국제한국어교육학회 연구발표회 발표문, 국제한국어교육학회.
조현용(2007), 「한국어 속담 교육 연구」, 『한국어교육』 18-2, 국제한국어교육학회.
조현용(2008), 『한국어 어휘 교육 연구』, 도서출판 박이정.
채완(2003), 『한국어의 의성어와 의태어』, 서울대학교출판부.
천시권(1977), 「다의어의 의미 분석」, 『국어교육연구』 9, 경북대학교 사범대학 국어교육연구회.
최길시(1998), 『외국인을 위한 한국어교육의 실제』, 태학사.
최문석(2000), 「학습자 활동 중심의 한국어교육 방법 연구: 게임과 Information Gap Activity를 중심으로」, 경희대 교육대학원, 석사학위논문.
최상진(1993), 「연쇄 합성어의 어휘 형성에 대하여」, 『어문논총』 제8집, 경희대 국어국문학과.
최은규(2005), 「평가의 연구사와 변천사」, 국제한국어교육학회 편, 『한국어교육론 1』, 한국문화사.
최지현 외(2007), 『국어과 교수·학습 방법』, 역락.
최창렬·성광수·심재기(1986), 『국어 의미론』, 개문사.
최현욱(1991), 「한·영 중간언어에 나타난 어휘상 오류」, 『심리언어과학』, 한신문화사.
한국교육과정평가원, 한국어능력시험(TOPIK) 4회~16회.
한국어교육문화원(2001), 『쉬워요 한국어 2』, 시사일본어사.
한송화·강현화(2004), 「연어를 이용한 어휘 교육 방안 연구」, 『한국어교육』 15-3, 국제한국어교육학회.
한재영 외(2005), 『한국어 교수법』, 태학사.
한재영 외(2008), 『한국어 문법 교육』, 태학사.
한재영(2003가), 「외국어로서의 한국어 한자어교육을 위한 기초적 연구 -한자문화권 학습자를 중심으로-」, 『이중언어학』 23, 이중언어학회.
한재영(2003나), 「外國語로서의 韓國語 漢字敎育을 위한 基礎的 硏究 -非漢字文化圈 學習者를 對象으로-」, 『어문연구』 120, 한국어문교육연구회.
허용 외(2005), 『외국어로서의 한국어교육학개론』(개정판), 박이정.

Brown, H. D.(2001), Teaching by principles: An interactive approach to language pedagogy(2nd ed), White Plains, NY: Addison Wesley Longman.
Canale, M.(1985), "The measurement of communicative competence", Annual Review of Applied Linguistics, 8, 67-84.
Carrell, L. P. & Eisterhold, C. J.(1983), "Schema theory and ESL reading pedagogy", *TESOL Quarterly* Vol.17 No.4, 553-573.
Carver, R. P.(1994), "Percentage of unknown vocabulary words in text as a function of the rela-

tive difficulty of the text: implication for instruction", *Journal of Reading Behavior* 26, 413-437.

Cruse, D. A.(1975), "Hyponymy and Lexical Hierarchies", *Linguisticum* 6, 26-31.

Day, R. R. and Bamford, J.(1998), *Extensive Reading in the Second Language Classroom*, CUP.

Dolch, E. W.(1951), "The use of vocabulary lists in predicting readability and in developing reading materials", *Elementary English*, 28 142-9.

Elley, W. B.(1989), "Vocabulary acquisition from listening to stories", *Reading Research Quarterly* 24, 174-187.

Ellis, R.(1994), "Factors in the incidental acquisition of second language vocabulary from oral input: a review essay", *Applied Language Learning* 5, 1-32.

Gass, S. M.(1988), "Second language vocabulary acquisition", *Annual Review of Applied Linguistics* 9, 92-106.

Graves, M. F.(1987), "The role of instruction in fostering vocabulary development", in M. G. McKeown & M. E. Curtis(eds.), *The Nature of Vocabulary Acquisition*, Hillsdale, NJ: LEA

Hamsik, M. J.(1984), "Reading readability and the ESL reader", Unpublished doctoral dissertation, University of South Florida.

Hill, J.(2000), "Revising priorities: from grammatical failure to collocational success", *Teaching Collocation*, Language Teaching Publication, 41-42.

Hirsh, D and P. Nation(1992), "What vocabulary size is needed to read unsimplified texts for pleasure?", *Reading in a Foreign Language* 8, 689-696.

Holly, F. M. and J. K. King(1971), "Vocabulary glosses in foreign language reading materials", *Language Learning* 21, 213-219.

Hu, M. & I. S. P. Nation(2000), "Vocabulary density and reading comprehension", *Reading in a Foreign Language*, 13(1), 403-430.

Hughes, A.(1989), *Testing for language teachers*, Cambridge: Cambridge University Press.

Hwang K. and P. Nation(1989), "Reducing the vocabulary load and encouraging vocabulary learning through reading newspapers", *Reading in a Foreign Language* 6, 323-335.

Jacobs, G. M., P. Dufon and Fong Cheong Hong(1994), "L1 and L2 vocabulary glosses in L2 reading passages: their effectiveness for increasing comprehension and vocabulary knowledge", *Journal of Research in Reading* 17, 19-28.

Lewis, M.(ed.)(2000), *Teaching collocation-further development in lexical approach*, London: Language Teaching Publications.

Madsen, H. S.(1983), *Techniques in Testing*, Oxford University Press. 임병빈 역(1993), 『영어교육 평가기법』, 한국문화사.

Miller G. A.(1996), *The Science of Words*, Scientific American Library.

Nation, I. S. P.(1990), *Teaching and Learning Vocabulary*, Massachusetts: Newbury House.

Nation, I. S. P.(2001), *Learning Vocabulary in Another Language*, CUP.

Nunan, David(1998), *Second Language Teaching & Learning*, KHEINLE & HENLE, 『제2 언어 교수 학습』(임병빈 외 역), 한국문화사.

Paribakht, T. S. and M. B. Wesche(1996), "Enhancing vocabulary acquisition through reading: a hierarchy of text-related exercise types", *The Canadian Modern Language Review* 52, 155-178.

Rost, M.(1994), *Introducing Listening*, London: Penguin.

Savignon, S. J.(1983), Communicative competence: Theory and classroom practice, Reading, Mass.: Addison-Wesley.

Spolsky, B.(1978), Approaches to language testing, Arlington, VA: Center for Applied Linguistics.

Ullmann, S.(1962), *Semantics: An Introduction to the Science of Meaning*, Oxford: Basil Blackwell.

Vannier, M.(1977), *Recreation Leadership*, Philadelphia.

Watanabe, Y.(1997), "Input, Intake and retention: effects of increased processing on incidental learning of foreign vocabulary", *Studies in Second Language Acquisition* 19, 287-307.

Wilkins, D.(1972), Linguistics in language teaching, London: Arnold.

Wixson, K. K.(1986), "Vocabulary Instruction and children's comprehension of basal stories", *Reading Research Quarterly* 21, 317-329.

[부록 1] 한국어 학습용 어휘 등급

■ 한국어 학습용 어휘 선정 결과(국립국어연구원, 2003)

순위	단어	품사풀이		등급
1195	가게	명		A
898	가격03	명	價格	B
2986	가구03	명	家口	C
7434	가구04	명	家具	B
4964	가까워지다	동		B
1695	가까이	부		B
3560	가까이	명		B
648	가깝다	형		A
1747	가꾸다	동		B
852	가끔	부		A
5071	가난01	명		C
1716	가난하다	형		B
2757	가늘다	형		B
6942	가능	명	可能	C
483	가능성	명	可能性	B
501	가능하다	형	可能-	B
6003	가능해지다	동	可能-	C
25	가다01	동		A
150	가다01	보		A
1196	가득01	부	~ 차다	B
3561	가득하다01	형		B
7971	가득히	부		C
3173	가라앉다	동		C
6170	가려지다	동		C
1956	가령05	부	假令	C
9014	가로01	명	~와 세로	B
5311	가로등	명	街路燈	C
4576	가로막다	동		C
8286	가로수	명	街路樹	C
2789	가루01	명	분필 ~	B
4177	가르다	동		C
698	가르치다01	동		A
2884	가르침	명		C
2913	가리다02	동	시야를 ~	B
2305	가리다03	동	시비를 ~	B
1367	가리키다01	동		B
9888	가만	부		C
7158	가만있다	동		C
1706	가만히	부		B
4755	가뭄	명		C
1530	가방01	명	~을 메다	A
1189	가볍다	형		A
4483	가사09	명	歌詞	C
3784	가상05	명	假想	C
2000	가수11	명	歌手	A
2053	가스	명	gas	B
384	가슴01	명		A
3904	가슴속	명		B
6526	가요02	명	歌謠	B
264	가운데	명		A
6172	가위01	명	기구	B
1268	가을01	명		A
5167	가이드	명	guide	B
4397	가입	명	加入	C
4484	가입자	명	加入者	C
5168	가입하다	동	加入-	C
127	가장01	부		A
3454	가장07	명	家長	C
715	가정06	명	家庭	B
4398	가정07	명	假定	C
6349	가정교사	명	家庭敎師	C
3512	가져가다	동		B
5704	가져다주다	동		B
1060	가져오다	동		A
409	가족01	명	家族	A
5072	가죽01	명		B
2124	가지01	명	~를 치다	B
129	가지04	의	한 ~	B
94	가지다	동		A
514	가지다	보		A
4668	가짜	명	假-	B
550	가치06	명	價値	C
3063	가치관	명	價値觀	C
8645	가톨릭	명	Catholic	C
3099	가하다01	동	加-	C
422	각01	관	各	B
751	각각01	부	各各	B
4178	각각01	명	各各	B

364_ 한국어 어휘 교육

2885	각국	명	各國	B	6352	감사08	명	感謝	A
3213	각기02	부	各其	C	3847	감사하다05	형	感謝-	A
5706	각오01	명	覺悟	C	4966	감사하다05	동	感謝-	A
3785	각자02	명	各自	B	6530	감상05	명	鑑賞	B
3562	각자02	부	各自	B	4321	감상하다04	동	鑑賞-	B
815	각종	명	各種	B	5170	감소01	명	減少	C
3905	간01	명	음식의 ~을 보다	C	9431	감소되다	동	減少-	C
3620	간08	명	肝	C	4485	감소하다	동	減少-	C
335	간10	의	間, 서울과 부산 ~	B	5445	감수성02	명	感受性	C
4179	간격02	명	間隔	C	3174	감싸다	동		C
1336	간단하다02	형	簡單-	B	3385	감옥02	명	監獄	C
2987	간단히	부	簡單-	B	3513	감자01	명		B
2187	간부05	명	幹部	C	846	감정06	명	感情	B
4577	간섭	명	干涉	C	9892	감정적01	명	感情的	C
8290	간식02	명	間食	B	2092	감추다	동		C
4034	간신히	부	艱辛-	C	3563	감히	부	敢-	C
3100	간장01	명	-醬	B	7979	갑05	명	匣	C
4756	간접	명	間接	C	475	갑자기	부		A
6735	간접적	명	間接的	C	4580	갑작스럽다	형		C
3906	간판02	명	看板	C	788	값			A
7160	간편하다	형	簡便-	C	6946	값싸다	형		C
7977	간호	명	看護	C	1812	강01	명	江	A
7438	간호사	명	看護師	A	3344	강남	명	江南	C
3786	간혹	부	間或	C	8651	강당	명	講堂	B
3621	갇히다	동		C	4669	강도05	명	強度	C
6736	갈다01	동	바꾸다	B	4967	강도06	명	強盜	B
2401	갈다02	동	문지르다	B	1738	강력하다	형	強力-	C
1010	갈등	명	葛藤	C	4757	강력히	부	強力-	C
12246	갈비01	명		A	3514	강렬하다02	형	強烈-	C
38470	갈비탕	명	-湯	B	2988	강물	명	江-	B
3342	갈색	명	褐色	B	9433	강변01	명	江邊	C
3723	갈수록	부		C	9894	강북	명	江北	C
4035	갈아입다	동		B	5577	강사04	명	講師	C
9018	갈아타다	동		B	5578	강수량	명	降水量	C
4578	갈증	명	渴症	C	14028	강아지	명		B
8293	감01	명	과일	B	3564	강요하다	동	強要-	C
5312	감12	명	感	C		강원도	고	江原道	B
1240	감각02	명	感覺	C	3101	강의02	명	講義	C
3343	감기04	명	感氣	A	10371	강의하다02	동	講義	C
2125	감다01	동	눈을 ~	B	2275	강제01	명	強制	B
4036	감다03	동	실을 ~	C	7683	강조02	명	強調	C
671	감독02	명	監督	C	631	강조하다	동	強調-	B
2432	감동02	명	感動	B	584	강하다02	형	強-	B
7161	감동적	명	感動的	C	2151	강화하다02	동	強化-	C

3725	갖가지	명		C		3967	거액	명	巨額	C
190	갖다01	동	가지다	B		2109	거울01	명		A
3515	갖다01	보	가지다	B		306	거의01	부		B
784	갖추다	동		C		3726	거절하다01	동	拒絶-	C
22	같다	형		A		4039	거짓	명		B
203	같이	부		A		2246	거짓말	명		B
4038	같이하다	동		C		819	거치다01	동		C
3386	갚다	동		C		2306	거칠다	형		C
1569	개03	명	동물	A		4040	거품	명		C
85	개10	의	個	A		1129	걱정	명		A
5313	개개인	명	個個人	C		10384	걱정되다	동		B
4486	개구리	명		B		5850	걱정스럽다	형		B
2914	개국01	의	個國	C		2491	걱정하다	동		A
7440	개나리01	명		B		1707	건04	의	件	C
8296	개다01	동	날이 ~	C		647	건강03	명	健康	A
3565	개미03	명	곤충	C		1297	건강하다02	형	健康-	A
2565	개발되다	동	開發-	C		7984	건너01	명		C
1269	개발하다	동	開發-	B		4255	건너가다	동		B
1296	개방04	명	開放	C		2276	건너다	동		B
5708	개방되다	동	開放-	C		7167	건너오다	동		B
3787	개방하다03	동	開放-	C		5448	건너편	명	-便	B
4322	개별	명	個別	C		9030	건넌방	명	-房	C
1562	개선01	명	改善	C		4760	건네다	동		C
4758	개선되다01	동	改善-	C		4112	건네주다	동		C
3137	개선하다01	동	改善-	C		3907	건드리다	동		C
1788	개성03	명	個性	C		649	건물03	명	建物	A
799	개월	의	個月	A		790	건설	명	建設	C
562	개인02	명	個人	B		5851	건설되다	동	建設-	C
2758	개인적	명	個人的	B		2263	건설하다	동	建設-	C
2490	객관적	명	客觀的	C		3388	건전하다	형	健全-	C
1228	걔	불	그 아이	B		3849	건조04	명	乾燥	C
3102	거01	대	것	A		8659	건조하다02	형	乾燥-	C
20	거01	의	것	A		2790	건지다	동		B
293	거기01	대		A		2616	건축01	명	建築	B
2989	거꾸로	부		C		8660	걷기	명		C
1958	거대하다	형	巨大-	C		546	걷다02	동	느릿느릿 ~	A
1579	거두다	동		C		5314	걷다03	동	소매를 ~	C
5447	거들다01	동		C		7985	걷다04	동	빨래를 ~	C
3306	거듭	부		C		716	걸다02	동	옷을 ~	A
1258	거리01	명	길~	A		380	걸리다01	동	'걸다'의 피동사	B
9901	거리02	의	반찬~	B		1970	걸어가다	동		A
1148	거리08	명	距離	C		4041	걸어오다01	동	집까지 ~	A
1864	거부하다	동	拒否-	C		1647	걸음	명		B
2675	거실02	명	居室	B		837	걸치다	동		C

1585	검다02	형	색깔이 ~	B	3624	경기장	명	競技場	B
3025	검사02	명	檢事	C	3672	경력02	명	經歷	C
1512	검사03	명	檢査	B		경복궁	고	景福宮	A
3064	검은색	명	-色	A	4968	경비02	명	經費	C
38923	검정색	명	-色	B		경상도	고	慶尙道	B
2850	검토	명	檢討	C	1034	경영02	명	經營	B
2644	겁05	명	怯	B	6746	경영하다01	동	經營-	C
7987	겁나다02	동	怯-	C	65	경우03	명	境遇	B
1	것01	의		A	762	경쟁	명	競爭	C
2759	겉01	명		B	2264	경쟁력	명	競爭力	C
4761	게01	명	동물	C	200	경제04	명	經濟	B
1415	게다가	부		B	4969	경제력	명	經濟力	C
7687	게시판	명	揭示板	C	2492	경제적	명	經濟的	B
13080	게으르다	형		C	5713	경제학	명	經濟學	C
877	게임	명	game	A		경주	고	慶州	A
1648	겨우	부		B	632	경찰04	명	警察	A
920	겨울	명		A	2329	경찰관	명	警察官	A
6009	겨울철	명		B	3214	경찰서	명	警察署	A
5711	겨자01	명		C	5452	경치02	명	景致	A
838	겪다	동		C	1093	경향02	명	傾向	C
1341	견디다	동		B	585	경험	명	經驗	B
1470	견해02	명	見解	C	2170	경험하다	동	經驗-	B
211	결과02	명	結果	B	1586	곁01	명		B
4487	결과적	명	結果的	C	2544	계곡01	명	溪谷	C
352	결국	명	結局	B	2206	계단04	명	階段	B
1513	결론02	명	結論	C	6951	계란	명	鷄卵	A
16464	결석01	명	缺席	C	1827	계산01	명	計算	B
25684	결석하다	동	缺席-	C	3390	계산기	명	計算器	B
4113	결승01	명	決勝	C	2916	계산하다	동	計算-	B
4763	결심01	명	決心	C	405	계속04	부	繼續	A
3623	결심하다01	동	決心-	B	1075	계속되다02	동	繼續-	B
1092	결정01	명	決定	B	1149	계속하다03	동	繼續-	B
1986	결정되다01	동	決定-	B	1432	계시다	보		A
1033	결정하다01	동	決定-	B	1163	계시다	동		A
752	결코	부	決-	C	2350	계약	명	契約	B
601	결혼	명	結婚	A	2520	계절01	명	季節	A
3389	결혼식	명	結婚式	A	3138	계좌02	명	計座	C
1130	결혼하다	동	結婚-	A	2054	계층	명	階層	C
2461	경계04	명	境界	C	400	계획01	명	計劃	A
2702	경고04	명	警告	C	4862	계획하다01	동	計劃-	B
5712	경고하다02	동	警告-	C	403	고개01	명	~를 돌리다	B
2543	경기05	명	景氣	C	5857	고개02	명	~ 너머	C
739	경기11	명	競技	B	1717	고객04	명	顧客	B
	경기도	고	京畿道	B	3968	고교04	명	高校	B

	고구려	고	高句麗	C	307	곧01	부		A
7996	고구마	명		B	6180	곧다01	형		C
11578	고궁01	명	古宮	C	3215	곧바로	부		B
1915	고급02	명	高級	B	9044	곧이어	부		C
8305	고급스럽다	형	高級-	C	3970	곧잘	부		C
1055	고기01	명		A	4767	곧장	부		C
1337	고등학교	명	高等學校	A	1083	골14	명	goal	C
7445	고등학생	명	高等學生	A	4258	골고루	부		C
	고려	고	高麗	C	2821	골목01	명		B
1490	고려하다01	동	考慮-	B	7448	골목길	명		B
1496	고르다01	동	뽑다	B	3971	골짜기01	명		C
5175	고르다03	형	차이가 없다	B	6181	골치01	명		C
857	고맙다01	형		A	5717	골프	명	golf	B
1848	고모01	명	姑母	B	6015	골프장	명	golf場	B
8668	고모부	명	姑母夫	B	4671	곰03	명	동물	B
9911	고무신	명		C	1326	곱다02	형	아름답다	B
1748	고민	명	苦悶	B	116	곳01	명		A
3104	고민하다	동	苦悶-	B	2589	곳곳	명		B
1916	고생	명	苦生	B	988	공01	명	축구~	A
3065	고생하다	동	苦生-	B	623	공간05	명	空間	B
8307	고소하다01	형	맛이 ~	C	1338	공개02	명	公開	C
6178	고속02	명	高速	B	2703	공개하다	동	公開-	C
5176	고속도로	명	高速道路	B	1988	공격02	명	攻擊	C
11580	고속버스	명	高速bus	B	4182	공격하다	동	攻擊-	C
1987	고양이	명		A	4114	공공02	명	公共	C
3851	고요하다	형		C	4043	공군02	명	空軍	C
3175	고작02	부		C	1772	공급02	명	供給	C
1480	고장01	명	지역	B	1433	공기06	명	空氣	B
3625	고장11	명	故障	B	9047	공기07	명	空器	C
2733	고전02	명	古典	C	953	공동02	명	共同	B
5316	고집02	명	固執	C	1865	공무원	명	公務員	B
3969	고집하다	동	固執-	C	490	공부01	명	工夫	A
2126	고추01	명		B	807	공부하다	동	工夫-	A
6014	고추장	명	-醬	B	1374	공사02	명	工事	B
9916	고춧가루	명		B	2462	공식01	명	公式	C
1503	고치다01	동		B	4325	공식적	명	公式的	C
986	고통	명	苦痛	B	1084	공업01	명	工業	C
3674	고통스럽다	형	苦痛-	C	1067	공연02	명	公演	B
5860	고프다	형		A	9462	공연되다	동	公演-	C
4181	고함01	명	高喊	C	4864	공연장	명	公演場	C
593	고향02	명	故鄕	A	10400	공연하다02	동	公演-	C
3459	곡02	명	曲	C	6017	공연히02	부	空然-	C
3460	곡식	명	穀食	C	2950	공원03	명	公園	A
3675	곤란하다	형	困難-	C	685	공장02	명	工場	B

8313	공주01	명	公主	C	1481	관련하다	동	關聯-	B
3676	공중03	명	空中	C	2646	관리01	명	官吏	C
8672	공중전화	명	公衆電話	A	858	관리04	명	管理	B
6540	공짜	명	空-	B	3909	관리하다	동	管理-	C
5179	공책01	명	空冊	A	3566	관습	명	慣習	C
8673	공통	명	共通	C	312	관심01	명	關心	B
6541	공통되다	동	共通-	C	5720	관심사	명	關心事	C
6362	공통적	명	共通的	C	839	관점02	명	觀點	C
7696	공통점	명	共通點	C	3216	관찰01	명	觀察	C
2152	공포08	명	恐怖	C	2070	관찰하다	동	觀察-	B
2433	공항02	명	空港	A	301	관하다02	동	關-	B
20070	공항버스	명	空港bus	B	3567	광경	명	光景	C
3677	공해01	명	公害	C	316	광고02	명	廣告	B
9466	공휴일	명	公休日	A	3392	광장02	명	廣場	C
3105	과04	명	科	C		광주	고	光州	B
996	과10	명	課	A	813	괜찮다	형		A
8674	과거02	명	科擧	C	2071	괜히	부		B
549	과거03	명	過去	B	3910	괴로움	명		C
2704	과목02	명	科目	B	9474	괴로워하다	동		C
865	과연01	부	果然	C	3516	괴롭다	형		B
7701	과외	명	課外	C	4489	괴롭히다	동		C
1491	과일01	명		A	9052	굉장하다	형	宏壯-	C
4402	과자02	명	菓子	A	2190	굉장히	부	宏壯-	B
2351	과장07	명	課長	B	2887	교과서	명	敎科書	A
188	과정03	명	過程	C	7703	교내01	명	校內	C
6018	과정04	명	課程	C	5582	교대01	명	交代	C
1259	과제04	명	課題	B	2402	교류01	명	交流	B
346	과학	명	科學	B	6961	교문01	명	校門	B
1718	과학자	명	科學者	B	7185	교복01	명	校服	C
2734	과학적	명	科學的	B	474	교사09	명	敎師	C
1814	관객	명	觀客	B	371	교수06	명	敎授	A
152	관계05	명	關係	B	9475	교시03	의	校時	C
3791	관계되다	동	關係-	C	1339	교실	명	敎室	A
5077	관계없이	부	關係-	C	4115	교양02	명	敎養	C
967	관계자	명	關係者	C	9930	교외01	명	郊外	C
1719	관광02	명	觀光	B	198	교육	명	敎育	B
3730	관광객	명	觀光客	B	9931	교육비	명	敎育費	C
20077	관광버스	명	觀光bus	C	6363	교육자	명	敎育者	C
7182	관광지	명	觀光地	B	1103	교장03	명	校長	C
2189	관념02	명	觀念	C	6364	교재01	명	敎材	C
9923	관람	명	觀覽	C	4769	교직04	명	敎職	C
7453	관람객	명	觀覽客	C	4403	교체01	명	交替	C
420	관련	명	關聯	B	1249	교통01	명	交通	A
1288	관련되다	동	關聯-	B	3517	교통사고	명	交通事故	B

7186	교포02	명	僑胞	B		9934	국립	명	國立	B
3107	교환01	명	交換	B		3177	국물	명		B
4582	교환하다01	동	交換-	C		235	국민	명	國民	B
1708	교회02	명	敎會	A		15251	국민적	명	國民的	C
3973	교훈02	명	敎訓	C		5723	국사03	명	國史	C
10999	구01	수	九	A		3792	국산	명	國産	C
7705	구15	명	區	C		6022	국수01	명		B
2705	구경01	명		A		3108	국어01	명	國語	B
3176	구경하다	동		B		4116	국왕	명	國王	C
3217	구두01	명		A		4868	국적02	명	國籍	C
3974	구르다01	동	바위가 ~	C		878	국제02	명	國際	B
2493	구름01	명		A		15255	국제선	명	國際線	C
2055	구멍	명		B		6023	국제적	명	國際的	C
4490	구별02	명	區別	C		2647	국제화	명	國際化	C
5722	구별되다	동	區別-	C		1126	국회	명	國會	C
3731	구별하다	동	區別-	C		2545	국회의원	명	國會議員	B
2590	구분06	명	區分	C		1759	군04	의	君	B
5181	구분되다	동	區分-	C		659	군05	명	軍	B
2735	구분하다03	동	區分-	C		5080	군06	명	郡	C
2494	구석01	명		C		1531	군대03	명	軍隊	B
4259	구석구석	명		C		3519	군데	의		B
853	구성07	명	構成	C		3219	군사01	명	軍士	C
1397	구성되다	동	構成-	C		1613	군사04	명	軍事	C
1684	구성하다	동	構成-	C		2434	군인	명	軍人	A
1351	구속02	명	拘束	C		3259	굳다	형		C
3346	구속되다	동	拘束-	C		3260	굳어지다	동		C
4770	구속하다01	동	拘束-	C		2435	굳이	부		B
	구십	수	九十	A		5724	굳히다	동		C
2037	구역04	명	區域	C		1937	굵다	형		B
1076	구월02	명	九月	A		3261	굶다	동		C
5182	구입03	명	購入	C		1892	굽다01	동	익히다	B
2229	구입하다03	동	購入-	C		2760	굽히다	동		C
350	구조08	명	構造	C		2990	궁극적	명	窮極的	C
5583	구청02	명	區廳	C		1849	궁금하다01	형		B
769	구체적	명	具體的	B		1672	권01	의	卷	A
1125	구하다01	동	求-	B		1451	권리	명	權利	C
6187	구하다03	동	救-	B		2153	권위	명	權威	C
3732	국01	명	음식	B		6963	권투01	명	拳鬪	B
141	국가01	명	國家	B		2330	권하다	동	勸-	B
8682	국가적	명	國家的	C		840	귀01	명		A
8014	국기07	명	國旗	B		7459	귀가03	명	歸家	C
447	국내02	명	國內	B		7188	귀가하다01	동	歸家-	C
18114	국내선	명	國內線	C		5725	귀국02	명	歸國	B
5584	국내외	명	國內外	C		3307	귀국하다	동	歸國-	B

3220	귀신01	명	鬼神	C	1127	그러므로	부		B
2617	귀엽다	형		B	426	그러하다	형		B
4772	귀중하다01	형	貴重-	C	54	그런01	관		B
3679	귀찮다	형		C	4326	그런대로	부		C
3221	귀하다	형	貴-	C	142	그런데	부		A
8685	귓속	명		C	5727	그럴듯하다	형		C
778	규모	명	規模	C	457	그럼01	부	'그러면'의 준말	A
1552	규정04	명	規定	C	2736	그럼02	감		A
2127	규칙02	명	規則	B		그렇게	불	그러하게	B
4117	규칙적	명	規則的	B	38	그렇다	형		A
1778	균형	명	均衡	C	3393	그렇지	감		B
10419	귤	명	橘	C	1120	그렇지만	부		A
15	그01	대		A	2888	그려지다	동		B
9	그01	관		A	6025	그루01	의		C
1164	그02	감		A	879	그룹01	명	group	B
5726	그간	명	-間	C	1563	그릇01	명		A
139	그거	대		A	1388	그리02	부	그러한 모양	B
48	그것	대		A	52	그리고	부		A
860	그곳	대		A	439	그리다02	동	그림을 ~	A
2307	그나마	부		C	9484	그리로	부		C
672	그날	명		A	6752	그리움	명		C
303	그냥	부		B	7460	그리워하다	동		C
69	그녀	대	-女	C	1183	그리하여	부		C
4183	그놈	대		C	362	그림01	명		A
2436	그늘	명		B	1504	그림자	명		B
2852	그다음	명		B	3853	그립다	형		B
2463	그다지	부		B	745	그만02	부	그 정도까지만	B
3852	그대	대		C	1866	그만두다	동		B
340	그대로	부		B	1532	그만큼	부		B
473	그동안	명		A	6550	그만하다	형		B
187	그때	명		A	2706	그분	대		A
6189	그때그때	부		C	6754	그사이	명		C
330	그래01	감		A	2308	그야말로	부		C
1229	그래03	불	그리하여	A	2171	그이01	대		C
692	그래도	불	그리하여도	B	1197	그저	부		C
134	그래서	부		A	20155	그저께	명		C
9061	그래서	불	그리하여서	A	6026	그전	명	-前	C
4586	그래야	불	그리하여야	C	4261	그제서야	부		C
8686	그래픽	명	graphic	C	5866	그제야	부		C
1553	그램	의	gram	B	1085	그중	명	-中	B
34	그러나	부		A	3027	그쪽	대		A
785	그러니까	부		A	1150	그치다	동		B
79	그러다	동		C	3222	그토록	부		C
636	그러면	부		A	3794	그해	명		B

2352	극05	명	劇	C	5460	급속히	부	急速-	C
4118	극복01	명	克服	C	5461	급증하다	동	急增-	C
1355	극복하다01	동	克服-	C	2437	급하다	형	急-	B
5728	극작가	명	劇作家	C	4676	급히	부	急-	C
2331	극장	명	劇場	A	3854	긋다01	동	금을 ~	C
2991	극히	부	極-	C	2952	긍정적	명	肯定的	B
1260	근거	명	根據	C	1607	기13	명	氣	C
3912	근거하다	동	根據-	C	5730	기23	명	旗	C
8687	근교	명	近郊	C	678	기간07	명	期間	B
563	근데01	부	그런데	B	910	기계07	명	機械	B
4871	근래	명	近來	C	449	기관11	명	機關	C
3628	근로02	명	勤勞	C	3178	기구14	명	器具	C
1971	근로자	명	勤勞者	B	1250	기구15	명	機構	C
2707	근무	명	勤務	B	3263	기기13	명	機器	C
2761	근무하다	동	勤務-	B	4677	기념02	명	記念	C
2378	근본	명	根本	C	26081	기념일	명	記念日	C
1587	근본적	명	根本的	C	13162	기념품	명	記念品	C
2918	근원	명	根源	C	6757	기념하다	동	記念-	C
2648	근육	명	筋肉	C	5325	기능01	명	技能	C
1151	근처	명	近處	A	531	기능03	명	機能	C
252	글	명		B	5085	기다01	동		C
1972	글쎄01	감		B	298	기다리다	동		A
4119	글쎄요	감		B	1442	기대03	명	期待	B
2403	글쓰기	명		B	3680	기대다01	동	의지하다	C
3976	글씨	명		B	4977	기대되다	동	期待-	C
1564	글자	명	-字	B	1303	기대하다	동	期待-	B
4773	긁다	동		C	6758	기도03	명	祈禱	B
9942	금02	명	~을 긋다	C	5587	기도하다02	동	祈禱	C
5323	금06	명	金	B	4328	기독교	명	基督敎	C
	금강산	고	金剛山	C	3855	기둥01	명		C
6029	금고02	명	金庫	C	1094	기록02	명	記錄	C
3262	금년	명	今年	B	4185	기록되다	동	記錄-	C
8018	금메달	명	金medal	C	1261	기록하다	동	記錄-	B
1597	금방01	부	今方	B	882	기르다	동		B
3571	금세01	부		C	1893	기름01	명		B
3913	금액02	명	金額	C	5326	기막히다	형	氣-	C
5868	금연01	명	禁煙	B	2853	기법01	명	技法	C
7714	금요일	명	金曜日	A	842	기본	명	基本	B
2591	금지04	명	禁止	B	1779	기본적	명	基本的	C
5586	금지되다	동	禁止-	C	525	기분01	명	氣分	A
4774	금지하다	동	禁止-	B	3308	기뻐하다	동		B
4976	금하다02	동	禁-	C	1625	기쁘다	형		B
1289	급04	명	級	A	1633	기쁨	명		B
5324	급격히	부	急激-	C	4775	기사02	명	技士	B

1342	기사10	명	記事	B	386	길다02	형	밤이 ~	A
5588	기성08	명	旣成	C	6374	길어지다	동		C
5870	기성세대	명	旣成世代	C	1283	길이01	명		B
4776	기숙사	명	寄宿舍	A	6970	김01	명	~이 서리다	C
328	기술01	명	技術	B	4405	김03	명	해초	B
4046	기술자	명	技術者	C	6553	김04	의		C
5871	기술하다01	동	記述-	C	7720	김밥	명		A
847	기억02	명	記憶	B	2207	김치01	명		A
7464	기억나다	동	記憶-	B	16599	김치찌개	명		B
9945	기억되다	동	記憶-	C		김포공항	고	金浦空港	B
1905	기억하다02	동	記憶-	B	461	깊다	형		
292	기업01	명	企業	C	4980	깊숙이	부		C
9066	기업인	명	企業人	C	3224	깊이01	명		B
5184	기여04	명	寄與	C	1634	깊이02	부		B
2992	기여하다	동	寄與-	C	9949	까다01	동	마늘을 ~	C
2379	기온	명	氣溫	B	954	까닭	명		B
2822	기운01	명		B	26135	까만색	명	-色	B
5732	기울다	동		C	3264	까맣다	형		B
1282	기울이다	동		C	9498	까먹다	동		C
4587	기원05	명	起源	C	5872	까치01	명		C
3067	기원전	명	紀元前	C		깍두기	명		C
637	기자05	명	記者	B	2465	깎다	동		A
5733	기적03	명	奇跡	C	5463	깔끔하다	형		C
779	기준03	명	基準	B	3180	깔다	동		C
2919	기차01	명	汽車	A	2650	깔리다01	동		C
1235	기초06	명	基礎	B	9500	깜빡	부		B
8690	기초적	명	基礎的	C	2762	깜짝02	부	놀라는 모양	B
3223	기초하다03	동	基礎-	C	9501	깡패	명	-牌	C
7466	기침01	명		B	1939	깨끗이	부		B
3068	기타01	명	其他	C	1471	깨끗하다	형		A
6372	기타02	명	guitar	B	9072	깨끗해지다	동		C
5185	기호01	명	記號	C	2277	깨다01	동	술이 ~	B
12347	기혼02	명	旣婚	C	3394	깨다02	동	그릇을 ~	B
770	기회03	명	機會	B	1139	깨닫다	동		C
2823	기획01	명	企劃	C	4329	깨달음	명		C
2404	기후05	명	氣候	C	5589	깨뜨리다	동		C
3069	긴급	명	緊急	C	6375	깨소금	명		C
2464	긴장	명	緊張	B	3681	깨어나다	동		C
6969	긴장감	명	緊張感	C	8322	깨어지다	동		C
9069	긴장되다	동	緊張-	C	4495	깨우다01	동		C
3856	긴장하다	동	緊張-	B	2792	깨지다	동	깨어지다	B
173	길01	명	도로	A	791	꺼내다	동		B
4588	길가	명		B	3795	꺼지다01	동	불이 ~	B
6760	길거리	명		B	3070	꺾다	동		C

4262	껌	명	gum		B	1452	끝내다	동		A
2309	껍질	명			B	4186	끝없다	형		C
1828	꼬리01	명			C	4408	끝없이	부		C
4407	꼬마	명			C	6033	끼01	명	끼니	C
2993	꼭02	부	힘을 주는 모양		C	4331	끼다02	동	구름이 ~	B
397	꼭03	부	반드시		A	2072	끼다03	동	끼우다	B
3796	꼭대기	명			B	4187	끼어들다	동		C
1176	꼴01	명	모양새		C	3396	끼우다01	동		C
5464	꼼꼼하다	형			C	8	나03	대		A
5590	꼼짝	부			C	196	나가다	동		A
3682	꼽히다01	동			C	368	나가다	보		A
3462	꽂다	동			C	304	나누다	동		B
470	꽃01	명			A	5327	나누어지다	동		C
9951	꽃씨	명			C	4874	나뉘다	동		C
6761	꽃잎	명			B	104	나다01	동		A
3395	꽉	부			C	317	나다01	보		B
1608	꽤01	부			B	6559	나들이01	명		C
3028	꾸다01	동	꿈을 ~		B	226	나라01	명		A
9503	꾸다02	동	돈을 ~		C	2353	나란히	부		C
5186	꾸리다01	동			C	4409	나르다01	동		C
1635	꾸미다	동			B	1095	나름	의		C
9952	꾸준하다	형			C	1290	나머지	명		B
2889	꾸준히	부			B	540	나무01	명		A
6031	꾸중	명			C	4047	나물01	명		B
4982	꿀	명			B	3225	나뭇가지	명		B
535	꿈01	명			A	4778	나뭇잎	명		B
3071	꿈꾸다	동			B	5874	나비03	명		B
5873	꿈속	명			B	6379	나빠지다	동		B
2495	끄다01	동	불을 ~		A	873	나쁘다01	형		A
2208	끄덕이다	동			B	458	나서다	동		B
4496	끈01	명			C	820	나아가다	동		C
4497	끊기다	동			C	4679	나아지다	동		C
1614	끊다	동			B	50	나오다	동		A
3797	끊어지다	동			B	429	나이01	명		A
4498	끊임없다	형			C	1018	나중01	명		A
1839	끊임없이	부			C	3265	나침반	명	羅針盤	C
568	끌다	동			B	160	나타나다	동		B
5736	끌리다	동			C	588	나타내다	동		B
6032	끌어당기다	동			C	11024	나흘	명		B
2854	끓다	동			B	5328	낙엽	명	落葉	B
1416	끓이다01	동			B	2278	낚시	명		B
333	끝01	명			A	9505	낚시꾼	명		C
376	끝나다	동			A	9075	낚싯대	명		C
2332	끝내	부			B	4589	난리02	명	亂離	C

9957	난방02	명	暖房	C	2405	내내01	부		B
143	날01	명	어느 ~	A	1941	내년	명	來年	A
2073	날개01	명		B	1069	내놓다	동		B
2230	날다01	동		A	182	내다02	보	참아 ~	A
3309	날리다02	동	'날다'의 사동사	C	167	내다02	동	길을 ~	A
1291	날씨01	명		A	2793	내다보다	동		C
2380	날아가다	동		B	6195	내달	명	來-	C
7201	날아다니다	동		C	1041	내려가다	동		A
2855	날아오다	동		B	3310	내려놓다	동		B
2994	날짜01	명		A	3029	내려다보다	동		B
3857	날카롭다	형		C	894	내려오다	동		A
1940	낡다01	형		B	4120	내려지다	동		C
360	남01	명		C	243	내리다01	동	눈이 ~	A
6380	남02	명	男	B	1545	내밀다	동		B
8324	남04	명	南	B	4591	내버리다	동		C
1056	남기다	동		B	5737	내보내다	동		C
1068	남녀	명	男女	A	1190	내부04	명	內部	C
290	남다01	동		B	4779	내쉬다	동		C
	남대문	고	南大門	A	5191	내외01	명	內外.안팎	C
	남대문시장	고	南大門市場	A	4876	내외02	명	內外.남녀	C
9077	남동생	명	男-	A	212	내용02	명	內容	B
4590	남매	명	男妹	B	9963	내용물	명	內容物	C
	남미	고	南美	C	3520	내일	부	來日	A
2310	남부01	명	南部	C	1270	내일	명	來日	A
5876	남북	명	南北	C	7728	내적01	명	內的	C
	남산	고	南山	B	3574	내주다	동		C
742	남성01	명	男性	B	2592	내지01	부	乃至	B
154	남자02	명	男子	A	26255	내후년	명	來後年	C
1598	남쪽	명	南-	A	4877	냄비	명		B
255	남편01	명	男便	A	1061	냄새	명		B
5594	남학생	명	男學生	A	9080	냇물	명		C
5877	납득하다	동	納得-	C	4121	냉동	명	冷凍	C
3226	낫다01	동	병이 ~	B	13192	냉면	명	冷麵	A
1696	낫다02	형	더 좋다	B	20268	냉방	명	冷房	C
5189	낭비	명	浪費	C	3311	냉장고	명	冷藏庫	A
1184	낮	명		A	100	너01	대		A
974	낮다	형		A	2231	너머	명		B
5465	낮아지다	동		C	225	너무01	부		A
3572	낮추다	동		C	1152	너무나	부		B
2209	낯설다	형		B	1588	너희	대		B
4875	낱말02	명	단어	C	22829	넉01	관	~ 달	C
433	낳다01	동		B	4500	넉넉하다	형		C
463	내09	의	內	C	1492	널리	부		C
10449	내과01	명	內科	C	638	넓다	형		A

4780	넓어지다	동		B		2677	논01	명		C
2763	넓히다	동		B		1236	논리	명	論理	C
5330	넘겨주다	동		C		5331	논리적01	명	論理的	C
1459	넘기다	동		C		1417	논문	명	論文	B
476	넘다01	동		B		2953	논의하다	동	論議	B
1615	넘어가다01	동		B		2708	논쟁	명	論爭	C
4984	넘어뜨리다	동		C		3859	논하다	동	論-	C
1697	넘어서다	동		B		418	놀다01	동		A
4680	넘어오다	동		C		594	놀라다	동		A
4332	넘어지다	동		B		1829	놀랍다	형		B
2172	넘치다	동		B		4411	놀리다01	동	흉을 보다	C
219	넣다	동		A		1177	놀이01	명		B
1304	네02	관		A		7731	놀이터	명		B
357	네03	감		A		848	놈01	의		C
8328	네거리	명		B		9968	농구07	명	籠球	B
6766	넥타이	명	necktie	A		2856	농담01	명	弄談	B
6980	넷01	수		A		597	농민	명	農民	C
10452	넷째	관		A		3267	농부01	명	農夫	C
6198	넷째	수		A		1472	농사01	명	農事	B
2074	녀석	의		B		5595	농사일	명	農事-	C
26	년02	의	年	A		4985	농사짓다	동	農事-	C
345	년대	의	年代	B		1942	농산물	명	農産物	C
2890	년도	의	年度	B		723	농업	명	農業	B
4048	년생80	의	年生. 80~	C		5596	농장05	명	農場	C
547	노동03	명	勞動	C		1493	농촌	명	農村	B
792	노동자	명	勞動者	B		277	높다	형		A
8329	노란색	명	-色	A		1657	높아지다	동		B
3109	노랗다	형		B		2210	높이01	명		B
487	노래01	명		A		2566	높이02	부		C
3977	노래방	명	-房	B		1153	높이다	동		B
3398	노래하다	동		A		151	놓다01	보		A
7474	노랫소리	명		B		415	놓다01	동		A
494	노력01	명	努力	B		6382	놓아두다	동		C
944	노력하다01	동	努力-	B		1319	놓이다	동		B
4189	노선01	명	路線	C		2173	놓치다	동		B
1086	노인01	명	老人	B		6201	놔두다	동	놓아두다	C
8031	노트02	명	note	A		2739	뇌03	명	腦	C
4122	녹다01	동		C		114	누구	대		A
4265	녹색	명	綠色	B		1140	누나01	명		A
8699	녹음03	명	錄音	B		1599	누르다01	동	힘을 가하다	B
8330	녹음하다	동	錄音-	B		107	눈01	명	신체의 일부	A
6562	녹이다	동		C		1505	눈04	명	~이 내리다	A
16643	녹차01	명	綠茶	B		6565	눈가	명		C
9966	녹화03	명	錄畵	C		8033	눈감다	동		C

1482	눈길01	명	~을 피하다	C	747	다리01	명	신체의 일부	A
3629	눈동자	명	-瞳子	C	2466	다리02	명	교량	A
8034	눈뜨다	동		C	713	다만01	부		C
814	눈물01	명		A	2354	다방02	명	茶房	C
20303	눈병	명	-病	C	7476	다섯	수		A
4334	눈부시다	형		C	20314	다섯째	관		A
2075	눈빛01	명	~이 매섭다	B	15360	다섯째	수		A
3030	눈썹	명		B	1191	다소01	부	多少	C
1943	눈앞	명		B	2891	다수	명	多數	B
981	눕다01	동		B	81	다시01	부		A
914	뉴스	명	news	A	8704	다양성	명	多樣性	C
	뉴욕	고	New York	B	595	다양하다01	형	多樣-	B
1011	느껴지다	동		B	9517	다양해지다	동	多樣-	C
222	느끼다02	동	추위를 ~	B	112	다음01	명		A
401	느낌	명		B	11043	다이어트	명	diet	B
3860	느리다01	형		B	4880	다정하다	형	多情-	C
4878	늑대	명	동물	C	1361	다지다	동		C
707	늘	부		B	3181	다짐하다	동		C
1427	늘다01	동		B	3110	다치다01	동		B
1636	늘리다	동		B	2546	다투다	동		C
809	늘어나다	동		B	5087	다툼	명		C
4412	늘어놓다	동		C	1506	다하다	동		B
4879	늘어서다	동		C	3735	다행	명	多幸	C
4781	늘어지다	동		C	3915	다행히	부	多幸-	B
1658	늙다	동		B	3631	닥치다01	동	다다르다	C
6035	능동적	명	能動的	C	810	닦다01	동		A
502	능력02	명	能力	B	5881	단06	명	段	C
11040	늦가을	명		C	2001	단09	관	單	B
3630	늦다	동		A	471	단계03	명	段階	C
949	늦다	형		A	9082	단골01	명		C
6202	늦어지다	동		C	4987	단단하다	형		C
89	다03	부		A	4782	단독02	명	單獨	C
4266	다03	명		A	9084	단맛	명		B
2279	다가가다	동		B	5470	단순02	명	單純	C
5334	다가서다	동		C	1217	단순하다	형	單純-	B
1262	다가오다	동		B	1804	단순히	부	單純-	B
7736	다녀가다	동		B	2192	단어	명	單語	A
1876	다녀오다	동		A	1659	단위02	명	單位	C
284	다니다	동		A	4335	단점01	명	短點	B
3399	다듬다	동		C	1380	단지04	부	但只	B
1114	다루다01	동		C	2076	단지08	명	團地	B
163	다르다01	형		A	498	단체02	명	團體	B
82	다른	관		A	11684	단추01	명		C
3400	다름없다	형		C	3979	단편01	명	短篇	C

13214	단풍01	명	丹楓	C	14205	닷새	명		B
1959	닫다02	동		A	3312	당근	명		B
4413	닫히다	동		B	3140	당기다01	동		B
1115	달05	명		A	3401	당당하다	형	堂堂-	C
620	달05	의		A	6038	당분간	부	當分間	C
2438	달걀	명		B	271	당시02	명	當時	C
1877	달다03	동	단추를 ~	B	217	당신02	대	當身	B
9979	달다04	동	무게를 ~	C	1311	당연하다01	형	當然-	B
861	달다05	보	빌려 다오	C	2567	당연히01	부	當然	B
3980	달다05	동	돈을 다오	B	1320	당장02	명	當場	B
4881	달다07	형	맛	A	675	당하다01	동	當-	C
899	달라지다	동		B	2619	당황하다	동	唐慌-	B
3916	달래다01	동		C	1434	닿다01	동		B
8336	달러	명	dollar	A	5090	대01	의	담배 한 ~	C
763	달러	의	dollar	A	9091	대01	명	줄기	C
1805	달려가다	동		B	527	대06	의	代	C
4882	달려들다	동		C	2764	대11	의	對. 개인 ~ 개인	B
2593	달려오다	동		B	1208	대15	의	臺	B
5088	달력	명	-曆	A	3229	대가06	명	代價	C
703	달리01	부		C	6770	대강02	부	大綱	C
4050	달리기	명		C	4124	대개03	명	大槪	C
1790	달리다01	동	문에 종이 ~	B	1709	대개03	부	大槪	C
867	달리다04	동	말을 ~	B		대구	고	大邱	B
4594	달리하다01	동		C	1878	대규모	명	大規模	C
6036	달빛	명		B	2174	대기07	명	大氣	C
2710	달아나다	동		B	2406	대기업	명	大企業	B
2857	닭	명		A	5337	대기하다04	동	待機-	C
7478	닭고기	명		A	5092	대낮	명		C
2211	닮다	동		B	724	대다01	동	귀에 ~	C
5739	담01	명	~을 쌓다	C	3683	대다수	명	大多數	C
2920	담그다	동		B	2248	대단하다	형		B
1616	담기다01	동	담다	B	2249	대단히	부		B
609	담다01	동	넣다	B	1453	대답	명	對答	A
2057	담당	명	擔當	C	1096	대답하다	동	對答-	A
4988	담당자	명	擔當者	C	4051	대도시	명	大都市	B
2496	담당하다	동	擔當-	B	5195	대략	부	大略	C
679	담배	명		A	2795	대량01	명	大量	C
9089	담요	명		B	569	대로01	의		C
2858	담임	명	擔任	B	2995	대륙01	명	大陸	C
4191	답03	명	答	C	2333	대문03	명	大門	B
2618	답답하다	형		B	391	대부분	명	大部分	B
4989	답변	명	答辯	C	4990	대비10	명	對備	C
7738	답장	명	答狀	B	2568	대비하다04	동	對備-	C
3228	답하다	동	答	B	5471	대사04	명	大使	C

4193	대사17	명	臺詞	C	9095	더러워지다	동		C
5883	대사관	명	大使館	A	3269	더럽다	형		B
8710	대상자03	명	對象者	C	1293	더불다	동		C
655	대신03	명	代身	B	273	더욱	부		C
3032	대신하다	동	代身-	C	4992	더욱더	부		C
8342	대여섯	관		C	2334	더욱이	부		C
2038	대응02	명	對應	C	3230	더위	명		B
2407	대응하다	동	對應-	C	1791	더하다	동		B
8043	대입01	명	大入	C	2955	덕05	명	德	C
	대전	고	大田	B	2892	덕분	명	德分	B
5339	대접05	명	待接	C		덕수궁	고	德壽宮	B
6387	대접하다	동	待接-	C	621	던지다	동		B
808	대중02	명	大衆	B	2154	덜01	부		B
9527	대중교통	명	大衆交通	B	3313	덜다01	동		C
2439	대중문화	명	大衆文化	B	2678	덥다01	형		A
11691	대중적	명	大衆的	C	2110	덧붙이다	동		C
744	대책03	명	對策	C	3403	덩어리	명		C
3981	대처하다02	동	對處-	C	2193	덮다	동		B
4991	대체02	부	大體	C	5198	덮이다	동		C
1685	대체로	부	大體-	C	62	데01	의		B
2954	대출03	명	貸出	C	5094	데려가다	동		B
2824	대충01	부		C	9529	데려오다	동		B
128	대통령	명	大統領	B	1167	데리다	동		B
482	대표	명	代表	B	9101	데우다01	동		C
1760	대표적	명	代表的	B	5598	데이트	명	date	C
4415	대표하다	동	代表-	C	1198	도05	의	度	C
24	대하다02	동	對-	B	3141	도10	명	道. ~를 깨치다	C
261	대학01	명	大學	A	3800	도11	명	道. 전국 각 ~	C
4416	대학교	명	大學校	A	2408	도구10	명	道具	B
7487	대학교수	명	大學敎授	B	3270	도달하다01	동	到達-	C
	대학로	고	大學路	C	1158	도대체	부	都大體	C
1944	대학생	명	大學生	A	3861	도덕	명	道德	C
3268	대학원	명	大學院	B	4052	도둑01	명		B
	대한민국	고	大韓民國	B	4417	도로01	부		B
3183	대합실	명	待合室	C	1773	도로07	명	道路	B
1589	대형04	명	大型	C	5199	도리어	부		C
699	대화06	명	對話	A	8045	도마01	명		C
8044	대화하다02	동	對話-	B	6572	도망02	명	逃亡	C
485	대회02	명	大會	B	6210	도망가다	동	逃亡-	B
1867	댁01	명	宅	A	4195	도망치다	동	逃亡-	C
3402	댐02	명	dam	C	1732	도서관	명	圖書館	A
46	더01	부		A	423	도시03	명	都市	A
1473	더구나01	부		B	3633	도시락	명		C
7211	더더욱	부		C	4993	도심04	명	都心	C

2194	도와주다	동		A		1294	동물	명	動物	A
714	도움	명		B		12428	동물원	명	動物園	B
6042	도움말	명		C		3862	동부05	명	東部	C
2195	도입	명	導入	C		602	동생01	명		A
5095	도자기	명	陶瓷器	B		5742	동서04	명	東西	C
12423	도장17	명	圖章	C		14242	동서남북	명	東西南北	C
2548	도저히	부	到底-	C		529	동시02	명	同時	B
4054	도전04	명	挑戰	C		3920	동아리02	명		B
2859	도중04	명	途中	B		214	동안01	명	시간의 길이	A
9103	도착01	명	到着	A		3111	동양03	명	東洋	B
1305	도착하다01	동	到着-	A		15425	동양인	명	東洋人	C
	도쿄(동경)	고	東京	B		3737	동의02	명	同意	C
16709	독감01	명	毒感	C		4198	동의하다01	동	同意-	C
2175	독립	명	獨立	C		2620	동일하다	형	同一-	C
6775	독립하다	동	獨立-	C		1815	동작03	명	動作	C
4196	독서03	명	讀書	B		4503	동전05	명	銅錢	B
	독일	고	獨逸	A		2569	동쪽	명	東-	A
13235	독일어	명	獨逸語	B		5341	동창01	명	同窓	B
5886	독창적	명	獨創的	C		3112	동포02	명	同胞	C
1398	독특하다	형	獨特-	C		2796	동행01	명	同行	C
6212	독하다	형	毒-	C		2826	동화07	명	童話	B
140	돈01	명		A		8050	동화책	명	童話冊	C
1375	돌02	명	~멩이	B		2893	돼지	명		A
927	돌다	동		B		4418	돼지고기	명		A
6776	돌려주다	동		B		2996	되게	부		B
505	돌리다04	동	팽이를 ~	B		5	되다01	동	어른이 ~	A
5096	돌멩이	명		C		4685	되돌리다	동		C
2956	돌보다	동		B		5602	되돌아가다	동		C
519	돌아가다	동		A		8349	되돌아보다	동		C
3348	돌아다니다	동		C		5098	되돌아오다	동		C
2176	돌아보다	동		B		6045	되살리다	동		C
2825	돌아서다	동		B		3231	되찾다	동		C
377	돌아오다	동		A		5887	되풀이되다	동		C
1109	돕다	동		A		3523	되풀이하다01	동		C
1879	동09	관	同	C		4994	된장	명	-醬	B
4197	동15	의	棟	C		10482	된장찌개	명	-醬-	B
8718	동그라미	명		C		63	두01	관		A
9105	동그랗다	형		C		2827	두껍다	형		B
6575	동기04	명	同期	C		5099	두께01	명		C
2232	동기07	명	動機	B		3404	두뇌	명	頭腦	C
793	동네	명	洞-	B		266	두다01	동		B
	동대문	고	東大門	B		326	두다01	보		B
	동대문시장	고	東大門市場	B		2860	두드러지다	형		C
1774	동료	명	同僚	C		2894	두드리다	동		B

3466	두려움	명		C	646	들어서다	동		B
4419	두려워하다	동		C	256	들어오다	동		A
3034	두렵다01	형		C	9994	들어주다	동		C
2077	두르다	동		C	5743	들여놓다	동		C
5342	두리번거리다	동		C	1739	들여다보다	동		B
5603	두부01	명	豆腐	B	1515	들이다02	동	'들다'의 사동사	C
5473	두세	관		B	6779	들이마시다02	동	숨을 ~	C
4505	두어	관		C	5604	들이켜다01	동		C
6394	두통	명	頭痛	B	337	듯01	의		C
575	둘01	수		A	3685	듯싶다	보		C
2594	둘러보다	동		B	989	듯이01	의		B
1850	둘러싸다	동		C	347	듯하다	보		C
4995	둘러싸이다	동		C	1019	등01	명	신체의 일부	B
1660	둘째	수		A	3405	등04	의	等. 1~	B
2679	둘째	관		A	18	등05	의	等	B
2155	둥글다01	형		B	3349	등등01	의	等等	C
2497	둥지	명		C	3273	등록01	명	登錄	B
87	뒤01	명		A	7221	등록금	명	登錄金	B
3271	뒤늦다	형		C	4268	등록증	명	登錄證	C
2997	뒤따르다	동		C	9537	등록하다01	동	登錄-	C
3272	뒤지다02	동	가방을 ~	C	4996	등산	명	登山	A
2957	뒤집다	동		B	8355	등산로	명	登山路	B
5100	뒤쪽01	명		B	3035	등장01	명	登場	C
6989	뒤편	명	-便	C	987	등장하다01	동	登場-	C
9992	뒷골목	명		C	3274	디스크	명	disk	C
3863	뒷모습	명		C	9995	디자이너	명	designer	B
7497	뒷문	명	-門	C	3036	디자인	명	design	B
6046	뒷산	명	-山	B	26587	따님	명		C
2078	드디어	부		C	1590	따다01	동	떼다	B
1237	드라마	명	drama	B	1312	따뜻하다	형		A
598	드러나다	동		C	2468	따라가다	동		B
1460	드리다01	동	인사를 ~	A	5605	따라다니다	동		C
830	드리다01	보	도와 ~	A	268	따라서	부		C
1960	드물다	형		C	3921	따라오다	동		B
88	듣다01	동	소리를 ~	A	1313	따로	부		B
2797	들01	명		B	9996	따로따로01	부		C
3142	들다01	보	따지고 ~	B	51	따르다01	동	뒤를 ~	B
91	들다01	동	여관에 ~	A	3143	따르다02	동	물을 ~	B
130	들다04	동	꽃을 ~	A	5744	따스하다	형		C
1733	들려오다	동		B	3524	딱02	부	멎는 모양	C
4337	들려주다	동		B	1851	딱03	부	바라진 모양	B
1961	들르다	동		B	4200	딱딱하다01	형	굳다	C
866	들리다03	동	소리가 ~	B	2111	딴03	관	~ 일	B
158	들어가다01	동		A	625	딸01	명		A

8053	딸기	명		A	4598	뛰어가다	동		C
7500	딸아이	명		C	9998	뛰어나가다	동		B
1399	땀01	명		B	1661	뛰어나다	형		C
321	땅01	명		B	9114	뛰어나오다	동		C
8054	땅바닥	명		C	6399	뛰어내리다	동		C
4201	땅속	명		C	3315	뛰어넘다	동		C
6215	땅콩	명		B	9999	뛰어놀다	동		C
19	때01	명	시간	A	7224	뛰어다니다	동		B
5475	때02	명	더러운 물질	C	2280	뛰어들다	동		B
7749	때때로	부		B	9542	뛰어오다	동		B
1353	때로	부		C	6780	뛰어오르다	동		C
1686	때리다01	동		C	1178	뜨겁다	형		A
31	때문	의		A	1389	뜨다01	동	솟아오르다	B
6047	땜03	의	때문	B	7753	뜨다03	동	떠나다	C
5889	떠나가다	동		C	1673	뜨다05	동	눈을 ~	B
327	떠나다	동		A	3634	뜯다	동		C
8727	떠나오다	동		C	6218	뜰01	명		C
2765	떠들다01	동	말하다	B	296	뜻	명		B
5890	떠들썩하다02	형	떠들다	C	5891	뜻대로	부		C
1042	떠오르다	동		B	4420	뜻밖	명		C
1749	떠올리다	동		B	6219	뜻밖에	부		C
1443	떡01	명		A	1816	뜻하다	동		C
18402	떡국	명		C	1792	띄다01	동	눈에 ~	C
13255	떡볶이	명		B	4687	띄우다02	동	배를 ~	C
1271	떨다01	동		B	1571	라디오	명	radio	A
2570	떨리다01	동	흔들리다	B	2623	라면01	명	&일ramen	A
2621	떨어뜨리다	동		B	5606	라운드	명	round	C
299	떨어지다	동		B	10002	라이벌	명	rival	C
2798	떼01	명	양 ~	C	6781	라이터	명	lighter	B
1070	떼다01	동		B	5202	라인01	명	line	C
40	또	부		A	9544	라켓	명	racket	C
250	또는	부		B		러시아	고	Russia	A
2177	또다시	부		B		런던	고	London	B
248	또한	부		B	7503	레몬	명	lemon	B
1376	똑같다	형		A	5892	레스토랑	명	&프restaurant	B
2622	똑같이	부		B	8731	레이저	명	laser	C
3864	똑똑하다	형		B	9115	레저	명	leisure	C
5201	똑바로	부		A	5203	렌즈	명	lens	B
4338	뚜껑	명		B	5893	로봇	명	robot	C
3113	뚫다	동		C	9116	로터리	명	rotary	C
11721	뚱뚱하다	형		B	3525	리02	의	里	C
9541	뛰놀다	동		C	3802	리그01	명	league	C
1852	뛰다01	동	심장이 ~	A	2998	리듬	명	rhythm	B
1626	뛰다02	동	빨리 나아가다	A	9546	리터01	의	liter	C

2571	마구01	부		B	4269	막내	명		B
3316	마누라01	명		C	700	막다01	동		B
1740	마늘	명		B	3742	막상01	부		C
1617	마당	명		C	1344	막히다	동		B
4788	마당	의		C	811	만01	의	십 년 ~에	C
3037	마디01	명		C	6221	만02	의	화를 낼 ~도 하다	C
2799	마땅하다	형		C	3865	만06	관	萬	A
7756	마라톤	명	marathon	C	8359	만06	수	萬	A
1572	마련	의		C	7226	만07	관	滿. ~ 3개월	B
2233	마련	명		C	166	만나다	동		A
2440	마련되다	동		B	2572	만남	명		B
833	마련하다	동		B	16774	만두01	명	饅頭	B
2441	마루03	명	~를 닦다	B	61	만들다	동		A
1649	마르다01	동		B	1071	만들어지다	동		B
1168	마리01	의		A	3866	만만하다01	형	대적할 만함	C
3740	마무리	명		C	9549	만세04	명	萬歲	C
8358	마사지	명	massage	B	1134	만약	명	萬若	B
365	마시다	동		A	1761	만일01	명	萬一	B
4508	마약	명	痲藥	C	5896	만점	명	滿點	C
9547	마요네즈	명	&프mayonnaise	C	4999	만족01	명	滿足	C
480	마을01	명		B	7505	만족스럽다	형	滿足-	C
148	마음01	명		A	6049	만족하다	동	滿足-	B
5608	마음가짐	명		C	3804	만족하다	형	滿足-	C
4789	마음껏	부		C	2522	만지다	동		B
2921	마음대로	부		B	440	만큼	의		B
4339	마음먹다	동		C	451	만하다	보		C
2212	마음속	명		B	2059	만화10	명	漫畵	B
7225	마음씨	명		C	9551	만화가	명	漫畵家	C
3803	마이크	명	mike	C	43	많다	형		A
2250	마주01	부		B	2381	많아지다	동		B
3741	마주치다	동		C	98	많이	부		A
8736	마중01	명		B	28	말01	명	~과 글	A
626	마지막	명		A	2624	말05	명	동물	B
545	마찬가지	명		B	780	말11	의	末	B
4997	마찰	명	摩擦	C	3144	말기05	명	末期	C
580	마치03	부		B	5343	말다01	동	감다	C
711	마치다02	동		B	576	말다03	동	그만두다	A
2265	마침02	부		B	161	말다03	보		A
1507	마침내	부		B	3922	말리다02	동	싸움을 ~	C
4998	마크	명	mark	C	3232	말리다03	동	빨래를 ~	C
9548	마흔	수		A	812	말씀	명		A
1817	막01	부	바로 지금	B	3184	말씀드리다	동		B
1159	막02	부	마구	B	1381	말씀하다	동		A
4421	막걸리	명		C	3145	말없이	부		C

5746	말투	명	-套	C		9554	머리말	명		C
32	말하다	동		A		3983	머리카락	명		B
1077	맑다01	형		A		5610	머리칼	명		C
3923	맘01	명	마음	C		2178	머릿속	명		B
9552	맘대로	부	마음대로	C		2094	머무르다	동		B
390	맛01	명		A		2469	머물다	동		C
3275	맛보다01	동		C		5478	먹고살다	동		C
15475	맛없다	형		A		10015	먹다01	동	귀를 ~	C
1020	맛있다	형		A		3924	먹다02	보	잊어 ~	A
3467	망설이다	동		C		70	먹다02	동	밥을 ~	A
4888	망원경	명	望遠鏡	C		3686	먹이	명		C
5000	망치다	동		C		2060	먹이다	동		B
3146	망하다	동	亡-	C		8361	먹히다	동		B
378	맞다01	동	답이 ~	B		283	먼저	부		A
800	맞다02	동	손님을 ~	B		2958	먼지01	명		B
1546	맞다03	동	매를 ~	B		718	멀다02	형	갈 길이 ~	A
2828	맞서다	동		B		997	멀리01	부		B
5344	맞은편	명	-便	B		3186	멀어지다	동		B
3317	맞이하다	동		C		1418	멈추다	동		B
694	맞추다01	동		B		5346	멋01	명		B
1516	맡기다	동		B		5206	멋있다	형		B
633	맡다01	동	담임을 ~	B		3350	멋지다	형		C
4422	맡다02	동	냄새를 ~	C		32365	멍멍01	부		C
5476	매01	명	~를 맞다	C		5479	멎다01	동		C
4690	매너	명	manner	C		5002	메뉴	명	menu	A
2767	매년	부	每年	B		6051	메다02	동	총을 ~	B
3982	매다01	동	끈을 ~	B		7231	메모	명	memo	B
5897	매달	부	每-	C		3526	메시지	명	message	B
6994	매달다	동		C		3805	메우다02	동	'메다'의 사동사	C
1962	매달리다	동		C		23197	메일	명	mail	B
2409	매력	명	魅力	B		2923	며느리	명		B
10013	매번	부	每番	C		1021	며칠	명		A
7759	매스컴	명	mass communication	C		4058	면04	명	面. 행정 단위	C
393	매우01	부		A		643	면05	명	面. 양쪽 ~	C
1272	매일	부	每日	A		5347	면07	명	綿	C
6784	매일	명	每日	A		5481	면담	명	面談	C
3185	매장06	명	賣場	C		3806	면적	명	面積	C
6995	매주01	부	每週	C		9555	면접	명	面接	C
1345	매체	명	媒體	C		3527	면하다01	동	免-	C
2861	맥주	명	麥酒	A		5207	멸치	명		C
1750	맨01	관		B		77	명03	의	名. 한 ~	A
6050	맵다	형		A		6222	명단01	명	名單	C
1674	맺다	동		C		2311	명령01	명	命令	B
288	머리01	명		A		5748	명령어	명	命令語	C

2470	명예01	명	名譽	C	1973	목숨	명		C
3578	명의02	명	名義	C	11099	목요일	명	木曜日	A
3926	명절01	명	名節	B	3808	목욕	명	沐浴	A
3187	명칭02	명	名稱	C	5749	목욕탕	명	沐浴湯	B
9557	명함	명	名銜	B	740	목적03	명	目的	B
3984	명확하다	형	明確-	C	1036	목표	명	目標	B
3743	몇	수		A	2196	몰다01	동		B
186	몇	관		A	2312	몰래01	부		B
2112	몇몇	관		B	4790	몰려들다	동		C
7234	몇십	관		B	6052	몰려오다	동		C
5613	모15	관	某	C	156	몸01	명		A
2095	모15	대	某	C	7238	몸매	명		C
5003	모금01	의	한 ~	C	7239	몸무게	명		B
6582	모기01	명		B	8364	몸살01	명	~이 걸리다	B
3000	모니터	명	monitor	B	9558	몸속	명		C
1840	모델	명	model	B	3636	몸짓	명		C
708	모두01	명		A	3744	몸통	명		C
145	모두01	부		A	1687	몹시	부		B
137	모든	관		A	3745	못01	명	벽에 ~을 박다	C
2862	모래01	명		B	207	못04	부		A
12460	모레	명		B	3867	못되다	형		C
59	모르다	동		A	11104	못생기다	형		C
4890	모범02	명	模範	C	2213	못지않다	형		C
3528	모색하다02	동	摸索-	C	495	못하다	동		A
164	모습01	명		B	3927	못하다	형		A
1368	모시다	동		B	57	못하다	보		A
464	모양02	명	模樣	B	5005	묘사02	명	描寫	C
911	모양02	의	模樣	B	3746	묘사하다	동	描寫-	C
5899	모여들다	동		C	3687	무02	명	식물	B
508	모으다	동		B	7767	무08	명	無	C
610	모이다01	동		B	1662	무겁다	형		A
906	모임01	명		B	2442	무게	명		B
4059	모자08	명	帽子	A	7240	무관심	명	無關心	C
2829	모자라다	동		B	10024	무관심하다	형	無關心-	C
5104	모조리01	부		C	6405	무궁화	명	無窮花	C
5485	모집	명	募集	C	2113	무기05	명	武器	C
8064	모집하다	동	募集-	C	1793	무너지다	동		C
3406	모처럼	부		C	3277	무늬	명		B
5486	모퉁이	명		C	727	무대06	명	舞臺	B
1230	목01	명		A	8367	무더위	명		B
10505	목걸이01	명		B	3233	무덤	명		C
4340	목록	명	目錄	C	9129	무덥다	형		C
2523	목사05	명	牧師	B	3072	무려02	부	無慮	C
486	목소리	명		B	1321	무렵	의		B

3688	무료01	명	無料	C	165	물01	명	바닷~	A
1637	무릎	명		B	1990	물가02	명	物價	C
3468	무리01	명	~를 이루다	C	560	물건	명	物件	A
2896	무리08	명	無理	C	3234	물결	명		C
4891	무리하다	형	無理-	C	3579	물고기	명		B
10027	무사하다04	형	無事-	C	2443	물기	명	-氣	C
1051	무섭다	형		B	2024	물다02	동	담배를 ~	B
221	무슨	관		A	3580	물러나다	동		C
2061	무시하다	동	無視-	B	213	물론01	부	勿論	A
1533	무어01	대		B	1435	물론01	명	勿論	B
135	무엇	대		A	3407	물리학	명	物理學	C
1201	무역02	명	貿易	B	2079	물속	명		B
1382	무용03	명	舞踊	B	1483	물어보다	동		A
8369	무용가	명	舞踊家	C	2897	물음01	명		B
6224	무의미하다	형	無意味-	C	912	물질02	명	物質	C
2313	무조건	부	無條件	B	6054	물질적	명	物質的	C
10517	무지개	명		C	1461	물체	명	物體	C
9563	무책임하다	형	無責任-	C	108	뭐	대		A
1169	무척01	부		B	339	뭐	감		A
5902	묵다01	동	오래된 상태	C	9136	뭘01	감		C
7769	묵다02	동	머무르다	C	6228	뭣	대		C
2711	묶다	동		B	1025	미14	명	美	C
4892	묶이다	동		C		미국	고	美國	A
469	문05	명	門	A	5753	미끄러지다	동		C
6225	문구01	명	文句	C	13330	미끄럽다	형		C
1688	문득01	부		C	6585	미니02	명	mini	C
6790	문밖	명	門-	C	2573	미디어	명	media	B
10519	문법01	명	文法	C	1298	미래02	명	未來	B
3147	문서	명	文書	C	2157	미루다	동		C
2281	문자02	명	文字	C	1242	미리01	부		B
3278	문장02	명	文章	B	6230	미만01	명	未滿	C
53	문제06	명	問題	A	4601	미사일	명	missile	C
7002	문제되다	동	問題-	C	1391	미소05	명	微笑	B
1591	문제점	명	問題點	B	1600	미술	명	美術	B
272	문학01	명	文學	B	3748	미술관	명	美術館	B
13326	문학적	명	文學的	C	4424	미스03	명	Miss	C
73	문화01	명	文化	B	1484	미안하다	형	未安-	A
1390	문화재	명	文化財	C	11768	미역02	명		C
5007	문화적	명	文化的	C	44499	미용실	명	美容室	C
2282	묻다01	동	옷에 흙이 ~	B	7516	미움	명		C
3279	묻다02	동	시체를 ~	C	8071	미워하다	동		B
289	묻다03	동	길을 ~	A	6056	미인01	명	美人	B
5008	묻히다01	동	옷에 흙을 ~	C	3038	미처	부		C
3073	묻히다02	동	땅에 ~	C	1918	미치다01	동	정신에 이상이 생기다	B

1044	미치다02	동	닿다	B	1497	바르다01	동	벽지를 ~	B
843	미터02	의	meter	A	1135	바르다03	형	굽은 데가 없다	B
4793	미팅	명	meeting	B	2680	바보	명		B
5009	미혼01	명	未婚	C	868	바쁘다	형		A
1880	민간	명	民間	C	5489	바싹01	부		C
4693	민속01	명	民俗	C	2382	바위01	명		B
334	민족	명	民族	B	6411	바이러스	명	virus	C
2080	민주02	명	民主	C	3928	바이올린	명	violin	B
1991	민주주의	명	民主主義	C	2627	바지01	명		A
1854	민주화	명	民主化	C	2960	바치다01	동	드리다	C
431	믿다	동		B	5615	바퀴01	명	수레 ~	C
6058	믿어지다	동		C	4795	바퀴01	의	네 ~	C
2924	믿음	명		B	1005	바탕01	명		C
2625	밀가루	명		B	5349	박10	의	泊	C
1485	밀다01	동		B	2830	박다01	동		C
4425	밀리다01	동	방세가 ~	C	1517	박물관	명	博物館	A
1818	밀리미터	의	millimeter	B	1377	박사01	명	博士	B
3581	밀접하다	형	密接	C	3148	박수02	명	拍手	B
3689	밉다	형		B	8375	박스	명	box	B
245	및	부		B	2801	박히다	동		C
652	밑01	명		A	257	밖	명		A
4512	밑바닥	명		C	834	반07	명	半	A
434	바03	의		C	933	반11	명	班	A
4794	바04	명	bar	C	1868	반갑다	형		A
7518	바가지01	명		C	8377	반기다	동		C
5488	바구니	명		C	1218	반대03	명	反對	B
2626	바깥	명		B	9144	반대편	명	反對便	C
5904	바깥쪽	명		C	2039	반대하다01	동	反對-	B
432	바꾸다	동		A	781	반드시	부		B
759	바뀌다	동		B	11775	반말	명	半-	C
7773	바나나	명	banana	A	1097	반면02	명	反面	C
2524	바늘	명		B	3351	반발01	명	反撥	C
488	바다	명		A	4273	반복되다	동	反復-	C
1327	바닥01	명		B	4341	반복하다01	동	反復-	B
2959	바닷가	명		B	3809	반성01	명	反省	C
5754	바닷물	명		C	4342	반성하다01	동	反省-	C
583	바라다01	동		B	2214	반영하다	동	反映-	C
387	바라보다	동		B	1309	반응	명	反應	C
1663	바람01	의	눈이 오는 ~에	A	2314	반장08	명	班長	B
478	바람01	명	~이 불다	A	6059	반죽	명		C
5210	바람02	명	소원	C	6060	반지02	명	斑指	B
1565	바람직하다	형		C	9570	반짝거리다	동		C
132	바로02	부		A	7246	반짝이다	동		C
2800	바로잡다	동		C	3352	반찬	명	飯饌	B

2961	반하다03	동	反-	B		7778	밤새02	명	~ 안녕하셨습니까	C
47	받다01	동	선물을 ~	A		9149	밤새다	동		B
787	받아들이다	동		B		9572	밤새우다	동		C
7013	받침	명		B		8076	밤색	명	-色	C
564	발01	명	신체의 일부	A		8754	밤중	명	-中	B
4602	발가락	명		B		5351	밤하늘	명		C
3986	발걸음	명		C		353	밥01	명	~을 먹다	A
2925	발견01	명	發見	B		4426	밥그릇	명		B
1638	발견되다	동	發見-	B		8077	밥맛	명		B
826	발견하다01	동	發見-	B		3235	밥상	명	-床	C
3987	발길	명		C		8381	밥솥	명		B
7521	발끝	명		C		318	방07	명	房	A
1369	발달	명	發達	B		2802	방금01	부	方今	B
5490	발달되다	동	發達-	C		6590	방면01	명	方面	C
982	발달하다	동	發達-	B		4427	방문02	명	房門	B
7776	발등	명		B		1806	방문03	명	訪問	B
3690	발레	명	&프ballet	C		1945	방문하다	동	訪問-	B
5211	발목01	명		B		6413	방바닥	명	房-	C
9145	발바닥	명		C		179	방법	명	方法	B
2768	발생	명	發生	B		538	방송01	명	放送	B
746	발생하다	동	發生-	B		2004	방송국	명	放送局	B
5491	발음01	명	發音	A		5011	방송사	명	放送社	C
16889	발음하다01	동	發音-	B		6796	방송하다01	동	放送-	C
4796	발자국	명		C		454	방식01	명	方式	C
416	발전01	명	發展	B		955	방안01	명	方案	C
4274	발전02	명	發電	C		5213	방울01	명	물~	C
5010	발전되다	동	發展-	C		5492	방울02	명	~이 울리다	C
983	발전하다01	동	發展-	B		3353	방지04	명	防止	C
9146	발톱	명		C		5012	방지하다01	동	防止-	C
1231	발표01	명	發表	B		1581	방학	명	放學	A
2962	발표되다	동	發表-	C		4275	방해01	명	妨害	C
835	발표하다	동	發表-	B		4896	방해하다	동	妨害-	C
2040	발휘하다	동	發揮-	C		484	방향01	명	方向	B
8753	밝다	동		B		1554	밭01	명		B
1322	밝다	형		A		850	배01	명	신체의 일부	A
9148	밝아지다	동		C		462	배02	명	~를 띄우다	A
3929	밝혀내다	동		C		5215	배03	명	열매	A
1362	밝혀지다	동		C		918	배09	명	倍	C
230	밝히다	동		B		1214	배경01	명	背景	B
1919	밟다	동		B		5905	배고프다	형		A
276	밤01	명	어두운 때	A		10043	배구06	명	排球	B
6062	밤02	명	열매	B		7523	배꼽	명		B
10041	밤낮	명		B		3354	배다01	동	땀이 ~	C
5212	밤늦다	형		B		7249	배달02	명	配達	B

8756	배드민턴	명	badminton	B	686	벌써	부		A
8757	배부르다	형		A	4798	벌어지다01	동	틈이 ~	C
2197	배우01	명	俳優	B	1498	벌어지다02	동	싸움이 ~	B
441	배우다01	동		A	627	벌이다	동		B
8079	배우자02	명	配偶者	C	1582	범위	명	範圍	C
4129	배추01	명		B	3001	범인02	명	犯人	C
20677	배추김치	명		C	1232	범죄	명	犯罪	C
6063	배치03	명	配置	C	603	법01	명	法	B
15575	백05	수	百	A	1252	법01	의	法	B
2410	백05	관	百	A	1751	법률	명	法律	C
	백두산	고	白頭山	C	1881	법원01	명	法院	C
6240	백색01	명	白色	C	6592	법적01	명	法的	C
1601	백성	명	百姓	C	1219	법칙	명	法則	C
6064	백인01	명	白人	C	2499	벗기다02	동		B
	백제	고	百濟	C	1104	벗다	동		A
1974	백화점	명	百貨店	A	8388	베개	명		B
4897	뱀	명		B	3750	베다02	동	목을 ~	C
2471	뱃사람	명		C		베이징(북경)	고	北京	B
4797	뱉다	동		C	6593	벤치	명	bench	C
4696	버려지다	동		C	8389	벨트	명	belt	B
2383	버릇01	명		B	4277	벼01	명		C
704	버리다01	동		B	1199	벽06	명	壁	B
121	버리다01	보		A	5108	변경04	명	變更	C
5906	버섯02	명		B	3002	변동	명	變動	C
719	버스02	명	bus	A	5352	변명01	명	辨明	C
3470	버터	명	butter	B	5755	변신01	명	變身	C
8759	버튼	명	button	B	690	변하다	동	變-	B
2525	버티다	동		C	3280	변호사	명	辯護士	B
138	번04	의	番	A	294	변화	명	變化	B
5619	번개01	명		C	5620	변화되다	동	變化-	C
6415	번거롭다	형		C	1975	변화하다	동	變化-	B
7250	번역	명	飜譯	B	1346	별01	명		A
10051	번역하다	동	飜譯-	C	2681	별02	관	別	B
9578	번지03	명	番地	C	3471	별다르다	형	別-	A
774	번째	의	番-	B	2335	별도01	명	別途	C
4276	번호02	명	番號	A	801	별로01	부	別-	B
4898	벌02	의	옷 한 ~	C	4345	별명01	명	別名	C
5216	벌03	명	곤충	C	7784	별일	명	別-	C
3408	벌06	명	罰	C	1306	병04	명	病	A
4203	벌금	명	罰金	C	1976	병05	명	瓶	A
1087	벌다02	동	돈을 ~	B	4429	병들다	동	病-	B
3810	벌떡	부		C	7524	병실02	명	病室	C
3988	벌레01	명		B	10058	병아리	명		C
2628	벌리다01	동	입을 ~	B	628	병원02	명	病院	A

2926	보고03	명	報告	B	2574	복도04	명	複道	B
2629	보고서	명	報告書	B	8085	복사09	명	複寫	B
3869	보고하다02	동	報告-	C	23452	복사기	명	複寫機	C
5217	보관01	명	保管	C	8391	복사하다03	동	複寫-	B
2630	보관하다	동	保管-	B	13378	복숭아	명		C
265	보내다	동		A	18638	복습	명	復習	B
7785	보내오다	동		C	16943	복습하다	동	復習-	B
4799	보너스	명	bonus	C	1347	복잡하다	형	複雜-	A
21	보다01	보		A	1698	볶다	동		B
17	보다01	동		A	10549	볶음	명		C
862	보다02	부	한층 더	A	8090	볶음밥	명		B
1855	보도04	명	報道	C	6068	본03	관	本	C
4514	보도되다	동	報道-	C	1592	본격적	명	本格的	C
2062	보도하다02	동	報道-	C	2158	본래	명	本來	B
16935	보라색	명	-色	C	4516	본부03	명	本部	C
2682	보람	명		B	6069	본사03	명	本社	C
5493	보름01	명		C	2831	본성02	명	本性	C
4515	보리01	명		C	4279	본인	명	本人	C
5218	보살피다	동		C	2128	본질02	명	本質	C
3811	보상02	명	補償	C	3752	볼01	명	뺨	C
5911	보수06	명	保守	C	10551	볼링	명	bowling	C
6597	보수11	명	補修	C	6603	볼일	명		B
8768	보수적	명	保守的	C	9583	볼펜02	명	ball pen	A
5912	보안01	명	保安	C	972	봄01	명		A
5219	보완하다	동	補完-	C	4206	봉사03	명	奉仕	C
93	보이다01	동	'보다'의 피동사	B	7527	봉사하다01	동	奉仕-	C
168	보이다02	동	'보다'의 사동사	B	5496	봉지06	명	封紙	B
5353	보자기02	명	褓-	C	2741	봉투02	명	封套	B
3356	보장01	명	保障	C	4903	뵈다01	동	보이다	B
3751	보장되다	동	保障-	C	5914	뵈다02	동	웃어른을 보다	B
3236	보장하다01	동	保障-	C	4609	뵙다	동		B
4346	보전03	명	保全	C	2526	부15	의	部	B
4060	보조02	명	補助	C	5915	부15	명	部	C
4607	보존	명	保存	C	4517	부17	명	富	C
5220	보존하다	동	保存-	C	2315	부근03	명	附近	B
6802	보충하다	동	補充-	C	6605	부끄러움	명		B
1794	보통	부	普通	B	2356	부끄럽다	형		B
1392	보통	명	普通	A	1202	부담01	명	負擔	C
3472	보편적	명	普遍的	C	3638	부담하다01	동	負擔-	C
2411	보험	명	保險	B	2500	부대08	명	部隊	C
945	보호01	명	保護	B	1574	부동산	명	不動産	B
4608	보호되다	동	保護-	C	1062	부드럽다	형		B
1639	보호하다	동	保護-	C	2631	부딪치다	동		B
4205	복13	명	福	C	5498	부딪히다	동		C

5621	부러워하다	동		B		북한	고	北韓	B
4430	부러지다	동		C	499	분01	의	한 ~	A
2412	부럽다	형		B	302	분08	의	10시 20~	A
227	부르다01	동	이름을 ~	A	2595	분노	명	憤怒	C
6070	부르다02	형	배가 ~	B	3583	분량	명	分量	C
665	부모01	명	父母	A	3412	분리04	명	分離	C
1160	부모님	명	父母-	A	3812	분리되다	동	分離-	C
1547	부문06	명	部門	C	5359	분리하다03	동	分離-	C
977	부부03	명	夫婦	A	2742	분명01	부	分明	B
291	부분01	명	部分	B	958	분명하다01	형	分明-	C
3753	부분적	명	部分的	C	9169	분명해지다	동	分明-	C
	부산	고	釜山	A	1462	분명히	부	分明-	B
5356	부상05	명	負傷	C	959	분석02	명	分析	C
4207	부서12	명	部署	C	1555	분석하다02	동	分析-	B
3930	부서지다	동		C	517	분야	명	分野	C
2159	부엌	명		A	425	분위기	명	雰圍氣	B
2096	부위04	명	部位	C	7258	분주하다05	형	奔走-	C
1619	부인01	명	夫人	A	2527	분포하다02	동	分布-	C
7256	부인04	명	婦人	C	33246	분필03	명	粉筆	C
3150	부자08	명	富者	B	11819	분홍색	명	粉紅色	C
2683	부작용	명	副作用	B	506	불01	명		A
9167	부잣집	명	富者-	B	1593	불가능하다	형	不可能-	B
2413	부장07	명	部長	B	3003	불가피하다	형	不可避-	C
5622	부재03	명	不在	C	3754	불고기	명		A
1154	부정02	명	不正	C	3584	불과01	부	不過	C
3410	부정적	명	否定的	C	934	불과하다	형	不過-	C
2963	부정하다06	동	否定-	C	567	불교	명	佛敎	B
1869	부족01	명	不足	B	874	불구하다02	동	不拘-	C
1780	부족05	명	部族	B	4433	불꽃01	명		B
1243	부족하다	형	不足-	B	1263	불다01	동	바람이 ~	A
10068	부지런하다	형		B	2964	불러일으키다	동		C
5110	부지런히	부		C	1383	불리다04	동	'부르다'의 피동사	C
7789	부채01	명		C	3755	불리다07	동	물에 ~	C
2472	부처04	명	部處	B	4061	불리하다	형	不利	C
4611	부치다02	동	편지를 ~	B	1807	불만	명	不滿	B
5757	부친	명	父親	C	1356	불법01	명	不法	C
3582	부탁	명	付託	B	7791	불법02	명	佛法	C
2927	부탁하다	동	付託-	B	2501	불빛	명		B
3473	부품	명	部品	C	3188	불쌍하다	형		B
10070	부피	명		C	1992	불안01	명	不安	B
3640	부회장	명	副會長	C	2180	불안하다	형	不安-	B
7023	북07	명	北	B	4348	불어오다	동		C
3411	북부01	명	北部	C	6812	불완전하다	형	不完全-	C
2179	북쪽	명	北-	A	7026	불이익	명	不利益	C

4062	불편01	명	不便	C	760	비슷하다02	형		A	
1808	불편하다01	형	不便-	B	1819	비싸다	형		A	
6813	불평01	명	不平	C	1170	비용03	명	費用	B	
6072	불평등하다	형	不平等-	C	2097	비우다01	동		C	
7027	불필요하다	형	不必要-	C	5917	비웃다	동		C	
3756	불행	명	不幸	C	3040	비율02	명	比率	C	
3318	불행하다	형	不幸-	B	2528	비중01	명	比重	C	
8779	불확실하다	형	不確實-	C	2198	비추다	동		C	
1946	붉다01	형		B	2129	비치다01	동		C	
6815	붐비다	동		C	5918	비키다	동		B	
8400	붓다01	동	얼굴이 ~	C	6075	비타민	명	vitamin	B	
1841	붓다02	동	물을 ~	B	1314	비판01	명	批判	C	
734	붙다	동		B	7264	비판적	명	批判的	C	
5360	붙들다	동		C	2384	비판하다	동	批判-	B	
705	붙이다	동		B	448	비하다	동	比-	C	
3530	붙잡다	동		C	6609	비행02	명	非行	C	
5759	붙잡히다	동		C	3932	비행03	명	飛行	C	
5760	브랜드	명	brand	C	1171	비행기	명	飛行機	A	
7795	블라우스	명	blouse	B	7536	비행장	명	飛行場	C	
592	비01	명	~가 내리다	A	2898	빌다01	동	소원을 ~	B	
8401	비19	명	碑	C	6076	빌딩	명	building	B	
2596	비교01	명	比較	B	1315	빌리다	동		B	
1650	비교적	부	比較的	B	23601	빗01	명	~으로 빗다	B	
1508	비교하다	동	比較-	B	4701	빗물	명		B	
2336	비극	명	悲劇	C	8785	빗방울	명		C	
10077	비기다01	동		C	6610	빗줄기	명		C	
2684	비난	명	非難	C	3813	빚	명		C	
6608	비누	명		A	816	빛	명		B	
3039	비닐	명	vinyl	B	3531	빛깔	명		C	
7262	비닐봉지	명	vinyl封紙	B	2005	빛나다	동		C	
900	비다01	동		C	6077	빠뜨리다	동		C	
10565	비둘기	명		C	613	빠르다	형		A	
1882	비디오	명	video	A	1977	빠져나가다	동		C	
1534	비로소	부		C	3357	빠져나오다	동		C	
2283	비롯되다	동		C	1220	빠지다01	동	머리가 ~	B	
863	비롯하다	동		C	717	빠지다02	동	물에 ~	B	
8781	비만01	명	肥滿	C	9605	빨간색	명	-色	A	
3757	비명02	명	悲鳴	C	2385	빨갛다	형		B	
1357	비밀	명	秘密	B	5223	빨다01	동	젖을 ~	C	
6249	비바람	명		C	5761	빨다02	동	옷을 ~	B	
4063	비비다	동		C	2632	빨래	명		B	
13411	비빔밥	명		A	572	빨리	부		A	
5500	비상01	명	非常	C	2130	빵01	명		A	
5501	비서05	명	秘書	B	5224	빼놓다	동		C	

998	빼다01	동	가시를 ~	B	3533	사방03	명	四方	C
3991	빼앗기다	동		C	5225	사상01	명	史上	C
3642	빼앗다	동		C	9612	사생활	명	私生活	C
7266	뺏다	동		C	2743	사설04	명	社說	C
3532	뺨	명		B	5763	사소하다01	형	些少-	C
3585	뻔하다01	보		C	5114	사슴01			C
3476	뻔하다02	형		C	103	사실04	명	事實	B
2551	뻗다	동		B	673	사실04	부	事實	B
2216	뼈	명		B	1883	사실상	부	事實上	C
1238	뽑다	동		B	15648	사십	수	四十	A
3477	뽑히다	동		C	520	사업04	명	事業	B
1179	뿌리	명		B	7800	사업가	명	事業家	C
1348	뿌리다	동		B	5503	사업자	명	事業者	C
5502	뿌리치다	동		C	1026	사용04	명	使用	B
177	뿐01	의		B	1419	사용되다	동	使用-	B
11837	사11	수	四	A	2928	사용자	명	使用者	B
244	사건01	명	事件	C	254	사용하다03	동	使用-	A
8407	사계절	명	四季節	B	2965	사원04	명	社員	B
691	사고12	명	事故	B	1006	사월02	명	四月	A
1947	사고14	명	思考	C	4702	사위01	명		B
3237	사과05	명	沙果	A	178	사이01	명		A
4064	사과08	명	謝過	C	9615	사이사이	명		C
8408	사과하다02	동	謝過-	B	7801	사이좋다	형		B
3238	사귀다	동		C	9616	사자11	명	獅子	B
6251	사기01	명	士氣	C	1116	사장15	명	社長	A
5919	사나이	명		C	2653	사전13	명	事前	C
6426	사냥	명		C	7270	사전22	명	辭典	A
199	사다	동		A	1155	사정07	명	事情	C
5362	사들이다	동		C	728	사진07	명	寫眞	A
844	사라지다	동		B	9177	사진기02	명	寫眞機	B
12	사람	명		A	3871	사촌	명	四寸	B
373	사랑01	명		A	5226	사춘기	명	思春期	C
7539	사랑스럽다	형		B	20886	사탕02	명	沙糖	A
764	사랑하다	동		A	8411	사투리	명		C
1400	사례05	명	事例	C	5016	사표07	명	辭表	C
9611	사립04	명	私立	C	42	사회07	명	社會	B
5626	사망04	명	死亡	C	6429	사회생활	명	社會生活	C
6252	사망하다01	동	死亡-	C	8791	사회자	명	司會者	C
5921	사모님	명	師母-	B	1762	사회적	명	社會的	B
5762	사무05	명	事務	B	2929	사회주의	명	社會主義	C
3870	사무소	명	事務所	C	6614	사회학	명	社會學	C
1781	사무실	명	事務室	A	3151	사흘	명		B
6253	사무직	명	事務職	C	465	산01	명	山	A
1323	사물10	명	事物	B	9179	산길02	명	山-	C

7034	산부인과	명	産婦人科	C	4436	상대성	명	相對性	C
2654	산소03	명	酸素	B	1721	상대적	명	相對的	C
6078	산속	명	山-	B	5505	상대편	명	相對便	C
392	산업	명	産業	C	4906	상류	명	上流	C
4802	산책	명	散策	A	5227	상반기	명	上半期	C
2234	살01	명	~을 빼다	B	1664	상상07	명	想像	B
581	살04	의	한 ~	A	3284	상상력01	명	想像力	C
55	살다01	동		A	2832	상상하다03	동	想像-	B
1088	살리다	동		B	1842	상식06	명	常識	C
3534	살림01	명		C	3190	상업02	명	商業	C
915	살아가다	동		C	3874	상인07	명	商人	C
4066	살아나다	동		C	3587	상자10	명	箱子	B
2864	살아남다	동		C	4281	상점	명	商店	C
1720	살아오다	동		C	5925	상징적	명	象徵的	C
2865	살인	명	殺人	C	3693	상징하다	동	象徵-	C
2063	살짝01	부		B	1752	상처02	명	傷處	B
555	살펴보다	동		B	9184	상추01	명		B
1856	살피다01	동		C	5767	상쾌하다	형	爽快-	C
189	삶	명		C	269	상태01	명	狀態	C
3004	삶다	동		B	1843	상표02	명	商標	C
5923	삼06	수	三	A	963	상품03	명	商品	B
5019	삼가다	동		C	2633	상하다02	동	傷-	B
12569	삼계탕	명	蔘鷄湯	C	263	상황02	명	狀況	C
901	삼국	명	三國	C	3117	새01	명	사이	C
676	삼다02	동	친구로 ~	C	1089	새03	명	날짐승	A
18764	삼십	수	三十	A	466	새06	관		A
1117	삼월	명	三月	A	3814	새기다01	동	문신을 ~	C
5117	삼촌	명	三寸	B	1329	새끼02	명	자식~	B
3643	삼키다	동		C	3358	새다01	동	비가 ~	C
3116	상02	명	上	C	968	새로	부		B
5764	상04	명	床	C	6079	새로이	부		C
3283	상23	명	像	C	180	새롭다	형		C
3872	상25	명	賞	B	1045	새벽01	명		B
4615	상관03	명	相關	C	9628	새소리	명		B
3934	상관없다	형	相關-	C	5367	새우02	명		B
5365	상관없이	부	相關-	C	7036	새우다01	동	밤을 ~	C
8416	상금04	명	賞金	C	3588	새해	명		B
3478	상담01	명	相談	C	1358	색03	명	色	A
3413	상당04	명	相當	C	1603	색깔	명	色-	A
5118	상당수	명	相當數	C	5926	색다르다	형	色-	C
1920	상당하다02	형	相當-	C	20933	색연필	명	色鉛筆	C
1602	상당히	부	相當-	C	3005	샌드위치	명	sandwich	A
1192	상대04	명	相對	B	5628	생02	명	生	C
1536	상대방02	명	相對方	B	75	생각01	명		A

2064	생각나다	동		B	4805	서적02	명	書籍	C
1330	생각되다	동		B	5229	서점03	명	書店	A
58	생각하다	동		A	3152	서쪽	명	西-	A
1763	생겨나다	동		B	2502	서클	명	circle	C
4803	생기01	명	生氣	C	8798	서투르다	형		B
253	생기다	동		A	9632	서툴다	형		C
236	생명	명	生命	C	4907	석02	관	~ 달	C
3042	생물01	명	生物	C	3816	석10	의	席	C
5020	생방송	명	生放送	C	9634	석사01	명	碩士	C
582	생산	명	生産	C	2655	석유01	명	石油	B
3191	생산되다	동	生産-	C	1921	섞다	동		B
2833	생산력	명	生産力	C	2414	섞이다	동		B
3994	생산자	명	生産者	C	827	선14	명	線	C
1699	생산하다	동	生産-	C	300	선거04	명	選擧	C
2803	생선	명	生鮮	A	4909	선명하다02	형	鮮明-	C
12576	생신02	명	生辰	B	1741	선물03	명	膳物	A
1963	생일02	명	生日	A	14518	선물하다	동	膳物-	A
174	생활	명	生活	A	1122	선배	명	先輩	B
10592	생활비	명	生活費	C	518	선생01	명	先生	A
9631	생활수준	명	生活水準	C	204	선생님	명	先生-	A
10093	생활용품	명	生活用品	C	831	선수05	명	選手	B
2552	생활하다	동	生活-	B	3875	선언하다	동	宣言-	C
6824	생활환경	명	生活環境	B	5368	선원06	명	船員	C
8795	샤워	명	shower	A	2235	선장06	명	船長	C
1537	서구02	명	西歐	C	5230	선전03	명	宣傳	C
3240	서너	관		B	3817	선정하다03	동	選定-	C
5629	서늘하다	형		C	3995	선진03	명	先進	C
206	서다01	동		A	2025	선진국	명	先進國	C
1620	서두르다	동		B	2316	선택	명	選擇	B
7274	서랍	명		B	1332	선택하다	동	選擇-	B
311	서로01	부		A	10100	선풍기	명	扇風機	B
1610	서로01	명		B	4910	선호하다01	동	選好-	C
3006	서류02	명	書類	B	6435	설거지	명		B
12580	서른	수		A	4704	설날	명		B
6826	서명03	명	署名	C	4705	설득하다	동	說得-	C
7038	서명하다01	동	署名-	C	23768	설렁탕	명	-湯	B
3815	서민	명	庶民	C	5231	설립하다	동	設立-	C
3479	서부01	명	西部	C	965	설명	명	說明	A
1331	서비스	명	service	B	4616	설명되다	동	說明-	C
2131	서서히	부	徐徐-	C	577	설명하다	동	說明-	A
1057	서양	명	西洋	B	4437	설문01	명	設問	C
6082	서양인	명	西洋人	C	5369	설사02	부	設使	C
	서울	고		A		설악산	고	雪嶽山	A
	서울역	고	-驛	A	2634	설치02	명	設置	C

2930	설치되다01	동	設置-	C	6621	세수04	명	洗手	A
2098	설치하다01	동	設置-	C	407	세우다01	동		B
2236	설탕	명	雪糖	A	2386	세워지다	동		B
1964	섬03	명		B	1136	세월02	명	歲月	C
4617	섭섭하다01	형		C	5931	세제04	명	洗劑	C
9193	섭씨	명	攝氏	B		세종대왕	고	世宗大王	C
5768	성06	명	姓	B	8116	세탁	명	洗濯	B
1378	성07	명	性	C	8809	세탁기	명	洗濯機	A
4212	성08	명	城	C	18841	세탁소	명	洗濯所	B
404	성격02	명	性格	B	5506	세트	명	set	C
5631	성경03	명	聖經	C	10106	섹시하다	형	sexy-	C
2357	성공01	명	成功	B	4132	센터02	명	center	B
4911	성공적	명	成功的	C	956	센티미터	의	centimeter	A
2082	성공하다	동	成功-	B	782	셈01	의		C
9637	성당03	명	聖堂	C	2771	셋	수		A
3153	성립되다	동	成立-	C	5023	셋째	관		A
3936	성립하다	동	成立-	C	2834	셋째	수		A
2712	성명10	명	聲明	C	2415	소03	명	動物	B
8113	성별01	명	性別	B	3416	소개02	명	紹介	B
4523	성숙하다	동	成熟-	C	3360	소개되다	동	紹介-	B
3645	성실하다02	형	誠實-	C	1401	소개하다01	동	紹介-	A
3997	성인01	명	成人	B	4912	소규모	명	小規模	C
1037	성장01	명	成長	B	4524	소극적	명	消極的	C
2217	성장하다01	동	成長-	C	1221	소금01	명		A
6619	성적01	명	性的	C	7278	소나기01	명		B
2444	성적04	명	成績	B	2083	소나무	명		
2866	성질	명	性質	C	960	소녀02	명	少女	B
18828	성함	명	姓銜	B	1078	소년01	명	少年	B
413	세01	관	~ 권	A	1665	소득	명	所得	C
4618	세07	의	世	C	80	소리01	명		B
969	세13	의	歲	A	2656	소리치다	동		
120	세계02	명	世界	B	5507	소망03	명	所望	C
2251	세계관	명	世界觀	C	3998	소매01	명		C
2114	세계적	명	世界的	B	1519	소문02	명	所聞	B
2160	세금01	명	稅金	B	8117	소문나다	동	所聞-	C
406	세기03	명	世紀	B	3589	소박하다01	형	素朴-	C
3820	세다02	동	돈을 ~	C	2041	소비05	명	消費	C
3415	세다03	형	기운이 ~	B	775	소비자	명	消費者	B
1316	세대02	명	世代	C	10110	소비하다	동	消費-	C
4619	세련되다	형	洗練-	C	604	소설03	명	小說	B
10105	세로01	명		B	4438	소설가	명	小說家	B
5930	세미나	명	seminar	C	2218	소속01	명	所屬	C
258	세상01	명	世上	B	3821	소수08	명	少數	C
7811	세상에	감	世上-	C	2713	소스01	명	sauce	B

9195	소시지	명	sausage	B	8811	손뼉	명		B
1079	소식04	명	消息	B	8812	손수01	부		C
21016	소아과	명	小兒科	C	8121	손수건	명	-手巾	B
5633	소요되다	동	所要-	C	4620	손쉽다	형		C
4525	소용07	명	所用	C	5124	손실	명	損失	C
8118	소용없다	형	所用-	B	3154	손자01	명	孫子	B
3876	소원04	명	所願	C	9647	손잡다	동		C
2598	소위06	부	所謂	C	7281	손잡이	명		B
1538	소유03	명	所有	C	4707	손질	명		C
2966	소유자	명	所有者	C	4526	손질하다	동		C
4352	소유하다01	동	所有-	C	4708	손톱01	명		B
3043	소음06	명	騷音	C	3008	손해	명	損害	C
1499	소재05	명	素材	C	2553	솔직하다	형	率直-	B
2772	소주05	명	燒酒	B	2445	솔직히	부	率直-	B
1993	소중하다	형	所重-	C	6261	솜	명		C
7280	소중히	부	所重-	C	2339	솜씨	명		C
6084	소지품	명	所持品	C	3241	솟다01	동		C
6260	소질03	명	素質	C	8122	송아지	명		B
4073	소파06	명	sofa	A	6085	송이01	명	꽃 한 ~	B
11884	소포01	명	小包	B	8813	송편	명	松-	C
5121	소풍02	명	逍風	A	6086	쇠01	명		C
1307	소프트웨어	명	software	C	2181	쇠고기	명		A
4213	소형03	명	小型	C	3822	쇼02	명	show	B
5024	소홀히	부	疏忽-	C	9202	쇼핑	명	shopping	A
4807	소화06	명	消化	C	6	수02	의	방법	A
5634	소화하다01	동	消化-	C	7045	수02	명	방법	C
60	속01	명		A	907	수26	명	數 ~를 세다	C
3481	속담	명	俗談	C	4527	수건	명	手巾	A
1072	속도01	명	速度	B	7816	수고01	명		C
9645	속마음	명		C	7046	수고하다01	동		B
5932	속삭이다	동		C	6441	수년02	명	數年	B
8120	속상하다02	형	-傷-	C	1274	수단01	명	手段	C
5122	속옷	명		B	1666	수도09	명	首都	C
4074	속이다	동		C	2931	수도권	명	首都圈	C
1436	속하다02	동	屬-	B	7283	수도꼭지	명	水道-	C
185	손01	명	신체의 일부	A	8124	수돗물	명	水道-	B
1273	손가락	명		A	5508	수동적02	명	受動的	C
5771	손길	명		C	10119	수리하다02	동	修理-	C
11888	손녀	명	孫女	B	8126	수만	관	數萬	C
902	손님	명		A	1370	수많다	형	數-	B
6830	손등01	명		C	4075	수면07	명	睡眠	C
5123	손목	명		B	3937	수명05	명	壽命	C
2773	손바닥	명		B	4353	수박01	명	과일	A
5025	손발	명		B	4285	수백04	관	數百	C

2575	수상09	명	首相	B	6627	순진하다01	형	純眞-	C
1922	수석02	명	首席	C	9655	순하다02	형	順-	C
1722	수술05	명	手術	B	7561	숟가락	명		A
4914	수시로	부	隨時-	C	372	술01	명	~을 먹다	A
2714	수십	관	數十	C	854	술06	의	밥 한 ~	A
9208	수업03	명	修業	C	7562	술병02	명	-瓶	B
919	수업04	명	授業	A	8134	술자리	명		B
3590	수없이	부	數-	C	5509	술잔	명	-盞	B
4134	수염04	명	鬚髥	B	2387	술집	명		B
2899	수영02	명	水泳	A	1137	숨01	명		B
11896	수영장	명	水泳場	A	3192	숨기다	동		C
1675	수요06	명	需要	C	2006	숨다01	동		B
7818	수요일	명	水曜日	A	3009	숨지다	동		C
2530	수입01	명	收入	B	1820	숫자	명	數字	B
1180	수입02	명	輸入	B	1038	숲01	명		B
8129	수입되다02	동	輸入-	C	992	쉬다03	동	편안히 ~	A
8130	수입품02	명	輸入品	C	2388	쉬다04	동	숨을 ~	B
3877	수입하다02	동	輸入-	B	27846	쉰	수		A
8438	수저01	명		C	246	쉽다	형		A
522	수준	명	水準	C	6447	슈퍼마켓	명	supermarket	A
5234	수집02	명	蒐集	C	2900	스님	명		B
4135	수집하다02	동	蒐集-	C	4078	스무	관		A
4076	수천07	관	數千	C	10126	스물	수		A
1161	수출03	명	輸出	B	614	스스로	부		B
6445	수출하다03	동	輸出-	B	1340	스스로	명		B
6088	수컷	명		C	2132	스승01	명		C
3075	수표01	명	手票	B	6628	스웨터	명	sweater	B
5235	수필04	명	隨筆	C	4354	스위치	명	switch	C
7049	수학03	명	修學	B	2599	스치다01	동	살짝 닿다	C
3823	수학05	명	數學	B	17164	스케이트	명	skate	B
2358	수행하다02	동	遂行-	C	9213	스케줄	명	schedule	B
4808	수험생	명	受驗生	C	9214	스키	명	ski	A
3417	수화기	명	受話器	B	10634	스키장	명	ski場	B
9653	숙녀	명	淑女	C	1676	스타	명	star	B
6446	숙소02	명	宿所	B	2238	스타일	명	style	B
2473	숙이다	동		B	3646	스튜디오	명	studio	C
1627	숙제03	명	宿題	A	1486	스트레스	명	stress	A
532	순간03	명	瞬間	B	1689	스포츠	명	sports	A
5637	순간적	명	瞬間的	C	5511	슬그머니	부		C
1948	순서	명	順序	B	5125	슬쩍	부		C
3759	순수03	명	純粹	C	7822	슬퍼하다	동		B
2237	순수하다02	형	純粹-	B	2284	슬프다	형		A
4528	순식간	명	瞬息間	C	2804	슬픔	명		B
5774	순위	명	順位	C	1742	습관	명	習慣	B

7564	습기02	명	濕氣	C	1509	시월01	명	十月	A
4136	승객	명	乘客	C	1463	시위04	명	示威	C
2744	승리	명	勝利	C	890	시인10	명	詩人	B
6089	승리하다	동	勝利-	C	5935	시일04	명	時日	C
4079	승부03	명	勝負	C	1454	시작01	명	始作	A
2774	승용차	명	乘用車	B	573	시작되다01	동	始作-	A
3591	승진03	명	昇進	C	131	시작하다01	동	始作-	A
2657	시06	명	市	A	5513	시장03	명	市長	C
193	시10	의	時	A	218	시장04	명	市場	A
442	시13	명	詩	C	559	시절01	명	時節	B
3760	시각03	명	時刻	C	2239	시점02	명	時點	C
1264	시각04	명	視角	C	3482	시중03	명	市中	C
551	시간04	의	時間	A	3938	시즌	명	season	C
99	시간04	명	時間	A	3825	시집01	명	媤-	B
1677	시계01	명	時計	A	4532	시집03	명	詩集	C
1539	시골	명		B	5638	시집가다	동	媤-	C
7823	시금치	명		C	5639	시청01	명	市廳	B
4080	시기04	명	時期	C	5514	시청률	명	視聽率	C
579	시기05	명	時機	C	2503	시청자	명	視聽者	B
4809	시끄럽다	형		B	876	시키다01	동		B
5126	시나리오	명	scenario	C	5936	시합01	명	試合	C
2340	시내03	명	市內	B	639	시험03	명	試驗	A
12628	시내버스	명	市內bus	B	725	식04	의	式	B
111	시대02	명	時代	B	1556	식구01	명	食口	B
10637	시대적	명	時代的	C	8140	식기01	명	食器	C
9658	시댁	명	媤宅	C	3878	식다01	동		B
4530	시도07	명	試圖	C	1393	식당	명	食堂	A
2446	시도하다03	동	試圖-	B	1907	식량03	명	食糧	C
8822	시들다	동		C	10131	식료품	명	食料品	C
8823	시디01	명	콤팩트디스크	C	1444	식물02	명	植物	B
6267	시디롬	명	CD-ROM	C	4711	식빵	명	食-	B
1548	시리즈	명	series	B	928	식사03	명	食事	A
4001	시멘트	명	cement	C	5777	식사하다02	동	食事-	A
611	시민	명	市民	B	6268	식생활	명	食生活	C
9660	시부모	명	媤父母	B	8444	식욕	명	食慾	C
1027	시선03	명	視線	C	2635	식용유	명	食用油	B
650	시설03	명	施設	B	6091	식초	명	食醋	B
1641	시스템	명	system	C	2932	식탁	명	食卓	A
27910	시아버지	명	媤-	B	1723	식품01	명	食品	B
4915	시야03	명	視野	C	27929	식품점	명	食品店	C
3824	시어머니	명	媤-	B	10132	식히다	동		C
9222	시외01	명	市外	B	2341	신02	명	~이 나다	B
18933	시외버스	명	市外bus	C	1141	신09	명	神	C
1844	시원하다	형		A	1022	신경04	명	神經	C

2687	신고01	명	申告	B	17194	실례하다	동	失禮-	A
3320	신고하다01	동	申告-	C	2360	실로01	부	實-	C
4002	신규	명	新規	C	2007	실리다01	동	'싣다'의 피동사	C
3939	신기하다01	형	神奇-	C	5241	실망02	명	失望	C
5237	신기하다04	형	新奇-	C	5372	실망하다02	동	失望-	C
4082	신념01	명	信念	C	1540	실수01	명	失手	B
2715	신다	동		A	9670	실수하다	동	失手-	B
	신라	고	新羅	C	3157	실습	명	實習	C
3156	신랑02	명	新郎	B	1870	실시03	명	實施	C
513	신문10	명	新聞	A	2134	실시되다	동	實施-	C
5516	신문사	명	新聞社	B	771	실시하다03	동	實施-	C
5127	신문지	명	新聞紙	B	4004	실은	부	實-	C
2199	신발	명		A	4288	실장	명	室長	C
7054	신부04	명	神父	C	2162	실정04	명	實情	C
2285	신부10	명	新婦	B	3647	실제02	부	實際	C
2133	신분02	명	身分	C	1809	실제02	명	實際	B
5238	신비02	명	神秘	C	855	실제로	부	實際-	C
8826	신사16	명	紳士	C	3761	실질적	명	實質的	C
2658	신선하다03	형	新鮮-	B	943	실천01	명	實踐	C
5239	신설03	명	新設	C	1894	실천하다01	동	實踐-	C
4355	신세02	명	~를 망치다	C	2504	실체02	명	實體	C
4810	신세대	명	新世代	C	5128	실컷	부		C
5939	신속하다02	형	迅速-	C	3076	실태02	명	實態	C
2266	신용01	명	信用	B	3242	실패02	명	失敗	B
4214	신인07	명	新人	C	2933	실패하다01	동	失敗-	B
4083	신입생	명	新入生	B	1908	실험	명	實驗	C
5940	신제품	명	新製品	C	3537	실현	명	實現	C
5941	신중하다	형	愼重-	C	4917	실현되다	동	實現-	C
2359	신청01	명	申請	B	3694	실현하다	동	實現-	C
7828	신청서	명	申請書	C	776	싫다01	형		A
4003	신청하다01	동	申請-	C	10136	싫어지다	동		B
1209	신체02	명	身體	B	2636	싫어하다	동		A
9666	신체적	명	身體的	C	1073	심각하다02	형	深刻-	B
2868	신호01	명	信號	B	9231	심각해지다	동	深刻-	C
6269	신호등	명	信號燈	B	1333	심다01	동		B
8828	신혼부부	명	新婚夫婦	B	2416	심리01	명	心理	B
6270	신혼여행	명	新婚旅行	B	6451	심리적	명	心理的	C
1575	신화04	명	神話	C	6095	심부름	명		B
1520	싣다01	동		B	3484	심사08	명	審査	C
6271	실01	명	~을 감다	C	6634	심심하다01	형	지루하다	C
5240	실감	명	實感	C	2042	심장02	명	心臟	C
2343	실내	명	室內	B	2417	심정01	명	心情	C
3193	실력02	명	實力	B	4005	심판02	명	審判	C
7291	실례01	명	失禮	A	761	심하다	형	甚-	B

5373	심해지다	동	甚-	B	37	씨07	의	氏	A
24036	십	수	十	A	5374	씨름	명		B
1410	십이월	명	十二月	A	6096	씨앗	명		C
2099	십일월	명	十一月	A	6272	씩씩하다02	형		B
8830	싱겁다	형		B	2968	씹다01	동		B
4137	싱싱하다	형		C	9238	씻기다01	동	비에 ~	C
92	싶다	보		A	10138	씻기다02	동	아이를 ~	C
5641	싶어지다	보		C	947	씻다	동		A
7292	싸구려	명		C	297	아02	감		A
2100	싸다01	동	보자기에 ~	B	2474	아가씨	명		B
2240	싸다05	형	집값이 ~	A	615	아기01	명		A
1007	싸우다	동		A	1363	아까	부		B
1384	싸움	명		B	4356	아까	명		B
9233	싹02	부		C	3695	아깝다	형		C
8146	싼값	명		C	1884	아끼다	동		C
695	쌀	명		B	913	아나운서	명	announcer	B
5778	쌍02	명	雙	C	408	아내01	명		A
5031	쌍둥이	명	雙-	C	3538	아냐	감		C
1521	쌓다	동		B	7058	아뇨01	감		B
1411	쌓이다	동		B	817	아니01	부		A
5944	썩01	부		C	765	아니02	감		B
2901	썩다	동		B	16	아니다	형		A
1098	썰다01	동		B	4918	아니야	감		B
5779	썰렁하다	형		C	2447	아니요	감		A
2418	쏘다01	동		B	1845	아니하다	보		C
2344	쏟다	동		B	24058	아드님	명		C
1895	쏟아지다	동		B	295	아들	명		A
169	쓰다01	동	글씨를 ~	A	453	아래01	명		A
1795	쓰다02	동	모자를 ~	A	7059	아래쪽	명		B
175	쓰다03	동	약을 ~	A	11936	아래층	명	-層	B
10658	쓰다06	형	나물이 ~	B	7836	아랫사람	명		C
5244	쓰다듬다	동		C	4712	아르바이트	명	&독Arbeit	C
2576	쓰러지다	동		C	332	아름답다	형		A
1046	쓰레기	명		A	735	아마01	부		A
7835	쓰레기통	명	-桶	B	2135	아마도	부		B
7571	쓰이다01	동	글이 ~	B	748	아무01	관		A
1359	쓰이다03	동	농사에 기계가 ~	C	908	아무01	대		A
9675	쓴맛	명		C	4533	아무개	대		C
4443	쓸다02	동	마당을 ~	C	1464	아무것	명		B
7057	쓸데없다	형		C	1949	아무래도	부		B
8832	쓸데없이	부		C	1028	아무런	관		C
4289	쓸쓸하다	형		C	2805	아무렇다	형		B
5642	씌우다01	동	아이에게 모자를 ~	C	693	아무리	부		B
3361	씨01	명	~를 심다	B	2969	아무튼	부		B

2870	아버님	명		B	4444	안녕히	부	安寧	A
153	아버지	명		A	929	안다01	동		A
379	아빠	명		A		안동	고	安東	C
5375	아쉬움	명		C	2970	안되다01	동	공부가 ~	A
3077	아쉽다	형		C	7295	안되다02	형	마음이 언짢다	B
7060	아스팔트	명	asphalt	C	2136	안방02	명	-房	B
	아시아	고	Asia	B	8154	안부01	명	安否	C
4139	아아01	감		B	9241	안심하다	동	安心-	C
1557	아예	부		C	2115	안전03	명	安全	B
2101	아울러	부		C	2835	안전하다	형	安全-	B
3010	아유01	감		C	1474	안정01	명	安定	C
96	아이01	명		A	3696	안정되다	동	安定-	C
3485	아이02	감		B	4623	안주04	명	按酒	B
2043	아이고	감		B	3362	안쪽	명		B
2531	아이디어	명	idea	C	2554	안타깝다	형		B
14611	아이스크림	명	ice-cream	A	4445	안팎	명		C
616	아저씨	명		A	183	앉다	동		A
274	아주01	부		A	5033	앉히다	동		C
1743	아주머니	명		A	1859	않다	동		A
2419	아줌마	명		A	11	않다	보		A
201	아직01	부		A	2200	알01	명		B
323	아침	명		A	36	알다	동		A
851	아파트	명	apartment	A	500	알려지다	동		B
589	아프다	형		A	5246	알루미늄	명	aluminium	C
	아프리카	고	Africa	B	993	알리다	동		B
2361	아픔	명		B	1364	알맞다	형		B
7061	아하	감		C	4357	알아내다	동		C
12669	아홉	수		A	2362	알아듣다	동		B
49265	아흔	수		A	388	알아보다	동		C
3122	악기05	명	樂器	B	5247	알아주다	동		C
4218	악몽	명	惡夢	C	7066	알코올	명	alcohol	C
4290	악수06	명	握手	B	2137	앓다	동		B
118	안01	명	집 ~	A	4358	암08	명	癌	B
44	안02	부	아니	A	5783	암시01	명	暗示	C
8153	안04	명	案	C	5946	암컷	명		C
3762	안개	명		C	2008	압력	명	壓力	C
2659	안경03	명	眼鏡	A	64	앞	명		A
15800	안과02	명	眼科	C	5376	앞길01	명	앞에 있는 길	B
4813	안기다01	동	'안다'의 피동사	C	5784	앞날	명		C
4006	안기다02	동	'안다'의 사동사	C	1628	앞두다	동		C
4219	안내01	명	案內	C	4220	앞뒤	명		B
5032	안내하다	동	案內-	B	10669	앞문	명	-門	C
7294	안녕	감	安寧	A	8457	앞바다	명		C
1978	안녕하다	형	安寧	A	1299	앞서	부		C

2201	앞서다	동		B	3422	양념	명		B
3486	앞세우다	동		C	21230	양력02	명	陽曆	C
2555	앞장서다	동		C	5248	양말01	명	洋襪	A
7838	앞쪽	명		B	9250	양배추	명	洋-	B
4291	애01	명	~가 타다	C	9251	양보03	명	讓步	C
315	애02	명	아이	B	5129	양보하다	동	讓步-	B
1651	애쓰다	동		C	4535	양복01	명	洋服	A
3419	애인02	명	愛人	B	8459	양상추	명	洋-	C
3078	애정02	명	愛情	C	34701	양식03	명	洋食	C
3420	애초01	명	-初	C	1831	양식04	명	樣式	C
7068	액세서리	명	accessory	B	4007	양심02	명	良心	C
2971	액수03	명	額數	C	9252	양옆	명	兩-	C
7840	앨범	명	album	C	8157	양주04	명	洋酒	C
821	야04	감		B	2532	양쪽	명	兩-	B
5644	야간	명	夜間	C	2116	양파	명	洋-	B
2688	야구02	명	野球	A	9253	얕다	형		C
19003	야구장	명	野球場	C	4361	얘02	감		C
4360	야단01	명	惹端	C	3079	얘03	불	이 아이	B
9685	야옹01	부		C	237	얘기	명	이야기	A
6098	야외	명	野外	B	736	얘기하다	동		A
3194	야채	명	野菜	B	446	어02	감		A
8840	야하다01	형	冶-	C	4814	어기다01	동		C
9247	약01	명	~이 오르다	C	975	어깨01	명		A
677	약03	관	約	B	133	어느01	관		A
2027	약07	명	藥	A	4919	어느덧	부		C
2363	약간	명	若干	B	2028	어느새	부		B
666	약간	부	若干	B	9254	어두워지다	동		B
7298	약국02	명	藥局	A	1475	어둠	명		B
1203	약속	명	約束	A	1476	어둡다	형		B
2660	약속하다	동	約束-	A	1846	어디01	감		A
9248	약수04	명	藥水	C	155	어디01	대		A
4534	약점01	명	弱點	C	4815	어때	불	어떠해	B
9249	약품	명	藥品	C	845	어떠하다	형		A
1860	약하다01	형	弱	B	2689	어떡하다	불	어떠하게 하다	B
5377	약해지다	동	弱	C	67	어떤	관		A
28129	약혼녀	명	約婚女	C	76	어떻다	형		A
34677	약혼자01	명	約婚者	C	1455	어려움	명		B
8458	얄밉다	형		C	6640	어려워지다	동		C
3421	얇다	형		B	223	어렵다	형		A
7841	양05	명	羊	C	653	어른01	명		A
3592	양07	관	兩	C	4141	어리다01	동	눈물이 ~	B
1428	양20	명	量	B	481	어리다03	형	나이가 적다	B
1576	양25	의	孃	C	3698	어리석다	형		C
3044	양국01	명	兩國	C	4084	어린아이	명		B

4624	어린애	명		B	285	얼마나	부		A
802	어린이01	명		A	3593	얼음01	명		B
8160	어린이날	명		B	3045	얼핏	부		C
3080	어머	감		B	2506	엄격하다02	형	嚴格-	C
106	어머니01	명		A	240	엄마	명		A
2902	어머님	명		B	6100	엄숙하다	형	嚴肅-	C
2775	어색하다02	형	語塞-	B	937	엄청나다	형		C
1522	어서01	부		A	3940	업다	동		C
990	어울리다	동		B	1105	업무02	명	業務	B
28175	어저께	명		C	2637	업종01	명	業種	C
2138	어제01	부		A	1123	업체	명	業體	C
2252	어제01	명	어저께	A	10	없다01	형		A
5378	어젯밤	명		B	1925	없애다	동		B
4292	어지럽다	형		C	1039	없어지다	동		B
4536	어째서	불	어찌하여서	C	171	없이	부		B
1477	어쨌든	부		C	5646	엇갈리다	동		C
749	어쩌다01	동		B	3196	엉덩이	명		C
4537	어쩌다02	부		C	2903	엉뚱하다	형		B
8845	어쩌다가	부		C	5379	엉망	명		C
1354	어쩌면	부		B	7304	엉터리	명		C
4085	어쩐지	부		B	9260	엊그제	부		B
9257	어쩜	부		C	3699	엎드리다	동		C
1558	어찌	부		C	3423	에02	감		C
7303	어찌나	부		C	1210	에너지	명	energy	B
4293	어찌하다	동		C	7071	에어컨	명	air conditioner	A
34770	억04	수	億	B	4363	엔01	의	&일en	B
3364	억울하다	형	抑鬱-	C	5131	엔진	명	engine	C
497	언니	명		A	4816	엘리베이터	명	elevator	B
4221	언덕	명		C	4539	여07	명	女	B
1029	언론	명	言論	C	6101	여가03	명	餘暇	C
667	언어01	명	言語	C	4086	여간	부	如干	C
891	언제01	부		A	2202	여건01	명	與件	C
1008	언제01	대		A	2286	여겨지다	동		C
794	언제나	부		A	9261	여고생	명	女高生	B
1700	언젠가	부		B	5380	여관03	명	旅館	B
2776	엇다	동		B	5519	여군02	명	女軍	C
331	얻다01	동		B	4142	여권02	명	旅券	A
6099	얻어먹다	동		C	144	여기01	대		A
157	얼굴01	명		A	1063	여기다	동		C
4538	얼다01	동		B	2084	여기저기	명		B
1047	얼른02	부		B	8467	여대생	명	女大生	B
10149	얼리다03	동	물을 ~	C	34841	여덟	수		A
402	얼마	명		A	6102	여동생	명	女同生	A
9690	얼마간	명	-間	C	13584	여든	수		A

117	여러	관		A
1300	여러분	대		A
3700	여럿	명		C
1979	여론02	명	輿論	C
766	여름01	명		A
3764	여름철	명		B
2904	여보01	감		B
3081	여보세요	감		A
17283	여섯	수		A
146	여성01	명	女性	B
9263	여왕	명	女王	C
5249	여우01	명	동물	B
1994	여유	명	餘裕	B
2085	여인01	명	女人	C
84	여자02	명	女子	A
7848	여전하다	형	如前-	C
824	여전히	부	如前-	C
10153	여직원	명	女職員	B
5381	여쭈다	동		B
3287	여학생	명	女學生	A
984	여행02	명	旅行	A
6642	여행사	명	旅行社	B
5949	여행하다01	동	旅行-	A
1667	역06	명	役	C
4087	역14	명	驛	A
208	역사04	명	歷史	A
2319	역사가	명	歷史家	B
5787	역사상02	명	歷史上	C
2601	역사적	명	歷史的	B
6842	역사학	명	歷史學	C
313	역시01	부	亦是	B
443	역할	명	役割	B
3826	연간02	명	年間	C
4364	연결01	명	連結	C
2219	연결되다	동	連結-	B
2345	연결하다01	동	連結-	B
4365	연관06	명	聯關	C
239	연구03	명	硏究	B
1950	연구소	명	硏究所	B
6275	연구실	명	硏究室	C
4817	연구원01	명	硏究員	C
2320	연구자	명	硏究者	B
1566	연구하다02	동	硏究-	B
543	연극	명	演劇	C

6458	연기05	명	延期	C
2364	연기09	명	煙氣	B
1724	연기10	명	演技	B
9265	연기되다01	동	延期-	C
2321	연기자	명	演技者	C
8471	연기하다01	동	延期-	C
17294	연두색	명	軟豆色	C
2267	연락02	명	連絡	C
15856	연락처	명	連絡處	B
4088	연락하다02	동	連絡-	B
4540	연령01	명	年齡	C
3124	연말02	명	年末	B
6104	연상하다02	동	聯想-	C
3702	연설02	명	演說	C
15860	연세02	명	年歲	B
3321	연속02	명	連續	C
1896	연습03	명	練習	A
5382	연습하다03	동	練習-	A
4819	연애05	명	戀愛	C
3539	연예인	명	演藝人	C
5520	연인06	명	戀人	C
5521	연장05	명	延長	C
5788	연주06	명	演奏	C
2638	연출02	명	演出	C
5383	연출하다	동	演出-	C
3703	연필	명	鉛筆	A
7311	연하다01	형	軟-	B
2661	연합03	명	聯合	C
4820	연휴02	명	連休	B
9266	열03	수		A
1821	열07	명	熱	B
4628	열기07	명	熱氣	C
287	열다02	동	문을 ~	A
10159	열리다01	동	열매가 ~	B
436	열리다02	동	문이 ~	B
3596	열매01	명		C
4143	열쇠	명		A
660	열심히	부	熱心-	A
4223	열정02	명	熱情	C
5384	열중하다	동	熱中-	C
2602	열차02	명	列車	B
5523	열흘	명		B
5649	엷다01	형		C
3704	염려01	명	念慮	C

7074	염려하다01	동	念慮-	B	21340	예순	수		A
7581	엽서02	명	葉書	B	205	예술	명	藝術	B
3879	엿보다	동		C	1701	예술가	명	藝術家	B
6844	영03	부	~ 딴판이다	C	11311	예술적	명	藝術的	C
	영국	고	英國	A	28337	예습	명	豫習	C
7853	영남	명	嶺南	C	28338	예습하다	동	豫習-	C
2578	영상01	명	映像	C	15879	예식장	명	禮式場	C
28312	영상03	명	零上	B	9271	예약	명	豫約	B
2163	영양05	명	營養	C	12720	예약하다	동	豫約-	C
1090	영어02	명	英語	A	3244	예외	명	例外	C
3288	영업	명	營業	C	4090	예의06	명	禮儀	C
1349	영역03	명	領域	C	1832	예전01	명		B
5385	영웅	명	英雄	C	2449	예절	명	禮節	B
2934	영원하다	형	永遠-	B	999	예정02	명	豫定	B
3540	영원히	부	永遠-	B	4294	예정되다	동	豫定-	C
5037	영하	명	零下	B	3828	예측하다	동	豫測-	C
455	영향04	명	影響	C	2533	예컨대	부	例-	C
4089	영향력	명	影響力	C	1445	옛01	관		B
2579	영혼02	명	靈魂	C	617	옛날	명		A
341	영화01	명	映畵	A	8863	옛날이야기	명		B
11308	영화관01	명	映畵館	C	5386	오02	감		B
8168	영화배우	명	映畵俳優	C	21348	오04	수	五	A
3827	영화제	명	映畵祭	C	3365	오가다	동		B
444	옆	명		A	544	오늘	부		A
5038	옆구리	명		C	310	오늘	명		A
10162	옆방	명	-房	B	721	오늘날	명		B
6107	옆집	명		B	71	오다01	보		A
3289	예01	명	~나 지금이나	C	35	오다01	동		A
605	예06	감		A	5650	오락01	명	娛樂	C
452	예08	명	例	B	978	오래02	부		A
3943	예감03	명	豫感	C	6108	오래간만	명		A
5952	예고하다	동	豫告-	C	6109	오래도록	부		B
2009	예금01	명	預金	B	3046	오래되다	동		B
28328	예매하다01	동	豫買-	B	2203	오래전	명	-前	B
3290	예방02	명	豫防	C	1254	오랜	관		B
4448	예방하다01	동	豫防-	C	2390	오랜만	명		A
7583	예보	명	豫報	C	1420	오랫동안	명		B
4541	예비02	명	豫備	C	4145	오렌지	명	orange	A
1009	예쁘다	형		A	3765	오로지	부		C
1629	예산02	명	豫算	C	4922	오르내리다	동		C
2690	예상02	명	豫想	B	394	오르다	동		A
2010	예상되다	동	豫想-	C	8169	오른발	명		B
3243	예상하다	동	豫想-	C	5651	오른손	명		B
5524	예선02	명	豫選	C	1897	오른쪽	명		A

6846	오리03	명	동물	B	5252	외02	감		B
8865	오븐	명	oven	B	10169	와이셔츠	명	white shirts	C
1000	오빠	명		A	8867	와인	명	wine	B
19100	오십	수	五十	A	2507	완벽하다	형	完璧-	B
1222	오염	명	汚染	C	3291	완성01	명	完成	C
3425	오염되다	동	汚染-	C	3880	완성되다	동	完成-	C
991	오월01	명	五月	A	3766	완성하다01	동	完成-	C
7076	오이01	명		B	3245	완전01	명	完全	C
1193	오전02	명	午前	A	2508	완전하다01	형	完全-	C
2140	오직01	부		B	795	완전히	부	完全-	B
2287	오징어	명		B	1142	왕04	명	王	B
4224	오페라	명	opera	C	8869	왕비	명	王妃	C
10167	오피스텔	명	office hotel	B	4923	왕자01	명	王子	C
3426	오해02	명	誤解	C	159	왜02	부		A
606	오후02	명	午後	A	1301	왜냐하면	부		A
355	오히려	부		C	2972	왠지	부		B
7857	옥상03	명	屋上	C	892	외04	의	外	B
5527	옥수수	명		B	8481	외갓집	명	外家-	C
1465	온01	관		B	35141	외과01	명	外科	C
1630	온갖	관		C	2346	외교01	명	外交	B
2475	온도	명	溫度	B	5039	외교관	명	外交官	B
17329	온돌	명	溫突	C	651	외국02	명	外國	A
8478	온라인	명	on-line	C	5040	외국어	명	外國語	A
2268	온몸	명		B	1611	외국인	명	外國人	A
8866	온종일	명	-終日	C	6112	외다02	동	주문을 ~	C
2253	온통	부		B	4717	외로움	명		C
4449	올02	명	올해	C	3322	외롭다	형		B
1951	올02	관	올해	C	3126	외면하다	동	外面-	C
10168	올가을	명		C	4146	외모02	명	外貌	C
669	올라가다	동		A	1711	외부02	명	外部	C
6647	올라서다	동		C	7078	외삼촌	명	外三寸	B
1494	올라오다	동		B	13623	외아들	명		C
9275	올라타다	동		C	4718	외우다01	동		B
3125	올려놓다	동		B	9713	외제05	명	外製	C
6110	올려다보다	동		C	5257	외출	명	外出	B
472	올리다01	동		C	9714	외출하다	동	外出-	B
1437	올림픽	명	Olympic	B	1446	외치다01	동		C
1652	올바르다	형		C	6113	외침01	명		C
9709	올여름	명		C	8482	외할머니	명	外-	B
701	올해	명		A	14690	외할아버지	명	外-	C
753	옮기다	동		B	7860	왼발	명		B
1172	옳다01	형		B	6649	왼손	명		B
530	옷01	명		A	1822	왼쪽	명		A
4630	옷차림	명		C	7079	요03	관	~ 근방	C

979	요구03	명	要求	C		8177	우편04	명	郵便	C
3366	요구되다	동	要求-	C		12746	우표	명	郵票	B
668	요구하다	동	要求-	B		3012	운06	명	運	B
2288	요금01	명	料金	B		123	운동02	명	運動	A
1604	요리05	명	料理	A		19150	운동복	명	運動服	B
6848	요리사	명	料理師	C		2534	운동장	명	運動場	A
14695	요리하다02	동	料理-	A		4822	운동하다	동	運動-	A
3649	요새01	명		B		9285	운동화	명	運動靴	A
4821	요약하다02	동	要約-	C		1871	운명01	명	運命	C
7586	요일	명	曜日	A		8875	운반02	명	運搬	C
2603	요즈음	명		A		2086	운영하다	동	運營-	C
399	요즘	명		A		3707	운전02	명	運轉	A
3011	요청	명	要請	B		7592	운전기사	명	運轉技士	B
2556	요청하다	동	要請-	C		2580	운전사	명	運轉士	C
3323	욕02	명	辱	C		4720	운전자	명	運轉者	B
7587	욕실	명	浴室	B		7864	운전하다	동	運轉-	A
2973	욕심	명	欲心	B		5133	운행02	명	運行	C
9719	욕하다	동	辱-	C		596	울다01	동	울음을 ~	A
5132	용09	명	龍	C		1559	울리다01	동	종이 ~	B
7588	용감하다	형	勇敢-	C		5793	울리다02	동	아기를 ~	C
1909	용기02	명	勇氣	C			울산	고	蔚山	B
5258	용기03	명	容器	C		3197	울음	명		B
3829	용도02	명	用途	C		4542	울음소리	명		C
2289	용돈	명	用-	B		491	움직이다	동		B
8173	용서01	명	容恕	C		1099	움직임	명		C
4368	용서하다	동	容恕-	C		3246	웃기다	동		B
1898	용어02	명	用語	C		324	웃다	동		A
1631	우려01	명	憂慮	C		8877	웃어른	명		C
13	우리03	대		A		909	웃음	명		B
181	우리나라	명		A		7082	웃음소리	명		C
2716	우리말	명		B		2322	워낙	부		C
1632	우산01	명	雨傘	A		74	원01	의	화폐 단위	A
430	우선02	부	于先	B		6851	원02	감		C
4924	우수하다02	형	優秀-	B		5528	원12	명	圓, ~을 그리다	C
3706	우습다	형		C		3127	원고03	명	原稿	C
2974	우승05	명	優勝	B		1173	원래01	명	元來	B
8874	우승하다	동	優勝-	B		6852	원서05	명	願書	C
5654	우아하다	형	優雅-	C		7321	원숭이	명		B
2935	우연히	부	偶然-	B		656	원인02	명	原因	C
5790	우울하다	형	憂鬱-	B		3324	원장07	명	院長	C
2065	우유02	명	牛乳	A		10182	원피스	명	one-piece	B
4369	우정02	명	友情	C		903	원하다02	동	願-	B
578	우주02	명	宇宙	C		6854	월02	의	月	A
5791	우체국	명	郵遞局	A		3541	월급	명	月給	B

408_ 한국어 어휘 교육

6279	월드컵	명	World Cup	B	5260	유발하다	동	誘發-	C
15942	월세	명	月貰	C	3488	유사하다03	형	類似-	C
4823	월요일	명	月曜日	A	5388	유산07	명	遺産	C
5259	웨이터	명	waiter	B	1080	유월01	명	六月	A
3047	웬01	관		C	4451	유의하다02	동	留意-	C
5042	웬만하다	형		C	3881	유적08	명	遺跡	C
3428	웬일	명		B	8493	유적지	명	遺跡地	C
122	위01	명	~아래	A	5261	유지되다	동	維持-	C
1233	위05	의	位	C	805	유지하다02	동	維持-	C
7868	위06	명	胃	C	3489	유치원	명	幼稚園	B
1421	위기01	명	危機	C	2838	유학04	명	留學	B
1952	위대하다01	형	偉大-	C	4452	유학06	명	儒學	B
6463	위로02	명	慰勞	C	6655	유학생01	명	留學生	B
4632	위로하다	동	慰勞-	C	3542	유행02	명	流行	B
2182	위반03	명	違反	B	5043	유행하다01	동	流行-	B
5953	위반하다02	동	違反-	C	4929	유형07	명	類型	C
7323	위법01	명	違法	C	17406	육02	수	六	A
4824	위성06	명	衛星	C	4371	육군02	명	陸軍	C
9724	위아래	명		B	5796	육상02	명	陸上	C
1211	위원01	명	委員	C	28580	육십	수	六十	A
1690	위원장	명	委員長	C	2164	육체03	명	肉體	C
2290	위주	명	爲主	C	7325	육체적	명	肉體的	C
7086	위쪽	명		B	4930	으레01	부		C
15946	위층	명	-層	B	5045	으응	감		B
895	위치01	명	位置	B	6656	은04	명	銀	C
2420	위치하다	동	位置-	B	5956	은은하다02	형	隱隱-	C
33	위하다01	동	爲-	B	599	은행02	명	銀行	A
1744	위험	명	危險	A	5530	은행나무	명	銀杏-	C
7594	위험성	명	危險性	C	1487	음01	감		B
2141	위험하다	형	危險-	A	7327	음력02	명	陰曆	C
2691	위협	명	威脅	C	2291	음료	명	飮料	B
5954	윗몸	명		C	7093	음료수	명	飮料水	B
10184	윗사람	명		C	9730	음반	명	音盤	C
2717	유교02	명	儒敎	B	3367	음성02	명	音聲	C
2604	유난히	부		B	395	음식	명	飮食	A
8489	유능하다	형	有能-	C	3944	음식물02	명	飮食物	C
	유럽	고	Europe	B	4372	음식점	명	飮食店	C
3247	유리10	명	琉璃	B	586	음악01	명	音樂	A
4721	유리창01	명	琉璃窓	B	8499	음악가	명	音樂家	B
3292	유리하다01	형	有利-	C	5797	음주	명	飮酒	C
6281	유머	명	humor	C	1110	응01	감		B
4926	유명01	명	有名	B	8500	응답하다	동	應答-	C
1605	유명하다01	형	有名-	A	726	의견01	명	意見	B
3325	유물04	명	遺物	C	9732	의논	명	議論	C

4373	의논하다	동	議論-	C		3199	이달01	명		C
1702	의도02	명	意圖	C		5135	이대로	부		C
5391	의도적	명	意圖的	C		806	이데올로기	명	&독Ideologie	C
6284	의류	명	衣類	C		2366	이동03	명	移動	B
2605	의무01	명	義務	C		3831	이동하다	동	移動-	C
1995	의문02	명	疑問	C		13671	이따가	부		B
228	의미02	명	意味	B		5392	이따금	부		C
1394	의미하다02	동	意味-	B		548	이때	명		A
1980	의복01	명	衣服	C		1395	이래03	의	以來	C
2241	의사02	명	意思	C		9734	이래서	불	이리하여서	C
1295	의사12	명	醫師	A		1797	이러다	동		C
374	의식03	명	意識	C		113	이러하다	형		B
3431	의식04	명	儀式	C		83	이런01	관		A
1847	의식하다02	동	意識-	C		3767	이런저런	관		C
3830	의심03	명	疑心	C			이렇게	불	이러하게	B
2872	의심하다	동	疑心-	B		105	이렇다	형		A
4826	의외로	부	意外	C		4544	이력서	명	履歷書	C
3490	의욕	명	意欲	C		6861	이론적	명	理論的	C
492	의원05	명	議員	C		8503	이롭다02	형	利	C
2292	의자03	명	椅子	A		322	이루다01	동		B
2254	의존하다	동	依存-	C		359	이루어지다	동		B
1014	의지06	명	意志	C		2421	이룩하다	동		C
3432	의지하다	동	依支-	C		1928	이뤄지다	동		B
110	의하다01	동	依-	B		320	이르다01	동	도착하다	B
2777	의학02	명	醫學	C		2839	이르다02	동	말하다	C
2692	이03	명	신체	A		2557	이르다03	형	빠르다	B
1064	이04	의		C		241	이름	명		A
30	이05	대		A		3545	이리04	부	~ 오너라	B
14	이05	관		A		4094	이리저리02	부	~ 돌아다니다	C
9733	이09	수	二	A		2476	이마01	명		B
4633	이같이	부		C		4827	이모02	명	姨母	C
314	이거01	대		A		232	이미01	부		B
170	이것	대		A		1100	이미지	명	image	B
5656	이것저것	명		B		10193	이민03	명	移民	C
624	이곳	대		A		9738	이발소	명	理髮所	B
9294	이곳저곳	명		B		172	이번01	명	-番	A
1111	이기다01	동	적에게 ~	B		5798	이별	명	離別	C
1265	이끌다	동		C		8505	이분01	대		A
618	이날	명		B		2718	이불01	명		B
3544	이내03	부		C		6117	이빨	명		C
4093	이내05	명	以內	C		1953	이사14	명	移徙	B
1365	이념	명	理念	C		4009	이사장	명	理事長	C
4543	이놈01	대		C		8189	이사하다01	동	移徙-	B
9296	이다음	명		C		194	이상05	명	以上	B

2694	이상09	명	理想	B	3708	익숙하다	형		B
2117	이상12	명	異常	B	4011	익숙해지다	동		B
3650	이상적01	명	理想的	C	5959	익히다01	동	고기를 ~	C
732	이상하다	형	異常-	B	1899	익히다02	동	기술을 ~	C
2719	이성08	명	理性	B	2873	인02	명	人	C
10194	이성10	명	異性	C	102	인간01	명	人間	B
5657	이슬	명		C	5658	인간관계	명	人間關係	C
51771	이십	수	二十	A	5136	인간성	명	人間性	C
197	이야기	명		A	4095	인간적	명	人間的	C
539	이야기하다	동		A	2663	인격	명	人格	C
1764	이어01	부		C	4149	인공01	명	人工	C
5046	이어서	부		C	1302	인구01	명	人口	B
970	이어지다	동		C	3491	인근	명	隣近	C
1438	이외01	명	以外	B	849	인기01	명	人氣	B
1642	이용01	명	利用	B	10731	인도02	명	보도	C
2806	이용되다	동	利用-	B	828	인류01	명	人類	C
6465	이용자	명	利用者	C	706	인물	명	人物	C
305	이용하다01	동	利用-	B	4374	인분80	의	人分. 3~	B
951	이웃	명		B	1488	인사01	명	人士	A
5532	이웃집	명		B	1204	인사02	명	人事	A
1783	이월01	명	二月	A	1244	인사03	명	人事	C
249	이유04	명	理由	B	8893	인사말	명	人事-	B
3368	이윽고	부		C	4096	인사하다	동	人事-	A
1412	이익02	명	利益	B	8512	인삼	명	人蔘	B
4010	이자05	명	利子	C	15996	인삼차	명	人蔘茶	B
869	이전03	명	以前	B	8513	인상01	명	人相	B
370	이제01	명		A	2066	인상03	명	引上	C
210	이제01	부		A	2451	인상06	명	印象	B
6864	이제야	부		C	5138	인상적	명	印象的	C
4296	이중03	명	二重	C	880	인생01	명	人生	B
1885	이쪽02	대		A	7102	인쇄	명	印刷	C
2807	이튿날	명		B	1668	인식하다	동	認識-	C
2422	이틀01	명	시간	B	2367	인연03	명	因緣	C
1965	이하02	명	以下	B	4298	인원	명	人員	B
6118	이해03	명	利害	C	5800	인재02	명	人材	C
930	이해06	명	理解	B	4545	인정되다	동	認定-	C
5958	이해관계	명	利害關係	C	4299	인정받다	동	認定-	C
4453	이해되다	동	理解-	C	870	인정하다	동	認定-	C
515	이해하다02	동	理解-	A	10198	인제01	명		C
7339	이혼03	명	離婚	B	1594	인제01	부		B
10196	이혼하다	동	離婚-	B	5801	인종01	명	人種	C
270	이후02	명	以後	B		인천	고	仁川	A
2975	익다01	동	감이 ~	B		인천공항	고	仁川空港	B
7599	익다02	형	손에 ~	C	3200	인체	명	人體	C

2452	인터넷	명	internet	B	4638	일치01	명	一致	C
4300	인터뷰	명	interview	B	2558	일치하다	동	一致-	C
4454	인하01	명	引下	C	661	일하다	동		A
731	인하다01	동	因-	C	2368	일행01	명	一行	C
4636	인형01	명	人形	B	7343	일회용	명	一回用	B
29	일01	명		A	9305	일회용품	명	一回用品	B
7600	일05	수	一	A	13695	일흔	수		A
41	일07	의	하루	A	209	읽다	동		A
17461	일곱	수		A	9306	읽히다01	동	'읽다'의 피동사	B
7883	일기11	명	日氣	B	756	잃다	동		A
3433	일기12	명	日記	B	2606	잃어버리다	동		A
681	일단01	부	一旦	C	4097	임금01	명		C
5960	일대01	관	一大	C	1048	임금03	명	賃金	B
8191	일등	명	一等	B	3769	임무01	명	任務	C
696	일반02	명	一般	B	2808	임시02	명	臨時	B
3493	일반인	명	一般人	C	1549	임신02	명	妊娠	B
1324	일반적	명	一般的	B	5393	임신부	명	妊娠婦	C
	일본	고	日本	A	6871	임신하다	동	妊娠-	C
12030	일본어	명	日本語	A	338	입	명		A
398	일부02	명	一部	B	2165	입구02	명	入口	B
2392	일부러	부		C	14774	입국02	명	入國	C
2720	일상04	명	日常	B	354	입다01	동	옷을 ~	A
3014	일상생활	명	日常生活	B	4725	입대01	명	入隊	C
4933	일상적	명	日常的	C	5961	입력	명	入力	C
3883	일생01	명	一生	C	6468	입력하다	동	入力-	C
6122	일손	명		C	4229	입맛	명		C
5802	일시적	명	一時的	C	8518	입사04	명	入社	C
52043	일식04	명	日食. 일본 음식	C	10204	입사하다04	동	入社-	C
3652	일쑤	명		C	1679	입술	명		B
216	일어나다	동		A	1106	입시04	명	入試	C
1798	일어서다	동		C	6293	입원01	명	入院	B
1784	일요일	명	日曜日	A	6872	입원하다01	동	入院-	B
1725	일월01	명	一月	A	450	입장04	명	立場	C
680	일으키다	동		B	2012	입학	명	入學	B
4934	일일이02	부	一一-	C	4302	입학하다	동	入學-	B
3709	일자05	명	日子	C	3884	입히다	동		C
7884	일자리	명		C	737	잇다01	동		C
3083	일정03	명	日程	B	2874	잇따르다	동		C
1360	일정하다	형	一定-	C	888	있다01	동		A
2118	일종03	명	一種	C	3	있다01	보		A
1456	일주일	명	一週日	A	4	있다01	형		A
1186	일찍	부		A	931	잊다01	동		A
3160	일찍이	부		C	2905	잊어버리다	동		A
3653	일체01	명	一切	C	6294	잊혀지다	동		C

1680	잎01	명		A	3770	자연히	부	自然-	C
8520	자01	명	~로 재다	C	1457	자원04	명	資源	C
1277	자04	감		B	757	자유03	명	自由	B
1669	자14	명	字. 이름 석 ~	C	1278	자유롭다	형	自由-	B
871	자18	의	者	C	3161	자율	명	自律	C
5264	자가용	명	自家用	B	5048	자장면	명	&중Zhajiangmian	A
2204	자격04	명	資格	B	1224	자전거	명	自轉車	A
6470	자격증	명	資格證	C	5049	자정01	명	子正	C
2936	자극01	명	刺戟	C	3015	자존심	명	自尊心	C
3832	자극하다	동	刺戟-	C	674	자주01	부		A
126	자기04	대	自己	B	286	자체02	명	自體	B
427	자기04	명	自己	B	6876	자취01	명		C
1385	자꾸01	부		B	2876	자판01	명	字板	C
3654	자꾸만	부		B	8904	자판기	명	自販機	B
1606	자네01	대		C	565	작가01	명	作家	B
1523	자녀01	명	子女	C	1040	작년	명	昨年	A
541	자다01	동		A	259	작다01	형		A
2721	자동01	명	自動	B	4456	작성01	명	作成	C
796	자동차	명	自動車	A	3494	작성하다	동	作成-	C
5139	자라나다	동		B	8198	작아지다	동		B
767	자라다01	동	커지다	B	424	작업01	명	作業	C
4303	자랑01	명		C	1081	작용01	명	作用	C
2581	자랑스럽다	형		B	1560	작용하다01	동	作用-	C
2875	자랑하다01	동		B	52406	작은딸	명		C
509	자료03	명	資料	B	19302	작은아들	명		C
1166	자르다01	동		B	12048	작은아버지	명		C
229	자리01	명	~가 없다	A	21595	작은어머니	명		C
6664	자리02	명	~를 깔다	C	262	작품01	명	作品	C
7890	자매03	명	姉妹	C	884	잔03	명	盞	A
5535	자부심	명	自負心	C	7107	잔디	명		C
4828	자살01	명	自殺	C	7353	잔디밭	명		C
9748	자살하다01	동	自殺-	C	2166	잔뜩	부		B
630	자세02	명	姿勢	C	3710	잔치01	명		B
4013	자세하다01	형	仔細-	C	68	잘02	부		A
2255	자세히	부	仔細-	B	4099	잘나다	형		C
504	자식01	명	子息	B	1402	잘되다	동		B
72	자신01	명	自身	B	4457	잘리다01	동		C
2143	자신02	명	自信	B	1775	잘못	부		B
3946	자신감	명	自信感	C	1371	잘못	명		B
348	자연01	명	自然	B	1541	잘못되다	동		B
924	자연스럽다	형	自然-	B	1861	잘못하다	동		B
9749	자연적	명	自然的	C	6295	잘살다	동		B
5962	자연현상	명	自然現象	C	6668	잘생기다	형		B
3293	자연환경	명	自然環境	C	479	잘하다	동		A

640	잠01	명		A	1325	장소05	명	場所	A
6877	잠그다01	동	서랍을 ~	C	6128	장수01	명	사과 ~	C
2696	잠기다02	동	물에 ~	C	3370	장식05	명	裝飾	C
2607	잠깐	부		A	6671	장애인	명	障碍人	C
2582	잠깐	명		A	13715	장인02	명	丈人	C
2608	잠들다	동		B	2779	장점02	명	長點	B
6126	잠바	명	jumper	C	5537	장차02	부	將次	C
6127	잠수함02	명	潛水艦	C	6129	장학금	명	獎學金	B
2144	잠시	명	暫時	B	3655	잦다03	형	왕래가 ~	C
722	잠시	부	暫時	A	4100	재능	명	才能	C
12049	잠옷	명		B	6130	재다02	동	저울로 ~	C
4547	잠자다	동		A	750	재료01	명	材料	B
4151	잠자리01	명	~를 바꾸다	C	1439	재미01	명		A
19306	잠자리02	명	곤충	C	5538	재미없다	형		A
202	잡다01	동		A	697	재미있다	형		A
9317	잡수다	동		C	5804	재밌다	형	재미있다	C
6878	잡수시다	동		A	3833	재빨리	부		C
5266	잡아당기다	동		C	662	재산	명	財産	B
3885	잡아먹다	동		C	4641	재생01	명	再生	C
1862	잡지	명	雜誌	A	9755	재수03	명	財數	C
1550	잡히다02	동	'잡다'의 피동사	B	10218	재우다01	동	고기를 양념에 ~	C
925	장22	의	張, 종이 한 ~	A	9757	재작년	명	再昨年	B
2664	장25	명	章	B	1873	재정05	명	財政	C
6296	장가01	명	~가다	B	5396	재주01	명		C
12051	장갑01	명	掌匣	B	4230	재즈	명	jazz	C
556	장관02	명	長官	C	9758	재채기	명		B
1200	장군04	명	將軍	B	2030	재판06	명	裁判	C
5660	장기간	명	長期間	C	7606	재학02	명	在學	C
5395	장기적	명	長期的	C	8527	재활용	명	再活用	C
3772	장난	명		C	6672	재활용품	명	再活用品	C
6879	장난감	명		B	6131	쟤	불	저 아이	B
4152	장남03	명	長男	B	56	저03	대	일인칭 대명사	A
2722	장래	명	將來	B	460	저04	관	멀리 있는 대상	A
6880	장례02	명	葬禮	C	7608	저04	대	멀리 있는 대상	A
9751	장례식	명	葬禮式	C	1833	저05	감		B
3084	장르	명	&프genre	C	4015	저거01	대		A
7605	장마01	명		B	4304	저것	대		A
1284	장면04	명	場面	C	3201	저고리01	명		C
11360	장모01	명	丈母	C	52763	저곳	대		A
8906	장모님	명	丈母-	C	1692	저기01	대		A
12818	장미05	명	薔薇	A	7355	저기02	감		C
2842	장비07	명	裝備	C	634	저녁	명		A
2220	장사01	명		B	8910	저녁때	명		B
9319	장사꾼	명		C	6673	저러다	동		C

3773	저런01	관		B	4154	전국적	명	全國的	C
9325	저런02	감		B	2878	전기09	명	前期	C
	저렇게	불	저러하게	B	7610	전기12	명	傳記	C
3085	저렇다	형		B	1834	전기15	명	電氣	B
6674	저리01	부	저곳으로	B	6884	전기밥솥	명		B
4153	저마다	부		C	3372	전날	명	前-	B
7897	저번02	명	這番	B	4459	전달03	명	傳達	C
8914	저울01	명		C	3712	전달되다	동	傳達-	C
5661	저자05	명	著者	B	2424	전달하다02	동	傳達-	B
3326	저절로	부		C		전라도	고	全羅道	B
1703	저지르다	동		C	1500	전망03	명	展望	C
2031	저쪽	대		A	4731	전망하다02	동	展望-	C
4016	저축03	명	貯蓄	B	1015	전문08	명	專門	B
5540	저편	대	-便	C	1379	전문가	명	專門家	B
1245	저희01	대		B	5805	전문적	명	專門的	C
363	적03	의		B	9765	전문점	명	專門店	C
2665	적13	명	敵	B	7358	전문직	명	專門職	C
2167	적극	명	積極	B	4155	전반03	명	全般	C
1279	적극적	명	積極的	B	3373	전반적	명	全般的	C
1334	적다01	동	답을 ~	A	3202	전부05	명	全部	B
590	적다02	형	경험이 ~	A	3713	전부05	부	全部	B
2583	적당하다02	형	適當-	B	5662	전선10	명	戰線	C
2780	적당히	부	適當-	B	5399	전설04	명	傳說	C
4730	적성05	명	適性	C	7110	전세07	명	傳貰	C
1447	적어도	부		B	5140	전시04	명	展示	C
8918	적어지다	동		B	10226	전시되다	동	展示-	C
2877	적용	명	適用	C	7900	전시장	명	展示場	C
2584	적용되다	동	適用-	C	7612	전시하다01	동	展示-	C
2454	적용하다	동	適用-	B	4460	전시회	명	展示會	C
6297	적응02	명	適應	C	3774	전용04	명	專用	C
4232	적응하다02	동	適應-	C	2293	전자06	명	電子	B
1930	적절하다	형	適切-	C	533	전쟁	명	戰爭	B
3835	적합하다	형	適合-	C		전주	고	全州	C
3600	적히다	동		C	4643	전철04	명	電鐵	B
712	전07	관	全. ~ 국민	C	329	전체01	명	全體	B
534	전08	관	前	A	2393	전체적	명	全體的	B
115	전08	명	前	A	881	전통06	명	傳統	B
2535	전개02	명	展開	C	9767	전통문화	명	傳統文化	C
2723	전개되다	동	展開-	C	2455	전통적	명	傳統的	C
3371	전개하다02	동	展開-	C	797	전하다	동	傳-	B
3495	전공05	명	專攻	B	2294	전해지다	동	傳-	B
4936	전공하다01	동	專攻-	C	496	전혀01	부	全-	B
9762	전구10	명	電球	C	375	전화07	명	電話	A
709	전국03	명	全國	B	7360	전화기	명	電話機	B

3836	전화번호	명	電話番號	A	1422	정당07	명	政黨	C
4461	전화하다02	동	電話-	A	86	정도11	명	程度	B
2295	전환03	명	轉換	C	5966	정류장	명	停留場	A
4462	전환하다02	동	轉換-	C	2323	정리09	명	整理	B
4938	전후01	명	前後	C	6302	정리되다	동	整理-	C
2510	절01	명	사찰	B	1212	정리하다	동	整理-	B
3327	절02	명	~을 하다	B	349	정말01	부	正-	A
5401	절08	명	節	C	5275	정말01	감	正-	B
3434	절대05	부	絕對	B	3129	정말01	명	正-	B
4233	절대05	명	絕對	C	2425	정말로	부	正-	C
2477	절대로	부	絕對-	B	2906	정면01	명	正面	C
3248	절대적	명	絕對的	C	4305	정문03	명	正門	B
3656	절망02	명	絕望	C	6677	정반대	명	正反對	C
2394	절반	명	折半	B	435	정보06	명	情報	B
7904	절약	명	節約	C	3886	정보화	명	情報化	C
6676	절약하다	동	節約-	B	136	정부08	명	政府	C
1430	절차02	명	節次	C	3328	정비05	명	整備	C
528	젊다	형		B	4939	정상02	명	正常	C
1255	젊은이	명		B	1931	정상11	명	頂上	B
5808	젊음	명		C	4940	정상적	명	正常的	C
1577	점10	의	點	B	3087	정성11	명	精誠	C
109	점10	명	點	B	2609	정식01	명	正式	B
5273	점검	명	點檢	C	319	정신12	명	精神	B
3602	점수06	명	點數	B	5547	정신과	명	精神科	C
2256	점심	명	點心	A	5968	정신없이	부	精神-	C
9328	점심때	명	點心-	B	2270	정신적	명	精神的	B
6132	점심시간	명	點心時間	A	7907	정오01	명	正午	C
8536	점원01	명	店員	B	5276	정원06	명	庭園	B
5809	점잖다	형		C	8205	정장04	명	正裝	C
1143	점점01	부	漸漸	B	5666	정지06	명	停止	C
1285	점차02	부	漸次	B	5969	정직하다01	형	正直-	C
1785	접근	명	接近	C	234	정치03	명	政治	B
2395	접근하다	동	接近-	C	2560	정치권	명	政治權	C
3657	접다01	동		C	2843	정치인	명	政治人	C
4234	접시	명		B	2844	정치적	명	政治的	B
2536	접촉	명	接觸	C	4463	정치학	명	政治學	C
3086	접하다01	동	接-	C	803	정하다03	동	定-	B
4550	젓가락	명		A	2939	정해지다	동	定-	B
2559	젓다01	동		B	1016	정확하다01	형	正確-	B
2269	정20	명	情	B	2257	정확히01	부	正確-	B
9769	정거장	명	停車場	B	5403	젖	명		C
3497	정기07	명	定期	C	1466	젖다01	동		B
7616	정기적	명	定期的	C	2809	제거하다	동	除去-	C
7906	정답	명	正答	B	4236	제공04	명	提供	C

1440	제공하다02	동	提供-	B	1735	조금씩	부		B
36191	제과점	명	製菓店	C	5277	조기05	명	早期	C
619	제대로	부		B	7116	조깅	명	jogging	C
7909	제대하다	동	除隊-	C	5406	조르다02	동	요구하다	C
5549	제도적	명	制度的	C	5668	조명06	명	照明	C
1524	제목02	명	題目	B	1736	조미료	명	調味料	C
3547	제발01	부		B	336	조사30	명	調査	B
3162	제법01	부		B	885	조사하다12	동	調査-	B
4017	제비02	명	動物	C	1583	조상07	명	祖上	B
1932	제사07	명	祭祀	C		조선05	고	朝鮮	C
8539	제삿날	명	祭祀-	C	2977	조심스럽다	형	操心-	B
4833	제시02	명	提示	C	2666	조심하다02	동	操心-	B
3659	제시되다	동	提示-	C	2610	조용하다01	형		A
932	제시하다01	동	提示-	C	2047	조용히	부		B
4018	제안02	명	提案	C	5551	조절02	명	調節	C
4019	제안하다02	동	提案-	C	3837	조절하다02	동	調節-	C
3088	제약01	명	制約	C	3838	조정09	명	調整	C
4834	제외되다	동	除外	C	5971	조정하다06	동	調整-	C
1467	제외하다	동	除外	C	683	조직	명	組織	C
3498	제의04	명	提議	C	4835	조카	명		B
5667	제의하다	동	提議-	C	5669	조화되다	동	調和-	C
733	제일04	명	第一	A	5278	존경하다	동	尊敬-	C
2032	제자01	명	弟子	C	9778	존댓말	명	尊待-	B
4160	제자리	명		C	510	존재	명	存在	C
2221	제작02	명	製作	C	798	존재하다	동	存在-	C
3249	제작하다02	동	製作-	C	3437	존중하다	동	尊重-	C
	제주도	고	濟州島	A	7913	졸다01	동		B
7366	제출02	명	提出	C	10242	졸리다01	동	자고 싶다	C
2976	제출하다02	동	提出-	B	2845	졸업	명	卒業	A
516	제품02	명	製品	B	6307	졸업생	명	卒業生	B
2222	제한01	명	制限	B	2145	졸업하다	동	卒業-	A
3603	제한되다	동	制限-	C	10243	졸음01	명		C
3436	제한하다	동	制限-	C	90	좀02	부	조금	A
1726	조13	의	條	C	1754	좁다01	형		B
6303	조15	의	組	C	8210	좁히다01	동		C
6680	조15	명	組	C	1810	종09	명	種	B
3049	조각01	명	얼음 ~	C	5279	종13	명	鐘	C
2907	조각05	명	彫刻	B	921	종교	명	宗敎	B
5812	조개01	명	動物	C	7619	종교적	명	宗敎的	C
468	조건02	명	條件	B		종로	고	鍾路	B
5142	조그마하다	형		C	973	종류02	명	種類	B
2324	조그맣다	형		B	5281	종소리	명	鐘-	C
738	조금01	부		A	2512	종업원	명	從業員	B
663	조금01	명		A	1423	종이01	명		A

10245	종이컵	명	-cup	B	743	주위02	명	周圍	B
3499	종일01	명	終日	B	3330	주의07	명	注意	C
3887	종종04	부	種種. ~ 놀러 오세요	C	3949	주의하다01	동	注意-	C
1266	종합	명	綜合	B	825	주인01	명	主人	A
5052	종합하다	동	綜合-	C	1310	주인공	명	主人公	B
45	좋다01	형		A	9340	주일03	의	週日	C
8212	좋아	감		C	729	주장03	명	主張	C
3500	좋아지다	동		B	503	주장하다01	동	主張-	B
438	좋아하다	동		A	3016	주저앉다	동		C
4464	좌석	명	座席	B	9783	주전자	명	酒煎子	C
2748	좌우01	명	左右	C	836	주제04	명	主題	B
1799	죄03	명	罪	C	14862	주차04	명	駐車	B
2724	죄송하다	형	罪悚-	A	5143	주차장	명	駐車場	B
3948	죄인	명	罪人	C	19443	주차하다01	동	駐車-	B
2749	주03	관	主. ~ 고객	C	1478	주택	명	住宅	B
2585	주26	의	週	A	5144	주한02	명	駐韓	C
2183	주26	명	週	A	8218	죽03	부	줄을 ~ 긋다	C
5552	주거02	명	住居	C	4381	죽07	명	粥	B
2698	주고받다	동		C	231	죽다01	동	굶어 ~	A
7620	주관적	명	主觀的	C	6308	죽다01	보	심심해 ~	B
4553	주년02	의	周年	C	985	죽음01	명		B
23	주다01	보		A	1215	죽이다01	동	굶겨 ~	B
101	주다01	동		A	1074	준비	명	準備	A
641	주로01	부	主-	B	5554	준비되다	동	準備-	B
5973	주름01	명		C	3950	준비물	명	準備物	B
8546	주름살	명		C	1107	준비하다	동	準備-	A
1933	주말02	명	週末	A	1205	줄01	명	~로 감다	B
2348	주머니	명		B	343	줄04	의	방법	B
2699	주먹	명		B	5673	줄거리01	명		C
5816	주무시다	동		B	3130	줄곧	부		C
10247	주문03	명	呪文	C	2325	줄기01	명		B
4467	주문04	명	注文	C	2810	줄다	동		B
5408	주문하다01	동	注文-	B	8219	줄무늬	명		B
507	주민	명	住民	C	1704	줄어들다	동		C
3660	주방05	명	廚房	C	896	줄이다	동		B
654	주변04	명	周邊	B	2781	줍다01	동		B
1765	주부03	명	主婦	B	66	중04	의	中	B
5409	주사13	명	注射	B	1681	중간01	명	中間	B
4836	주소01	명	住所	A	5819	중계방송	명	中繼放送	C
5553	주스	명	juice	A		중국	고	中國	A
1835	주식03	명	株式	C	19454	중국어	명	中國語	A
1489	주어지다	동		C	11408	중국집	명	中國-	B
1058	주요01	명	主要	B	5145	중년01	명	中年	C
4380	주요하다	형	主要-	C	5674	중단04	명	中斷	C

5555	중단되다	동	中斷-	C	3778	지극히	부	至極-	C
4554	중단하다	동	中斷-	C	195	지금03	부	只今	A
4555	중대하다01	형	重大-	C	176	지금03	명	只今	A
5820	중독01	명	中毒	C	6894	지금껏	부	只今-	C
2879	중반03	명	中盤	C	5821	지급01	명	支給	C
3051	중부03	명	中部	C	3841	지급하다01	동	支給-	C
1823	중세02	명	中世	C	961	지나가다	동		B
2048	중소기업	명	中小企業	C	97	지나다	동		B
5283	중순	명	中旬	C	4237	지나치다	동		C
36464	중식80	명	中食. 중국 음식	C	1059	지나치다	형		B
308	중심01	명	中心	B	4022	지난날	명		C
4556	중심지	명	中心地	C	1643	지난달	명		A
872	중앙01	명	中央	C	3331	지난번	명	-番	B
3839	중얼거리다	동		C	7371	지난주	명	-週	A
5974	중요02	명	重要	B	523	지난해	명		B
2725	중요성	명	重要性	B	600	지내다01	동		A
5556	중요시하다	동	重要視-	C	10254	지능	명	知能	C
220	중요하다02	형	重要-	A	477	지니다	동		C
1996	중학교	명	中學校	A	2751	지다02	동	해가 ~	B
5053	중학생	명	中學生	A	3204	지다03	동	전쟁에 ~	B
3250	쥐02	명	동물	B	5147	지다04	동	그늘이 ~	C
1413	쥐다01	동	주먹을 ~	B	1776	지다05	동	등에 ~	B
267	즉01	부	卽	B	1888	지대07	명	地帶	C
7918	즉석	명	卽席	C	1901	지도03	명	地圖	A
2611	즉시	명	卽時	B	2372	지도09	명	指導	C
3203	즐거움	명		B	1682	지도자	명	指導者	C
9345	즐거워하다	동		B	6137	지도하다	동	指導-	C
1002	즐겁다	형		A	4161	지루하다01	형		C
687	즐기다01	동		B	1644	지르다03	동	소리를 ~	B
2513	증가01	명	增加	C	6896	지름길	명		C
1441	증가하다01	동	增加-	C		지리산	고	智異山	
2146	증거	명	證據	C	275	지방05	명	地方	B
2014	증권01	명	證券	C	7920	지방09	명	脂肪	C
3017	증권사	명	證券社	C	1954	지배하다01	동	支配-	C
3296	증명하다	동	證明-	C	4102	지불하다01	동	支拂-	C
2271	증상01	명	症狀	B	2478	지붕	명		B
4021	증세01	명	症勢	B	3605	지속되다	동	持續-	C
688	지02	의	만난 ~ 오래되다	B	2586	지속적	명	持續的	C
5284	지각04	명	知覺	C	2103	지시02	명	指示	C
3888	지갑03	명	紙匣	A	2880	지시하다	동	指示-	C
5411	지겹다	형		C	822	지식02	명	知識	C
2296	지경02	의	地境	C	2373	지식인	명	知識人	C
2811	지구03	명	地區	B	162	지역03	명	地域	B
773	지구04	명	地球	B	11421	지우개	명		A

2812	지우다01	동	낙서를 ~	A	5822	진실하다	형	眞實-	C
9788	지우다05	동	짐을 ~	C	7630	진심01	명	眞心	C
8224	지워지다	동		C	2374	진지하다	형	眞摯-	C
1032	지원02	명	支援	C	2480	진짜	명	眞-	B
2479	지원하다01	동	支援-	C	1431	진짜	부	眞-	B
1902	지위04	명	地位	C	16173	진찰02	명	診察	C
8225	지저분하다	형		C	2782	진출02	명	進出	B
6138	지적01	명	知的	C	3662	진출하다02	동	進出-	C
1621	지적05	명	指摘	C	8226	진통01	명	陣痛	C
3297	지적되다	동	指摘-	C	3018	진하다01	형	津-	B
976	지적하다	동	指摘-	C	2297	진행02	명	進行	C
5557	지점01	명	支店	C	1246	진행되다	동	進行-	B
3298	지점03	명	地點	B	6140	진행자	명	進行者	C
2700	지지06	명	支持	C	2587	진행하다	동	進行-	B
6897	지진02	명	地震	C	2667	질08	명	質	B
3131	지출01	명	支出	C	1144	질문	명	質問	A
2258	지치다01	동	일에 ~	B	7634	질문하다	동	質問-	A
1786	지켜보다	동		C	3206	질병02	명	疾病	C
381	지키다01	동		B	607	질서03	명	秩序	B
8943	지폐	명	紙幣	C	4942	질적	명	質的	C
1745	지하	명	地下	A	2538	짐01	명		B
11424	지하도	명	地下道	B	5414	짐작	명	斟酌	C
1755	지하철	명	地下鐵	A	2979	짐작하다	동	斟酌-	C
1934	지혜02	명	智慧	C	49	집01	명		A
5285	직선01	명	直線	C	1756	집다01	동		B
1578	직업	명	職業	B	552	집단	명	集團	C
1187	직원03	명	職員	B	4736	집단적	명	集團的	C
1052	직장05	명	職場	B	1213	집안01	명		B
7629	직장인	명	職場人	C	4468	집안일	명		C
2978	직전02	명	直前	C	3333	집어넣다	동		C
561	직접	부	直接	B	2243	집중02	명	集中	B
2942	직접	명	直接	B	3163	집중되다	동	集中-	C
2049	직접적	명	直接的	C	4560	집중적	명	集中的	C
2015	직후	명	直後	C	9354	집중하다02	동	集中-	C
4024	진급	명	進級	C	1525	짓01	명		B
3205	진단02	명	診斷	C	247	짓다01	동		B
5559	진단하다	동	診斷-	C	2482	짙다02	형		B
7378	진달래	명		B	2944	짚다01	동		C
6689	진동03	명	振動	C	3207	짜다01	동	관을 ~	C
6139	진로02	명	進路	C	5057	짜다02	동	빨래를 ~	C
6489	진료	명	診療	C	9356	짜다03	형	음식이 ~	A
1766	진리	명	眞理	C	3663	짜증	명		B
2050	진실02	명	眞實	C	9357	짜증스럽다	형		C
8945	진실로	부	眞實-	C	1622	짝01	명	~이 맞다	C

856	짧다	형		A	1567	착하다	형		B
7637	짧아지다	동		B	4740	찬물01	명		B
10265	쩔쩔매다	동		C	9800	찬성01	명	贊成	C
6142	쪽02	명	면	B	8229	찬성하다	동	贊成-	C
7383	쪽03	의	부분	C	622	참01	부	참으로	A
233	쪽05	의	방향	A	1800	참01	감	이것 ~	B
5415	쫓겨나다	동		C	5058	참03	의	집에 가던 ~에	C
3606	쫓기다	동		C	4240	참가01	명	參加	C
3089	쫓다	동		C	2456	참가하다01	동	參加-	B
3607	쭉	부		C	8561	참고하다	동	參考-	C
6693	찌개01	명		A	2813	참기름	명		B
5148	찌꺼기	명		C	1053	참다	동		B
7638	찌다01	동	살이 ~	B	4562	참되다	형		C
7385	찌다05	동	떡을 ~	C	1935	참새01	명	동물	C
2668	찌르다	동		B	8231	참석	명	參席	C
1188	찍다02	동	서류에 도장을 ~	A	6901	참석자	명	參席者	C
4838	찍히다02	동	도장이 ~	C	1966	참석하다	동	參席-	B
5416	찢다	동		C	1645	참여	명	參與	C
4652	찢어지다	동		C	1225	참여하다	동	參與-	C
962	차03	의	次	C	5288	참외01	명	식물	C
417	차06	명	車	A	1623	참으로	부		C
3133	차08	명	差	C	4384	참조02	명	參照	C
3052	차09	명	茶	A	8562	찻잔	명	茶盞	B
2067	차갑다	형		B	4312	창09	명	窓	C
7386	차남02	명	次男	B	6495	창가01	명	窓-	C
994	차다01	동	가득 ~	C	3439	창고01	명	倉庫	B
2223	차다02	동	공을 ~	B	6902	창구01	명	窓口	C
3890	차다03	동	시계를 ~	C	2033	창문	명	窓門	A
3716	차다04	형	날씨가 ~	B	2483	창밖	명	窓-	B
1874	차라리	부		C	3891	창작	명	創作	C
2016	차량01	명	車輛	C	2783	창조03	명	創造	C
658	차례01	명	次例	B	3164	창조적	명	創造的	C
1386	차리다	동		B	3503	창조하다	동	創造-	C
3502	차림	명		C	6312	창피하다	형	猖披-	C
4383	차마	부		C	191	찾다	동		A
2588	차별	명	差別	C	1424	찾아가다	동		B
5679	차선03	명	車線	C	2326	찾아내다	동		B
557	차이	명	差異	B	6143	찾아다니다	동		C
4738	차이점	명	差異點	C	1112	찾아보다	동		B
7924	차차01	부	次次	C	1023	찾아오다	동		B
5823	차창	명	車窓	C	5059	채08	의	집 한 ~	C
3550	차츰	부		C	279	채09	의	옷을 입은 ~로	C
4311	착각03	명	錯覺	C	3440	채10	부	말이 ~ 끝나기도 전에	C
5680	착각하다	동	錯覺-	C	5417	채널	명	channel	B

3053	채소	명	菜蔬	B	2484	청소06	명	淸掃	A
1777	채우다03	동	자리를 ~	B	19549	청소기80	명	淸掃機	B
7387	채점	명	採點	C	1108	청소년	명	靑少年	B
215	책01	명	冊	A	4946	청소하다03	동	淸掃-	A
7640	책가방	명	冊-	B	3442	청춘01	명	靑春	C
10808	책방01	명	冊房	B	3779	청하다	동	請-	C
1653	책상01	명	冊床	A	4469	체계적	명	體系的	C
758	책임	명	責任	B	3208	체력	명	體力	C
6144	책임감	명	責任感	C	6146	체온	명	體溫	C
2669	책임자	명	責任者	B	1396	체육	명	體育	B
3441	책임지다	동		C	14922	체육관	명	體育館	C
5978	챔피언	명	champion	B	1981	체조02	명	體操	C
1495	챙기다	동		B	4241	체중01	명	體重	B
2561	처녀	명	處女	C	5291	체하다01	보		C
1174	처리02	명	處理	C	1350	체험	명	體驗	C
2847	처벌	명	處罰	C	5292	체험하다	동	體驗-	C
184	처음	명		A	1206	쳐다보다	동		B
2119	처지	명	處地	C	1181	초03	의	初	B
4944	척01	의	못 이기는 ~	C	2034	초07	의	秒	B
4162	척08	의	隻	C	1017	초기04	명	初期	C
3377	척하다01	보		C	8572	초대04	명	初代	C
3952	천01	명	실로 짠 물건	C	7129	초대06	명	招待	A
24937	천03	수	千	A	5293	초대하다02	동	招待-	A
3090	천03	관	千	A	9369	초등학교	명	初等學校	A
7643	천국01	명	天國	C	55056	초등학생	명	初等學生	C
12913	천둥	명		C	16217	초록색	명	草綠色	B
3166	천장02	명	天障	C	3443	초반01	명	初盤	C
9364	천재03	명	天才	C	6147	초밥	명	醋-	B
1683	천천히	부		A	9370	초보01	명	初步	B
4945	철01	명	계절	B	9811	초보자	명	初步者	B
10273	철02	명	~이 들다	C	5684	초상화	명	肖像畵	C
4841	철06	명	鐵	C	12141	초순01	명	初旬	C
4741	철도	명	鐵道	C	9371	초여름	명	初-	C
2068	철저하다	형	徹底-	C	3019	초원04	명	草原	C
3299	철저히	부	徹底-	C	9372	초저녁	명	初-	C
1584	철학	명	哲學	C	2147	초점03	명	焦點	C
4653	철학자	명	哲學者	C	6498	초조하다	형	焦燥-	C
8568	철학적	명	哲學的	C	4563	초청01	명	招請	C
670	첫	관		B	9812	초청장	명	招請狀	B
3664	첫날	명		B	5826	초청하다	동	招請-	C
4386	첫째	관		A	8235	초콜릿	명	chocolate	A
1728	첫째	수		A	9813	촌스럽다	형	村-	C
2259	청년	명	靑年	B	8952	촛불	명		C
10274	청바지	명	靑-	A	5294	총03	명	銃	C

2670	총06	관	總	C	5827	출발점	명	出發點	C
4742	총각01	명	總角	C	1982	출발하다	동	出發-	A
2946	총리01	명	總理	C	2017	출산02	명	出産	C
1801	총장01	명	總長	B	29478	출석하다	동	出席-	C
2120	촬영	명	撮影	B	1091	출신	명	出身	C
587	최고02	명	最高	B	2514	출연02	명	出演	C
8238	최고급	명	最高級	C	2272	출연하다02	동	出演-	B
278	최근	명	最近	B	3955	출입	명	出入	B
1468	최대	명	最大	B	17710	출입국	명	出入國	C
3251	최대한	명	最大限	C	6150	출입문	명	出入門	B
8239	최상02	명	最上	C	5686	출장01	명	出張	B
2612	최선02	명	最善	B	8956	출퇴근	명	出退勤	C
14932	최소01	명	最小	C	5828	출판02	명	出版	C
2168	최소한	명	最小限	B	4564	출판사	명	出版社	C
5981	최신	명	最新	C	5829	출현하다	동	出現-	C
8240	최악	명	最惡	C	1458	춤01	명		A
6907	최저01	명	最低	C	5154	춤추다	동		A
3020	최종	명	最終	C	1654	춥다	형		A
1175	최초	명	最初	B	1595	충격02	명	衝擊	B
5061	최후	명	最後	C	4947	충격적	명	衝擊的	C
3091	추가02	명	追加	C	7933	충고	명	忠告	C
10280	추가되다	동	追加-	C	4243	충돌	명	衝突	C
10822	추가하다	동	追加-	C	9377	충돌하다	동	衝突-	C
2426	추다02	동	춤을 ~	A	1624	충분하다01	형	充分-	B
4242	추석01	명	秋夕	C	1207	충분히	부	充分-	B
2752	추억	명	追憶	B		충청도	고	忠淸道	B
3504	추위01	명		B	2671	취미04	명	趣味	A
2224	추진02	명	推進	C	5983	취소01	명	取消	B
1403	추진하다02	동	推進-	C	5421	취소하다01	동	取消-	B
6707	추천03	명	推薦	C	5422	취업	명	就業	C
8579	추천하다02	동	推薦-	C	5062	취재02	명	取材	C
7930	추측	명	推測	C	4844	취직	명	就職	B
1317	축구04	명	蹴球	A	1113	취하다01	동	取-	B
16227	축구공	명	蹴球-	B	2225	취하다03	동	醉	B
21959	축구장	명	蹴球場	C	3893	취향01	명	趣向	C
3892	축소02	명	縮小	C	922	층02	명	層	A
2562	축제01	명	祝祭	B	8960	치과	명	齒科	B
5982	축하	명	祝賀	B	7133	치다01	동	폭풍우가 ~	C
4656	축하하다	동	祝賀-	A	366	치다02	동	얼굴을 ~	A
6149	출구01	명	出口	C	5063	치다05	동	그물을 ~	C
8242	출국	명	出國	C	2375	치다10	동	셈을 맞추다	C
4470	출근	명	出勤	B	1542	치료	명	治療	B
5420	출근하다	동	出勤-	B	10286	치료법	명	治療法	C
2881	출발	명	出發	B	3718	치료하다	동	治療-	B

1372	치르다	동		C		9817	컨디션	명	condition	C
2457	치마01	명		A		4658	컬러01	명	color	C
4948	치아02	명	齒牙	C		282	컴퓨터	명	computer	A
7649	치약	명	齒藥	A		1414	컵	명	cup	A
3134	치우다01	동		B		37160	케첩	명	ketchup	C
10287	치우다01	보		C		2427	켜다01	동	성냥을 ~	A
2035	치즈	명	cheese	B		4314	켜지다	동		B
147	친구02	명	親舊	A		1335	코01	명		A
6318	친절	명	親切	B		8248	코끝	명		C
3894	친절하다	형	親切-	A		10292	코끼리	명		B
4313	친정04	명	親庭	C		2428	코너	명	corner	B
2458	친척	명	親戚	B		2244	코드02	명	code	C
3209	친하다	형	親-	B		6915	코미디	명	comedy	C
8246	친해지다	동	親-	C		3300	코스	명	course	C
14947	칠01	수	七	A		9819	코스모스01	명	cosmos	C
19607	칠십	수	七十	A		5296	코치	명	coach	C
1404	칠월	명	七月	A		9380	코트03	명	court	C
10833	칠판	명	漆板	A		7939	코피01	명		B
5423	칠하다	동	漆-	C		10293	콘서트	명	concert	B
3056	침01	명	~을 뱉다	C		5567	콜라	명	cola	A
1670	침대02	명	寢臺	A		2849	콤플렉스	명	complex	B
2486	침묵	명	沈默	C		2226	콩01	명		B
6319	침실	명	寢室	B		4027	콩나물	명		B
7397	침착하다02	형	沈着-	C		3956	쾌감	명	快感	C
8589	칫솔	명	齒-	A		5687	쿠데타	명		C
2947	칭찬	명	稱讚	B		1054	크기	명		B
5295	칭찬하다	동	稱讚-	C		39	크다01	형		A
2184	카드	명	card	A		2726	크다01	동		A
9816	카레	명	curry	B		10839	크리스마스	명	Christmas	A
2298	카메라	명	camera	A		4471	크림	명	cream	C
3895	카운터01	명	계산대	B		8591	큰길	명		B
2848	카페	명	&프cafe	B		16252	큰딸	명		C
3719	칸01	명		C		10294	큰소리01	명		B
2273	칼01	명	베는 도구	A		10295	큰아들	명		C
14950	칼국수	명		C		14960	큰아버지	명		C
7398	캄캄하다	형		C		29578	큰어머니	명		C
	캐나다	고	Canada	A		2245	큰일01	명	중대한 일	B
5985	캐릭터	명	character	C		7651	큰절01	명		C
7134	캠퍼스	명	campus	B		17752	클래식	명	classic	C
4747	캠페인	명	campaign	C		5830	클럽	명	club	C
886	커다랗다	형		B		1124	키01	명	신장	A
1510	커지다	동		B		5831	키스	명	kiss	C
5987	커튼	명	curtain	B		980	키우다	동		B
383	커피	명	coffee	A		9823	킬로	의	kilo	B

2784	킬로그램	의	kilogram	B	8964	테스트	명	test	B
1997	킬로미터	의	kilometer	B	2639	테이블	명	table	A
4388	타고나다	동		C	3093	테이프	명	tape	B
2121	타다01	동	장작이 ~	C	2487	텍스트	명	text	C
260	타다02	동	버스에 ~	A	940	텔레비전	명	television	A
6500	타다03	동	물에 ~	C	4567	토끼	명		B
5568	타다04	동	월급을 ~	C	1967	토대	명	土臺	C
4846	타락02	명	墮落	C	1912	토론01	명	討論	B
5424	타오르다	동		C	9825	토론자	명	討論者	C
4315	타입02	명	type	C	6324	토론하다	동	討論-	C
7401	타자기	명	打字機	C	5065	토론회	명	討論會	C
5425	탁01	부		C	3505	토마토	명	tomato	B
10840	탁구	명	卓球	C	2327	토요일	명	土曜日	A
4472	탁월하다	형	卓越-	C	4474	토하다	동	吐-	C
4566	탁자01	명	卓子	C	1286	톤01	의	ton	B
3957	탄생	명	誕生	C	2814	통10	명	桶	B
3897	탄생하다	동	誕生-	C	7138	통12	의	通	B
5833	탈출하다02	동	脫出-	C	3334	통계04	명	統計	C
2613	탑02	명	塔	B	6152	통과	명	通過	C
1226	탓	명		C	3666	통과하다	동	通過-	C
6321	태권도	명	跆拳道	A	4244	통로	명	通路	C
741	태도03	명	態度	B	904	통신01	명	通信	B
2069	태아02	명	胎兒	C	8967	통역	명	通譯	C
1767	태양02	명	太陽	B	645	통일02	명	統一	B
684	태어나다	동		A	5298	통일하다	동	統一-	C
2910	태우다01	동	쓰레기를 ~	B	3611	통장02	명	通帳	B
4389	태우다02	동	차에 ~	B	2205	통제02	명	統制	C
4748	태풍	명	颱風	B	2299	통증	명	痛症	C
1824	택시	명	taxi	A	78	통하다	동	通-	B
2981	택하다	동	擇-	C	1825	통합	명	統合	C
2727	탤런트	명	talent	B	4847	통화03	명	通貨	C
2982	터01	명		C	4659	통화04	명	通話	C
364	터02	의		B	5690	퇴근	명	退勤	B
7136	터널	명	tunnel	B	8968	퇴근하다	동	退勤-	B
2563	터뜨리다	동		B	12961	퇴원01	명	退院	C
8250	터미널	명	terminal	B	12175	퇴원하다	동	退院-	C
1101	터지다	동		C	7139	퇴직금	명	退職金	C
3252	턱01	명	신체의 일부	B	3667	투명하다02	형	透明-	C
7943	턱04	의	알 ~이 없다	C	1030	투자02	명	投資	C
3057	털	명		B	3553	투표01	명	投票	C
2701	털다	동		B	6918	튀기다01	동	물방울을 ~	C
4473	텅01	부	~ 비다	C	11478	튀김01	명		C
5157	테니스	명	tennis	A	3958	튀다	동		C
5064	테러	명	terror	C	4028	튀어나오다	동		C

3446	트럭	명	truck	C	8598	판매되다	동	販賣-	C
2640	트이다	동		C	3058	판매하다	동	販賣-	B
10311	특급02	명	特級	C	5836	판사01	명	判事	C
1145	특별	명	特別	B	957	팔01	명	신체의 일부	A
1693	특별하다	형	特別	B	16291	팔03	수	八	A
2728	특별히	부	特別	B	657	팔다	동		A
1102	특성01	명	特性	C	3253	팔리다	동		B
2815	특수02	명	特殊	C	29719	팔십	수	八十	A
5691	특수성	명	特殊性	C	1527	팔월	명	八月	A
4661	특이하다	형	特異-	C	17797	팝송	명	pop song	C
2459	특정하다	형	特定-	C	5301	패션01	명	fashion	B
829	특징	명	特徵	B	4317	팩03	명	pack	B
192	특히	부	特	A	17800	팩스	명	fax	C
2948	튼튼하다	형		B	7946	팩시밀리	명	facsimile	C
9829	튼튼히	부		C	5992	팬01	명	애호가	B
1405	틀01	명		C	2816	팬03	명	pan	C
2122	틀다	동		B	7407	팬티	명	panties	B
1837	틀리다01	동	답이 ~	B	124	퍼센트	의	percent	A
1768	틀림없다	형		B	1596	퍼지다	동		C
4848	틀림없이	부		C	4570	퍽02	부	~ 궁금하다	C
1955	틈01	명		C	9838	페인트02	명	paint	C
971	티브이	명	TV	A	3507	펴내다	동		C
9830	티셔츠	명	T-shirts	B	916	펴다	동		B
664	팀01	명	team	A	939	편04	의	바람이 부는 ~	C
3447	파01	명	식물	B	8600	편05	의	기차 ~	C
3554	파괴하다	동	破壞-	C	942	편09	의	篇	B
3168	파다01	동		C	5570	편견	명	偏見	C
1998	파도	명	波濤	B	2300	편리하다	형	便利	B
12965	파란색	명	-色	A	2397	편안하다01	형	便安-	B
3506	파랗다	형		B	4951	편의02	명	便宜	C
	파리	고	Paris	B	37520	편의점	명	便宜店	C
5158	파리01	명		B	952	편지02	명	便紙	A
941	파악하다	동	把握-	C	1449	편하다	형	便-	B
3335	파일03	명	file	B	7409	편히	부	便-	B
4107	파출소	명	派出所	C	2169	펼쳐지다	동		B
4849	파티	명	party	A	1450	평02	의	坪	C
4950	판01	명	~이 벌어지다	C	5427	평03	명	評	C
3336	판01	의	마지막 ~	C	893	평가03	명	評價	C
4108	판08	명	板	C	3613	평가되다	동	評價-	C
5426	판10	명	版	C	2089	평가하다	동	評價-	C
1526	판결	명	判決	C	1406	평균	명	平均	C
1146	판단	명	判斷	B	2785	평범하다	형	平凡-	B
1890	판단하다	동	判斷-	C	9842	평상시	명	平常時	C
1280	판매	명	販賣	B	2185	평생	명	平生	B

1469	평소	명	平素	B	2729	품질03	명	品質	C
	평양	고	平壤	C	2398	풍경01	명	風景	B
10314	평일	명	平日	B	1903	풍부하다	형	豊富-	C
1373	평화02	명	平和	B	4571	풍속01	명	風俗	C
5428	평화롭다	형	平和-	C	3380	풍습01	명	風習	C
4952	폐지02	명	廢止	C		프랑스	고	France	A
8602	포근하다	형		C	1769	프로03	명	professional	B
1501	포기하다01	동	抛棄-	B	2786	프로04	명	program	B
8603	포도06	명	葡萄	A	356	프로그램	명	program	B
4170	포도주	명	葡萄酒	B	5302	프린터	명	printer	C
5159	포스터01	명	poster	B	5572	플라스틱	명	plastic	B
7410	포인트	명	point	C	1811	피02	명	~를 흘리다	B
4246	포장01	명	包裝	B	9395	피곤	명	疲困	C
6155	포장마차	명	布帳馬車	C	2641	피곤하다	형	疲困-	A
7411	포크01	명	fork	C	1770	피다01	동	꽃이 ~	B
5160	포함02	명	包含	C	5303	피디	명	PD	C
2148	포함되다01	동	包含-	B	3135	피로02	명	疲勞	B
1128	포함하다02	동	包含-	B	8981	피로하다02	형	疲勞-	B
1543	폭06	명	幅	B	6158	피망	명	&프piment	C
3448	폭넓다	형	幅	C	1194	피부02	명	皮膚	B
1425	폭력	명	暴力	C	2984	피시03	명	PC	B
2672	표02	명	表	C	4572	피아노01	명	piano	A
2090	표04	명	票	A	1239	피우다01	동		A
2488	표면	명	表面	C	8264	피자	명	&이pizza	A
5429	표시01	명	表示	C	818	피하다	동	避-	C
5430	표시02	명	標示	C	1049	피해01	명	被害	C
4318	표시하다01	동	表示-	B	3337	피해자	명	被害者	C
8978	표시하다02	동	標示-	C	6159	필름	명	film	B
396	표정03	명	表情	B	6926	필수02	명	必須	C
4029	표준01	명	標準	C	3338	필수적	명	必須的	C
524	표현	명	表現	B	4662	필연적	명	必然的	C
3449	표현되다	동	表現-	C	342	필요	명	必要	A
730	표현하다	동	表現-	B	2091	필요성	명	必要性	C
6156	푸다01	동		C	251	필요하다	형	必要-	A
1227	푸르다	형		B	2051	필자02	명	筆者	C
4478	푹01	부		B	19748	필통	명	筆筒	B
6157	풀01	명	~을 바르다	B	4573	핑계	명		C
2539	풀02	명	~을 베다	B	8982	하04	명	下	C
558	풀다	동		B	3169	하긴	부		C
1737	풀리다	동		B	119	하나	수		A
10321	풀어지다	동		C	242	하나	명		A
3095	품01	명	옷이 ~이 크다	C	8605	하나님	명		C
3254	품다01	동	가슴에 ~	C	6335	하나하나	명		C
2673	품목01	명	品目	C	5304	하나하나	부		C

3555	하느님	명		C	10329	한겨울	명		C
344	하늘01	명		A	6160	한결	부		C
7	하다01	보		A	1003	한계	명	限界	C
2	하다01	동		A	5432	한구석	명		C
3614	하도01	부		C		한국	고	韓國	A
3509	하드웨어	명	hardware	C	6930	한국말	명	韓國-	A
361	하루01	명		B	2642	한국어	명	韓國語	A
4663	하룻밤	명		C	8267	한국적	명	韓國的	B
5431	하반기	명	下半期	C	1267	한글01	명		A
3898	하숙집	명	下宿-	B	22156	한글날	명		C
12197	하순01	명	下旬	C	2274	한꺼번에	부		B
57151	하얀색	명	-色	B	7956	한낮	명		C
1528	하얗다	형		B	4750	한눈01	명	~에 반하다	C
2753	하여튼	부	何如-	B	8985	한데03	부		C
467	하지만	부		A	2516	한동안	명		B
2301	하천02	명	河川	C	1712	한두	관		B
6928	하품01	명		B	9855	한둘	수		B
3960	하필02	부	何必	C	1713	한때	명		C
3255	하하01	부		B		한라산	고	漢拏山	B
7663	학과01	명	學科	C	804	한마디	명		C
125	학교	명	學校	A	4110	한문03	명	漢文	C
9853	학교생활	명	學校生活	C		한반도	고	韓半島	C
3899	학급	명	學級	C	7417	한밤중	명	-中	C
2515	학기02	명	學期	B	382	한번	명	-番	A
512	학년	명	學年	A	2614	한복	명	韓服	A
8610	학력02	명	學歷	C	4479	한순간	명	-瞬間	C
3450	학번	명	學番	C	2227	한숨02	명	~을 쉬다	B
3301	학부모	명	學父母	C	22159	한식04	명	韓食	C
9398	학비	명	學費	C	6163	한여름	명		C
238	학생	명	學生	A	2643	한자02	명	漢字	A
19755	학생증	명	學生證	B	5067	한잔	명	-盞	B
4172	학술	명	學術	C	6507	한잔하다	동	·盞	B
2564	학습	명	學習	B	3382	한정되다	동	限定-	C
3339	학용품	명	學用品	C	8613	한정하다01	동	限定-	C
3451	학원02	명	學院	B	1511	한쪽	명		B
5305	학위	명	學位	C	1612	한참	명		B
1875	학자01	명	學者	C	3615	한창01	부		C
6720	학점	명	學點	C	4574	한층	부	-層	C
27	한01	관		A	635	한편	부	-便	B
3720	한05	명	恨	C	948	한편	명	-便	B
1050	한06	명	限	C	10331	한평생01	명	-平生	C
3381	한가운데	명		C	5433	한하다02	동	限-	C
6721	한가하다02	형	閑暇-	C	536	할머니	명		A
	한강	고	漢江	A	682	할아버지	명		A

7958	할인01	명	割引	B	6340	햄버거	명	hamburger	A
95	함께	부		A	4751	햇볕	명		B
6508	함께하다	동		C	2949	햇빛	명		B
2754	함부로	부		B	2489	햇살	명		B
6725	합격	명	合格	B	445	행동	명	行動	B
6509	합격하다	동	合格-	C	2429	행동하다	동	行動-	B
3302	합리적	명	合理的	C	1969	행복02	명	幸福	B
2817	합치다	동	合-	B	1891	행복하다	형	幸福-	B
6337	합하다	동	合-	C	1138	행사01	명	行事	B
6165	항공	명	航空	C	4392	행사02	명	行使	C
5694	항공기	명	航空機	C	4575	행운02	명	幸運	C
4030	항구03	명	港口	C	521	행위	명	行爲	C
754	항상	부	恒常	A	4319	행하다	동	行-	C
3059	항의01	명	抗議	C	4248	행해지다	동	行-	C
1551	해01	의		A	3136	향03	명	香	C
755	해01	명		A	2755	향기01	명	香氣	B
9407	해11	명	害	C	3171	향상01	명	向上	C
1968	해결02	명	解決	B	8619	향상되다	동	向上-	C
3170	해결되다	동	解決-	C	4393	향수04	명	香水	B
1147	해결하다	동	解決-	B	419	향하다	동	向-	B
3900	해군01	명	海軍	C	3452	허가01	명	許可	C
3383	해내다	동		C	5839	허락	명	許諾	C
5435	해답	명	解答	C	5437	허락하다	동	許諾-	C
3060	해당05	명	該當	C	1082	허리01	명		A
3557	해당되다	동	該當-	C	4032	허용	명	許容	C
2186	해당하다04	동	該當-	C	4394	허용되다	동	許容-	C
5995	해롭다	형	害-	C	2882	허용하다	동	許容-	B
2540	해마다	부		B	10337	허허01	부		C
9859	해물	명	海物	C	4956	헌	관		B
3097	해석03	명	解析	C	3453	헤매다	동		C
2911	해석04	명	解釋	B	3211	헤아리다	동		C
3304	해석하다02	동	解釋-	C	2228	헤어지다	동		B
4955	해설03	명	解說	C	4033	헬기	명	helicopter機	C
4247	해소03	명	解消	C	2260	혀01	명		B
5436	해소하다01	동	解消-	C	1757	현04	관	現	C
10333	해수욕장	명	海水浴場	C	4249	현관01	명	玄關	B
3616	해안02	명	海岸	C	5998	현관문	명	玄關門	C
1387	해외	명	海外	B	2302	현금04	명	現金	B
9409	해외여행	명	海外旅行	B	553	현대01	명	現代	B
1914	핵	명	核	C	4250	현대인	명	現代人	C
1802	핵심	명	核心	C	10903	현대적	명	現代的	C
6339	핸드백	명	handbag	C	325	현상04	명	現象	C
10334	핸드폰	명	hand phone	A	280	현실02	명	現實	C
8275	햄04	명	ham	C	1984	현실적	명	現實的	C

789	현장03	명	現場	C	3172	화가03	명	畫家	B
411	현재02	부	現在	B	8998	화나다	동	火-	B
823	현재02	명	現在	B	2108	화려하다	형	華麗-	B
2756	현지03	명	現地	B	1758	화면05	명	畫面	C
4173	혈액	명	血液	C	3340	화분01	명	花盆	B
2052	협력	명	協力	C	4174	화살01	명		C
702	형01	명	兄	A	13987	화요일	명	火曜日	A
9871	형05	명	型	C	3510	화장02	명	化粧	C
1318	형님	명	兄-	B	1904	화장실	명	化粧室	A
3257	형부01	명	兄夫	B	6516	화장지01	명	化粧紙	C
2430	형사02	명	刑事	C	1936	화장품	명	化粧品	B
1281	형성01	명	形成	C	4175	화재01	명	火災	C
1502	형성되다	동	形成-	C	1985	화제07	명	話題	C
2106	형성하다	동	形成-	C	2303	화학01	명	化學	C
19808	형수01	명	兄嫂	C	4253	확02	부		C
832	형식01	명	形式	C	2674	확대되다02	동	擴大-	B
5163	형식적	명	形式的	C	2261	확대하다02	동	擴大-	B
2107	형제01	명	兄弟	B	5438	확립하다	동	確立-	C
421	형태	명	形態	C	3061	확보01	명	確保	C
2123	형편01	명	形便	C	3671	확산되다	동	擴散-	C
4251	혜택	명	惠澤	C	5841	확신01	명	確信	C
1544	호14	의	號	A	5439	확신하다	동	確信-	C
2818	호기심	명	好奇心	C	1561	확실하다	형	確實-	B
5164	호남02	명	湖南	C	2399	확실히	부	確實-	B
2150	호랑이	명	虎狼-	B	2788	확인02	명	確認	B
3617	호박01	명		C	3098	확인되다	동	確認-	C
6166	호선80	의	號線, 1~	B	905	확인하다	동	確認-	B
4252	호수07	명	湖水	B	3845	확장	명	擴張	C
10343	호실01	명	號室	C	3783	확정02	명	確定	C
	호주	고	濠洲	A	7153	환갑02	명	還甲	B
5069	호주머니	명	胡-	C	281	환경02	명	環境	A
2460	호텔	명	hotel	A	3062	환경오염	명	環境汚染	C
2376	호흡	명	呼吸	C	8282	환영02	명	歡迎	B
1426	혹시01	부	或是	C	6730	환영하다	동	歡迎-	C
936	혹은	부	或	B	5575	환율	명	換率	C
9876	혼나다	동	魂-	C	689	환자03	명	患者	A
367	혼자01	명		A	3341	환하다01	형		C
8997	혼잣말	명		C	5576	활기02	명	活氣	C
3559	홀로	부		C	309	활동02	명	活動	B
8626	홈페이지	명	homepage	B	2615	활동하다01	동	活動-	C
2787	홍보01	명	弘報	C	2304	활발하다	형	活潑-	B
4753	홍수02	명	洪水	C	6000	활발해지다	동	活潑-	C
15078	홍차	명	紅茶	B	5698	활발히	부	活潑-	C
1714	화06	명	~를 내다	A	3963	활용	명	活用	C

1746	활용하다	동	活用-	B	1409	흐름	명		C
4320	활짝	부		C	6941	흐리다01	동	물을 ~	C
768	회08	의	回	C	5845	흐리다02	형	날이 ~	B
2730	회견	명	會見	C	4962	흑백	명	黑白	C
4856	회관	명	會館	C	3619	흑인	명	黑人	C
2036	회복	명	回復	C	1234	흔들다	동		B
6001	회복되다	동	回復-	C	2377	흔들리다	동		C
3022	회복하다	동	回復-	B	2732	흔적	명	痕跡	C
389	회사04	명	會社	A	1655	흔하다	형		C
3964	회색01	명	灰色	B	1004	흔히	부		B
1730	회원	명	會員	B	3023	흘러가다	동		B
537	회의04	명	會議	A	2985	흘러나오다	동		B
5308	회의05	명	懷疑	C	4666	흘러내리다	동		C
612	회장07	명	會長	B	1308	흘리다	동		B
6168	회전04	명	回轉	C	1715	흙01	명		B
5700	회화05	명	繪畵	B	3024	흥미	명	興味	B
6939	횟수	명	回數	C	5702	흥미롭다	형	興味-	C
8633	횡단보도	명	橫斷步道	B	5441	흥분	명	興奮	C
566	효과01	명	效果	B	5442	흥분하다	동	興奮-	C
1694	효과적	명	效果的	C	2400	흩어지다	동		C
7430	효도01	명	孝道	C	2431	희곡	명	戱曲	C
9002	효도하다	동	孝道-	C	1366	희다	형		B
3903	효율적	명	效率的	C	1529	희망	명	希望	B
9421	효자01	명	孝子	C	10356	희망하다	동	希望-	C
149	후08	명	後	A	4963	희생	명	犧牲	C
2518	후기03	명	後期	C	6002	희생하다	동	犧牲-	C
1803	후반01	명	後半	C	1999	흰색	명	-色	A
2541	후배06	명	後輩	B	224	힘01	명		A
1256	후보04	명	候補	C	5443	힘겹다	형		C
2262	후춧가루	명		B	6524	힘껏	부		C
7678	후회01	명	後悔	C	489	힘들다	형		A
5166	후회하다	동	後悔-	B	10357	힘들어하다	동		C
1408	훈련	명	訓鍊	C	3305	힘쓰다	동		C
966	훌륭하다	형		B	9013	힘없이	부		C
2731	훔치다02	동	물건을 ~	C	3846	힘차다	형		C
642	훨씬	부		B					
2542	휴가01	명	休暇	B					
3258	휴식02	명	休息	C					
5070	휴일	명	休日	A					
6169	휴지02	명	休紙	A					
10353	휴지통	명	休紙桶	A					
3384	흉내	명		C					
10355	흐려지다	동		C					
459	흐르다01	동		B					

[부록 2] 단어 빈도

차례	항목	풀이	품사	빈도
1	것01		의	25,567
2	하다01		동	22,064
3	있다01		보	18,553
4	있다01		형	18,202
5	되다01	어른이 ~	동	11,506
6	수02	방법	의	10,915
7	하다01		보	10,758
8	나03		대	10,564
9	그01		관	9,413
10	없다01		형	8,969
11	않다		보	8,852
12	사람		명	7,004
13	우리03		대	6,583
14	이05		관	6,332
15	그01		대	6,305
16	아니다		지	6,245
17	보다01		동	6,045
18	등05	等	의	5,967
19	때01	시간	명	5,813
20	거01	것	의	5,678
21	보다01		보	5,231
22	같다		형	5,199
23	주다01		보	4,929
24	대하다02	對-	동	4,871
25	가다01		동	4,670
26	년02	年	의	4,630
27	한01		관	4,485
28	말01	~과 글	명	4,286
29	일01		명	4,271
30	이05		대	3,918
31	때문		의	3,889
32	말하다		동	3,738
33	위하다01	爲-	동	3,497
34	그러나		접	3,457
35	오다01		동	3,350
36	알다		동	2,933
37	씨07	氏	의	2,920
38	그렇다		형	2,905
39	크다01		형	2,835
40	또		접	2,814
41	일07	하루	의	2,808
42	사회07	社會	명	2,770
43	많다		형	2,697
44	안02	아니	부	2,676
45	좋다01		형	2,661
46	더01		부	2,567
47	받다01	선물을 ~	동	2,566
48	그것		대	2,542
49	집01		명	2,457
50	나오다		동	2,435
51	따르다01	뒤를 ~	동	2,388
52	그리고		접	2,384
53	문제06	問題	명	2,370
54	그런01		관	2,353
55	살다01		동	2,297
56	저03	일인칭 대명사	대	2,281
57	못하다		보	2,249
58	생각하다		동	2,237
59	모르다		동	2,218
60	속01		명	2,168
61	만들다		동	2,151
62	데01		의	2,104
63	두01		관	2,082
64	앞		명	1,979
65	경우03	境遇	명	1,976
66	중04	中	의	1,950
67	어떤		관	1,917
68	잘02		부	1,890
69	그녀	-女	대	1,884
70	먹다02	밥을 ~	동	1,874
71	오다01		보	1,854
72	자신01	自身	명	1,799
73	문화01	文化	명	1,790
74	원01	화폐 단위	의	1,776
75	생각01		명	1,750
76	어떻다		형	1,748
77	명03	名, 한 ~	의	1,743
78	통하다	通-	동	1,674
79	그러다		동	1,662
80	소리01		명	1,660
81	다시01		부	1,659

82	다른		관	1,653	126	자기04	自己	대	1,281
83	이런01		관	1,653	127	가장01		부	1,278
84	여자02	女子	명	1,645	128	대통령	大統領	명	1,273
85	개10	個	의	1,622	129	가지04	한 ~	의	1,272
86	정도11	程度	명	1,619	130	들다04	꽃을 ~	동	1,272
87	뒤01		명	1,608	131	시작하다01	始作-	동	1,264
88	들다01	소리를 ~	동	1,593	132	바로02		부	1,260
89	다03		부	1,564	133	어느01		관	1,255
90	좀02		부	1,555	134	그래서		접	1,254
91	들다	여관에 ~	동	1,535	135	무엇		대	1,249
92	싶다		보	1,527	136	정부08	政府	명	1,249
93	보이다01	피동사	동	1,522	137	모든		관	1,239
94	가지다		동	1,512	138	번04	番	의	1,239
95	함께		부	1,501	139	그거		대	1,237
96	아이01		명	1,495	140	돈01		명	1,232
97	지나다		동	1,494	141	국가01	國家	명	1,231
98	많이		부	1,491	142	그런데		접	1,227
99	시간04	時間	명	1,491	143	날01	어느 ~	명	1,223
100	너01		대	1,489	144	여기01		대	1,221
101	주다01		동	1,489	145	모두01		부	1,215
102	인간01	人間	명	1,488	146	여성01	女性	명	1,212
103	사실04	事實	명	1,459	147	친구02	親舊	명	1,208
104	나다01		동	1,451	148	마음01		명	1,206
105	이렇다		형	1,448	149	후08	後	명	1,204
106	어머니01		명	1,436	150	가다01		보	1,191
107	눈01	신체	명	1,425	151	놓다01		보	1,181
108	뭐		대	1,420	152	관계05	關係	명	1,175
109	점10	點	명	1,417	153	아버지		명	1,165
110	의하다01	依-	동	1,412	154	남자02	男子	명	1,160
111	시대02	時代	명	1,396	155	어디		대	1,148
112	다음01		명	1,386	156	몸01		명	1,147
113	이러하다		형	1,386	157	얼굴01		명	1,144
114	누구		대	1,384	158	들어가다01		동	1,142
115	전08	前	명	1,378	159	왜02		부	1,139
116	곳01		명	1,354	160	나타나다		동	1,136
117	여러		관	1,348	161	말다03	그만두다	보	1,135
118	안01	집 ~	명	1,346	162	지역03	地域	명	1,133
119	하나		수	1,346	163	다르다01		형	1,132
120	세계02	世界	명	1,345	164	모습01		명	1,132
121	버리다01		보	1,330	165	물01	바닷~	명	1,129
122	위01	~아래	명	1,321	166	만나다		동	1,126
123	운동02	運動	명	1,317	167	내다02	길을 ~	동	1,122
124	퍼센트	percent	의	1,309	168	보이다02	사동사	동	1,121
125	학교	學校	명	1,303	169	쓰다01	글씨를 ~	동	1,119

170	이것		대	1,117		214	동안01	시간의 길이	명	886
171	없이		부	1,103		215	책01	冊	명	886
172	이번01	-番	명	1,101		216	일어나다		동	880
173	길01	도로	명	1,099		217	당신02	當身	대	878
174	생활	生活	명	1,094		218	시장04	市場	명	876
175	쓰다03	약을 ~	동	1,093		219	넣다		동	874
176	지금03	只今	명	1,084		220	중요하다02	重要	형	872
177	뿐01		의	1,066		221	무슨		관	869
178	사이01		명	1,064		222	느끼다02	추위를 ~	동	867
179	방법	方法	명	1,061		223	어렵다		형	866
180	새롭다		형	1,061		224	힘01		명	866
181	우리나라		명	1,050		225	너무01		부	859
182	내다02	참아 ~	보	1,045		226	나라01		명	858
183	앉다		동	1,029		227	부르다01	이름을 ~	동	858
184	처음		명	1,029		228	의미02	意味	명	857
185	손01	신체	명	1,025		229	자리01	공간	명	856
186	몇		관	1,024		230	밝히다		동	846
187	그때		명	1,023		231	죽다01	굶어 ~	동	843
188	과정03	過程	명	1,014		232	이미01		부	842
189	삶		명	1,013		233	쪽05	방향	의	841
190	갖다01	가지다	동	1,008		234	정치03	政治	명	830
191	찾다		동	1,006		235	국민	國民	명	829
192	특히	特-	부	1,004		236	생명	生命	명	826
193	시10	時	의	994		237	얘기		명	824
194	이상05	以上	명	994		238	학생	學生	명	822
195	지금03	只今	부	981		239	연구03	硏究	명	816
196	나가다		동	977		240	엄마		명	813
197	이야기		명	970		241	이름		명	807
198	교육	敎育	명	967		242	하나		명	807
199	사다		동	957		243	내리다01	눈이 ~	동	803
200	경제04	經濟	명	956		244	사건01	事件	명	801
201	아직01		부	956		245	및		접	792
202	잡다01		동	954		246	쉽다		형	790
203	같이		부	952		247	짓다01		동	790
204	선생님	先生-	명	951		248	또한		접	788
205	예술	藝術	명	945		249	이유04	理由	명	784
206	서다01		동	944		250	또는		접	778
207	못04		부	931		251	필요하다	必要-	형	774
208	역사04	歷史	명	912		252	글		명	768
209	읽다		동	910		253	생기다		동	761
210	이제01		부	903		254	사용하다03	使用-	동	759
211	결과02	結果	명	902		255	남편01	男便	명	741
212	내용02	內容	명	896		256	들어오다		동	739
213	물론01	勿論	부	894		257	밖		명	739

258	세상01	世上	명	738		302	분08	分	의	630
259	작다01		형	738		303	그냥		부	628
260	타다02	버스에 ~	동	736		304	나누다		동	626
261	대학01	大學	명	732		305	이용하다01	利用-	동	625
262	작품01	作品	명	726		306	거의01		부	623
263	상황02	狀況	명	723		307	곧01		접	623
264	가운데		명	722		308	중심01	中心	명	622
265	보내다		동	719		309	활동02	活動	명	622
266	두다01		동	717		310	오늘		명	621
267	즉01	卽	부	715		311	서로01		부	620
268	따라서		접	712		312	관심01	關心	명	619
269	상태01	狀態	명	711		313	역시01	亦是	접	617
270	이후02	以後	명	710		314	이거01		대	617
271	당시02	當時	명	707		315	애02	아이	명	614
272	문학01	文學	명	703		316	광고02	廣告	명	613
273	더욱		부	700		317	나다01		보	610
274	아주01		부	697		318	방07	房	명	608
275	지방05	地方	명	695		319	정신12	精神	명	608
276	밤01	어두운 때	명	694		320	이르다01	도착하다	동	603
277	높다		형	691		321	땅01		명	602
278	최근	最近	명	691		322	이루다01		동	601
279	채09	옷을 입은 ~로	의	690		323	아침		명	600
280	현실02	現實	명	690		324	웃다		동	599
281	환경02	環境	명	683		325	현상04	現象	명	599
282	컴퓨터	computer	명	675		326	두다01		보	593
283	먼저		부	669		327	떠나다		동	592
284	다니다		동	668		328	기술01	技術	명	591
285	얼마나		부	668		329	전체01	全體	명	591
286	자체02	自體	명	666		330	그래01		감	589
287	열다02	문을 ~	동	658		331	얻다01		동	587
288	머리01		명	657		332	아름답다		형	586
289	묻다03	길을 ~	동	655		333	끝01		명	582
290	남다01		동	652		334	민족	民族	명	582
291	부분01	部分	명	652		335	간10	間	의	580
292	기업01	企業	명	650		336	조사30	調査	명	580
293	거기01		대	644		337	듯01		의	579
294	변화	變化	명	642		338	입		명	575
295	아들		명	640		339	뭐		감	573
296	뜻		명	639		340	그대로		부	565
297	아02		감	638		341	영화01	映畵	명	565
298	기다리다		동	635		342	필요	必要	명	564
299	떨어지다		동	634		343	줄04	방법	의	562
300	선거04	選擧	명	631		344	하늘01		명	562
301	관하다02	關-	동	630		345	년대	年代	의	561

346	과학	科學	명	559		390	맛01		명	503
347	듯하다		보	555		391	대부분	大部分	명	501
348	자연01	自然	명	555		392	산업	産業	명	501
349	정말01	正-	부	553		393	매우01		부	500
350	구조08	構造	명	552		394	오르다		동	500
351	대상11	對象	명	552		395	음식	飮食	명	498
352	결국	結局	명	551		396	표정03	表情	명	496
353	밥01	~을 먹다	명	550		397	꼭03	반드시	부	493
354	입다01		동	550		398	일부02	一部	명	493
355	오히려		부	547		399	요즘		명	492
356	프로그램	program	명	547		400	계획01	計劃	명	490
357	네03		감	541		401	느낌		명	490
358	정책02	政策	명	541		402	얼마		명	490
359	이루어지다		동	540		403	고개01	~를 돌리다	명	489
360	남01		명	538		404	성격02	性格	명	489
361	하루01		명	537		405	계속04	繼續	부	488
362	그림01		명	533		406	세기03	世紀	명	488
363	적03		의	533		407	세우다01		동	488
364	터02		의	533		408	아내01		명	486
365	마시다		동	532		409	가족01	家族	명	485
366	치다02	얼굴을 ~	동	530		410	민중	民衆	명	485
367	혼자01		명	530		411	현재02	現在	부	485
368	나가다		보	528		412	사상15	思想	명	484
369	제도01	制度	명	527		413	세01		관	482
370	이제01		명	526		414	세력	勢力	명	482
371	교수06	敎授	명	525		415	놓다01		동	481
372	술01	~을 먹다	명	524		416	발전01	發展	명	481
373	사랑01		명	521		417	차06	車	명	481
374	의식03	意識	명	521		418	놀다01		동	480
375	전화07	電話	명	520		419	향하다	向-	동	479
376	끝나다		동	517		420	관련	關聯	명	478
377	돌아오다		동	517		421	형태	形態	명	478
378	맞다01	답이 ~	동	517		422	각01	各	관	475
379	아빠		명	517		423	도시03	都市	명	474
380	걸리다01	'걸다'의 피동사	동	515		424	작업01	作業	명	473
381	지키다01		동	513		425	분위기	雰圍氣	명	472
382	한번	-番	명	513		426	그러하다		형	467
383	커피	coffee	명	511		427	자기04	自己	명	464
384	가슴01		명	510		428	측	側	의	464
385	체제02	體制	명	510		429	나이01		명	462
386	길다02	밤이 ~	형	509		430	우선02	于先	부	462
387	바라보다		동	507		431	믿다		동	461
388	알아보다		동	505		432	바꾸다		동	461
389	회사04	會社	명	504		433	낳다01		동	460

434	바03		의	460	478	바람01	~이 불다	명	432
435	정보06	情報	명	460	479	잘하다		동	431
436	열리다02	문이 ~	동	459	480	마을01		명	430
437	개념	概念	명	458	481	어리다03	나이가 적다	형	430
438	좋아하다		동	458	482	대표	代表	명	429
439	그리다02	그림을 ~	동	457	483	가능성	可能性	명	428
440	만큼		의	457	484	방향01	方向	명	426
441	배우다01		동	457	485	대회02	大會	명	425
442	시13	詩	명	457	486	목소리		명	425
443	역할	役割	명	457	487	노래01		명	424
444	옆		명	457	488	바다		명	424
445	행동	行動	명	456	489	힘들다		형	424
446	어02		감	455	490	공부01	工夫	명	423
447	국내02	國內	명	454	491	움직이다		동	423
448	비하다	比-	동	454	492	의원05	議員	명	421
449	기관11	機關	명	453	493	이론01	理論	명	421
450	입장04	立場	명	453	494	노력01	努力	명	420
451	만하다		보	451	495	못하다		동	420
452	예08	例	명	451	496	전혀01	全-	부	420
453	아래01		명	450	497	언니		명	419
454	방식01	方式	명	448	498	단체02	團體	명	418
455	영향04	影響	명	446	499	분01		의	418
456	지배01	支配	명	446	500	알려지다		동	418
457	그림01		접	445	501	가능하다	可能-	형	417
458	나서다		동	445	502	능력02	能力	명	417
459	흐르다01		동	445	503	주장하다01	主張-	동	417
460	저04	멀리 있는 대상	관	444	504	자식01	子息	명	416
461	깊다		형	443	505	돌리다04	팽이를 ~	동	415
462	배02	~를 띄우다	명	443	506	불01		명	415
463	내09	內	의	440	507	주민	住民	명	415
464	모양02	模樣	명	440	508	모으다		동	414
465	산01	山	명	440	509	자료03	資料	명	414
466	새06		관	440	510	존재	存在	명	414
467	하지만		접	440	511	개발	開發	명	413
468	조건02	條件	명	439	512	학년	學年	명	413
469	문05	門	명	438	513	신문10	新聞	명	412
470	꽃01		명	436	514	가지다		보	411
471	단계03	段階	명	436	515	이해하다02	理解-	동	411
472	올리다01		동	436	516	제품02	製品	명	411
473	그동안		명	435	517	분야	分野	명	407
474	교사09	敎師	명	434	518	선생01	先生	명	406
475	갑자기		부	433	519	돌아가다		동	405
476	넘다01		동	433	520	사업04	事業	명	405
477	지니다		동	433	521	행위	行爲	명	405

522	수준	水準	명	404		566	효과01	效果	명	377
523	지난해		명	404		567	불교	佛敎	명	376
524	표현	表現	명	403		568	끌다		동	375
525	기분01	氣分	명	402		569	대로01		의	374
526	금융	金融	명	401		570	인식	認識	명	373
527	대06	代	의	401		571	자금08	資金	명	373
528	젊다		형	401		572	빨리		부	371
529	동시02	同時	명	400		573	시작되다01	始作-	동	371
530	옷01		명	400		574	개혁	改革	명	369
531	기능03	機能	명	399		575	둘01		수	369
532	순간03	瞬間	명	399		576	말다03	그만두다	동	369
533	전쟁	戰爭	명	399		577	설명하다	說明-	동	369
534	전08	前	관	398		578	우주02	宇宙	명	369
535	꿈01		명	397		579	시기05	時機	명	368
536	할머니		명	397		580	마치03		부	367
537	회의04	會議	명	397		581	살04	한 ~	의	366
538	방송01	放送	명	396		582	생산	生産	명	366
539	이야기하다		동	396		583	바라다01		동	365
540	나무01		명	395		584	강하다02	强-	형	363
541	자다01		동	395		585	경험	經驗	명	362
542	사회적	社會的	관	393		586	음악01	音樂	명	361
543	연극	演劇	명	391		587	최고02	最高	명	361
544	오늘		부	390		588	나타내다		동	360
545	마찬가지		명	389		589	아프다		형	360
546	걷다02	느릿느릿 ~	동	388		590	적다02	경험이 ~	형	360
547	노동03	勞動	명	388		591	벗어나다		동	357
548	이때		명	388		592	비01	~가 내리다	명	357
549	과거03	過去	명	387		593	고향02	故鄕	명	356
550	가치06	價値	명	386		594	놀라다		동	356
551	시간04	時間	의	385		595	다양하다01	多樣-	형	356
552	집단	集團	명	385		596	울다01	울음을 ~	동	356
553	현대01	現代	명	385		597	농민	農民	명	355
554	그랬		불	384		598	드러나다		동	355
555	살펴보다		동	384		599	은행02	銀行	명	355
556	장관02	長官	명	383		600	지내다01		동	355
557	차이	差異	명	383		601	결혼	結婚	명	354
558	풀다		동	383		602	동생01		명	354
559	시절01	時節	명	382		603	법01	法	명	354
560	물건	物件	명	381		604	소설03	小說	명	354
561	직접	直接	부	381		605	예06		감	354
562	개인02	個人	명	380		606	오후02	午後	명	354
563	근데01		접	380		607	질서03	秩序	명	353
564	발01	신체의 일부	명	380		608	고대04	古代	명	352
565	작가01	作家	명	379		609	담다01	넣다	동	352

610	모이다01		동	352	654	주변04	周邊	명	334
611	시민	市民	명	352	655	대신03	代身	명	333
612	회장07	會長	명	352	656	원인02	原因	명	332
613	빠르다		형	351	657	팔다		동	332
614	스스로		부	351	658	차례01	次例	명	330
615	아기01		명	351	659	군05	軍	명	329
616	아저씨		명	351	660	열심히	熱心-	부	328
617	옛날		명	351	661	일하다		동	328
618	이날		명	350	662	재산	財産	명	328
619	제대로		부	350	663	조금01		명	328
620	달05		의	348	664	팀01	team	명	328
621	던지다		동	347	665	부모01	父母	명	327
622	참01		부	347	666	약간	若干	부	327
623	공간05	空間	명	346	667	언어01	言語	명	327
624	이곳		대	346	668	요구하다	要求-	동	327
625	딸01		명	345	669	올라가다		동	325
626	마지막		명	345	670	첫		관	325
627	벌이다		동	345	671	감독02	監督	명	324
628	병원02	病院	명	344	672	그날		명	324
629	수사18	搜査	명	344	673	사실04	事實	부	324
630	자세02	姿勢	명	344	674	자주01		부	324
631	강조하다	强調-	동	343	675	당하다01	當-	동	323
632	경찰04	警察	명	343	676	삼다02	친구로 ~	동	323
633	맡다01	담임을 ~	동	343	677	약03	約	관	323
634	저녁		명	343	678	기간07	期間	명	322
635	한편	-便	접	343	679	담배		명	322
636	그러면		접	342	680	일으키다		동	322
637	기자05	記者	명	342	681	일단01	一旦	부	321
638	넓다		형	342	682	할아버지		명	321
639	시험03	試驗	명	342	683	조직	組織	명	320
640	잠01		명	342	684	태어나다		동	320
641	주로01	主-	부	341	685	공장02	工場	명	319
642	훨씬		부	340	686	벌써		부	319
643	면05	面. 양쪽 ~	명	339	687	즐기다01		동	319
644	토지02	土地	명	339	688	지02		의	319
645	통일02	統一	명	339	689	환자03	患者	명	319
646	들어서다		동	338	690	변하다	變-	동	317
647	건강03	健康	명	337	691	사고12	事故	명	316
648	가깝다		형	336	692	그래도		불	315
649	건물03	建物	명	336	693	아무리		부	315
650	시설03	施設	명	336	694	맞추다01		동	314
651	외국02	外國	명	336	695	쌀		명	314
652	밑01		명	334	696	일반02	一般	명	314
653	어른01		명	334	697	재미있다		형	314

698	가르치다01		동	313		742	남성01	男性	명	292
699	대화06	對話	명	313		743	주위02	周圍	명	292
700	막다01		동	312		744	대책03	對策	명	291
701	올해		명	312		745	그만02	그 정도까지만	부	290
702	형01	兄	명	312		746	발생하다	發生-	동	289
703	달리01		부	310		747	다리01	신체	명	288
704	버리다01		동	310		748	아무01		관	288
705	붙이다		동	310		749	어쩌다01		동	288
706	인물	人物	명	310		750	재료01	材料	명	288
707	늘		부	308		751	각각01	各各	부	287
708	모두01		명	307		752	결코	決-	부	287
709	전국03	全國	명	307		753	옮기다		동	287
710	계급02	階級	명	306		754	항상	恒常	부	287
711	마치다02		동	306		755	해01		명	287
712	전07	全	관	306		756	잃다		동	286
713	다만01		접	305		757	자유03	自由	명	286
714	도움		명	305		758	책임	責任	명	286
715	가정06	家庭	명	304		759	바뀌다		동	285
716	걸다02	옷을 ~	동	303		760	비슷하다02		형	285
717	빠지다02	물에 ~	동	303		761	심하다	甚-	형	285
718	멀다02	갈 길이 ~	형	301		762	경쟁	競爭	명	284
719	버스02	bus	명	300		763	달러	dollar	의	284
720	차원01	次元	명	300		764	사랑하다		동	284
721	오늘날		명	299		765	아니02		감	284
722	잠시	暫時	부	299		766	여름01		명	283
723	농업	農業	명	298		767	자라다01	커지다	동	283
724	대다01		동	298		768	회08	回	의	283
725	식04	式	의	298		769	구체적	具體的	명	282
726	의견01	意見	명	298		770	기회03	機會	명	282
727	무대06	舞臺	명	297		771	실시하다03	實施-	동	282
728	사진07	寫眞	명	297		772	장치07	裝置	명	282
729	주장03	主張	명	297		773	지구04	地球	명	282
730	표현하다	表現-	동	297		774	번째	番-	의	281
731	인하다01	因-	동	296		775	소비자	消費者	명	281
732	이상하다	異常-	형	295		776	싫다01		형	281
733	제일04	第一	명	295		777	정치적	政治的	관	281
734	붙다		동	294		778	규모	規模	명	280
735	아마01		부	294		779	기준03	基準	명	280
736	얘기하다		동	294		780	말11	末	의	280
737	잇다01		동	294		781	반드시		부	280
738	조금01		부	294		782	셈01		의	280
739	경기11	競技	명	293		783	전략03	戰略	명	280
740	목적03	目的	명	293		784	갖추다		동	279
741	태도03	態度	명	293		785	그러니까		접	279

786	대다01		보	279	830	드리다01	주다	보	266
787	받아들이다		동	279	831	선수05	選手	명	266
788	값		명	278	832	형식01	形式	명	266
789	현장03	現場	명	278	833	마련하다		동	265
790	건설	建設	명	277	834	반07	半	명	265
791	꺼내다		동	277	835	발표하다	發表-	동	265
792	노동자	勞動者	명	277	836	주제04	主題	명	265
793	동네	洞-	명	276	837	걸치다		동	264
794	언제나		부	276	838	겪다		동	264
795	완전히	完全-	부	276	839	관점02	觀點	명	264
796	자동차	自動車	명	276	840	귀01		명	264
797	전하다	傳-	동	276	841	귀족01	貴族	명	264
798	존재하다	存在-	동	276	842	기본	基本	명	264
799	개월	個月	의	275	843	미터02	meter	의	264
800	맞다02	손님을 ~	동	275	844	사라지다		동	263
801	별로01	別	부	275	845	어떠하다		형	263
802	어린이01		명	275	846	감정06	感情	명	262
803	정하다03	定-	동	275	847	기억02	記憶	명	262
804	한마디		명	275	848	놈01		의	262
805	유지하다02	維持-	동	274	849	인기01	人氣	명	262
806	이데올로기	&독Ideologie	명	274	850	배01	신체의 일부	명	261
807	공부하다	工夫-	동	273	851	아파트	apartment	명	261
808	대중02	大衆	명	273	852	가끔		부	260
809	늘어나다		동	272	853	구성07	構成	명	260
810	닦다01		동	272	854	술06	밥 한 ~	의	260
811	만01	십 년 ~에	의	272	855	실제로	實際	부	260
812	말씀		명	272	856	짧다		형	260
813	괜찮다		형	271	857	고맙다01		형	259
814	눈물01		명	271	858	관리04	管理	명	259
815	각종	各種	명	270	859	권력02	權力	명	259
816	빛		명	270	860	그곳		대	259
817	아니01		부	270	861	달다05	빌려 다오	보	259
818	피하다	避-	동	270	862	보다02		부	259
819	거치다01		동	269	863	비롯하다		동	259
820	나아가다		동	269	864	체계03	體系	명	259
821	아04		감	269	865	과연01	果然	부	258
822	지식02	知識	명	269	866	들리다03	소리가 ~	동	258
823	현재02	現在	명	269	867	달리다04	말을 ~	동	257
824	여전히	如前-	부	268	868	바쁘다		형	257
825	주인01	主人	명	268	869	이전03	以前	명	257
826	발견하다01	發見-	동	267	870	인정하다	認定-	동	257
827	선14	線	명	267	871	자18	者	의	257
828	인류01	人類	명	267	872	중앙01	中央	명	257
829	특징	特徵	명	267	873	나쁘다01		형	256

874	불구하다02	不拘-	동	256
875	사태06	事態	명	256
876	시키다01		동	256
877	게임	game	명	255
878	국제02	國際	명	255
879	그룹01	group	명	255
880	인생01	人生	명	255
881	전통06	傳統	명	255
882	기르다		동	254
883	원리02	原理	명	254
884	잔03	盞	명	254
885	조사하다12	調査-	동	254
886	커다랗다		형	254
887	사내01		명	253
888	있다01		동	253
889	주체02	主體	명	253
890	시인10	詩人	명	252
891	언제01		부	252
892	외04	外	의	252
893	평가03	評價	명	252
894	내려오다		동	251
895	위치01	位置	명	251
896	줄이다		동	251
897	행정01	行政	명	251
898	가격03	價格	명	250
899	달라지다		동	250
900	비다01		동	250
901	삼국	三國	명	250
902	손님		명	250
903	원하다02	願-	동	250
904	통신01	通信	명	249
905	확인하다	確認-	동	249
906	모임01		명	248
907	수26	~를 세다	명	248
908	아무01		대	248
909	웃음		명	248
910	기계07	機械	명	247
911	모양02	模樣	의	247
912	물질02	物質	명	247
913	아나운서	announcer	명	247
914	뉴스	news	명	246
915	살아가다		동	246
916	펴다		동	246
917	문화적	文化的	관	245
918	배09	倍	명	245
919	수업04	授業	명	245
920	겨울		명	244
921	종교	宗敎	명	244
922	층02	層	명	244
923	검찰02	檢察	명	243
924	자연스럽다	自然-	형	243
925	장22	張	의	243
926	기존	旣存	명	242
927	돌다		동	242
928	식사03	食事	명	242
929	안다01		동	242
930	이해06	理解	명	242
931	잊다01		동	242
932	제시하다01	提示-	동	242
933	반11	班	명	241
934	불과하다	不過-	형	241
935	차지하다01		동	241
936	혹은	或-	접	241
937	엄청나다		형	240
938	위원회	委員會	명	240
939	편04	바람이 부는~	의	240
940	텔레비전	television	명	239
941	파악하다	把握-	동	239
942	편09	篇	의	239
943	실천01	實踐	명	238
944	노력하다01	努力-	동	237
945	보호01	保護	명	237
946	요소04	要素	명	237
947	씻다		동	236
948	한편	-便	명	236
949	늦다		형	235
950	당14	黨	명	235
951	이웃		명	235
952	편지02	便紙	명	235
953	공동02	共同	명	234
954	까닭		명	234
955	방안01	方案	명	234
956	센티미터	centimeter	의	234
957	팔01		명	234
958	분명하다01	分明-	형	233
959	분석02	分析	명	233
960	소녀02	少女	명	233
961	지나가다		동	233

962	차03	次	의	233	1006	사월02	四月	명	221
963	상품03	商品	명	232	1007	싸우다		동	221
964	공동체	共同體	명	231	1008	언제01		대	221
965	설명	說明	명	231	1009	예쁘다		형	221
966	훌륭하다		형	231	1010	갈등	葛藤	명	220
967	관계자	關係者	명	230	1011	느껴지다		동	220
968	새로		부	230	1012	방침02	方針	명	220
969	세13	歲	의	230	1013	역사적	歷史的	관	220
970	이어지다		동	230	1014	의지06	意志	명	220
971	티브이	TV	명	230	1015	전문08	專門	명	220
972	봄01		명	229	1016	정확하다01	正確-	형	220
973	종류02	種類	명	229	1017	초기04	初期	명	220
974	낮다		형	228	1018	나중01		명	219
975	어깨01		명	228	1019	등01	신체	명	219
976	지적하다	指摘	동	228	1020	맛있다		형	219
977	부부03	夫婦	명	227	1021	며칠		명	219
978	오래02		부	227	1022	신경04	神經	명	219
979	요구03	要求	명	227	1023	찾아오다		동	219
980	키우다		동	227	1024	투쟁	鬪爭	명	219
981	눕다01		동	226	1025	미14	美	명	218
982	발달하다	發達-	동	226	1026	사용04	使用	명	218
983	발전하다01	發展-	동	226	1027	시선03	視線	명	218
984	여행02	旅行	명	226	1028	아무런		관	218
985	죽음01		명	226	1029	언론	言論	명	218
986	고통	苦痛	명	225	1030	투자02	投資	명	218
987	등장하다01	登場-	동	225	1031	요인03	要因	명	217
988	공01	축구~	명	224	1032	지원02	支援	명	217
989	듯이01		의	224	1033	결정하다01	決定-	동	216
990	어울리다		동	224	1034	경영02	經營	명	216
991	오월01	五月	명	224	1035	드러내다		동	216
992	쉬다03	편안히 ~	동	223	1036	목표	目標	명	216
993	알리다		동	223	1037	성장01	成長	명	216
994	차다01	가득 ~	동	223	1038	숲01		명	216
995	측면	側面	명	223	1039	없어지다		동	216
996	과10	課	명	222	1040	작년	昨年	명	216
997	멀리01		부	222	1041	내려가다		동	215
998	빼다01	가시를 ~	동	222	1042	떠오르다		동	215
999	예정02	豫定	명	222	1043	리얼리즘	realism	명	215
1000	오빠		명	222	1044	미치다02	닿다	동	215
1001	일05	一	관	222	1045	새벽01		명	215
1002	즐겁다		형	222	1046	쓰레기		명	215
1003	한계	限界	명	222	1047	얼른02		부	215
1004	흔히		부	222	1048	임금03	賃金	명	215
1005	바탕01		명	221	1049	피해01	被害	명	215

1050	한06	限	명	215	1094	기록02	記錄	명	208
1051	무섭다		형	214	1095	나름		의	208
1052	직장05	職場	명	214	1096	대답하다	對答-	동	208
1053	참다		동	214	1097	반면02	反面	명	208
1054	크기		명	214	1098	썰다01		동	208
1055	고기01		명	213	1099	움직임		명	208
1056	남기다		동	213	1100	이미지	image	명	208
1057	서양	西洋	명	213	1101	터지다		동	208
1058	주요01	主要	명	213	1102	특성01	特性	명	208
1059	지나치다		형	213	1103	교장03	校長	명	207
1060	가져오다		동	212	1104	벗다		동	207
1061	냄새		명	212	1105	업무02	業務	명	207
1062	부드럽다		형	212	1106	입시04	入試	명	207
1063	여기다		동	212	1107	준비하다	準備-	동	207
1064	이04		의	212	1108	청소년	靑少年	명	207
1065	조치04	措置	명	212	1109	돕다		동	206
1066	회담	會談	명	212	1110	응01		감	206
1067	공연02	公演	명	211	1111	이기다01	적에게 ~	동	206
1068	남녀	男女	명	211	1112	찾아보다		동	206
1069	내놓다		동	211	1113	취하다01	取-	동	206
1070	떼다01		동	211	1114	다루다01		동	205
1071	만들어지다		동	211	1115	달05		명	205
1072	속도01	速度	명	211	1116	사장15	社長	명	205
1073	심각하다02	深刻-	형	211	1117	삼월	三月	명	205
1074	준비	準備	명	211	1118	재벌02	財閥	명	205
1075	계속되다02	繼續-	동	210	1119	정권04	政權	명	205
1076	구월02	九月	명	210	1120	그렇지만		접	204
1077	맑다01		형	210	1121	삼06	三	관	204
1078	소년01	少年	명	210	1122	선배	先輩	명	204
1079	소식04	消息	명	210	1123	업체	業體	명	204
1080	유월01	六月	명	210	1124	키01	신장	명	204
1081	작용01	作用	명	210	1125	구하다01	求-	동	203
1082	허리01		명	210	1126	국회	國會	명	203
1083	골14	goal	명	209	1127	그러므로		접	203
1084	공업01	工業	명	209	1128	포함하다02	包含-	동	203
1085	그중	-中	명	209	1129	걱정		명	202
1086	노인01	老人	명	209	1130	결혼하다	結婚-	동	202
1087	벌다02	돈을 ~	동	209	1131	계기04	契機	명	202
1088	살리다		동	209	1132	비록01		부	202
1089	새03	날짐승	명	209	1133	띠다01		동	201
1090	영어02	英語	명	209	1134	만약	萬若	명	201
1091	출신	出身	명	209	1135	바르다03	굽은 데가 없다	형	201
1092	결정01	決定	명	208	1136	세월02	歲月	명	201
1093	경향02	傾向	명	208	1137	숨01		명	201

1138	행사01	行事	명	201
1139	깨닫다		동	200
1140	누나01		명	200
1141	신09	神	명	200
1142	왕04	王	명	200
1143	점점01	漸漸	부	200
1144	질문	質問	명	200
1145	특별	特別	명	200
1146	판단	判斷	명	200
1147	해결하다	解決-	동	200
1148	거리08	距離	명	199
1149	계속하다03	繼續-	동	199
1150	그치다		동	199
1151	근처	近處	명	199
1152	너무나		부	199
1153	높이다		동	199
1154	부정02	不正	명	199
1155	사정07	事情	명	199
1156	실명제	實名制	명	199
1157	눈치		명	198
1158	도대체	都大體	부	198
1159	막02	마구	부	198
1160	부모님	父母-	명	198
1161	수출03	輸出	명	198
1162	이른바		부	198
1163	계시다		동	197
1164	그02		감	197
1165	문명03	文明	명	197
1166	자르다01		동	197
1167	데리다		동	196
1168	마리01		의	196
1169	무척01		부	196
1170	비용03	費用	명	196
1171	비행기	飛行機	명	196
1172	옳다01		형	196
1173	원래01	元來	명	196
1174	처리02	處理	명	196
1175	최초	最初	명	196
1176	꼴01	모양새	명	195
1177	놀이01		명	195
1178	뜨겁다		형	195
1179	뿌리		명	195
1180	수입02	輸入	명	195
1181	초03	初	의	195
1182	해방05	解放	명	195
1183	그리하여		접	194
1184	낮		명	194
1185	여부01	與否	명	194
1186	일찍		부	194
1187	직원03	職員	명	194
1188	찍다02	서류에 도장을~	동	194
1189	가볍다		형	193
1190	내부04	內部	명	193
1191	다소01	多少	부	193
1192	상대04	相對	명	193
1193	오전02	午前	명	193
1194	피부02	皮膚	명	193
1195	가게		명	192
1196	가득01	~ 차다	부	192
1197	그저		부	192
1198	도05	度	의	192
1199	벽06	壁	명	192
1200	장군04	將軍	명	192
1201	무역02	貿易	명	191
1202	부담01	負擔	명	191
1203	약속	約束	명	191
1204	인사02	人事	명	191
1205	줄01	~로 감다	명	191
1206	쳐다보다		동	191
1207	충분히	充分-	부	191
1208	대15	臺	의	190
1209	신체02	身體	명	190
1210	에너지	energy	명	190
1211	위원01	委員	명	190
1212	정리하다	整理	동	190
1213	집안01		명	190
1214	배경01	背景	명	189
1215	죽이다01	굶겨 ~	동	189
1216	논의02	論議	명	188
1217	단순하다	單純-	형	188
1218	반대03	反對	명	188
1219	법칙	法則	명	188
1220	빠지다01	머리가 ~	동	188
1221	소금01		명	188
1222	오염	汚染	명	188
1223	운영03	運營	명	188
1224	자전거	自轉車	명	188
1225	참여하다	參與-	동	188

번호	단어	한자	품사	빈도
1226	탓		명	188
1227	푸르다		형	188
1228	걔		불	187
1229	그래		불	187
1230	목01		명	187
1231	발표01	發表	명	187
1232	범죄	犯罪	명	187
1233	위05	位	의	187
1234	흔들다		동	187
1235	기초06	基礎	명	186
1236	논리	論理	명	186
1237	드라마	drama	명	186
1238	뽑다		동	186
1239	피우다01		동	186
1240	감각02	感覺	명	185
1241	그니까		접	185
1242	미리01		부	185
1243	부족하다	不足-	형	185
1244	인사03	人事	명	185
1245	저희01		대	185
1246	진행되다	進行-	동	185
1247	독자04	讀者	명	184
1248	협상01	協商	명	184
1249	교통01	交通	명	183
1250	기구15	機構	명	183
1251	따지다01		동	183
1252	법01	法	의	183
1253	성과01	成果	명	183
1254	오랜		관	183
1255	젊은이		명	183
1256	후보04	候補	명	183
1257	거래02	去來	명	182
1258	거리01	길~	명	182
1259	과제04	課題	명	182
1260	근거	根據	명	182
1261	기록하다	記錄-	동	182
1262	다가오다		동	182
1263	불다01		동	182
1264	시각04	視角	명	182
1265	이끌다		동	182
1266	종합	綜合	명	182
1267	한글01		명	182
1268	가을01		명	181
1269	개발하다	開發-	동	181
1270	내일	來日	명	181
1271	떨다01		동	181
1272	매일	每日	부	181
1273	손가락		명	181
1274	수단01	手段	명	181
1275	욕망	欲望	명	181
1276	원칙	原則	명	181
1277	자04		감	181
1278	자유롭다	自由-	형	181
1279	적극적	積極的	명	181
1280	판매	販賣	명	181
1281	형성01	形成	명	181
1282	기울이다		동	180
1283	길이01		명	180
1284	장면04	場面	명	180
1285	점차02	漸次	부	180
1286	톤01	ton	의	180
1287	혐의	嫌疑	명	180
1288	관련되다	關聯-	동	179
1289	급04	級	명	179
1290	나머지		명	179
1291	날씨01		명	179
1292	당국02	當局	명	179
1293	더불다		동	179
1294	동물	動物	명	179
1295	의사12	醫師	명	179
1296	개방04	開放	명	178
1297	건강하다02	健康-	형	178
1298	미래02	未來	명	178
1299	앞서		부	178
1300	여러분		대	178
1301	왜냐하면		접	178
1302	인구01	人口	명	178
1303	기대하다	期待-	동	177
1304	네02		관	177
1305	도착하다01	到着-	동	177
1306	병04	病	명	177
1307	소프트웨어	software	명	177
1308	흘리다		동	177
1309	반응	反應	명	176
1310	주인공	主人公	명	176
1311	당연하다01	當然-	형	175
1312	따뜻하다		형	175
1313	따로		부	175

1314	비판01	批判	명	175		1358	색03	色	명	169
1315	빌리다		동	175		1359	쓰이다03	농사에 기계가~	동	169
1316	세대02	世代	명	175		1360	일정하다	一定-	형	169
1317	축구04	蹴球	명	175		1361	다지다		동	168
1318	형님	兄-	명	175		1362	밝혀지다		동	168
1319	놓이다		동	174		1363	아까		부	168
1320	당장02	當場	명	174		1364	알맞다		형	168
1321	무렵		의	174		1365	이념	理念	명	168
1322	밝다		형	174		1366	희다		형	168
1323	사물10	事物	명	174		1367	가리키다01		동	167
1324	일반적	一般的	명	174		1368	모시다		동	167
1325	장소05	場所	명	174		1369	발달	發達	명	167
1326	곱다02	아름답다	형	173		1370	수많다	數-	형	167
1327	바닥01		명	173		1371	잘못		명	167
1328	사항02	事項	명	173		1372	치르다		동	167
1329	새끼02	자식~	명	173		1373	평화02	平和	명	167
1330	생각되다		동	173		1374	공사02	工事	명	166
1331	서비스	service	명	173		1375	돌02	~멩이	명	166
1332	선택하다	選擇-	동	173		1376	똑같다		형	166
1333	심다01		동	173		1377	박사01	博士	명	166
1334	적다01	답을 ~	동	173		1378	성07	性	명	166
1335	코01		명	173		1379	전문가	專門家	명	166
1336	간단하다02	簡單-	형	172		1380	단지04	但只	접	165
1337	고등학교	高等學校	명	172		1381	말씀하다		동	165
1338	공개02	公開	명	172		1382	무용03	舞踊	명	165
1339	교실	敎室	명	172		1383	불리다04	선생님에게 ~	동	165
1340	스스로		명	172		1384	싸움		명	165
1341	견디다		동	171		1385	자꾸01		부	165
1342	기사10	記事	명	171		1386	차리다		동	165
1343	따위		의	171		1387	해외	海外	명	165
1344	막히다		동	171		1388	그리02	그러한 모양	부	164
1345	매체	媒體	명	171		1389	뜨다01	솟아오르다	동	164
1346	별01		명	171		1390	문화재	文化財	명	164
1347	복잡하다	複雜-	형	171		1391	미소05	微笑	명	164
1348	뿌리다		동	171		1392	보통	普通	명	164
1349	영역03	領域	명	171		1393	식당	食堂	명	164
1350	체험	體驗	명	171		1394	의미하다02	意味-	동	164
1351	구속02	拘束	명	170		1395	이래03	以來	의	164
1352	규정하다03	規定-	동	170		1396	체육	體育	명	164
1353	때로		부	170		1397	구성되다	構成-	동	163
1354	어쩌면		부	170		1398	독특하다	獨特-	형	163
1355	극복하다01	克服-	동	169		1399	땀01		명	163
1356	불법01	不法	명	169		1400	사례05	事例	명	163
1357	비밀	秘密	명	169		1401	소개하다01	紹介-	동	163

1402	잘되다		동	163		1446	외치다01		동	158
1403	추진하다02	推進-	동	163		1447	적어도		부	158
1404	칠월	七月	명	163		1448	진정하다01	眞正-	형	158
1405	틀01		명	163		1449	편하다	便-	형	158
1406	평균	平均	명	163		1450	평02	坪	의	158
1407	혁명	革命	명	163		1451	권리	權利	명	157
1408	훈련	訓鍊	명	163		1452	끝내다		동	157
1409	흐름		명	163		1453	대답	對答	명	157
1410	십이월	十二月	명	162		1454	시작01	始作	명	157
1411	쌓이다		동	162		1455	어려움		명	157
1412	이익02	利益	명	162		1456	일주일	一週日	명	157
1413	쥐다01		동	162		1457	자원04	資源	명	157
1414	컵	cup	명	162		1458	춤01		명	157
1415	게다가		부	161		1459	넘기다		동	156
1416	끓이다01		동	161		1460	드리다01	주다	동	156
1417	논문	論文	명	161		1461	물체	物體	명	156
1418	멈추다		동	161		1462	분명히	分明-	부	156
1419	사용되다	使用-	동	161		1463	시위04	示威	명	156
1420	오랫동안		명	161		1464	아무것		명	156
1421	위기01	危機	명	161		1465	온01		관	156
1422	정당07	政黨	명	161		1466	젖다01		동	156
1423	종이01		명	161		1467	제외하다	除外	동	156
1424	찾아가다		동	161		1468	최대	最大	명	156
1425	폭력	暴力	명	161		1469	평소	平素	명	156
1426	혹시01	或是	부	161		1470	견해02	見解	명	155
1427	늘다01		동	160		1471	깨끗하다		형	155
1428	양20	量	명	160		1472	농사01	農事	명	155
1429	이09	二	관	160		1473	더구나01		부	155
1430	절차02	節次	명	160		1474	안정01	安定	명	155
1431	진짜	眞-	부	160		1475	어둠		명	155
1432	계시다		보	159		1476	어둡다		형	155
1433	공기06	空氣	명	159		1477	어쨌든		부	155
1434	닿다01		동	159		1478	주택	住宅	명	155
1435	물론01	勿論	명	159		1479	경제적	經濟的	관	154
1436	속하다02	屬-	동	159		1480	고장01	지역	명	154
1437	올림픽	Olympic	명	159		1481	관련하다	關聯-	동	154
1438	이외01	以外	명	159		1482	눈길01	~을 피하다	명	154
1439	재미01		명	159		1483	물어보다		동	154
1440	제공하다02	提供-	동	159		1484	미안하다	未安-	형	154
1441	증가하다01	增加-	동	159		1485	밀다		동	154
1442	기대03	期待	명	158		1486	스트레스	stress	명	154
1443	떡01		명	158		1487	음01		감	154
1444	식물02	植物	명	158		1488	인사01	人士	명	154
1445	옛01		관	158		1489	주어지다		동	154

1490	고려하다01	考慮-	동	153
1491	과일01		명	153
1492	널리		부	153
1493	농촌	農村	명	153
1494	올라오다		동	153
1495	챙기다		동	153
1496	고르다01	뽑다	동	152
1497	바르다01	벽지를 ~	동	152
1498	벌어지다02	싸움이 ~	동	152
1499	소재05	素材	명	152
1500	전망03	展望	명	152
1501	포기하다01	拋棄	동	152
1502	형성되다	形成-	동	152
1503	고치다01		동	151
1504	그림자		명	151
1505	눈04	~이 내리다	명	151
1506	다하다		동	151
1507	마침내		부	151
1508	비교하다	比較-	동	151
1509	시월01	十月	명	151
1510	커지다		동	151
1511	한쪽		명	151
1512	검사03	檢査	명	150
1513	결론02	結論	명	150
1514	기반01	基盤	명	150
1515	들이다02		동	150
1516	맡기다		동	150
1517	박물관	博物館	명	150
1518	복식02	服飾	명	150
1519	소문02	所聞	명	150
1520	싣다01		동	150
1521	쌓다		동	150
1522	어서01		부	150
1523	자녀01	子女	명	150
1524	제목02	題目	명	150
1525	짓01		명	150
1526	판결	判決	명	150
1527	팔월	八月	명	150
1528	하얗다		형	150
1529	희망	希望	명	150
1530	가방01	~을 메다	명	149
1531	군대03	軍隊	명	149
1532	그만큼		부	149
1533	무어01		대	149
1534	비로소		부	149
1535	비리08	非理	명	149
1536	상대방02	相對方	명	149
1537	서구02	西歐	명	149
1538	소유03	所有	명	149
1539	시골		명	149
1540	실수01	失手	명	149
1541	잘못되다		동	149
1542	치료	治療	명	149
1543	폭06	幅	명	149
1544	호14	號	의	149
1545	내밀다		동	148
1546	맞다03	매를 ~	동	148
1547	부문06	部門	명	148
1548	시리즈	series	명	148
1549	임신02	妊娠	명	148
1550	잡히다02	피동사	동	148
1551	해01		의	148
1552	규정04	規定	명	147
1553	그램	gram	의	147
1554	밭01		명	147
1555	분석하다02	分析-	동	147
1556	식구01	食口	명	147
1557	아예		부	147
1558	어찌		부	147
1559	울리다01	종이 ~	동	147
1560	작용하다01	作用-	동	147
1561	확실하다	確實-	형	147
1562	개선01	改善	명	146
1563	그릇01		명	146
1564	글자	-字	명	146
1565	바람직하다		형	146
1566	연구하다02	硏究-	동	146
1567	착하다		형	146
1568	총선	總選	명	146
1569	개03	동물	명	145
1570	노조02	勞組	명	145
1571	라디오	radio	명	145
1572	마련		의	145
1573	미적01	美的	관	145
1574	부동산	不動産	명	145
1575	신화04	神話	명	145
1576	양25	孃	의	145
1577	점10	點	의	145

1578	직업	職業	명	145	1622	짝01	~이 맞다	명	140
1579	거두다		동	144	1623	참으로		부	140
1580	국민학교	國民學校	명	144	1624	충분하다01	充分-	형	140
1581	방학	放學	명	144	1625	기쁘다		형	139
1582	범위	範圍	명	144	1626	뛰다02	빨리 나아가다	동	139
1583	조상07	祖上	명	144	1627	숙제03	宿題	명	139
1584	철학	哲學	명	144	1628	앞두다		동	139
1585	검다02		형	143	1629	예산02	豫算	명	139
1586	곁01		명	143	1630	온갖		관	139
1587	근본적	根本的	명	143	1631	우려01	憂慮	명	139
1588	너희		대	143	1632	우산01	雨傘	명	139
1589	대형04	大型	명	143	1633	기쁨		명	138
1590	따다01	떼다	동	143	1634	깊이02		부	138
1591	문제점	問題點	명	143	1635	꾸미다		동	138
1592	본격적	本格的	명	143	1636	늘리다		동	138
1593	불가능하다	不可能-	형	143	1637	무릎		명	138
1594	인제01		부	143	1638	발견되다	發見-	동	138
1595	충격02	衝擊	명	143	1639	보호하다	保護	동	138
1596	퍼지다		동	143	1640	부리다02	꾀를 ~	동	138
1597	금방01	今方	부	142	1641	시스템	system	명	138
1598	남쪽	南-	명	142	1642	이용01	利用	명	138
1599	누르다01	힘을 가하다	동	142	1643	지난달		명	138
1600	미술	美術	명	142	1644	지르다03	소리를 ~	동	138
1601	백성	百姓	명	142	1645	참여	參與	명	138
1602	상당히	相當-	부	142	1646	협정	協定	명	138
1603	색깔	色-	명	142	1647	걸음		명	137
1604	요리05	料理	명	142	1648	겨우		부	137
1605	유명하다01	有名-	형	142	1649	마르다01		동	137
1606	자네01		대	142	1650	비교적	比較的	부	137
1607	기13	氣	명	141	1651	애쓰다		동	137
1608	꽤01		부	141	1652	올바르다		형	137
1609	다섯		관	141	1653	책상01	冊床	명	137
1610	서로01		명	141	1654	춥다		형	137
1611	외국인	外國人	명	141	1655	흔하다		형	137
1612	한참		명	141	1656	노예	奴隸	명	136
1613	군사04	軍事	명	140	1657	높아지다		동	136
1614	끊다		동	140	1658	늙다		동	136
1615	넘어가다01		동	140	1659	단위02	單位	명	136
1616	담기다01	담다	동	140	1660	둘째		수	136
1617	마당		명	140	1661	뛰어나다		형	136
1618	모순01	矛盾	명	140	1662	무겁다		형	136
1619	부인01	夫人	명	140	1663	바람01	눈이 오는 ~에	의	136
1620	서두르다		동	140	1664	상상07	想像	명	136
1621	지적05	指摘	명	140	1665	소득	所得	명	136

1666	수도09	首都	명	136		1710	열03		관	132
1667	역06	役	명	136		1711	외부02	外部	명	132
1668	인식하다	認識-	동	136		1712	한두		관	132
1669	자14	字	명	136		1713	한때		명	132
1670	침대02	寢臺	명	136		1714	화06	~를 내다	명	132
1671	공80	共. 공화국	명	135		1715	흙01		명	132
1672	권01	卷	의	135		1716	가난하다		형	131
1673	뜨다05	눈을 ~	동	135		1717	고객04	顧客	명	131
1674	맺다		동	135		1718	과학자	科學者	명	131
1675	수요06	需要	명	135		1719	관광02	觀光	명	131
1676	스타	star	명	135		1720	살아오다		동	131
1677	시계01	時計	명	135		1721	상대적	相對的	명	131
1678	위80	委	명	135		1722	수술05	手術	명	131
1679	입술		명	135		1723	식품01	食品	명	131
1680	잎01		명	135		1724	연기10	演技	명	131
1681	중간01	中間	명	135		1725	일월01	一月	명	131
1682	지도자	指導者	명	135		1726	조13	條	의	131
1683	천천히		부	135		1727	증시80	證市	명	131
1684	구성하다	構成-	동	134		1728	첫째		수	131
1685	대체로	大體-	부	134		1729	확대02	擴大	명	131
1686	때리다01		동	134		1730	회원	會員	명	131
1687	몹시		부	134		1731	내세우다		동	130
1688	문득01		부	134		1732	도서관	圖書館	명	130
1689	스포츠	sports	명	134		1733	들려오다		동	130
1690	위원장	委員長	명	134		1734	자본주의	資本主義	명	130
1691	일제02	日帝	명	134		1735	조금씩		부	130
1692	저기01		대	134		1736	조미료	調味料	명	130
1693	특별하다	特別-	형	134		1737	풀리다		동	130
1694	효과적	效果的	명	134		1738	강력하다	強力-	형	129
1695	가까이		부	133		1739	들여다보다		동	129
1696	낫다02	더 좋다	형	133		1740	마늘		명	129
1697	넘어서다		동	133		1741	선물03	膳物	명	129
1698	볶다		동	133		1742	습관	習慣	명	129
1699	생산하다	生産-	동	133		1743	아주머니		명	129
1700	언젠가		부	133		1744	위험	危險	명	129
1701	예술가	藝術家	명	133		1745	지하	地下	명	129
1702	의도02	意圖	명	133		1746	활용하다	活用-	동	129
1703	저지르다		동	133		1747	가꾸다		동	128
1704	줄어들다		동	133		1748	고민	苦悶	명	128
1705	처리하다	處理-	동	133		1749	떠올리다		동	128
1706	가만히		부	132		1750	맨01		관	128
1707	건04	件	의	132		1751	법률	法律	명	128
1708	교회02	敎會	명	132		1752	상처02	傷處	명	128
1709	대개03	大概	부	132		1753	상호04	相互	명	128

1754	좁다01		형	128		1798	일어서다		동	124
1755	지하철	地下鐵	명	128		1799	죄03	罪	명	124
1756	집다01		동	128		1800	참01		감	124
1757	현04	現	관	128		1801	총장01	總長	명	124
1758	화면05	畵面	명	128		1802	핵심	核心	명	124
1759	군04	君	의	127		1803	후반01	後半	명	124
1760	대표적	代表的	명	127		1804	단순히	單純-	부	123
1761	만일01	萬一	명	127		1805	달려가다		동	123
1762	사회적	社會的	명	127		1806	방문03	訪問	명	123
1763	생겨나다		동	127		1807	불만	不滿	명	123
1764	이어01		부	127		1808	불편하다01	不便-	형	123
1765	주부03	主婦	명	127		1809	실제02	實際	명	123
1766	진리	眞理	명	127		1810	종09	種	명	123
1767	태양02	太陽	명	127		1811	피02		명	123
1768	틀림없다		형	127		1812	강01	江	명	122
1769	프로03	professional	명	127		1813	검토하다	檢討-	동	122
1770	피다01	꽃이 ~	동	127		1814	관객	觀客	명	122
1771	확보하다01	確保-	동	127		1815	동작03	動作	명	122
1772	공급02	供給	명	126		1816	뜻하다		동	122
1773	도로07	道路	명	126		1817	막01	바로 지금	부	122
1774	동료	同僚	명	126		1818	밀리미터	millimeter	의	122
1775	잘못		부	126		1819	비싸다		형	122
1776	지다05	등에 ~	동	126		1820	숫자	數字	명	122
1777	채우다03	자리를 ~	동	126		1821	열07	熱	명	122
1778	균형	均衡	명	125		1822	왼쪽		명	122
1779	기본적	基本的	명	125		1823	중세02	中世	명	122
1780	부족05	部族	명	125		1824	택시	taxi	명	122
1781	사무실	事務室	명	125		1825	통합	統合	명	122
1782	의혹	疑惑	명	125		1826	펼치다		동	122
1783	이월01	二月	명	125		1827	계산01	計算	명	121
1784	일요일	日曜日	명	125		1828	꼬리01		명	121
1785	접근	接近	명	125		1829	놀랍다		형	121
1786	지켜보다		동	125		1830	심지어	甚至於	부	121
1787	학문02	學問	명	125		1831	양식04	樣式	명	121
1788	개성03	個性	명	124		1832	예전01		명	121
1789	끼치다02	폐를 ~	동	124		1833	저05		감	121
1790	달리다01	문에 종이 ~	동	124		1834	전기15	電氣	명	121
1791	더하다		동	124		1835	주식03	株式	명	121
1792	띠다01	눈에 ~	동	124		1836	추구하다01	追求-	동	121
1793	무너지다		동	124		1837	틀리다01	답이 ~	동	121
1794	보통	普通	부	124		1838	파괴	破壞	명	121
1795	쓰다02	모자를 ~	동	124		1839	끊임없이		부	120
1796	의장12	議長	명	124		1840	모델	model	명	120
1797	이러다		동	124		1841	붓다02	물을 ~	동	120

1842	상식06	常識	명	120		1886	전제08	前提	명	117
1843	상표02	商標	명	120		1887	주80	株, 주식회사	명	117
1844	시원하다		형	120		1888	지대07	地帶	명	117
1845	아니하다		보	120		1889	특정	特定	명	117
1846	어디01		감	120		1890	판단하다	判斷-	동	117
1847	의식하다02	意識-	동	120		1891	행복하다	幸福	형	117
1848	고모01	姑母	명	119		1892	굽다01	익히다	동	116
1849	궁금하다01		형	119		1893	기름01		명	116
1850	둘러싸다		동	119		1894	실천하다01	實踐-	동	116
1851	딱03	바라진 모양	부	119		1895	쏟아지다		동	116
1852	뛰다01	심장이 ~	동	119		1896	연습03	練習	명	116
1853	매춘	賣春	명	119		1897	오른쪽		명	116
1854	민주화	民主化	명	119		1898	용어02	用語	명	116
1855	보도04	報道	명	119		1899	익히다02	기술을 ~	동	116
1856	살피다01		동	119		1900	정서06	情緒	명	116
1857	생존	生存	명	119		1901	지도03	地圖	명	116
1858	십	十	관	119		1902	지위04	地位	명	116
1859	않다		동	119		1903	풍부하다	豊富-	형	116
1860	약하다01	弱	형	119		1904	화장실	化粧室	명	116
1861	잘못하다		동	119		1905	기억하다02	記憶-	동	115
1862	잡지	雜誌	명	119		1906	발언02	發言	명	115
1863	통치03	統治	명	119		1907	식량03	食糧	명	115
1864	거부하다	拒否-	동	118		1908	실험	實驗	명	115
1865	공무원	公務員	명	118		1909	용기02	勇氣	명	115
1866	그만두다		동	118		1910	조화07	調和	명	115
1867	댁01	宅	명	118		1911	주가05	株價	명	115
1868	반갑다		형	118		1912	토론01	討論	명	115
1869	부족01	不足	명	118		1913	하여금		부	115
1870	실시03	實施	명	118		1914	핵	核	명	115
1871	운명01	運命	명	118		1915	고급02	高級	명	114
1872	자본02	資本	명	118		1916	고생	苦生	명	114
1873	재정05	財政	명	118		1917	몫		명	114
1874	차라리		부	118		1918	미치다01	정신에 이상이생기다	동	114
1875	학자01	學者	명	118		1919	밟다		동	114
1876	다녀오다		동	117		1920	상당하다02	相當-	형	114
1877	달다03	단추를 ~	동	117		1921	섞다		동	114
1878	대규모	大規模	명	117		1922	수석02	首席	명	114
1879	동09	同	관	117		1923	안보02	安保	명	114
1880	민간	民間	명	117		1924	양상08	樣相	명	114
1881	법원01	法院	명	117		1925	없애다		동	114
1882	비디오	video	명	117		1926	유지09	維持	명	114
1883	사실상	事實上	부	117		1927	의회02	議會	명	114
1884	아끼다		동	117		1928	이뤄지다		동	114
1885	이쪽02		대	117		1929	자연주의	自然主義	명	114

1930	적절하다	適切	형	114		1974	백화점	百貨店	명	111
1931	정상11	頂上	명	114		1975	변화하다	變化-	동	111
1932	제사07	祭祀	명	114		1976	병05	瓶	명	111
1933	주말02	週末	명	114		1977	빠져나가다		동	111
1934	지혜02	智慧	명	114		1978	안녕하다	安寧-	형	111
1935	참새01		명	114		1979	여론02	輿論	명	111
1936	화장품	化粧品	명	114		1980	의복01	衣服	명	111
1937	굵다		형	113		1981	체조02	體操	명	111
1938	규제	規制	명	113		1982	출발하다	出發-	동	111
1939	깨끗이		부	113		1983	커뮤니케이션	communication	명	111
1940	낡다01		형	113		1984	현실적	現實的	명	111
1941	내년	來年	명	113		1985	화제07	話題	명	111
1942	농산물	農産物	명	113		1986	결정되다01	決定-	동	110
1943	눈앞		명	113		1987	고양이		명	110
1944	대학생	大學生	명	113		1988	공격02	攻擊	명	110
1945	방문하다	訪問-	동	113		1989	나03		명	110
1946	붉다01		형	113		1990	물가02	物價	명	110
1947	사고14	思考	명	113		1991	민주주의	民主主義	명	110
1948	순서	順序	명	113		1992	불안01	不安	명	110
1949	아무래도		부	113		1993	소중하다	所重-	형	110
1950	연구소	硏究所	명	113		1994	여유	餘裕	명	110
1951	올02	올해	관	113		1995	의문02	疑問	명	110
1952	위대하다01	偉大-	형	113		1996	중학교	中學校	명	110
1953	이사14	移徙	명	113		1997	킬로미터	kilometer	의	110
1954	지배하다01	支配-	동	113		1998	파도	波濤	명	110
1955	틈01		명	113		1999	흰색	-色	명	110
1956	가령05	假令	부	112		2000	가수11	歌手	명	109
1957	강화04	强化	명	112		2001	단09	單	관	109
1958	거대하다	巨大-	형	112		2002	대선80	大選	명	109
1959	달다02		동	112		2003	마케팅	marketing	명	109
1960	드물다		형	112		2004	방송국	放送局	명	109
1961	들르다		동	112		2005	빛나다		동	109
1962	매달리다		동	112		2006	숨다01		동	109
1963	생일02	生日	명	112		2007	실리다01		동	109
1964	섬03		명	112		2008	압력	壓力	명	109
1965	이하02	以下	명	112		2009	예금01	預金	명	109
1966	참석하다	參席-	동	112		2010	예상되다	豫想-	동	109
1967	토대	土臺	명	112		2011	인력01	人力	명	109
1968	해결02	解決	명	112		2012	입학	入學	명	109
1969	행복02	幸福	명	112		2013	주목하다	注目-	동	109
1970	걸어가다		동	111		2014	증권01	證券	명	109
1971	근로자	勤勞者	명	111		2015	직후	直後	명	109
1972	글쎄01		감	111		2016	차량01	車輛	명	109
1973	목숨		명	111		2017	출산02	出産	명	109

2018	합의01	合意	명	109
2019	근대03	近代	명	108
2020	노릇01		명	108
2021	달하다01	達-	동	108
2022	뚜렷하다		형	108
2023	리06	理	의	108
2024	물다02	담배를 ~	동	108
2025	선진국	先進國	명	108
2026	시달리다		동	108
2027	약07	藥	명	108
2028	어느새		부	108
2029	장애02	障碍	명	108
2030	재판06	裁判	명	108
2031	저쪽		대	108
2032	제자01	弟子	명	108
2033	창문	窓門	명	108
2034	초07	秒	의	108
2035	치즈	cheese	명	108
2036	회복	回復	명	108
2037	구역04	區域	명	107
2038	대응02	對應	명	107
2039	반대하다01	反對-	동	107
2040	발휘하다	發揮-	동	107
2041	소비05	消費	명	107
2042	심장02	心臟	명	107
2043	아이고		감	107
2044	야당	野黨	명	107
2045	욕구	欲求	명	107
2046	유일하다03	唯一-	형	107
2047	조용히		부	107
2048	중소기업	中小企業	명	107
2049	직접적	直接的	명	107
2050	진실02	眞實	명	107
2051	필자02	筆者	명	107
2052	협력	協力	명	107
2053	가스	gas	명	106
2054	계층	階層	명	106
2055	구명		명	106
2056	노사07	勞使	명	106
2057	담당	擔當	명	106
2058	대80	大. 10~ 재벌	의	106
2059	만화10	漫畵	명	106
2060	먹이다		동	106
2061	무시하다	無視-	동	106
2062	보도하다02	報道-	동	106
2063	살짝01		부	106
2064	생각나다		동	106
2065	우유02	牛乳	명	106
2066	인상03	引上	명	106
2067	차갑다		형	106
2068	철저하다	徹底-	형	106
2069	태아02	胎兒	명	106
2070	관찰하다	觀察-	동	105
2071	괜히		부	105
2072	끼다03	끼우다	동	105
2073	날개01		명	105
2074	녀석		의	105
2075	눈빛01	~이 매섭다	명	105
2076	단지08	團地	명	105
2077	두르다		동	105
2078	드디어		부	105
2079	물속		명	105
2080	민주02	民主	명	105
2081	설계02	設計	명	105
2082	성공하다	成功-	동	105
2083	소나무		명	105
2084	여기저기		명	105
2085	여인01	女人	명	105
2086	운영하다	運營-	동	105
2087	유역02	流域	명	105
2088	일대03	一帶	명	105
2089	평가하다	評價-	동	105
2090	표04	票	명	105
2091	필요성	必要性	명	105
2092	감추다		동	104
2093	누리다01	행복을 ~	동	104
2094	머무르다		동	104
2095	모15	某	대	104
2096	부위04	部位	명	104
2097	비우다01		동	104
2098	설치하다01	設置-	동	104
2099	십일월	十一月	명	104
2100	싸다01	보자기에 ~	동	104
2101	아울러		부	104
2102	제기하다03	提起-	동	104
2103	지시02	指示	명	104
2104	질환	疾患	명	104
2105	추세03	趨勢	명	104

번호	단어	한자	품사	빈도	번호	단어	한자	품사	빈도
2106	형성하다	形成-	동	104	2150	호랑이	虎狼	명	102
2107	형제01	兄弟	명	104	2151	강화하다02	強化-	동	101
2108	화려하다	華麗-	형	104	2152	공포08	恐怖	명	101
2109	거울01		명	103	2153	권위	權威	명	101
2110	덧붙이다		동	103	2154	덜01		부	101
2111	딴03	~ 일	관	103	2155	둥글다01		형	101
2112	몇몇		관	103	2156	무의식	無意識	명	101
2113	무기05	武器	명	103	2157	미루다		동	101
2114	세계적	世界的	명	103	2158	본래	本來	명	101
2115	안전03	安全	명	103	2159	부엌		명	101
2116	양파	洋-	명	103	2160	세금01	稅金	명	101
2117	이상12	異常	명	103	2161	세포02	細胞	명	101
2118	일종03	一種	명	103	2162	실정04	實情	명	101
2119	처지	處地	명	103	2163	영양05	營養	명	101
2120	촬영	撮影	명	103	2164	육체03	肉體	명	101
2121	타다01	장작이 ~	동	103	2165	입구02	入口	명	101
2122	틀다		동	103	2166	잔뜩		부	101
2123	형편01	形便	명	103	2167	적극	積極	명	101
2124	가지01	~를 치다	명	102	2168	최소한	最小限	명	101
2125	감다01	눈을 ~	동	102	2169	펼쳐지다		동	101
2126	고추01		명	102	2170	경험하다	經驗-	동	100
2127	규칙02	規則	명	102	2171	그이01		대	100
2128	본질02	本質	명	102	2172	넘치다		동	100
2129	비치다01		동	102	2173	놓치다		동	100
2130	빵01		명	102	2174	대기07	大氣	명	100
2131	서서히	徐徐-	부	102	2175	독립	獨立	명	100
2132	스승01		명	102	2176	돌아보다		동	100
2133	신분02	身分	명	102	2177	또다시		부	100
2134	실시되다	實施-	동	102	2178	머릿속		명	100
2135	아마도		부	102	2179	북쪽	北-	명	100
2136	안방02	-房	명	102	2180	불안하다	不安-	형	100
2137	앓다		동	102	2181	쇠고기		명	100
2138	어제01		부	102	2182	위반03	違反	명	100
2139	업계01	業界	명	102	2183	주26	週	명	100
2140	오직01		부	102	2184	카드	card	명	100
2141	위험하다	危險-	형	102	2185	평생	平生	명	100
2142	이데올로기적	Ideologie的	관	102	2186	해당하다04	該當-	동	100
2143	자신02	自信	명	102	2187	간부05	幹部	명	99
2144	잠시	暫時	명	102	2188	개편01	改編	명	99
2145	졸업하다	卒業-	동	102	2189	관념02	觀念	명	99
2146	증거	證據	명	102	2190	굉장히	宏壯-	부	99
2147	초점03	焦點	명	102	2191	그까		접	99
2148	포함되다01	包含-	동	102	2192	단어	單語	명	99
2149	헌법	憲法	명	102	2193	덮다		동	99

2194	도와주다		동	99
2195	도입	導入	명	99
2196	몰다01		동	99
2197	배우01	俳優	명	99
2198	비추다		동	99
2199	신발		명	99
2200	알01		명	99
2201	앞서다		동	99
2202	여건01	與件	명	99
2203	오래전	-前	명	99
2204	자격04	資格	명	99
2205	통제02	統制	명	99
2206	계단04	階段	명	98
2207	김치01		명	98
2208	끄덕이다		동	98
2209	낯설다		형	98
2210	높이01		명	98
2211	닮다		동	98
2212	마음속		명	98
2213	못지않다		형	98
2214	반영하다	反映-	동	98
2215	범주05	範疇	명	98
2216	뼈		명	98
2217	성장하다01	成長-	동	98
2218	소속01	所屬	명	98
2219	연결되다	連結-	동	98
2220	장사01		명	98
2221	제작02	製作	명	98
2222	제한01	制限	명	98
2223	차다02	공을 ~	동	98
2224	추진02	推進	명	98
2225	취하다03	醉-	동	98
2226	콩01		명	98
2227	한숨02	~을 쉬다	명	98
2228	헤어지다		동	98
2229	구입하다03	購入-	동	97
2230	날다01		동	97
2231	너머		명	97
2232	동기07	動機	명	97
2233	마련		명	97
2234	살01	~을 빼다	명	97
2235	선장06	船長	명	97
2236	설탕	雪糖	명	97
2237	순수하다02	純粹-	형	97
2238	스타일	style	명	97
2239	시점02	時點	명	97
2240	싸다05	집값이 ~	형	97
2241	의사02	意思	명	97
2242	제기되다	提起-	동	97
2243	집중02	集中	명	97
2244	코드02	code	명	97
2245	큰일01	중대한 일	명	97
2246	거짓말		명	96
2247	구체적	具體的	관	96
2248	대단하다		형	96
2249	대단히		부	96
2250	마주01		부	96
2251	세계관	世界觀	명	96
2252	어제01		명	96
2253	온통		부	96
2254	의존하다	依存-	동	96
2255	자세히	仔細	부	96
2256	점심	點心	명	96
2257	정확히01	正確	부	96
2258	지치다01	일에 ~	동	96
2259	청년	靑年	명	96
2260	혀01		명	96
2261	확대하다02	擴大-	동	96
2262	후춧가루		명	96
2263	건설하다	建設-	동	95
2264	경쟁력	競爭力	명	95
2265	마침02		부	95
2266	신용01	信用	명	95
2267	연락02	連絡	명	95
2268	온몸		명	95
2269	정20	情	명	95
2270	정신적	精神的	명	95
2271	증상01	症狀	명	95
2272	출연하다02	出演-	동	95
2273	칼01	베는 도구	명	95
2274	한꺼번에		부	95
2275	강제01	强制	명	94
2276	건너다		동	94
2277	깨다01	술이 ~	동	94
2278	낚시		명	94
2279	다가가다		동	94
2280	뛰어들다		동	94
2281	문자02	文字	명	94

번호	단어	한자	품사	빈도
2282	묻다01	옷에 흙이 ~	동	94
2283	비롯되다		동	94
2284	슬프다		형	94
2285	신부10	新婦	명	94
2286	여겨지다		동	94
2287	오징어		명	94
2288	요금01	料金	명	94
2289	용돈	用-	명	94
2290	위주	爲主	명	94
2291	음료	飮料	명	94
2292	의자03	椅子	명	94
2293	전자06	電子	명	94
2294	전해지다	傳-	동	94
2295	전환03	轉換	명	94
2296	지경02	地境	의	94
2297	진행02	進行	명	94
2298	카메라	camera	명	94
2299	통증	痛症	명	94
2300	편리하다	便利-	형	94
2301	하천02	河川	명	94
2302	현금04	現金	명	94
2303	화학01	化學	명	94
2304	활발하다	活潑-	형	94
2305	가리다03	시비를 ~	동	93
2306	거칠다		형	93
2307	그나마		부	93
2308	그야말로		부	93
2309	껍질		명	93
2310	남부01	南部	명	93
2311	명령01	命令	명	93
2312	몰래01		부	93
2313	무조건	無條件	부	93
2314	반장08	班長	명	93
2315	부근03	附近	명	93
2316	선택	選擇	명	93
2317	설정하다02	設定-	동	93
2318	여당01	與黨	명	93
2319	역사가	歷史家	명	93
2320	연구자	硏究者	명	93
2321	연기자	演技者	명	93
2322	워낙		부	93
2323	정리09	整理	명	93
2324	조그맣다		형	93
2325	줄기01		명	93
2326	찾아내다		동	93
2327	토요일	土曜日	명	93
2328	현행01	現行	명	93
2329	경찰관	警察官	명	92
2330	권하다	勸-	동	92
2331	극장	劇場	명	92
2332	끝내		부	92
2333	대문03	大門	명	92
2334	더욱이		부	92
2335	별도01	別途	명	92
2336	비극	悲劇	명	92
2337	비서관	秘書官	명	92
2338	선비01		명	92
2339	솜씨		명	92
2340	시내03	市內	명	92
2341	신02	~이 나다	명	92
2342	신앙	信仰	명	92
2343	실내	室內	명	92
2344	쏟다		동	92
2345	연결하다01	連結-	동	92
2346	외교01	外交	명	92
2347	조처	措處	명	92
2348	주머니		명	92
2349	감사13	監査	명	91
2350	계약	契約	명	91
2351	과장07	課長	명	91
2352	극05	劇	명	91
2353	나란히		부	91
2354	다방02	茶房	명	91
2355	대목01	시기	명	91
2356	부끄럽다		형	91
2357	성공01	成功	명	91
2358	수행하다02	遂行-	동	91
2359	신청01	申請	명	91
2360	실로01	實-	부	91
2361	아픔		명	91
2362	알아듣다		동	91
2363	약간	若干	부	91
2364	연기09	煙氣	명	91
2365	왕조02	王朝	명	91
2366	이동03	移動	명	91
2367	인연03	因緣	명	91
2368	일행01	一行	명	91
2369	저작권	著作權	명	91

2370	접어들다		동	91		2414	섞이다		동	89
2371	정신적	精神的	관	91		2415	소03		명	89
2372	지도09	指導	명	91		2416	심리01	心理	명	89
2373	지식인	知識人	명	91		2417	심정01	心情	명	89
2374	진지하다	眞摯-	형	91		2418	쏘다01		동	89
2375	치다10	셈을 맞추다	동	91		2419	아줌마		명	89
2376	호흡	呼吸	명	91		2420	위치하다	位置-	동	89
2377	흔들리다		동	91		2421	이룩하다		동	89
2378	근본	根本	명	90		2422	이틀01	시간	명	89
2379	기온	氣溫	명	90		2423	적자02	赤字	명	89
2380	날아가다		동	90		2424	전달하다02	傳達-	동	89
2381	많아지다		동	90		2425	정말로	正-	부	89
2382	바위01		명	90		2426	추다02	춤을 ~	동	89
2383	버릇01		명	90		2427	켜다01	성냥을 ~	동	89
2384	비판하다	批判	동	90		2428	코너	corner	명	89
2385	빨갛다		형	90		2429	행동하다	行動-	동	89
2386	세워지다		동	90		2430	형사02	刑事	명	89
2387	술집		명	90		2431	희곡	戲曲	명	89
2388	쉬다04	숨을 ~	동	90		2432	감동02	感動	명	88
2389	영장02	令狀	명	90		2433	공항02	空港	명	88
2390	오랜만		명	90		2434	군인	軍人	명	88
2391	유통04	流通	명	90		2435	굳이		부	88
2392	일부러		부	90		2436	그늘		명	88
2393	전체적	全體的	명	90		2437	급하다	急-	형	88
2394	절반	折半	명	90		2438	달걀		명	88
2395	접근하다	接近-	동	90		2439	대중문화	大衆文化	명	88
2396	정작01		명	90		2440	마련되다		동	88
2397	편안하다01	便安-	형	90		2441	마루03	~를 닦다	명	88
2398	풍경01	風景	명	90		2442	무게		명	88
2399	확실히	確實-	부	90		2443	물기	-氣	명	88
2400	흩어지다		동	90		2444	성적04	成績	명	88
2401	갈다02	문지르다	동	89		2445	솔직히	率直-	부	88
2402	교류01	交流	명	89		2446	시도하다03	試圖-	동	88
2403	글쓰기		명	89		2447	아니요		감	88
2404	기후05	氣候	명	89		2448	양반03	兩班	명	88
2405	내내01		부	89		2449	예절	禮節	명	88
2406	대기업	大企業	명	89		2450	원시04	原始	명	88
2407	대응하다	對應-	동	89		2451	인상06	印象	명	88
2408	도구10	道具	명	89		2452	인터넷	internet	명	88
2409	매력	魅力	명	89		2453	자치06	自治	명	88
2410	백05	百	관	89		2454	적용하다	適用-	동	88
2411	보험	保險	명	89		2455	전통적	傳統的	명	88
2412	부럽다		형	89		2456	참가하다01	參加-	동	88
2413	부장07	部長	명	89		2457	치마01		명	88

2458	친척	親戚	명	88		2502	서클	circle	명	86
2459	특정하다	特定-	형	88		2503	시청자	視聽者	명	86
2460	호텔	hotel	명	88		2504	실체02	實體	명	86
2461	경계04	境界	명	87		2505	어차피	於此彼	부	86
2462	공식01	公式	명	87		2506	엄격하다02	嚴格-	형	86
2463	그다지		부	87		2507	완벽하다	完璧-	형	86
2464	긴장	緊張	명	87		2508	완전하다01	完全-	형	86
2465	깎다		동	87		2509	일다01	논란이 ~	동	86
2466	다리02	橋梁	명	87		2510	절01	사찰	명	86
2467	대06	代	명	87		2511	조합01	組合	명	86
2468	따라가다		동	87		2512	종업원	從業員	명	86
2469	머물다		동	87		2513	증가01	增加	명	86
2470	명예01	名譽	명	87		2514	출연02	出演	명	86
2471	뱃사람		명	87		2515	학기02	學期	명	86
2472	부처04	部處	명	87		2516	한동안		명	86
2473	숙이다		동	87		2517	항쟁	抗爭	명	86
2474	아가씨		명	87		2518	후기03	後期	명	86
2475	온도	溫度	명	87		2519	갈매기		명	85
2476	이마01		명	87		2520	계절01	季節	명	85
2477	절대로	絶對-	부	87		2521	대립03	對立	명	85
2478	지붕		명	87		2522	만지다		동	85
2479	지원하다01	支援-	동	87		2523	목사05	牧師	명	85
2480	진짜	眞-	명	87		2524	바늘		명	85
2481	짐승		명	87		2525	버티다		동	85
2482	짙다02		형	87		2526	부15	部	의	85
2483	창밖	窓-	명	87		2527	분포하다02	分布-	동	85
2484	청소06	淸掃	명	87		2528	비중01	比重	명	85
2485	촉구하다	促求-	동	87		2529	상징	象徵	명	85
2486	침묵	沈默	명	87		2530	수입01	收入	명	85
2487	텍스트	text	명	87		2531	아이디어	idea	명	85
2488	표면	表面	명	87		2532	양쪽	兩-	명	85
2489	햇살		명	87		2533	예컨대	例-	접	85
2490	객관적	客觀的	명	86		2534	운동장	運動場	명	85
2491	걱정하다		동	86		2535	전개02	展開	명	85
2492	경제적	經濟的	명	86		2536	접촉	接觸	명	85
2493	구름01		명	86		2537	지상01	地上	명	85
2494	구석01		명	86		2538	짐01		명	85
2495	끄다01		동	86		2539	풀02	~을 베다	명	85
2496	담당하다	擔當-	동	86		2540	해마다		부	85
2497	둥지		명	86		2541	후배06	後輩	명	85
2498	발전시키다	發展-	동	86		2542	휴가01	休暇	명	85
2499	벗기다02		동	86		2543	경기05	景氣	명	84
2500	부대08	部隊	명	86		2544	계곡01	溪谷	명	84
2501	불빛		명	86		2545	국회의원	國會議員	명	84

2546	다투다		동	84
2547	대폭01	大幅	부	84
2548	도저히	到底-	부	84
2549	몰리다01		동	84
2550	부여하다01	附與-	동	84
2551	뻗다		동	84
2552	생활하다	生活-	동	84
2553	솔직하다	率直-	형	84
2554	안타깝다		형	84
2555	앞장서다		동	84
2556	요청하다	要請-	동	84
2557	이르다03	빠르다	형	84
2558	일치하다	一致-	동	84
2559	젓다01		동	84
2560	정치권	政治權	명	84
2561	처녀	處女	명	84
2562	축제01	祝祭	명	84
2563	터뜨리다		동	84
2564	학습	學習	명	84
2565	개발되다	開發-	동	83
2566	높이02		부	83
2567	당연히01	當然-	부	83
2568	대비하다04	對備-	동	83
2569	동쪽	東-	명	83
2570	떨리다01	흔들리다	동	83
2571	마구01		부	83
2572	만남		명	83
2573	미디어	media	명	83
2574	복도04	複道	명	83
2575	수상09	首相	명	83
2576	쓰러지다		동	83
2577	어미01		명	83
2578	영상01	映像	명	83
2579	영혼02	靈魂	명	83
2580	운전사	運轉士	명	83
2581	자랑스럽다		형	83
2582	잠깐		명	83
2583	적당하다02	適當-	형	83
2584	적용되다	適用-	동	83
2585	주26	週	의	83
2586	지속적	持續的	명	83
2587	진행하다	進行-	동	83
2588	차별	差別	명	83
2589	곳곳		명	82
2590	구분06	區分	명	82
2591	금지04	禁止	명	82
2592	내지01	乃至	접	82
2593	달려오다		동	82
2594	둘러보다		동	82
2595	분노	憤怒	명	82
2596	비교01	比較	명	82
2597	선언01	宣言	명	82
2598	소위06	所謂	부	82
2599	스치다01		동	82
2600	여섯		관	82
2601	역사적	歷史的	명	82
2602	열차02	列車	명	82
2603	요즈음		명	82
2604	유난히		부	82
2605	의무01	義務	명	82
2606	잃어버리다		동	82
2607	잠깐		부	82
2608	잠들다		동	82
2609	정식01	正式	명	82
2610	조용하다01		형	82
2611	즉시	卽時	명	82
2612	최선02	最善	명	82
2613	탑02	塔	명	82
2614	한복	韓服	명	82
2615	활동하다01	活動-	동	82
2616	건축01	建築	명	81
2617	귀엽다		형	81
2618	답답하다		형	81
2619	당황하다	唐慌-	동	81
2620	동일하다	同一-	형	81
2621	떨어뜨리다		동	81
2622	똑같이		부	81
2623	라면	&일ramen	명	81
2624	말05	~을 타다	명	81
2625	밀가루		명	81
2626	바깥		명	81
2627	바지01		명	81
2628	벌리다01	입을 ~	동	81
2629	보고서	報告書	명	81
2630	보관하다	保管-	동	81
2631	부딪치다		동	81
2632	빨래		명	81
2633	상하다02	傷-	동	81

2634	설치02	設置	명	81	2678	덥다01		형	79
2635	식용유	食用油	명	81	2679	둘째		관	79
2636	싫어하다		동	81	2680	바보		명	79
2637	업종01	業種	명	81	2681	별02	別	관	79
2638	연출02	演出	명	81	2682	보람		명	79
2639	테이블	table	명	81	2683	부작용	副作用	명	79
2640	트이다		동	81	2684	비난	非難	명	79
2641	피곤하다	疲困-	형	81	2685	빚다		동	79
2642	한국어	韓國語	명	81	2686	삼십	三十	관	79
2643	한자02	漢字	명	81	2687	신고01	申告	명	79
2644	겁05	怯	명	80	2688	야구02	野球	명	79
2645	과학적	科學的	관	80	2689	어떡하다		불	79
2646	관리01	官吏	명	80	2690	예상02	豫想	명	79
2647	국제화	國際化	명	80	2691	위협	威脅	명	79
2648	근육	筋肉	명	80	2692	이03	신체	명	79
2649	기류03	氣流	명	80	2693	이론적	理論的	관	79
2650	깔리다01		동	80	2694	이상09	理想	명	79
2651	도입하다	導入-	동	80	2695	입각하다02	立脚-	동	79
2652	민80	民	명	80	2696	잠기다02	물에 ~	동	79
2653	사전13	事前	명	80	2697	저항	抵抗	명	79
2654	산소03	酸素	명	80	2698	주고받다		동	79
2655	석유01	石油	명	80	2699	주먹		명	79
2656	소리치다		동	80	2700	지지06	支持	명	79
2657	시06	市	명	80	2701	털다		동	79
2658	신선하다03	新鮮-	형	80	2702	경고04	警告	명	78
2659	안경03	眼鏡	명	80	2703	공개하다	公開-	동	78
2660	약속하다	約束-	동	80	2704	과목02	科目	명	78
2661	연합03	聯合	명	80	2705	구경01		명	78
2662	예술적	藝術的	관	80	2706	그분		대	78
2663	인격	人格	명	80	2707	근무	勤務	명	78
2664	장25	章	명	80	2708	논쟁	論爭	명	78
2665	적13	敵	명	80	2709	뇌물	賂物	명	78
2666	조심하다02	操心-	동	80	2710	달아나다		동	78
2667	질08	質	명	80	2711	묶다		동	78
2668	찌르다		동	80	2712	성명10	聲明	명	78
2669	책임자	責任者	명	80	2713	소스01	sauce	명	78
2670	총06	總	관	80	2714	수십	數十	관	78
2671	취미04	趣味	명	80	2715	신다		동	78
2672	표02	表	명	80	2716	우리말		명	78
2673	품목01	品目	명	80	2717	유교02	儒敎	명	78
2674	확대되다02	擴大-	동	80	2718	이불01		명	78
2675	거실02	居室	명	79	2719	이성08	理性	명	78
2676	공산당	共産黨	명	79	2720	일상04	日常	명	78
2677	논01		명	79	2721	자동01	自動	명	78

2722	장래	將來	명	78		2766	레게	reggae	명	76
2723	전개되다	展開-	동	78		2767	매년	每年	부	76
2724	죄송하다	罪悚-	형	78		2768	발생	發生	명	76
2725	중요성	重要性	명	78		2769	서식하다	棲息-	동	76
2726	크다01		동	78		2770	성립	成立	명	76
2727	탤런트	talent	명	78		2771	셋		수	76
2728	특별히	特別-	부	78		2772	소주05	燒酒	명	76
2729	품질03	品質	명	78		2773	손바닥		명	76
2730	회견	會見	명	78		2774	승용차	乘用車	명	76
2731	훔치다02	물건을 ~	동	78		2775	어색하다02	語塞-	형	76
2732	흔적	痕跡	명	78		2776	얹다		동	76
2733	고전02	古典	명	77		2777	의학02	醫學	명	76
2734	과학적	科學的	명	77		2778	임의	任意	명	76
2735	구분하다03	區分-	동	77		2779	장점02	長點	명	76
2736	그림02		감	77		2780	적당히	適當-	부	76
2737	금리01	金利	명	77		2781	좁다01		동	76
2738	노예제	奴隷制	명	77		2782	진출02	進出	명	76
2739	뇌03	腦	명	77		2783	창조03	創造	명	76
2740	대외02	對外	명	77		2784	킬로그램	kilogram	의	76
2741	봉투02	封套	명	77		2785	평범하다	平凡-	형	76
2742	분명01	分明	부	77		2786	프로04	program	명	76
2743	사설04	社說	명	77		2787	홍보01	弘報	명	76
2744	승리	勝利	명	77		2788	확인02	確認	명	76
2745	오류03	誤謬	명	77		2789	가루01	분필 ~	명	75
2746	위상02	位相	명	77		2790	건지다		동	75
2747	의료02	醫療	명	77		2791	결정적	決定的	명	75
2748	좌우01	左右	명	77		2792	깨지다		동	75
2749	주03	主	관	77		2793	내다보다		동	75
2750	중생04	衆生	명	77		2794	냉증	冷症	명	75
2751	지다02	해가 ~	동	77		2795	대량01	大量	명	75
2752	추억	追憶	명	77		2796	동행01	同行	명	75
2753	하여튼	何如-	부	77		2797	들01		명	75
2754	함부로		부	77		2798	떼01	양 ~	명	75
2755	향기01	香氣	명	77		2799	마땅하다		형	75
2756	현지03	現地	명	77		2800	바로잡다		동	75
2757	가늘다		형	76		2801	박히다		동	75
2758	개인적	個人的	명	76		2802	방금01	方今	부	75
2759	겉01		명	76		2803	생선	生鮮	명	75
2760	굽히다		동	76		2804	슬픔		명	75
2761	근무하다	勤務-	동	76		2805	아무렇다		형	75
2762	깜짝02	놀라는 모양	부	76		2806	이용되다	利用-	동	75
2763	넓히다		동	76		2807	이튿날		명	75
2764	대11	對	의	76		2808	임시02	臨時	명	75
2765	떠들다01	말하다	동	76		2809	제거하다	除去-	동	75

2810	줄다		동	75		2854	끓다		동	73
2811	지구03	地區	명	75		2855	날아오다		동	73
2812	지우다01	낙서를 ~	동	75		2856	농담01	弄談	명	73
2813	참기름		명	75		2857	닭		명	73
2814	통10	桶	명	75		2858	담임	擔任	명	73
2815	특수02	特殊	명	75		2859	도중04	途中	명	73
2816	팬03	pan	명	75		2860	두드러지다		형	73
2817	합치다	合-	동	75		2861	맥주	麥酒	명	73
2818	호기심	好奇心	명	75		2862	모래01		명	73
2819	개폐01	開閉	명	74		2863	물질적	物質的	관	73
2820	고위04	高位	명	74		2864	살아남다		동	73
2821	골목01		명	74		2865	살인	殺人	명	73
2822	기운01		명	74		2866	성질	性質	명	73
2823	기획01	企劃	명	74		2867	수용하다05	受容-	동	73
2824	대충01		부	74		2868	신호01	信號	명	73
2825	돌아서다		동	74		2869	실상02	實相	명	73
2826	동화07	童話	명	74		2870	아버님		명	73
2827	두껍다		형	74		2871	용액	溶液	명	73
2828	맞서다		동	74		2872	의심하다	疑心-	동	73
2829	모자라다		동	74		2873	인02	人	명	73
2830	박다01		동	74		2874	잇따르다		동	73
2831	본성02	本性	명	74		2875	자랑하다01		동	73
2832	상상하다03	想像-	동	74		2876	자판01	字板	명	73
2833	생산력	生産力	명	74		2877	적용	適用	명	73
2834	셋째		수	74		2878	전기09	前期	명	73
2835	안전하다	安全-	형	74		2879	중반03	中盤	명	73
2836	업적	業績	명	74		2880	지시하다	指示-	동	73
2837	여사04	女史	명	74		2881	출발	出發	명	73
2838	유학04	留學	명	74		2882	허용하다	許容-	동	73
2839	이르다02	말하다	동	74		2883	혼란02	混亂	명	73
2840	이케		불	74		2884	가르침		명	72
2841	인민01	人民	명	74		2885	각국	各國	명	72
2842	장비07	裝備	명	74		2886	감안하다	勘案-	동	72
2843	정치인	政治人	명	74		2887	교과서	敎科書	명	72
2844	정치적	政治的	명	74		2888	그려지다		동	72
2845	졸업	卒業	명	74		2889	꾸준히		부	72
2846	집행	執行	명	74		2890	년도	年度	의	72
2847	처벌	處罰	명	74		2891	다수	多數	명	72
2848	카페	&프cafe	명	74		2892	덕분	德分	명	72
2849	콤플렉스	complex	명	74		2893	돼지		명	72
2850	검토	檢討	명	73		2894	두드리다		동	72
2851	공약01	公約	명	73		2895	등지02	等地	의	72
2852	그다음		명	73		2896	무리08	無理	명	72
2853	기법01	技法	명	73		2897	물음01		명	72

2898	빌다01	소원을 ~	동	72	2942	직접	直接	명	71
2899	수영02	水泳	명	72	2943	진보02	進步	명	71
2900	스님		명	72	2944	짚다01		동	71
2901	썩다		동	72	2945	창작극	創作劇	명	71
2902	어머님		명	72	2946	총리01	總理	명	71
2903	엉뚱하다		형	72	2947	칭찬	稱讚	명	71
2904	여보01		감	72	2948	튼튼하다		형	71
2905	잊어버리다		동	72	2949	햇빛		명	71
2906	정면01	正面	명	72	2950	공원03	公園	명	70
2907	조각05	彫刻	명	72	2951	그래요		불	70
2908	차장03	次長	명	72	2952	긍정적	肯定的	명	70
2909	침해	侵害	명	72	2953	논의하다	論議	동	70
2910	태우다01	쓰레기를 ~	동	72	2954	대출03	貸出	명	70
2911	해석04	解釋	명	72	2955	덕05	德	명	70
2912	해체03	解體	명	72	2956	돌보다		동	70
2913	가리다02	시야를 ~	동	71	2957	뒤집다		동	70
2914	개국01	個國	의	71	2958	먼지01		명	70
2915	개체02	個體	명	71	2959	바닷가		명	70
2916	계산하다	計算-	동	71	2960	바치다01	드리다	동	70
2917	규정되다	規定-	동	71	2961	반하다03	反-	동	70
2918	근원	根源	명	71	2962	발표되다	發表-	동	70
2919	기차01	汽車	명	71	2963	부정하다06	否定-	동	70
2920	담그다		동	71	2964	불러일으키다		동	70
2921	마음대로		부	71	2965	사원04	社員	명	70
2922	맥락	脈絡	명	71	2966	소유자	所有者	명	70
2923	며느리		명	71	2967	식민지	植民地	명	70
2924	믿음		명	71	2968	씹다01		동	70
2925	발견01	發見	명	71	2969	아무튼		부	70
2926	보고03	報告	명	71	2970	안되다01		동	70
2927	부탁하다	付託-	동	71	2971	액수03	額數	명	70
2928	사용자	使用者	명	71	2972	왠지		부	70
2929	사회주의	社會主義	명	71	2973	욕심	欲心	명	70
2930	설치되다01	設置-	동	71	2974	우승05	優勝	명	70
2931	수도권	首都圈	명	71	2975	익다01	감이 ~	동	70
2932	식탁	食卓	명	71	2976	제출하다02	提出-	동	70
2933	실패하다01	失敗-	동	71	2977	조심스럽다	操心-	형	70
2934	영원하다	永遠-	형	71	2978	직전02	直前	명	70
2935	우연히	偶然	부	71	2979	짐작하다	斟酌-	동	70
2936	자극01	刺戟	명	71	2980	탐구02	探究	명	70
2937	장교03	將校	명	71	2981	택하다	擇-	동	70
2938	재야01	在野	명	71	2982	터01		명	70
2939	정해지다	定-	동	71	2983	풍기다		동	70
2940	주도하다01	主導-	동	71	2984	피시03	PC	명	70
2941	직물	織物	명	71	2985	흘러나오다		동	70

2986	가구03	家口	명	69	3030	눈썹		명	68
2987	간단히	簡單-	부	69	3031	당초03	當初	명	68
2988	강물	江-	명	69	3032	대신하다	代身-	동	68
2989	거꾸로		부	69	3033	동원하다	動員-	동	68
2990	궁극적	窮極的	명	69	3034	두렵다01		형	68
2991	극히	極-	부	69	3035	등장01	登場	명	68
2992	기여하다	寄與	동	69	3036	디자인	design	명	68
2993	꼭02	힘을 주는 모양	부	69	3037	마디01		명	68
2994	날짜01		명	69	3038	미처		부	68
2995	대륙01	大陸	명	69	3039	비닐	vinyl	명	68
2996	되게		부	69	3040	비율02	比率	명	68
2997	뒤따르다		동	69	3041	사로잡히다		동	68
2998	리듬	rhythm	명	69	3042	생물01	生物	명	68
2999	매매춘	賣買春	명	69	3043	소음06	騷音	명	68
3000	모니터	monitor	명	69	3044	양국01	兩國	명	68
3001	범인02	犯人	명	69	3045	얼핏		부	68
3002	변동	變動	명	69	3046	오래되다		동	68
3003	불가피하다	不可避-	형	69	3047	웬01		관	68
3004	삶다		동	69	3048	이치06	理致	명	68
3005	샌드위치	sandwich	명	69	3049	조각01		명	68
3006	서류02	書類	명	69	3050	종목01	種目	명	68
3007	서방02	書房	명	69	3051	중부03	中部	명	68
3008	손해	損害	명	69	3052	차09	茶	명	68
3009	숨지다		동	69	3053	채소	菜蔬	명	68
3010	아유01		감	69	3054	처분	處分	명	68
3011	요청	要請	명	69	3055	첨단01	尖端	명	68
3012	운06	運	명	69	3056	침01		명	68
3013	인권01	人權	명	69	3057	털		명	68
3014	일상생활	日常生活	명	69	3058	판매하다	販賣-	동	68
3015	자존심	自尊心	명	69	3059	항의01	抗議	명	68
3016	주저앉다		동	69	3060	해당05	該當	명	68
3017	증권사	證券社	명	69	3061	확보01	確保	명	68
3018	진하다01	津-	형	69	3062	환경오염	環境汚染	명	68
3019	초원04	草原	명	69	3063	가치관	價値觀	명	67
3020	최종	最終	명	69	3064	검은색	-色	명	67
3021	치열하다02	熾烈-	형	69	3065	고생하다	苦生-	동	67
3022	회복하다	回復-	동	69	3066	구성체	構成體	명	67
3023	흘러가다		동	69	3067	기원전	紀元前	명	67
3024	흥미	興味	명	69	3068	기타01	其他	명	67
3025	검사02	檢事	명	68	3069	긴급	緊急	명	67
3026	공천02	公薦	명	68	3070	꺾다		동	67
3027	그쪽		대	68	3071	꿈꾸다		동	67
3028	꾸다01	꿈을 ~	동	68	3072	무려02	無慮	부	67
3029	내려다보다		동	68	3073	묻히다02	땅에 ~	동	67

번호	단어	한자/원어	품사	빈도
3074	발상03	發想	명	67
3075	수표01	手票	명	67
3076	실태02	實態	명	67
3077	아쉽다		형	67
3078	애정02	愛情	명	67
3079	애		불	67
3080	어머		감	67
3081	여보세요		감	67
3082	왕권	王權	명	67
3083	일정03	日程	명	67
3084	장르	&프genre	명	67
3085	저렇다		형	67
3086	접하다01	接-	동	67
3087	정성11	精誠	명	67
3088	제약01	制約	명	67
3089	쫓다		동	67
3090	천03	千	관	67
3091	추가02	追加	명	67
3092	취임	就任	명	67
3093	테이프	tape	명	67
3094	특유	特有	명	67
3095	품01	옷이 ~이 크다	명	67
3096	피의자	被疑者	명	67
3097	해석03	解析	명	67
3098	확인되다	確認-	동	67
3099	가하다01	加-	동	66
3100	간장01	-醬	명	66
3101	강의02	講義	명	66
3102	거01	것	대	66
3103	고도08	高度	명	66
3104	고민하다	苦悶-	동	66
3105	과04	科	명	66
3106	관행02	慣行	명	66
3107	교환01	交換	명	66
3108	국어01	國語	명	66
3109	노랗다		형	66
3110	다치다01		동	66
3111	동양03	東洋	명	66
3112	동포02	同胞	명	66
3113	뚫다		동	66
3114	모더니즘	modernism	명	66
3115	법인02	法人	명	66
3116	상02	上	명	66
3117	새01	사이	명	66
3118	서당01	書堂	명	66
3119	소송01	訴訟	명	66
3120	순경02	巡警	명	66
3121	시사하다01	示唆-	동	66
3122	악기05	樂器	명	66
3123	어긋나다		동	66
3124	연말02	年末	명	66
3125	올려놓다		동	66
3126	외면하다	外面-	동	66
3127	원고03	原稿	명	66
3128	잘다		형	66
3129	정말01	正-	명	66
3130	줄곧		부	66
3131	지출01	支出	명	66
3132	진상03	眞相	명	66
3133	차08	差	명	66
3134	치우다01		동	66
3135	피로02	疲勞	명	66
3136	향03	香	명	66
3137	개선하다01	改善-	동	65
3138	계좌02	計座	명	65
3139	담론	談論	명	65
3140	당기다01		동	65
3141	도10	道	명	65
3142	들다01	따지고 ~	보	65
3143	따르다02	물을 ~	동	65
3144	말기05	末期	명	65
3145	말없이		부	65
3146	망하다	亡-	동	65
3147	문서	文書	명	65
3148	박수02	拍手	명	65
3149	받아들여지다		동	65
3150	부자08	富者	명	65
3151	사흘		명	65
3152	서쪽	西-	명	65
3153	성립되다	成立-	동	65
3154	손자01	孫子	명	65
3155	시비05	是非	명	65
3156	신랑02	新郞	명	65
3157	실습	實習	명	65
3158	유도하다03	誘導-	동	65
3159	일련01	一連	명	65
3160	일찍이		부	65
3161	자율	自律	명	65

3162	제법01		부	65		3206	질병02	疾病	명	64
3163	집중되다	集中-	동	65		3207	짜다01	관을 ~	동	64
3164	창조적	創造的	명	65		3208	체력	體力	명	64
3165	천연01	天然	명	65		3209	친하다	親-	형	64
3166	천장02	天障	명	65		3210	풍토	風土	명	64
3167	토양	土壤	명	65		3211	헤아리다		동	64
3168	파다01		동	65		3212	휴양원80	休養院	명	64
3169	하긴		접	65		3213	각기02	各其	부	63
3170	해결되다	解決-	동	65		3214	경찰서	警察署	명	63
3171	향상01	向上	명	65		3215	곧바로		부	63
3172	화가03	畵家	명	65		3216	관찰01	觀察	명	63
3173	가라앉다		동	64		3217	구두01		명	63
3174	감싸다		동	64		3218	구성원	構成員	명	63
3175	고작02		부	64		3219	군사01	軍士	명	63
3176	구경하다		동	64		3220	귀신01	鬼神	명	63
3177	국물		명	64		3221	귀하다	貴-	형	63
3178	기구14	器具	명	64		3222	그토록		부	63
3179	기본권	基本權	명	64		3223	기초하다03	基礎-	동	63
3180	깔다		동	64		3224	깊이01		명	63
3181	다짐하다		동	64		3225	나뭇가지		명	63
3182	대리05	代理	명	64		3226	낫다01	병이 ~	동	63
3183	대합실	待合室	명	64		3227	다스리다		동	63
3184	말씀드리다		동	64		3228	답하다	答-	동	63
3185	매장06	賣場	명	64		3229	대가06	代價	명	63
3186	멀어지다		동	64		3230	더위		명	63
3187	명칭02	名稱	명	64		3231	되찾다		동	63
3188	불쌍하다		형	64		3232	말리다03	빨래를 ~	동	63
3189	상승01	上昇	명	64		3233	무덤		명	63
3190	상업02	商業	명	64		3234	물결		명	63
3191	생산되다	生産-	동	64		3235	밥상	-床	명	63
3192	숨기다		동	64		3236	보장하다01	保障-	동	63
3193	실력02	實力	명	64		3237	사과05	沙果	명	63
3194	야채	野菜	명	64		3238	사귀다		동	63
3195	양02		의	64		3239	생명체	生命體	명	63
3196	엉덩이		명	64		3240	서너		관	63
3197	울음		명	64		3241	솟다01		동	63
3198	육이오	六二五	명	64		3242	실패02	失敗	명	63
3199	이달01		명	64		3243	예상하다	豫想-	동	63
3200	인체	人體	명	64		3244	예외	例外	명	63
3201	저고리01		명	64		3245	완전01	完全	명	63
3202	전부05	全部	명	64		3246	웃기다		동	63
3203	즐거움		명	64		3247	유리10	琉璃	명	63
3204	지다03	전쟁에 ~	동	64		3248	절대적	絶對的	명	63
3205	진단02	診斷	명	64		3249	제작하다02	製作-	동	63

3250	쥐02	동물	명	63		3294	재계03	財界	명	62
3251	최대한	最大限	명	63		3295	주임01	主任	명	62
3252	턱01	신체	명	63		3296	증명하다	證明-	동	62
3253	팔리다		동	63		3297	지적되다	指摘-	동	62
3254	품다01	가슴에 ~	동	63		3298	지점03	地點	명	62
3255	하하01		부	63		3299	철저히	徹底-	부	62
3256	협회	協會	명	63		3300	코스	course	명	62
3257	형부01	兄夫	명	63		3301	학부모	學父母	명	62
3258	휴식02	休息	명	63		3302	합리적	合理的	명	62
3259	굳다		형	62		3303	합의하다01	合意-	동	62
3260	굳어지다		동	62		3304	해석하다02	解釋-	동	62
3261	굶다		동	62		3305	힘쓰다		동	62
3262	금년	今年	명	62		3306	거듭		부	61
3263	기기13	機器	명	62		3307	귀국하다	歸國-	동	61
3264	까맣다		형	62		3308	기뻐하다		동	61
3265	나침반	羅針盤	명	62		3309	날리다02	사동사	동	61
3266	노동력	勞動力	명	62		3310	내려놓다		동	61
3267	농부01	農夫	명	62		3311	냉장고	冷藏庫	명	61
3268	대학원	大學院	명	62		3312	당근		명	61
3269	더럽다		형	62		3313	덜다01		동	61
3270	도달하다01	到達-	동	62		3314	도리10	道理	명	61
3271	뒤늦다		형	62		3315	뛰어넘다		동	61
3272	뒤지다02	가방을 ~	동	62		3316	마누라01		명	61
3273	등록01	登錄	명	62		3317	맞이하다		동	61
3274	디스크	disk	명	62		3318	불행하다	不幸-	형	61
3275	맛보다01		동	62		3319	성분01	成分	명	61
3276	모체	母體	명	62		3320	신고하다01	申告-	동	61
3277	무늬		명	62		3321	연속02	連續	명	61
3278	문장02	文章	명	62		3322	외롭다		형	61
3279	묻다02	시체를 ~	동	62		3323	욕02	辱	명	61
3280	변호사	辯護士	명	62		3324	원장07	院長	명	61
3281	병사02	兵士	명	62		3325	유물04	遺物	명	61
3282	비롯		명	62		3326	저절로		부	61
3283	상23	像	명	62		3327	절02	~을 하다	명	61
3284	상상력01	想像力	명	62		3328	정비05	整備	명	61
3285	설립02	設立	명	62		3329	조항02	條項	명	61
3286	억지로		부	62		3330	주의07	注意	명	61
3287	여학생	女學生	명	62		3331	지난번	-番	명	61
3288	영업	營業	명	62		3332	집권02	執權	명	61
3289	예01		명	62		3333	집어넣다		동	61
3290	예방02	豫防	명	62		3334	통계04	統計	명	61
3291	완성01	完成	명	62		3335	파일03	file	명	61
3292	유리하다01	有利-	형	62		3336	판01		의	61
3293	자연환경	自然環境	명	62		3337	피해자	被害者	명	61

번호	단어	한자	품사	빈도	번호	단어	한자	품사	빈도
3338	필수적	必須的	명	61	3382	한정되다	限定-	동	60
3339	학용품	學用品	명	61	3383	해내다		동	60
3340	화분01	花盆	명	61	3384	흉내		명	60
3341	환하다01		형	61	3385	감옥02	監獄	명	59
3342	갈색	褐色	명	60	3386	갚다		동	59
3343	감기04	感氣	명	60	3387	객관적	客觀的	관	59
3344	강남	江南	명	60	3388	건전하다	健全-	형	59
3345	곁들이다		동	60	3389	결혼식	結婚式	명	59
3346	구속되다	拘束-	동	60	3390	계산기	計算器	명	59
3347	농약	農藥	명	60	3391	관료	官僚	명	59
3348	돌아다니다		동	60	3392	광장02	廣場	명	59
3349	등등01	等等	의	60	3393	그렇지		감	59
3350	멋지다		형	60	3394	깨다02	그릇을 ~	동	59
3351	반발01	反撥	명	60	3395	꽉		부	59
3352	반찬	飯饌	명	60	3396	끼우다01		동	59
3353	방지04	防止	명	60	3397	낭만주의	浪漫主義	명	59
3354	배다01	땀이 ~	동	60	3398	노래하다		동	59
3355	번지다01	퍼지다	동	60	3399	다듬다		동	59
3356	보장01	保障	명	60	3400	다름없다		형	59
3357	빠져나오다		동	60	3401	당당하다	堂堂-	형	59
3358	새다01	비가 ~	동	60	3402	댐02	dam	명	59
3359	생산관계	生産關係	명	60	3403	덩어리		명	59
3360	소개되다	紹介-	동	60	3404	두뇌	頭腦	명	59
3361	씨01		명	60	3405	등04	等	의	59
3362	안쪽		명	60	3406	모처럼		부	59
3363	억압	抑壓	명	60	3407	물리학	物理學	명	59
3364	억울하다	抑鬱-	형	60	3408	벌06	罰	명	59
3365	오가다		동	60	3409	본질적	本質的	명	59
3366	요구되다	要求-	동	60	3410	부정적	否定的	명	59
3367	음성02	音聲	명	60	3411	북부01	北部	명	59
3368	이윽고		부	60	3412	분리04	分離	명	59
3369	일방적	一方的	명	60	3413	상당04	相當	명	59
3370	장식05	裝飾	명	60	3414	선정07	選定	명	59
3371	전개하다02	展開-	동	60	3415	세다03	기운이 ~	형	59
3372	전날	前-	명	60	3416	소개02	紹介	명	59
3373	전반적	全般的	명	60	3417	수화기	受話器	명	59
3374	집회	集會	명	60	3418	순환01	循環	명	59
3375	채택하다	採擇-	동	60	3419	애인02	愛人	명	59
3376	처하다	處-	동	60	3420	애초01	-初	명	59
3377	척하다01		보	60	3421	얇다		형	59
3378	취지03	趣旨	명	60	3422	양념		명	59
3379	투기04	投機	명	60	3423	에02		감	59
3380	풍습01	風習	명	60	3424	연방09	聯邦	명	59
3381	한가운데		명	60	3425	오염되다	汚染-	동	59

번호	단어	한자/원어	품사	빈도
3426	오해02	誤解	명	59
3427	원자력	原子力	명	59
3428	웬일		명	59
3429	윤리	倫理	명	59
3430	응하다	應-	동	59
3431	의식04	儀式	명	59
3432	의지하다	依支-	동	59
3433	일기12	日記	명	59
3434	절대05	絶對	부	59
3435	정당하다01	正當-	형	59
3436	제한하다	制限-	동	59
3437	존중하다	尊重-	동	59
3438	지침02	指針	명	59
3439	창고01	倉庫	명	59
3440	채10		부	59
3441	책임지다		동	59
3442	청춘01	青春	명	59
3443	초반01	初盤	명	59
3444	총재03	總裁	명	59
3445	층위	層位	명	59
3446	트럭	truck	명	59
3447	파01		명	59
3448	폭넓다	幅-	형	59
3449	표현되다	表現-	동	59
3450	학번	學番	명	59
3451	학원02	學院	명	59
3452	허가01	許可	명	59
3453	헤매다		동	59
3454	가장07	家長	명	58
3455	감시02	監視	명	58
3456	거듭하다		동	58
3457	겸01	兼	의	58
3458	계열	系列	명	58
3459	곡02	曲	명	58
3460	곡식	穀食	명	58
3461	꼽다01		동	58
3462	꽂다		동	58
3463	당대02	當代	명	58
3464	대감01	大監	명	58
3465	독자적	獨自的	명	58
3466	두려움		명	58
3467	망설이다		동	58
3468	무리01		명	58
3469	발전소	發電所	명	58
3470	버터	butter	명	58
3471	별다르다	別-	형	58
3472	보편적	普遍的	명	58
3473	부품	部品	명	58
3474	분규	紛糾	명	58
3475	붕괴	崩壞	명	58
3476	뻔하다02		형	58
3477	뽑히다		동	58
3478	상담01	相談	명	58
3479	서부01	西部	명	58
3480	소국02	小國	명	58
3481	속담	俗談	명	58
3482	시중03	市中	명	58
3483	시행하다01	施行-	동	58
3484	심사08	審査	명	58
3485	아이02		감	58
3486	앞세우다		동	58
3487	유권자	有權者	명	58
3488	유사하다03	類似-	형	58
3489	유치원	幼稚園	명	58
3490	의욕	意欲	명	58
3491	인근	隣近	명	58
3492	일곱		관	58
3493	일반인	一般人	명	58
3494	작성하다	作成-	동	58
3495	전공05	專攻	명	58
3496	전역01	全域	명	58
3497	정기07	定期	명	58
3498	제의04	提議	명	58
3499	종일01	終日	명	58
3500	좋아지다		동	58
3501	지적01	知的	관	58
3502	차림		명	58
3503	창조하다	創造-	동	58
3504	추위01		명	58
3505	토마토	tomato	명	58
3506	파랗다		형	58
3507	펴내다		동	58
3508	폐수	廢水	명	58
3509	하드웨어	hardware	명	58
3510	화장02	化粧	명	58
3511	환상02	幻想	명	58
3512	가져가다		동	57
3513	감자01		명	57

번호	단어	한자	품사	빈도
3514	강렬하다02	强烈	형	57
3515	갖다01	가지다	보	57
3516	괴롭다		형	57
3517	교통사고	交通事故	명	57
3518	구축하다01	構築	동	57
3519	군데		의	57
3520	내일	來日	부	57
3521	단속01	團束	명	57
3522	도덕적	道德的	관	57
3523	되풀이하다01		동	57
3524	딱02	멎는 모양	부	57
3525	리02	里	의	57
3526	메시지	message	명	57
3527	면하다01	免-	동	57
3528	모색하다02	摸索-	동	57
3529	부인하다	否認-	동	57
3530	붙잡다		동	57
3531	빛깔		명	57
3532	뺨		명	57
3533	사방03	四方	명	57
3534	살림01		명	57
3535	선보이다		동	57
3536	수립하다02	樹立-	동	57
3537	실현	實現	명	57
3538	아냐		감	57
3539	연예인	演藝人	명	57
3540	영원히	永遠-	부	57
3541	월급	月給	명	57
3542	유행02	流行	명	57
3543	의의04	意義	명	57
3544	이내03		부	57
3545	이리04	~오너라	부	57
3546	전면01	全面	명	57
3547	제발01		부	57
3548	주목되다	注目-	동	57
3549	차전80	次戰	의	57
3550	차츰		부	57
3551	측정하다01	測定-	동	57
3552	털어놓다		동	57
3553	투표01	投票	명	57
3554	파괴하다	破壞-	동	57
3555	하느님		명	57
3556	항08	項	명	57
3557	해당되다	該當-	동	57
3558	호족	豪族	명	57
3559	홀로		부	57
3560	가까이		명	56
3561	가득하다01		형	56
3562	각자02	各自	부	56
3563	감히	敢-	부	56
3564	강요하다	强要-	동	56
3565	개미03	곤충	명	56
3566	관습	慣習	명	56
3567	광경	光景	명	56
3568	구도10	構圖	명	56
3569	구호02	口號	명	56
3570	국면	局面	명	56
3571	금세01		부	56
3572	낮추다		동	56
3573	내면	內面	명	56
3574	내주다		동	56
3575	노려보다		동	56
3576	도전하다01	挑戰-	동	56
3577	독점02	獨占	명	56
3578	명의02	名義	명	56
3579	물고기		명	56
3580	물러나다		동	56
3581	밀접하다	密接-	형	56
3582	부탁	付託	명	56
3583	분량	分量	명	56
3584	불과01	不過	부	56
3585	뻔하다01		보	56
3586	사고방식	思考方式	명	56
3587	상자10	箱子	명	56
3588	새해		명	56
3589	소박하다01	素朴-	형	56
3590	수없이	數-	부	56
3591	승진03	昇進	명	56
3592	양07	兩	관	56
3593	얼음01		명	56
3594	얽히다		동	56
3595	여야02	與野	명	56
3596	열매01		명	56
3597	오04	五	관	56
3598	이데올로기론	Ideologie論	명	56
3599	재지80	在地	명	56
3600	적이다		동	56
3601	전적03	全的	명	56

3602	점수06	點數	명	56	3646	스튜디오	studio	명	55
3603	제한되다	制限-	동	56	3647	실제02	實際	부	55
3604	주24	株	명	56	3648	업소	業所	명	55
3605	지속되다	持續-	동	56	3649	요새01		명	55
3606	쫓기다		동	56	3650	이상적01	理想的	명	55
3607	쭉		부	56	3651	이십	二十	관	55
3608	천지01	天地	명	56	3652	일쑤		명	55
3609	초래하다01	招來-	동	56	3653	일체01	一切	명	55
3610	탕02		부	56	3654	자꾸만		부	55
3611	통장02	通帳	명	56	3655	잦다03		형	55
3612	파악01	把握	명	56	3656	절망02	絶望	명	55
3613	평가되다	評價-	동	56	3657	접다01		동	55
3614	하도01		부	56	3658	정계04	政界	명	55
3615	한창01		부	56	3659	제시되다	提示-	동	55
3616	해안02	海岸	명	56	3660	주방05	廚房	명	55
3617	호박01		명	56	3661	직무	職務	명	55
3618	화산01	火山	명	56	3662	진출하다02	進出-	동	55
3619	흑인	黑人	명	56	3663	짜증		명	55
3620	간08	肝	명	55	3664	첫날		명	55
3621	감히다		동	55	3665	침략02	侵略	명	55
3622	갈라지다01		동	55	3666	통과하다	通過-	동	55
3623	결심하다01	決心-	동	55	3667	투명하다02	透明-	형	55
3624	경기장	競技場	명	55	3668	편마암	片麻巖	명	55
3625	고장11	故障	명	55	3669	푼01		의	55
3626	과잉	過剩	명	55	3670	학계02	學界	명	55
3627	구조적	構造的	관	55	3671	확산되다	擴散-	동	55
3628	근로02	勤勞	명	55	3672	경력02	經歷	명	54
3629	눈동자	-瞳子	명	55	3673	경지06	境地	명	54
3630	늦다		동	55	3674	고통스럽다	苦痛-	형	54
3631	닥치다01	다다르다	동	55	3675	곤란하다	困難-	형	54
3632	당사자	當事者	명	55	3676	공중03	空中	명	54
3633	도시락		명	55	3677	공해01	公害	명	54
3634	뜯다		동	55	3678	국토	國土	명	54
3635	매각	賣却	명	55	3679	귀찮다		형	54
3636	몸짓		명	55	3680	기대다01	의지하다	동	54
3637	봉건	封建	명	55	3681	깨어나다		동	54
3638	부담하다01	負擔-	동	55	3682	꼽히다01		동	54
3639	부당하다	不當-	형	55	3683	대다수	大多數	명	54
3640	부회장	副會長	명	55	3684	돋보이다		동	54
3641	분열02	分裂	명	55	3685	듯싶다		보	54
3642	빼앗다		동	55	3686	먹이		명	54
3643	삼키다		동	55	3687	무02	식물	명	54
3644	섬유02	纖維	명	55	3688	무료01	無料	명	54
3645	성실하다02	誠實-	형	55	3689	밉다		형	54

번호	단어	한자/원어	품사	빈도
3690	발레	&프ballet	명	54
3691	번식하다	繁殖-	동	54
3692	비난하다	非難-	동	54
3693	상징하다	象徵-	동	54
3694	실현하다	實現-	동	54
3695	아깝다		형	54
3696	안정되다	安定-	동	54
3697	어때요		불	54
3698	어리석다		형	54
3699	엎드리다		동	54
3700	여럿		명	54
3701	연맹	聯盟	명	54
3702	연설02	演說	명	54
3703	연필	鉛筆	명	54
3704	염려01	念慮	명	54
3705	우려하다	憂慮-	동	54
3706	우습다		형	54
3707	운전02	運轉	명	54
3708	익숙하다		형	54
3709	일자05	日子	명	54
3710	잔치01		명	54
3711	장악하다	掌握-	동	54
3712	전달되다	傳達-	동	54
3713	전부05	全部	부	54
3714	주석01	主席	명	54
3715	지배적	支配的	관	54
3716	차다04	날씨가 ~	형	54
3717	측정01	測定	명	54
3718	치료하다	治療-	동	54
3719	칸01		명	54
3720	한05	恨	명	54
3721	해명하다	解明-	동	54
3722	간직하다		동	53
3723	갈수록		부	53
3724	강간02	强姦	명	53
3725	갖가지		명	53
3726	거절하다01	拒絶-	동	53
3727	고발02	告發	명	53
3728	공단01	工團	명	53
3729	과시하다02	誇示-	동	53
3730	관광객	觀光客	명	53
3731	구별하다	區別-	동	53
3732	국01	음식	명	53
3733	기지08	基地	명	53
3734	낙태	落胎	명	53
3735	다행	多幸	명	53
3736	돌이키다		동	53
3737	동의02	同意	명	53
3738	두들기다		동	53
3739	똥		명	53
3740	마무리		명	53
3741	마주치다		동	53
3742	막상01		부	53
3743	몇		수	53
3744	몸통		명	53
3745	못01	~을 박다	명	53
3746	묘사하다	描寫-	동	53
3747	무관하다03	無關-	형	53
3748	미술관	美術館	명	53
3749	법적01	法的	관	53
3750	베다02	목을 ~	동	53
3751	보장되다	保障-	동	53
3752	볼01	뺨	명	53
3753	부분적	部分的	명	53
3754	불고기		명	53
3755	불리다07	물에 ~	동	53
3756	불행	不幸	명	53
3757	비명02	悲鳴	명	53
3758	새삼01		부	53
3759	순수03	純粹	명	53
3760	시각03	時刻	명	53
3761	실질적	實質的	명	53
3762	안개		명	53
3763	언급하다	言及-	동	53
3764	여름철		명	53
3765	오로지		부	53
3766	완성하다01	完成-	동	53
3767	이런저런		관	53
3768	인스턴트커피	instant coffee	명	53
3769	임무01	任務	명	53
3770	자연히	自然	부	53
3771	작전01	作戰	명	53
3772	장난		명	53
3773	저런01		관	53
3774	전용04	專用	명	53
3775	제조07	製造	명	53
3776	주목03	注目	명	53
3777	즉각	卽刻	부	53

3778	지극히	至極-	부	53	3822	쇼02	show	명	52
3779	청하다	請-	동	53	3823	수학05	數學	명	52
3780	통상01	通商	명	53	3824	시어머니	媤-	명	52
3781	포81	袍	명	53	3825	시집01	媤-	명	52
3782	해명02	解明	명	53	3826	연간02	年間	명	52
3783	확정02	確定	명	53	3827	영화제	映畵祭	명	52
3784	가상05	假想	명	52	3828	예측하다	豫測-	동	52
3785	각자02	各自	명	52	3829	용도02	用途	명	52
3786	간혹	間或	부	52	3830	의심03	疑心	명	52
3787	개방하다03	開放-	동	52	3831	이동하다	移動-	동	52
3788	개입	介入	명	52	3832	자극하다	刺戟-	동	52
3789	겹치다01		동	52	3833	재빨리		부	52
3790	공급하다	供給-	동	52	3834	쟁점	爭點	명	52
3791	관계되다	關係-	동	52	3835	적합하다	適合-	형	52
3792	국산	國産	명	52	3836	전화번호	電話番號	명	52
3793	규범01	規範	명	52	3837	조절하다02	調節-	동	52
3794	그해		명	52	3838	조정09	調整	명	52
3795	꺼지다01	불이 ~	동	52	3839	중얼거리다		동	52
3796	꼭대기		명	52	3840	증언	證言	명	52
3797	끊어지다		동	52	3841	지급하다01	支給-	동	52
3798	대왕	大王	명	52	3842	폐기물	廢棄物	명	52
3799	대표적	代表的	관	52	3843	홀06	hall	명	52
3800	도11	道	명	52	3844	화학조미료	化學調味料	명	52
3801	떠돌다		동	52	3845	확장	擴張	명	52
3802	리그01	league	명	52	3846	힘차다		형	52
3803	마이크	mike	명	52	3847	감사하다05	感謝-	형	51
3804	만족하다	滿足-	형	52	3848	개정02	改正	명	51
3805	메우다02		동	52	3849	건조04	乾燥	명	51
3806	면적	面積	명	52	3850	경로03	經路	명	51
3807	명분01	名分	명	52	3851	고요하다		형	51
3808	목욕	沐浴	명	52	3852	그대		대	51
3809	반성01	反省	명	52	3853	그립다		형	51
3810	벌떡		부	52	3854	긋다01	금을 ~	동	51
3811	보상02	補償	명	52	3855	기둥01		명	51
3812	분리되다	分離-	동	52	3856	긴장하다	緊張-	동	51
3813	빛		명	52	3857	날카롭다		형	51
3814	새기다01	문신을 ~	동	52	3858	논란	論難	명	51
3815	서민	庶民	명	52	3859	논하다	論-	동	51
3816	석10	席	의	52	3860	느리다01		형	51
3817	선정하다03	選定-	동	52	3861	도덕	道德	명	51
3818	설득력	說得力	명	52	3862	동부05	東部	명	51
3819	섬세하다	纖細-	형	52	3863	뒷모습		명	51
3820	세다02	돈을 ~	동	52	3864	똑똑하다		형	51
3821	소수08	少數	명	52	3865	만06	萬	관	51

3866	만만하다01	대적할 만함	형	51		3910	괴로움		명	50
3867	못되다		형	51		3911	권한	權限	명	50
3868	밀리다02	사람들에게 ~	동	51		3912	근거하다	根據	동	50
3869	보고하다02	報告-	동	51		3913	금액02	金額	명	50
3870	사무소	事務所	명	51		3914	금융권	金融圈	명	50
3871	사촌	四寸	명	51		3915	다행히	多幸-	부	50
3872	상25	賞	명	51		3916	달래다01		동	50
3873	상부03	上部	명	51		3917	대결03	對決	명	50
3874	상인07	商人	명	51		3918	대변인	代辯人	명	50
3875	선언하다	宣言-	동	51		3919	대우09	待遇	명	50
3876	소원04	所願	명	51		3920	동아리02		명	50
3877	수입하다02	輸入-	동	51		3921	따라오다		동	50
3878	식다01		동	51		3922	말리다02	싸움을 ~	동	50
3879	엿보다		동	51		3923	맘01		명	50
3880	완성되다	完成-	동	51		3924	먹다02	잊어 ~	보	50
3881	유적08	遺跡	명	51		3925	명백하다	明白-	형	50
3882	이사11	理事	명	51		3926	명절01	名節	명	50
3883	일생01	一生	명	51		3927	못하다		형	50
3884	입히다		동	51		3928	바이올린	violin	명	50
3885	잡아먹다		동	51		3929	밝혀내다		동	50
3886	정보화	情報化	명	51		3930	부서지다		동	50
3887	종종04	種種	부	51		3931	분단03	分斷	명	50
3888	지갑03	紙匣	명	51		3932	비행03	飛行	명	50
3889	집권01	執權	명	51		3933	사18	社	명	50
3890	차다03	시계를 ~	동	51		3934	상관없다	相關-	형	50
3891	창작	創作	명	51		3935	생태계	生態系	명	50
3892	축소02	縮小	명	51		3936	성립하다	成立-	동	50
3893	취향01	趣向	명	51		3937	수명05	壽命	명	50
3894	친절하다	親切-	형	51		3938	시즌	season	명	50
3895	카운터01	계산대	명	51		3939	신기하다01	神奇-	형	50
3896	캐다01		동	51		3940	업다		동	50
3897	탄생하다	誕生-	동	51		3941	역학02	力學	명	50
3898	하숙집	下宿-	명	51		3942	열두		관	50
3899	학급	學級	명	51		3943	예감03	豫感	명	50
3900	해군01	海軍	명	51		3944	음식물02	飮食物	명	50
3901	해치다	害-	동	51		3945	일선01	一線	명	50
3902	행사하다02	行使-	동	51		3946	자신감	自信感	명	50
3903	효율적	效率的	명	51		3947	장기10	長期	명	50
3904	가슴속		명	50		3948	죄인	罪人	명	50
3905	간01	음식의 ~을 보다	명	50		3949	주의하다01	注意-	동	50
3906	간판02	看板	명	50		3950	준비물	準備物	명	50
3907	건드리다		동	50		3951	집착02	執着	명	50
3908	고유03	固有	명	50		3952	천01		명	50
3909	관리하다	管理-	동	50		3953	청사11	廳舍	명	50

3954	촌락	村落	명	50	3998	소매01		명	49
3955	출입	出入	명	50	3999	수용자80	收容者	명	49
3956	쾌감	快感	명	50	4000	시급하다	時急-	형	49
3957	탄생	誕生	명	50	4001	시멘트	cement	명	49
3958	튀다		동	50	4002	신규	新規	명	49
3959	파고들다		동	50	4003	신청하다01	申請-	동	49
3960	하필02	何必	부	50	4004	실은	實-	부	49
3961	한없이	限-	부	50	4005	심판02	審判	명	49
3962	현역	現役	명	50	4006	안기다02	사동사	동	49
3963	활용	活用	명	50	4007	양심02	良心	명	49
3964	회색01	灰色	명	50	4008	요원02	要員	명	49
3965	후자01	後者	명	50	4009	이사장	理事長	명	49
3966	강화되다	強化-	동	49	4010	이자05	利子	명	49
3967	거액	巨額	명	49	4011	익숙해지다		동	49
3968	고교04	高校	명	49	4012	일깨우다02		동	49
3969	고집하다	固執-	동	49	4013	자세하다01	仔細-	형	49
3970	곧잘		부	49	4014	자칫01		부	49
3971	골짜기01		명	49	4015	저거01		대	49
3972	공화국01	共和國	명	49	4016	저축03	貯蓄	명	49
3973	교훈02	敎訓	명	49	4017	제비02		명	49
3974	구르다01	바위가 ~	동	49	4018	제안02	提案	명	49
3975	규명	糾明	명	49	4019	제안하다02	提案-	동	49
3976	글씨		명	49	4020	제재01	制裁	명	49
3977	노래방	-房	명	49	4021	증세01	症勢	명	49
3978	노리다01		동	49	4022	지난날		명	49
3979	단편01	短篇	명	49	4023	지수80	指數	명	49
3980	달다05	돈을 다오	동	49	4024	진급	進級	명	49
3981	대처하다02	對處-	동	49	4025	진술02	陳述	명	49
3982	매다01	끈을 ~	동	49	4026	출범02	出帆	명	49
3983	머리카락		명	49	4027	콩나물		명	49
3984	명확하다	明確-	형	49	4028	튀어나오다		동	49
3985	문학적	文學的	관	49	4029	표준01	標準	명	49
3986	발걸음		명	49	4030	항구03	港口	명	49
3987	발길		명	49	4031	허공	虛空	명	49
3988	벌레01		명	49	4032	허용	許容	명	49
3989	복지10	福祉	명	49	4033	헬기	helicopter機	명	49
3990	불상04	佛像	명	49	4034	간신히	艱辛-	부	48
3991	빼앗기다		동	49	4035	갈아입다		동	48
3992	사범02	事犯	명	49	4036	감다03	실을 ~	동	48
3993	상무03	常務	명	49	4037	갓05	이제 막	부	48
3994	생산자	生産者	명	49	4038	같이하다		동	48
3995	선진03	先進	명	49	4039	거짓		명	48
3996	섭취하다	攝取-	동	49	4040	거품		명	48
3997	성인01	成人	명	49	4041	걸어오다01	집까지 ~	동	48

4042	검문	檢問	명	48	4086	여간	如干	부	48
4043	공군02	空軍	명	48	4087	역14	驛	명	48
4044	구매02	購買	명	48	4088	연락하다02	連絡-	동	48
4045	구실01		명	48	4089	영향력	影響力	명	48
4046	기술자	技術者	명	48	4090	예의06	禮儀	명	48
4047	나물01		명	48	4091	유물론	唯物論	명	48
4048	년생80	年生	의	48	4092	음04	音	명	48
4049	논의되다	論議-	동	48	4093	이내05	以內	명	48
4050	달리기		명	48	4094	이리저리02	~ 돌아다니다	부	48
4051	대도시	大都市	명	48	4095	인간적	人間的	명	48
4052	도둑01		명	48	4096	인사하다	人事-	동	48
4053	도무지02		부	48	4097	임금01		명	48
4054	도전04	挑戰	명	48	4098	임기01	任期	명	48
4055	독재	獨裁	명	48	4099	잘나다		형	48
4056	뜨다04	떼어 내다	동	48	4100	재능	才能	명	48
4057	룸	room	명	48	4101	중시하다	重視-	동	48
4058	면04	面, 행정 단위	명	48	4102	지불하다01	支拂-	동	48
4059	모자08	帽子	명	48	4103	타인01	他人	명	48
4060	보조02	補助	명	48	4104	탄압	彈壓	명	48
4061	불리하다	不利	형	48	4105	투자자	投資者	명	48
4062	불편01	不便	명	48	4106	특수하다02	特殊-	형	48
4063	비비다		동	48	4107	파출소	派出所	명	48
4064	사과08	謝過	명	48	4108	판08	板	명	48
4065	사찰02	寺刹	명	48	4109	한결같이		부	48
4066	살아나다		동	48	4110	한문03	漢文	명	48
4067	생동하다	生動-	동	48	4111	화강암	花崗巖	명	48
4068	생명력	生命力	명	48	4112	건네주다		동	47
4069	선뜻01		부	48	4113	결승01	決勝	명	47
4070	설비02	設備	명	48	4114	공공02	公共	명	47
4071	성향02	性向	명	48	4115	교양02	敎養	명	47
4072	소외	疏外	명	48	4116	국왕	國王	명	47
4073	소파06	sofa	명	48	4117	규칙적	規則的	명	47
4074	속이다		동	48	4118	극복01	克服	명	47
4075	수면07	睡眠	명	48	4119	글쎄요		감	47
4076	수천07	數千	관	48	4120	내려지다		동	47
4077	수행02	遂行	명	48	4121	냉동	冷凍	명	47
4078	스무		관	48	4122	녹다01		동	47
4079	승부03	勝負	명	48	4123	농가02	農家	명	47
4080	시기04	時期	명	48	4124	대개03	大概	명	47
4081	시에프	CF	명	48	4125	대북02	對北	명	47
4082	신념01	信念	명	48	4126	무한하다	無限-	형	47
4083	신입생	新入生	명	48	4127	민감하다	敏感	형	47
4084	어린아이		명	48	4128	배제하다02	排除-	동	47
4085	어쩐지		부	48	4129	배추01		명	47

4130	병장03	兵長	명	47	4174	화살01		명	47
4131	서술하다	敍述-	동	47	4175	화재01	火災	명	47
4132	센터02	center	명	47	4176	확산	擴散	명	47
4133	소지11	素地	명	47	4177	가르다		동	46
4134	수염04	鬚髯	명	47	4178	각각01	各各	명	46
4135	수집하다02	蒐集	동	47	4179	간격02	間隔	명	46
4136	승객	乘客	명	47	4180	개인적	個人的	관	46
4137	싱싱하다		형	47	4181	고함01	高喊	명	46
4138	아씨		명	47	4182	공격하다	攻擊-	동	46
4139	아아01		감	47	4183	그놈		대	46
4140	암석02	巖石	명	47	4184	기금02	基金	명	46
4141	어리다01	눈물이 ~	동	47	4185	기록되다	記錄-	동	46
4142	여권02	旅券	명	47	4186	끝없다		형	46
4143	열쇠		명	47	4187	끼어들다		동	46
4144	영토03	領土	명	47	4188	넋01		명	46
4145	오렌지	orange	명	47	4189	노선01	路線	명	46
4146	외모02	外貌	명	47	4190	다물다		동	46
4147	요법03	療法	명	47	4191	답03	答	명	46
4148	우위03	優位	명	47	4192	당국자	當局者	명	46
4149	인공01	人工	명	47	4193	대사17	臺詞	명	46
4150	입법	立法	명	47	4194	도덕성	道德性	명	46
4151	잠자리01	~를 바꾸다	명	47	4195	도망치다	逃亡-	동	46
4152	장남03	長男	명	47	4196	독서03	讀書	명	46
4153	저마다		부	47	4197	동15	棟	의	46
4154	전국적	全國的	명	47	4198	동의하다01	同意-	동	46
4155	전반03	全般	명	47	4199	드나들다		동	46
4156	절실하다	切實-	형	47	4200	딱딱하다01	굳다	형	46
4157	점유율	占有率	명	47	4201	땅속		명	46
4158	정국01	政局	명	47	4202	몰두하다	沒頭-	동	46
4159	제의02	祭儀	명	47	4203	벌금	罰金	명	46
4160	제자리		명	47	4204	보유하다01	保有-	동	46
4161	지루하다01		형	47	4205	복13	福	명	46
4162	척08	隻	의	47	4206	봉사03	奉仕	명	46
4163	축10	軸	명	47	4207	부서12	部署	명	46
4164	충동02	衝動	명	47	4208	분쟁03	紛爭	명	46
4165	투자하다02	投資-	동	47	4209	불신02	不信	명	46
4166	특색	特色	명	47	4210	비료	肥料	명	46
4167	파괴되다	破壞-	동	47	4211	선수권	選手權	명	46
4168	퍼붓다		동	47	4212	성08	城	명	46
4169	평등	平等	명	47	4213	소형03	小型	명	46
4170	포도주	葡萄酒	명	47	4214	신인07	新人	명	46
4171	표적03	標的	명	47	4215	실무	實務	명	46
4172	학술	學術	명	47	4216	실적05	實績	명	46
4173	혈액	血液	명	47	4217	싹01		명	46

4218	악몽	惡夢	명	46	4262	껌	←gum	명	45
4219	안내01	案內	명	46	4263	괴하다		동	45
4220	앞뒤		명	46	4264	나돌다		동	45
4221	언덕		명	46	4265	녹색	綠色	명	45
4222	연료	燃料	명	46	4266	다03		명	45
4223	열정02	熱情	명	46	4267	더러01		부	45
4224	오페라	opera	명	46	4268	등록증	登錄證	명	45
4225	운동권	運動圈	명	46	4269	막내		명	45
4226	의석03	議席	명	46	4270	막대하다	莫大-	형	45
4227	이산화탄소	二酸化炭素	명	46	4271	말미암다		동	45
4228	인정08	認定	명	46	4272	문민정부	文民政府	명	45
4229	입맛		명	46	4273	반복되다	反復-	동	45
4230	재즈	jazz	명	46	4274	발전02	發電	명	45
4231	적시다01		동	46	4275	방해01	妨害	명	45
4232	적응하다02	適應-	동	46	4276	번호02	番號	명	45
4233	절대05	絶對	명	46	4277	벼01		명	45
4234	접시		명	46	4278	변화시키다	變化-	동	45
4235	젖히다01		동	46	4279	본인	本人	명	45
4236	제공04	提供	명	46	4280	산업화	産業化	명	45
4237	지나치다		동	46	4281	상점	商店	명	45
4238	지배층	支配層	명	46	4282	선박02	船舶	명	45
4239	진입	進入	명	46	4283	섹스	sex	명	45
4240	참가01	參加	명	46	4284	속성05	屬性	명	45
4241	체중01	體重	명	46	4285	수백04	數百	관	45
4242	추석01	秋夕	명	46	4286	수용06	受容	명	45
4243	충돌	衝突	명	46	4287	승12	勝	의	45
4244	통로	通路	명	46	4288	실장	室長	명	45
4245	파업	罷業	명	46	4289	쓸쓸하다		형	45
4246	포장01	包裝	명	46	4290	악수06	握手	명	45
4247	해소03	解消	명	46	4291	애01	~가 타다	명	45
4248	행해지다	行-	동	46	4292	어지럽다		형	45
4249	현관01	玄關	명	46	4293	어찌하다		동	45
4250	현대인	現代人	명	46	4294	예정되다	豫定-	동	45
4251	혜택	惠澤	명	46	4295	월02	月	명	45
4252	호수07	湖水	명	46	4296	이중03	二重	명	45
4253	확02		부	46	4297	인식되다	認識-	동	45
4254	힘입다		동	46	4298	인원	人員	명	45
4255	건너가다		동	45	4299	인정받다	認定-	동	45
4256	결합	結合	명	45	4300	인터뷰	interview	명	45
4257	고사09	考查	명	45	4301	일반적	一般的	관	45
4258	골고루		부	45	4302	입학하다	入學-	동	45
4259	구석구석		명	45	4303	자랑01		명	45
4260	국방	國防	명	45	4304	저것		대	45
4261	그제서야		부	45	4305	정문03	正門	명	45

4306	조성04	造成	명	45	4350	산물02	産物	명	44
4307	중계04	中繼	명	45	4351	생계02	生計	명	44
4308	지정하다05	指定-	동	45	4352	소유하다01	所有-	동	44
4309	지지하다03	支持-	동	45	4353	수박01		명	44
4310	지향하다01	志向-	동	45	4354	스위치	switch	명	44
4311	착각03	錯覺	명	45	4355	신세02	~를 망치다	명	44
4312	창09	窓	명	45	4356	아까		명	44
4313	친정04	親庭	명	45	4357	알아내다		동	44
4314	켜지다		동	45	4358	암08	癌	명	44
4315	타입02	type	명	45	4359	애니메이션	animation	명	44
4316	테두리		명	45	4360	야단01	惹端	명	44
4317	팩03	pack	명	45	4361	애02		감	44
4318	표시하다01	表示-	동	45	4362	엑스포	Expo	명	44
4319	행하다	行-	동	45	4363	엔01	&일en	의	44
4320	활짝		부	45	4364	연결01	連結	명	44
4321	감상하다04	鑑賞-	동	44	4365	연관06	聯關	명	44
4322	개별	個別	명	44	4366	왜곡되다	歪曲-	동	44
4323	개정안	改正案	명	44	4367	요건	要件	명	44
4324	고문04	拷問	명	44	4368	용서하다	容恕-	동	44
4325	공식적	公式的	명	44	4369	우정02	友情	명	44
4326	그런대로		부	44	4370	울타리		명	44
4327	기21	期	명	44	4371	육군02	陸軍	명	44
4328	기독교	基督教	명	44	4372	음식점	飮食店	명	44
4329	깨달음		명	44	4373	의논하다	議論-	동	44
4330	끼다01	끼이다	동	44	4374	인분80	人分. 3~	의	44
4331	끼다02	구름이 ~	동	44	4375	일환01	一環	명	44
4332	넘어지다		동	44	4376	전직01	前職	명	44
4333	농경	農耕	명	44	4377	점검하다	點檢-	동	44
4334	눈부시다		형	44	4378	제국주의	帝國主義	명	44
4335	단점01	短點	명	44	4379	조짐02	兆朕	명	44
4336	뒷받침하다		동	44	4380	주요하다	主要-	형	44
4337	들려주다		동	44	4381	죽07	粥	명	44
4338	뚜껑		명	44	4382	지분06	持分	명	44
4339	마음먹다		동	44	4383	차마		부	44
4340	목록	目錄	명	44	4384	참조02	參照	명	44
4341	반복하다01	反復-	동	44	4385	창조적	創造的	관	44
4342	반성하다01	反省-	동	44	4386	첫째		관	44
4343	받치다02	다른 물건을 대다	동	44	4387	커플	couple	명	44
4344	벌식	-式	의	44	4388	타고나다		동	44
4345	별명01	別名	명	44	4389	태우다02	차에 ~	동	44
4346	보전03	保全	명	44	4390	특허	特許	명	44
4347	보증	保證	명	44	4391	평야	平野	명	44
4348	불어오다		동	44	4392	행사02	行使	명	44
4349	사령관	司令官	명	44	4393	향수04	香水	명	44

4394	허용되다	許容	동	44		4438	소설가	小說家	명	43
4395	확고하다	確固-	형	44		4439	수분01	水分	명	43
4396	흡수하다02	吸收-	동	44		4440	스며들다		동	43
4397	가입	加入	명	43		4441	시행01	施行	명	43
4398	가정07	假定	명	43		4442	신뢰02	信賴	명	43
4399	건국03	建國	명	43		4443	쓸다02	마당을 ~	동	43
4400	경관04	景觀	명	43		4444	안녕히	安寧	부	43
4401	고80	高	명	43		4445	안팎		명	43
4402	과자02	菓子	명	43		4446	양자01	兩者	명	43
4403	교체01	交替	명	43		4447	억제하다	抑制-	동	43
4404	기밀02	機密	명	43		4448	예방하다01	豫防-	동	43
4405	김03	해초	명	43		4449	올02	올해	명	43
4406	까다롭다		형	43		4450	요란하다01	搖亂-	형	43
4407	꼬마		명	43		4451	유의하다02	留意-	동	43
4408	끝없이		부	43		4452	유학06	儒學	명	43
4409	나르다01		동	43		4453	이해되다	理解-	동	43
4410	내걸다		동	43		4454	인하01	引下	명	43
4411	놀리다01	흉을 보다	동	43		4455	입증하다	立證-	동	43
4412	늘어놓다		동	43		4456	작성01	作成	명	43
4413	닫히다		동	43		4457	잘리다01		동	43
4414	대지02	大地	명	43		4458	장29	場	명	43
4415	대표하다	代表-	동	43		4459	전달03	傳達	명	43
4416	대학교	大學校	명	43		4460	전시회	展示會	명	43
4417	도로01		부	43		4461	전화하다01	電話-	동	43
4418	돼지고기		명	43		4462	전환하다02	轉換-	동	43
4419	두려워하다		동	43		4463	정치학	政治學	명	43
4420	뜻밖		명	43		4464	좌석	座席	명	43
4421	막걸리		명	43		4465	주도02	主導	명	43
4422	맡다02	냄새를 ~	동	43		4466	주력01	主力	명	43
4423	뭉치다		동	43		4467	주문04	注文	명	43
4424	미스03	Miss	명	43		4468	집안일		명	43
4425	밀리다01	방세가 ~	동	43		4469	체계적	體系的	명	43
4426	밥그릇		명	43		4470	출근	出勤	명	43
4427	방문02	房門	명	43		4471	크림	cream	명	43
4428	베풀다		동	43		4472	탁월하다	卓越	형	43
4429	병들다	病-	동	43		4473	텅01		부	43
4430	부러지다		동	43		4474	토하다	吐-	동	43
4431	부진01	不振	명	43		4475	파동01	波動	명	43
4432	분류하다02	分類-	동	43		4476	파악되다	把握-	동	43
4433	불꽃01		명	43		4477	포함시키다	包含-	동	43
4434	사적02	私的	명	43		4478	푹01		부	43
4435	산하03	傘下	명	43		4479	한순간	-瞬間	명	43
4436	상대성	相對性	명	43		4480	협의회	協議會	명	43
4437	설문01	設問	명	43		4481	획득하다	獲得-	동	43

4482	희미하다01	稀微-	형	43
4483	가사09	歌詞	명	42
4484	가입자	加入者	명	42
4485	감소하다	減少-	동	42
4486	개구리		명	42
4487	결과적	結果的	명	42
4488	계열사	系列社	명	42
4489	괴롭히다		동	42
4490	구별02	區別	명	42
4491	구상08	構想	명	42
4492	국경01	國境	명	42
4493	그린벨트	greenbelt	명	42
4494	기관10	器官	명	42
4495	깨우다01		동	42
4496	끈01		명	42
4497	끊기다		동	42
4498	끊임없다		형	42
4499	끌어안다		동	42
4500	넉넉하다		형	42
4501	농도02	濃度	명	42
4502	더듬다		동	42
4503	동전05	銅錢	명	42
4504	두루01		부	42
4505	두어		관	42
4506	르네상스	&프Renaissance	명	42
4507	마땅히		부	42
4508	마약	痲藥	명	42
4509	막05	幕	명	42
4510	만날	萬-	부	42
4511	문지르다		동	42
4512	밑바닥		명	42
4513	배려02	配慮	명	42
4514	보도되다	報道-	동	42
4515	보리01		명	42
4516	본부03	本部	명	42
4517	부17	富	명	42
4518	불심01	不審	명	42
4519	불쑥		부	42
4520	사11	四	관	42
4521	산지04	山地	명	42
4522	선16	禪	명	42
4523	성숙하다	成熟-	동	42
4524	소극적	消極的	명	42
4525	소용07	所用	명	42
4526	손질하다		동	42
4527	수건	手巾	명	42
4528	순식간	瞬息間	명	42
4529	승려01	僧侶	명	42
4530	시도07	試圖	명	42
4531	시련02	試鍊	명	42
4532	시집03	詩集	명	42
4533	아무개		대	42
4534	약점01	弱點	명	42
4535	양복01	洋服	명	42
4536	어째서		불	42
4537	어쩌다02		부	42
4538	얼다01		동	42
4539	여07	女	명	42
4540	연령01	年齡	명	42
4541	예비02	豫備	명	42
4542	울음소리		명	42
4543	이놈01		대	42
4544	이력서	履歷書	명	42
4545	인정되다	認定-	동	42
4546	임대	賃貸	명	42
4547	잠자다		동	42
4548	재단01	財團	명	42
4549	전장02	全長	명	42
4550	젓가락		명	42
4551	정무01	政務	명	42
4552	좌절	挫折	명	42
4553	주년02	周年	의	42
4554	중단하다	中斷-	동	42
4555	중대하다01	重大-	형	42
4556	중심지	中心地	명	42
4557	지표03	指標	명	42
4558	지하수	地下水	명	42
4559	진정05	眞情	명	42
4560	집중적	集中的	명	42
4561	집착하다02	執着-	동	42
4562	참되다		형	42
4563	초청01	招請	명	42
4564	출판사	出版社	명	42
4565	타격	打擊	명	42
4566	탁자01	卓子	명	42
4567	토끼		명	42
4568	토막01		명	42
4569	통념01	通念	명	42

4570	퍽02	~ 궁금하다	부	42		4614	사퇴04	辭退	명	41
4571	풍속01	風俗	명	42		4615	상관03	相關	명	41
4572	피아노01	piano	명	42		4616	설명되다	說明-	동	41
4573	핑계		명	42		4617	섭섭하다01		형	41
4574	한층	-層	부	42		4618	세07	世	의	41
4575	행운02	幸運	명	42		4619	세련되다	洗練-	형	41
4576	가로막다		동	41		4620	손쉽다		형	41
4577	간섭	干涉	명	41		4621	시행되다	施行-	동	41
4578	갈증	渴症	명	41		4622	아홉		관	41
4579	감당하다02	堪當-	동	41		4623	안주04	按酒	명	41
4580	갑작스럽다		형	41		4624	어린애		명	41
4581	교원03	教員	명	41		4625	여태01		부	41
4582	교환하다01	交換-	동	41		4626	역량01	力量	명	41
4583	국민적	國民的	관	41		4627	연대02	連帶	명	41
4584	군사적	軍事的	관	41		4628	열기07	熱氣	명	41
4585	굴리다		동	41		4629	예측	豫測	명	41
4586	그래야		불	41		4630	옷차림		명	41
4587	기원05	起源	명	41		4631	원료02	原料	명	41
4588	길가		명	41		4632	위로하다	慰勞-	동	41
4589	난리02	亂離	명	41		4633	이같이		부	41
4590	남매	男妹	명	41		4634	이다01	머리에 ~	동	41
4591	내버리다		동	41		4635	인마		불	41
4592	느닷없이		부	41		4636	인형01	人形	명	41
4593	단단히		부	41		4637	일등병	一等兵	명	41
4594	달리하다01		동	41		4638	일치01	一致	명	41
4595	대리점	代理店	명	41		4639	임하다02	臨-	동	41
4596	대비09	對比	명	41		4640	작정01	作定	명	41
4597	또래		명	41		4641	재생01	再生	명	41
4598	뛰어가다		동	41		4642	재생산	再生産	명	41
4599	막연하다	漠然-	형	41		4643	전철04	電鐵	명	41
4600	목재	木材	명	41		4644	정열	情熱	명	41
4601	미사일	missile	명	41		4645	조성하다04	造成-	동	41
4602	발가락		명	41		4646	좀처럼		부	41
4603	번갈다	番-	동	41		4647	종래	從來	명	41
4604	벽화	壁畫	명	41		4648	주되다	主-	동	41
4605	보급되다01	普及-	동	41		4649	주체적	主體的	명	41
4606	보복02	報復	명	41		4650	중동02	中東	명	41
4607	보존	保存	명	41		4651	진전08	進展	명	41
4608	보호되다	保護-	동	41		4652	찢어지다		동	41
4609	뵙다		동	41		4653	철학자	哲學者	명	41
4610	부추기다		동	41		4654	철학적	哲學的	관	41
4611	부치다02	편지를 ~	동	41		4655	추상적	抽象的	명	41
4612	사무총장	事務總長	명	41		4656	축하하다	祝賀-	동	41
4613	사연04	事緣	명	41		4657	측근01	側近	명	41

4658	컬러01	color	명	41	4702	사위01		명	40
4659	통화04	通話	명	41	4703	생리03	生理	명	40
4660	툭01		부	41	4704	설날		명	40
4661	특이하다	特異-	형	41	4705	설득하다	說得-	동	40
4662	필연적	必然的	명	41	4706	세무04	稅務	명	40
4663	하룻밤		명	41	4707	손질		명	40
4664	해방되다	解放-	동	41	4708	손톱01		명	40
4665	휘두르다01		동	41	4709	수익01	收益	명	40
4666	흘러내리다		동	41	4710	시체02	屍體	명	40
4667	가까스로		부	40	4711	식빵	食-	명	40
4668	가짜	假-	명	40	4712	아르바이트	&독Arbeit	명	40
4669	강도05	强度	명	40	4713	억제	抑制	명	40
4670	결단01	決斷	명	40	4714	여덟		관	40
4671	곰03		명	40	4715	염두01	念頭	명	40
4672	공직자	公職者	명	40	4716	영광01	榮光	명	40
4673	구절03	句節	명	40	4717	외로움		명	40
4674	국가적	國家的	관	40	4718	외우다01		동	40
4675	급격하다01	急激-	형	40	4719	우선07	優先	명	40
4676	급히	急-	부	40	4720	운전자	運轉者	명	40
4677	기념02	記念	명	40	4721	유리창01	琉璃窓	명	40
4678	기호03	嗜好	명	40	4722	의례04	儀禮	명	40
4679	나아지다		동	40	4723	일제히	一齊-	부	40
4680	넘어오다		동	40	4724	임명하다01	任命-	동	40
4681	단호하다	斷乎-	형	40	4725	입대01	入隊	명	40
4682	도모하다	圖謀-	동	40	4726	잇달다		동	40
4683	도읍지	都邑地	명	40	4727	자아01	自我	명	40
4684	동무01		명	40	4728	자연법칙	自然法則	명	40
4685	되돌리다		동	40	4729	저작물	著作物	명	40
4686	떨구다		동	40	4730	적성05	適性	명	40
4687	띄우다02	배를 ~	동	40	4731	전망하다02	展望-	동	40
4688	만물02	萬物	명	40	4732	제조업	製造業	명	40
4689	말썽		명	40	4733	종사하다03	從事-	동	40
4690	매너	manner	명	40	4734	지정14	指定	명	40
4691	묘하다	妙-	형	40	4735	질리다01		동	40
4692	무장06	武裝	명	40	4736	집단적	集團的	명	40
4693	민속01	民俗	명	40	4737	차분하다01		형	40
4694	민족주의	民族主義	명	40	4738	차이점	差異點	명	40
4695	바짝		부	40	4739	찬란하다	燦爛-	형	40
4696	버려지다		동	40	4740	찬물01		명	40
4697	변혁	變革	명	40	4741	철도	鐵道	명	40
4698	보유01	保有	명	40	4742	총각01	總角	명	40
4699	부총리	副總理	명	40	4743	추적하다02	追跡-	동	40
4700	분포02	分布	명	40	4744	추정되다	推定-	동	40
4701	빗물		명	40	4745	출현	出現	명	40

4746	침투	浸透	명	40		4790	몰려들다		동	39
4747	캠페인	campaign	명	40		4791	문화론적	文化論的	관	39
4748	태풍	颱風	명	40		4792	물리치다		동	39
4749	포인트80	point. 20 ~	의	40		4793	미팅	meeting	명	39
4750	한눈01	~에 반하다	명	40		4794	바04	bar	명	39
4751	햇볕		명	40		4795	바퀴01	네 ~	의	39
4752	허다01		동	40		4796	발자국		명	39
4753	홍수02	洪水	명	40		4797	뱉다		동	39
4754	후보자	候補者	명	40		4798	벌어지다01	틈이 ~	동	39
4755	가뭄		명	39		4799	보너스	bonus	명	39
4756	간접	間接	명	39		4800	불평등	不平等	명	39
4757	강력히	强力-	부	39		4801	사막04	沙漠	명	39
4758	개선되다01	改善-	동	39		4802	산책	散策	명	39
4759	거부02	拒否	명	39		4803	생기01	生氣	명	39
4760	건네다		동	39		4804	서방01	西方	명	39
4761	계01	동물	명	39		4805	서적02	書籍	명	39
4762	격차02	隔差	명	39		4806	성읍	城邑	명	39
4763	결심01	決心	명	39		4807	소화06	消化	명	39
4764	경계하다02	警戒-	동	39		4808	수험생	受驗生	명	39
4765	경전06	經典	명	39		4809	시끄럽다		형	39
4766	고정되다	固定-	동	39		4810	신세대	新世代	명	39
4767	곧장		부	39		4811	심화되다	深化-	동	39
4768	과감하다01	果敢-	형	39		4812	아득하다		형	39
4769	교직04	敎職	명	39		4813	안기다01	피동사	동	39
4770	구속하다01	拘束-	동	39		4814	어기다01		동	39
4771	국장01	局長	명	39		4815	어때		불	39
4772	귀중하다01	貴重-	형	39		4816	엘리베이터	elevator	명	39
4773	긁다		동	39		4817	연구원01	硏究員	명	39
4774	금지하다	禁止-	동	39		4818	연못	蓮	명	39
4775	기사02	技士	명	39		4819	연애05	戀愛	명	39
4776	기숙사	寄宿舍	명	39		4820	연휴02	連休	명	39
4777	깡통	-筒	명	39		4821	요약하다02	要約-	동	39
4778	나뭇잎		명	39		4822	운동하다	運動-	동	39
4779	내쉬다		동	39		4823	월요일	月曜日	명	39
4780	넓어지다		동	39		4824	위성06	衛星	명	39
4781	늘어지다		동	39		4825	위협하다	威脅-	동	39
4782	단독02	單獨	명	39		4826	의외로	意外	부	39
4783	단백질	蛋白質	명	39		4827	이모02	姨母	명	39
4784	달성하다	達成-	동	39		4828	자살01	自殺	명	39
4785	동굴	洞窟	명	39		4829	장28	場	명	39
4786	둑01		명	39		4830	전무02	專務	명	39
4787	들판01		명	39		4831	전자03	前者	명	39
4788	마당		의	39		4832	정의03	正義	명	39
4789	마음껏		부	39		4833	제시02	提示	명	39

번호	단어	한자/원어	품사	빈도
4834	제외되다	除外-	동	39
4835	조카		명	39
4836	주소01	住所	명	39
4837	지배적	支配的	명	39
4838	찍히다02	도장이 ~	동	39
4839	차기03	次期	명	39
4840	창출하다	創出-	동	39
4841	철06	鐵	명	39
4842	초월하다	超越-	동	39
4843	취급하다	取扱-	동	39
4844	취직	就職	명	39
4845	치러지다		동	39
4846	타락02	墮落	명	39
4847	통화03	通貨	명	39
4848	틀림없이		부	39
4849	파티	party	명	39
4850	패배	敗北	명	39
4851	행태	行態	명	39
4852	헹구다		동	39
4853	현실적	現實的	관	39
4854	형상04	形象	명	39
4855	확정되다	確定-	동	39
4856	회관	會館	명	39
4857	가닥		명	38
4858	가두다01		동	38
4859	가장자리		명	38
4860	간사06	幹事	명	38
4861	걸맞다		형	38
4862	계획하다01	計劃-	동	38
4863	공산주의	共産主義	명	38
4864	공연장	公演場	명	38
4865	공정하다01	公正-	형	38
4866	교무실	敎務室	명	38
4867	국무02	國務	명	38
4868	국적02	國籍	명	38
4869	국정02	國政	명	38
4870	극단02	劇團	명	38
4871	근래	近來	명	38
4872	금전05	金錢	명	38
4873	길일	吉日	명	38
4874	나뉘다		동	38
4875	낱말02	단어	명	38
4876	내외02	內外,남녀	명	38
4877	냄비		명	38
4878	늑대		명	38
4879	늘어서다		동	38
4880	다정하다	多情-	형	38
4881	달다07	맛	형	38
4882	달려들다		동	38
4883	당국03	當國	명	38
4884	대권03	大權	명	38
4885	대꾸01		명	38
4886	동지05	同志	명	38
4887	로비04	lobby	명	38
4888	망원경	望遠鏡	명	38
4889	매출	賣出	명	38
4890	모범02	模範	명	38
4891	무리하다	無理-	형	38
4892	묶이다		동	38
4893	반동	反動	명	38
4894	방어02	防禦	명	38
4895	방위04	防衛	명	38
4896	방해하다	妨害-	동	38
4897	뱀		명	38
4898	벌02	옷 한 ~	의	38
4899	법정01	法廷	명	38
4900	벼락01		명	38
4901	별개	別個	명	38
4902	보급01	普及	명	38
4903	뵈다01	보이다	동	38
4904	빚어지다		동	38
4905	산림	山林	명	38
4906	상류	上流	명	38
4907	석02		관	38
4908	선두01	先頭	명	38
4909	선명하다02	鮮明-	형	38
4910	선호하다01	選好-	동	38
4911	성공적	成功的	명	38
4912	소규모	小規模	명	38
4913	솟구치다		동	38
4914	수시로	隨時-	부	38
4915	시야03	視野	명	38
4916	실감하다	實感-	동	38
4917	실현되다	實現-	동	38
4918	아니야		감	38
4919	어느덧		부	38
4920	어우러지다		동	38
4921	엠시	MC	명	38

4922	오르내리다		동	38		4966	감사하다05	感謝-	동	37
4923	왕자01	王子	명	38		4967	강도06	强盜	명	37
4924	우수하다02	優秀-	형	38		4968	경비02	經費	명	37
4925	원자02	原子	명	38		4969	경제력	經濟力	명	37
4926	유명01	有名	명	38		4970	고수하다02	固守-	동	37
4927	유전자	遺傳子	명	38		4971	고유하다03	固有-	형	37
4928	유해02	有害	명	38		4972	곡선02	曲線	명	37
4929	유형07	類型	명	38		4973	광범위하다	廣範圍-	형	37
4930	으레01		부	38		4974	구축03	構築	명	37
4931	인수07	引受	명	38		4975	규명하다	糾明-	동	37
4932	일관성	一貫性	명	38		4976	금하다02	禁-	동	37
4933	일상적	日常的	명	38		4977	기대되다	期待-	동	37
4934	일일이02	一一-	부	38		4978	기득권	旣得權	명	37
4935	자유화01	自由化	명	38		4979	기인하다01	起因-	동	37
4936	전공하다01	專攻-	동	38		4980	깊숙이		부	37
4937	전화벨	電話bell	명	38		4981	깨우치다		동	37
4938	전후01	前後	명	38		4982	꿀		명	37
4939	정상02	正常	명	38		4983	내적01	內的	관	37
4940	정상적	正常的	명	38		4984	넘어뜨리다		동	37
4941	지주03	地主	명	38		4985	농사짓다	農事-	동	37
4942	질적	質的	명	38		4986	닥터	doctor	명	37
4943	차관01	次官	명	38		4987	단단하다		형	37
4944	척01	못 이기는 ~	의	38		4988	담당자	擔當者	명	37
4945	철01	계절	명	38		4989	답변	答辯	명	37
4946	청소하다03	淸掃-	동	38		4990	대비10	對備	명	37
4947	충격적	衝擊的	명	38		4991	대체02	大體	부	37
4948	치아02	齒牙	명	38		4992	더욱더		부	37
4949	파문01	波紋	명	38		4993	도심04	都心	명	37
4950	판01		명	38		4994	된장	-醬	명	37
4951	편의02	便宜	명	38		4995	둘러싸이다		동	37
4952	폐지02	廢止	명	38		4996	등산	登山	명	37
4953	피고인	被告人	명	38		4997	마찰	摩擦	명	37
4954	항목	項目	명	38		4998	마크	mark	명	37
4955	해설03	解說	명	38		4999	만족01	滿足	명	37
4956	헌		관	38		5000	망치다		동	37
4957	협의01	協議	명	38		5001	매입	買入	명	37
4958	호소하다01	呼訴-	동	38		5002	메뉴	menu	명	37
4959	확립	確立	명	38		5003	모금01	한 ~	의	37
4960	확정하다02	確定-	동	38		5004	모형05	模型	명	37
4961	확충	擴充	명	38		5005	묘사02	描寫	명	37
4962	흑백	黑白	명	38		5006	무효	無效	명	37
4963	희생	犧牲	명	38		5007	문화적	文化的	명	37
4964	가까워지다		동	37		5008	묻히다01	옷에 흙을 ~	동	37
4965	간염	肝炎	명	37		5009	미혼01	未婚	명	37

5010	발전되다	發展-	동	37	5054	지구당	地區黨	명	37
5011	방송사	放送社	명	37	5055	지옥	地獄	명	37
5012	방지하다01	防止-	동	37	5056	지형01	地形	명	37
5013	방한04	訪韓	명	37	5057	짜다02	빨래를 ~	동	37
5014	비서실	秘書室	명	37	5058	참03		의	37
5015	사격03	射擊	명	37	5059	채08	집 한 ~	의	37
5016	사표07	辭表	명	37	5060	청구04	請求	명	37
5017	사회론	社會論	명	37	5061	최후	最後	명	37
5018	산성04	酸性	명	37	5062	취재02	取材	명	37
5019	삼가다		동	37	5063	치다05	그물을 ~	동	37
5020	생방송	生放送	명	37	5064	테러	terror	명	37
5021	생산성	生産性	명	37	5065	토론회	討論會	명	37
5022	생생하다		형	37	5066	편04	~을 가르다	명	37
5023	셋째		관	37	5067	한잔	-盞	명	37
5024	소홀히	疏忽-	부	37	5068	헤게모니	&독Hegemonie	명	37
5025	손발		명	37	5069	호주머니	胡-	명	37
5026	수수01		명	37	5070	휴일	休日	명	37
5027	시국02	時局	명	37	5071	가난01		명	36
5028	시조02	始祖	명	37	5072	가죽01		명	36
5029	실천적	實踐的	관	37	5073	가지런히		부	36
5030	실패01		명	37	5074	개입하다	介入-	동	36
5031	쌍둥이	雙-	명	37	5075	거스르다01	명령을 ~	동	36
5032	안내하다	案內-	동	37	5076	고소03	告訴	명	36
5033	앉히다		동	37	5077	관계없이	關係-	부	36
5034	양조장	釀造場	명	37	5078	교섭	交涉	명	36
5035	여느		관	37	5079	교종03	教宗	명	36
5036	영양소	營養素	명	37	5080	군06	郡	명	36
5037	영하	零下	명	37	5081	군부06	軍部	명	36
5038	옆구리		명	37	5082	군장02	君長	명	36
5039	외교관	外交官	명	37	5083	굿01		명	36
5040	외국어	外國語	명	37	5084	근원적	根源的	명	36
5041	원수04	怨讐	명	37	5085	기다01		동	36
5042	웬만하다		형	37	5086	기피하다	忌避-	동	36
5043	유행하다01	流行-	동	37	5087	다툼		명	36
5044	육지02	陸地	명	37	5088	달력	-曆	명	36
5045	으응		감	37	5089	당선04	當選	명	36
5046	이어서		부	37	5090	대01	담배 한 ~	의	36
5047	일정01	一定	명	37	5091	대국02	大國	명	36
5048	자장면	&중Zhajiangmian	명	37	5092	대낮		명	36
5049	자정01	子正	명	37	5093	대파80	파의 일종	명	36
5050	조약02	條約	명	37	5094	데려가다		동	36
5051	종파02	宗派	명	37	5095	도자기	陶瓷器	명	36
5052	종합하다	綜合-	동	37	5096	돌멩이		명	36
5053	중학생	中學生	명	37	5097	동향03	動向	명	36

5098	되돌아오다		동	36		5142	조그마하다		형	36
5099	두께01		명	36		5143	주차장	駐車場	명	36
5100	뒤쪽01		명	36		5144	주한02	駐韓	명	36
5101	따갑다		형	36		5145	중년01	中年	명	36
5102	마냥02		부	36		5146	지검02	地檢	명	36
5103	명목02	名目	명	36		5147	지다04	그늘이 ~	동	36
5104	모조리01		부	36		5148	찌꺼기		명	36
5105	무작정	無酌定	명	36		5149	착수하다02	着手-	동	36
5106	발행01	發行	명	36		5150	채06	~를 썰다	명	36
5107	범행01	犯行	명	36		5151	척추	脊椎	명	36
5108	변경04	變更	명	36		5152	청산04	淸算	명	36
5109	병력01	兵力	명	36		5153	최루탄	催淚彈	명	36
5110	부지런히		부	36		5154	춤추다		동	36
5111	비자금	秘資金	명	36		5155	충족시키다	充足-	동	36
5112	빼내다		동	36		5156	치밀다		동	36
5113	사법02	司法	명	36		5157	테니스	tennis	명	36
5114	사슴01		명	36		5158	파리01		명	36
5115	사이코드라마	psychodrama	명	36		5159	포스터01	poster	명	36
5116	사찰06	査察	명	36		5160	포함02	包含	명	36
5117	삼촌	三寸	명	36		5161	한껏	限-	부	36
5118	상당수	相當數	명	36		5162	현안02	懸案	명	36
5119	서술	敍述	명	36		5163	형식적	形式的	명	36
5120	소동02	騷動	명	36		5164	호남02	湖南	명	36
5121	소풍02	逍風	명	36		5165	화염병	火焰瓶	명	36
5122	속옷		명	36		5166	후회하다	後悔-	동	36
5123	손목		명	36		5167	가이드	guide	명	35
5124	손실	損失	명	36		5168	가입하다	加入-	동	35
5125	슬쩍		부	36		5169	간과하다	看過-	동	35
5126	시나리오	scenario	명	36		5170	감소01	減少	명	35
5127	신문지	新聞紙	명	36		5171	개최하다	開催-	동	35
5128	실컷		부	36		5172	거세다		형	35
5129	양보하다	讓步-	동	36		5173	거지01		명	35
5130	어처구니없다		형	36		5174	격01	格	의	35
5131	엔진	engine	명	36		5175	고르다03	차이가 없다	형	35
5132	용09	龍	명	36		5176	고속도로	高速道路	명	35
5133	운행02	運行	명	36		5177	고정관념	固定觀念	명	35
5134	웅크리다		동	36		5178	공세02	攻勢	명	35
5135	이대로		부	36		5179	공책01	空冊	명	35
5136	인간성	人間性	명	36		5180	구단03	球團	명	35
5137	인과03	因果	명	36		5181	구분되다	區分-	동	35
5138	인상적	印象的	명	36		5182	구입03	購入	명	35
5139	자라나다		동	36		5183	그르다01		형	35
5140	전시04	展示	명	36		5184	기여04	寄與	명	35
5141	정당성01	正當性	명	36		5185	기호01	記號	명	35

5186	꾸리다01		동	35	5230	선전03	宣傳	명	35
5187	끈질기다		형	35	5231	설립하다	設立-	동	35
5188	나위01		의	35	5232	소득세	所得稅	명	35
5189	낭비	浪費	명	35	5233	수립02	樹立	명	35
5190	내뱉다		동	35	5234	수집02	蒐集	명	35
5191	내외01	內外,안팎	명	35	5235	수필04	隨筆	명	35
5192	년판	年板	의	35	5236	시책01	施策	명	35
5193	노출	露出	명	35	5237	신기하다04	新奇-	형	35
5194	당직02	當直	명	35	5238	신비02	神秘	명	35
5195	대략	大略	부	35	5239	신설03	新設	명	35
5196	대열04	隊列	명	35	5240	실감	實感	명	35
5197	대전07	大戰	명	35	5241	실망02	失望	명	35
5198	덮이다		동	35	5242	십상02	十常	명	35
5199	도리어		부	35	5243	쑥스럽다		형	35
5200	되새기다01	여물을 ~	동	35	5244	쓰다듬다		동	35
5201	똑바로		부	35	5245	악화되다	惡化-	동	35
5202	라인01	line	명	35	5246	알루미늄	aluminium	명	35
5203	렌즈	lens	명	35	5247	알아주다		동	35
5204	매개03	媒介	명	35	5248	양말01	洋襪	명	35
5205	맥01	脈	명	35	5249	여우01		명	35
5206	멋있다		형	35	5250	여지02	餘地	의	35
5207	멸치		명	35	5251	오염시키다	汚染-	동	35
5208	명성01	名聲	명	35	5252	와02		감	35
5209	무좀		명	35	5253	와중01	渦中	명	35
5210	바람02	소원	명	35	5254	완화02	緩和	명	35
5211	발목01		명	35	5255	왕국	王國	명	35
5212	밤늦다		형	35	5256	왕위01	王位	명	35
5213	방울01	물~	명	35	5257	외출	外出	명	35
5214	방편	方便	명	35	5258	용기03	容器	명	35
5215	배03	열매	명	35	5259	웨이터	waiter	명	35
5216	벌03	곤충	명	35	5260	유발하다	誘發-	동	35
5217	보관01	保管	명	35	5261	유지되다	維持-	동	35
5218	보살피다		동	35	5262	윤곽	輪廓	명	35
5219	보완하다	補完-	동	35	5263	입지01	立地	명	35
5220	보존하다	保存-	동	35	5264	자가용	自家用	명	35
5221	보태다		동	35	5265	자산03	資産	명	35
5222	부풀다		동	35	5266	잡아당기다		동	35
5223	빨다01	젖을 ~	동	35	5267	장벽04	障壁	명	35
5224	빼놓다		동	35	5268	재배03	栽培	명	35
5225	사상01	史上	명	35	5269	재배하다03	栽培-	동	35
5226	사춘기	思春期	명	35	5270	재원02	財源	명	35
5227	상반기	上半期	명	35	5271	저수지	貯水池	명	35
5228	상실하다02	喪失-	동	35	5272	전면적	全面的	명	35
5229	서점03	書店	명	35	5273	점검	點檢	명	35

번호	단어	한자/원어	품사	빈도
5274	접촉하다	接觸-	동	35
5275	정말01	正-	감	35
5276	정원06	庭園	명	35
5277	조기05	早期	명	35
5278	존경하다	尊敬-	동	35
5279	종13	鐘	명	35
5280	종교적	宗敎的	관	35
5281	종소리	鐘-	명	35
5282	종속02	從屬	명	35
5283	중순	中旬	명	35
5284	지각04	知覺	명	35
5285	직선01	直線	명	35
5286	질량	質量	명	35
5287	질적	質的	관	35
5288	참외01		명	35
5289	천하01	天下	명	35
5290	체면02	體面	명	35
5291	체하다01		보	35
5292	체험하다	體驗-	동	35
5293	초대하다02	招待-	동	35
5294	총03	銃	명	35
5295	칭찬하다	稱讚-	동	35
5296	코치	coach	명	35
5297	타당하다	妥當-	형	35
5298	통일하다	統一-	동	35
5299	특혜	特惠	명	35
5300	파트너	partner	명	35
5301	패션01	fashion	명	35
5302	프린터	printer	명	35
5303	피디	PD	명	35
5304	하나하나		부	35
5305	학위	學位	명	35
5306	항해02	航海	명	35
5307	협약01	協約	명	35
5308	회의05	懷疑	명	35
5309	후천	後天	명	35
5310	휩쓸다		동	35
5311	가로등	街路燈	명	34
5312	감12	感	명	34
5313	개개인	個個人	명	34
5314	걷다03	소매를 ~	동	34
5315	고뇌	苦惱	명	34
5316	고집02	固執	명	34
5317	곡물	穀物	명	34
5318	골키퍼	goal keeper	명	34
5319	공비05	共匪	명	34
5320	공유하다01	共有-	동	34
5321	국한되다	局限-	동	34
5322	궤도02	軌道	명	34
5323	금06	金	명	34
5324	급격히	急激-	부	34
5325	기능01	技能	명	34
5326	기막히다	氣-	형	34
5327	나누어지다		동	34
5328	낙엽	落葉	명	34
5329	내지01	乃至	부	34
5330	넘겨주다		동	34
5331	논리적01	論理的	명	34
5332	농지	農地	명	34
5333	눈초리		명	34
5334	다가서다		동	34
5335	달아오르다		동	34
5336	대거03	大擧	부	34
5337	대기하다04	待機-	동	34
5338	대안03	代案	명	34
5339	대접05	待接	명	34
5340	덩치01		명	34
5341	동창01	同窓	명	34
5342	두리번거리다		동	34
5343	말다01	감다	동	34
5344	맞은편	-便	명	34
5345	매기다		동	34
5346	멋01		명	34
5347	면07	綿	명	34
5348	물의02	物議	명	34
5349	박10	泊	의	34
5350	반점04	斑點	명	34
5351	밤하늘		명	34
5352	변명01	辨明	명	34
5353	보자기02	褓-	명	34
5354	복제03	複製	명	34
5355	본받다	本-	동	34
5356	부상05	負傷	명	34
5357	북방	北方	명	34
5358	분담	分擔	명	34
5359	분리하다03	分離-	동	34
5360	붙들다		동	34
5361	비판적	批判的	관	34

5362	사들이다		동	34	5406	조르다02	요구하다	동	34
5363	사안07	事案	명	34	5407	주력하다01	注力-	동	34
5364	사유09	思惟	명	34	5408	주문하다01	注文-	동	34
5365	상관없이	相關-	부	34	5409	주사13	注射	명	34
5366	상호04	相互	부	34	5410	중점03	重點	명	34
5367	새우02		명	34	5411	지겹다		형	34
5368	선원06	船員	명	34	5412	지배자	支配者	명	34
5369	설사02	設使	부	34	5413	지정되다	指定-	동	34
5370	소환02	召喚	명	34	5414	짐작	斟酌	명	34
5371	수질03	水質	명	34	5415	쫓겨나다		동	34
5372	실망하다02	失望-	동	34	5416	찢다		동	34
5373	심해지다	甚-	동	34	5417	채널	channel	명	34
5374	씨름		명	34	5418	체질02	體質	명	34
5375	아쉬움		명	34	5419	체포	逮捕	명	34
5376	앞길01	앞에 있는 길	명	34	5420	출근하다	出勤-	동	34
5377	약해지다	弱-	동	34	5421	취소하다01	取消-	동	34
5378	어젯밤		명	34	5422	취업	就業	명	34
5379	엉망		명	34	5423	칠하다	漆-	동	34
5380	여관03	旅館	명	34	5424	타오르다		동	34
5381	여쭈다		동	34	5425	탁01		부	34
5382	연습하다03	練習-	동	34	5426	판10	版	명	34
5383	연출하다	演出-	동	34	5427	평03	評	명	34
5384	열중하다	熱中-	동	34	5428	평화롭다	平和-	형	34
5385	영웅	英雄	명	34	5429	표시01	表示	명	34
5386	오02		감	34	5430	표시02	標示	명	34
5387	원망하다01	怨望-	동	34	5431	하반기	下半期	명	34
5388	유산07	遺産	명	34	5432	한구석		명	34
5389	육체적	肉體的	관	34	5433	한하다02	限-	동	34
5390	은근히	慇懃-	부	34	5434	합동01	合同	명	34
5391	의도적	意圖的	명	34	5435	해답	解答	명	34
5392	이따금		부	34	5436	해소하다01	解消-	동	34
5393	임신부	妊娠婦	명	34	5437	허락하다	許諾-	동	34
5394	자발적	自發的	명	34	5438	확립하다	確立-	동	34
5395	장기적	長期的	명	34	5439	확신하다	確信-	동	34
5396	재주01		명	34	5440	흘러들다		동	34
5397	저서01	著書	명	34	5441	흥분	興奮	명	34
5398	저항하다	抵抗-	동	34	5442	흥분하다	興奮-	동	34
5399	전설04	傳說	명	34	5443	힘겹다		형	34
5400	전형적	典型的	명	34	5444	가시다		동	33
5401	절08	節	명	34	5445	감수성02	感受性	명	33
5402	정복02	征服	명	34	5446	강경05	強勁	명	33
5403	젖		명	34	5447	거들다01		동	33
5404	제정01	制定	명	34	5448	건너편	-便	명	33
5405	제치다01		동	34	5449	겨레01		명	33

5450	결실02	結實	명	33		5494	보편적	普遍的	관	33
5451	결합하다	結合-	동	33		5495	본격	本格	명	33
5452	경치02	景致	명	33		5496	봉지06	封紙	명	33
5453	계급적	階級的	관	33		5497	부두01	埠頭	명	33
5454	계집애		명	33		5498	부딪히다		동	33
5455	계통01	系統	명	33		5499	부수다		동	33
5456	고승02	高僧	명	33		5500	비상01	非常	명	33
5457	광고비	廣告費	명	33		5501	비서05	秘書	명	33
5458	교육청	敎育廳	명	33		5502	뿌리치다		동	33
5459	국무총리	國務總理	명	33		5503	사업자	事業者	명	33
5460	급속히	急速-	부	33		5504	사학04	私學	명	33
5461	급증하다	急增-	동	33		5505	상대편	相對便	명	33
5462	기저귀		명	33		5506	세트	set	명	33
5463	깔끔하다		형	33		5507	소망03	所望	명	33
5464	꼼꼼하다		형	33		5508	수동적02	受動的	명	33
5465	낮아지다		동	33		5509	술잔	-盞	명	33
5466	냉전	冷戰	명	33		5510	숱하다		형	33
5467	노골적	露骨的	명	33		5511	슬그머니		부	33
5468	노동조합	勞動組合	명	33		5512	시리다01		형	33
5469	다분히	多分-	부	33		5513	시장03	市長	명	33
5470	단순02	單純	명	33		5514	시청률	視聽率	명	33
5471	대사04	大使	명	33		5515	신도시	新都市	명	33
5472	대항하다	對抗-	동	33		5516	신문사	新聞社	명	33
5473	두세		관	33		5517	신진02	新進	명	33
5474	따름01		의	33		5518	심리적	心理的	관	33
5475	때02	더러운 물질	명	33		5519	여군02	女軍	명	33
5476	매01	~를 맞다	명	33		5520	연인06	戀人	명	33
5477	맺히다		동	33		5521	연장05	延長	명	33
5478	먹고살다		동	33		5522	연탄03	煉炭	명	33
5479	멎다01		동	33		5523	열흘		명	33
5480	멤버	member	명	33		5524	예선02	豫選	명	33
5481	면담	面談	명	33		5525	오일팔	五一八	명	33
5482	명백히	明白-	부	33		5526	오존	ozone	명	33
5483	모방04	模倣	명	33		5527	옥수수		명	33
5484	모색03	摸索	명	33		5528	원12	圓	명	33
5485	모집	募集	명	33		5529	위헌	違憲	명	33
5486	모퉁이		명	33		5530	은행나무	銀杏-	명	33
5487	문민	文民	명	33		5531	의식적	意識的	명	33
5488	바구니		명	33		5532	이웃집		명	33
5489	바싹01		부	33		5533	임명되다	任命-	동	33
5490	발달되다	發達-	동	33		5534	자궁02	子宮	명	33
5491	발음01	發音	명	33		5535	자부심	自負心	명	33
5492	방울02	~이 울리다	명	33		5536	잔잔하다01		형	33
5493	보름01		명	33		5537	장차02	將次	부	33

5538	재미없다		형	33	5582	교대01	交代	명	32
5539	재판부	裁判部	명	33	5583	구청02	區廳	명	32
5540	저편	-便	대	33	5584	국내외	國內外	명	32
5541	적발되다	摘發-	동	33	5585	그릇되다		동	32
5542	전력04	電力	명	33	5586	금지되다	禁止-	동	32
5543	전류02	電流	명	33	5587	기도하다02	祈禱-	동	32
5544	전망되다01	展望-	동	33	5588	기성08	既成	명	32
5545	전문의	專門醫	명	33	5589	깨뜨리다		동	32
5546	전투	戰鬪	명	33	5590	꼼짝		부	32
5547	정신과	精神科	명	33	5591	꿰다		동	32
5548	제도적	制度的	관	33	5592	남국	南國	명	32
5549	제도적	制度的	명	33	5593	남다르다		형	32
5550	조작02	造作	명	33	5594	남학생	男學生	명	32
5551	조절02	調節	명	33	5595	농사일	農事-	명	32
5552	주거02	住居	명	33	5596	농장05	農場	명	32
5553	주스	juice	명	33	5597	단면02	斷面	명	32
5554	준비되다	準備-	동	33	5598	데이트	date	명	32
5555	중단되다	中斷-	동	33	5599	도입되다	導入-	동	32
5556	중요시하다	重要視-	동	33	5600	동반하다	同伴-	동	32
5557	지점01	支店	명	33	5601	동원02	動員	명	32
5558	직책	職責	명	33	5602	되돌아가다		동	32
5559	진단하다	診斷-	동	33	5603	두부01	豆腐	명	32
5560	찌푸리다		동	33	5604	들이켜다01		동	32
5561	참신하다02	斬新-	형	33	5605	따라다니다		동	32
5562	총회02	總會	명	33	5606	라운드	round	명	32
5563	추구01	追求	명	33	5607	리어카	rear car	명	32
5564	치명적	致命的	명	33	5608	마음가짐		명	32
5565	치밀하다	緻密-	형	33	5609	매출액	賣出額	명	32
5566	침체	沈滯	명	33	5610	머리칼		명	32
5567	콜라	cola	명	33	5611	명심하다	銘心-	동	32
5568	타다04	월급을 ~	동	33	5612	명제02	命題	명	32
5569	통합하다	統合-	동	33	5613	모15	某	관	32
5570	편견	偏見	명	33	5614	무력02	武力	명	32
5571	평론가	評論家	명	33	5615	바퀴01	수레 ~	명	32
5572	플라스틱	plastic	명	33	5616	반란01	叛亂	명	32
5573	피지배	被支配	명	33	5617	발원하다01	發源-	동	32
5574	허위03	虛僞	명	33	5618	배후02	背後	명	32
5575	환율	換率	명	33	5619	번개01		명	32
5576	활기02	活氣	명	33	5620	변화되다	變化-	동	32
5577	강사04	講師	명	32	5621	부러워하다		동	32
5578	강수량	降水量	명	32	5622	부재03	不在	명	32
5579	거창하다	巨創	형	32	5623	북국	北國	명	32
5580	겨냥하다		동	32	5624	분양01	分讓	명	32
5581	공경하다	恭敬-	동	32	5625	비례01	比例	명	32

5626	사망04	死亡		명	32	5670	주권01	主權	명	32
5627	산맥01	山脈		명	32	5671	주류01	主流	명	32
5628	생02	生		명	32	5672	주체적	主體的	관	32
5629	서늘하다			형	32	5673	줄거리01		명	32
5630	설정02	設定		명	32	5674	중단04	中斷	명	32
5631	성경03	聖經		명	32	5675	증가율	增加率	명	32
5632	성폭력	性暴力		명	32	5676	지도부	指導部	명	32
5633	소요되다	所要-		동	32	5677	지어지다		동	32
5634	소화하다01	消化-		동	32	5678	진화05	進化	명	32
5635	수지04	收支		명	32	5679	차선03	車線	명	32
5636	수치04	數値		명	32	5680	착각하다	錯覺-	동	32
5637	순간적	瞬間的		명	32	5681	착잡하다	錯雜-	형	32
5638	시집가다	媤-		동	32	5682	채권01	債券	명	32
5639	시청01	市廳		명	32	5683	채다04	눈치를 ~	동	32
5640	심성01	心性		명	32	5684	초상화	肖像畵	명	32
5641	싶어지다			보	32	5685	추상적	抽象的	관	32
5642	씌우다01	아이에게 모자를 ~		동	32	5686	출장01	出張	명	32
5643	알칼리성	alkali性		명	32	5687	쿠데타		명	32
5644	야간	夜間		명	32	5688	통신망	通信網	명	32
5645	어조05	語調		명	32	5689	통제하다	統制-	동	32
5646	엇갈리다			동	32	5690	퇴근	退勤	명	32
5647	엮다			동	32	5691	특수성	特殊性	명	32
5648	열등하다	劣等-		형	32	5692	편입되다	編入-	동	32
5649	엷다01			형	32	5693	풍조02	風潮	명	32
5650	오락01	娛樂		명	32	5694	항공기	航空機	명	32
5651	오른손			명	32	5695	협박02	脅迫	명	32
5652	오십	五十		관	32	5696	혼02	魂	명	32
5653	오존층	ozone層		명	32	5697	화두04	話頭	명	32
5654	우아하다	優雅-		형	32	5698	활발히	活潑-	부	32
5655	운운하다01	云云-		동	32	5699	황제02	皇帝	명	32
5656	이것저것			명	32	5700	회화05	繪畵	명	32
5657	이슬			명	32	5701	훑어보다		동	32
5658	인간관계	人間關係		명	32	5702	흥미롭다	興味-	형	32
5659	인위적	人爲的		명	32	5703	가공01	加工	명	31
5660	장기간	長期間		명	32	5704	가져다주다		동	31
5661	저자05	著者		명	32	5705	각도01	角度	명	31
5662	전선10	戰線		명	32	5706	각오01	覺悟	명	31
5663	전신01	全身		명	32	5707	감각적	感覺的	관	31
5664	전제하다03	前提-		동	32	5708	개방되다	開放-	동	31
5665	정전13	停戰		명	32	5709	개소01	個所	의	31
5666	정지06	停止		명	32	5710	거론되다	擧論-	동	31
5667	제의하다	提議-		동	32	5711	겨자01		명	31
5668	조명06	照明		명	32	5712	경고하다02	警告-	동	31
5669	조화되다	調和-		동	32	5713	경제학	經濟學	명	31

5714	고리01		명	31	5758	분류되다	分類-	동	31
5715	고비01	죽을 ~	명	31	5759	붙잡히다		동	31
5716	고전주의	古典主義	명	31	5760	브랜드	brand	명	31
5717	골프	golf	명	31	5761	빨다02	옷을 ~	동	31
5718	공개되다	公開-	동	31	5762	사무05	事務	명	31
5719	공정01	工程	명	31	5763	사소하다01	些少-	형	31
5720	관심사	關心事	명	31	5764	상04	床	명	31
5721	관여하다	關與-	동	31	5765	상기하다06	想起-	동	31
5722	구별되다	區別-	동	31	5766	상임	常任	명	31
5723	국사03	國史	명	31	5767	상쾌하다	爽快-	형	31
5724	굳히다		동	31	5768	성06	姓	명	31
5725	귀국02	歸國	명	31	5769	소외되다	疏外-	동	31
5726	그간	-間	명	31	5770	소유권	所有權	명	31
5727	그럴듯하다		형	31	5771	손길		명	31
5728	극작가	劇作家	명	31	5772	수거03	收去	명	31
5729	급기야	及其也	부	31	5773	수수08	收受	명	31
5730	기23	旗	명	31	5774	순위	順位	명	31
5731	기색02	氣色	명	31	5775	슛	shoot	명	31
5732	기울다		동	31	5776	스태프	staff	명	31
5733	기적03	奇跡	명	31	5777	식사하다02	食事-	동	31
5734	꺼리다		동	31	5778	쌍02	雙	명	31
5735	끌려가다		동	31	5779	썰렁하다		형	31
5736	끌리다		동	31	5780	쏠리다		동	31
5737	내보내다		동	31	5781	씌어지다		동	31
5738	단행하다03	斷行-	동	31	5782	아비01		명	31
5739	담01	~을 쌓다	명	31	5783	암시01	暗示	명	31
5740	도발	挑發	명	31	5784	앞날		명	31
5741	동력02	動力	명	31	5785	양도11	讓渡	명	31
5742	동서04	東西	명	31	5786	얻어지다		동	31
5743	들여놓다		동	31	5787	역사상02	歷史上	명	31
5744	따스하다		형	31	5788	연주06	演奏	명	31
5745	마르크스주의	Marx主義	명	31	5789	연행01	連行	명	31
5746	말투	-套	명	31	5790	우울하다	憂鬱-	형	31
5747	맞물리다		동	31	5791	우체국	郵遞局	명	31
5748	명령어	命令語	명	31	5792	운용	運用	명	31
5749	목욕탕	沐浴湯	명	31	5793	울리다02	아기를 ~	동	31
5750	무성하다	茂盛-	형	31	5794	원력80	元力	명	31
5751	문학론	文學論	명	31	5795	원작	原作	명	31
5752	물량	物量	명	31	5796	육상02	陸上	명	31
5753	미끄러지다		동	31	5797	음주	飮酒	명	31
5754	바닷물		명	31	5798	이별	離別	명	31
5755	변신01	變身	명	31	5799	인신매매	人身賣買	명	31
5756	복식미	服飾美	명	31	5800	인재02	人材	명	31
5757	부친	父親	명	31	5801	인종01	人種	명	31

번호	단어	한자	품사	빈도
5802	일시적	一時的	명	31
5803	자아내다		동	31
5804	재밌다		형	31
5805	전문적	專門的	명	31
5806	전진04	前進	명	31
5807	절박하다01	切迫-	형	31
5808	젊음		명	31
5809	점잖다		형	31
5810	정세05	情勢	명	31
5811	제정하다01	制定-	동	31
5812	조개01		명	31
5813	조장하다01	助長-	동	31
5814	좌익	左翼	명	31
5815	주기14	週期	명	31
5816	주무시다		동	31
5817	주역01	主役	명	31
5818	중80	中. 중학교	명	31
5819	중계방송	中繼放送	명	31
5820	중독01	中毒	명	31
5821	지급01	支給	명	31
5822	진실하다	眞實-	형	31
5823	차창	車窓	명	31
5824	참나무		명	31
5825	채택되다	採擇-	동	31
5826	초청하다	招請-	동	31
5827	출발점	出發點	명	31
5828	출판02	出版	명	31
5829	출현하다	出現-	동	31
5830	클럽	club	명	31
5831	키스	kiss	명	31
5832	킥03	kick	명	31
5833	탈출하다02	脫出-	동	31
5834	태세03	態勢	명	31
5835	투입하다	投入-	동	31
5836	판사01	判事	명	31
5837	패스	pass	명	31
5838	하드	hard	명	31
5839	허락	許諾	명	31
5840	화약01	火藥	명	31
5841	확신01	確信	명	31
5842	활성화	活性化	명	31
5843	활약하다	活躍-	동	31
5844	효율성	效率性	명	31
5845	흐리다02	기억이 ~	형	31
5846	흡수02	吸收	명	31
5847	간간이	間間-	부	30
5848	개막01	開幕	명	30
5849	개정03	改定	명	30
5850	걱정스럽다		형	30
5851	건설되다	建設-	동	30
5852	격렬하다	激烈	형	30
5853	겸하다	兼-	동	30
5854	경장09	警長	명	30
5855	계승02	繼承	명	30
5856	계승하다01	繼承-	동	30
5857	고개02	~ 너머	명	30
5858	고루01		부	30
5859	고지16	高地	명	30
5860	고프다		형	30
5861	관01	官	명	30
5862	관례03	慣例	명	30
5863	관측	觀測	명	30
5864	교무02	敎務	명	30
5865	군현제	郡縣制	명	30
5866	그제야		부	30
5867	극심하다	極甚-	형	30
5868	금연01	禁煙	명	30
5869	금품	金品	명	30
5870	기성세대	旣成世代	명	30
5871	기술하다01	記述-	동	30
5872	까치01		명	30
5873	꿈속		명	30
5874	나비03		명	30
5875	나이트클럽	nightclub	명	30
5876	남북	南北	명	30
5877	납득하다	納得-	동	30
5878	내키다01		동	30
5879	널리다01		동	30
5880	노비01	奴婢	명	30
5881	단06	段	명	30
5882	대대적	大大的	명	30
5883	대사관	大使館	명	30
5884	대표단	代表團	명	30
5885	데모	demo	명	30
5886	독창적	獨創的	명	30
5887	되풀이되다		동	30
5888	든든하다		형	30
5889	떠나가다		동	30

번호	단어	한자/뜻	품사	빈도	번호	단어	한자/뜻	품사	빈도
5890	떠들썩하다02	떠들다	형	30	5934	시대적	時代的	관	30
5891	뜻대로		부	30	5935	시일04	時日	명	30
5892	레스토랑	&프restaurant	명	30	5936	시합01	試合	명	30
5893	로봇	robot	명	30	5937	식민	植民	명	30
5894	막판		명	30	5938	신14	scene	명	30
5895	만성03	慢性	명	30	5939	신속하다02	迅速-	형	30
5896	만점	滿點	명	30	5940	신제품	新製品	명	30
5897	매달	每-	부	30	5941	신중하다	愼重-	형	30
5898	머금다		동	30	5942	신탁02	信託	명	30
5899	모여들다		동	30	5943	심의05	審議	명	30
5900	모질다		형	30	5944	썩01		부	30
5901	무기물	無機物	명	30	5945	악순환	惡循環	명	30
5902	묵다01	오래된 상태	동	30	5946	암컷		명	30
5903	문헌	文獻	명	30	5947	어김없이		부	30
5904	바깥쪽		명	30	5948	억압하다	抑壓-	동	30
5905	배고프다		형	30	5949	여행하다01	旅行-	동	30
5906	버섯02		명	30	5950	역대02	歷代	명	30
5907	범하다	犯-	동	30	5951	역설하다01	力說-	동	30
5908	벗02	친구	명	30	5952	예고하다	豫告-	동	30
5909	병역	兵役	명	30	5953	위반하다02	違反-	동	30
5910	보따리	褓-	명	30	5954	윗몸		명	30
5911	보수06	保守	명	30	5955	유독04	唯獨	부	30
5912	보안01	保安	명	30	5956	은은하다02	隱隱-	형	30
5913	복원02	復元	명	30	5957	은하	銀河	명	30
5914	뵈다02	웃어른을 보다	동	30	5958	이해관계	利害關係	명	30
5915	부15	部	명	30	5959	익히다01	고기를 ~	동	30
5916	부패하다	腐敗-	동	30	5960	일대01	一大	관	30
5917	비웃다		동	30	5961	입력	入力	명	30
5918	비키다		동	30	5962	자연현상	自然現象	명	30
5919	사나이		명	30	5963	작05	作	명	30
5920	사료01	史料	명	30	5964	장애자	障碍者	명	30
5921	사모님	師母-	명	30	5965	전체성	全體性	명	30
5922	사후03	事後	명	30	5966	정류장	停留場	명	30
5923	삼06	三	수	30	5967	정밀02	精密	명	30
5924	상실05	喪失	명	30	5968	정신없이	精神-	부	30
5925	상징적	象徵的	명	30	5969	정직하다01	正直-	형	30
5926	색다르다	色-	형	30	5970	제17	諸	관	30
5927	색채	色彩	명	30	5971	조정하다06	調整-	동	30
5928	선창06	船艙	명	30	5972	종말	終末	명	30
5929	세관원	稅關員	명	30	5973	주름01		명	30
5930	세미나	seminar	명	30	5974	중요02	重要	명	30
5931	세제04	洗劑	명	30	5975	중위02	中尉	명	30
5932	속삭이다		동	30	5976	지엔피	GNP	명	30
5933	승선하다	乘船-	동	30	5977	지평01	地平	명	30

5978	챔피언	champion	명	30		6022	국수01		명	29
5979	척결	剔抉	명	30		6023	국제적	國際的	명	29
5980	총체적01	總體的	명	30		6024	굴다01		동	29
5981	최신	最新	명	30		6025	그루01		의	29
5982	축하	祝賀	명	30		6026	그전	-前	명	29
5983	취소01	取消	명	30		6027	극단적	極端的	명	29
5984	침입01	侵入	명	30		6028	극적01	劇的	관	29
5985	캐릭터	character	명	30		6029	금고02	金庫	명	29
5986	캔	can	명	30		6030	기소03	起訴	명	29
5987	커튼	curtain	명	30		6031	꾸중		명	29
5988	타당성	妥當性	명	30		6032	끌어당기다		동	29
5989	토기02	土器	명	30		6033	끼01	끼니	명	29
5990	투입	投入	명	30		6034	느티나무		명	29
5991	판정	判定	명	30		6035	능동적	能動的	명	29
5992	팬01	애호가	명	30		6036	달빛		명	29
5993	포구03	浦口	명	30		6037	담장01	-牆	명	29
5994	할매		명	30		6038	당분간	當分間	부	29
5995	해롭다	害-	형	30		6039	당정01	黨政	명	29
5996	해상02	海上	명	30		6040	대웅전	大雄殿	명	29
5997	향상시키다	向上-	동	30		6041	데이터베이스	database	명	29
5998	현관문	玄關門	명	30		6042	도움말		명	29
5999	현대사	現代史	명	30		6043	동등하다	同等-	형	29
6000	활발해지다	活潑-	동	30		6044	동원되다	動員-	동	29
6001	회복되다	回復-	동	30		6045	되살리다		동	29
6002	희생하다	犧牲-	동	30		6046	뒷산	-山	명	29
6003	가능해지다	可能-	동	29		6047	땜03		의	29
6004	가로지르다		동	29		6048	떨치다02	떨어지게 하다	동	29
6005	간첩01	間諜	명	29		6049	만족하다	滿足-	동	29
6006	갑02	甲	명	29		6050	맵다		형	29
6007	강화시키다	强化-	동	29		6051	메다02	총을 ~	동	29
6008	개설02	開設	명	29		6052	몰려오다		동	29
6009	겨울철		명	29		6053	무더기		명	29
6010	결의01	決意	명	29		6054	물질적	物質的	명	29
6011	결함01	缺陷	명	29		6055	묽다		형	29
6012	고등02	高等	명	29		6056	미인01	美人	명	29
6013	고백하다	告白-	동	29		6057	민사01	民事	명	29
6014	고추장	-醬	명	29		6058	믿어지다		동	29
6015	골프장	golf場	명	29		6059	반죽		명	29
6016	공09	功	명	29		6060	반지02	半指	명	29
6017	공연히02	空然	부	29		6061	발육	發育	명	29
6018	과정04	課程	명	29		6062	밤02	열매	명	29
6019	교도소	矯導所	명	29		6063	배치03	配置	명	29
6020	교역01	交易	명	29		6064	백인01	白人	명	29
6021	구금05	拘禁	명	29		6065	벅차다		형	29

6066	법안01	法案	명	29	6110	올려다보다		동	29
6067	변비01	便秘	명	29	6111	왕성하다	旺盛-	형	29
6068	본03	本	관	29	6112	외다02	주문을 ~	동	29
6069	본사03	本社	명	29	6113	외침01		명	29
6070	부르다02	배가 ~	형	29	6114	요청되다	要請-	동	29
6071	부정적	否定的	관	29	6115	우려되다	憂慮-	동	29
6072	불평등하다	不平等-	형	29	6116	원고02	原告	명	29
6073	비결03	秘訣	명	29	6117	이빨		명	29
6074	비단01	非但	부	29	6118	이해03	利害	명	29
6075	비타민	vitamin	명	29	6119	인수하다02	引受-	동	29
6076	빌딩	building	명	29	6120	일명01	一名	명	29
6077	빠뜨리다		동	29	6121	일병01	一兵	명	29
6078	산속	山-	명	29	6122	일손		명	29
6079	새로이		부	29	6123	일찌감치		부	29
6080	생산물	生産物	명	29	6124	임진왜란	壬辰倭亂	명	29
6081	생성되다	生成-	동	29	6125	자제하다01	自制-	동	29
6082	서양인	西洋人	명	29	6126	잠바	jumper	명	29
6083	성장률	成長率	명	29	6127	잠수함02	潛水艦	명	29
6084	소지품	所持品	명	29	6128	장수01		명	29
6085	송이01	꽃 한 ~	명	29	6129	장학금	奬學金	명	29
6086	쇠01		명	29	6130	재다02	저울로 ~	동	29
6087	수배02	手配	명	29	6131	재		불	29
6088	수컷		명	29	6132	점심시간	點心時間	명	29
6089	승리하다	勝利	동	29	6133	정의05	定義	명	29
6090	식반	食盤	명	29	6134	제작되다	製作-	동	29
6091	식초	食醋	명	29	6135	조정08	調停	명	29
6092	신원02	身元	명	29	6136	주관적	主觀的	관	29
6093	신하01	臣下	명	29	6137	지도하다	指導-	동	29
6094	실존	實存	명	29	6138	지적01	知的	명	29
6095	심부름		명	29	6139	진로02	進路	명	29
6096	씨앗		명	29	6140	진행자	進行者	명	29
6097	안목03	眼目	명	29	6141	집단적	集團的	관	29
6098	야외	野外	명	29	6142	쪽02	면	명	29
6099	얻어먹다		동	29	6143	찾아다니다		동	29
6100	엄숙하다	嚴肅-	형	29	6144	책임감	責任感	명	29
6101	여가03	餘暇	명	29	6145	천태종	天台宗	명	29
6102	여동생	女同生	명	29	6146	체온	體溫	명	29
6103	연극계	演劇界	명	29	6147	초밥	醋-	명	29
6104	연상하다02	聯想-	동	29	6148	추적03	追跡	명	29
6105	연쇄01	連鎖	명	29	6149	출구01	出口	명	29
6106	연안02	沿岸	명	29	6150	출입문	出入門	명	29
6107	옆집		명	29	6151	텃새		명	29
6108	오래간만		명	29	6152	통과	通過	명	29
6109	오래도록		부	29	6153	팔자01	八字	명	29

6154	편성02	編成	명	29		6198	넷째		수	28
6155	포장마차	布帳馬車	명	29		6199	년01	여자	의	28
6156	푸다01		동	29		6200	노래비	-碑	명	28
6157	풀01	~을 쑤다	명	29		6201	놔두다		동	28
6158	피망	&프piment	명	29		6202	늦어지다		동	28
6159	필름	film	명	29		6203	단서04	端緒	명	28
6160	한결		부	29		6204	담수어	淡水魚	명	28
6161	한데01	한군데	명	29		6205	당부하다	當付-	동	28
6162	한바탕		부	29		6206	대변하다02	代辯-	동	28
6163	한여름		명	29		6207	대안05	對案	명	28
6164	합작	合作	명	29		6208	더미01		명	28
6165	항공	航空	명	29		6209	도덕적	道德的	명	28
6166	호선80	號線	의	29		6210	도망가다	逃亡-	동	28
6167	회로01	回路	명	29		6211	도처	到處	명	28
6168	회전04	回轉	명	29		6212	독하다	毒-	형	28
6169	휴지02	休紙	명	29		6213	동행하다01	同行-	동	28
6170	가려지다		동	28		6214	뒤지다01	뒤떨어지다	동	28
6171	가설04	假說	명	28		6215	땅콩		명	28
6172	가위01	기구	명	28		6216	떳떳하다		형	28
6173	각료	閣僚	명	28		6217	뚫리다		동	28
6174	간절하다	懇切-	형	28		6218	뜰01		명	28
6175	간주하다	看做-	동	28		6219	뜻밖에		부	28
6176	겨를		의	28		6220	레이디	lady	명	28
6177	결합되다	結合-	동	28		6221	만02	화를 낼 ~도 하다	의	28
6178	고속02	高速	명	28		6222	명단01	名單	명	28
6179	고스란히		부	28		6223	몽땅01		부	28
6180	곧다01		형	28		6224	무의미하다	無意味-	형	28
6181	골치01		명	28		6225	문구01	文句	명	28
6182	공권력	公權力	명	28		6226	문화권	文化圈	명	28
6183	공조05	共助	명	28		6227	물리적	物理的	관	28
6184	관련자	關聯者	명	28		6228	뭣		대	28
6185	교감03	校監	명	28		6229	미덕	美德	명	28
6186	구01	九	관	28		6230	미만01	未滿	명	28
6187	구하다03	救-	동	28		6231	미흡하다	未洽-	형	28
6188	군림하다	君臨-	동	28		6232	반영되다	反映-	동	28
6189	그때그때		부	28		6233	반응하다	反應-	동	28
6190	그치80	감탄사	감	28		6234	방귀01		명	28
6191	기미05	幾微	명	28		6235	방법론	方法論	명	28
6192	기어이	期於-	부	28		6236	방영되다	放映-	동	28
6193	끌어들이다		동	28		6237	방치하다	放置-	동	28
6194	나그네		명	28		6238	배신02	背信	명	28
6195	내달	來-	명	28		6239	배제되다02	排除-	동	28
6196	내려앉다		동	28		6240	백색01	白色	명	28
6197	내륙	內陸	명	28		6241	변호인	辯護人	명	28

6242	병행하다	竝行-	동	28		6286	이듬해		명	28
6243	부응하다	副應-	동	28		6287	이를테면		접	28
6244	부정부패	不淨腐敗	명	28		6288	이전08	移轉	명	28
6245	불량01	不良	명	28		6289	일꾼		명	28
6246	불면증	不眠症	명	28		6290	일차적	一次的	명	28
6247	불안감	不安感	명	28		6291	일컫다		동	28
6248	붐02	boom	명	28		6292	입론	立論	명	28
6249	비바람		명	28		6293	입원01	入院	명	28
6250	비평	批評	명	28		6294	잊혀지다		동	28
6251	사기01	士氣	명	28		6295	잘살다		동	28
6252	사망하다01	死亡-	동	28		6296	장가01		명	28
6253	사무직	事務職	명	28		6297	적응02	適應	명	28
6254	사유07	事由	명	28		6298	전동차	電動車	명	28
6255	새겨지다		동	28		6299	전락하다01	轉落-	동	28
6256	생성	生成	명	28		6300	전원03	全員	명	28
6257	설계하다02	設計-	동	28		6301	전파04	電波	명	28
6258	소용돌이		명	28		6302	정리되다	整理-	동	28
6259	소재지	所在地	명	28		6303	조15	組	의	28
6260	소질03	素質	명	28		6304	조달03	調達	명	28
6261	솜		명	28		6305	조사되다02	調査-	동	28
6262	쇠퇴하다	衰退-	동	28		6306	조성되다02	造成-	동	28
6263	수공업	手工業	명	28		6307	졸업생	卒業生	명	28
6264	수면01	水面	명	28		6308	죽다01	심심해~	보	28
6265	수정09	修正	명	28		6309	중대80	中代	명	28
6266	스토리	story	명	28		6310	지리03	地理	명	28
6267	시디롬	CD-ROM	명	28		6311	지참금	持參金	명	28
6268	식생활	食生活	명	28		6312	창피하다	猖披-	형	28
6269	신호등	信號燈	명	28		6313	철기05	鐵器	명	28
6270	신혼여행	新婚旅行	명	28		6314	총체적01	總體的	관	28
6271	실01		명	28		6315	추출하다	抽出-	동	28
6272	씩씩하다02		형	28		6316	충실하다02	忠實-	형	28
6273	애매하다02	曖昧-	형	28		6317	치솟다		동	28
6274	연결시키다	連結-	동	28		6318	친절	親切	명	28
6275	연구실	硏究室	명	28		6319	침실	寢室	명	28
6276	예민하다01	銳敏-	형	28		6320	코치80		명	28
6277	오줌		명	28		6321	태권도	跆拳道	명	28
6278	왜02		감	28		6322	태조02	太祖	명	28
6279	월드컵	World Cup	명	28		6323	탱크	tank	명	28
6280	유기적	有機的	명	28		6324	토론하다	討論-	동	28
6281	유머	humor	명	28		6325	통일되다	統一-	동	28
6282	유혹02	誘惑	명	28		6326	특집	特輯	명	28
6283	의경01	義警	명	28		6327	평등하다	平等-	형	28
6284	의류	衣類	명	28		6328	폐지하다02	廢止-	동	28
6285	의심스럽다	疑心-	형	28		6329	포용하다	包容-	동	28

6330	폭탄	爆彈	명	28		6374	길어지다		동	27
6331	풀이하다		동	28		6375	깨소금		명	27
6332	풍자03	諷刺	명	28		6376	껴안다		동	27
6333	피어나다		동	28		6377	꼬집다		동	27
6334	하나같이		부	28		6378	꿇다		동	27
6335	하나하나		명	28		6379	나빠지다		동	27
6336	학04	鶴	명	28		6380	남02	男	명	27
6337	합하다	合-	동	28		6381	내장06	內臟	명	27
6338	해석학적	解釋學的	관	28		6382	놓아두다		동	27
6339	핸드백	handbag	명	28		6383	누렇다		형	27
6340	햄버거	hamburger	명	28		6384	누룽지		명	27
6341	헤치다		동	28		6385	다짐		명	27
6342	현명하다01	賢明-	형	28		6386	달구다01		동	27
6343	현황02	現況	명	28		6387	대접하다	待接-	동	27
6344	호응	呼應	명	28		6388	대중적	大衆的	관	27
6345	황색	黃色	명	28		6389	데치다		동	27
6346	획기적	劃期的	명	28		6390	도깨비		명	27
6347	흡수되다	吸收-	동	28		6391	돌아다보다		동	27
6348	가문01	家門	명	27		6392	동맹01	同盟	명	27
6349	가정교사	家庭敎師	명	27		6393	되도록		부	27
6350	가정하다02	假定-	동	27		6394	두통	頭痛	명	27
6351	각지03	各地	명	27		6395	둘레		명	27
6352	감사08	感謝	명	27		6396	둥04		의	27
6353	감수하다01	甘受-	동	27		6397	들뜨다		동	27
6354	거론하다	擧論-	동	27		6398	디비80	DB	명	27
6355	건립	建立	명	27		6399	뛰어내리다		동	27
6356	고용02	雇用	명	27		6400	띠01	끈	명	27
6357	고조되다02	高調-	동	27		6401	망령01	亡靈	명	27
6358	곤봉	棍棒	명	27		6402	매물02	賣物	명	27
6359	공감	共感	명	27		6403	멱살		명	27
6360	공감하다	共感-	동	27		6404	목격하다	目擊-	동	27
6361	공사장	工事場	명	27		6405	무궁화	無窮花	명	27
6362	공통적	共通的	명	27		6406	무모하다02	無謀-	형	27
6363	교육자	敎育者	명	27		6407	무사히02	無事-	부	27
6364	교재01	敎材	명	27		6408	무심하다	無心-	형	27
6365	궁중	宮中	명	27		6409	물들다		동	27
6366	극04	極	명	27		6410	미묘하다02	微妙-	형	27
6367	극적01	劇的	명	27		6411	바이러스	virus	명	27
6368	금기05	禁忌	명	27		6412	발판01	-板	명	27
6369	금속01	金屬	명	27		6413	방바닥	房-	명	27
6370	기세01	氣勢	명	27		6414	배상05	賠償	명	27
6371	기슭01		명	27		6415	번거롭다		형	27
6372	기타02	guitar	명	27		6416	변09	邊 한~의 길이	명	27
6373	기하다05	期-	동	27		6417	별감	別監	명	27

6418	보충	補充	명	27	6462	원만하다	圓滿-	형	27
6419	본질적	本質的	관	27	6463	위로02	慰勞	명	27
6420	분만01	分娩	명	27	6464	유사성	類似性	명	27
6421	분석되다	分析-	동	27	6465	이용자	利用者	명	27
6422	분자01	分子	명	27	6466	일가02	一家	명	27
6423	불안정하다	不安定-	형	27	6467	입덧01		명	27
6424	불타다		동	27	6468	입력하다	入力-	동	27
6425	비트04	bit	의	27	6469	자갈01		명	27
6426	사냥		명	27	6470	자격증	資格證	명	27
6427	사양하다03	辭讓-	동	27	6471	자문06	諮問	명	27
6428	사이트	site	명	27	6472	장애물	障碍物	명	27
6429	사회생활	社會生活	명	27	6473	장화02	長靴	명	27
6430	생물학적	生物學的	관	27	6474	전반04	前半	명	27
6431	서른		관	27	6475	전시관	展示館	명	27
6432	서체01	書體	명	27	6476	정교하다02	精巧-	형	27
6433	선10	善	명	27	6477	정원03	定員	명	27
6434	설01		명	27	6478	제거03	除去	명	27
6435	설거지		명	27	6479	제천01	祭天	명	27
6436	설령01	設令	부	27	6480	종합적	綜合的	명	27
6437	성급하다02	性急-	형	27	6481	좌우하다	左右-	동	27
6438	성능	性能	명	27	6482	주무르다		동	27
6439	소장08	所長	명	27	6483	주술	呪術	명	27
6440	손상	損傷	명	27	6484	주최	主催	명	27
6441	수년02	數年	명	27	6485	증자04	增資	명	27
6442	수송	輸送	명	27	6486	지법	地法	명	27
6443	수장15	首長	명	27	6487	지탱하다		동	27
6444	수직06	垂直	명	27	6488	직하다03		보	27
6445	수출하다03	輸出-	동	27	6489	진료	診療	명	27
6446	숙소02	宿所	명	27	6490	진입하다	進入-	동	27
6447	슈퍼마켓	supermarket	명	27	6491	집권적	執權的	관	27
6448	승인02	承認	명	27	6492	징역	懲役	명	27
6449	식04	式	명	27	6493	참고01	參考	명	27
6450	신자03	信者	명	27	6494	참답다		형	27
6451	심리적	心理的	명	27	6495	창가01	窓-	명	27
6452	악04	惡	명	27	6496	철수02	撤收	명	27
6453	알아차리다		동	27	6497	쳐들다		동	27
6454	압축02	壓縮	명	27	6498	초조하다	焦燥-	형	27
6455	어딨다		불	27	6499	친족01	親族	명	27
6456	어부03	漁夫	명	27	6500	타다03	물에 ~	동	27
6457	엄두		명	27	6501	타협	妥協	명	27
6458	연기05	延期	명	27	6502	탈퇴	脫退	명	27
6459	연수08	硏修	명	27	6503	파이프	pipe	명	27
6460	영감01	令監	명	27	6504	판소리		명	27
6461	우기다01		동	27	6505	하류01	下流	명	27

6506	학부형	學父兄	명	27		6550	그만하다		형	26
6507	한잔하다	-盞	동	27		6551	기꺼이		부	26
6508	함께하다		동	27		6552	기소되다	起訴-	동	26
6509	합격하다	合格-	동	27		6553	김04		의	26
6510	해결책	解決策	명	27		6554	꼬박02		부	26
6511	행인01	行人	명	27		6555	꾸짖다		동	26
6512	향후	向後	명	27		6556	끄덕거리다		동	26
6513	허위의식	虛僞意識	명	27		6557	끼이다01		동	26
6514	협조01	協助	명	27		6558	나날01		명	26
6515	혼돈01	混沌	명	27		6559	나들이01		명	26
6516	화장지01	化粧紙	명	27		6560	나무라다		동	26
6517	화해02	和解	명	27		6561	노파02	老婆	명	26
6518	활약	活躍	명	27		6562	녹이다		동	26
6519	황당하다	荒唐-	형	27		6563	농작물	農作物	명	26
6520	휩싸이다		동	27		6564	누이01		명	26
6521	휴전03	休戰	명	27		6565	눈가		명	26
6522	휴전선	休戰線	명	27		6566	다시금		부	26
6523	흐뭇하다		형	27		6567	단계적	段階的	명	26
6524	힘껏		부	27		6568	단정하다01	端正-	형	26
6525	가명03	假名	명	26		6569	당선되다	當選-	동	26
6526	가요02	歌謠	명	26		6570	대립하다02	對立-	동	26
6527	간담회	懇談會	명	26		6571	더없이		부	26
6528	간척02	干拓	명	26		6572	도망02	逃亡	명	26
6529	갈래		명	26		6573	독립적	獨立的	명	26
6530	감상05	鑑賞	명	26		6574	돋우다01		동	26
6531	감시하다01	監視-	동	26		6575	동기04	同期	명	26
6532	감지하다02	感知-	동	26		6576	뒤집어쓰다		동	26
6533	개울		명	26		6577	들이대다02	가져다 대다	동	26
6534	걸핏하면		부	26		6578	딛다01		동	26
6535	검증	檢證	명	26		6579	마비02	痲痺	명	26
6536	경쟁하다	競爭-	동	26		6580	머지않다		형	26
6537	고백	告白	명	26		6581	먹거리		명	26
6538	고이다01		동	26		6582	모기01		명	26
6539	공무02	公務	명	26		6583	모험	冒險	명	26
6540	공짜	空-	명	26		6584	무소속	無所屬	명	26
6541	공통되다	共通-	동	26		6585	미니02	mini	명	26
6542	과도하다01	過度-	형	26		6586	미모04	美貌	명	26
6543	과장되다	誇張-	동	26		6587	민망하다		형	26
6544	관계02	官界	명	26		6588	민족적	民族的	관	26
6545	관청01	官廳	명	26		6589	발짝01		의	26
6546	광기02	狂氣	명	26		6590	방면01	方面	명	26
6547	국군02	國軍	명	26		6591	방치되다	放置-	동	26
6548	권총01	拳銃	명	26		6592	법적01	法的	명	26
6549	규격	規格	명	26		6593	벤치	bench	명	26

6594	벼랑01		명	26	6638	약수터	藥水-	명	26
6595	변수06	變數	명	26	6639	약화되다	弱化-	동	26
6596	보건01	保健	명	26	6640	어려워지다		동	26
6597	보수11	補修	명	26	6641	어업	漁業	명	26
6598	보여지다		동	26	6642	여행사	旅行社	명	26
6599	복무02	服務	명	26	6643	역점01	力點	명	26
6600	복수09	複數	명	26	6644	열대04	熱帶	명	26
6601	복합적	複合的	명	26	6645	오래다		형	26
6602	본뜨다	本-	동	26	6646	올01	~이 굵다	명	26
6603	볼일		명	26	6647	올라서다		동	26
6604	봉건제	封建制	명	26	6648	왜곡01	歪曲	명	26
6605	부끄러움		명	26	6649	왼손		명	26
6606	분기02	分期	명	26	6650	요령03	要領	명	26
6607	불투명하다	不透明-	형	26	6651	우스꽝스럽다		형	26
6608	비누		명	26	6652	원두80	原豆	명	26
6609	비행02	非行	명	26	6653	원천02	源泉	명	26
6610	빗줄기		명	26	6654	위엄	威嚴	명	26
6611	사납다		형	26	6655	유학생01	留學生	명	26
6612	사명06	使命	명	26	6656	은04	銀	명	26
6613	사상가	思想家	명	26	6657	은하계	銀河系	명	26
6614	사회학	社會學	명	26	6658	은혜	恩惠	명	26
6615	상대적	相對的	관	26	6659	의병01	義兵	명	26
6616	상승하다01	上昇-	동	26	6660	인간적	人間的	관	26
6617	석탄	石炭	명	26	6661	인지도	認知度	명	26
6618	선하다04	善-	형	26	6662	일관되다	一貫-	동	26
6619	성적01	性的	명	26	6663	일반화되다	一般化-	동	26
6620	세계적	世界的	관	26	6664	자리02	물건	명	26
6621	세수04	洗手	명	26	6665	자연관	自然觀	명	26
6622	세제05	稅制	명	26	6666	잔금02	殘金	명	26
6623	수탈	收奪	명	26	6667	잔인하다	殘忍-	형	26
6624	수평02	水平	명	26	6668	잘생기다		형	26
6625	숙부01	叔父	명	26	6669	잠자코		부	26
6626	순전히	純全-	부	26	6670	장만하다		동	26
6627	순진하다01	純眞-	형	26	6671	장애인	障碍人	명	26
6628	스웨터	sweater	명	26	6672	재활용품	再活用品	명	26
6629	시공02	時空	명	26	6673	저러다		동	26
6630	시범	示範	명	26	6674	저리01	저곳으로	부	26
6631	실물02	實物	명	26	6675	저만치		부	26
6632	실존적	實存的	관	26	6676	절약하다	節約-	동	26
6633	심미적	審美的	관	26	6677	정반대	正反對	명	26
6634	심심하다01	지루하다	형	26	6678	제각기	-各其	부	26
6635	싸늘하다		형	26	6679	제복01	制服	명	26
6636	아랫배		명	26	6680	조15	組	명	26
6637	약물03	藥物	명	26	6681	조국01	祖國	명	26

6682	조세05	租稅	명	26	6726	합당02	合黨	명	26
6683	종03		명	26	6727	항로	航路	명	26
6684	종래	從來	부	26	6728	헉		부	26
6685	주재06	駐在	명	26	6729	험하다	險-	형	26
6686	증대	增大	명	26	6730	환영하다	歡迎-	동	26
6687	지역구	地域區	명	26	6731	훌쩍		부	26
6688	지자제	地自制	명	26	6732	흐트러지다		동	26
6689	진동03	振動	명	26	6733	가늠하다		동	25
6690	진학	進學	명	26	6734	가혹하다	苛酷-	형	25
6691	짊어지다		동	26	6735	간접적	間接的	명	25
6692	집행하다	執行-	동	26	6736	갈다01	바꾸다	동	25
6693	찌개01		명	26	6737	감격	感激	명	25
6694	차단하다	遮斷-	동	26	6738	감나무		명	25
6695	처마01		명	26	6739	감성02	感性	명	25
6696	처벌하다	處罰-	동	26	6740	강력03	强力	명	25
6697	천체01	天體	명	26	6741	갖은		관	25
6698	철강	鐵鋼	명	26	6742	개비01		명	25
6699	청문회	聽聞會	명	26	6743	개척하다	開拓-	동	25
6700	청산하다	淸算-	동	26	6744	개최되다	開催-	동	25
6701	체02		의	26	6745	거르다02		동	25
6702	체결	締結	명	26	6746	경영하다01	經營-	동	25
6703	체류	滯留	명	26	6747	경쾌하다	輕快-	형	25
6704	초월02	超越	명	26	6748	과부02	寡婦	명	25
6705	총액	總額	명	26	6749	과언01	過言	명	25
6706	추진되다	推進-	동	26	6750	구조적	構造的	명	25
6707	추천03	推薦	명	26	6751	군현01	郡縣	명	25
6708	축적	蓄積	명	26	6752	그리움		명	25
6709	출전하다	出戰-	동	26	6753	그림지도	-地圖	명	25
6710	타01	他	관	26	6754	그사이		명	25
6711	탈출02	脫出	명	26	6755	기간01	其間	명	25
6712	택지01	宅地	명	26	6756	기강01	紀綱	명	25
6713	투	套	의	26	6757	기념하다	記念-	동	25
6714	투쟁하다	鬪爭-	동	26	6758	기도03	祈禱	명	25
6715	특권	特權	명	26	6759	기본적	基本的	관	25
6716	파헤치다		동	26	6760	길거리		명	25
6717	편법01	便法	명	26	6761	꽃잎		명	25
6718	하위02	下位	명	26	6762	낙타02	駱駝	명	25
6719	학문적	學問的	관	26	6763	날로01	날이 갈수록	부	25
6720	학점	學點	명	26	6764	낯익다		형	25
6721	한가하다02	閑暇-	형	26	6765	내포하다	內包-	동	25
6722	한국적	韓國的	관	26	6766	넥타이	necktie	명	25
6723	한심하다	寒心-	형	26	6767	누다		동	25
6724	함03	函	명	26	6768	단적02	端的	명	25
6725	합격	合格	명	26	6769	달라붙다		동	25

6770	대강02	大綱	부	25	6814	불황01	不況	명	25
6771	대기16	待機	명	25	6815	붐비다		동	25
6772	대꾸하다		동	25	6816	빨라지다		동	25
6773	대추01		명	25	6817	뻗치다		동	25
6774	도서06	圖書	명	25	6818	사십	四十	관	25
6775	독립하다	獨立-	동	25	6819	사치03	奢侈	명	25
6776	돌려주다		동	25	6820	살림살이		명	25
6777	동지02	冬至	명	25	6821	새마을		명	25
6778	되살아나다		동	25	6822	생김새		명	25
6779	들이마시다02 숨을~		동	25	6823	생애	生涯	명	25
6780	뛰어오르다		동	25	6824	생활환경	生活環境	명	25
6781	라이터	lighter	명	25	6825	서리다01		동	25
6782	막강하다	莫强-	형	25	6826	서명03	署名	명	25
6783	막론하다	莫論-	동	25	6827	성폭행	性暴行	명	25
6784	매일	每日	명	25	6828	세율02	稅率	명	25
6785	머뭇거리다		동	25	6829	속다01		동	25
6786	목수01	木手	명	25	6830	손등01		명	25
6787	몸집		명	25	6831	수녀01	修女	명	25
6788	무명03	無名	명	25	6832	수법01	手法	명	25
6789	묵묵히	黙黙-	부	25	6833	스미다		동	25
6790	문밖	門-	명	25	6834	신고전주의	新古典主義	명	25
6791	문예01	文藝	명	25	6835	신성하다01	神聖-	형	25
6792	문책03	問責	명	25	6836	신임02	新任	명	25
6793	문화유산	文化遺産	명	25	6837	실증주의적	實證主義的	관	25
6794	물러서다		동	25	6838	양측	兩側	명	25
6795	방사성	放射性	명	25	6839	어류01	魚類	명	25
6796	방송하다01	放送-	동	25	6840	억지01		명	25
6797	방출되다	放出-	동	25	6841	얼어붙다		동	25
6798	배역02	配役	명	25	6842	역사학	歷史學	명	25
6799	배치되다02	配置-	동	25	6843	엿보이다		동	25
6800	배치하다02	配置-	동	25	6844	영03		부	25
6801	버젓이		부	25	6845	영문01		명	25
6802	보충하다	補充-	동	25	6846	오리03	새	명	25
6803	본관04	本館	명	25	6847	옮겨지다		동	25
6804	본의02	本意	명	25	6848	요리사	料理師	명	25
6805	볼07	bowl	명	25	6849	욕설	辱說	명	25
6806	부사장	副社長	명	25	6850	운세	運勢	명	25
6807	부실하다	不實-	형	25	6851	원02		감	25
6808	부조리	不條理	명	25	6852	원서05	願書	명	25
6809	분열되다	分裂-	동	25	6853	원활하다	圓滑-	형	25
6810	불어나다		동	25	6854	월02	月	의	25
6811	불어넣다		동	25	6855	유개념	類槪念	명	25
6812	불완전하다	不完全-	형	25	6856	유입되다01	流入-	동	25
6813	불평01	不平	명	25	6857	유출01	流出	명	25

6858	읍내	邑內	명	25	6902	창구01	窓口	명	25
6859	이데아	&독Idea	명	25	6903	청동기	靑銅器	명	25
6860	이론가01	理論家	명	25	6904	체내	體內	명	25
6861	이론적	理論的	명	25	6905	초라하다		형	25
6862	이어받다		동	25	6906	촉진01	促進	명	25
6863	이온	ion	명	25	6907	최저01	最低	명	25
6864	이제야		부	25	6908	축소되다	縮小~	동	25
6865	인선02	人選	명	25	6909	출력	出力	명	25
6866	인용하다02	引用-	동	25	6910	취급	取扱	명	25
6867	인적01	人的	관	25	6911	취임하다	就任-	동	25
6868	일구다01		동	25	6912	치우치다		동	25
6869	일시01	一時	명	25	6913	칩	chip	명	25
6870	일품03	一品	명	25	6914	캠프	camp	명	25
6871	임신하다	妊娠-	동	25	6915	코미디	comedy	명	25
6872	입원하다01	入院-	동	25	6916	톤02	tone	명	25
6873	자동화	自動化	명	25	6917	톳제비			25
6874	자리하다		동	25	6918	튀기다01	물방울을 ~	동	25
6875	자율화	自律化	명	25	6919	판촉	販促	명	25
6876	자취01		명	25	6920	평가받다	平價-	동	25
6877	잠그다01	서랍을 ~	동	25	6921	표방하다	標榜-	동	25
6878	잡수시다		동	25	6922	풀꽃		명	25
6879	장난감		명	25	6923	풍성하다	豊盛-	형	25
6880	장례02	葬禮	명	25	6924	플레이	play	명	25
6881	장터	場	명	25	6925	피난	避難	명	25
6882	저술	著述	명	25	6926	필수02	必須	명	25
6883	적절히	適切	부	25	6927	하찮다		형	25
6884	전기밥솥		명	25	6928	하품01		명	25
6885	전후하다01	前後-	동	25	6929	한곳		명	25
6886	절로01		부	25	6930	한국말	韓國	명	25
6887	점포	店鋪	명	25	6931	행성02	行星	명	25
6888	정의하다01	定義	동	25	6932	허02		감	25
6889	정착되다	定着-	동	25	6933	허름하다		형	25
6890	조사단	調査團	명	25	6934	헤헤		부	25
6891	주도권	主導權	명	25	6935	형식적	形式的	관	25
6892	증가시키다	增加-	동	25	6936	화석01	化石	명	25
6893	증후군	症候群	명	25	6937	화합02	和合	명	25
6894	지금껏	只今	부	25	6938	활자01	活字	명	25
6895	지류01	支流	명	25	6939	횟수	回數	명	25
6896	지름길		명	25	6940	훈장02	訓長	명	25
6897	지진02	地震	명	25	6941	흐리다01	물을 ~	동	25
6898	지향02	志向	명	25	6942	가능	可能	명	24
6899	진영02	陣營	명	25	6943	가뜩이나		부	24
6900	진작01		부	25	6944	각성06	覺醒	명	24
6901	참석자	參席者	명	25	6945	갑판	甲板	명	24

번호	단어	한자/원어	품사	빈도
6946	값싸다		형	24
6947	거느리다		동	24
6948	거미줄		명	24
6949	경쟁사	競爭社	명	24
6950	경호실	警護室	명	24
6951	계란	鷄卵	명	24
6952	계몽	啓蒙	명	24
6953	고독02	孤獨	명	24
6954	고무01	~줄	명	24
6955	고발하다02	告發-	동	24
6956	고전적	古典的	관	24
6957	고찰02	考察	명	24
6958	공영01	公營	명	24
6959	공학01	工學	명	24
6960	공허하다02	空虛-	형	24
6961	교문01	校門	명	24
6962	군사력	軍事力	명	24
6963	권투01	拳鬪	명	24
6964	그까짓		관	24
6965	그윽하다		형	24
6966	긍지02	矜持	명	24
6967	기계적	機械的	명	24
6968	기증03	寄贈	명	24
6969	긴장감	緊張感	명	24
6970	김01	~이 서리다	명	24
6971	깃들다		동	24
6972	깃발02	旗-	명	24
6973	꺾이다01		동	24
6974	꼬다01		동	24
6975	꿰뚫다		동	24
6976	끔찍하다		형	24
6977	나귀		명	24
6978	남짓		의	24
6979	내심01	內心	명	24
6980	넷01		수	24
6981	늦추다		동	24
6982	단절되다03	斷絶-	동	24
6983	단조롭다	單調	형	24
6984	대상06	大賞	명	24
6985	대인05	對人	명	24
6986	데뷔		명	24
6987	도련님		명	24
6988	동반자	同伴者	명	24
6989	뒤편	-便	명	24
6990	뒷발		명	24
6991	록카페	rock &프cafe	명	24
6992	리얼리즘론	realism論	명	24
6993	막막하다02	漠漠-	형	24
6994	매달다		동	24
6995	매주01	每週	부	24
6996	면모04	面貌	명	24
6997	명당	明堂	명	24
6998	모공	毛孔	명	24
6999	모시01		명	24
7000	모터	motor	명	24
7001	목덜미		명	24
7002	문제되다	問題-	동	24
7003	물감02		명	24
7004	물러가다		동	24
7005	물리02	物理	명	24
7006	물자02	物資	명	24
7007	뮤직	music	명	24
7008	미의식	美意識	명	24
7009	미학	美學	명	24
7010	밀려오다		동	24
7011	반문하다01	反問-	동	24
7012	반발하다	反撥-	동	24
7013	받침		명	24
7014	배05	杯	의	24
7015	배출02	排出	명	24
7016	번쩍02	~ 들다	부	24
7017	벽돌		명	24
7018	변증법적	辨證法的	관	24
7019	본연	本然	명	24
7020	봉우리01		명	24
7021	부정09	否定	명	24
7022	부패04	腐敗	명	24
7023	북07	北	명	24
7024	분단02	分團	명	24
7025	불길하다	不吉-	형	24
7026	불이익	不利益	명	24
7027	불필요하다	不必要	형	24
7028	비단03	緋緞	명	24
7029	비스듬히01		부	24
7030	비유하다01	比喩-	동	24
7031	뾰족하다		형	24
7032	사뭇		부	24
7033	산골01		명	24

번호	단어	한자	품사	등급	번호	단어	한자	품사	등급
7034	산부인과	産婦人科	명	24	7078	외삼촌	外三寸	명	24
7035	상식적	常識的	명	24	7079	요03		관	24
7036	새우다01		동	24	7080	우연02	偶然	명	24
7037	생산직	生産職	명	24	7081	운영되다	運營-	동	24
7038	서명하다01	署名-	동	24	7082	웃음소리		명	24
7039	서슴다		동	24	7083	원로01	元老	명	24
7040	선의02	善意	명	24	7084	원형03	原形	명	24
7041	선호03	選好	명	24	7085	위안03	慰安	명	24
7042	설움		명	24	7086	위쪽		명	24
7043	소재03	所在	명	24	7087	위축되다	萎縮-	동	24
7044	손끝		명	24	7088	유연성02	柔軟性	명	24
7045	수02	방법	명	24	7089	유용하다01	有用-	형	24
7046	수고하다01		동	24	7090	유족03	遺族	명	24
7047	수사관	搜査官	명	24	7091	유흥업소	遊興業所	명	24
7048	수산물	水産物	명	24	7092	육신04	肉身	명	24
7049	수학03	修學	명	24	7093	음료수	飮料水	명	24
7050	순박하다	淳朴-	형	24	7094	응시하다01	凝視-	동	24
7051	스크린	screen	명	24	7095	이바지하다01	경제 발전에 ~	동	24
7052	승소02	勝訴	명	24	7096	이의06	異議	명	24
7053	시간대	時間帶	명	24	7097	이탈	離脫	명	24
7054	신부04	神父	명	24	7098	인류학	人類學	명	24
7055	쑤다01		동	24	7099	인문01	人文	명	24
7056	쓰여지다		동	24	7100	인물상	人物像	명	24
7057	쓸데없다		형	24	7101	인부01	人夫	명	24
7058	아뇨01		감	24	7102	인쇄	印刷	명	24
7059	아래쪽		명	24	7103	인심01	人心	명	24
7060	아스팔트	asphalt	명	24	7104	자손01	子孫	명	24
7061	아하		감	24	7105	자율성	自律性	명	24
7062	악마02	惡魔	명	24	7106	작동하다	作動-	동	24
7063	악법	惡法	명	24	7107	잔디		명	24
7064	악취01	惡臭	명	24	7108	적극적	積極的	관	24
7065	안정시키다	安定-	동	24	7109	전산망	電算網	명	24
7066	알코올	alcohol	명	24	7110	전세07	傳貰	명	24
7067	압박	壓迫	명	24	7111	절정03	絶頂	명	24
7068	액세서리	accessory	명	24	7112	정년03	停年	명	24
7069	어투	語套	명	24	7113	제고03	提高	명	24
7070	언급	言及	명	24	7114	제국02	帝國	명	24
7071	에어컨	air conditioner	명	24	7115	제기06	提起	명	24
7072	연신01		부	24	7116	조깅	jogging	명	24
7073	열악하다	劣惡-	형	24	7117	조직적	組織的	명	24
7074	염려하다01	念慮-	동	24	7118	종자05	種子	명	24
7075	오누이		명	24	7119	줄기차다		형	24
7076	오이01		명	24	7120	중추01	中樞	명	24
7077	온난화	溫暖化	명	24	7121	직결되다02	直結-	동	24

7122	진골	眞骨	명	24
7123	진공02	眞空	명	24
7124	진정02	眞正	부	24
7125	처리되다	處理-	동	24
7126	철회	撤回	명	24
7127	청구하다	請求-	동	24
7128	체결하다	締結-	동	24
7129	초대06	招待	명	24
7130	출가01	出家	명	24
7131	출세01	出世	명	24
7132	취임식	就任式	명	24
7133	치다01	폭풍우가 ~	동	24
7134	캠퍼스	campus	명	24
7135	클렌징	cleansing	명	24
7136	터널	tunnel	명	24
7137	토마토케첩	tomato ketchup	명	24
7138	통12	通	의	24
7139	퇴직금	退職金	명	24
7140	파견01	派遣	명	24
7141	파장02	波長	명	24
7142	패01	敗	의	24
7143	평교사	平敎師	명	24
7144	포착하다	捕捉-	동	24
7145	피고	被告	명	24
7146	피식		부	24
7147	피클	pickle	명	24
7148	하부03	下部	명	24
7149	행방01	行方	명	24
7150	행정부	行政府	명	24
7151	허무하다	虛無-	형	24
7152	헤어나다		동	24
7153	환갑02	還甲	명	24
7154	훔쳐보다		동	24
7155	훗날	後-	명	24
7156	흠03	欠	명	24
7157	흥03		감	24
7158	가만있다		동	23
7159	가축02	家畜	명	23
7160	간편하다	簡便-	형	23
7161	감동적	感動的	명	23
7162	감탄하다	感歎-	동	23
7163	강80	强-4~	의	23
7164	강좌	講座	명	23
7165	개사81	個社	의	23
7166	개설하다02	開設-	동	23
7167	건너오다		동	23
7168	걸터앉다		동	23
7169	검정01	검은 빛깔	명	23
7170	겨드랑이		명	23
7171	결정적	決定的	관	23
7172	겹		명	23
7173	경비04	警備	명	23
7174	경위05	經緯	명	23
7175	경제사02	經濟史	명	23
7176	경험적	經驗的	관	23
7177	골다01		동	23
7178	공명선거	公明選擧	명	23
7179	공안01	公安	명	23
7180	공판02	公判	명	23
7181	공평하다01	公平-	형	23
7182	관광지	觀光地	명	23
7183	관목04	灌木	명	23
7184	괴물	怪物	명	23
7185	교복01	校服	명	23
7186	교포02	僑胞	명	23
7187	구제01	救濟	명	23
7188	귀가하다01	歸家-	동	23
7189	기관장	機關長	명	23
7190	기껏해야		부	23
7191	기능적	機能的	명	23
7192	기리다01		동	23
7193	기상06	氣象	명	23
7194	기웃거리다		동	23
7195	기점01	起點	명	23
7196	기증하다02	寄贈-	동	23
7197	기질02	氣質	명	23
7198	길잡이		명	23
7199	꽂히다		동	23
7200	끼얹다		동	23
7201	날아다니다		동	23
7202	내비치다		동	23
7203	노점상	露店商	명	23
7204	노출되다	露出-	동	23
7205	누비다		동	23
7206	다다르다		동	23
7207	당면하다01	當面-	동	23
7208	대조적	對照的	명	23
7209	대주주	大株主	명	23

7210	대체하다01	代替-	동	23		7254	부각시키다	浮刻-	동	23
7211	더더욱		부	23		7255	부당01	不當	명	23
7212	덩굴		명	23		7256	부인04	婦人	명	23
7213	덩이		명	23		7257	부쩍		부	23
7214	데뷔하다		동	23		7258	분주하다05	奔走-	형	23
7215	도스02	DOS	명	23		7259	불균형	不均衡	명	23
7216	독립되다	獨立-	동	23		7260	불길01		명	23
7217	독수리	禿-	명	23		7261	붓01		명	23
7218	뒤덮다		동	23		7262	비닐봉지	vinyl封紙	명	23
7219	드러눕다		동	23		7263	비서실장	秘書室長	명	23
7220	들소		명	23		7264	비판적	批判的	명	23
7221	등록금	登錄金	명	23		7265	비행사	飛行士	명	23
7222	등불	燈-	명	23		7266	뺏다		동	23
7223	디디다		동	23		7267	뽑아내다		동	23
7224	뛰어다니다		동	23		7268	뿜다		동	23
7225	마음씨		명	23		7269	사단05	社團	명	23
7226	만07	滿	관	23		7270	사전22	辭典	명	23
7227	망가지다		동	23		7271	사학01	史學	명	23
7228	맴돌다		동	23		7272	살해01	殺害	명	23
7229	멀쩡하다		형	23		7273	상위01	上位	명	23
7230	멈칫			23		7274	서랍		명	23
7231	메모	memo	명	23		7275	서식02	棲息	명	23
7232	메커니즘	mechanism	명	23		7276	성취02	成就	명	23
7233	명확히	明確-	부	23		7277	세심하다02	細心-	형	23
7234	몇십		관	23		7278	소나기01		명	23
7235	모순되다	矛盾-	동	23		7279	소산02	所産	명	23
7236	모아지다		동	23		7280	소중히	所重-	부	23
7237	모호하다	模糊-	형	23		7281	손잡이		명	23
7238	몸매		명	23		7282	수계01	水系	명	23
7239	몸무게		명	23		7283	수도꼭지	水道-	명	23
7240	무관심	無關心	명	23		7284	수집01	收集	명	23
7241	무수하다	無數-	형	23		7285	순결	純潔	명	23
7242	문턱02	門-	명	23		7286	숯		명	23
7243	물품	物品	명	23		7287	승조원	乘組員	명	23
7244	민원02	民願	명	23		7288	시커멓다		형	23
7245	밀어내다		동	23		7289	식도02	食道	명	23
7246	반짝이다		동	23		7290	신통하다01	神通-	형	23
7247	발명하다01	發明-	동	23		7291	실례01	失禮	명	23
7248	배다02	아이를 ~	동	23		7292	싸구려		명	23
7249	배달02	配達	명	23		7293	안구02	眼球	명	23
7250	번역	飜譯	명	23		7294	안녕	安寧	감	23
7251	벗01	소금 굽는 가마	명	23		7295	안되다02		형	23
7252	보상01	報償	명	23		7296	압도적	壓倒的	명	23
7253	보편화되다	普遍化-	동	23		7297	액션	action	명	23

7298	약국02	藥局	명	23	7342	일상적	日常的	관	23
7299	얌전하다		형	23	7343	일회용	一回用	명	23
7300	양념장	-醬	명	23	7344	입자02	粒子	명	23
7301	양성10	養成	명	23	7345	입찰	入札	명	23
7302	어유01		감	23	7346	입항하다	入港	동	23
7303	어찌나		부	23	7347	잎사귀		명	23
7304	엉터리		명	23	7348	자본금	資本金	명	23
7305	에어백	air bag	명	23	7349	자연01	自然	부	23
7306	여신05	與信	명	23	7350	작동01	作動	명	23
7307	연02	年	명	23	7351	작업하다	作業	동	23
7308	연관되다	聯關-	동	23	7352	작자01	作者	명	23
7309	연산05	演算	명	23	7353	잔디밭		명	23
7310	연출자	演出者	명	23	7354	재임03	在任	명	23
7311	연하다01	軟-	형	23	7355	저기02		감	23
7312	염10	鹽	명	23	7356	전국구	全國區	명	23
7313	영감03	靈感	명	23	7357	전력05	戰力	명	23
7314	영문03	英文	명	23	7358	전문직	專門職	명	23
7315	외래02	外來	명	23	7359	전산03	電算	명	23
7316	외화01	外貨	명	23	7360	전화기	電話機	명	23
7317	용량02	容量	명	23	7361	정답다	情-	형	23
7318	운동가01	運動家	명	23	7362	정착	定着	명	23
7319	원가05	原價	명	23	7363	정체01	正體	명	23
7320	원동력	原動力	명	23	7364	정통02	正統	명	23
7321	원숭이		명	23	7365	제정되다	制定-	동	23
7322	위력01	威力	명	23	7366	제출02	提出	명	23
7323	위법01	違法	명	23	7367	조달하다02	調達-	동	23
7324	유도08	誘導	명	23	7368	주시하다	注視-	동	23
7325	육체적	肉體的	명	23	7369	줄줄이		부	23
7326	윤기02	潤氣	명	23	7370	중진03	重鎭	명	23
7327	음력02	陰曆	명	23	7371	지난주	-週	명	23
7328	읍01	邑	명	23	7372	지독하다	至毒-	형	23
7329	응답	應答	명	23	7373	지르다02	옆구리를 쿡~	동	23
7330	의뢰하다	依賴-	동	23	7374	지성06	知性	명	23
7331	의아하다	疑訝-	형	23	7375	지지다01		동	23
7332	이기적	利己的	명	23	7376	지칭하다	指稱-	동	23
7333	이기주의	利己主義	명	23	7377	직종	職種	명	23
7334	이래		불	23	7378	진달래		명	23
7335	이면01	裏面	명	23	7379	질투	嫉妬	명	23
7336	이성적	理性的	명	23	7380	질환자	疾患者	명	23
7337	이점01	利點	명	23	7381	징계	懲戒	명	23
7338	이토록		부	23	7382	쪼그리다		동	23
7339	이혼03	離婚	명	23	7383	쪽03	부분	의	23
7340	인공위성	人工衛星	명	23	7384	쪽지	-紙	명	23
7341	인파	人波	명	23	7385	찌다05	떡을 ~	동	23

번호	단어	한자	품사	등급
7386	차남02	次男	명	23
7387	채점	採點	명	23
7388	처사02	處事	명	23
7389	처지다01		동	23
7390	천신02	天神	명	23
7391	철제02	鐵製	명	23
7392	촉진하다01	促進-	동	23
7393	총무	總務	명	23
7394	총수03	總帥	명	23
7395	치04	길이	의	23
7396	친일	親日	명	23
7397	침착하다02	沈着-	형	23
7398	캄캄하다		형	23
7399	타락하다	墮落-	동	23
7400	타령01		명	23
7401	타자기	打字機	명	23
7402	탈피하다	脫皮-	동	23
7403	탓하다		동	23
7404	토의02	討議	명	23
7405	판국	-局	명	23
7406	패다03	사람을 ~	동	23
7407	팬티	panties	명	23
7408	팽창	膨脹	명	23
7409	편히	便-	부	23
7410	포인트	point	명	23
7411	포크01	fork	명	23
7412	프로그래밍	programming	명	23
7413	하대80	下代	명	23
7414	하루빨리		부	23
7415	학년도	學年度	명	23
7416	학회	學會	명	23
7417	한밤중	-中	명	23
7418	한번	-番	부	23
7419	한복판		명	23
7420	해고02	解雇	명	23
7421	허망하다	虛妄-	형	23
7422	허물어지다		동	23
7423	헌책01	-冊	명	23
7424	협의하다01	協議-	동	23
7425	확보되다01	確保-	동	23
7426	확장하다	擴張-	동	23
7427	활용되다	活用-	동	23
7428	황량하다	荒凉-	형	23
7429	횡포	橫暴	명	23
7430	효도01	孝道	명	23
7431	후비다		동	23
7432	휘어지다		동	23
7433	흠뻑		부	23
7434	가구04	家具	명	22
7435	가려내다		동	22
7436	가옥01	家屋	명	22
7437	간이04	簡易	명	22
7438	간호사	看護師	명	22
7439	감돌다		동	22
7440	개나리01		명	22
7441	거룩하다		형	22
7442	건너다보다		동	22
7443	겨루다01		동	22
7444	견지하다	堅持-	동	22
7445	고등학생	高等學生	명	22
7446	고을		명	22
7447	곤두세우다		동	22
7448	골목길		명	22
7449	공보02	公報	명	22
7450	과다01	過多	명	22
7451	과세04	課稅	명	22
7452	과장06	誇張	명	22
7453	관람객	觀覽客	명	22
7454	관서01	官署	명	22
7455	구호04	救護	명	22
7456	궁궐	宮闕	명	22
7457	권위주의	權威主義	명	22
7458	권장하다	勸獎-	동	22
7459	귀가03	歸家	명	22
7460	그리워하다		동	22
7461	극도01	極度	명	22
7462	급급하다02	汲汲-	형	22
7463	기관실02	機關室	명	22
7464	기억나다	記憶-	동	22
7465	기입장	記入帳	명	22
7466	기침01		명	22
7467	기틀		명	22
7468	기하학적	幾何學的	관	22
7469	깃03	옷깃	명	22
7470	끌어내다		동	22
7471	끌어올리다		동	22
7472	난감하다	難堪-	형	22
7473	노동계	勞動界	명	22

7474	노랫소리		명	22	7518	바가지01		명	22
7475	농성03	籠城	명	22	7519	발굴	發掘	명	22
7476	다섯		수	22	7520	발굴하다	發掘-	동	22
7477	단원03	團員	명	22	7521	발끝		명	22
7478	닭고기		명	22	7522	발명01	發明	명	22
7479	담백하다	淡白-	형	22	7523	배꼽		명	22
7480	대가03	大家	명	22	7524	병실02	病室	명	22
7481	대금05	代金	명	22	7525	보완	補完	명	22
7482	대뜸		부	22	7526	본체	本體	명	22
7483	대미04	對美	명	22	7527	봉사하다01	奉仕-	동	22
7484	대조10	對照	명	22	7528	부과하다03	賦課-	동	22
7485	대체03	代替	명	22	7529	부르주아01	&프bourgeois	명	22
7486	대포03	大砲	명	22	7530	부리다01	일꾼을 ~	동	22
7487	대학교수	大學敎授	명	22	7531	부임하다	赴任-	동	22
7488	도로꼬		명	22	7532	북위01	北緯	명	22
7489	도피02	逃避	명	22	7533	분류03	分類	명	22
7490	돋다01		동	22	7534	분할01	分割	명	22
7491	돌고래03	동물	명	22	7535	브랜디	brandy	명	22
7492	되묻다03		동	22	7536	비행장	飛行場	명	22
7493	두말하다		동	22	7537	빚어내다		동	22
7494	둘러앉다		동	22	7538	사대부	士大夫	명	22
7495	뒤떨어지다		동	22	7539	사랑스럽다		형	22
7496	뒤흔들다		동	22	7540	사령부	司令部	명	22
7497	뒷문	-門	명	22	7541	사실주의	寫實主義	명	22
7498	듬뿍		부	22	7542	사적01	史的	관	22
7499	등지다		동	22	7543	사정02	司正	명	22
7500	딸아이		명	22	7544	사정10	査正	명	22
7501	때다01		동	22	7545	상투01		명	22
7502	떠맡다		동	22	7546	생산량	生産量	명	22
7503	레몬	lemon	명	22	7547	생소하다	生疏-	형	22
7504	막대01		명	22	7548	생전01	生前	명	22
7505	만족스럽다	滿足-	형	22	7549	선고04	宣告	명	22
7506	말끝		명	22	7550	선발03	選拔	명	22
7507	매입하다	買入-	동	22	7551	선주06	船主	명	22
7508	메마르다		형	22	7552	설08	說	명	22
7509	메이크업	makeup	명	22	7553	성직자	聖職者	명	22
7510	멱01	~을 따다	명	22	7554	성찰	省察	명	22
7511	모서리01		명	22	7555	성품01	性品	명	22
7512	무분별하다	無分別-	형	22	7556	세력론	勢力論	명	22
7513	무심코	無心-	부	22	7557	소신05	所信	명	22
7514	문맥01	文脈	명	22	7558	솟아오르다		동	22
7515	물끄러미		부	22	7559	수석실	首席室	명	22
7516	미움		명	22	7560	수평선	水平線	명	22
7517	밀려나다		동	22	7561	숟가락		명	22

7562	술병02	-瓶	명	22		7606	재학02	在學	명	22
7563	스케이팅	skating	명	22		7607	재해	災害	명	22
7564	습기02	濕氣	명	22		7608	저04	멀리 있는 대상	대	22
7565	승계02	承繼	명	22		7609	저장하다03	貯藏-	동	22
7566	시위대01	示威隊	명	22		7610	전기12	傳記	명	22
7567	신장04	伸張	명	22		7611	전술04	戰術	명	22
7568	실세02	實勢	명	22		7612	전시하다01	展示-	동	22
7569	심상하다02	尋常-	형	22		7613	전후04	戰後	명	22
7570	쐬다01		동	22		7614	절대적	絶對的	관	22
7571	쓰이다01	글이 ~	동	22		7615	정규01	正規	명	22
7572	씨족	氏族	명	22		7616	정기적	定期的	명	22
7573	아낙네		명	22		7617	제멋대로		부	22
7574	아우르다		동	22		7618	조만간	早晩間	부	22
7575	알아맞히다		동	22		7619	종교적	宗敎的	명	22
7576	어쩨		불	22		7620	주관적	主觀的	명	22
7577	언뜻		부	22		7621	주관하다	主管-	동	22
7578	언론인	言論人	명	22		7622	주재하다01	主宰-	동	22
7579	얼룩지다		동	22		7623	주최하다	主催-	동	22
7580	열전01	列傳	명	22		7624	주축01	主軸	명	22
7581	엽서02	葉書	명	22		7625	지기06	地氣	명	22
7582	예년	例年	명	22		7626	지면01	地面	명	22
7583	예보	豫報	명	22		7627	지장03	支障	명	22
7584	옷가지		명	22		7628	지층	地層	명	22
7585	왕실	王室	명	22		7629	직장인	職場人	명	22
7586	요일	曜日	명	22		7630	진심01	眞心	명	22
7587	욕실	浴室	명	22		7631	진압	鎭壓	명	22
7588	용감하다	勇敢-	형	22		7632	진흥	振興	명	22
7589	용품01	用品	명	22		7633	질기다		형	22
7590	우러나다		동	22		7634	질문하다	質問-	동	22
7591	우세하다03	優勢-	형	22		7635	짐작되다	斟酌-	동	22
7592	운전기사	運轉技士	명	22		7636	짤막하다		형	22
7593	월동하다	越冬-	동	22		7637	짧아지다		동	22
7594	위험성	危險性	명	22		7638	찌다01	살이 ~	동	22
7595	유신05	維新	명	22		7639	차별성	差別性	명	22
7596	유입01	流入	명	22		7640	책가방	冊-	명	22
7597	이06		감	22		7641	처방	處方	명	22
7598	이리05	~ 바쁘다	부	22		7642	처분하다01	處分-	동	22
7599	익다02	손에 ~	형	22		7643	천국01	天國	명	22
7600	일05	一	수	22		7644	철부지	-不知	명	22
7601	일그러지다		동	22		7645	철수하다	撤收-	동	22
7602	일차01	一次	명	22		7646	출마	出馬	명	22
7603	잣01		명	22		7647	충족	充足	명	22
7604	장기21	臟器	명	22		7648	치안	治安	명	22
7605	장마01		명	22		7649	치약	齒藥	명	22

7650	콤바인	combine	명	22		7694	고용03	雇傭	명	21
7651	큰절01		명	22		7695	공산05	共産	명	21
7652	퇴학	退學	명	22		7696	공통점	共通點	명	21
7653	판결문	判決文	명	22		7697	과감히01	果敢-	부	21
7654	판단되다	判斷-	동	22		7698	과반수	過半數	명	21
7655	팔짱		명	22		7699	과소비	過消費	명	21
7656	패턴	pattern	명	22		7700	과수원	果樹園	명	21
7657	폐단	弊端	명	22		7701	과외	課外	명	21
7658	포괄적	包括的	명	22		7702	관계하다	關係-	동	21
7659	풀려나다		동	22		7703	교내01	校內	명	21
7660	풍요롭다	豊饒-	형	22		7704	교리04	敎理	명	21
7661	피지03	皮脂	명	22		7705	구15	區	명	21
7662	하루아침		명	22		7706	구수하다01		형	21
7663	학과01	學科	명	22		7707	국제적	國際的	관	21
7664	학업	學業	명	22		7708	군청01	郡廳	명	21
7665	합계01	合計	명	22		7709	귀퉁이		명	21
7666	합의02	合議	명	22		7710	규제하다	規制-	동	21
7667	해안통	海岸通	명	22		7711	그믐달		명	21
7668	행위자	行爲者	명	22		7712	근사하다01	近似-	형	21
7669	행장03	行長	명	22		7713	근심01		명	21
7670	허전하다01		형	22		7714	금요일	金曜日	명	21
7671	호소하다02	號召-	동	22		7715	기계적	機械的	관	21
7672	혹05	或	부	22		7716	기껏		부	21
7673	혼수02	婚需	명	22		7717	기다랗다		형	21
7674	혼인	婚姻	명	22		7718	기술적01	技術的	관	21
7675	화폐	貨幣	명	22		7719	기울어지다		동	21
7676	효력	效力	명	22		7720	김밥		명	21
7677	후속02	後續	명	22		7721	꽃밭		명	21
7678	후회01	後悔	명	22		7722	꿈틀거리다		동	21
7679	훔치다01	걸레로 ~	동	22		7723	끄집어내다		동	21
7680	휘파람		명	22		7724	끓이다		동	21
7681	가급적	可及的	부	21		7725	나이프	knife	명	21
7682	감축01	減縮	명	21		7726	낯01		명	21
7683	강조02	强調	명	21		7727	내려서다		동	21
7684	갖추어지다		동	21		7728	내적01	內的	명	21
7685	거름01		명	21		7729	녹읍	祿邑	명	21
7686	건축물	建築物	명	21		7730	논밭		명	21
7687	게시판	揭示板	명	21		7731	놀이터		명	21
7688	게임기	game機	명	21		7732	농경지	農耕地	명	21
7689	격려	激勵	명	21		7733	눈여겨보다		동	21
7690	경내	境內	명	21		7734	뉘다01	침대에 ~	동	21
7691	계파	系派	명	21		7735	다급하다02	多急-	형	21
7692	고되다		형	21		7736	다녀가다		동	21
7693	고심하다	苦心-	동	21		7737	다채롭다	多彩-	형	21

번호	단어	한자/원어	품사	빈도
7738	답장	答狀	명	21
7739	당당히	堂堂-	부	21
7740	당선자	當選者	명	21
7741	대14	臺	명	21
7742	도사리다		동	21
7743	도청07	道廳	명	21
7744	돌아나다		동	21
7745	동떨어지다		형	21
7746	동방07	東邦	명	21
7747	동북	東北	명	21
7748	뒹굴다		동	21
7749	때때로		부	21
7750	때우다01		동	21
7751	떠벌리다		동	21
7752	뛰쳐나오다		동	21
7753	뜨다03	떠나다	동	21
7754	랩03	wrap	명	21
7755	마담	&프madame	명	21
7756	마라톤	marathon	명	21
7757	마무리하다		동	21
7758	맞먹다		동	21
7759	매스컴	mass communication	명	21
7760	멍하니		부	21
7761	면회02	面會	명	21
7762	명랑하다	明朗-	형	21
7763	명사01	名士	명	21
7764	몰아치다		동	21
7765	몸담다		동	21
7766	몽둥이		명	21
7767	무08	無	명	21
7768	무너뜨리다		동	21
7769	묵다02	머무르다	동	21
7770	문제의식	問題意識	명	21
7771	문화원	文化院	명	21
7772	물줄기		명	21
7773	바나나	banana	명	21
7774	반영01	反映	명	21
7775	받들다		동	21
7776	발등		명	21
7777	발행하다01	發行-	동	21
7778	밤새02		명	21
7779	버럭01		부	21
7780	베이컨01	bacon	명	21
7781	벼농사	-農事	명	21
7782	벼르다01		동	21
7783	벽면	壁面	명	21
7784	별일	別-	명	21
7785	보내오다		동	21
7786	보좌관	補佐官	명	21
7787	부락	部落	명	21
7788	부리01		명	21
7789	부채01		명	21
7790	불기소	不起訴	명	21
7791	불법02	佛法	명	21
7792	불쾌하다	不快-	형	21
7793	붉어지다		동	21
7794	붕괴되다	崩壞-	동	21
7795	블라우스	blouse	명	21
7796	비뚤어지다		동	21
7797	비집다		동	21
7798	빤히		부	21
7799	사내아이		명	21
7800	사업가	事業家	명	21
7801	사이좋다		형	21
7802	사정11	査定	명	21
7803	상09	相	명	21
7804	상표명	商標名	명	21
7805	설마01		부	21
7806	설정되다	設定-	동	21
7807	성곽	城郭	명	21
7808	성적01	性的	관	21
7809	성취하다02	成就-	동	21
7810	세10	稅	명	21
7811	세상에	世上-	감	21
7812	세속	世俗	명	21
7813	세안03	洗顔	명	21
7814	소홀하다	疏忽-	형	21
7815	손아귀		명	21
7816	수고01		명	21
7817	수비05	守備	명	21
7818	수요일	水曜日	명	21
7819	수용소	收容所	명	21
7820	수제비		명	21
7821	순응하다	順應-	동	21
7822	슬퍼하다		동	21
7823	시금치		명	21
7824	식수02	食水	명	21
7825	신뢰하다	信賴-	동	21

7826	신문07	訊問	명	21	7870	유심히	有心-	부	21
7827	신선02	神仙	명	21	7871	유지시키다	維持-	동	21
7828	신청서	申請書	명	21	7872	유해04	遺骸	명	21
7829	실상01	實狀	부	21	7873	유혹하다	誘惑-	동	21
7830	실재02	實在	명	21	7874	은근하다	慇懃-	형	21
7831	실행02	實行	명	21	7875	음모04	陰謀	명	21
7832	실행하다02	實行-	동	21	7876	의상01	衣裳	명	21
7833	심각성	深刻性	명	21	7877	이남02	以南	명	21
7834	쏙03		부	21	7878	이봐		감	21
7835	쓰레기통	-桶	명	21	7879	인건비	人件費	명	21
7836	아랫사람		명	21	7880	인척03	姻戚	명	21
7837	알갱이02		명	21	7881	일각01	一角	명	21
7838	앞쪽		명	21	7882	일과05	日課	명	21
7839	애교02	愛嬌	명	21	7883	일기11	日氣	명	21
7840	앨범	album	명	21	7884	일자리		명	21
7841	양05	羊	명	21	7885	일화04	逸話	명	21
7842	어땠		불	21	7886	임원01	任員	명	21
7843	어렴풋이		부	21	7887	임직원	任職員	명	21
7844	얹히다		동	21	7888	입가		명	21
7845	엄정하다01	嚴正-	형	21	7889	자국01		명	21
7846	엄하다	嚴-	형	21	7890	자매03	姉妹	명	21
7847	여름새		명	21	7891	작물	作物	명	21
7848	여전하다	如前-	형	21	7892	장33	醬	명	21
7849	여편네	女便-	명	21	7893	재산권	財産權	명	21
7850	연속적	連續的	명	21	7894	재촉하다		동	21
7851	연일01	連日	명	21	7895	쟁반	錚盤	명	21
7852	연행되다	連行-	동	21	7896	저리다01		형	21
7853	영남	嶺南	명	21	7897	저번02	這番	명	21
7854	영농	營農	명	21	7898	저작03	著作	명	21
7855	오라범		명	21	7899	저장04	貯藏	명	21
7856	오일륙	五一六	명	21	7900	전시장	展示場	명	21
7857	옥상03	屋上	명	21	7901	전위05	前衛	명	21
7858	왕복선	往復船	명	21	7902	전통적	傳統的	관	21
7859	외적01	外的	명	21	7903	절망적	絶望的	명	21
7860	왼발		명	21	7904	절약	節約	명	21
7861	요추02	腰椎	명	21	7905	접수03	接受	명	21
7862	우물01		명	21	7906	정답	正答	명	21
7863	운영비	運營費	명	21	7907	정오01	正午	명	21
7864	운전하다	運轉-	동	21	7908	정치가	政治家	명	21
7865	웃돌다		동	21	7909	제대하다	除隊-	동	21
7866	웅장하다	雄壯-	형	21	7910	조이다01		동	21
7867	원형06	圓形	명	21	7911	조직하다01	組織-	동	21
7868	위06	胃	명	21	7912	조찬04	朝餐	명	21
7869	유목05	遊牧	명	21	7913	졸다01		동	21

7914	종개념	種槪念	명	21	7958	할인01	割引	명	21
7915	중04	中	명	21	7959	해임	解任	명	21
7916	중소02	中小	명	21	7960	핵심적	核心的	관	21
7917	중층적	中層的	관	21	7961	향교02	鄕校	명	21
7918	즉석	卽席	명	21	7962	호황	好況	명	21
7919	지리적	地理的	관	21	7963	화상03	火傷	명	21
7920	지방09	脂肪	명	21	7964	황급히02	遑急-	부	21
7921	지부01	支部	명	21	7965	황홀하다	恍惚-	형	21
7922	지켜지다		동	21	7966	회계03	會計	명	21
7923	쭈그리다		동	21	7967	효율	效率	명	21
7924	차차01	次次	부	21	7968	후손02	後孫	명	21
7925	착취	搾取	명	21	7969	훼손	毁損	명	21
7926	찹쌀		명	21	7970	흑자02	黑字	명	21
7927	책자	冊子	명	21	7971	가득히		부	20
7928	청장07	廳長	명	21	7972	가리다01	건물에 ~	동	20
7929	촉구	促求	명	21	7973	가시적	可視的	명	20
7930	추측	推測	명	21	7974	가운02	gown	명	20
7931	출시하다	出市-	동	21	7975	각계	各界	명	20
7932	출처02	出處	명	21	7976	각서02	覺書	명	20
7933	충고	忠告	명	21	7977	간호	看護	명	20
7934	취락	聚落	명	21	7978	감정10	鑑定	명	20
7935	치닫다01		동	21	7979	갑05	匣	명	20
7936	친숙하다	親熟-	형	21	7980	강점02	强點	명	20
7937	카피	copy	명	21	7981	개정하다02	改正-	동	20
7938	칼날		명	21	7982	거주02	居住	명	20
7939	코피01		명	21	7983	건04	件	명	20
7940	콘크리트	concrete	명	21	7984	건너01		명	20
7941	쾌적하다	快適-	형	21	7985	걷다04	빨래를 ~	동	20
7942	타이르다		동	21	7986	걸프	gulf	명	20
7943	턱04		의	21	7987	겁나다02	怯-	동	20
7944	퇴임	退任	명	21	7988	결01	머릿~	명	20
7945	팔03	八	관	21	7989	결성	結成	명	20
7946	팩시밀리	facsimile	명	21	7990	경계07	警戒	명	20
7947	편집03	編輯	명	21	7991	경계선01	境界線	명	20
7948	평화적	平和的	명	21	7992	경쟁자	競爭者	명	20
7949	폐기02	廢棄	명	21	7993	경쟁적	競爭的	명	20
7950	폐선02	廢船	명	21	7994	고10	故	관	20
7951	폭로하다	暴露-	동	21	7995	고고학적	考古學的	관	20
7952	풀이되다		동	21	7996	고구마		명	20
7953	프로듀서	producer	명	21	7997	고급문화	高級文化	명	20
7954	하기야		접	21	7998	고난	苦難	명	20
7955	하여간	何如間	부	21	7999	곤혹스럽다	困惑-	형	20
7956	한낮		명	21	8000	공구02	工具	명	20
7957	한창01		명	21	8001	공동체적	共同體的	관	20

번호	단어	한자	품사	빈도
8002	공손하다	恭遜-	형	20
8003	공직02	公職	명	20
8004	과열01	過熱	명	20
8005	관절03	關節	명	20
8006	괄호	括弧	명	20
8007	광년01	光年	의	20
8008	광복01	光復	명	20
8009	광활하다	廣闊-	형	20
8010	교과02	敎科	명	20
8011	교묘하다	巧妙-	형	20
8012	구릉	丘陵	명	20
8013	구사하다05	驅使-	동	20
8014	국기07	國旗	명	20
8015	굶주리다		동	20
8016	근02	斤	의	20
8017	근본적	根本的	관	20
8018	금메달	金medal	명	20
8019	급속하다	急速-	형	20
8020	기묘하다	奇妙-	형	20
8021	기원하다01	祈願-	동	20
8022	길들여지다		동	20
8023	깨물다		동	20
8024	나그네새		명	20
8025	낙하산	落下傘	명	20
8026	낚다		동	20
8027	난02	亂	명	20
8028	내력02	來歷	명	20
8029	내보이다02	사동사	동	20
8030	너그럽다		형	20
8031	노트02	note	명	20
8032	농어촌	農漁村	명	20
8033	눈감다		동	20
8034	눈뜨다		동	20
8035	다국적	多國籍	명	20
8036	다그치다		동	20
8037	단05	但	접	20
8038	단체장	團體長	명	20
8039	달콤하다		형	20
8040	당면03	當面	명	20
8041	당사08	黨舍	명	20
8042	당직자02	黨職者	명	20
8043	대입01	大入	명	20
8044	대화하다02	對話-	동	20
8045	도마01		명	20
8046	독04	毒	명	20
8047	동식물	動植物	명	20
8048	동인01	同人	명	20
8049	동참하다	同參-	동	20
8050	동화책	童話冊	명	20
8051	들먹이다		동	20
8052	따돌리다		동	20
8053	딸기		명	20
8054	땅바닥		명	20
8055	마지못하다		형	20
8056	만기05	滿期	명	20
8057	말끔히		부	20
8058	망정01		의	20
8059	매각하다	賣却-	동	20
8060	맹목적	盲目的	명	20
8061	멍청하다		형	20
8062	멍텅구리		명	20
8063	명쾌하다	明快-	형	20
8064	모집하다	募集-	동	20
8065	몰골01		명	20
8066	몰락	沒落	명	20
8067	문양01	文樣	명	20
8068	문학사02	文學史	명	20
8069	물려주다		동	20
8070	미약하다	微弱-	형	20
8071	미워하다		동	20
8072	민요02	民謠	명	20
8073	밀어붙이다		동	20
8074	발원지	發源地	명	20
8075	밤나무		명	20
8076	밤색	-色	명	20
8077	밥맛		명	20
8078	방황하다	彷徨-	동	20
8079	배우자02	配偶者	명	20
8080	배출되다02	排出-	동	20
8081	백만	白萬	관	20
8082	변경하다	變更-	동	20
8083	변소	便所	명	20
8084	보잘것없다		형	20
8085	복사09	複寫	명	20
8086	복수04	復讐	명	20
8087	복식04	複式	명	20
8088	복어01	-魚	명	20
8089	복학02	復學	명	20

8090	볶음밥		명	20		8134	술자리		명	20
8091	부담스럽다	負擔-	형	20		8135	쉽사리		부	20
8092	부상하다03	浮上-	동	20		8136	슬기01		명	20
8093	분지05	盆地	명	20		8137	슬슬01		부	20
8094	불구속	不拘束	명	20		8138	시가02	市價	명	20
8095	불우02	不遇	명	20		8139	시각05	視覺	명	20
8096	비례하다01	比例-	동	20		8140	식기01	食器	명	20
8097	비시03	BC	명	20		8141	신경질적	神經質的	명	20
8098	비참하다	悲慘-	형	20		8142	신령하다	神靈-	형	20
8099	빈번하다	頻繁-	형	20		8143	신명01		명	20
8100	사기25	詐欺	명	20		8144	실증주의	實證主義	명	20
8101	사회관계	社會關係	명	20		8145	심경02	心境	명	20
8102	산모02	産母	명	20		8146	싼값		명	20
8103	삼림	森林	명	20		8147	쑥02	식물	명	20
8104	상공03	上空	명	20		8148	쓰라리다		형	20
8105	상담자	相談者	명	20		8149	아랑곳하다		동	20
8106	새우젓		명	20		8150	아마추어01	amateur	명	20
8107	생강	生薑	명	20		8151	아우01		명	20
8108	생크림	生cream	명	20		8152	악01		명	20
8109	서럽다		형	20		8153	안04	案	명	20
8110	서방님	書房-	명	20		8154	안부01	安否	명	20
8111	선천01	先天	명	20		8155	야기되다	惹起-	동	20
8112	섬기다		동	20		8156	양손01	兩-	명	20
8113	성별01	性別	명	20		8157	양주04	洋酒	명	20
8114	성서03	聖書	명	20		8158	어귀01		명	20
8115	성하다01		형	20		8159	어리둥절하다		형	20
8116	세탁	洗濯	명	20		8160	어린이날		명	20
8117	소문나다	所聞-	동	20		8161	엄지손가락		명	20
8118	소용없다	所用-	형	20		8162	에이즈	AIDS	명	20
8119	소유론	所有論	명	20		8163	역설02	逆說	명	20
8120	속상하다02	-傷-	형	20		8164	연도01	年度	명	20
8121	손수건	-手巾	명	20		8165	연장01		명	20
8122	송아지		명	20		8166	열세		관	20
8123	수다01		명	20		8167	영양분	營養分	명	20
8124	수돗물	水道-	명	20		8168	영화배우	映畵俳優	명	20
8125	수레01		명	20		8169	오른발		명	20
8126	수만	數萬	관	20		8170	오징어잡이		명	20
8127	수상하다03	受賞-	동	20		8171	옷감		명	20
8128	수습하다01	收拾-	동	20		8172	외유04	外遊	명	20
8129	수입되다02	輸入-	동	20		8173	용서01	容恕	명	20
8130	수입품02	輸入品	명	20		8174	우거지다		동	20
8131	수취02	收聚	명	20		8175	우두커니		부	20
8132	숙직	宿直	명	20		8176	우르르01		부	20
8133	순검	巡檢	명	20		8177	우편04	郵便	명	20

8178	울부짖다		동	20		8222	중지하다	中止-	동	20
8179	웃음기	-氣	명	20		8223	지급되다	支給-	동	20
8180	원시인	原始人	명	20		8224	지워지다		동	20
8181	위조02	僞造	명	20		8225	지저분하다		형	20
8182	유익하다01	有益-	형	20		8226	진통01	陣痛	명	20
8183	육수02	肉水	명	20		8227	집요하다01	執拗-	형	20
8184	육이구	六二九	명	20		8228	차오르다		동	20
8185	음향	音響	명	20		8229	찬성하다	贊成-	동	20
8186	응답자	應答者	명	20		8230	참모	參謀	명	20
8187	의리	義理	명	20		8231	참석	參席	명	20
8188	이견	異見	명	20		8232	창11	槍	명	20
8189	이사하다01	移徙-	동	20		8233	창설	創設	명	20
8190	인정04	人情	명	20		8234	창출01	創出	명	20
8191	일등	一等	명	20		8235	초콜릿	chocolate	명	20
8192	일체01	一切	부	20		8236	촉진시키다	促進-	동	20
8193	일체성	一體性	명	20		8237	촌03	村	명	20
8194	잉여	剩餘	명	20		8238	최고급	最高級	명	20
8195	자각하다02	自覺-	동	20		8239	최상02	最上	명	20
8196	자락01		명	20		8240	최악	最惡	명	20
8197	자본주의적	資本主義的	관	20		8241	추상01	抽象	명	20
8198	작아지다		동	20		8242	출국	出國	명	20
8199	장담하다01	壯談-	동	20		8243	치03	사람	의	20
8200	저지하다02	沮止-	동	20		8244	친일파	親日派	명	20
8201	전시과	田柴科	명	20		8245	친지	親知	명	20
8202	전표04	錢票	명	20		8246	친해지다	親-	동	20
8203	정경04	政經	명	20		8247	침략하다02	侵略-	동	20
8204	정보기관	情報機關	명	20		8248	코끝		명	20
8205	정장04	正裝	명	20		8249	탈02	~이 나다	명	20
8206	정착하다	定着-	동	20		8250	터미널	terminal	명	20
8207	정호층	丁戶層	명	20		8251	통보하다	通報-	동	20
8208	정화08	淨化	명	20		8252	통일성	統一性	명	20
8209	조작05	操作	명	20		8253	퉁명스럽다		형	20
8210	좁히다01		동	20		8254	특별법	特別法	명	20
8211	좇다01		동	20		8255	파묻히다		동	20
8212	좋아		감	20		8256	팥		명	20
8213	좌우되다	左右-	동	20		8257	페스티벌	festival	명	20
8214	주방장	廚房長	명	20		8258	폐02	肺	명	20
8215	주변부	周邊部	명	20		8259	폐비닐	廢vinyl	명	20
8216	주제01		명	20		8260	폭발02	爆發	명	20
8217	주체성	主體性	명	20		8261	표출되다	表出-	동	20
8218	죽03		부	20		8262	표하다01	表-	동	20
8219	줄무늬		명	20		8263	풋고추		명	20
8220	중기03	中期	명	20		8264	피자	&이pizza	명	20
8221	중앙당	中央黨	명	20		8265	하사01	下士	명	20

번호	단어	한자/원어	품사	빈도	번호	단어	한자/원어	품사	빈도
8266	학동	學童	명	20	8310	골격	骨格	명	19
8267	한국적	韓國的	명	20	8311	곰곰이		부	19
8268	한판01		명	20	8312	공언하다01	公言-	동	19
8269	합리화	合理化	명	20	8313	공주01	公主	명	19
8270	합의서	合意書	명	20	8314	공청회	公聽會	명	19
8271	해체되다	解體-	동	20	8315	교장실	校長室	명	19
8272	해프닝	happening	명	20	8316	구간04	區間	명	19
8273	핵무기	核武器	명	20	8317	구원05	救援	명	19
8274	핸드볼	handball	명	20	8318	구체성	具體性	명	19
8275	햄04	ham	명	20	8319	국력02	國力	명	19
8276	행여	幸-	부	20	8320	기관사02	機關士	명	19
8277	허점	虛點	명	20	8321	기발하다01	奇拔-	형	19
8278	헌병01	憲兵	명	20	8322	깨어지다		동	19
8279	헐다02	집을 ~	동	20	8323	난무하다	亂舞-	동	19
8280	호르몬	hormone	명	20	8324	남04	南	명	19
8281	화물	貨物	명	20	8325	낭독하다	朗讀-	동	19
8282	환영02	歡迎	명	20	8326	내던지다		동	19
8283	활력	活力	명	20	8327	넉넉히		부	19
8284	휙		부	20	8328	네거리		명	19
8285	흠칫		부	20	8329	노란색	-色	명	19
8286	가로수	街路樹	명	19	8330	녹음하다	錄音-	동	19
8287	가면02	假面	명	19	8331	놀리다03	사동사	동	19
8288	가해자	加害者	명	19	8332	농토	農土	명	19
8289	가해지다	加-	동	19	8333	눈발02		명	19
8290	간식02	間食	명	19	8334	눕히다		동	19
8291	간하다01	소금으로 ~	동	19	8335	다듬어지다		동	19
8292	갈림길		명	19	8336	달러	dollar	명	19
8293	감01	열매	명	19	8337	달이다		동	19
8294	강연03	講演	명	19	8338	담벼락		명	19
8295	강조되다	強調-	동	19	8339	대가리01		명	19
8296	개다01	날이 ~	동	19	8340	대두되다	擡頭-	동	19
8297	건의하다01	建議-	동	19	8341	대명사02	代名詞	명	19
8298	걸작	傑作	명	19	8342	대여섯		관	19
8299	견주다		동	19	8343	더럽히다		동	19
8300	견학하다	見學-	동	19	8344	도교04	道敎	명	19
8301	겸손하다	謙遜-	형	19	8345	도시가스	都市gas	명	19
8302	경례	敬禮	명	19	8346	독점하다	獨占-	동	19
8303	경호05	警護	명	19	8347	동네방네	洞-坊-	명	19
8304	고귀하다02	高貴-	형	19	8348	동산01	작은 산	명	19
8305	고급스럽다	高級-	형	19	8349	되돌아보다		동	19
8306	고려01	考慮	명	19	8350	뒤적이다		동	19
8307	고소하다01	맛이 ~	형	19	8351	뒤쫓다		동	19
8308	고전적	古典的	명	19	8352	들여오다		동	19
8309	고찰하다	考察-	동	19	8353	들이밀다02		동	19

번호	단어	한자/원어	품사	빈도
8354	들키다01		동	19
8355	등산로	登山路	명	19
8356	딱지04	-紙	명	19
8357	떠밀리다		동	19
8358	마사지	massage	명	19
8359	만06	萬	수	19
8360	매사01	每事	명	19
8361	먹히다		동	19
8362	명작	名作	명	19
8363	몰아넣다		동	19
8364	몸살01		명	19
8365	못나다		형	19
8366	못마땅하다		형	19
8367	무더위		명	19
8368	무술04	武術	명	19
8369	무용가	舞踊家	명	19
8370	물적	物的	관	19
8371	미끼01		명	19
8372	미적01	美的	명	19
8373	미화원	美化員	명	19
8374	바둑		명	19
8375	박스	box	명	19
8376	박차다		동	19
8377	반기다		동	19
8378	반박하다01	反駁-	동	19
8379	발행되다	發行-	동	19
8380	밤샘		명	19
8381	밥솥		명	19
8382	방송가	放送街	명	19
8383	방영02	放映	명	19
8384	배분	配分	명	19
8385	뱃전		명	19
8386	법관	法官	명	19
8387	법정02	法定	명	19
8388	베개		명	19
8389	벨트	belt	명	19
8390	보편성	普遍性	명	19
8391	복사하다03	複寫-	동	19
8392	복합02	複合	명	19
8393	본능	本能	명	19
8394	본선03	本選	명	19
8395	봉건적	封建的	관	19
8396	부녀회	婦女會	명	19
8397	부활01	復活	명	19
8398	분장05	扮裝	명	19
8399	불법적	不法的	명	19
8400	붓다01	얼굴이 ~	동	19
8401	비19	碑	명	19
8402	비약적	飛躍的	명	19
8403	비유01	比喩	명	19
8404	빈곤	貧困	명	19
8405	빗나가다		동	19
8406	빼먹다		동	19
8407	사계절	四季節	명	19
8408	사과하다02	謝過-	동	19
8409	사로잡다		동	19
8410	사인14	sign	명	19
8411	사투리		명	19
8412	삭막하다	索莫-	형	19
8413	살모사	殺母蛇	명	19
8414	살해하다	殺害-	동	19
8415	상가07	商家	명	19
8416	상금04	賞金	명	19
8417	상륙01	上陸	명	19
8418	상설03	常設	명	19
8419	상장06	上場	명	19
8420	새삼스럽다		형	19
8421	색상01	色相	명	19
8422	선출되다	選出-	동	19
8423	선출하다	選出-	동	19
8424	섭취	攝取	명	19
8425	성교육	性敎育	명	19
8426	성스럽다	聖-	형	19
8427	성의05	誠意	명	19
8428	세차다		형	19
8429	소감02	所感	명	19
8430	소극장	小劇場	명	19
8431	소식통	消息通	명	19
8432	소요04	騷擾	명	19
8433	소품02	小品	명	19
8434	수급04	需給	명	19
8435	수난02	受難	명	19
8436	수색06	搜索	명	19
8437	수용되다80	受容-	동	19
8438	수저01		명	19
8439	수축01	收縮	명	19
8440	숨겨지다		동	19
8441	숨결		명	19

8442	시신02	屍身		명	19	8486	위태롭다	危殆-	형	19
8443	시정하다04	是正-		동	19	8487	윗면	-面	명	19
8444	식욕	食慾		명	19	8488	유감04	遺憾	명	19
8445	신경제	新經濟		명	19	8489	유능하다	有能-	형	19
8446	신설하다02	新設-		동	19	8490	유력층	有力層	명	19
8447	신체적	身體的		관	19	8491	유민04	遺民	명	19
8448	실명05	實名		명	19	8492	유언비어	流言蜚語	명	19
8449	심사03	心思		명	19	8493	유적지	遺跡地	명	19
8450	심신01	心身		명	19	8494	유착02	癒着	명	19
8451	싸이다01			동	19	8495	유치08	誘致	명	19
8452	쑤시다02	벌집을 ~		동	19	8496	유쾌하다	愉快-	형	19
8453	씨팔			감	19	8497	육성04	育成	명	19
8454	악화01	惡化		명	19	8498	육성하다	育成-	동	19
8455	알뿌리			명	19	8499	음악가	音樂家	명	19
8456	암살03	暗殺		명	19	8500	응답하다	應答-	동	19
8457	앞바다			명	19	8501	의구심	疑懼心	명	19
8458	얄밉다			형	19	8502	의전06	儀典	명	19
8459	양상추	洋-		명	19	8503	이롭다02	利-	형	19
8460	어수선하다			형	19	8504	이벤트	event	명	19
8461	어이없다			형	19	8505	이분01		대	19
8462	언론사	言論社		명	19	8506	이성적	理性的	관	19
8463	얼버무리다			동	19	8507	이윤02	利潤	명	19
8464	얽매이다			동	19	8508	이탈하다	離脫-	동	19
8465	엄연히02	儼然		부	19	8509	인15	燐	명	19
8466	엘리트01	elite		명	19	8510	인간문화재	人間文化財	명	19
8467	여대생	女大生		명	19	8511	인격체	人格體	명	19
8468	여타01	餘他		명	19	8512	인삼	人蔘	명	19
8469	역겹다	逆-		형	19	8513	인상01	人相	명	19
8470	역설적	逆說的		명	19	8514	일관하다01	一貫-	동	19
8471	연기하다01	延期-		동	19	8515	일삼다		동	19
8472	연속극	連續劇		명	19	8516	일치되다	一致-	동	19
8473	연초01	年初		명	19	8517	임자01		명	19
8474	연출가	演出家		명	19	8518	입사04	入社	명	19
8475	예15	禮		명	19	8519	입증되다	立證-	동	19
8476	예사롭다	例事-		형	19	8520	자01		명	19
8477	오만	五萬		관	19	8521	자백01	自白	명	19
8478	온라인	on-line		명	19	8522	자율적	自律的	명	19
8479	올려지다			동	19	8523	자제02	自制	명	19
8480	완화하다	緩和-		동	19	8524	잡음02	雜音	명	19
8481	외갓집	外家-		명	19	8525	장려하다02	獎勵-	동	19
8482	외할머니	外-		명	19	8526	재판장	裁判長	명	19
8483	운항01	運航		명	19	8527	재활용	再活用	명	19
8484	원정13	遠征		명	19	8528	저승		명	19
8485	월경02	月經		명	19	8529	적발하다02	摘發-	동	19

8530	전면02	前面	명	19		8574	총체성	總體性	명	19
8531	전선07	電線	명	19		8575	총학생회	總學生會	명	19
8532	전율02	戰慄	명	19		8576	최종적	最終的	명	19
8533	전지15	電池	명	19		8577	추스르다		동	19
8534	전호03	佃戶	명	19		8578	추정하다01	推定-	동	19
8535	점03	占	명	19		8579	추천하다02	推薦-	동	19
8536	점원01	店員	명	19		8580	추하다01	醜-	형	19
8537	정돈되다02	整頓-	동	19		8581	축소하다	縮小-	동	19
8538	정비하다	整備-	동	19		8582	출생	出生	명	19
8539	제삿날	祭祀-	명	19		8583	출세하다01	出世-	동	19
8540	제작진	製作陣	명	19		8584	출제	出題	명	19
8541	조립02	組立	명	19		8585	출혈	出血	명	19
8542	조명하다04	照明-	동	19		8586	치부하다03	置簿-	동	19
8543	조서06	調書	명	19		8587	치중하다02	置重-	동	19
8544	조합원	組合員	명	19		8588	침해하다	侵害-	동	19
8545	종족02	種族	명	19		8589	칫솔	齒-	명	19
8546	주름살		명	19		8590	칼럼	column	명	19
8547	주막	酒幕	명	19		8591	큰길		명	19
8548	줌01		명	19		8592	탄력	彈力	명	19
8549	중요시되다	重要視-	동	19		8593	터전01		명	19
8550	증오01	憎惡	명	19		8594	통행	通行	명	19
8551	지상전	地上戰	명	19		8595	특질	特質	명	19
8552	지속01	持續	명	19		8596	파견하다01	派遣-	동	19
8553	지휘	指揮	명	19		8597	파탄01	破綻	명	19
8554	직면하다	直面-	동	19		8598	판매되다	販賣-	동	19
8555	진화론	進化論	명	19		8599	퍼뜨리다		동	19
8556	집권당	執權黨	명	19		8600	편05	기차 ~	의	19
8557	짜릿하다		형	19		8601	평방미터	平方meter	의	19
8558	차곡차곡		부	19		8602	포근하다		형	19
8559	착용하다	着用-	동	19		8603	포도06	葡萄	명	19
8560	착잡해지다	錯雜-	동	19		8604	피어오르다		동	19
8561	참고하다	參考-	동	19		8605	하나님		명	19
8562	찻잔	茶盞	명	19		8606	하락	下落	명	19
8563	창립02	創立	명	19		8607	하마터면		부	19
8564	채용하다01	採用-	동	19		8608	하오03	下午	명	19
8565	처치	處置	명	19		8609	하인01	下人	명	19
8566	척도	尺度	명	19		8610	학력02	學歷	명	19
8567	철봉	鐵棒	명	19		8611	한몫		명	19
8568	철학적	哲學的	명	19		8612	한발01		부	19
8569	철회하다	撤回-	동	19		8613	한정하다01	限定-	동	19
8570	청약02	請約	명	19		8614	합류하다	合流-	동	19
8571	쳐들어오다		동	19		8615	항암제	抗癌劑	명	19
8572	초대04	初代	명	19		8616	해안선	海岸線	명	19
8573	촉촉하다01		형	19		8617	해양	海洋	명	19

8618	해직	解職	명	19		8662	결말	結末	명	18
8619	향상되다	向上-	동	19		8663	결여되다	缺如-	동	18
8620	혁명적	革命的	관	19		8664	겸허하다	謙虛-	형	18
8621	혁명적	革命的	명	19		8665	경과04	經過	명	18
8622	혁신	革新	명	19		8666	경영학과	經營學科	명	18
8623	협력하다	協力-	동	19		8667	고달프다		형	18
8624	형법	刑法	명	19		8668	고모부	姑母夫	명	18
8625	혹독하다	酷毒-	형	19		8669	고상하다02	高尙-	형	18
8626	홈페이지	homepage	명	19		8670	고충02	苦衷	명	18
8627	화엄경	華嚴經	명	19		8671	공감대	共感帶	명	18
8628	확장되다	擴張-	동	19		8672	공중전화	公衆電話	명	18
8629	환상적	幻想的	명	19		8673	공통	共通	명	18
8630	황소개구리		명	19		8674	과거02	科擧	명	18
8631	회피하다	回避-	동	19		8675	과격하다	過激-	형	18
8632	획득	獲得	명	19		8676	관아02	官衙	명	18
8633	횡단보도	橫斷步道	명	19		8677	교민02	僑民	명	18
8634	후계자	後繼者	명	19		8678	구두쇠		명	18
8635	흰히01		부	19		8679	구르기		명	18
8636	훼손하다	毁損-	동	19		8680	구르다02	발을 ~	동	18
8637	희한하다	稀罕-	형	19		8681	구부리다01		동	18
8638	가다듬다		동	18		8682	국가적	國家的	명	18
8639	가라앉히다		동	18		8683	군부대	軍部隊	명	18
8640	가부장적	家父長的	관	18		8684	군다		동	18
8641	가쁘다		형	18		8685	귓속		명	18
8642	가사05	家事	명	18		8686	그래픽	graphic	명	18
8643	가엾다		형	18		8687	근교	近郊	명	18
8644	가출02	家出	명	18		8688	근력01	筋力	명	18
8645	가톨릭	Catholic	명	18		8689	기어들다		동	18
8646	각급01	各級	명	18		8690	기초적	基礎的	명	18
8647	간밤		명	18		8691	꼭꼭01	힘을 주는 모양	부	18
8648	간주되다	看做-	동	18		8692	끼치다01	소름이 ~	동	18
8649	감각적	感覺的	명	18		8693	나직하다01		형	18
8650	갓01	~을 쓰다	명	18		8694	납부하다	納付-	동	18
8651	강당	講堂	명	18		8695	내각03	內閣	명	18
8652	강요01	强要	명	18		8696	내면적	內面的	관	18
8653	개방화	開放化	명	18		8697	내신01	內申	명	18
8654	개별적	個別的	명	18		8698	넘나들다		동	18
8655	개조하다	改造-	동	18		8699	녹음03	錄音	명	18
8656	개최	開催	명	18		8700	농민회	農民會	명	18
8657	갯벌		명	18		8701	농법02	農法	명	18
8658	갸름하다		형	18		8702	농외소득	農外所得	명	18
8659	건조하다02	乾燥-	형	18		8703	늪		명	18
8660	걷기		명	18		8704	다양성	多樣性	명	18
8661	격려하다	激勵-	동	18		8705	단숨에	單-	부	18

번호	단어	한자/원어	품사	빈도
8706	단아하다	端雅-	형	18
8707	단절05	斷絕	명	18
8708	당원03	黨員	명	18
8709	대령02	大領	명	18
8710	대상자03	對象者	명	18
8711	대여02	貸與	명	18
8712	대중화	大衆化	명	18
8713	대표작	代表作	명	18
8714	더군다나		부	18
8715	도읍	都邑	명	18
8716	돌입하다	突入-	동	18
8717	동결	凍結	명	18
8718	동그라미		명	18
8719	동반01	同伴	명	18
8720	동법	同法	명	18
8721	두툼하다		형	18
8722	뒤덮이다		동	18
8723	뒤섞이다		동	18
8724	들락거리다		동	18
8725	들쥐		명	18
8726	땅굴	-窟	명	18
8727	떠나오다		동	18
8728	뚜렷이		부	18
8729	뚝02	그치는 모양	부	18
8730	뜸02		명	18
8731	레이저	laser	명	18
8732	로켓02	rocket	명	18
8733	룸살롱	room &프salon	명	18
8734	리포트	report	명	18
8735	마무리되다		동	18
8736	마중01		명	18
8737	말문01	-門	명	18
8738	망라하다	網羅-	동	18
8739	맷돌		명	18
8740	머지	merge	명	18
8741	멈칫하다		동	18
8742	명주06	明紬	명	18
8743	목청01		명	18
8744	몰아내다		동	18
8745	무릅쓰다		동	18
8746	무죄	無罪	명	18
8747	무직03	無職	명	18
8748	무한02	無限	명	18
8749	반론01	反論	명	18
8750	반복01	反復	명	18
8751	반정부	反政府	명	18
8752	발달시키다	發達-	동	18
8753	밝다		동	18
8754	밤중	-中	명	18
8755	방파제	防波堤	명	18
8756	배드민턴	badminton	명	18
8757	배부르다		형	18
8758	백정층	白丁層	명	18
8759	버튼	button	명	18
8760	번식	繁殖	명	18
8761	법규	法規	명	18
8762	법학	法學	명	18
8763	변천03	變遷	명	18
8764	별것	別	명	18
8765	보금자리		명	18
8766	보급하다01	普及-	동	18
8767	보살02	菩薩	명	18
8768	보수적	保守的	명	18
8769	보존되다	保存-	동	18
8770	복귀하다	復歸-	동	18
8771	봉급	俸給	명	18
8772	부담금	負擔金	명	18
8773	부디01		부	18
8774	부류02	部類	명	18
8775	부여04	附與	명	18
8776	북어	北魚	명	18
8777	분산02	分散	명	18
8778	불감증	不感症	명	18
8779	불확실하다	不確實-	형	18
8780	붉히다		동	18
8781	비만01	肥滿	명	18
8782	비위05	脾胃	명	18
8783	비틀다		동	18
8784	빈약하다	貧弱	형	18
8785	빗방울		명	18
8786	빨강		명	18
8787	뻔히01		부	18
8788	뽐내다		동	18
8789	뿌옇다		형	18
8790	사회01	司會	명	18
8791	사회자	司會者	명	18
8792	삽01		명	18
8793	상징적	象徵的	관	18

번호	단어	한자/원어	품사	등급
8794	상체01	上體	명	18
8795	샤워	shower	명	18
8796	서글프다		형	18
8797	서열01	序列	명	18
8798	서투르다		형	18
8799	선수단02	選手團	명	18
8800	설득	說得	명	18
8801	설립되다	設立-	동	18
8802	설치다02	잠을 ~	동	18
8803	설화05	說話	명	18
8804	섬뜩하다		형	18
8805	성원01	成員	명	18
8806	성행위	性行爲	명	18
8807	성행하다	盛行-	동	18
8808	세관05	稅關	명	18
8809	세탁기	洗濯機	명	18
8810	소멸되다01	消滅-	동	18
8811	손뼉		명	18
8812	손수01		부	18
8813	송편	松-	명	18
8814	수록되다02	收錄-	동	18
8815	수용04	收容	명	18
8816	수학적	數學的	관	18
8817	순조롭다	順調-	형	18
8818	숨소리		명	18
8819	스카우트	scout	명	18
8820	시10	時	명	18
8821	시공01	施工	명	18
8822	시들다		동	18
8823	시디01	콤팩트디스크	명	18
8824	시인하다01	是認-	동	18
8825	신비하다	神秘-	형	18
8826	신사16	紳士	명	18
8827	신음01	呻吟	명	18
8828	신혼부부	新婚夫婦	명	18
8829	신흥02	新興	명	18
8830	싱겁다		형	18
8831	쏘아보다		동	18
8832	쓸데없이		부	18
8833	씨04		감	18
8834	안가01	安家	명	18
8835	안간힘		명	18
8836	안식일	安息日	명	18
8837	안쓰럽다		형	18
8838	압축하다	壓縮-	동	18
8839	앞당기다		동	18
8840	야하다01	冶-	형	18
8841	약화시키다	弱化-	동	18
8842	양철	洋鐵	명	18
8843	어선05	漁船	명	18
8844	어설프다		형	18
8845	어쩌다가		부	18
8846	업주	業主	명	18
8847	에스에스오	SSO	명	18
8848	여21	與	명	18
8849	역력하다	歷歷-	형	18
8850	연극적	演劇的	관	18
8851	연기11	緣起	명	18
8852	연민	憐憫	명	18
8853	연상시키다	聯想-	동	18
8854	연유하다03	緣由-	동	18
8855	연주하다03	演奏-	동	18
8856	연합회	聯合會	명	18
8857	연호01	年號	명	18
8858	열반	涅槃	명	18
8859	염기성	鹽基性	명	18
8860	염원	念願	명	18
8861	예술인	藝術人	명	18
8862	예정일	豫定日	명	18
8863	옛날이야기		명	18
8864	오메		감	18
8865	오븐	oven	명	18
8866	온종일	-終日	명	18
8867	와인	wine	명	18
8868	왕래	往來	명	18
8869	왕비	王妃	명	18
8870	외적01	外的	관	18
8871	용구01	用具	명	18
8872	우뚝		부	18
8873	우선적	優先的	명	18
8874	우승하다	優勝-	동	18
8875	운반02	運搬	명	18
8876	운반하다	運搬-	동	18
8877	웃어른		명	18
8878	워드80	word	명	18
8879	원두커피	原豆coffee	명	18
8880	월사금	月謝金	명	18
8881	위장07	僞裝	명	18

8882	유무02	有無	명	18	8926	정점02	頂點	명	18
8883	유희02	遊戲	명	18	8927	정중하다	鄭重-	형	18
8884	육두품	六頭品	명	18	8928	제반05	諸般	명	18
8885	의대03	醫大	명	18	8929	조리09	調理	명	18
8886	이끌다		동	18	8930	조사11	祖師	명	18
8887	이념적	理念的	관	18	8931	조선조	朝鮮朝	명	18
8888	이득	利得	명	18	8932	족보02	族譜	명	18
8889	이분법	二分法	명	18	8933	종사자	從事者	명	18
8890	인내02	忍耐	명	18	8934	종전03	從前	명	18
8891	인명02	人命	명	18	8935	주산01	主山	명	18
8892	인민군	人民軍	명	18	8936	주의02	主義	명	18
8893	인사말	人事-	명	18	8937	주자05	走者	명	18
8894	일대일	一對一	명	18	8938	주재02	主宰	명	18
8895	일면01	一面	명	18	8939	주저하다02	躊躇-	동	18
8896	임명장	任命狀	명	18	8940	중류01	中流	명	18
8897	임상02	臨床	명	18	8941	지게01		명	18
8898	자각03	自覺	명	18	8942	지명06	指名	명	18
8899	자연주의적	自然主義的	관	18	8943	지폐	紙幣	명	18
8900	자외선	紫外線	명	18	8944	진부하다	陳腐-	형	18
8901	자의식	自意識	명	18	8945	진실로	眞實-	부	18
8902	자처하다	自處-	동	18	8946	진전되다	進展-	동	18
8903	자칫하다		동	18	8947	징후	徵候	명	18
8904	자판기	自販機	명	18	8948	쪼개다		동	18
8905	장단01		명	18	8949	차질	蹉跌	명	18
8906	장모님	丈母-	명	18	8950	참담하다	慘憺-	형	18
8907	장식하다03	裝飾-	동	18	8951	체포하다	逮捕-	동	18
8908	장편02	長篇	명	18	8952	촛불		명	18
8909	재미04	在美	명	18	8953	최소화하다02	最少化-	동	18
8910	저녁때		명	18	8954	추락02	墜落	명	18
8911	저녁밥		명	18	8955	출범하다02	出帆-	동	18
8912	저놈		대	18	8956	출퇴근	出退勤	명	18
8913	저물다		동	18	8957	출항02	出港	명	18
8914	저울01		명	18	8958	출항하다02	出港-	동	18
8915	저하01	低下	명	18	8959	충실하다01	充實-	형	18
8916	저해하다	沮害-	동	18	8960	치과	齒科	명	18
8917	적갈색	赤褐色	명	18	8961	칼슘	calcium	명	18
8918	적어지다		동	18	8962	탈세	脫稅	명	18
8919	전념하다	專念-	동	18	8963	태연하다	泰然-	형	18
8920	전담하다02	專擔-	동	18	8964	테스트	test	명	18
8921	전제되다01	前提-	동	18	8965	통06		의	18
8922	전체적	全體的	관	18	8966	통독80	統獨	명	18
8923	절도04	竊盜	명	18	8967	통역	通譯	명	18
8924	정당화하다	正當化-	동	18	8968	퇴근하다	退勤-	동	18
8925	정상화	正常化	명	18	8969	투자가	投資家	명	18

8970	트다02	벽을 ~	동	18		9014	가로01	~와 세로	명	17
8971	파랑새01		명	18		9015	가상04	假象	명	17
8972	판례	判例	명	18		9016	각광02	脚光	명	17
8973	평면	平面	명	18		9017	각본02	脚本	명	17
8974	평민	平民	명	18		9018	갈아타다		동	17
8975	폭동	暴動	명	18		9019	감행하다	敢行-	동	17
8976	폭풍01	暴風	명	18		9020	값지다		형	17
8977	폭행	暴行	명	18		9021	강제적	强制的	명	17
8978	표시하다02	標示-	동	18		9022	개운하다01		형	17
8979	풀밭		명	18		9023	개울가		명	17
8980	풍요02	豊饒	명	18		9024	객관성	客觀性	명	17
8981	피로하다02	疲勞-	형	18		9025	갸우뚱하다		동	17
8982	하04	下	명	18		9026	거닐다		동	17
8983	하역02	荷役	명	18		9027	거머쥐다		동	17
8984	학군	學群	명	18		9028	거스리다01		동	17
8985	한데03		접	18		9029	거역하다	拒逆-	동	17
8986	한방03	韓方	명	18		9030	건넌방	-房	명	17
8987	항의하다	抗議-	동	18		9031	검거02	檢擧	명	17
8988	향수02	享受	명	18		9032	견제01	牽制	명	17
8989	향수06	鄕愁	명	18		9033	결정전	決定戰	명	17
8990	허구02	虛構	명	18		9034	경수로	輕水爐	명	17
8991	허수아비		명	18		9035	경직되다	硬直-	동	17
8992	협조하다01	協助-	동	18		9036	경호원	警護員	명	17
8993	형평	衡平	명	18		9037	계산되다	計算-	동	17
8994	호두01		명	18		9038	고국02	故國	명	17
8995	호스티스	hostess	명	18		9039	고분01	古墳	명	17
8996	호칭02	呼稱	명	18		9040	고삐01		명	17
8997	혼잣말		명	18		9041	고용하다02	雇用-	동	17
8998	화나다	火-	동	18		9042	고정시키다	固定-	동	17
8999	확립되다	確立-	동	18		9043	고층	高層	명	17
9000	회동	會同	명	18		9044	곧이어		부	17
9001	회전하다03	回轉-	동	18		9045	공개적	公開的	명	17
9002	효도하다	孝道-	동	18		9046	공교롭다	工巧-	형	17
9003	후원02	後援	명	18		9047	공기07	空器	명	17
9004	후유증	後遺症	명	18		9048	공기업02	公企業	명	17
9005	휘다		동	18		9049	공산품	工産品	명	17
9006	휘말리다		동	18		9050	공터	空-	명	17
9007	휩쓸리다		동	18		9051	과장하다02	誇張-	동	17
9008	흉기01	凶器	명	18		9052	굉장하다	宏壯-	형	17
9009	흉하다	凶-	형	18		9053	교육감	敎育監	명	17
9010	흡사하다	恰似-	형	18		9054	구체화되다	具體化-	동	17
9011	흥겹다	興-	형	18		9055	구현하다03	具現-	동	17
9012	희생자	犧牲者	명	18		9056	국문과	國文科	명	17
9013	힘없이		부	18		9057	군정02	軍政	명	17

9058	군중03	群衆	명	17
9059	궁금증	-症	명	17
9060	규약	規約	명	17
9061	그래서		불	17
9062	그물01		명	17
9063	그야		부	17
9064	근접하다01	近接-	동	17
9065	기능하다	機能-	동	17
9066	기업인	企業人	명	17
9067	기재하다01	記載-	동	17
9068	기조01	基調	명	17
9069	긴장되다	緊張-	동	17
9070	깊어지다		동	17
9071	까마득하다		형	17
9072	깨끗해지다		동	17
9073	꼭지01		명	17
9074	꾀01		명	17
9075	낚싯대		명	17
9076	날리다01	피동사	동	17
9077	남동생	男-	명	17
9078	남문	南門	명	17
9079	낱낱이		부	17
9080	냇물		명	17
9081	농민층	農民層	명	17
9082	단골01		명	17
9083	단기09	短期	명	17
9084	단맛		명	17
9085	단연05	斷然	부	17
9086	달성되다	達成-	동	17
9087	닮다		동	17
9088	담겨지다		동	17
9089	담요		명	17
9090	당무02	黨務	명	17
9091	대01	줄기	명	17
9092	대들다		동	17
9093	대처04	對處	명	17
9094	대토지	大土地	명	17
9095	더러워지다		동	17
9096	덕담	德談	명	17
9097	덕목02	德目	명	17
9098	덤벼들다		동	17
9099	덤비다		동	17
9100	덩달다		동	17
9101	데우다01		동	17
9102	도라지01		명	17
9103	도착01	到着	명	17
9104	동구02	東歐	명	17
9105	동그랗다		형	17
9106	두고두고		부	17
9107	드리워지다		동	17
9108	들리다04	손에 짐이 ~	동	17
9109	들어앉다		동	17
9110	딱하다		형	17
9111	땅값		명	17
9112	떠내려가다		동	17
9113	떨치다01	알려지다	동	17
9114	뛰어나오다		동	17
9115	레저	leisure	명	17
9116	로터리	rotary	명	17
9117	마감하다01		동	17
9118	만끽하다	滿喫-	동	17
9119	만능	萬能	명	17
9120	말뚝		명	17
9121	말씨01		명	17
9122	매끄럽다		형	17
9123	매스80	mass. ~ 미디어	명	17
9124	머리맡		명	17
9125	명료하다	明瞭-	형	17
9126	모방하다	模倣-	동	17
9127	묘목01	苗木	명	17
9128	묘사되다	描寫-	동	17
9129	무덥다		형	17
9130	무수히	無數-	부	17
9131	무심히	無心-	부	17
9132	무용계	舞踊界	명	17
9133	무인03	武人	명	17
9134	무치다		동	17
9135	물리학자	物理學者	명	17
9136	뭘01		감	17
9137	미달	未達	명	17
9138	미신06	迷信	명	17
9139	민심	民心	명	17
9140	민주적	民主的	관	17
9141	밀03		명	17
9142	밀도01	密度	명	17
9143	밀물01		명	17
9144	반대편	反對便	명	17
9145	발바닥		명	17

9146	발톱		명	17		9190	선조02	先祖	명	17
9147	발하다01	發-	동	17		9191	설레다		동	17
9148	밝아지다		동	17		9192	섭리03	攝理	명	17
9149	밤새다		동	17		9193	섭씨	攝氏	명	17
9150	방대하다	尨大-	형	17		9194	성숙	成熟	명	17
9151	방위01	方位	명	17		9195	소시지	sausage	명	17
9152	방화06	放火	명	17		9196	소유자층	所有者層	명	17
9153	백마01	白馬	명	17		9197	소통02	疏通	명	17
9154	벌판		명	17		9198	속셈		명	17
9155	법인세	法人稅	명	17		9199	속속02	續續	부	17
9156	벼슬01	관직	명	17		9200	손짓		명	17
9157	변명하다01	辨明-	동	17		9201	솥		명	17
9158	보고회	報告會	명	17		9202	쇼핑	shopping	명	17
9159	보궐01	補闕	명	17		9203	수당01	手當	명	17
9160	보물04	寶物	명	17		9204	수렴하다01	收斂-	동	17
9161	보직03	補職	명	17		9205	수산업	水産業	명	17
9162	보호실	保護室	명	17		9206	수상07	受賞	명	17
9163	복구02	復舊	명	17		9207	수상하다05	殊常-	형	17
9164	복용하다01	服用-	동	17		9208	수업03	修業	명	17
9165	복직	復職	명	17		9209	수확02	收穫	명	17
9166	부스80	booth	명	17		9210	순결하다	純潔-	형	17
9167	부잣집	富者-	명	17		9211	순산하다02	順産-	동	17
9168	부하04	部下	명	17		9212	숭늉		명	17
9169	분명해지다	分明-	동	17		9213	스케줄	schedule	명	17
9170	분해되다	分解-	동	17		9214	스키	ski	명	17
9171	비난받다	非難-	동	17		9215	스타덤	stardom	명	17
9172	비닐하우스	vinyl house	명	17		9216	슬기롭다		형	17
9173	비업무	非業務	명	17		9217	슬며시		부	17
9174	사면05	赦免	명	17		9218	승감80	乘監	명	17
9175	사무장	事務長	명	17		9219	시급히	時急-	부	17
9176	사슬01		명	17		9220	시늉		명	17
9177	사진기02	寫眞機	명	17		9221	시술	施術	명	17
9178	사회단체	社會團體	명	17		9222	시외01	市外	명	17
9179	산길02	山-	명	17		9223	시정09	是正	명	17
9180	산록02	山麓	명	17		9224	신경계	神經系	명	17
9181	살갗		명	17		9225	신도05	信徒	명	17
9182	살며시		부	17		9226	신뢰도	信賴度	명	17
9183	상징성	象徵性	명	17		9227	신무용	新舞踊	명	17
9184	상추01		명	17		9228	신세01	~를 지다	명	17
9185	새댁	-宅	명	17		9229	신장14	腎臟	명	17
9186	새삼스레		부	17		9230	실랑이		명	17
9187	생활양식	生活樣式	명	17		9231	심각해지다	深刻-	동	17
9188	서성거리다		동	17		9232	심리학	心理學	명	17
9189	선전하다01	宣傳-	동	17		9233	싹02		부	17

9234	썩이다		동	17	9278	완성형	完成型	명	17
9235	쏘이다02	벌에게 ~	동	17	9279	왕궁	王宮	명	17
9236	쑤시다01	머리가 ~	동	17	9280	왜곡하다01	歪曲-	동	17
9237	씁쓸하다		형	17	9281	왜적02	倭敵	명	17
9238	씻기다01	비에 ~	동	17	9282	요지04	要旨	명	17
9239	아이스케키	ice cake	명	17	9283	요하다	要	동	17
9240	안무02	按舞	명	17	9284	우클라드	&러uklad	명	17
9241	안심하다	安心-	동	17	9285	운동화	運動靴	명	17
9242	안이하다	安易-	형	17	9286	원유03	原油	명	17
9243	알맹이		명	17	9287	원초적	原初的	명	17
9244	알몸		명	17	9288	위안부	慰安婦	명	17
9245	알차다		형	17	9289	유력하다01	有力-	형	17
9246	암시하다01	暗示-	동	17	9290	유망01	有望	명	17
9247	약01		명	17	9291	육02	六	관	17
9248	약수04	藥水	명	17	9292	은밀하다	隱密-	형	17
9249	약품	藥品	명	17	9293	응용하다	應用-	동	17
9250	양배추	洋-	명	17	9294	이곳저곳		명	17
9251	양보03	讓步	명	17	9295	이끼01		명	17
9252	양옆	兩-	명	17	9296	이다음		명	17
9253	얕다		형	17	9297	이랬		불	17
9254	어두워지다		동	17	9298	이삭01		명	17
9255	어음01		명	17	9299	이쯤		부	17
9256	어쨌		불	17	9300	인04	仁	명	17
9257	어쩜		부	17	9301	인상하다02	引上-	동	17
9258	언짢다		형	17	9302	인생관	人生觀	명	17
9259	업자	業者	명	17	9303	인승80	人乘, 5~	의	17
9260	엊그제		부	17	9304	일당02	一黨	명	17
9261	여고생	女高生	명	17	9305	일회용품	一回用品	명	17
9262	여권03	與圈	명	17	9306	읽히다01	피동사	동	17
9263	여왕	女王	명	17	9307	임기제	任期制	명	17
9264	여지없이	餘地-	부	17	9308	임명01	任命	명	17
9265	연기되다01	延期-	동	17	9309	임야	林野	명	17
9266	열03		수	17	9310	입주01	入住	명	17
9267	열등감	劣等感	명	17	9311	자금난	資金難	명	17
9268	열렬하다01	熱烈-	형	17	9312	자재03	資材	명	17
9269	열아홉		수	17	9313	작정하다01	作定-	동	17
9270	영위하다02	營爲-	동	17	9314	잔소리		명	17
9271	예약	豫約	명	17	9315	잠기다01	문이 ~	동	17
9272	오죽하다		형	17	9316	잡담	雜談	명	17
9273	온전하다	穩全-	형	17	9317	잡수다		동	17
9274	온전히	穩全-	부	17	9318	잡아가다		동	17
9275	올라타다		동	17	9319	장사꾼		명	17
9276	완두콩	豌豆-	명	17	9320	재개발	再開發	명	17
9277	완료하다	完了-	동	17	9321	재발견	再發見	명	17

9322	재일01	在日	명	17	9366	청색증	靑色症	명	17
9323	재직하다	在職-	동	17	9367	체01		명	17
9324	잿빛		명	17	9368	체증01	滯症	명	17
9325	저런02		감	17	9369	초등학교	初等學校	명	17
9326	전체주의	全體主義	명	17	9370	초보01	初步	명	17
9327	전파되다02	傳播-	동	17	9371	초여름	初-	명	17
9328	점심때	點心-	명	17	9372	초저녁	初-	명	17
9329	정승02	政丞	명	17	9373	축산	畜産	명	17
9330	정지되다01	停止-	동	17	9374	축적되다	蓄積-	동	17
9331	정착시키다	定着-	동	17	9375	출마하다	出馬-	동	17
9332	정체성01	正體性	명	17	9376	출전02	出戰	명	17
9333	제약하다01	制約-	동	17	9377	충돌하다	衝突-	동	17
9334	젤		명	17	9378	취재하다02	取材-	동	17
9335	조립하다	組立-	동	17	9379	친근하다	親近-	형	17
9336	조정04	朝廷	명	17	9380	코트03	court	명	17
9337	조합형	組合型	명	17	9381	콜레스테롤	cholesterol	명	17
9338	존중	尊重	명	17	9382	탈락하다02	脫落-	동	17
9339	주둔	駐屯	명	17	9383	탈법	脫法	명	17
9340	주일03	週日	의	17	9384	터득하다	攄得-	동	17
9341	중력03	重力	명	17	9385	통째		명	17
9342	중성미자	中性微子	명	17	9386	통폐합	統廢合	명	17
9343	중심부	中心部	명	17	9387	팔뚝		명	17
9344	즈음		의	17	9388	패하다	敗-	동	17
9345	즐거워하다		동	17	9389	팽개치다		동	17
9346	즙	汁	명	17	9390	평지02	平地	명	17
9347	증진	增進	명	17	9391	포기01		명	17
9348	지긋지긋하다		형	17	9392	표명하다	表明-	동	17
9349	지네01		명	17	9393	풍수01	風水	명	17
9350	지양하다	止揚-	동	17	9394	프로그래머	programmer	명	17
9351	지평선	地平線	명	17	9395	피곤	疲困	명	17
9352	지표면	地表面	명	17	9396	피임02	避妊	명	17
9353	진실되다	眞實-	형	17	9397	하물며		접	17
9354	집중하다02	集中-	동	17	9398	학비	學費	명	17
9355	짖다		동	17	9399	학생과장	學生課長	명	17
9356	짜다03	음식이 ~	형	17	9400	한도02	限度	명	17
9357	짜증스럽다		형	17	9401	한자리		명	17
9358	쯧쯧		부	17	9402	한적하다01	閑寂-	형	17
9359	창업	創業	명	17	9403	한차례	-次例	명	17
9360	창틀	窓-	명	17	9404	할미꽃		명	17
9361	채워지다		동	17	9405	함정01	陷穽	명	17
9362	채택	採擇	명	17	9406	합리적	合理的	관	17
9363	천명하다02	闡明-	동	17	9407	해11	害	명	17
9364	천재03	天才	명	17	9408	해골	骸骨	명	17
9365	청사진	靑寫眞	명	17	9409	해외여행	海外旅行	명	17

9410	행세01	行世	명	17		9454	골반	骨盤	명	16
9411	행적02	行跡	명	17		9455	공공연하다	公公然-	형	16
9412	향내	香-	명	17		9456	공관02	公館	명	16
9413	현대적	現代的	관	17		9457	공모01	公募	명	16
9414	혈관	血管	명	17		9458	공문01	公文	명	16
9415	혹시나	或是-	부	17		9459	공백	空白	명	16
9416	홀아비		명	17		9460	공상10	空想	명	16
9417	화초04	花草	명	17		9461	공생02	共生	명	16
9418	활주로	滑走路	명	17		9462	공연되다	公演-	동	16
9419	황갈색	黃褐色	명	17		9463	공유02	共有	명	16
9420	회선03	回線	명	17		9464	공인05	公認	명	16
9421	효자01	孝子	명	17		9465	공학과	工學科	명	16
9422	후07	侯	명	17		9466	공휴일	公休日	명	16
9423	후세	後世	명	17		9467	과격02	過激	명	16
9424	흐느끼다		동	17		9468	과다하다01	過多-	형	16
9425	흡사	恰似	부	17		9469	과업02	課業	명	16
9426	힐끗		부	17		9470	과중하다02	過重-	형	16
9427	가신03	家臣	명	16		9471	관세03	關稅	명	16
9428	가중되다	加重-	동	16		9472	관영01	官營	명	16
9429	각별하다	各別-	형	16		9473	관할	管轄	명	16
9430	간척지	干拓地	명	16		9474	괴로워하다		동	16
9431	감소되다	減少-	동	16		9475	교시03	校時	의	16
9432	감지기	感知器	명	16		9476	구북구	舊北區	명	16
9433	강변01	江邊	명	16		9477	구상하다02	構想-	동	16
9434	강요되다	強要-	동	16		9478	국가설	國家說	명	16
9435	개관04	開館	명	16		9479	굴01	동물	명	16
9436	거르다01		동	16		9480	궁리02	窮理	명	16
9437	거저01		부	16		9481	귀향01	歸鄉	명	16
9438	거주하다	居住-	동	16		9482	귓바퀴		명	16
9439	건너뛰다		동	16		9483	그나저나		부	16
9440	건성01		명	16		9484	그리로		부	16
9441	건의01	建議	명	16		9485	근대적	近代的	관	16
9442	걸림돌		명	16		9486	기념관	記念館	명	16
9443	걸음걸이		명	16		9487	기능성	機能性	명	16
9444	검색	檢索	명	16		9488	기능주의적	機能主義的	관	16
9445	검역	檢疫	명	16		9489	기대감	期待感	명	16
9446	결산	決算	명	16		9490	기도01	企圖	명	16
9447	결성하다	結成-	동	16		9491	기득권층	旣得權層	명	16
9448	경영자01	經營者	명	16		9492	기량01	技倆	명	16
9449	경쟁률	競爭率	명	16		9493	기상07	氣像	명	16
9450	고가10	高價	명	16		9494	기업체	企業體	명	16
9451	고무줄		명	16		9495	기용하다02	起用-	동	16
9452	고시06	高試	명	16		9496	길목01		명	16
9453	곤충	昆蟲	명	16		9497	깃털		명	16

번호	단어	한자/원어	품사	급
9498	까먹다		동	16
9499	깍깍		부	16
9500	깜빡		부	16
9501	깡패	-牌	명	16
9502	꼬투리01		명	16
9503	꾸다02	돈을 ~	동	16
9504	끓어오르다		동	16
9505	낚시꾼		명	16
9506	낚싯줄		명	16
9507	낚아채다		동	16
9508	난05	欄	명	16
9509	날아오르다		동	16
9510	남용	濫用	명	16
9511	남짓하다		형	16
9512	납득	納得	명	16
9513	내몰다		동	16
9514	노인네	老人-	명	16
9515	누수04	漏水	명	16
9516	눈매		명	16
9517	다양해지다	多樣-	동	16
9518	단일01	單一	명	16
9519	단편적	斷片的	명	16
9520	담뱃갑	-匣	명	16
9521	담보하다	擔保-	동	16
9522	대나무		명	16
9523	대본03	臺本	명	16
9524	대야01		명	16
9525	대응책	對應策	명	16
9526	대의원	代議員	명	16
9527	대중교통	大衆交通	명	16
9528	덮치다		동	16
9529	데려오다		동	16
9530	도움닫기		명	16
9531	돌기02		명	16
9532	동문02	同門	명	16
9533	두드러지다		동	16
9534	두루마기		명	16
9535	들이닥치다		동	16
9536	들추다01		동	16
9537	등록하다01	登錄-	동	16
9538	등장인물	登場人物	명	16
9539	따라잡다		동	16
9540	때마침		부	16
9541	뛰놀다		동	16
9542	뛰어오다		동	16
9543	뜨락		명	16
9544	라켓	racket	명	16
9545	리니어	linear	명	16
9546	리터01	liter	의	16
9547	마요네즈	&프mayonnaise	명	16
9548	마흔		수	16
9549	만세04	萬歲	명	16
9550	만족시키다	滿足-	동	16
9551	만화가	漫畵家	명	16
9552	맘대로		부	16
9553	매연02	煤煙	명	16
9554	머리말		명	16
9555	면접	面接	명	16
9556	명문02	名門	명	16
9557	명함	名銜	명	16
9558	몸속		명	16
9559	몹쓸		관	16
9560	무궁하다	無窮-	형	16
9561	무르익다		동	16
9562	무의식적	無意識的	명	16
9563	무책임하다	無責任-	형	16
9564	무형	無形	명	16
9565	문단02	文壇	명	16
9566	문의03	問議	명	16
9567	미술사	美術史	명	16
9568	믿기다		동	16
9569	바래다01		동	16
9570	반짝거리다		동	16
9571	발전기03	發電機	명	16
9572	밤새우다		동	16
9573	밭농사	-農事	명	16
9574	배출하다03	輩出-	동	16
9575	배타적	排他的	명	16
9576	백골단	白骨團	명	16
9577	백자03	白瓷	명	16
9578	번지03	番地	명	16
9579	법하다	法-	보	16
9580	베끼다01		동	16
9581	볕		명	16
9582	보답하다	報答-	동	16
9583	볼펜02	ball pen	명	16
9584	부과05	賦課	명	16
9585	부도02	不渡	명	16

9586	부르짖다		동	16		9630	생물학	生物學	명	16
9587	부상06	浮上	명	16		9631	생활수준	生活水準	명	16
9588	부실01	不實	명	16		9632	서툴다		형	16
9589	부원장	副院長	명	16		9633	석궁	石弓	명	16
9590	부지08	敷地	명	16		9634	석사01	碩士	명	16
9591	분배	分配	명	16		9635	석차	席次	명	16
9592	분비02	分泌	명	16		9636	선율01	旋律	명	16
9593	분장사	扮裝師	명	16		9637	성당03	聖堂	명	16
9594	분출하다03	噴出-	동	16		9638	성역02	聖域	명	16
9595	분해	分解	명	16		9639	세계사	世界史	명	16
9596	분화01	分化	명	16		9640	세례	洗禮	명	16
9597	불공정	不公正	명	16		9641	소스라치다		동	16
9598	불교계	佛敎界	명	16		9642	소외감	疏外感	명	16
9599	붕어01		명	16		9643	소집	召集	명	16
9600	브리지	bridge	명	16		9644	소쿠리		명	16
9601	비극적	悲劇的	관	16		9645	속마음		명	16
9602	비극적	悲劇的	명	16		9646	손꼽히다		동	16
9603	비정상적	非正常的	명	16		9647	손잡다		동	16
9604	비평가	批評家	명	16		9648	솔밭		명	16
9605	빨간색	-色	명	16		9649	쇠퇴	衰退	명	16
9606	빨리다01	피를 ~	동	16		9650	수갑02	手匣	명	16
9607	빨아들이다		동	16		9651	수렵	狩獵	명	16
9608	사극01	史劇	명	16		9652	수정하다03	修正-	동	16
9609	사내03	社內	명	16		9653	숙녀	淑女	명	16
9610	사단07	師團	명	16		9654	순찰	巡察	명	16
9611	사립04	私立	명	16		9655	순하다02	順-	형	16
9612	사생활	私生活	명	16		9656	스티로폼	styrofoam	명	16
9613	사신12	使臣	명	16		9657	승선02	乘船	명	16
9614	사운드	sound	명	16		9658	시댁	媤宅	명	16
9615	사이사이		명	16		9659	시도01	市道	명	16
9616	사자11	獅子	명	16		9660	시부모	媤父母	명	16
9617	사채01	私債	명	16		9661	시적01	詩的	관	16
9618	사형01	死刑	명	16		9662	시행착오	施行錯誤	명	16
9619	산더미	山-	명	16		9663	식단01	食單	명	16
9620	산성비	酸性-	명	16		9664	신년사	新年辭	명	16
9621	살벌하다	殺伐-	형	16		9665	신뢰성	信賴性	명	16
9622	삼각01	三角	명	16		9666	신체적	身體的	명	16
9623	상관관계	相關關係	명	16		9667	신학01	神學	명	16
9624	상반되다	相反-	동	16		9668	실마리		명	16
9625	상수원	上水原	명	16		9669	실무자	實務者	명	16
9626	상투적	常套的	명	16		9670	실수하다	失手-	동	16
9627	새끼01	~줄	명	16		9671	실질적	實質的	관	16
9628	새소리		명	16		9672	십오	十五	관	16
9629	새파랗다		형	16		9673	싱그럽다		형	16

9674	쌀알		명	16		9718	요체02	要諦	명	16
9675	쓴맛		명	16		9719	욕하다	辱-	동	16
9676	씩01		부	16		9720	용이하다	容易-	형	16
9677	아랫도리01		명	16		9721	우물가		명	16
9678	아련하다		형	16		9722	우익01	右翼	명	16
9679	안정적	安定的	명	16		9723	울상	-相	명	16
9680	앞발		명	16		9724	위아래		명	16
9681	애국자	愛國者	명	16		9725	유감스럽다	遺憾	형	16
9682	애원하다02	哀願-	동	16		9726	유식하다01	有識-	형	16
9683	야권	野圈	명	16		9727	유연하다05	柔軟-	형	16
9684	야생01	野生	명	16		9728	유효하다	有效-	형	16
9685	야옹01		부	16		9729	음대01	音大	명	16
9686	양성하다01	養成-	동	16		9730	음반	音盤	명	16
9687	어허		감	16		9731	응용	應用	명	16
9688	언저리		명	16		9732	의논	議論	명	16
9689	얻어맞다		동	16		9733	이09	二	수	16
9690	얼마간	-間	명	16		9734	이래서		불	16
9691	엄밀하다	嚴密-	형	16		9735	이룩되다		동	16
9692	엉기다01		동	16		9736	이리하여		접	16
9693	에이01		감	16		9737	이목04	耳目	명	16
9694	에피소드	episode	명	16		9738	이발소	理髮所	명	16
9695	엑스03	X.영어 자모	명	16		9739	인가01	人家	명	16
9696	여념	餘念	명	16		9740	인색하다	吝嗇-	형	16
9697	여파01	餘波	명	16		9741	인성	人性	명	16
9698	연대01	年代	명	16		9742	일컬어지다		동	16
9699	열등성	劣等性	명	16		9743	일터		명	16
9700	열세02	劣勢	명	16		9744	임지02	林地	명	16
9701	열한		관	16		9745	입수하다01	入手-	동	16
9702	염소01		명	16		9746	자그마하다		형	16
9703	영세04	零細	명	16		9747	자못		부	16
9704	예03		대	16		9748	자살하다01	自殺-	동	16
9705	예고01	豫告	명	16		9749	자연적	自然的	명	16
9706	오름세	-勢	명	16		9750	자질03	資質	명	16
9707	오케이	OK	감	16		9751	장례식	葬禮式	명	16
9708	온화하다01	溫和-	형	16		9752	장본인	張本人	명	16
9709	올여름		명	16		9753	장승		명	16
9710	옹호하다	擁護	동	16		9754	재구성하다	再構成-	동	16
9711	왕초	王-	명	16		9755	재수03	財數	명	16
9712	외상01		명	16		9756	재앙	災殃	명	16
9713	외제05	外製	명	16		9757	재작년	再昨年	명	16
9714	외출하다	外出-	동	16		9758	재채기		명	16
9715	외형02	外形	명	16		9759	재테크	財tech	명	16
9716	요거01		대	16		9760	저렴하다	低廉-	형	16
9717	요양02	療養	명	16		9761	저만큼		부	16

9762	전구10	電球	명	16	9806	철판02	鐵板	명	16
9763	전례03	前例	명	16	9807	청량음료	淸凉飮料	명	16
9764	전문성	專門性	명	16	9808	청중	聽衆	명	16
9765	전문점	專門店	명	16	9809	체포되다	逮捕-	동	16
9766	전문화	專門化	명	16	9810	초과02	超過	명	16
9767	전통문화	傳統文化	명	16	9811	초보자	初步者	명	16
9768	전환점	轉換點	명	16	9812	초청장	招請狀	명	16
9769	정거장	停車場	명	16	9813	촌스럽다	村-	형	16
9770	정립하다02	定立-	동	16	9814	추측되다	推測-	동	16
9771	정복하다	征服-	동	16	9815	칭호	稱號	명	16
9772	정서적	情緖的	관	16	9816	카레	curry	명	16
9773	정치권력	政治權力	명	16	9817	컨디션	condition	명	16
9774	정통성	正統性	명	16	9818	케이스02	경우	명	16
9775	제조업체	製造業體	명	16	9819	코스모스01	cosmos	명	16
9776	조각가	彫刻家	명	16	9820	쾌락01	快樂	명	16
9777	조화시키다	調和-	동	16	9821	클리닉	clinic	명	16
9778	존댓말	尊待-	명	16	9822	키04	key	명	16
9779	좁혀지다		동	16	9823	킬로	kilo	의	16
9780	죄수	罪囚	명	16	9824	타이틀	title	명	16
9781	주05	州	명	16	9825	토론자	討論者	명	16
9782	주범01	主犯	명	16	9826	통찰01	洞察	명	16
9783	주전자	酒煎子	명	16	9827	트랜지스터	transistor	명	16
9784	중견01	中堅	명	16	9828	특위	特委	명	16
9785	즉위하다	卽位-	동	16	9829	튼튼히		부	16
9786	지배되다	支配-	동	16	9830	티셔츠	T-shirts	명	16
9787	지신01	地神	명	16	9831	파04	派	명	16
9788	지우다05	짐을 ~	동	16	9832	파격적	破格的	명	16
9789	지원하다03	志願-	동	16	9833	파병01	派兵	명	16
9790	지저귀다		동	16	9834	파트	part	명	16
9791	지프	jeep	명	16	9835	팽배하다	澎湃-	동	16
9792	직시하다	直視-	동	16	9836	퍼스트	first	명	16
9793	진술하다	陳述-	동	16	9837	페놀	phenol	명	16
9794	질경이		명	16	9838	페인트02	paint	명	16
9795	질소02	窒素	명	16	9839	편성하다	編成-	동	16
9796	집계되다	集計-	동	16	9840	편익	便益	명	16
9797	징검다리01		명	16	9841	편찬	編纂	명	16
9798	짜임새		명	16	9842	평상시	平常時	명	16
9799	찡그리다		동	16	9843	평형80	坪形	의	16
9800	찬성01	贊成	명	16	9844	폐쇄	閉鎖	명	16
9801	창당	創黨	명	16	9845	폐허02	廢墟	명	16
9802	찾아들다		동	16	9846	포12	砲	명	16
9803	채비		명	16	9847	포기02	抛棄	명	16
9804	철거01	撤去	명	16	9848	포로01	捕虜	명	16
9805	철사05	鐵絲	명	16	9849	표준화	標準化	명	16

9850	품위	品位	명	16	9894	강북	江北	명	15
9851	프로세서	processor	명	16	9895	강행하다	强行-	동	15
9852	하락하다	下落-	동	16	9896	개막되다	開幕-	동	15
9853	학교생활	學校生活	명	16	9897	개방적	開放的	명	15
9854	학벌	學閥	명	16	9898	개성적	個性的	명	15
9855	한둘		수	16	9899	갸웃거리다		동	15
9856	한술		명	16	9900	거구02	巨軀	명	15
9857	합당하다01	合當-	형	16	9901	거리02	반찬~	의	15
9858	합법적	合法的	명	16	9902	게을리		부	15
9859	해물	海物	명	16	9903	견직물	絹織物	명	15
9860	해석하다01	解析-	동	16	9904	결여01	缺如	명	15
9861	해소되다01	解消-	동	16	9905	결정론	決定論	명	15
9862	핵심적	核心的	명	16	9906	경호실장	警護室長	명	15
9863	향약01	鄕約	명	16	9907	계04	契	명	15
9864	허물다02		동	16	9908	계속적	繼續的	명	15
9865	허술하다		형	16	9909	계정01	計定	명	15
9866	허영다		형	16	9910	고래01	동물	명	15
9867	현기증	眩氣症	명	16	9911	고무신		명	15
9868	현세01	現世	명	16	9912	고사리		명	15
9869	현저하다02	顯著-	형	16	9913	고사하고	姑捨-	부	15
9870	협동	協同	명	16	9914	고졸02	高卒	명	15
9871	형05	型	명	16	9915	고질적	痼疾的	명	15
9872	형벌	刑罰	명	16	9916	고춧가루		명	15
9873	형이상학적	形而上學的	관	16	9917	골04	골짜기	명	15
9874	호감	好感	명	16	9918	공경02	恭敬	명	15
9875	호적02	戶籍	명	16	9919	공고03	公告	명	15
9876	혼나다	魂-	동	16	9920	공소04	公訴	명	15
9877	화목하다	和睦-	형	16	9921	공정성	公正性	명	15
9878	확률	確率	명	16	9922	관동04	關東	명	15
9879	환각02	幻覺	명	16	9923	관람	觀覽	명	15
9880	핵		부	16	9924	관사04	官舍	명	15
9881	회상하다02	回想-	동	16	9925	관제탑	管制塔	명	15
9882	후기대	後期大	명	16	9926	광물	鑛物	명	15
9883	후보생	候補生	명	16	9927	광주리01		명	15
9884	훑다		동	16	9928	괴다01	모이다	동	15
9885	가계08	家計	명	15	9929	교단03	敎壇	명	15
9886	가로젓다		동	15	9930	교외01	郊外	명	15
9887	가로채다		동	15	9931	교육비	敎育費	명	15
9888	가만		부	15	9932	교정12	矯正	명	15
9889	가부장제	家父長制	명	15	9933	구덩이		명	15
9890	가히02	可-	부	15	9934	국립	國立	명	15
9891	감미롭다	甘味-	형	15	9935	국선04	國選	명	15
9892	감정적01	感情的	명	15	9936	군수04	郡守	명	15
9893	강구하다03	講究-	동	15	9937	군주01	君主	명	15

9938	굴04	窟	명	15		9982	당번01	當番	명	15
9939	궁극적	窮極的	관	15		9983	당부02	當付	명	15
9940	그지없다		형	15		9984	대04	大	명	15
9941	근04	近	관	15		9985	대수롭다		형	15
9942	금02	~을 긋다	명	15		9986	데이터	data	명	15
9943	금융계	金融界	명	15		9987	도출하다02	導出-	동	15
9944	기무사	機務司	명	15		9988	독소02	毒素	명	15
9945	기억되다	記憶-	동	15		9989	돈오	頓悟	명	15
9946	기와01		명	15		9990	뒤통수		명	15
9947	기획하다	企劃-	동	15		9991	뒤틀리다		동	15
9948	길러지다		동	15		9992	뒷골목		명	15
9949	까다01		동	15		9993	득점	得點	명	15
9950	깨치다01		동	15		9994	들어주다		동	15
9951	꽃씨		명	15		9995	디자이너	designer	명	15
9952	꾸준하다		형	15		9996	따로따로01		부	15
9953	나룻배		명	15		9997	뚝뚝01	빗방울이 ~ 떨어지다	부	15
9954	나른하다		형	15		9998	뛰어나가다		동	15
9955	나약하다	懦弱-	형	15		9999	뛰어놀다		동	15
9956	나열하다02	羅列-	동	15		10000	뜻있다		형	15
9957	난방02	暖房	명	15		10001	라디에이터	radiator	명	15
9958	남매간	男妹間	명	15		10002	라이벌	rival	명	15
9959	남아01	男兒	명	15		10003	레지스터	register	명	15
9960	내딛다		동	15		10004	마나님		명	15
9961	내리치다01		동	15		10005	마비되다	痲痺-	동	15
9962	내면적	內面的	명	15		10006	막05	幕	의	15
9963	내용물	內容物	명	15		10007	만지작거리다		동	15
9964	내음		명	15		10008	말03	斗	의	15
9965	내포되다	內包-	동	15		10009	말단	末端	명	15
9966	녹화03	錄畵	명	15		10010	망발	妄發	명	15
9967	논평	論評	명	15		10011	맞대다		동	15
9968	농구07	籠球	명	15		10012	매매06	賣買	명	15
9969	농기구	農器具	명	15		10013	매번	每番	부	15
9970	눈짓		명	15		10014	매이다01		동	15
9971	뉘우치다		동	15		10015	먹다01	귀를 ~	동	15
9972	능동적	能動的	관	15		10016	멀찌감치		부	15
9973	능선01	稜線	명	15		10017	면제01	免除	명	15
9974	다듬이		명	15		10018	멸망하다	滅亡-	동	15
9975	다량	多量	명	15		10019	명색01	名色	명	15
9976	다소01	多少	명	15		10020	모티프	&프motif	명	15
9977	단속하다01	團束-	동	15		10021	몰락하다	沒落-	동	15
9978	단장08	團長	명	15		10022	묘소03	墓所	명	15
9979	달다04	무게를 ~	동	15		10023	무81	無 1~2패	의	15
9980	담보03	擔保	명	15		10024	무관심하다	無關心-	형	15
9981	담지자	擔持者	명	15		10025	무단02	無斷	명	15

번호	단어	한자/원어	품사	숫자
10026	무례하다	無禮-	형	15
10027	무사하다04	無事-	형	15
10028	무장하다	武裝-	동	15
10029	묵인하다	黙認-	동	15
10030	문고01	文庫	명	15
10031	문물01	文物	명	15
10032	문화인	文化人	명	15
10033	물방울		명	15
10034	미숙하다	未熟-	형	15
10035	반듯하다01		형	15
10036	반사적	反射的	명	15
10037	반하다01		동	15
10038	발부되다	發付-	동	15
10039	발포05	發砲	명	15
10040	발휘되다	發揮-	동	15
10041	밤낮		명	15
10042	방불하다	彷彿-	형	15
10043	배구06	排球	명	15
10044	배기가스	排氣gas	명	15
10045	배열02	配列	명	15
10046	배출하다02	排出-	동	15
10047	백차01	白車	명	15
10048	뱃놈		명	15
10049	번번이01	番番-	부	15
10050	번역되다	飜譯-	동	15
10051	번역하다	飜譯-	동	15
10052	번영02	繁榮	명	15
10053	벗겨지다		동	15
10054	변모하다	變貌-	동	15
10055	변신하다01	變身-	동	15
10056	변형시키다	變形-	동	15
10057	별문제	別問題	명	15
10058	병아리		명	15
10059	보모	保姆	명	15
10060	보조개		명	15
10061	보탬		명	15
10062	복종01	服從	명	15
10063	본능적	本能的	명	15
10064	본보기	本-	명	15
10065	볼80	ball	명	15
10066	부각되다	浮刻-	동	15
10067	부담감	負擔感	명	15
10068	부지런하다		형	15
10069	부채04	負債	명	15
10070	부피		명	15
10071	분노하다	憤怒-	동	15
10072	분수05	分數	명	15
10073	불구04	不拘	명	15
10074	불씨01		명	15
10075	붙여지다		동	15
10076	브로커	broker	명	15
10077	비기다01		동	15
10078	비무장	非武裝	명	15
10079	비법02	秘法	명	15
10080	빙02		부	15
10081	빙그레		부	15
10082	빛내다		동	15
10083	빼돌리다		동	15
10084	뺏기다		동	15
10085	사당06	祠堂	명	15
10086	사죄04	謝罪	명	15
10087	산간	山間	명	15
10088	산골02	山-	명	15
10089	상영01	上映	명	15
10090	상하01	上下	명	15
10091	생사02	生死	명	15
10092	생체	生體	명	15
10093	생활용품	生活用品	명	15
10094	서문03	序文	명	15
10095	서비스업	service業	명	15
10096	선거철	選擧-	명	15
10097	선심01	善心	명	15
10098	선진화	先進化	명	15
10099	선출02	選出	명	15
10100	선풍기	扇風機	명	15
10101	선호되다	選好-	동	15
10102	설혹	設或	부	15
10103	성가시다		형	15
10104	세기02		명	15
10105	세로01		명	15
10106	섹시하다	sexy-	형	15
10107	소름		명	15
10108	소변01	小便	명	15
10109	소비량	消費量	명	15
10110	소비하다	消費-	동	15
10111	소유지	所有地	명	15
10112	소장07	少將	명	15
10113	속되다	俗-	형	15

10114	손놀림		명	15
10115	솟아나다		동	15
10116	송송		부	15
10117	수거하다	收去-	동	15
10118	수뇌부	首腦部	명	15
10119	수리하다02	修理-	동	15
10120	수사하다07	搜査-	동	15
10121	수월하다		형	15
10122	수주06	受注	명	15
10123	수차례	數次例	명	15
10124	수행01	修行	명	15
10125	순순히01	順順-	부	15
10126	스물		수	15
10127	시간적	時間的	관	15
10128	시도되다	試圖-	동	15
10129	시설물	施設物	명	15
10130	시한02	時限	명	15
10131	식료품	食料品	명	15
10132	식히다		동	15
10133	신극사	新劇史	명	15
10134	신바람01		명	15
10135	실용성	實用性	명	15
10136	싫어지다		동	15
10137	십이십이	十二十二	명	15
10138	씻기다02	아이를 ~	동	15
10139	아낙		명	15
10140	아랑곳없이		부	15
10141	아직껏		부	15
10142	안전사고	安全事故	명	15
10143	알01		의	15
10144	애타다		동	15
10145	야09	野	명	15
10146	양적01	量的	명	15
10147	어획량	漁獲量	명	15
10148	억누르다		동	15
10149	얼리다03	물을 ~	동	15
10150	엄연하다02	儼然-	형	15
10151	여러모로		부	15
10152	여미다		동	15
10153	여직원	女職員	명	15
10154	여행용	旅行用	명	15
10155	연립	聯立	명	15
10156	연습02	演習	명	15
10157	연평균	年平均	명	15
10158	열려지다		동	15
10159	열리다01	열매가 ~	동	15
10160	염화플루오르화탄소		명	15
10161	영영01	永永	부	15
10162	옆방	-房	명	15
10163	예리하다	銳利-	형	15
10164	오냐		감	15
10165	오라버니		명	15
10166	오리다01		동	15
10167	오피스텔	office hotel	명	15
10168	올가을		명	15
10169	와이셔츠	white shirts	명	15
10170	완강하다02	頑强-	형	15
10171	요번	-番	명	15
10172	요정02	妖精	명	15
10173	요지03	要地	명	15
10174	용공01	容共	명	15
10175	우열06	優劣	명	15
10176	우주선01	宇宙船	명	15
10177	우파01	右派	명	15
10178	운동회	運動會	명	15
10179	움켜쥐다		동	15
10180	원근법	遠近法	명	15
10181	원전04	原典	명	15
10182	원피스	one-piece	명	15
10183	위장02	胃臟	명	15
10184	윗사람		명	15
10185	유예01	猶豫	명	15
10186	유일06	唯一	명	15
10187	유죄01	有罪	명	15
10188	유한하다01	有限-	형	15
10189	은퇴하다	隱退-	동	15
10190	의젓하다		형	15
10191	의정07	議政	명	15
10192	이러저러하다		형	15
10193	이민03	移民	명	15
10194	이성10	異性	명	15
10195	이세01	二世	명	15
10196	이혼하다	離婚-	동	15
10197	인류학자	人類學者	명	15
10198	인제01		명	15
10199	일리03	一理	명	15
10200	일원02	一員	명	15
10201	일체02	一體	명	15

10202	임금님		명	15		10246	주목받다	注目-	동	15
10203	임박하다	臨迫-	동	15		10247	주문03	呪文	명	15
10204	입사하다04	入社-	동	15		10248	주연01	主演	명	15
10205	입체02	立體	명	15		10249	중도04	中道	명	15
10206	자국04	自國	명	15		10250	중형02	中型	명	15
10207	자본가	資本家	명	15		10251	지가03	地價	명	15
10208	자상하다01	仔詳-	형	15		10252	지그시		부	15
10209	자생하다01	自生-	동	15		10253	지껄이다		동	15
10210	자초하다01	自招-	동	15		10254	지능	知能	명	15
10211	잡혀가다		동	15		10255	지름02		명	15
10212	장로01	長老	명	15		10256	지면03	紙面	명	15
10213	장성07	將星	명	15		10257	지배인	支配人	명	15
10214	재검토하다	再檢討-	동	15		10258	지속하다	持續-	동	15
10215	재고04	在庫	명	15		10259	지피다02		동	15
10216	재무	財務	명	15		10260	지하자원	地下資源	명	15
10217	재생산하다	再生産-	동	15		10261	지휘하다	指揮-	동	15
10218	재우다01	고기를 양념에 ~	동	15		10262	집무실	執務室	명	15
10219	재직01	在職	명	15		10263	집중력	集中力	명	15
10220	재현02	再現	명	15		10264	짓누르다		동	15
10221	쟁의	爭議	명	15		10265	쩔쩔매다		동	15
10222	저버리다		동	15		10266	차명	借名	명	15
10223	저지03	沮止	명	15		10267	차지01		명	15
10224	저질02	低質	명	15		10268	참치01		명	15
10225	전담02	專擔	명	15		10269	창단	創團	명	15
10226	전시되다	展示-	동	15		10270	찾아지다		동	15
10227	전화통	電話筒	명	15		10271	처리장	處理場	명	15
10228	절벽	絶壁	명	15		10272	천문학자	天文學者	명	15
10229	점수03	漸修	명	15		10273	철02	~이 들다	명	15
10230	점쟁이	占-	명	15		10274	청바지	靑-	명	15
10231	정신노동	精神勞動	명	15		10275	청자01	靑瓷	명	15
10232	정조13	情操	명	15		10276	청탁02	請託	명	15
10233	정종03	正宗	명	15		10277	체결되다	締結-	동	15
10234	정치력	政治力	명	15		10278	초경량	超輕量	명	15
10235	정파01	政派	명	15		10279	총알	銃-	명	15
10236	제공되다	提供-	동	15		10280	추가되다	追加-	동	15
10237	제삼자	第三者	명	15		10281	축적하다	蓄積-	동	15
10238	제작자	製作者	명	15		10282	축축하다		형	15
10239	조심스레	操心-	부	15		10283	춘추03	春秋	명	15
10240	조약돌		명	15		10284	출간	出刊	명	15
10241	조언01	助言	명	15		10285	출두하다02	出頭-	동	15
10242	졸리다01	자고 싶다	동	15		10286	치료법	治療法	명	15
10243	졸음01		명	15		10287	치우다01		보	15
10244	졸지02	猝地	명	15		10288	치유01	治癒	명	15
10245	종이컵	-cup	명	15		10289	침공01	侵攻	명	15

번호	단어	한자/영문	품사	빈도
10290	카80	car	명	15
10291	카타르시스	&ᄀcatharsis	명	15
10292	코끼리		명	15
10293	콘서트	concert	명	15
10294	큰소리01		명	15
10295	큰아들		명	15
10296	클렌저	cleanser	명	15
10297	타사02	他社	명	15
10298	탄광02	炭鑛	명	15
10299	탄탄하다01		형	15
10300	탐구하다01	探求-	동	15
10301	태교02	胎敎	명	15
10302	태산01	泰山	명	15
10303	톡02		부	15
10304	톱01		명	15
10305	통선	通船	명	15
10306	통치자	統治者	명	15
10307	퇴폐적	頹廢的	명	15
10308	투덜거리다		동	15
10309	투입되다	投入-	동	15
10310	투철하다	透徹-	형	15
10311	특급02	特級	명	15
10312	티02	기색	명	15
10313	평론	評論	명	15
10314	평일	平日	명	15
10315	평평하다	平平-	형	15
10316	폐쇄적	閉鎖的	명	15
10317	폐해	弊害	명	15
10318	표면적01	表面的	명	15
10319	표본	標本	명	15
10320	풀03	~이 꺾이다	명	15
10321	풀어지다		동	15
10322	풍80		명	15
10323	플레이오프	play-off	명	15
10324	필시	必是	부	15
10325	하구03	河口	명	15
10326	하자02	瑕疵	명	15
10327	학교장01	學校長	명	15
10328	학창01	學窓	명	15
10329	한겨울		명	15
10330	한사코	限死-	부	15
10331	한평생01	-平生	명	15
10332	해발03	海拔	명	15
10333	해수욕장	海水浴場	명	15
10334	핸드폰	hand phone	명	15
10335	행렬	行列	명	15
10336	허겁지겁		부	15
10337	허허01		부	15
10338	헌금	獻金	명	15
10339	헛되다		형	15
10340	헤엄치다		동	15
10341	헤집다		동	15
10342	형편없다	形便-	형	15
10343	호실01	號室	명	15
10344	혼전01	婚前	명	15
10345	화단04	花壇	명	15
10346	확대시키다	擴大-	동	15
10347	환호하다03	歡呼-	동	15
10348	활기차다	活氣-	형	15
10349	황금02	黃金	명	15
10350	효능	效能	명	15
10351	후려치다		동	15
10352	휘돌리다		동	15
10353	휴지통	休紙桶	명	15
10354	흉01		명	15
10355	흐려지다		동	15
10356	희망하다	希望-	동	15
10357	힘들어하다		동	15
10358	가느다랗다		형	14
10359	가발02	假髮	명	14
10360	가속도	加速度	명	14
10361	가시01	뾰족한 것	명	14
10362	각02	角	명	14
10363	갈비뼈		명	14
10364	감다02	머리를 ~	동	14
10365	감독하다02	監督-	동	14
10366	감방03	監房	명	14
10367	감염	感染	명	14
10368	감추어지다		동	14
10369	강대국	强大國	명	14
10370	강세03	强勢	명	14
10371	강의하다02	講義-	동	14
10372	갖춰지다		동	14
10373	개간03	開墾	명	14
10374	개선안	改善案	명	14
10375	개연성	蓋然性	명	14
10376	개요	槪要	명	14
10377	개입되다	介入-	동	14

10378	개척자	開拓者	명	14		10422	급여	給與	명	14
10379	객석	客席	명	14		10423	급증02	急增	명	14
10380	거리감	距離感	명	14		10424	기계론적	機械論的	관	14
10381	거리낌		명	14		10425	기관지02	機關紙	명	14
10382	거머리02	동물	명	14		10426	기교01	技巧	명	14
10383	거시02	巨視	명	14		10427	기름기	-氣	명	14
10384	걱정되다		동	14		10428	기소하다01	起訴-	동	14
10385	건수01	件數	명	14		10429	기승02	氣勝	명	14
10386	걷히다01	안개가 ~	동	14		10430	기지촌	基地村	명	14
10387	걸어오다02	싸움을 ~	동	14		10431	기척01		명	14
10388	결의문02	決議文	명	14		10432	기체03	氣體	명	14
10389	경리02	經理	명	14		10433	긴밀하다	緊密-	형	14
10390	경보08	警報	명	14		10434	깍듯이		부	14
10391	경제계	經濟界	명	14		10435	껍데기		명	14
10392	계급장	階級章	명	14		10436	꽁꽁01		부	14
10393	고03	~ 녀석	관	14		10437	꾸러미		명	14
10394	고립되다	孤立-	동	14		10438	꾸며지다		동	14
10395	고마움		명	14		10439	꿋꿋하다		형	14
10396	고약하다		형	14		10440	나지막하다		형	14
10397	고인03	故人	명	14		10441	낚시터		명	14
10398	고통받다	苦痛-	동	14		10442	난간03	欄干	명	14
10399	고혈압	高血壓	명	14		10443	난산02	難産	명	14
10400	공연하다02	公演-	동	14		10444	난해하다	難解-	형	14
10401	공익01	公益	명	14		10445	남서쪽	南西-	명	14
10402	공포감	恐怖感	명	14		10446	남자부	男子部	명	14
10403	관람하다	觀覽-	동	14		10447	낭만	浪漫	명	14
10404	관성02	慣性	명	14		10448	낮잠		명	14
10405	관중08	觀衆	명	14		10449	내과01	內科	명	14
10406	관직01	官職	명	14		10450	내역02	內譯	명	14
10407	관찰되다	觀察-	동	14		10451	냉기03	冷氣	명	14
10408	관철되다	貫徹-	동	14		10452	넷째		관	14
10409	교련	敎鍊	명	14		10453	노고03	勞苦	명	14
10410	교사제80	敎師制	명	14		10454	노동하다	勞動-	동	14
10411	교체하다	交替-	동	14		10455	놓여지다		동	14
10412	교황02	敎皇	명	14		10456	누그러지다		동	14
10413	구이01		명	14		10457	눈알		명	14
10414	구현04	具現	명	14		10458	눌리다01	누르다	동	14
10415	군자02	君子	명	14		10459	느긋하다02		형	14
10416	굴뚝		명	14		10460	다잡다		동	14
10417	권역	圈域	명	14		10461	단거리03	短距離	명	14
10418	권익	權益	명	14		10462	단자03	短資	명	14
10419	귤	橘	명	14		10463	담아내다		동	14
10420	그림책	-冊	명	14		10464	당일	當日	명	14
10421	극치04	極致	명	14		10465	대견하다01		형	14

10466	대대로02	代代-	부	14		10510	몸가짐		명	14
10467	대자보	大字報	명	14		10511	무당01		명	14
10468	대체적	大體的	명	14		10512	무서워하다		동	14
10469	대항적	對抗的	관	14		10513	무선02	無線	명	14
10470	댄스	dance	명	14		10514	무시되다	無視-	동	14
10471	더러움		명	14		10515	무용단	舞踊團	명	14
10472	덜컥01		부	14		10516	무자비하다	無慈悲-	형	14
10473	덥석		부	14		10517	무지개		명	14
10474	데뷔작		명	14		10518	무턱대고		부	14
10475	도랑01		명	14		10519	문법01	文法	명	14
10476	도시80	℃	의	14		10520	문인01	文人	명	14
10477	도편수	都-	명	14		10521	물02	옷감에 ~을 들이다	명	14
10478	돌려보내다		동	14		10522	물려받다		동	14
10479	동요01	動搖	명	14		10523	물리적	物理的	명	14
10480	동일02	同一	명	14		10524	미생물	微生物	명	14
10481	되01		의	14		10525	민생	民生	명	14
10482	된장찌개	-醬-	명	14		10526	민영	民營	명	14
10483	뒤잇다		동	14		10527	밀려들다		동	14
10484	드리우다01		동	14		10528	밀치다		동	14
10485	들03		의	14		10529	바게트	&프baguette	명	14
10486	들어차다		동	14		10530	반공01	反共	명	14
10487	등대06	燈臺	명	14		10531	반군03	叛軍	명	14
10488	등록되다	登錄-	동	14		10532	반민주	反民主	명	14
10489	떡시루		명	14		10533	발뒤꿈치		명	14
10490	뛰쳐나가다		동	14		10534	발표문	發表文	명	14
10491	뜨거워지다		동	14		10535	밤잠		명	14
10492	록03	rock	명	14		10536	방일80	訪日	명	14
10493	막무가내	莫無可奈	명	14		10537	배낭01	背囊	명	14
10494	말려들다		동	14		10538	배웅하다		동	14
10495	망가뜨리다		동	14		10539	배턴	baton	명	14
10496	망상01	妄想	명	14		10540	번들거리다01		동	14
10497	매수02	買收	명	14		10541	벌겋다		형	14
10498	매월	每月	부	14		10542	법대01	法大	명	14
10499	맺어지다		동	14		10543	벚꽃		명	14
10500	머슴		명	14		10544	베스트셀러	best seller	명	14
10501	멀리하다		동	14		10545	별안간	瞥眼間	명	14
10502	메이커	maker	명	14		10546	병신03	病身	명	14
10503	명05	命	명	14		10547	보강하다01	補强-	동	14
10504	모로01		부	14		10548	보약	補藥	명	14
10505	목걸이01		명	14		10549	볶음		명	14
10506	목구멍		명	14		10550	본문01	本文	명	14
10507	목돈		명	14		10551	볼링	bowling	명	14
10508	몰려가다		동	14		10552	부곡제	部曲制	명	14
10509	몰아붙이다		동	14		10553	부도덕하다	不道德-	형	14

10554	부식05	副食	명	14		10598	선망04	羨望	명	14
10555	부인02	否認	명	14		10599	선심성	善心性	명	14
10556	북서쪽	北西-	명	14		10600	선택되다	選擇-	동	14
10557	분과03	分課	명	14		10601	설계도	設計圖	명	14
10558	분리시키다	分離-	동	14		10602	설문지	設問紙	명	14
10559	분업	分業	명	14		10603	설사01	泄瀉	명	14
10560	분하다03	憤-	형	14		10604	설치다01	마구 날뛰다	동	14
10561	불거지다01		동	14		10605	성나다		동	14
10562	불현듯		부	14		10606	성숙되다	成熟-	동	14
10563	브라운관	Braun管	명	14		10607	성지05	聖地	명	14
10564	비끼다		동	14		10608	성큼01		부	14
10565	비둘기		명	14		10609	세계인	世界人	명	14
10566	비전11	vision	명	14		10610	세균	細菌	명	14
10567	비현실적	非現實的	명	14		10611	세태01	世態	명	14
10568	빈부	貧富	명	14		10612	셈01		명	14
10569	빗대다		동	14		10613	소금물		명	14
10570	빠지다02	물에 ~	보	14		10614	속06	屬	명	14
10571	빠짐없이		부	14		10615	속보02	速報	명	14
10572	빨리빨리		부	14		10616	속세	俗世	명	14
10573	빼어나다		형	14		10617	속출하다	續出-	동	14
10574	뿔01	~이 돋다	명	14		10618	손꼽다		동	14
10575	사도05	四都	명	14		10619	손목시계	-時計	명	14
10576	사돈	査頓	명	14		10620	수렴03	收斂	명	14
10577	사상적	思想的	관	14		10621	수립되다02	樹立-	동	14
10578	사실성	寫實性	명	14		10622	수산03	水産	명	14
10579	사용법	使用法	명	14		10623	수속01	手續	명	14
10580	사일구	四一九	명	14		10624	수심03	水深	명	14
10581	산뜻하다		형	14		10625	수양05	修養	명	14
10582	산문03	散文	명	14		10626	수작05	酬酌	명	14
10583	산중02	山中	명	14		10627	수종05	樹種	명	14
10584	살인자	殺人者	명	14		10628	수집하다01	收集-	동	14
10585	삼라만상	森羅萬象	명	14		10629	순리07	順理	명	14
10586	상사17	商社	명	14		10630	순화08	醇化	명	14
10587	상세히	詳細-	부	14		10631	순환하다	循環-	동	14
10588	상응하다	相應-	동	14		10632	숭상하다01	崇尙-	동	14
10589	상큼하다02		형	14		10633	스크랩	scrap	명	14
10590	새까맣다		형	14		10634	스키장	ski場	명	14
10591	색시01		명	14		10635	승화	昇華	명	14
10592	생활비	生活費	명	14		10636	시각적	視覺的	관	14
10593	서06	西	명	14		10637	시대적	時代的	명	14
10594	서기02	西紀	명	14		10638	시민권	市民權	명	14
10595	석방	釋放	명	14		10639	시판01	市販	명	14
10596	석연하다	釋然-	형	14		10640	시퍼렇다		형	14
10597	선도자	先導者	명	14		10641	신변01	身邊	명	14

10642	신병01	身柄	명	14		10686	예상외	豫想外	명	14
10643	신비롭다	神秘-	형	14		10687	예술성	藝術性	명	14
10644	신생02	新生	명	14		10688	오차	誤差	명	14
10645	신석기	新石器	명	14		10689	옷본	-本	명	14
10646	신입03	新入	명	14		10690	완료되다	完了-	동	14
10647	신종09	新種	명	14		10691	외교적	外交的	관	14
10648	신중히	愼重-	부	14		10692	요직	要職	명	14
10649	신축03	新築	명	14		10693	요컨대	要-	부	14
10650	실례02	實例	명	14		10694	용역	用役	명	14
10651	실용적	實用的	명	14		10695	우상04	偶像	명	14
10652	실재하다	實在-	동	14		10696	우수11	優秀	명	14
10653	실증	實證	명	14		10697	우연하다01	偶然-	형	14
10654	실증적	實證的	명	14		10698	움츠리다		동	14
10655	실효성	實效性	명	14		10699	원고지01	原稿紙	명	14
10656	심문03	審問	명	14		10700	원수01	元帥	명	14
10657	쑥03		부	14		10701	원자재	原資材	명	14
10658	쓰다06	나물이 ~	형	14		10702	원전80	原電	명	14
10659	쓱		부	14		10703	원조06	援助	명	14
10660	아궁이		명	14		10704	원천적	源泉的	명	14
10661	아따01		감	14		10705	원칙적	原則的	명	14
10662	아랫면		명	14		10706	위배되다	違背-	동	14
10663	아침밥		명	14		10707	위생	衛生	명	14
10664	아파하다		동	14		10708	위축02	萎縮	명	14
10665	악물다		동	14		10709	윗부분	-部分	명	14
10666	안정성	安定性	명	14		10710	유기적	有機的	관	14
10667	알아채다		동	14		10711	유도06	柔道	명	14
10668	압축되다	壓縮-	동	14		10712	유보02	留保	명	14
10669	앞문	-門	명	14		10713	유산04	流産	명	14
10670	어마어마하다		형	14		10714	유세05	遊說	명	14
10671	어안01		명	14		10715	육박하다02	肉薄-	동	14
10672	어이05	부르는 말	감	14		10716	육안01	肉眼	명	14
10673	엄중하다	嚴重-	형	14		10717	으르렁거리다		동	14
10674	엄지01		명	14		10718	은밀히	隱密-	부	14
10675	에테르	ether	명	14		10719	은퇴	隱退	명	14
10676	여지껏		부	14		10720	응급	應急	명	14
10677	여행자	旅行者	명	14		10721	응급실	應急室	명	14
10678	연계03	連繫	명	14		10722	의무적	義務的	명	14
10679	연습실	練習室	명	14		10723	이년		대	14
10680	연약하다01	軟弱-	형	14		10724	이력03	履歷	명	14
10681	열거하다	列擧-	동	14		10725	이만하다		형	14
10682	열사01	烈士	명	14		10726	이색05	異色	명	14
10683	영수증	領收證	명	14		10727	이쑤시개		명	14
10684	영주05	領主	명	14		10728	이원론	二元論	명	14
10685	예비군	豫備軍	명	14		10729	이적03	利敵	명	14

10730	인내심	忍耐心	명	14	10774	전형04	典型	명	14
10731	인도02	보도	명	14	10775	점치다01	占-	동	14
10732	인방80	人幇. 4~	의	14	10776	정겹다	情-	형	14
10733	인쇄되다	印刷	동	14	10777	정돈하다02	整頓-	동	14
10734	인자하다01	仁慈	형	14	10778	정변03	政變	명	14
10735	인접하다02	隣接-	동	14	10779	정의롭다	正義	형	14
10736	일간지	日刊紙	명	14	10780	정전06	正殿	명	14
10737	일절02	一切	부	14	10781	정절03	貞節	명	14
10738	일축하다	一蹴-	동	14	10782	정지시키다	停止-	동	14
10739	임해02	臨海	명	14	10783	정지하다01	停止-	동	14
10740	입단02	入團	명	14	10784	정화하다04	淨化-	동	14
10741	입춘	立春	명	14	10785	젖소		명	14
10742	잉어01		명	14	10786	조선03	造船	명	14
10743	자기12	磁氣	명	14	10787	조직화	組織化	명	14
10744	자기주장	自己主張	명	14	10788	조화04	造化	명	14
10745	자동적	自動的	명	14	10789	존경	尊敬	명	14
10746	자립하다	自立-	동	14	10790	종아리		명	14
10747	자사07	自社	명	14	10791	종종걸음		명	14
10748	자원02	自願	명	14	10792	좌절감	挫折感	명	14
10749	자유인	自由人	명	14	10793	주변국	周邊國	명	14
10750	자율적	自律的	관	14	10794	주식01	主食	명	14
10751	자제01	子弟	명	14	10795	줄짓다		동	14
10752	자청하다	自請-	동	14	10796	중산층	中産層	명	14
10753	작별	作別	명	14	10797	지나오다		동	14
10754	작업복	作業服	명	14	10798	지원07	志願	명	14
10755	잔액	殘額	명	14	10799	지질04	地質	명	14
10756	잔재02	殘滓	명	14	10800	직06	職	명	14
10757	잡아끌다		동	14	10801	직계01	直系	명	14
10758	잡아내다		동	14	10802	직관03	直觀	명	14
10759	장기08	長技	명	14	10803	진솔하다	眞率-	형	14
10760	재수생	再修生	명	14	10804	집권하다01	執權-	동	14
10761	재현하다	再現-	동	14	10805	짜여지다		동	14
10762	저미다		동	14	10806	차관보	次官補	명	14
10763	저분01		대	14	10807	창작하다	創作-	동	14
10764	저임금	低賃金	명	14	10808	책방01	冊房	명	14
10765	저장되다	貯藏-	동	14	10809	처02	妻	명	14
10766	전갈02	傳喝	명	14	10810	철조망	鐵條網	명	14
10767	전년	前年	명	14	10811	철폐01	撤廢	명	14
10768	전등07	電燈	명	14	10812	첫날밤		명	14
10769	전방01	前方	명	14	10813	첫사랑		명	14
10770	전시실	展示室	명	14	10814	청각02	聽覺	명	14
10771	전자레인지	電子range	명	14	10815	청경채		명	14
10772	전자식	電子式	명	14	10816	청취자	聽取者	명	14
10773	전학	轉學	명	14	10817	체격	體格	명	14

10818	체념02	諦念	명	14	10862	패권	覇權	명	14
10819	체념하다01	諦念-	동	14	10863	팽창하다	膨脹-	동	14
10820	체취	體臭	명	14	10864	팽팽하다02		형	14
10821	초성03	初聲	명	14	10865	펑크	puncture	명	14
10822	추가하다	追加-	동	14	10866	페널티	penalty	명	14
10823	추수02	秋收	명	14	10867	편승하다	便乘-	동	14
10824	추정02	推定	명	14	10868	편찬하다	編纂-	동	14
10825	추진력	推進力	명	14	10869	편향	偏向	명	14
10826	추측하다	推測-	동	14	10870	평안01	平安	명	14
10827	축01		의	14	10871	평준화	平準化	명	14
10828	축방02	築防	명	14	10872	폭발적	暴發的	명	14
10829	출자	出資	명	14	10873	폭우	暴雨	명	14
10830	취약하다	脆弱-	형	14	10874	표고버섯		명	14
10831	취해지다	取-	동	14	10875	표상	表象	명	14
10832	층계	層階	명	14	10876	푸념		명	14
10833	칠판	漆板	명	14	10877	풀이		명	14
10834	침체되다	沈滯-	동	14	10878	플루토늄	plutonium	명	14
10835	캐내다		동	14	10879	피력하다	披瀝-	동	14
10836	컨트롤	control	명	14	10880	필연01	必然	명	14
10837	코앞		명	14	10881	핑01	눈물이 ~ 돌다	부	14
10838	콩트01	&프conte	명	14	10882	하다못해		부	14
10839	크리스마스	Christmas	명	14	10883	하루하루		명	14
10840	탁구	卓球	명	14	10884	하숙생	下宿生	명	14
10841	탄생시키다	誕生-	동	14	10885	하위문화	下位文化	명	14
10842	태08	胎	명	14	10886	학문적	學問的	명	14
10843	태반01	太半	명	14	10887	핥다		동	14
10844	토착	土着	명	14	10888	함성02	喊聲	명	14
10845	톱니		명	14	10889	항복	降伏	명	14
10846	통07		부	14	10890	해변	海邊	명	14
10847	통신사03	通信使	명	14	10891	해석되다	解釋-	동	14
10848	통용되다	通用-	동	14	10892	해제03	解除	명	14
10849	통통하다01		형	14	10893	해체하다	解體-	동	14
10850	통틀어		부	14	10894	행랑	行廊	명	14
10851	통합되다	統合-	동	14	10895	향유하다	享有-	동	14
10852	퇴폐02	頹廢	명	14	10896	허구하다01	許久-	형	14
10853	투수01	投手	명	14	10897	허덕이다		동	14
10854	투시경	透視鏡	명	14	10898	허무	虛無	명	14
10855	툭툭01		부	14	10899	허세02	虛勢	명	14
10856	튀기다02	기름에 ~	동	14	10900	허약하다02	虛弱-	형	14
10857	특정인	特定人	명	14	10901	허허02		감	14
10858	파급	波及	명	14	10902	헛간		명	14
10859	파랑01		명	14	10903	현대적	現代的	명	14
10860	파출부	派出婦	명	14	10904	현존하다	現存-	동	14
10861	팔다리		명	14	10905	현행법	現行法	명	14

10906	혈	穴	명	14		10950	개찰구	改札口	명	13
10907	형03	形	명	14		10951	갯가		명	13
10908	형제간	兄弟間	명	14		10952	거래되다	去來-	동	13
10909	형체	形體	명	14		10953	거의01		명	13
10910	호소01	呼訴	명	14		10954	거칠어지다		동	13
10911	호통01		명	14		10955	건강식품	健康食品	명	13
10912	혼란스럽다01	混亂-	형	14		10956	건달	乾達	명	13
10913	혼인하다	婚姻-	동	14		10957	건축가	建築家	명	13
10914	홀가분하다		형	14		10958	걸레01		명	13
10915	화력	火力	명	14		10959	검출되다	檢出-	동	13
10916	화물선	貨物船	명	14		10960	검토되다	檢討-	동	13
10917	확인시키다	確認-	동	14		10961	겉보기		명	13
10918	환율제	換率制	명	14		10962	게재되다	揭載-	동	13
10919	황무지01	荒蕪地	명	14		10963	겨울새		명	13
10920	황소01		명	14		10964	견습원	見習員	명	13
10921	회13	膾	명	14		10965	결사04	結社	명	13
10922	회복시키다	回復-	동	14		10966	결산서	決算書	명	13
10923	회사원	會社員	명	14		10967	겸손	謙遜	명	13
10924	회원국	會員國	명	14		10968	겹겹이		부	13
10925	회화03	會話	명	14		10969	겹쳐지다		동	13
10926	후진04	後進	명	14		10970	경련02	痙攣	명	13
10927	후퇴하다	後退-	동	14		10971	경사06	傾斜	명	13
10928	휘젓다		동	14		10972	경시07	輕視	명	13
10929	흘기다		동	14		10973	경영권	經營權	명	13
10930	흙탕물	-湯	명	14		10974	경영인	經營人	명	13
10931	히다80	'하다'의 방언	동	14		10975	경협80	經協	명	13
10932	히트	hit	명	14		10976	계율01	戒律	명	13
10933	가01	우물~	명	13		10977	계집아이		명	13
10934	가07	家	명	13		10978	고거01		대	13
10935	가내	家內	명	13		10979	고대사01	古代史	명	13
10936	가담하다	加擔-	동	13		10980	고독하다02	孤獨-	형	13
10937	가동07	稼動	명	13		10981	고려되다01	考慮-	동	13
10938	가렵다		형	13		10982	고문09	顧問	명	13
10939	가마솥		명	13		10983	고안하다	考案-	동	13
10940	가야금	伽倻琴	명	13		10984	고정06	固定	명	13
10941	갈꽃		명	13		10985	고쳐지다		동	13
10942	강구04	江口	명	13		10986	골동품	骨董品	명	13
10943	강단03	講壇	명	13		10987	공공연히	公公然	부	13
10944	강인하다03	强靭-	형	13		10988	공동체적	共同體的	명	13
10945	강해지다	强-	동	13		10989	공시01	公示	명	13
10946	개념화하다	槪念化-	동	13		10990	공채03	公採	명	13
10947	개의하다01	介意-	동	13		10991	공헌02	貢獻	명	13
10948	개인주의	個人主義	명	13		10992	관리직	管理職	명	13
10949	개장07	開場	명	13		10993	관문06	關門	명	13

10994	관장하다03	管掌-	동	13		11038	눈자위		명	13
10995	관저	官邸	명	13		11039	능가하다	凌駕-	동	13
10996	광대02		명	13		11040	늦가을		명	13
10997	광택02	光澤	명	13		11041	다발01		명	13
10998	교육하다	敎育-	동	13		11042	다양화	多樣化	명	13
10999	구01	九	수	13		11043	다이어트	diet	명	13
11000	구내04	構內	명	13		11044	다큐멘터리	documentary	명	13
11001	구제하다01	救濟-	동	13		11045	다행하다	多幸-	형	13
11002	구조화되다	構造化-	동	13		11046	단기적	短期的	명	13
11003	구체화하다	具體化-	동	13		11047	단언하다02	斷言-	동	13
11004	국가론	國家論	명	13		11048	단전호흡	丹田呼吸	명	13
11005	국고	國庫	명	13		11049	단체전	團體戰	명	13
11006	굴레01		명	13		11050	달성	達成	명	13
11007	굶어지다		동	13		11051	담배꽁초		명	13
11008	굽		명	13		11052	담화03	談話	명	13
11009	궁금해하다		동	13		11053	답변하다	答辯-	동	13
11010	권유하다02	勸誘-	동	13		11054	답사04	踏査	명	13
11011	귀족적	貴族的	명	13		11055	당돌하다01	唐突-	형	13
11012	그때그때		명	13		11056	대담하다01	大膽-	형	13
11013	그리도		부	13		11057	대두하다02	擡頭-	동	13
11014	극성05	極盛	명	13		11058	대립되다	對立-	동	13
11015	근간03	根幹	명	13		11059	대법원장	大法院長	명	13
11016	금강초롱	金剛-	명	13		11060	대비책	對備策	명	13
11017	기80	'것'의 방언	의	13		11061	대세01	大勢	명	13
11018	기계식	機械式	명	13		11062	대외적	對外的	명	13
11019	기습02	奇襲	명	13		11063	대표자	代表者	명	13
11020	기와집		명	13		11064	댕기다		동	13
11021	기왕	旣往	명	13		11065	던지기		명	13
11022	깜박거리다		동	13		11066	덫		명	13
11023	꾸지람		명	13		11067	도둑질		명	13
11024	나흘		명	13		11068	돌풍	突風	명	13
11025	남녀평등	男女平等	명	13		11069	동12	洞	명	13
11026	남아돌다		동	13		11070	동결하다	凍結-	동	13
11027	낭만적	浪漫的	명	13		11071	되뇌다		동	13
11028	낭만주의자	浪漫主義者	명	13		11072	두근거리다		동	13
11029	내재하다	內在-	동	13		11073	두목03	頭目	명	13
11030	냇가		명	13		11074	뒤돌아보다		동	13
11031	넓이		명	13		11075	뒤처지다		동	13
11032	노루목		명	13		11076	뒤척이다		동	13
11033	노모01	老母	명	13		11077	뒷머리		명	13
11034	노여움		명	13		11078	드넓다		형	13
11035	노크	knock	명	13		11079	드높다		형	13
11036	녹슬다	綠-	동	13		11080	드링크	drink	명	13
11037	논리적01	論理的	관	13		11081	디스토마	distoma	명	13

11082	따라나서다		동	13	11126	밀리그램	milligram	의	13
11083	똑똑히		부	13	11127	밀실	密室	명	13
11084	뜨이다02	눈에 ~	동	13	11128	바라다보다		동	13
11085	뜯어보다		동	13	11129	바래다주다		동	13
11086	라이브	live	명	13	11130	바삐		부	13
11087	막바지		명	13	11131	바이트02	byte	의	13
11088	막중하다	莫重-	형	13	11132	반도체	半導體	명	13
11089	망09	網	명	13	11133	반사되다01	反射-	동	13
11090	맡겨지다		동	13	11134	발각되다	發覺-	동	13
11091	매듭짓다		동	13	11135	발명되다	發明-	동	13
11092	맥주병	麥酒瓶	명	13	11136	발버둥		명	13
11093	명소01	名所	명	13	11137	밤낮		부	13
11094	몇몇		수	13	11138	밥통	-桶	명	13
11095	몇백		관	13	11139	방금01	方今	명	13
11096	모녀02	母女	명	13	11140	방송되다01	放送-	동	13
11097	모래밭		명	13	11141	방울뱀		명	13
11098	모태05	母胎	명	13	11142	방출01	放出	명	13
11099	목요일	木曜日	명	13	11143	방출하다01	放出-	동	13
11100	몰라보다		동	13	11144	배낭여행	背囊旅行	명	13
11101	몰아가다		동	13	11145	배포하다01	配布-	동	13
11102	몸부림		명	13	11146	백08	bag	명	13
11103	몸부림치다		동	13	11147	버들치		명	13
11104	못생기다		형	13	11148	버무리다		동	13
11105	못쓰다		동	13	11149	번쩍하다		동	13
11106	무공해	無公害	명	13	11150	벌거벗다		동	13
11107	무뚝뚝하다		형	13	11151	범벅		명	13
11108	무료하다	無聊-	형	13	11152	법당	法堂	명	13
11109	무서움		명	13	11153	법률적	法律的	관	13
11110	무시무시하다		형	13	11154	베테랑	&프veteran	명	13
11111	묵직하다		형	13	11155	벨02	bell	명	13
11112	문제작	問題作	명	13	11156	변두리	邊-	명	13
11113	문화론	文化論	명	13	11157	별미	別味	명	13
11114	물리다02	개에게 ~	동	13	11158	보온	保溫	명	13
11115	물살		명	13	11159	보증인	保證人	명	13
11116	물엿		명	13	11160	복장03	服裝	명	13
11117	뭉치		명	13	11161	본관제	本貫制	명	13
11118	뮤지컬	musical	명	13	11162	본디03	本-	명	13
11119	미꾸라지		명	13	11163	봄날		명	13
11120	미나리01		명	13	11164	부가02	附加	명	13
11121	미시05	微視	명	13	11165	부릅뜨다		동	13
11122	미역국		명	13	11166	부영양화	富營養化	명	13
11123	미지05	未知	명	13	11167	부유하다03	富裕-	형	13
11124	민영화	民營化	명	13	11168	부풀리다		동	13
11125	민정01	民政	명	13	11169	부합하다02	符合-	동	13

11170	부흥	復興	명	13		11214	서기05	書記	명	13
11171	북03	악기	명	13		11215	서리03	~가 내리다	명	13
11172	분담하다	分擔-	동	13		11216	서브	serve	명	13
11173	분리수거	分離收去	명	13		11217	서재02	書齋	명	13
11174	불교적	佛敎的	관	13		11218	석탑01	石塔	명	13
11175	불려지다		동	13		11219	선구자	先驅者	명	13
11176	불성03	佛性	명	13		11220	선도하다02	先導-	동	13
11177	불어03	佛語	명	13		11221	선사하다05	膳賜-	동	13
11178	불의02	不義	명	13		11222	선정되다	選定-	동	13
11179	불입하다	拂入-	동	13		11223	선진적	先進的	명	13
11180	비꼬다		동	13		11224	선호도	選好度	명	13
11181	비늘01		명	13		11225	선후배	先後輩	명	13
11182	비좁다		형	13		11226	섣불리		부	13
11183	빈도03	頻度	명	13		11227	성적표	成績表	명	13
11184	빌다03	'빌리다'의 잘못	동	13		11228	소06	小	명	13
11185	빗자루		명	13		11229	소란04	騷亂	명	13
11186	빨개지다		동	13		11230	속수무책	束手無策	명	13
11187	삐삐01		명	13		11231	솔03	소나무	명	13
11188	사랑방	舍廊房	명	13		11232	수도승	修道僧	명	13
11189	사립학교	私立學校	명	13		11233	수련06	修鍊	명	13
11190	사발01	沙鉢	명	13		11234	수리14	修理	명	13
11191	사실상	事實上	명	13		11235	수반하다01	隨伴-	동	13
11192	사업장	事業場	명	13		11236	수수께끼		명	13
11193	사이비	似而非	명	13		11237	수위01	水位	명	13
11194	산골짜기	山-	명	13		11238	수위02	守衛	명	13
11195	산불02	山-	명	13		11239	수줍다		형	13
11196	산천	山川	명	13		11240	수첩01	手帖	명	13
11197	살살02	입에서 ~ 녹다	부	13		11241	수행되다	遂行-	동	13
11198	살상	殺傷	명	13		11242	숙명01	宿命	명	13
11199	삼각형	三角形	명	13		11243	스커트	skirt	명	13
11200	상가08	商街	명	13		11244	스프레드	spread	명	13
11201	상기되다01	上氣-	동	13		11245	승점	勝點	명	13
11202	상냥하다		형	13		11246	시다01		형	13
11203	상념	想念	명	13		11247	시력01	視力	명	13
11204	상세하다	詳細-	형	13		11248	시립01	市立	명	13
11205	상속	相續	명	13		11249	시세04	時勢	명	13
11206	상속세	相續稅	명	13		11250	시차01	時差	명	13
11207	상정하다03	想定-	동	13		11251	시트02	sheet	명	13
11208	샅샅이		부	13		11252	시행령	施行令	명	13
11209	새끼줄		명	13		11253	신속히01	迅速-	부	13
11210	새벽녘		명	13		11254	실사04	實査	명	13
11211	샛길		명	13		11255	실수담	失手談	명	13
11212	생략하다	省略-	동	13		11256	실업02	實業	명	13
11213	샹들리에	&프chandelier	명	13		11257	실행되다	實行-	동	13

번호	단어	한자	품사	급
11258	실험하다	實驗-	동	13
11259	실황	實況	명	13
11260	십팔	十八	관	13
11261	싸다02	오줌을 ~	동	13
11262	싹트다		동	13
11263	아담하다	雅淡-	형	13
11264	아동02	兒童	명	13
11265	아쉬워하다		동	13
11266	아우성	-聲	명	13
11267	아이디	ID	명	13
11268	아찔하다		형	13
11269	악단03	樂團	명	13
11270	안락하다	安樂-	형	13
11271	안심04	安心	명	13
11272	안정04	安靜	명	13
11273	앗02		감	13
11274	암울하다	暗鬱-	형	13
11275	암자01	庵子	명	13
11276	앙상하다		형	13
11277	앞자리		명	13
11278	애틋하다		형	13
11279	액체	液體	명	13
11280	야산01	野山	명	13
11281	야심04	野心	명	13
11282	양당02	雨黨	명	13
11283	양인01	良人	명	13
11284	양편01	雨便	명	13
11285	어루만지다		동	13
11286	어른거리다		동	13
11287	어시스트	assist	명	13
11288	어휘02	語彙	명	13
11289	억세다		형	13
11290	얼룩		명	13
11291	엄격히	嚴格-	부	13
11292	엄니02		명	13
11293	엄포		명	13
11294	업신여기다		동	13
11295	엎어지다		동	13
11296	여실히	如實-	부	13
11297	역사12	驛舍	명	13
11298	역사책	歷史冊	명	13
11299	연기력	演技力	명	13
11300	연상13	聯想	명	13
11301	연속성	連續性	명	13
11302	연장되다	延長-	동	13
11303	연주회	演奏會	명	13
11304	연중01	年中	명	13
11305	열망01	熱望	명	13
11306	열어젖히다		동	13
11307	영감님	令監-	명	13
11308	영화관01	映畵館	명	13
11309	예기하다	豫期-	동	13
11310	예능계	藝能系	명	13
11311	예술적	藝術的	명	13
11312	옛말		명	13
11313	오만02	傲慢	명	13
11314	오묘하다	奧妙-	형	13
11315	오물03	汚物	명	13
11316	올바로		부	13
11317	왜소하다	矮小-	형	13
11318	외곽01	外郭	명	13
11319	외관06	外觀	명	13
11320	외적03	外敵	명	13
11321	요통	腰痛	명	13
11322	우주론	宇宙論	명	13
11323	우주적	宇宙的	관	13
11324	원망스럽다	怨望-	형	13
11325	원시적	原始的	명	13
11326	원예02	園藝	명	13
11327	위장하다	僞裝-	동	13
11328	위패02	位牌	명	13
11329	육체노동	肉體勞動	명	13
11330	음미하다01	吟味-	동	13
11331	음악회	音樂會	명	13
11332	의05	義	명	13
11333	의거하다01	依據-	동	13
11334	의례적	儀禮的	명	13
11335	의식주	衣食住	명	13
11336	의존	依存	명	13
11337	이리로		부	13
11338	이백	二百	관	13
11339	이부자리		명	13
11340	이슈	issue	명	13
11341	이전하다01	移轉-	동	13
11342	인기척	人-	명	13
11343	일부분	一部分	명	13
11344	일탈하다	逸脫-	동	13
11345	입항	入港	명	13

11346	잉80		감	13		11390	제외02	除外	명	13
11347	잉크	ink	명	13		11391	제휴	提携	명	13
11348	자기실현	自己實現	명	13		11392	조류01	鳥類	명	13
11349	자루02	손잡이	명	13		11393	조선어	朝鮮語	명	13
11350	자물쇠		명	13		11394	조업05	操業	명	13
11351	자부하다	自負-	동	13		11395	조작하다01	造作-	동	13
11352	자비09	慈悲	명	13		11396	조합장01	組合長	명	13
11353	자연적	自然的	관	13		11397	조화롭다	調和-	형	13
11354	자유로워지다	自由-	동	13		11398	존속01	存續	명	13
11355	자진01	自進	명	13		11399	존엄성	尊嚴性	명	13
11356	자행되다	恣行-	동	13		11400	종교계	宗敎界	명	13
11357	자형01	字形	명	13		11401	종식01	終熄	명	13
11358	잡초02	雜草	명	13		11402	죄악	罪惡	명	13
11359	장막03	帳幕	명	13		11403	주니어	junior	명	13
11360	장모01	丈母	명	13		11404	주의자	主義者	명	13
11361	장병04	將兵	명	13		11405	주인집	主人-	명	13
11362	장부08	帳簿	명	13		11406	줄줄		부	13
11363	잦아들다		동	13		11407	중01		명	13
11364	재01	낙엽을 태운 ~	명	13		11408	중국집	中國-	명	13
11365	재수01	再修	명	13		11409	중도03	中途	명	13
11366	재치02	才致	명	13		11410	중엽	中葉	명	13
11367	쟁탈전	爭奪戰	명	13		11411	중재02	仲裁	명	13
11368	저의02	底意	명	13		11412	중절04	中絶	명	13
11369	저주03	詛呪	명	13		11413	즉각적	卽刻的	명	13
11370	적금02	積金	명	13		11414	지각02	地殼	명	13
11371	적나라하다	赤裸裸-	형	13		11415	지구적01	地球的	명	13
11372	적발03	摘發	명	13		11416	지구촌	地球村	명	13
11373	전경09	戰警	명	13		11417	지도층	指導層	명	13
11374	전국05	戰國	명	13		11418	지망생	志望生	명	13
11375	전당03	全黨	명	13		11419	지역적	地域的	관	13
11376	전문대	專門大	명	13		11420	지역주의	地域主義	명	13
11377	전생02	前生	명	13		11421	지우개		명	13
11378	전속03	專屬	명	13		11422	지원자02	志願者	명	13
11379	전액01	全額	명	13		11423	지치다03	얼음을 ~	동	13
11380	절감하다01	切感-	동	13		11424	지하도	地下道	명	13
11381	절하다01		동	13		11425	지향적	指向的	명	13
11382	정녕03	丁寧	부	13		11426	진공관	眞空管	명	13
11383	정밀하다02	精密-	형	13		11427	진압군	鎭壓軍	명	13
11384	정설01	定說	명	13		11428	진짜로	眞-	부	13
11385	정성스럽다	精誠-	형	13		11429	집집		명	13
11386	정월03	正月	명	13		11430	집터		명	13
11387	정확성	正確性	명	13		11431	짓밟다		동	13
11388	제어01	制御	명	13		11432	쫓아가다		동	13
11389	제왕01	帝王	명	13		11433	찌그러지다		동	13

11434	찌들다		동	13		11478	튀김01		명	13
11435	찔리다		동	13		11479	트다01	손이 ~	동	13
11436	차려입다		동	13		11480	특종01	特種	명	13
11437	차별화	差別化	명	13		11481	특파원	特派員	명	13
11438	착안하다02	着眼-	동	13		11482	틈타다		동	13
11439	참배02	參拜	명	13		11483	파렴치하다	破廉恥-	형	13
11440	채용01	採用	명	13		11484	파멸	破滅	명	13
11441	책보01	冊褓	명	13		11485	파슬리	parsley	명	13
11442	천공05	穿孔	명	13		11486	팔십	八十	관	13
11443	천도04	遷都	명	13		11487	팔아먹다		동	13
11444	천만01	千萬	관	13		11488	팽이버섯		명	13
11445	천문학	天文學	명	13		11489	펄쩍		부	13
11446	천사05	天使	명	13		11490	페이지	page	명	13
11447	철거하다	撤去-	동	13		11491	편협하다	偏狹-	형	13
11448	철없다		형	13		11492	폐쇄되다	閉鎖-	동	13
11449	첨예하다	尖銳-	형	13		11493	포대01	包袋	명	13
11450	체계화하다	體系化-	동	13		11494	포즈02	pose	명	13
11451	체구03	體軀	명	13		11495	폭락	暴落	명	13
11452	초과하다	超過-	동	13		11496	폭소	爆笑	명	13
11453	초월적	超越的	관	13		11497	표명	表明	명	13
11454	초창기	草創期	명	13		11498	표시되다02	標示-	동	13
11455	추이01	推移	명	13		11499	풍류	風流	명	13
11456	추장01	酋長	명	13		11500	프리	pre	명	13
11457	출가하다01	出家-	동	13		11501	피살	被殺	명	13
11458	출연료	出演料	명	13		11502	핏줄		명	13
11459	출판되다	出版-	동	13		11503	하숙	下宿	명	13
11460	출판하다02	出版-	동	13		11504	하우스80	house	명	13
11461	충동적	衝動的	명	13		11505	한결같다		형	13
11462	충혈되다	充血-	동	13		11506	할02	割	의	13
11463	취직하다	就職-	동	13		11507	합리성	合理性	명	13
11464	측정기01	測定器	명	13		11508	합성01	合成	명	13
11465	치다04	국에 간장을 ~	동	13		11509	합창01	合唱	명	13
11466	치유하다01	治癒-	동	13		11510	항간02	巷間	명	13
11467	칠십	七十	관	13		11511	항복하다	降伏-	동	13
11468	침03	鍼	명	13		11512	해님		명	13
11469	침묵하다	沈默-	동	13		11513	해독04	解讀	명	13
11470	캐스팅01	casting	명	13		11514	행진02	行進	명	13
11471	커다02	나무를 ~	동	13		11515	향촌	鄕村	명	13
11472	타월	towel	명	13		11516	향토	鄕土	명	13
11473	탈춤		명	13		11517	허탈하다	虛脫-	형	13
11474	턱없이		부	13		11518	헝클어지다		동	13
11475	통보02	通報	명	13		11519	헬멧	helmet	명	13
11476	통치하다03	統治-	동	13		11520	현란하다02	絢爛-	형	13
11477	투명02	透明	명	13		11521	현상학	現象學	명	13

11522	형광등	螢光燈	명	13		11566	건장하다	健壯-	형	12
11523	호호02		부	13		11567	걷어차다		동	12
11524	호화02	豪華	명	13		11568	검소하다	儉素-	형	12
11525	화14	禍	명	13		11569	검지02	-指	명	12
11526	화끈하다		형	13		11570	겁먹다	怯-	동	12
11527	화북	華北	명	13		11571	격01	格	명	12
11528	화쟁	和諍	명	13		11572	견02	絹	명	12
11529	화해하다01	和解-	동	13		11573	견학	見學	명	12
11530	환희02	歡喜	명	13		11574	결합시키다	結合-	동	12
11531	활달하다	豁達-	형	13		11575	경륜02	經綸	명	12
11532	회수하다01	回收-	동	13		11576	경지02	耕地	명	12
11533	회의실	會議室	명	13		11577	경청하다01	傾聽-	동	12
11534	회한02	悔恨	명	13		11578	고궁01	古宮	명	12
11535	획일적	劃一的	명	13		11579	고소하다02	告訴-	동	12
11536	횡설수설	橫說堅說	명	13		11580	고속버스	高速bus	명	12
11537	후원금	後援金	명	13		11581	고의적	故意的	명	12
11538	후일	後日	명	13		11582	고철02	古鐵	명	12
11539	후진국	後進國	명	13		11583	곤경	困境	명	12
11540	휴대품	携帶品	명	13		11584	곤란	困難	명	12
11541	흥행	興行	명	13		11585	골문	goal門	명	12
11542	희열	喜悅	명	13		11586	골자	骨子	명	12
11543	가공하다01	加工-	동	12		11587	곱씹다		동	12
11544	가냘프다		형	12		11588	공격적	攻擊的	명	12
11545	가동하다02	稼動-	동	12		11589	공략하다02	攻略-	동	12
11546	가벼워지다		동	12		11590	공로04	功勞	명	12
11547	가세하다02	加勢-	동	12		11591	공사비	工事費	명	12
11548	가차	假借	명	12		11592	공작01	工作	명	12
11549	각별히	各別-	부	12		11593	공장장	工場長	명	12
11550	간결하다	簡潔-	형	12		11594	공정02	公正	명	12
11551	간질04	癎疾	명	12		11595	공존하다	共存-	동	12
11552	간파하다	看破-	동	12		11596	공헌하다	貢獻-	동	12
11553	갈기다01		동	12		11597	과오02	過誤	명	12
11554	갈망하다02	渴望-	동	12		11598	과장01	科長	명	12
11555	감동하다01	感動-	동	12		11599	관개02	灌漑	명	12
11556	감명	感銘	명	12		11600	관계없다	關係-	형	12
11557	강국01	強國	명	12		11601	관념적	觀念的	명	12
11558	강박04	強迫	명	12		11602	관모03	冠帽	명	12
11559	강연회	講演會	명	12		11603	관북	關北	명	12
11560	개설되다	開設-	동	12		11604	관제04	管制	명	12
11561	개인전02	個人戰	명	12		11605	관찰자	觀察者	명	12
11562	개편하다	改編-	동	12		11606	관철시키다	貫徹-	동	12
11563	거듭되다		동	12		11607	광목	廣木	명	12
11564	거문고		명	12		11608	광산01	鑛山	명	12
11565	거점	據點	명	12		11609	광역03	廣域	명	12

11610	교단02	敎團	명	12	11654	남정네	男丁-	명	12
11611	교육계	敎育界	명	12	11655	납치	拉致	명	12
11612	교차하다01	交叉-	동	12	11656	내다03		보	12
11613	교향악단	交響樂團	명	12	11657	내려다보이다		동	12
11614	구경꾼		명	12	11658	내림굿		명	12
11615	구매하다02	購買-	동	12	11659	내수03	內需	명	12
11616	구미05	歐美	명	12	11660	내재되다	內在-	동	12
11617	구역질	嘔逆-	명	12	11661	내전05	內戰	명	12
11618	구인03	求人	명	12	11662	냅킨	napkin	명	12
11619	구장12	球場	명	12	11663	냉정하다02	冷靜-	형	12
11620	구조물	構造物	명	12	11664	넋두리		명	12
11621	국립공원	國立公園	명	12	11665	넘보다		동	12
11622	국보03	國寶	명	12	11666	노릇하다		형	12
11623	국외02	國外	명	12	11667	노상01		부	12
11624	군축	軍縮	명	12	11668	노을		명	12
11625	굴곡	屈曲	명	12	11669	노장06	老莊	명	12
11626	권고03	勸告	명	12	11670	논리학01	論理學	명	12
11627	그럭저럭		부	12	11671	논의01	論意	명	12
11628	극명하다	克明-	형	12	11672	뇌리	腦裏	명	12
11629	근년	近年	명	12	11673	눈곱		명	12
11630	긍정론	肯定論	명	12	11674	눈살01		명	12
11631	기계06	器械	명	12	11675	눈총		명	12
11632	기계화	機械化	명	12	11676	늙은이		명	12
11633	기도원	祈禱院	명	12	11677	능숙하다	能熟-	형	12
11634	기도하다01	企圖-	동	12	11678	다시마		명	12
11635	기술03	記述	명	12	11679	다행스럽다	多幸-	형	12
11636	기적02	汽笛	명	12	11680	단결01	團結	명	12
11637	기종02	機種	명	12	11681	단계적	段階的	관	12
11638	기피01	忌避	명	12	11682	단련02	鍛鍊	명	12
11639	길들이다		동	12	11683	단발령01	斷髮令	명	12
11640	깔보다		동	12	11684	단추01		명	12
11641	꼬박꼬박02		부	12	11685	단호히	斷乎-	부	12
11642	꼭꼭02	반드시	부	12	11686	답안지	答案紙	명	12
11643	꼼꼼히		부	12	11687	당뇨병	糖尿病	명	12
11644	꽁무니		명	12	11688	당대회	黨大會	명	12
11645	꾹		부	12	11689	당도하다01	當到-	동	12
11646	꿀벌		명	12	11690	당첨	當籤	명	12
11647	끈끈하다		형	12	11691	대중적	大衆的	명	12
11648	나뉘어지다		동	12	11692	더디다01		형	12
11649	날뛰다		동	12	11693	덕택	德澤	명	12
11650	날렵하다		형	12	11694	덧없다		형	12
11651	날씬하다		형	12	11695	도맡다		동	12
11652	남겨지다		동	12	11696	도식06	圖式	명	12
11653	남김없이		부	12	11697	도토리		명	12

11698	독자적	獨自的	관	12
11699	동10	東	명	12
11700	동글납작하다		형	12
11701	동상09	銅像	명	12
11702	동서고금	東西古今	명	12
11703	동점01	同點	명	12
11704	동화되다	同化-	동	12
11705	둘러서다		동	12
11706	둘이		명	12
11707	둥그렇다		형	12
11708	뒤엎다		동	12
11709	뒷날		명	12
11710	뒷받침		명	12
11711	득수01	得水	명	12
11712	등08	燈	명	12
11713	디디티	DDT	명	12
11714	디스켓	diskette	명	12
11715	디젤	Diesel	명	12
11716	딴판		명	12
11717	때려치우다		동	12
11718	떠받치다		동	12
11719	또렷하다		형	12
11720	떼기01		명	12
11721	뚱뚱하다		형	12
11722	롤링	rolling	명	12
11723	리포터	reporter	명	12
11724	링01	ring	명	12
11725	마감01		명	12
11726	마당극	-劇	명	12
11727	마우스02	mouse	명	12
11728	마주하다		동	12
11729	마차	馬車	명	12
11730	막대기01		명	12
11731	만연되다	蔓延-	동	12
11732	만연하다02	蔓延-	동	12
11733	만족도	滿足度	명	12
11734	맏딸		명	12
11735	말뜻		명	12
11736	망각하다02	忘却-	동	12
11737	맞벌이		명	12
11738	매섭다		형	12
11739	맨발		명	12
11740	머나멀다		형	12
11741	멋쩍다		형	12
11742	멍하다		형	12
11743	메뚜기02		명	12
11744	메시아01	Messiah	명	12
11745	메주		명	12
11746	멘트	ment	명	12
11747	모01	~를 심다	명	12
11748	모03	귀퉁이	명	12
11749	모금02	募金	명	12
11750	모래알		명	12
11751	모양새	模樣-	명	12
11752	목장승	木-	명	12
11753	목적지	目的地	명	12
11754	못다01		부	12
11755	무노동	無勞動	명	12
11756	무력시위	武力示威	명	12
11757	무마하다	撫摩-	동	12
11758	무명01		명	12
11759	무상하다04	無常-	형	12
11760	무용과	舞踊科	명	12
11761	문간방	門間房	명	12
11762	문단01	文段	명	12
11763	문짝02	門-	명	12
11764	물구나무서기		명	12
11765	물다03	이자를 ~	동	12
11766	물리다06	세금을 ~	동	12
11767	미스터	mister	명	12
11768	미역02		명	12
11769	미지근하다		형	12
11770	민간인	民間人	명	12
11771	민주적	民主的	명	12
11772	밑판	-板	명	12
11773	바야흐로		부	12
11774	박살01		명	12
11775	반말	半-	명	12
11776	반주04	伴奏	명	12
11777	반짝01	칼날이~ 빛나다	부	12
11778	발간01	發刊	명	12
11779	발간하다01	發刊-	동	12
11780	발돋움하다		동	12
11781	밧줄		명	12
11782	방어하다01	防禦-	동	12
11783	방영하다	放映-	동	12
11784	방장10	房帳	명	12
11785	방해죄	妨害罪	명	12

번호	단어	한자	품사	급
11786	배급	配給	명	12
11787	배달하다	配達-	동	12
11788	배려하다02	配慮-	동	12
11789	버드나무		명	12
11790	번쩍이다		동	12
11791	법령02	法令	명	12
11792	법치주의	法治主義	명	12
11793	베01		명	12
11794	변증법	辨證法	명	12
11795	변질	變質	명	12
11796	변함없이	變-	부	12
11797	병행되다	竝行-	동	12
11798	보기01		명	12
11799	보랏빛		명	12
11800	보석04	寶石	명	12
11801	보수적	保守的	관	12
11802	보전하다01	保全-	동	12
11803	복권01	復權	명	12
11804	복싱	boxing	명	12
11805	복종하다	服從-	동	12
11806	본점	本店	명	12
11807	볼록		부	12
11808	봄바람		명	12
11809	봉숭아		명	12
11810	부검02	剖檢	명	12
11811	부금02	賦金	명	12
11812	부대04	負袋	명	12
11813	부둥켜안다		동	12
11814	부양02	浮揚	명	12
11815	부재자	不在者	명	12
11816	부활되다	復活-	동	12
11817	분09	扮	명	12
11818	분홍01	粉紅	명	12
11819	분홍색	粉紅色	명	12
11820	붇다		동	12
11821	불가능	不可能	명	12
11822	불경04	佛經	명	12
11823	불러들이다		동	12
11824	불로02	不勞	명	12
11825	불순하다01	不純-	형	12
11826	블록01	bloc	명	12
11827	비23	B	명	12
11828	비겁하다	卑怯-	형	12
11829	비상하다01	非常-	형	12
11830	비아냥거리다		동	12
11831	빅뱅	bigbang	명	12
11832	빈혈	貧血	명	12
11833	빌미		명	12
11834	뻐꾸기		명	12
11835	뾰얗다		형	12
11836	뿌듯하다		형	12
11837	사11	四	수	12
11838	사관04	史官	명	12
11839	사관06	史觀	명	12
11840	사랑채	舍廊-	명	12
11841	사선15	斜線	명	12
11842	사용량	使用量	명	12
11843	사원02	寺院	명	12
11844	사인보드	sign board	명	12
11845	사정없이	事情-	부	12
11846	사진관	寫眞館	명	12
11847	사채02	社債	명	12
11848	사퇴하다02	辭退-	동	12
11849	사학자	史學者	명	12
11850	산업체	産業體	명	12
11851	살맛02		명	12
11852	살찌다		동	12
11853	삼대03	三代	명	12
11854	삼일절	三一節	명	12
11855	삼팔선	三八線	명	12
11856	상상적	想像的	관	12
11857	상실되다	喪失-	동	12
11858	상이하다	相異-	형	12
11859	상징되다	象徵-	동	12
11860	상처받다	傷處-	동	12
11861	새것		명	12
11862	새다02	날이 ~	동	12
11863	새싹		명	12
11864	샐러드	salad	명	12
11865	생성하다	生成-	동	12
11866	생쥐		명	12
11867	서기장	書記長	명	12
11868	서면03	書面	명	12
11869	서양식	西洋式	명	12
11870	서운하다		형	12
11871	선사02	先史	명	12
11872	선천적	先天的	명	12
11873	선행되다	先行-	동	12

11874	성금03	誠金	명	12		11918	신중04	愼重	명	12
11875	성패02	成敗	명	12		11919	실권02	實權	명	12
11876	세무서	稅務署	명	12		11920	실기06	實技	명	12
11877	세속적	世俗的	명	12		11921	실업자	失業者	명	12
11878	세인01	世人	명	12		11922	실제적	實題的	명	12
11879	센티	centimeter	의	12		11923	실종되다	失踪-	동	12
11880	소멸하다01	消滅-	동	12		11924	실질	實質	명	12
11881	소속되다	所屬-	동	12		11925	실천적	實踐的	명	12
11882	소주병	燒酒瓶	명	12		11926	실크	silk	명	12
11883	소주제	小主題	명	12		11927	실효02	實效	명	12
11884	소포01	小包	명	12		11928	싫증	-症	명	12
11885	속04	俗	명	12		11929	심란하다	心亂-	형	12
11886	속눈썹		명	12		11930	심술	心術	명	12
11887	속속들이		부	12		11931	심야	深夜	명	12
11888	손녀	孫女	명	12		11932	심화시키다	深化-	동	12
11889	손상되다	損傷-	동	12		11933	쌀밥		명	12
11890	쇄신01	刷新	명	12		11934	쓰리다		형	12
11891	수공06	水攻	명	12		11935	쓸모		명	12
11892	수교07	修交	명	12		11936	아래층	-層	명	12
11893	수록하다02	收錄-	동	12		11937	악보02	樂譜	명	12
11894	수매02	收買	명	12		11938	악영향	惡影響	명	12
11895	수비수	守備手	명	12		11939	안도02	安堵	명	12
11896	수영장	水泳場	명	12		11940	알뜰		명	12
11897	수행03	隨行	명	12		11941	암갈색	暗褐色	명	12
11898	순수성	純粹性	명	12		11942	암세포	癌細胞	명	12
11899	술상	-床	명	12		11943	암호	暗號	명	12
11900	숭고하다02	崇高-	형	12		11944	압도하다	壓倒-	동	12
11901	숭배하다	崇拜-	동	12		11945	앞지르다		동	12
11902	스테이크	steak	명	12		11946	애착	愛着	명	12
11903	스파이	spy	명	12		11947	야단치다	惹端-	동	12
11904	승인하다02	承認-	동	12		11948	야만적	野蠻的	명	12
11905	승자03	勝者	명	12		11949	얄팍하다		형	12
11906	시단03	詩壇	명	12		11950	양념하다		동	12
11907	시대극	時代劇	명	12		11951	어이구		감	12
11908	시사08	時事	명	12		11952	어지럽히다		동	12
11909	시원스럽다		형	12		11953	억압되다	抑壓-	동	12
11910	시종02	始終	부	12		11954	언행	言行	명	12
11911	시큰둥하다		형	12		11955	엄청		부	12
11912	시황01	市況	명	12		11956	엉키다		동	12
11913	시효02	時效	명	12		11957	에세이	essay	명	12
11914	식생	植生	명	12		11958	엔지니어	engineer	명	12
11915	식중독	食中毒	명	12		11959	여름날		명	12
11916	신봉하다	信奉-	동	12		11960	여분01	餘分	명	12
11917	신분증	身分證	명	12		11961	여신03	女神	명	12

11962	여행객	旅行客	명	12		11982	예외적	例外的	명	12
11963	역사의식	歷史意識	명	12		11983	예우	禮遇	명	12
11964	역전07	逆轉	명	12		11984	오리엔트	Orient	명	12
11965	연꽃	蓮-	명	12		11985	오토바이	auto bicycle	명	12
11966	연령층	年齡層	명	12		11986	온실	溫室	명	12
11967	연발하다02	連發-	동	12		11987	옷장02	-欌	명	12
11968	연상되다	聯想-	동	12		11988	왕복	往復	명	12
11969	연패01	連敗	명	12		11989	왕족	王族	명	12
11970	연행하다01	連行-	동	12		11990	요약되다	要約-	동	12
11971	열띠다	熱-	형	12		11991	용궁	龍宮	명	12
11972	염산02	鹽酸	명	12		11992	용납하다	容納-	동	12
11973	염색체	染色體	명	12		11993	용병05	傭兵	명	12
11974	염증01	炎症	명	12		11994	운수04	運數	명	12
11975	영사10	領事	명	12		11995	운전수	運轉手	명	12
11976	영양가	營養價	명	12		11996	울창하다	鬱蒼-	형	12
11977	영적01	靈的	관	12		11997	워커	walker	명	12
11978	영정05	影幀	명	12		11998	원소02	元素	명	12
11979	영화계	映畫界	명	12		11999	원자로	原子爐	명	12
11980	예사01	例事	명	12		12000	위시하다02	爲始-	동	12
11981	예산서	豫算書	명	12						

[부록 3] 중국과 일본 한자어 대비

■ 한국 한자어와 중국어 어휘 대비표[1)]

항목	풀이	비교내용
가구03	家口	戶
가령05	假令	假如
가로등	街路燈	路燈
가문01	家門	門第
가시적	可視的	矚目的
가야금	伽倻琴	한국의 가야금을 지칭할 때만 사용
가족01	家族	근대 중국어(19세기 30년대 정도)에서까지 사용되다가 현대 중국어에서는 家庭成員이라 풀어서 씀.
각각01	各各	그러나 중국어에서는 "各各의 재료"등과 같은 표현은 없고 각종 재료라 표현함.
각기02	各其	各自
각별하다	各別	特別
각별히	各別	格外, 分外, 特別, 特殊
간과하다	看過-	忽視, 熟視
간판02	看板	牌扁, 扁額
간호	看護	護理
갈등	葛藤	矛盾, 摩擦
갈증	渴症	口渴
감기04	感氣	感冒
감명	感銘	感受
감상05	鑑賞	欣賞
감수성02	感受性	感性
감수하다01	甘受-	情願
감안하다	勘案-	考慮
감정10	鑑定	鑑別
강당	講堂	課堂
강의02	講義	講課
강인하다03	強靭-	堅強, 剛毅
개10	個	또한 중국에서 사람을 셀 때도 個를 사용함.
개개인	個個人	個人, 每個人
개국01	個國	國
개정안	改正案	修改方案
개최되다	開催-	開
거래02	去來	交易, 賣買, 通商
거리감	距離感	距離
거부02	拒否	拒絕
거실02	居室	客廳
건너편	-便	方, 邊
건물03	建物	建築物
검찰02	檢察	檢察官
검토하다	檢討-	중국어의 檢討는 또한 자백하다 반성하다의 의미도 있음.
게재되다	揭載-	登載
격차02	隔差	差距
결과02	結果	중국어의 경우 中性 어휘로도 사용되지만 경우에 따라 폄하의 감정색채도 있음.
결과적	結果的	結果
결국	結局	最後
결실02	結實	成果
결여01	缺如	缺乏, 不足
결코	決-	현재에는 絕對뒤에 부정형을 붙이는 형태로 사용됨.
결혼식	結婚式	結婚儀式, 結婚典禮
경기11	競技	比賽
경우03	境遇	處境, 情況, 環境
경찰관	警察官	警察, 警官
계급02	階級	군이나 조직에서의 계급을 의미할 경우 級別, 계급투쟁을 의미할 때 동일.
계단04	階段	층계의 계단을 의미할 때에는 臺階
계란	鷄卵	鷄蛋
고궁01	古宮	故宮
고등학교	高等學校	高中

---

1) 어휘항목의 뒤에 붙인 숫자는 의미구분을 위한 것으로 『표준국어대사전』에서의 표제항 구분 번호이다.

고등학생	高等學生	高中生
고모01	姑母	姑姑
고모부	姑母夫	姑夫
고민	苦悶	苦衷, 苦惱
고민하다	苦悶-	苦惱
고사하고	姑捨-	姑且不談, 別說...連, 別說...就是
고생	苦生	苦
고생하다	苦生-	受苦
고속도로	高速道路	高速公路
고속버스	高速bus	高速長途汽車
고유하다03	固有-	原有
고통	苦痛	痛苦(詩 등 문학어에서는 아직 苦痛을 사용함.)
고통받다	苦痛-	痛苦
고통스럽다	苦痛-	痛苦
곡식	穀食	莊稼
공감	共感	同感
공감대	共感帶	共感
공감하다	共感-	同感
공격적	攻擊的	攻擊性的
공부01	工夫	學習(중국어에서 工夫는 시간, 짬 등을 의미함.)
공부하다	工夫-	學習
공사02	工事	施工
공손하다	恭遜-	恭敬, 謙遜
공연02	公演	演出
공연하다02	公演-	演出, 上演, 表演
공연히02	空然-	無緣無故
공중전화	公衆電話	公共電話
공짜	空-	白
공책01	空冊	本子
공청회	公聽會	檢討會, 討論會
공통되다	共通-	共同
공통적	共通的	共同的
공통점	共通點	共同點
공학과	工學科	理工科
공항02	空港	機場
공휴일	公休日	節假日
과감히01	果敢-	果斷
과소비	過消費	超消費
과수원	果樹園	果園
과언01	過言	過分, 誇張
과연01	果然	的確, 果眞
과자02	菓子	餅干
과제04	課題	동
과학자	科學者	科學家
관객	觀客	觀衆
관계자	關係者	有關人員
관광지	觀光地	觀光勝地
관람	觀覽	觀看, 欣賞
관람객	觀覽客	遊客, 參觀者, 觀衆
관련	關聯	관련하다, 관련되다 등 자동 피동사일 때 관련하여 = 關於,
관련되다	關聯-	相關
관습	慣習	習慣
관심01	關心	동사일 경우에는 동일함, 명사일 경우 - 관심이 있다 = 感興趣, 많은 따뜻한 "관심"을 주다 = 關懷
관심사	關心事	關心的事, 感興趣的事, 注目的事
관여하다	關與-	參與, 干涉
관하다02	關-	關於
광범위하다	廣範圍-	廣範
굉장하다	宏壯-	宏偉, 雄偉, 巨大, 龐大
굉장히	宏壯-	相當, 非常
교대01	交代	중국어의 交代는 자백하다의 의미도 있음.
교도소	矯導所	監獄
구별되다	區別	區別於, 不同於
구사하다05	驅使-	運用
구성원	構成員	成員
구속02	拘束	중국어에서 '구속을 받다'의 의미일 때 拘束를 사용하고 법정구속을 의미할 때는 拘捕를 사용.
구속하다01	拘束-	拘捕, 拘留
구인03	求人	招人
구입하다03	購入-	買, 買入, 買進, 購
구절03	句節	句
구축하다01	構築	(建)造
구하다01	求-	사용 빈도가 낮음. 중국어에서 求는 주로 문어에서 많이 사용되며 '바라다'의 의미를 가짐.
국문과	國文科	國文系

국민	國民	국민생산총책 등과 같은 전문용어일 경우에는 동, 그러나 한 나라의 국민을 의미할 경우에는 公民이라 함.
국민학교	國民學校	小學
굴곡	屈曲	曲折, 彎曲
궁궐	宮闕	혹은 宮殿
궁극적	窮極的	最終的, 歸根到底
궁극적	窮極的	最終
권01	卷	혹은 本
귀가03	歸家	回家
귀가하다01	歸家-	回家
귀국하다	歸國	혹은 回國
귀신01	鬼神	鬼
귀향01	歸鄕	還鄕, 反鄕
규명	糾明	糾正
규제	規制	管制
규제하다	規制-	規定
그간	-間	...期間
그녀	-女	女孩(10세-20세 사이), 女生(초등학교-대학교), 女人(성숙한 여자)
극적01	劇的	戲曲性的
근거	根據	동
근로자	勤勞者	工人, 員工
근무	勤務	値勤
근무하다	勤務	値勤
근사하다01	近似-	相當好, 較好
근육	筋肉	肌肉
근처	近處	附近
금방01	今方	馬上
금요일	金曜日	星期五
급격히	急激-	急劇
급기야	及其也	最後, 最終
긍지02	矜持	自豪
기계07	機械	機器
기록하다	記錄-	동
기반01	基盤	基礎
기분01	氣分	心情
기사02	技士	技術員
기사10	記事	報道材料
기성세대	旣成世代	老一代
기숙사	寄宿舍	宿舍
기술자	技術者	技術員
기승02	氣勝	剛烈, 狂暴
기억나다	記憶-	記起
기여하다	寄與-	貢獻
기원전	紀元前	公元前
기원하다01	祈願-	祈禱
기인하다01	起因-	因
기존	旣存	現有, 現成, 旣有
기준03	基準	準(무엇을 기준으로 하다), 水準(기준을 낮추다)
기증하다02	寄贈-	捐贈
기차01	汽車	火車
기피하다	忌避-	躱避, 逃避
나침반	羅針盤	指南針, 羅盤
난해하다	難解-	費解
남동생	男-	弟弟
남매	男妹	兄妹
남아01	男兒	男孩子, 男孩兒
남자02	男子	男孩(10세-20세 사이), 男生(초등학교-대학교), 男人(성숙한 남자)
남편01	男便	丈夫, 愛人
남학생	男學生	男生
납득	納得	理解, 信服, 領會
납부하다	納付-	交納, 付款, 繳納
내년	來年	*明年
내면	內面	里面, 內心
내수03	內需	國內消費所需
내역02	內譯	細目
내외02	內外.남녀	夫婦
내일	來日	明天
냉장고	冷藏庫	冰箱
년생80	年生	年代出生
노동자	勞動者	*工人
노점상	露店商	小商小販
노파02	老婆	老太婆, 老婆婆
논란	論難	學說, 觀點
논리	論理	羅輯
논의되다	論議-	討論
농구07	籠球	籃球
농담01	弄談	玩笑
농사01	農事	農活兒
농사일	農事-	農活
능가하다	凌駕-	超過, 勝過
능동적	能動的	主動的

능숙하다	能熟-	熟練, 嫻熟		대조적	對照的	相反的
다방02	茶房	茶館		대중교통	大衆交通	公共交通工具
다양하다01	多樣-	多種多樣, 병열구조를 가지는 경우가 많음.		대처04	對處	對付, 應付
				대처하다02	對處-	對付
다정하다	多情-	親切		대출03	貸出	貸款
다행	多幸	幸虧, 萬幸		대통령	大統領	主席
다행스럽다	多幸-	幸虧, 僥倖, 幸運		대표적	代表的	代表性
다행히	多幸-	幸虧, 萬幸		대학교	大學校	大學
단계03	段階	階段		대학원	大學院	研究生院
단계적	段階的	階段性的		댁01	宅	府上
단속01	團束	檢查		덕담	德談	祝辭, 祝福, 祝願
단속하다01	團束-	管制, 管束		덕분	德分	託福, 多虧
단숨에	單-	一口氣, 一下子, 一鼓作氣		도대체	都大體	到底
단아하다	端雅-	端正		도시03	都市	城市를 상용함.
단어	單語	單詞, 詞語, 詞彙		도식06	圖式	樣式
단언하다02	斷言-	斷定		도심04	都心	市中心
단적02	端的	單方面的, 一方面的		도입되다	導入-	引進, 吸收
단전호흡	丹田呼吸	用丹田呼吸		도입하다	導入-	吸收
단점01	短點	短處		도자기	陶瓷器	陶瓷
단지04	但只	只, 只是		도저히	到底-	一點...也完全...不
단지08	團地	社區, 小區, 區		도착하다01	到着-	到達
단편적	斷片的	片斷的		돌입하다	突入-	攻入, 衝入
담당자	擔當者	負責人		동굴	洞窟	洞穴
답장	答狀	答復		동네	洞-	村
당분간	當分間	暫時		동등하다	同等-	혹 等同
당신02	當身	你 혹은 您		동료	同僚	同事
당장02	當場	現在, 就地, 現場		동반자	同伴者	同伴
당첨	當籤	中獎, 抽中, 中簽		등록금	登錄金	學費
당하다01	當-	遭遇 혹은 遇到		등록하다01	登錄-	登記, 注冊, 報名
당황하다	唐慌	發慌, 心慌		딱지04	-紙	標簽, 畫片兒
대강02	大綱	大體		마비되다	痲痺-	麻痺
대금05	代金	金額, 款額		막론하다	莫論-	無論
대답	對答	回答		막연하다	漠然-	毫無根據
대답하다	對答-	回答		만약	萬若	如果, 假如
대두되다	擡頭-	興起, 出現, 擡頭		말03	斗	현재는 사용하지 않음.
대비10	對備	對付, 應付		맞은편	-便	方
대비하다04	對備-	應付, 對付		매각	賣却	變賣
대상06	大賞	金獎, 大獎		매물02	賣物	出售物品
대상11	對象	중국어에서 대상은 '애인'을 의미하기도 함.		매번	每番	每次
				매사01	每事	每件事
대신03	代身	代替, 혹은 替		매연02	煤煙	자동차 매연일 경우 - 尾氣
대신하다	代身-	代替, 替		매장06	賣場	店
대접05	待接	接待		맥주	麥酒	啤酒
대접하다	待接-	請客, 接待		면접	面接	面試

면회02	面會	會面
명소01	名所	名勝古跡
명절01	名節	節日
명쾌하다	明快	明確而痛快
모양02	模樣	樣子
모양02	模樣	樣子
모집	募集	招集
모집하다	募集-	招集
목수01	木手	木匠
목요일	木曜日	星期四
목욕	沐浴	혹은 淋浴, 洗浴
목욕탕	沐浴湯	澡堂
몰두하다	沒頭-	投入
무공해	無公害	無汚染
무관심	無關心	不熱心, 不關心, 沒興趣
무관심하다	無關心-	不關心, 漠不關心, 無動于衷
무려02	無慮	竟然
무례하다	無禮-	無禮, 冒失, 不禮貌
무료01	無料	免費
무리08	無理	過分
무리하다	無理-	무리한 요구일 때 無理, 과분하다일 때 過分
무모하다02	無謀	盲目, 輕率, 冒險, 蠻干
무사하다04	無事-	平安無事, 太平無事, 無恙
무사히02	無事-	平安無事, 圓滿地
무심코	無心-	고대 중국어에서 '無心'은 '무심코'의 의미로 사용됨. 현재 무심코는 無意間, 不經意, 不小心.
무심하다	無心-	無意
무의미하다	無意味-	毫無意義
무작정	無酌定	無計劃, 無準備
무책임하다	無責任-	沒有責任心
문구01	文句	句子, 章句
문법01	文法	語法
문의03	問議	問, 提問, 詢問
문제점	問題點	問題
문턱02	門-	門砍
물건	物件	東西
물론01	勿論	無論
물론01	勿論	뒤에 부정이 올 때 "雖然"으로, 긍정이 올 때에는 當然으로 적음.
물의02	物議	중국에서는 사용하지 않는 표현.
미안하다	未安-	抱謙, 對不起, 不好意思,
미적01	美的	審美的
밀접하다	密接-	密切
박수02	拍手	혹은 鼓掌
반말	半-	없음
반면02	反面	"반면에"의 용법으로 쓰일 때는 "反過來"라 표현함.
반지02	半指	戒指
반찬	飯饌	小菜
발견01	發見	發現
발견하다01	發見-	發現
발전소	發電所	發電厂
밥상	-床	-桌
방금01	方今	剛才
방바닥	房-	炕
방송01	放送	방송하다의 동사일 경우 播放, 播送. 라디오방송을 듣다 - 역시 방송이라는 단어를 빼고 단지 라디오를 듣다 즉 聽廣播라고만 함. TV방송을 보다 - 방송이라는 단어를 빼고 단지 TV를 보다 즉 看電視.
방송국	放送局	라디오방송국廣播電臺, TV방송국電視臺
방송되다01	放送-	播放, 播送
방송하다01	放送-	播放, 播送
방출되다	放出-	排放, 排出
방치하다	放置-	擱置
방학	放學	放假(중국어에서 放學은 수업이 종료되다의 의미임.)
방해01	妨害	妨碍
방해하다	妨害-	妨碍
배낭01	背囊	背包
배달02	配達	送, 投遞
배달하다	配達-	送, 投遞
배려02	配慮	照顧, 關懷
배우자02	配偶者	配偶
배출02	排出	排放, 涌現, 輩出, 培養出
배출되다02	排出-	인재를 배출하다 - 涌現, 오물을 배출하다 - 排出
배치되다02	配置-	安排

한국어	한자	중국어
배치하다02	配置-	安排
배타적	排他的	排斥性
백화점	百貨店	百貨商店
번04	番	次
번번이01	番番-	一次次
번지03	番地	없음.
번째	番-	第
번호02	番號	號碼
범행01	犯行	犯法
법당	法堂	佛堂
법적01	法的	法律上的
벼농사	-農事	農活
변모하다	變貌-	變樣
변소	便所	厠所, 洗手間
변호사	辯護士	律師
변화시키다	變化-	改變
별개	別個	另外, 不同
별것	別-	特別的, 新鮮的, 異乎尋常
별다르다	別-	特別
별로01	別-	不太
별문제	別問題	別的問題
별안간	瞥眼間	轉眼間
별일	別-	特別
병사02	兵士	士兵
병원02	病院	醫院
보완하다	補完-	補充
보유01	保有	有, 擁有
복구02	復舊	恢復, 修復
복도04	複道	走廊
복사하다03	複寫-	復印
본격적	本格的	正式
본뜨다	本-	模子, 樣子, 模樣
본받다	本-	學習榜樣
본보기	本-	榜樣, 模範
본사03	本社	母公司, 혹은 公司總部
본의02	本意	本心
본점	本店	總行, 總號
봉급	俸給	工資
봉사03	奉仕	服務
봉사하다01	奉仕-	服務
봉지06	封紙	紙袋
봉투02	封套	信封
부담스럽다	負擔-	有負擔, 負擔重
부여하다01	附與-	賦與
부인04	婦人	婦女
부잣집	富者-	富人
부정02	不正	不法
부조리	不條理	不合理
부진01	不振	蕭條, 不興旺, 萎靡
부탁	付託	託, 託付
부탁하다	付託-	託, 囑付
부품	部品	零件, 部件
부하04	部下	下屬
북어	北魚	干明太魚
분단03	分斷	分割, 分段
분리수거	分離收去	없음. 垃圾分類
분야	分野	領域
분위기	雰圍氣	氣分, 雰圍,
분주하다05	奔走-	忙碌
불길하다	不吉-	不吉利
불안정하다	不安定-	不穩定
불우02	不遇	遭遇不幸
불편01	不便	혹은 不方便
불편하다01	不便-	不方便(명사 '不便'은 동일함.)
불평01	不平	不滿
불확실하다	不確實-	不確切
비교적	比較的	比較
비난받다	非難-	指責
비난하다	非難-	指責
비단01	非但	혹은 不僅
비단03	緋緞	絲綢
비무장	非武裝	非軍事
비법02	秘法	秘方
비위05	脾胃	口味, 脾氣, 臉皮
비행기	飛行機	飛機
비행사	飛行士	飛行員
사계절	四季節	四季
사과05	沙果	苹果(중국에서 沙果는 알이 아주 작고 신맛이 강한 사과류의 과일을 의미함.)
사과08	謝過	謝罪
사과하다02	謝過-	謝罪
사당06	祠堂	현재 사용하지 않음.
사돈	査頓	親家
사랑방	舍廊房	廂房
사랑채	舍廊-	廂房
사무실	事務室	辦公室

사소하다01	些少-	細小, 零碎
사업가	事業家	企業家
사연04	事緣	因…事, 故事
사원04	社員	直員, 員工
사장15	社長	經理
사적02	私的	私人的, 個人的
사진07	寫眞	照片
사진기02	寫眞機	照像機
사촌	四寸	表(외사촌의 앞에 붙임), 堂 (친사촌의 앞에 붙임)
사춘기	思春期	靑春期
사회01	司會	司儀, 主持
사회자	司會者	主持人
사회적	社會的	속격을 의미할 때에는 동일함.
산업체	産業體	企業
산책	散策	散步
삼촌	三寸	叔叔
상관없다	相關-	不相關
상기되다01	上氣-	漲紅
상대방02	相對方	對方
상영01	上映	放映
상처02	傷處	傷痕, 傷疤
상황02	狀況	혹은 情況이라고도 함.
새댁	-宅	家的
색상01	色相	色彩, 顏色
생산직	生産職	手工操作者, 工人
생선	生鮮	魚類, 生猛海鮮
생활양식	生活樣式	生活方式
서당01	書堂	學校(건국 전에는 '서당'이라고 함.)
서류02	書類	文件
서민	庶民	平民
서비스업	service業	服務行業
서양식	西洋式	西歐式
선물03	膳物	禮物
선배	先輩	前輩(중국어에서 先輩는 이미 돌아가신 先祖를 지칭하기도 함.)
선사하다05	膳賜-	贈送, 送給, 賜給
선생01	先生	남성에 대한 일상적 호칭일 경우 동일, 그러나 교사에 대한 직업적인 호칭은 老師라 함.
선진국	先進國	發達國家
선풍기	扇風機	電風扇
선하다04	善-	善良
선호03	選好	愛好, 偏好, 嗜好
선후배	先後輩	前輩和晩輩
설득	說得	說服
설득력	說得力	說服力
설득하다	說得-	說服
설사01	泄瀉	腹泄
설탕	雪糖	白糖
섭리03	攝理	道理
성당03	聖堂	敎堂
성장률	成長率	增長率
성직자	聖職者	傳敎人員, 敎士
성취하다02	成就-	成功, 取得
성품01	性品	品格, 人品
세금01	稅金	稅, 稅額
세대02	世代	一代
세련되다	洗練-	精練, 老鍊, 干練
세상01	世上	人世間
세수04	洗手	洗臉
세제04	洗劑	洗滌劑
세탁	洗濯	洗, 洗滌
세탁기	洗濯機	洗衣機
소감02	所感	感受
소개02	紹介	介紹
소개하다01	紹介-	介紹
소망03	所望	願望
소문02	所聞	傳聞
소문나다	所聞-	傳聞
소박하다01	素朴-	朴素
소산02	所産	所生
소외	疏外	排外
소외감	疏外感	排外感
소외되다	疏外-	排外
소용07	所用	用途
소원04	所願	心願, 願望
소음06	騷音	噪音
소주05	燒酒	白酒
소중하다	所重-	重要, 珍貴, 珍惜
소중히	所重-	珍惜
소지품	所持品	携帶品
소포01	小包	郵包, 包裹
소풍02	逍風	野遊

속담	俗談	成語
솔직하다	率直-	혹은 直率
솔직히	率直-	直率
수동적02	受動的	被動的
수많다	數-	無數
수반하다01	隨伴-	伴隨, 同伴
수산업	水産業	海産品
수상하다05	殊常-	可疑, 奇怪
수업04	授業	課(수업을 듣다 = 聽課, 수업을 하다 = 講課)
수없이	數-	無數
수염04	鬚髥	胡子, 胡鬚
수영02	水泳	遊泳
수영장	水泳場	遊泳池
수요일	水曜日	星期三
수입02	輸入	進口
수입하다02	輸入-	進口
수준	水準	혹은 水平이라고도 함.
수집02	蒐集	收集
수출03	輸出	出口
수출하다03	輸出-	出口
수표01	手票	支票
숙소02	宿所	住處
숙제03	宿題	作業
순검	巡檢	없음, 巡警
순순히01	順順-	順從, 乖乖
술상	-床	席
습기02	濕氣	潮氣, 濕度
승진03	昇進	晉升
시각04	視角	立場, 角度, 視線, 看法
시계01	時計	表
시급하다	時急-	亟待, 亟須
시댁	媤宅	婆家
시련02	試鍊	考驗, 磨難, 苦難
시부모	媤父母	公公和婆婆
시사하다01	示唆-	豫示, 暗示
시설03	施設	設施
시세04	時勢	行勢, 行情, 商情, 形勢, 時局
시신02	屍身	尸首, 屍體
시어머니	媤-	婆婆
시일04	時日	혹은 日子, 時間
시작01	始作	開始
시작되다01	始作-	開始
시작하다01	始作-	開始(始作은 고대 중국어의 詩句 등에서만 출현.)

시절01	時節	時代, 時期
시중03	市中	市
시집01	媤-	婆家
시집가다	媤-	出嫁
시청01	市廳	市政府
시합01	試合	比賽
시행착오	施行錯誤	錯誤
식구01	食口	家庭成員
식당	食堂	중국어에서의 食堂은 모 단체내의 구내식당만을 의미함.
식량03	食糧	糧食
식사03	食事	飯, 餐, 膳食
식사하다02	食事-	用餐
식생활	食生活	飲食習慣
식탁	食卓	飯桌, 餐桌
신문10	新聞	報紙
신문사	新聞社	報社
신부10	新婦	新娘
신세대	新世代	新一代
신입생	新入生	新生
신자03	信者	信徒
신체적	身體的	肉體的
신체적	身體的	肉體的
신통하다01	神通-	혹은 靈通
신하01	臣下	大臣
실감하다	實感	眞正感覺到
실례01	失禮	不禮貌
실로01	實-	實在
실무	實務	實際業務
실상02	實相	眞面目
실수01	失手	失誤,不小心
실수하다	失手-	失誤
실업자	失業者	失業人員
실은	實-	事實上
실적05	實績	業績, 成績
실제로	實際-	"實際로"의 용법으로 사용될 경우에는 實際上으로 표현함.
실체02	實體	眞面目
싫증	-症	없음, 厭惡, 討厭
심각하다02	深刻	'심각한 표정'의 용법으로 사용될 때에는 深沈이라 표현함. 사태가 심각하다는 嚴重.

심각해지다	深刻	嚴重
심사03	心思	心事
심술	心術	壞心眼, 壞心腸
심하다	甚-	'상처 등이 심하다'의 경우에는 嚴重, '경쟁 등이 심하다'의 경우에는 激烈
심해지다	甚-	嚴重
십상02	十常	正好, 正合適, 相當
아래층	-層	樓
악순환	惡循環	혹은 惡性循環
안내01	案內	向導, 帶路, 引導, 導遊
안내하다	案內-	引導, 向導, 指導, 導遊
안녕하다	安寧-	'안녕하세요'의 '안녕'은 '당신은 잘 지내시나요'의 '你好'로 표현, 국가의 안녕을 의미하는 명사일 때는 安寧으로 동일하게 사용함.
안녕히	安寧-	平安, 아침은 早安, 저녁은 晚安.
안부01	安否	問候
안주04	按酒	下酒菜
압도적	壓倒的	單方面的
압도하다	壓倒-	凌駕
애교02	愛嬌	嬌媚
애인02	愛人	情人
애착	愛着	熱愛, 哀惜
액수03	額數	數額, 金額
야구02	野球	棒球
야기되다	惹起-	引起, 倒置,
야단01	惹端	教訓, 糟糕, 批評, 訓教
야채	野菜	중국에서 野菜는 들에서 나는 순 자연산 먹는 풀을 의미, 한국어의 야채는 중국어로 蔬菜.
약간	若干	인원 등을 셀 때는 동일하나, 물건의 양을 셀 때 少許 혹은 一點.
약국02	藥局	藥房, 藥店
약속	約束	約定
약속하다	約束-	約定
약수04	藥水	泉水
약수터	藥水-	없음.
양말01	洋襪	襪子
양반03	兩班	貴族
양배추	洋-	西, 胡
양복01	洋服	西服
양주04	洋酒	한자의 의미로 풀이할 수는 있으나 중국에서는 대부분 브랜디(白蘭地), 샴페인(香檳) 등 구체적으로 지칭함.
양편01	兩便	雙方
어색하다02	語塞	不自然
어차피	於此彼	旣然
어휘02	語彙	詞彙, 單詞
언어01	言語	語言
얼마간	-間	期間
여간	如干	普通, 一般, 平凡
여건01	與件	條件
여권02	旅券	護照
여대생	女大生	女大學生
여동생	女同生	妹妹
여유	餘裕	富裕(금전적으로), 富餘(돈이나 시간 등이 여유 있음.)
여자02	女子	女孩(10세-20세 사이), 女生(초등학교-대학교), 女人(성숙한 여자)
여전하다	如前-	仍然
여전히	如前-	依然, 仍然
여편네	女便-	妻子, 愛人
여행객	旅行客	旅客
역14	驛	車站
역겹다	逆-	厭惡, 惡心, 討厭, 可憎
역시01	亦是	還是
역할	役割	作用
연구자	研究者	혹은 研究人員
연극	演劇	話劇
연기09	煙氣	煙, 煙霧
연령층	年齡層	年齡段
연쇄01	連鎖	連環
연습02	演習	練習
연탄03	煉炭	煤炭
연휴02	連休	休假
열띠다	熱	熱烈
열심히	熱心	努力(중국어에서 熱心은 열성적이라는 의미임.)
열악하다	劣惡	惡劣
염려01	念慮	擔心, 牽掛
영광01	榮光	光榮

한국어	한자	중국어
영세04	零細	小戶人家, 小戶店面
영수증	領收證	收據
영위하다02	營爲-	享受, 謀求
영장02	令狀	拘捕證
영화01	映畵	電影
영화관01	映畵館	電影院
예고하다	豫告-	혹은 豫示
예금01	預金	存款
예민하다01	銳敏-	敏感
예상외	豫想外	出乎豫料
예술인	藝術人	藝術家
예정02	豫定	*豫備打算
오전02	午前	上午
오후02	午後	下午
온난화	溫暖化	暖化
온전하다	穩全-	完整, 完好
온종일	-終日	整天
옷장02	-欌	櫃
완벽하다	完璧-	完美
완전하다01	完全-	혹은 完整
왕권	王權	中央勸力
왕복	往復	往返
외국어	外國語	外語
외화01	外貨	外幣
요금01	料金	費用
요리05	料理	혹은 菜
요리사	料理師	廚師
요일	曜日	星期
요체02	要諦	要點, 核心, 中心
욕구	欲求	慾望
욕심	欲心	慾望, 貪心
용돈	用-	零用錢
용서01	容恕	饒恕, 寬容
용서하다	容恕-	饒恕
우선02	于先	首先
우승하다	優勝-	勝利
우유02	牛乳	牛奶
우체국	郵遞局	郵局
우편04	郵便	郵政
운동화	運動靴	運動鞋
운명01	運命	命運
운세	運勢	算命
운수04	運數	運氣
운영하다	運營-	*經營
운전02	運轉	開
운전기사	運轉技士	司機
운전사	運轉士	司機
운전자	運轉者	司機
운전하다	運轉-	開
울창하다	鬱蒼-	鬱鬱蒼蒼
원가05	原價	出廠價
원래01	元來	原來
원망하다01	怨望-	埋怨
원서05	願書	志願書, 報名表
원하다02	願-	願은 고대 중국어의 문어로서 주로 詩句 등에서 사용됨. 希望
월급	月給	工資
월요일	月曜日	星期一
위로하다	慰勞-	혹은 慰問
위장02	胃臟	胃
유감스럽다	遺憾	遺憾
유능하다	有能-	能干, 有能力
유리10	琉璃	玻璃
유리창01	琉璃窓	玻璃窓
유식하다01	有識-	有文化的, 有知識的
유심히	有心-	留心, 留意, 注意
유적지	遺跡地	遺跡, 古迹
유족03	遺族	遺孀與遺孤
유치원	幼稚園	幼兒園
육박하다02	肉薄-	接近
윤기02	潤氣	光澤
은근하다	慇懃-	深沈, 不明顯, 淡雅
은근히	慇懃-	暗自, 朦朧, 不明確地
은은하다02	隱隱-	淺淡
음료수	飮料水	飮料
음식	飮食	飮食은 중국어에서 마실 것과 먹을 것 전부 포함함. 상황에 따라 飯 = 밥, 菜 = 요리, 東西 = 불특정 먹을 것.)
음식물02	飮食物	食物
음식점	飮食店	飯店
응급실	應急室	急診室
의리	義理	義氣
의미02	意味	'意味하다' 일 경우는 동일하나, 뜻이라는 명사일 경우 意思라 함.
의미하다02	意味-	*代表

한국어	한자	중국어
의사12	醫師	醫生(문어), 大夫(구두어)
의식주	衣食住	衣食住行
의욕	意欲	上進心
의존하다	依存-	依賴
의지하다	依支-	依靠
이발소	理髮所	理髮店
이번01	-番	次
이사14	移徙	遷移, 搬家
이사하다01	移徙-	遷移, 搬家
이상하다	異常-	奇怪(異常이 명사일 경우 한중 동일.)
이자05	利子	利息
이전08	移轉	轉移
이치06	理致	道理
인간01	人間	世上을 의미할 때는 동일함, 그러나 사람을 지칭할 때는 人이라고만 함.
인간관계	人間關係	人際關係
인간적	人間的	有人情味的
인간적	人間的	人情味的
인격체	人格體	人格
인기01	人氣	일본식 한자어로서 근 3, 4년 이래 대만 홍콩 등지에서 사용해 오다가 중국 현지에 역수출됨.
인내심	忍耐心	耐心
인사02	人事	問候
인사말	人事-	應酬話, 客氣話, 寒暄
인사하다	人事-	問好, 問候
인상03	引上	提高, 上長, 調高
인상적	印象的	印象深刻的
인정08	認定	承認, 認可
인정받다	認定-	認可
인정하다	認定-	認定, 承認, 肯定
인형01	人形	娃娃
일간지	日刊紙	日刊
일기11	日氣	天氣
일단01	一旦	만약 뭐뭐 한다면의 용법일 경우 예문: 일단 발각이 되다면 - 동일, 잠시의 의미일 때 예문: 일단 보류하도록 한다의 경우 다름.
일리03	一理	一定的道理
일명01	一名	又稱
일부02	一部	"일부분"이라는 의미일 때는 一部分, 중국어에서 一部의 部는 양화사로도 사용됨에 유의해야 함.
일요일	日曜日	星期日, 禮拜日
일정하다	一定-	一樣,
일제02	日帝	日本帝國主義 혹은 日帝國主義
일주일	一週日	一週, 一星期
일차적	一次的	一次性
일화04	逸話	奇聞, 趣聞, 軼事
일회용	一回用	一次性
일회용품	一回用品	一次性用品
임금03	賃金	工資, 薪水
임신02	妊娠	懷孕
입사04	入社	없음.
입시04	入試	高考
입원하다01	入院-	住院
입자02	粒子	顆粒
입증되다	立證-	立證, 證實, 證明
입증하다	立證-	證明
입찰	入札	投標
자가용	自家用	家用
자각03	自覺	覺悟
자각하다02	自覺-	覺悟
자극01	刺戟	刺激
자금난	資金難	資金困難
자기주장	自己主張	自己的主張
자동차	自動車	汽車
자부심	自負心	自信
자상하다01	仔詳-	細心, 無微不至, 親切
자식01	子息	子女
자신01	自身	문어나 사자성어의 경우에는 동일(自身難保). 自己(구두어나 일상회화에서).
자신감	自信感	自信
자연관	自然觀	對自然的認識
자전거	自轉車	自行車
자제하다01	自制-	自我克制
자체02	自體	自身
작년	昨年	去年
작업01	作業	工作
작용하다01	作用-	起作用, 發生作用(중국어에서 作用은 명사로만 출현함.)

[부록 3] 중국과 일본 한자어 대비 _579

작정01	作定	打算
작정하다01	作定-	決定, 打算
잔03	盞	杯(현대 중국어에서 盞은 燈을 세는 양화사로만 사용됨.)
잔재02	殘滓	殘餘, 殘渣
잡지	雜誌	雜志
장관02	長官	예전에 중국에서 군대의 장교를 부를 때 사용함. 그러나 현재 한국어의 문화관광부 장관 등과 같은 용어는 중국어로 해당 직급의 호칭을 붙이는 것으로 함, 즉 文化部部長 등과 같음.
장기21	臟器	內臟器官
장남03	長男	長子
장애인	障碍人	殘疾人
장애자	障碍者	殘疾人
장점02	長點	長處, 優點
장차02	將次	將來
장화02	長靴	靴子
재미04	在美	興趣, 意思
재수03	財數	運氣
재작년	再昨年	前年
재학02	在學	在校
저장04	貯藏	儲藏
저주03	詛呪	詛咒
저축03	貯蓄	儲蓄
적극적	積極的	'적극적인'과 같이 속격을 의미하는 한정어일 때 동일, 그러나 '적극적으로'와 같은 부사어일 경우 뒤에 조사 "的"이 "地"로 바뀜.
적성05	適性	愛好, 興趣, 能力
적자02	赤字	虧損
적절하다	適切	適當, 貼切
전개02	展開	開展
전공05	專攻	專業
전구10	電球	燈泡
전기15	電氣	電
전문가	專門家	專家
전문직	專門職	專職人員
전시되다	展示-	展覽, 展出
전시실	展示室	展廳
전시장	展示場	展覽廳

전액01	全額	總額
전자레인지	電子range	微波爐
전철04	電鐵	地鐵
전체적	全體的	全體
전혀01	全-	完全, 全然, 干脆, 根本
전화번호	電話番號	電話號碼
절반	折半	一半
점검	點檢	檢點
점검하다	點檢-	檢點
점수06	點數	分數
점심	點心	午飯
점심때	點心-	中午
점심시간	點心時間	中午
점원01	店員	服務員
점쟁이	占-	算命先生
점차02	漸次	逐漸
점치다01	占-	算命
접하다01	接-	接觸
정거장	停車場	停車處
정겹다	情-	多情的, 可愛的, 深情的
정년03	停年	退休年限
정답다	情-	心愛的
정류장	停留場	車站
정말01	正-	眞, 眞正
정말01	正-	眞正
정말로	正-	眞的
정반대	正反對	正相反
정보06	情報	信息(상용), 情報(간첩활동 등에 사용되는 용어)
정보화	情報化	信息化
정상11	頂上	頂峰
정성11	精誠	혹은 誠心
정성스럽다	精誠-	精心, 誠心
정승02	政丞	丞相
정신없이	精神-	拼命
정원06	庭園	혹은 庭院
정장04	正裝	套裝
정착되다	定着-	定居
정치인	政治人	參政人士
정확성	正確性	準確性
정확하다01	正確-	*準確
제각기	-各其	各自
제거03	除去	除掉
제기하다03	提起-	提, 提出

제대하다	除隊-	復員, 退伍, 轉業
제시하다01	提示-	*提出, 出示, 指出
제품02	製品	産品
제한01	制限	限制
제한되다	制限-	限制
제휴	提携	携手, 合作, 協同
조립하다	組立-	組合
조미료	調味料	調味品
조상07	祖上	*祖先
조선조	朝鮮朝	朝鮮時代
조심스럽다	操心-	小心
조심스레	操心-	小心
조심하다02	操心-	小心
조업05	操業	操作, 開工
조작02	造作	操作
조절하다02	調節-	혹은 調整
조치04	措置	措施
조합원	組合員	成員, 組員, 社員
조화롭다	調和-	協調
족보02	族譜	家譜, 宗譜, 譜系
존댓말	尊待-	尊敬, 敬語
존속01	存續	保持, 繼續存在
존엄성	尊嚴性	尊嚴
졸업	卒業	畢業
졸업생	卒業生	畢業生
졸업하다	卒業-	畢業
졸지02	猝地	忽然, 突然
종목01	種目	種類
종업원	從業員	服務員 혹은 從事人員
종일01	終日	혹은 整天
죄송하다	罪悚-	抱謙
주가05	株價	股票價格
주거02	住居	居住
주로01	主-	主要, 爲主
주문04	注文	訂, 豫訂
주문하다01	注文-	訂, 豫訂
주민	住民	居民
주범01	主犯	要犯
주변04	周邊	주변국가 일 때 周邊, 주변을 살펴보다 일 때 周圍
주소01	住所	住址
주인집	主人-	主
주차장	駐車場	停車場
주차장	駐車場	停車場

주최하다	主催-	主辦
중계방송	中繼放送	現場直播
중반03	中盤	途中, 중국에서는 나이를 셀 경우 숫자를 구체적으로 언급함.
중요시되다	重要視-	重視
중요시하다	重要視-	重視
중학교	中學校	初中
즉석	卽席	當場, 就地, 卽刻
즉시	卽時	혹은 馬上
증대	增大	增多
증세01	症勢	症狀
지갑03	紙匣	錢包
지검02	地檢	地方檢察
지경02	地境	地步
지극히	至極-	非常
지금03	只今	現在
지금껏	只今-	迄今, 現今爲止
지난번	-番	次, 回
지도자	指導者	領導
지독하다	至毒-	濃, 重, 嚴重, 要命的
지면03	紙面	篇幅, 版面
지성06	知性	悟性, 知慧性
지식인	知識人	知識分子
지역03	地域	*간혹 地區라고도 함.
지장03	支障	障碍
지적01	知的	明智的, 知慧的, 有文化的,
지적하다	指摘-	指點, 批評, 指責, 指出
지점01	支店	分店
지하철	地下鐵	地鐵
직면하다	直面-	面對, 面臨, 當面
직원03	職員	*員工
직장05	職場	(工作)單位
직장인	職場人	有工作的人, 在職人員, 上班族
직전02	直前	前
직종	職種	職業種類
직책	職責	職位
직후	直後	之後
진하다01	津-	(액체)濃, (색상)深, (냄새)沖
진학	進學	升學
질문	質問	提問
질문하다	質問-	提問
질소02	窒素	氮

[부록 3] 중국과 일본 한자어 대비 _581

질적	質的	本質上
질환	疾患	疾病
짐작하다	斟酌-	豫想, 推測, 豫測
쪽지	-紙	便條
차례01	次例	次序
차원01	次元	水準
차이	差異	혹은 差距라고도 함.
차이점	差異點	差異, 不同點
차차01	次次	漸漸, 漸次
참석하다	參席-	出席
참신하다02	斬新	嶄新
창문	窓門	窓戶
창밖	窓-	窓外
채소	菜蔬	蔬菜
채택되다	採擇-	採納
채택하다	採擇-	採納
책01	冊	고대 중국에서는 冊을 양화 사로도 사용하였음. 현대어 에서는 書라함.
책가방	冊-	書包
책방01	冊房	書店
책보01	冊褓	없음
책상01	冊床	桌子, 書桌
책임감	責任感	責任心
책임자	責任者	負責人
책자	冊子	書
처방	處方	藥方
처지	處地	處境, 環境, 條件
처하다	處-	혹은 處於
천국01	天國	天堂
청바지	靑-	없음, 牛仔褲
청소06	淸掃	혹은 打掃
청소하다03	淸掃-	打掃
체결하다	締結-	혹은 簽署
체념하다01	諦念-	斷念, 死心
체면02	體面	面子
체증01	滯症	積食, 滯食
초대04	初代	第一代
초등학교	初等學校	小學
초반01	初盤	初期
총각01	總角	小伙子
최대	最大	*最高, 最多
최대한	最大限	最大限度, 最多, 最高
최선02	最善	盡力

최소한	最小限	最小限度, 至少
최소화하다02	最少化-	使...最少
추석01	秋夕	中秋
추억	追憶	혹은 回憶
추진력	推進力	推動力
추진하다02	推進-	進展, 加速
축구04	蹴球	足球
축적	蓄積	積累
축제01	祝祭	慶典
출근	出勤	上班
출근하다	出勤-	上班
출범02	出帆	登場
출산02	出産	生出
출세01	出世	出人頭地, 出頭
출세하다01	出世-	發迹, 顯達, 飛黃騰達
출장01	出張	出差
출퇴근	出退勤	上下班
충격적	衝擊的	衝擊性的, 打擊性的, 意外的, 震動性的
충실하다02	忠實-	努力
충족시키다	充足-	滿足
취급하다	取扱-	處理, 待遇
취미04	趣味	興趣
취재하다02	取材-	采訪
취직	就職	혹은 就業
취직하다	就職-	就業
취하다01	取-	採取
취향01	趣向	所好, 愛好
측면	側面	*方面
치과	齒科	牙科
치밀하다	緻密-	精密, 細密
치아02	齒牙	牙齒
치약	齒藥	牙膏
치열하다02	熾烈-	激烈
친구02	親舊	朋友
친근하다	親近-	親熱
친정04	親庭	娘家
친족01	親族	家族成員
친지	親知	親人, 好友, 知己
침대02	寢臺	床
침입01	侵入	入侵
칫솔	齒-	牙
쾌적하다	快適-	舒適
탁구	卓球	乒乓球

탄압	彈壓	鎭壓
탈출하다02	脫出-	逃脫, 逃出
탈피하다	脫皮-	超出
태반01	太半	多半, 大部分
토론자	討論者	發言者, 發言人
토요일	土曜日	星期六
통장02	通帳	存折
통제02	統制	혹은 控制
통제하다	統制-	혹은 控制
퇴근	退勤	下班
퇴근하다	退勤-	下班
퇴임	退任	退休
특히	特-	特別
파악하다	把握-	掌握(중국어에서 명사로서의 把握은 한국어의 자신감이라는 의미가 있음.)
파업	罷業	罷工
파출부	派出婦	保姆
파탄01	破綻	破壞, 瓦解,
판매	販賣	推銷, 銷售
판매하다	販賣-	銷售, 推銷
편리하다	便利	혹은 方便
편안하다01	便安-	舒服
편익	便益	利益, 方便, 便利
편지02	便紙	信
편하다	便-	方便
편히	便-	舒服地
평소	平素	平時(문어로는 아직 平素라고도 함.)
폐단	弊端	弊病
폐쇄되다	閉鎖-	封閉
포장마차	布帳馬車	路邊小吃攤兒
폭발적	暴發的	暴發性
폭풍01	暴風	風暴
표시02	標示	表示, 標示, 標志
표시되다02	標示-	表示, 標明
표현	表現	중국어의 파생적 의미가 더 많음. 예를 들어, 중국어의 表現은 태도 혹은 자신을 돋보이게 하다의 의미도 있음.
표현하다	表現-	중국어의 파생적 의미가 더 많음. 예를 들어, 중국어의 表現은 태도 혹은 자신을 돋보이게 하다의 의미도 있음.

품목01	品目	産品
풍습01	風習	風俗
풍요02	豐饒	豐足, 富有, 富裕
풍요롭다	豐饒-	豐足
피곤하다	疲困-	疲勞
피해01	被害	受害(중국어에서 被害는 해를 당하다라는 문장임.)
필요	必要	需要, 必要
하숙	下宿	寄宿
하숙생	下宿生	寄宿生
하숙집	下宿-	寄宿
하여간	何如間	無論如何, 反正
하여튼	何如-	總的來說
학과01	學科	系科
학년	學年	年級
학동	學童	없음(학당이 사라진 이후도 사용하지 않음.)
학번	學番	學號
학벌	學閥	文化程度
학원02	學院	補習班
학점	學點	學分
학창01	學窓	學生時代
한가하다02	閑暇-	悠閑
한계	限界	界限
한껏	限-	充分地
한밤중	-中	里
한번	-番	次, 回
한번	-番	次
한복	韓服	중국어에 없으나 韓服이라 해도 무방함.
한없이	限-	無限, 一直
한잔	-盞	杯
한잔하다	-盞	杯
한적하다01	閑寂-	閑靜, 安靜, 淸閑
한층	-層	혹은 樓
한편	-便	方面
한편	-便	- 方面
한평생01	-平生	一輩子
한하다02	限-	局限
할02	割	成
할인01	割引	折扣
합의하다01	合意-	協商, 합의를 달성하다 = 達成協議
항간02	巷間	街頭巷尾

항상	恒常	常, 常常, 一直	혼나다	魂-	教訓
해결책	解決策	解決方法	혼수02	婚需	嫁妝
해당되다	該當-	相當於	화나다	火-	上火, 發火, 生氣
해당하다04	該當-	相當於	화장실	化粧室	洗手間, 廁所,
해롭다	害-	有害	확고하다	確固-	堅定
해소03	解消	解除	환갑02	還甲	花甲
해소하다01	解消-	消除	활기차다	活氣-	活力
행해지다	行-	做出	활달하다	豁達-	活潑
향교02	鄕校	없음	회로01	回路	電路, 板路, 歸路
향상시키다	向上-	提高	회복하다	回復-	恢復
허구하다01	許久-	長久	회사04	會社	公司
허점	虛點	空隙, 弱點, 空子	회사원	會社員	職員, 員工
헌금	獻金	捐款	효과적	效果的	有效地
현관01	玄關	門廊, 正門	효력	效力	效果
현관문	玄關門	正門, 大門	후반01	後半	後半部
현기증	眩氣症	頭暈	후배06	後輩	晚輩, 學弟, 學妹
현명하다01	賢明-	明智	후일	後日	以後
협동	協同	協助	훈장02	訓長	없음. 현재는 老師.
형님	兄-	*哥哥	휴가01	休暇	休假
형식적	形式的	形式上的	휴일	休日	休息日
형제간	兄弟間	兄弟	휴전03	休戰	停戰
형편01	形便	處境, 條件, 環境	휴전선	休戰線	停戰線
형편없다	形便-	狀況不好, 不像樣	휴지02	休紙	衛生紙
혜택	惠澤	優惠	흙탕물	-湯-	없음
호랑이	虎狼-	老虎, 虎	흠03	欠	欠缺, 缺陷
호선80	號線	路線, 線路	흥겹다	興-	高興, 有興致, 愉快
호실01	號室	室, 房間	흥미	興味	興趣
호칭02	呼稱	稱呼	흥미롭다	興味-	有意思, 有趣
혹시01	或是	是否	흰색	-色	白色
혹시나	或是-	萬一, 如果			

■ 한국 한자어와 일본어 어휘 대비표

항목	풀이	비교내용
가로등	街路燈	街灯
간장01	-醬	醬油
거래02	去來	'오가다'의 의미로.
거실02	居室	居間
겁05	怯	'怯え'로 훈독됨.
경우03	境遇	처지
경치02	景致	景色
고등학생	高等學生	高校生
공부01	工夫	궁리
공부하다	工夫-	궁리
과다하다01	過多-	'過多'는 '~過多'의 형태로 쓰임.
과연01	果然	별로 안 씀
구절03	句節	句と節
국민학교	國民學校	国民学校、小学校
귀하다	貴-	貴い
그녀	-女	彼女
극단적	極端的	極端
글자	-字	文字
급격히	急激-	急激に
급히	急-	急いで
기숙사	寄宿舍	있기는 있으나 보통 寮를 씀
기타01	其他	その他
남쪽	南-	南方
남학생	男學生	男子学生
내일	來日	明日. 來日은 일본으로 오는 것
년생80	年生	'학년'
노골적	露骨的	露骨
논란	論難	論難. 비난이나 공격하는 것.
다방02	茶房	요즘은 별로 안 씀
다행	多幸	'ご多幸を祈る'로 만
다행스럽다	多幸-	多幸 참고
다행히	多幸-	多幸 참고
단점01	短點	短所
당분간	當分間	當分
당장02	當場	당분간
당황하다	唐荒-	荒唐無稽로만
대접05	待接	接待
대체적	大體的	大體
도자기	陶瓷器	陶磁器. 단 한국식 한자어에도 陶磁器가 있음
동쪽	東-	東方
매장06	賣場	売店, 단 売り場는 可
명절01	名節	名譽와 節操
무심코	無心-	'無心' 참조
무심하다	無心-	열중하고 있다
무조건	無條件	'無条件で'(조건 없이)로만
방07	房	'송이'라는 뜻 혹은 独房, 厨房 등 합성어로
백자03	白瓷	白磁가 일반적임
번04	番	'-번째'의 뜻으로만 '횟수'에는 안 씀
번째	番-	番目
복도04	複道	廊下
봉투02	封套	封筒
북쪽	北-	北方
사계절	四季節	四季
사촌	四寸	4+길이의 단위
산길02	山-	山道
삼촌	三寸	3+길이의 단위
상대방02	相對方	相手
상처02	傷處	傷
색깔	色-	色
서쪽	西-	西方
석사01	碩士	修士
선후배	先後輩	先輩, 後輩
세상01	世上	단 별로 안 씀
소원04	所願	단 별로 안 씀
속담	俗談	諺. 일본어의 俗談은 세상 이야기.
손녀	孫女	孫娘
수많다	數-	數多い
순박하다	淳朴-	純朴
시신02	屍身	屍
시절01	時節	주로 인사말 혹은 '시기'라는 뜻으로
신통하다01	神通-	神通力으로만
실수01	失手	失敗
심술	心術	마음가짐. 별로 안 쓰는 말
안녕하다	安寧-	단 명사로만.

한국어	한자	일본어/설명
애인02	愛人	첩
여대생	女大生	女子大生
여인01	女人	문학이나 사극에서만
열띠다	熱	熱を帯びる
예술인	藝術人	藝術家
온종일	-終日	終日
욕심	欲心	欲
우산01	雨傘	단 훈독됨.
우체국	郵遞局	郵便局
운전사	運轉士	運転手
울창하다	鬱蒼-	명사로만. 뜻에도 차이가 있음.
위협	威脅	脅威
이번01	-番	今度
이치06	理致	理知, 理智
인사03	人事	'인사이동', '인사를 다하고…'의 뜻으로만
인사하다	人事-	'人事' 참조
인상03	引上	훈독됨
일기11	日氣	天気
자가용	自家用	자신이 소유하고 있는.
자극01	刺戟	刺戟, 刺激
자기04	自己	기출
자신감	自信感	自信
자연스럽다	自然-	自然だ
잔03	盞	盃, 杯
장22	張	조수사
장애자	障碍者	障害者 쪽이 더 일반적임.
재작년	再昨年	一昨年
정상적	正常的	正常
정치인	政治人	政治家
지금03	只今	주로 '목하', '금방'의 뜻으로
지난번	-番	前回
지혜02	智慧	知恵
진심01	眞心	眞心 단 '진'도 '심'도 훈독
차이	差異	단 보통 차이=違い
차차01	次次	잇달아
창문	窓門	窓
책가방	冊-	冊 = 本
책상01	冊床	書棚, 本箱
처녀	處女	処女 한국어보다 뜻이 한정됨
천명하다02	闡明-	단 거의 안 씀
초등학교	初等學校	일부 사립학교에서만. 일반적으로는 小学校
추억	追憶	약간 문학적
취급하다	取扱-	取り扱う
치약	齒藥	歯磨き粉
친근하다	親近-	親近感으로만 쓰임.
칫솔	齒-	歯ブラシ
태반01	太半	大半
택하다	擇-	選ぶ
포기하다01	抛棄-	放棄
필수적	必須的	必須
학원02	學院	學院. 쓰임이 약간 다름.
한05	恨	恨みで
한번	-番	'-번째'의 뜻으로만, 횟수에는 안 씀
한층	-層	階
한 편	-便	조수사
한평생01	-平生	'平生'은 '평소'의 의미.
항상	恒常	恒常的으로, 약간 딱딱한 표현
향기01	香氣	香気 단 '香り'가 더 일반적임
활달하다	豁達-	闊達

[부록 4] 한국어 사전의 종류와 사전별 이용 방법

아래에서는 한국어의 어휘를 비롯하여 관용표현, 속담, 연어, 어휘 관계 등과 관련된 사전을 소개한다. 한국어 어휘 교육 종사자나 어휘 학습자 양쪽에서 쉽게 이용할 수 있는 가장 대표적인 사전들만을 추린 것이다.

1. 국립국어연구원 편(1999), 『표준국어대사전』, 두산동아.

2009년 9월 말 현재, 이용 가능한 사전 중 가장 방대한 표제어(50만 항목)를 수록하고 있으며 정부 기관이 편찬하여 어문 규범을 가장 잘 적용한 사전이다. 대사전으로서 여러 분야의 전문 용어까지 수록하여 범용 사전으로서의 기능도 일부 갖추었다. 초판은 종이 사전 형태, CD-롬 형태로 출판되었으나 현재는 인터넷 검색 서비스를 제공하고 있다. 인터넷 서비스는 무료로 이용할 수 있을 뿐 아니라, 종이 사전이 제공할 수 없고 기존 CD-롬에서 제공하지 않는 다양한 검색 환경을 제공하고 있다. 더욱이 인터넷 서비스는 초판의 오류와 오자를 꾸준히 수정한 정보를 제공한다는 장점도 있어 적극 추천할 만하다. 인터넷 검색을 잘 활용하면 다른 사전은 거의 필요가 없을 정도이다. 아래에서 활용 방법을 자세히 소개한다(국립국어원 2008).

종이에 인쇄된 사전은 재판을 인쇄하기 전에는 잘못된 내용을 수정하기가 어렵다. 더욱이 사회의 급격한 변화와 인터넷, 정보 통신의 발달에 따른 정보의 변화와 생성을 10년에 한두 번 개정하는 종이 사전에 반영하기란 거의 불가능에 가깝다. 전통적인 방식으로 제작되는 사전에 최신의 정보와 다양한 이용자의 요구를 반영하기는 힘들다.

이러한 문제를 해결하기 위해『표준국어대사전』의 개정판은 과감하게 사전 콘텐츠 전달 형식을 '웹 사전'으로 바꾸기로 하였다. '웹 사전'은 한마디로 인터넷을 통해 제공하는 사전을 말한다. 이미『표준국어대사전』또한 2002년부터 인터넷을 통한 서비스를 제공하고 있었지만 종이 사전을 인터넷으로 옮겨 놓은 것에 불과했다. 사전 내용을 데이터베이스화하여 사전을 웹 사전으로 편찬한다는 것은 사전 편찬과 사용의 패러다임을 송두리째 바꾸는 일이었다.

한편으로는 컴퓨터와 인터넷에 익숙하지 못한 이용자에게 불편을 초래할 것이라는 우려도 있었다. 그럼에도 『표준국어대사전』을 웹 사전으로 편찬하기로 결정한 것은 사전의 미래에 대한 중대한 의미를 지닌다. 무엇보다도 신속하게 사전의 정보를 추가하고 보완하는 체제를 갖출 필요가 있었다. 이미 『표준국어대사전』을 바탕으로 한 다른 국어사전이 다수 출간되어 컴퓨터에 익숙하지 않은 이용자 또한 크게 불편하지 않을 것이라는 점도 감안되었다.

웹 사전으로 형식을 바꾸면서 사용자 편의를 위해 화면을 개편하고 상세 검색 기능을 추가하여 다양한 검색 기능을 강화하였으며 이용 시 불편함이나 문제점을 바로 알리는 시스템을 마련했다. 웹 환경을 살려 인터넷만 연결되면 국립국어원 누리집 접속 없이도 사용이 가능하게 되었다. 다음에서 『표준국어대사전』 웹 사전의 자세한 모습을 살펴보기로 한다.

1) 검색 방식의 다양화

기존의 『표준국어대사전』 웹 사전에서는 단순 검색 기능만 제공했던 반면 개정판 『표준국어대사전』에서는 찾기, 따로 보기, 자세히 찾기 등 세 가지 방식으로 검색할 수 있게 하였다. 기본 검색 기능인 '찾기'와 사전 내용을 부문별로 따로 볼 수 있는 '따로 보기', 상세한 조건을 설정하여 세밀한 정보를 찾을 수 있는 '자세히 찾기' 등을 통해 다양한 관점에서 사전 검색이 가능하다.

〈기존의 『표준국어대사전』 웹 사전 기본 화면〉

〈『표준국어대사전』 개정판 웹 사전 '찾기' 화면〉

✍ 검색 조건 1: 표제어 '한글' 찾기

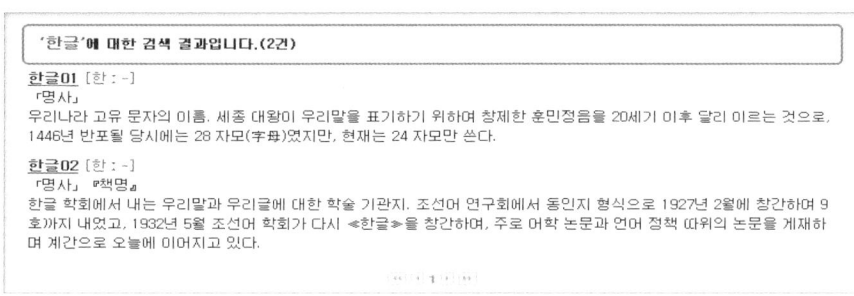

〈검색 조건 1을 적용하여 찾은 결과 화면〉

〈『표준국어대사전』 개정판 웹 사전 '따로 보기' 결과 화면〉

✍ 검색 조건 2: 속담 중 '나그네'로 시작하는 속담 찾기

2) 검색 조건의 정교화

　'자세히 찾기' 기능은 다시 '여러 겹 찾기(다중 검색)'와 '다양하게 찾기(지정 검색)'로 세분화하여 원하는 정보를 세밀하게 검색할 수 있다. '여러 겹 찾기(다중 검색)' 기능을 통해 사전 미시 구조와 관련된 조건을 세 가지까지 동시에 적용할 수 있

어 원하는 정보를 쉽게 간추려 낼 수 있으며 '다양하게 찾기(지정 검색)' 기능을 통해 사전의 거시 구조와 관련된 조건을 다양하게 적용할 수 있어 원하는 정보를 쉽게 간추려 낼 수 있다.

정교화된 검색 조건은 형태론, 통사론, 의미론 등 다양한 국어학 연구 분야의 기초 자료를 제공한다. 다만 더 많은 사용자가 안정되게 웹 사전을 활용할 수 있게 하기 위해 더 세밀한 정보를 원하는 고급 사용자를 위한 정규 표현 검색을 구현할 수 없었다는 것이 아쉬운 점이다.

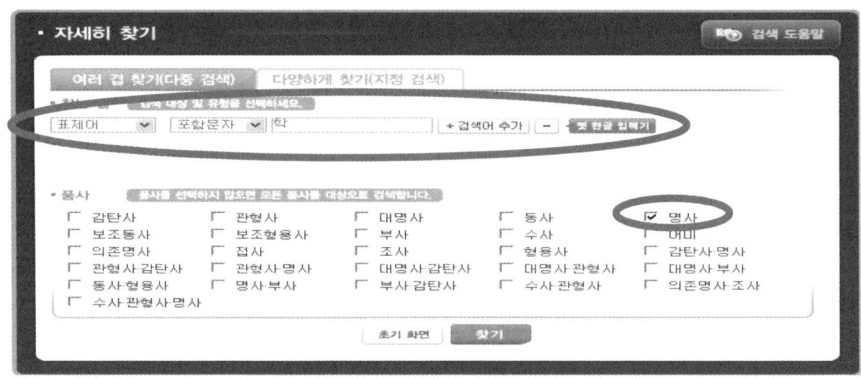

〈『표준국어대사전』 개정판 웹 사전 '여러 겹 찾기' 화면〉

✎ 검색 조건 3: '학'을 포함하는 명사 표제어 찾기

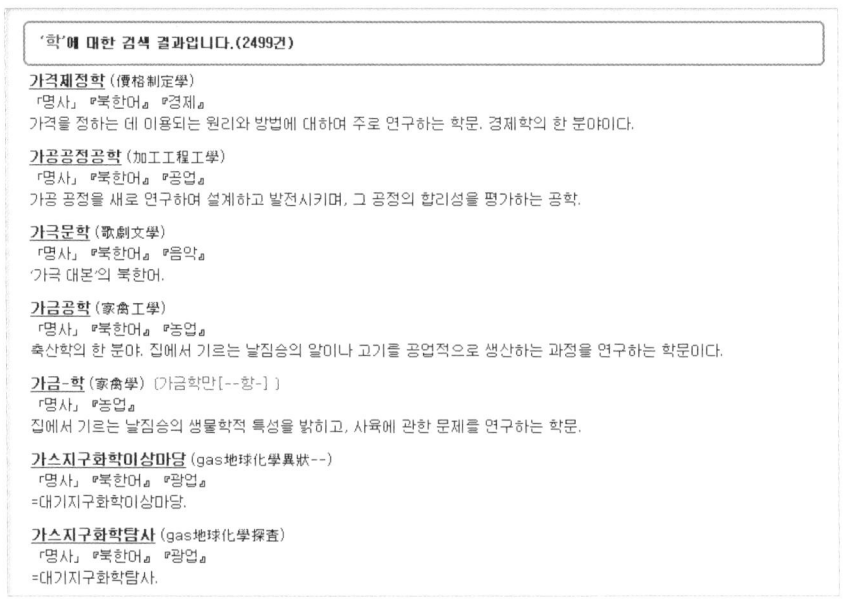

〈검색 조건 3을 적용하여 찾은 결과 화면〉

⟨『표준국어대사전』 개정판 웹 사전 '여러 겹 찾기' 화면⟩

✎ 검색 조건 4 : '학'을 포함하는 교육 분야 전문어 중 '과'로 끝나는 용어 찾기

⟨검색 조건 4를 적용하여 찾은 결과 화면⟩

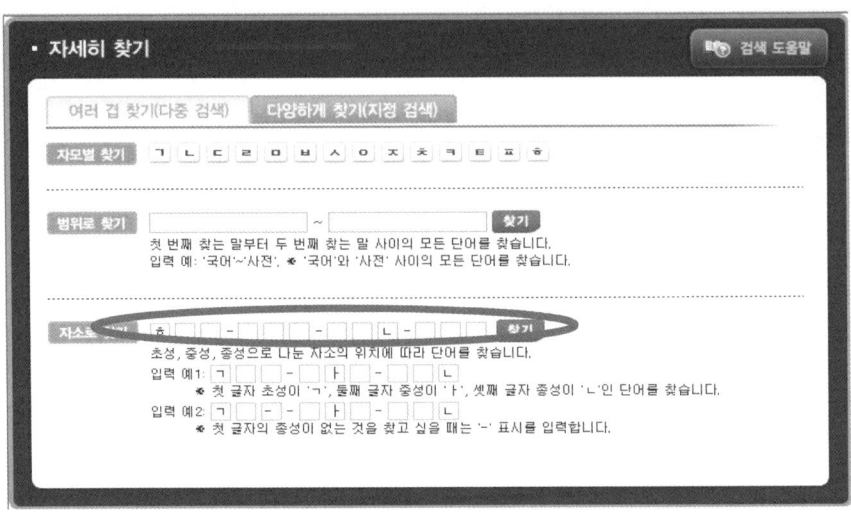

〈『표준국어대사전』 개정판 웹 사전 '다양하게 찾기' 화면〉

✎ 검색 조건 5 : 첫 글자 초성이 'ㅎ', 셋째 글자 종성이 'ㄴ'인 표제어 찾기

〈검색 조건 5를 적용하여 찾은 결과 화면〉

3) 사용자 의견 수렴 기능 추가

　개정판『표준국어대사전』웹 사전에서는 '의견 보내기'를 통해 사용자 의견 접수하고 있다. 기존의『표준국어대사전』웹 사전이 사용자에게 일방적으로 정보를 전달하는 데에 그친 반면 개정판의 웹 사전에서는 사전 내용에 대한 사용자의 의견을 편찬

자에게 전달할 수 있는 창구를 마련하였다. 이를 통해 사전 편찬자는 사전 정보의 오류를 수정하고 기술 내용의 완성도를 높일 수 있으며 사용자는 사전 편찬 과정에 간접적으로 동참할 수 있는 길이 열렸다.

⟨『표준국어대사전』 개정판 웹 사전 의견 보내기 화면⟩

4) 사용자 편의 기능 추가

개정판 『표준국어대사전』 웹 사전에서는 일반적인 웹 환경에서 쉽게 볼 수 있는 편의 기능을 구현해 사용자의 사전 사용을 돕고자 했다. '내 컴퓨터 속 『표준국어대사전』'은 국립국어원 누리집에 따로 접속하지 않아도 인터넷만 지원되면 작은 사전 창을 통해 사전 정보를 언제든 찾아볼 수 있는 소위 위젯(wedget) 기능을 구현한 것이다.

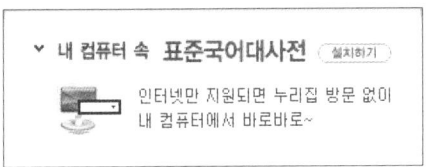 

⟨'내 컴퓨터 속 『표준국어대사전』' 설치 화면⟩   ⟨'내 컴퓨터 속 『표준국어대사전』' 검색창⟩

'내 컴퓨터 속 『표준국어대사전』'이 사전 사용과 관련한 것이라면 '『표준국어대사전』 검색창 달기' 기능은 사전 기능 제공과 관련한 것이다. 개정판 『표준국어대사전』에서는 사용자가 운영하는 누리집에 사전 검색 기능이 필요할 때 『표준국어대사전』 검색창을 쉽게 추가할 수 있는 개방 운영 프로그램을 제공한다.

⟨'『표준국어대사전』 검색창 달기' 화면⟩

위와 같이 대폭 달라진 개정판 『표준국어대사전』 웹 사전의 기능을 한눈에 볼 수 있는 것이 다음 표이다. 검색 기능 면에서 주제별, 품사별, 자모별, 자소별 검색이 추가되었고 검색 조건을 중복하여 적용할 수도 있게 되었다. 내용적인 면만 아니라 사용자 환경의 측면에서도 사용자의 의견을 수렴하고 웹 환경의 장점을 살리는 방향으로 한 걸음 나아갔다.

대항목	소항목	1999	2008
검색 기능	표제어 찾기	○	○
	아무개 문자(?, *) 활용 찾기	×	○
	따로 보기 (관용표현, 속담, 방언, 북한어, 고유어)	×	○
	여러 겹 찾기 (검색 조건 중복 적용)	×	○
	품사별 찾기	×	○
	자모별 찾기	×	○
	범위로 찾기	×	○
	자소로 찾기	×	○
사용자 환경	일러두기	○	○
	옛 한글 입력	○	○
	사용자 의견 수렴	×	○
	소형 사전 창 설치(위젯 기능)	×	○
	개방 운영 프로그램 제공	×	○

⟨『표준국어대사전』 웹 사전 1999와 2008 비교⟩

2. 고려대학교 민족문화연구원 편(2009), 『고려대 한국어대사전』, 고려대학교 민족문화연구원.

언어 정보 처리 기술과 대규모의 한국어 데이터베이스(1억 어절 규모)의 기반 위에서 전자화된 편찬 시스템으로 출간한 최초의 국어 대사전이다. 표제어 수는 39만에 조금 못 미치지만 기존의 어떤 사전에도 실리지 않은 표제어 4만여 개를 발굴하여 등재하였다. 용언의 문형 정보, 형태소 분석 정보, 관련어 정보, 뜻풀이 정보가 이전의 대사전에서보다 더욱 정밀하고 자세하게 기술되어 있다. 또한 해당 어휘와 관련한 2,200여 건의 국어학적 심화 정보를 수록하고 있다.

3. 문화관광부(2007), 『21세기 세종계획 전자사전』, 문화관광부 국립국어원.

처음부터 한국어의 정보 처리를 염두에 두고 기획된 사전이다. 말뭉치를 기반으로 하고 형태소 분석, 기계 번역, 전자 검색 등의 활용 방안을 고려하여 완성되었다. 『표준국어대사전』과 마찬가지로 인터넷 검색 서비스가 제공된다.[1] 체언사전, 용언사전, 연어사전, 관용표현사전, 복합명사구사전, 특수어사전으로 구성되어 있으며, 한국어 관련 연구자와 교육자들에게는 세밀하게 분할된 사전의 모든 기술 정보와 사전 수록 정보의 이론적 기반이 되는 연구 보고서를 배포하고 있다.

4. 임홍빈(2006), 『한국어 사전』, 랭기지플러스.[2]

한국어 기본 어휘의 의미가 매우 심층적으로 풀이되어 있다. 국내에서 유일한 유의어의 뉘앙스 풀이를 겸한 사전이기도 하다. 수록된 어휘의 수효가 적다는 것이 단점이기는 하지만, 한국어 교육에 필요한 기본 어휘는 거의 모두 수록하고 있다.

5. 김광해(1993나), 『유의어·반의어 사전』(개정판), 한샘.

국내 최초의 유의어, 반의어 사전이라고 할 수 있다. 수록 어휘 수는 밝혀져 있지

---

[1] 주소는 http://www.sejong.or.kr/gopage.php?svc=searchdic.edic지만, 인터넷 서비스 제공이 완전하지는 않다. 국립국어원에서는 엄격한 절차를 거쳐 사전의 모든 정보를 활용하고자 하는 이들에게 전자사전 DVD를 제공하고 있다.
[2] 이 책은 원래 『뉘앙스 풀이를 겸한 우리말 사전』(아카데미하우스, 1994)으로 출판되었던 것이다. 책명과 출판사가 달라졌다.

않으나 한국어 교육용으로서는 충분한 어휘를 수록하고 있다. 다만, 유의어와 반의어가 어휘만 제시되어 있어 그 용법상의 공통점과 차이점에 대한 상세한 정보를 확인할 수는 없다.

6. 어휘정보처리연구소 편(2009), 『넓은풀이 우리말 유의어 대사전』, 낱말사.

전 7권으로 구성되어 있다. 총 10만 1,781개의 표제어를 중심으로 1차 유의어 28만 3,733개와 2차 유의어 200만 1,129개가 망라되어 있다. 이 사전에서의 '유의어'란 비슷한말의 개념에 국한되지 않고, 관련 어휘, 반대말, 상위어, 하위어 등을 모두 포괄하는 개념이다. 낱말사 누리집(www.natmal.com)에서 '낱말창고' 검색 버튼을 눌러 이용할 수도 있다.

7. 김하수 외(2007), 『한국어 교육을 위한 한국어 연어 사전』, 커뮤니케이션북스.

국내 유일의 연어 사전이다. 말뭉치 자료를 바탕으로 하여 연어를 자주 공기하는 구성으로 보아 매우 방대한 양의 연어를 수록하고 있다. 참고 정보로서 유의어, 반의어, 관련어, 상위어, 하위어, 자매어, 합성어 및 파생어, 준말 등도 제시하고 있고 문법 범주도 제시하여 종합적인 어휘 지식을 갖추는 데도 매우 유용하게 쓰일 수 있다.

8. 이기문(1980), 『속담 사전』(개정판), 일조각.

국내에 속담 사전은 이것 이외에도 몇 가지가 더 나와 있으나 한국어 학습자들이 이용하기에는 중규모의 이 사전이 가장 적당하다. 가나다순으로 한국의 속담을 망라하여 그 뜻을 풀이함은 물론 그 뜻이 성립된 배경 지식까지 상세하게 설명해 두었다. 말미에는 속담에 쓰인 어휘별 색인을 제공하여 찾아보기를 용이하게 하였으며, 아울러 한국어 속담에 쓰인 어휘의 빈도까지 확인하는 기능까지 제공하고 있다.

9. 박영준·최경봉(1995), 『관용표현 사전』, 태학사.

관용표현만을 종합적으로 수록한 종이 사전으로서는 가장 충실하고 거의 유일한 것이다. 관용표현의 뜻풀이뿐 아니라 어원 설명, 원어 제시, 용법 및 용례, 관용표현의 유의어/반의어/참고어 등을 제시하고 있다. 관용표현의 특성상 특정 어휘에 의미의 중심이 있는 경우가 많아 중심 어휘별로 정렬된 관용표현 목록도 제시하고 있다. 중심 어휘는 일반적으로 서술어이지만 예외적으로 명사인 경우도 있다.

10. 연세대학교 언어정보개발연구원 편(1998), 『연세 한국어 사전』, 두산동아.

국내 최초의 말뭉치 기반 대사전이다. 용언의 형태 활용 정보, 문형 정보 등이 수록되어 있고 연어, 유의어/반의어 정보도 제시하고 있다. 이 사전의 가장 큰 특징은 모든 용례를 실제 말뭉치에서 선별하여 수록했다는 점이다. 그러나 제시된 표제어의 수가 5만 개 정도밖에 되지 않아 대사전으로서 갖추어야 할, 어휘의 체계적 기술에는 미흡한 면이 있다.

11. 서상규 외(2006), 『외국인을 위한 한국어 학습 사전』, 신원프라임.

일반 국어사전과 형식은 유사하나 외국인이 한국어 학습용으로 쓰는 데 도움이 되도록 내용을 구성하였다. 한글 발음뿐 아니라 국제음성기호(IPA)가 표시되어 있고 예문의 용법, 활용례의 발음도 설명되어 있으며 곳곳에 유용한 문법적 설명을 덧붙이고 있다. 기본적인 연어도 제시하였다. 이 사전에서 가장 특징적인 것은 중요어를 표시하였다는 점이다. ① 5개 대규모 말뭉치 어휘 빈도 목록 공통 중요 어휘, ② 26종 한국어 교재의 공통 중요 어휘, ③ 12종의 기본 어휘 목록과 7종의 사전 중요어 목록의 공통 중요 어휘를 분류하여 세 개의 별표를 두 가지(★, ☆) 종류로 나누어 제시하였다. ★는 중요 어휘, ☆는 비중요 어휘를 나타낸다. 가령 '★★★'로 표시되어 있는 '학교'는 ①, ②, ③에 모두 해당된다는 뜻이고 '☆★★'로 표시되어 있는 '볼펜'은 ①에는 해당되지 않는다는 뜻이다.

12. 오미정 외(2007), 『외국인을 위한 한국어 외래어』, 월인.

외국어로서의 한국어 학습자들이 한국어 외래어를 집중적으로 학습할 수 있도록 만들어졌다. 영어권 외래어 어휘를 중심으로 선정한 2,000여 어휘를 수록하여 올바를 외래어 표기법으로써 제시하고 있다. 다만, 현실적으로 외래어 표기법이 잘 지켜지지 않는 표기 예가 많기 때문에 학습자의 이해를 돕기 위해 잘못 표기된 예도 함께 수록하는 친절을 베풀었다. 또한 이 책에는 그림을 통한 어휘 제시가 각 장의 맨 앞에 수록되어 있는데, 한 장면에서 볼 수 있는 물건/물체를 가리키는 어휘를 그림으로 제시한 것은 외국어 학습서에서 흔히 볼 수 있으나 한국어 학습서에서는 드물다. 모든 어휘는 기본 외래어(***), 최근 만들어져 많이 사용되는 외래어(**), 형태적으로 확장된 외래어(*)를 구분하여 제시되었다. 가령, '댐(dam)'은 '***'로 '다목적 댐'은 '*'로 제시되어 있다.

13. 국립국어원(2007가), 『사전에 없는 말 신조어』, 태학사.

어휘는 끊임없이 생성, 사용 및 변천, 소멸되므로 한 언어의 어휘 수는 늘 유동적이다. 그런데 새롭게 생성된 말인 '신조어(新造語)'는 미처 사전에 실리지 못할 수 있다. 종이 사전의 편찬 속도에는 한계가 있기 때문이다. 또한 일시적 유행어는 사전에 실릴 정도로 안정적인 사용을 확보했다고 볼 수 없다. 유행어가 아니고 이미 안정적으로 쓰이고 있는 말이면서도 사전 편찬의 실제 과정에서 누락된 단어도 있을 수 있다. 이 책은 이러한 어휘를 조사하여 정리한 사전이다. 외국인 한국어 학습자가 현실의 정제되지 않은 한국어 어휘를 이해하는 데 도움이 될 수 있다.

찾아보기

-ㅁ/음 159
-적(的) 160
1인칭 97
2인칭 97
3인칭 97
PPT 자료 157
PPT 파일 187

◆ 가

가게 놀이 200
가설 검증 단계 106
가설 설정 단계 106
가슴/마음/마음씨 162
가정 174
간접적 제시 방법 102
같은 범주 이어 말하기 228
같은 카드 뒤집기 196
개인 활동 303
객체 존대 어휘 96
게임의 구성 184
게임의 진행 245
격언 46
결론 진술 단계 106
결합 관계 64
겸양 어휘 96
겸양어 78

계열 관계 64
고급 157, 171, 181
고급 단계 171
고빈도 269
고유어 30, 31
곳/군데/장소 163
공시적 연관성 86
공식적 158
과제 설계와 개작 261
과학 이전 시기 290
관계 반의어 82
관련 없는 단어 골라내기 271
관용구 43
관용어 43
관용표현 30, 169, 324
관찰 기록지 303
관찰 평가 294, 302
관형격 기능 51
교과과정 전반의 목표 확인 295
교실 단어 익히기 198
교화의 기능 47
교훈성 173
구두 평가 294
구어 158
귀화어 34
규칙 동사 91

그림 단서를 제공한 질문에 답하기 339
그림 보고 쓰기 347
그림, 사진 제시 방법 110
그림을 보고 맞는 설명이나 대화 찾기 330
글자 찾기 225
기본 의미 46, 173
기본 어휘 19
기억 단계 105
기초 어휘 19

◆ 나

낭독 337
낭독 평가 337
낱말 말하기로 점검하기 310
낱말밭 64
내용 요약하기 335
노래 활용하기 119
논항 명사 68
높임말 96
높임의 특수 어휘 사용 96
눈 167
능동적 어휘 326

◆ 다

다극적 반의어 83
다독 267
다른 하나 찾기 194
다양한 문맥의 제공 251
다의어 70, 83, 84, 132, 157, 166
다의어 평가 323
다의어의 유형 86
다투다/싸우다 164
단계별 지도 155

단순화의 대안 274
단어 듣고 맞는 그림 고르기 327
단어 부담량 250
단어 설명 읽고 단어 찾기 342
단어 카드 188
단어 퀴즈 만들기 213
단어나 문장의 내용에 맞는 그림 찾기 341
단원 '요약 평가'를 통한 평가 317
단위 명사 200
단일 주석 278, 279
단일어 52, 105
담화 듣고 담화의 요소 파악하기 329
담화 듣고 맞는 그림 고르기 331
대립어 79
대명사 97
대상 부류 이용 125
대응어 82
대조성 46
대조적 배타성 80
대척어 82
동사 99
동위어 94
동음어 88
동음이의어 79, 88, 131, 157
동음이의어의 재해석 87
동의어 75
동의어 연결 짓기 271
동의중복 현상 38
동철자 동음이의어 88
두음절어 62
두자어 62
듣고 받아쓰기 283
듣고 작문하기 283
듣기 247

듣기를 통한 어휘 학습 249
듣기와 어휘 평가 327
등급별 어휘 평가 299
등급별 어휘 평가 목표 298

◆ 마

말씀 168
말하기 252
말하기를 통한 어휘 학습 258
맞선말 79
매체 활용 109
메타언어 74
모어 102
모음 I 186
모음 II 186
모의 면접 236
목적격 기능 50
목적별 그림 제시 방법 111
목표 어휘 254
목표어 102
목표 언어를 통한 평가 294
몸으로 말해요 238
무언극으로 점검하기 306
문단 완성하기 351
문맥 124
문맥 이용 124
문맥에서 어구의 의미 파악하기 344
문맥으로부터 추측하기 271
문맥의 범위 124
문법적 연어 50
문어 158
문장 내 단어의 의미 찾기 343
문장 내 적절한 어휘 고르기 345

문장 듣고 문장의 일부 채우기 328
문장 말하기로 점검하기 310
문제 제기 단계 106
문제 해결 토론 259
문제의 난이도 297
문제지 338, 339
문형 연습 52
문화 사전 138
문화 이해 접근법 138

◆ 바

바꿔 말하기 260
바꿔 쓰기 281
반댓말 79
반복을 통한 어휘 학습 250
반의어 70, 79
반의어 찾아 문장 만들기 231
반의어의 유형 80
받아쓰기 191, 346
방언 178
번역하기 281
벌써/이미 163
벌칙이나 상 185
범주 156
범주화 130
변수 185
변화사 53
복합어 105
본문 안에서 단어 골라 빈칸 채우기 346
부분어 95
부사 파생 접미사 61
부정 접두사 160
분리 평가 291

분리된 정보 과제 253, 255
불규칙 동사 91
불변화사 53
비결 소개하기 215
비공식적 158
비속어 78
비유성 173
비유적 표현 87
비합성적 44
빈칸 채우기 282, 348
빙고 게임 205

◈ 사

사동사 288
사동사 형성 접미사 60
사리 174
사용 단계 105
사용 범위 155, 173
사용 빈도 155, 173
사전 사용 282
사회 174
사회 환경의 특수화 87
산출 단계 271
살다 166
상보 반의어 80
상세화 275
상위어 93, 129
상의어 129
상·하위어 70
상호 협력 과제 258
상황에 맞게 문장 구성하기 350
새 단어 선행 학습 269
색깔 연습 게임 207

선다형 주석 278, 279
선택지 297
설명 단계 105
설명 중심 어휘 수업 105
설명, 예시, 연상 방법 123
성분 분석 70, 73
세계화된 어휘 제시법 145
속담 30, 46, 173
수동적 어휘 326
숙어 43
순위 매기기 261
순위 매기기 활동 259
순화 78
술어 명사 68
숫자와 단위 명사 연습 202
스무고개 놀이 130
스토리텔링 312
스피드 게임 217
시각적인 교구 185
시각적인 방법 109
시험 문제 검토 296
시험 문항 선택 296
시험 전체 틀의 구성 296
실물/그림을 이용한 평가 309
심리 측정 및 구조주의 시기 290
심성 174
십자말풀이를 통한 평가 315

◈ 아

양극적 반의어 83
양성모음 32
어근 53
어기 53

어미 활용 53
어휘 게임 156, 182
어휘 교육과 문법 284
어휘 교육과 쓰기 280
어휘 놀이 방법 135
어휘 분해 73
어휘 분화 108
어휘 선택 326
어휘 주석 달기 277
어휘 주석의 유형 277
어휘 주석의 효과 280
어휘 카드 156
어휘 평가 290
어휘 평가의 원리 292
어휘 평가의 유형 302
어휘 학습 교안 179
어휘 항목 설정 296
어휘 확장 156
어휘력 265
어휘소 53
어휘의 선정 19
어휘의 유래 154
어휘의 제시 101
어휘의 탈문맥화 251
어휘의 확장 158
어휘장 64, 128, 156
어휘장 이론 128
어휘장 활용 128
어휘적 연어 50
언어 173
언어 경험 접근법 137
언어 능력 측정 292
없어진 카드 찾기 197
역동어 82

역사 퀴즈 240
역의어 82
역할 놀이 259
역할극 260, 337, 340
역할극 대본 260
연결주의 이론 133
연상 133
연상 방법 123
연어 31, 48
연어 구성 271
연어 사전 기술 방식 126
연어 연결 짓기 272
연어 학습 126
연어변이 48
연어핵 48
오답지 297
오류 222
완곡어 78
완곡어법 78
외국어의 영향 87
외국어의 유입으로 생긴 어휘 제시법 142
외래어 30, 33, 177
외래어 표기법 177
요약 평가 317
요약하기 352
용이화 273
운소 88
운율적 조화 46
유의어 70, 75, 157, 160
유의어와 반의어 평가 322
유의어의 유형 75
유추 방법 133
육하원칙 게임 234
음성모음 32

음소 88
음운 88
음운의 유사성 133
음절표로 단어 찾기 192
의미 구조 37
의미 부류 67
의미 성분 71
의미 자질 71
의미 지도 그리기 253, 283
의미의 분화 39
의미의 불투명성 44
의미의 유사성 133
의미장 64
의사 결정하기 253, 254
의사소통 어휘 능력의 평가 294
의성어, 의태어 325
이구동성 게임 210
이독성 273
이독성 측정 273
이야기 구성하기 351
이철자 동음이의어 90
이해 단계 105
이해 어휘 23, 254
이해 정보 전이 활동 248
인생 174
인칭 접미사 160
일반화 단계 106
일상어 77
일심동체 게임 211
읽고 문장 완성하기 281
읽기 능력 265
읽기 텍스트 270
읽기를 통한 어휘 학습 267
읽기와 어휘 평가 341
입력에 대한 이해 단계 271

◆ 자

자모 교육 단계 186
자모음 구별하여 듣기 188
자연적·윤리적 전통의 시기 291
자유 작문 353
자음 I 186
자음 II 186
작가처럼 읽고 작문하기 282
잠언 46
재생 단계 105
저빈도 269
적용의 전이 86
전문어 77
전신 반응 교수법 302
전체 활동 303
전체어 95
절단어 62, 63
점층성 46
접두사 57
접두사 활용 127
접미사 57
접미사 활용 127
접사 54, 56, 157
접속 기능 51
접속어 고르기 344
정교화 273
정도 반의어 80, 81, 82
정독 267
정보 결함 과제 255
정보 전달 활동 253, 255
정보 찾기 334
정의를 연결 짓기 271
조어력 155
조작 단계 271

존대어 78
종결 기능 51
주목 단계 270
주변적인 의미 165
주제 말하기 337
주제 발표 341
주제별 자료 모으기 283
주제별 제시 135
주체 존대 어휘 96
중급 156, 170, 180
중급 단계 170
중립어 78
중의성 44
중의적 표현 124
중화 현상 91
지능 174
지명, 특산물 익히기 227
지시문 297
지시물 128
지시적 단어 128
지식채널 e와 토론 243
직설적인 성격 173
직접 교수 268
직접구성요소 53
직접적 제시 방법 101
진행 절차 303
질문에 답하기 337
질문에 대답하기 272
지필 평가 322
짝 활동 303

◆ 차
차용어 33
청각적인 방법 118

초급 155, 169, 179
초급 단계 169
추론 133
추측하기 게임 233
축약어 62, 63
출제 구성 단계 295
친족어 156

◆ 카
콩글리시 어휘 142

◆ 타
탐구 중심 어휘 수업 106
텍스트 상세화 275
텍스트의 단순화 273
토론 243
통사적 조화 46
통시적 연관성 86
통합 중심 어휘 수업 107
통합 평가 291
통합적·사회언어학적 시기 291

◆ 파
파급 효과 293
파생동사 58
파생명사 57
파생부사 61
파생어 56, 105, 157, 159
파생조사 61
파생형용사 60
파워포인트 파일 187
평가 결과 분석 297
평가 방식 303

평가 전 준비 지도 292
평가지 338, 339
평이화 276
표면 의미 46
표현 문형 52
표현 어휘 23, 254
풍선꾸러미 방법 109
풍자성 173
풍자적 기능 47
피동과 사동 형성의 제약 45
피동사 형성 접미사 59

◆ 하
하위어 93, 129
하의 관계 129
하의어 129
학습자의 수준 184
한자 단일어 36
한자 성어 41
한자 파생어 37
한자 합성어 36

한자어 30, 35, 175
함의 95
함축적 의미 46
합성대명사 55
합성동사 55
합성명사 54
합성부사 56
합성수사 55
합성어 53, 105
합성형용사 56
해석 단계 271
행위 174
협상 273, 277
형용사 99
형태소 52
형태의 유사성 133
형태적 구조 52
호칭 98
혼성어 62
화맥 124
활동 방식 264
회문 135